天

Borderless

下

天下，在乎正义和你

天
Borderless
下

博
观

A History of Continental Criminal Procedure

欧陆刑事诉讼史

[法]阿德玛·艾斯梅因 著

郭 烁 等 译

法律出版社 LAW PRESS · CHINA

北京

图书在版编目（CIP）数据

欧陆刑事诉讼史 / (法) 阿德玛·艾斯梅因著；郭烁等译. --北京：法律出版社, 2023
书名原文: A History of Continental Criminal Procedure
ISBN 978-7-5197-6888-1

Ⅰ. ①欧… Ⅱ. ①阿… ②郭… Ⅲ. ①刑事诉讼法—法制史—研究—欧洲 Ⅳ. ①D950.52

中国版本图书馆CIP数据核字(2022)第119850号

欧陆刑事诉讼史
OULU XINGSHI SUSONGSHI

作　　者：[法] 阿德玛·艾斯梅因
译　　者：郭　烁 等
责任编辑：王　珊　许莹洁
装帧设计：贾丹丹
出版发行：法律出版社
编辑统筹：学术·对外出版分社
责任校对：晁明慧
责任印制：陶　松
经　　销：新华书店
开　　本：A5
印　　张：25.375
字　　数：570千
版　　本：2023年8月第1版
印　　次：2023年8月第1次印刷
印　　刷：天津嘉恒印务有限公司
书　　号：ISBN 978-7-5197-6888-1
定　　价：158.00元

销售电话：010-83938349　客服电话：010-83938350　咨询电话：010-63939796
地　　址：北京市丰台区莲花池西里7号(100073)
网　　址：www.lawpress.com.cn
投稿邮箱：info@lawpress.com.cn
举报盗版邮箱：jbwq@lawpress.com.cn
凡购买本社图书，如有印装错误，我社负责退换。电话：010-83938349

作 者 简 介

阿德玛 · 艾斯梅因（Adhémar Esmein，1848.2.1－1913.7.22）

著名法制史学家、宪法学家。出生于法国夏朗德省图韦拉克，1875年首次获得教职，随后在杜埃、巴黎任教。此后，他被选为法兰西学院人文政治科学院院士。

第 一 译 者 简 介

郭 烁

中国政法大学诉讼法学研究院教授，博士生导师，中国刑事诉讼法学研究会副秘书长，国家“万人计划”青年拔尖人才，中国政法大学“钱端升学者”，美国康奈尔大学访问学者。

中译本总目

说　　明

一、本译著译自著名比较法学家约翰·H. 威格摩尔(John H. Wigmore, March 4, 1863–April 20, 1943)组织翻译、编写的“大陆法制史系列”(The Continental Legal History Sieres)第五卷,原书名为 *A History of Continental Criminal Procedure*。

二、本卷由法国法兰西学院人文政治科学院院士,著名法制史学家、宪法学家,巴黎大学法律系阿德玛·艾斯梅因教授(Adhémar Esmein, February 1, 1848–July 22, 1913)独著。

三、原书英文版出版于 1913 年,英文译者为纽约律师协会成员约翰·辛普森(John Simpson);出版社为位于美国波士顿的 Little, Brown, and Company,英文版正文共 630 页。

四、本书引证率颇高。就译者目力所及,单就中国学者著述而言,凡主题为类似刑事诉讼模式、刑事诉讼结构、刑事诉讼历史等专业书籍，无不涉及本书写作内容。本书自编者及作者皆为所在领域之权威，自不待言。

五、《欧陆刑事诉讼史》是大陆法制史系列丛书（共11卷）中的第五卷。第一卷是《欧陆法律史概览：事件，渊源，人物及运动》（已有中译本，屈文生等译，上海人民出版社2008年版），第二卷是《世界上伟大的法学家》（已有中译本，何勤华、屈文生等译，上海人民出版社2017年版），以及第四卷《大陆刑法史：从古罗马到十九世纪》（德国卡尔·路德维格·冯·巴尔著，周振杰译，法律出版社2016年版）。其余7卷迄今尚未译成中文，它们分别是《法国民法史》（法国布里索著，霍威尔译）、《德国民法史》（德国鲁道夫·许布纳著，弗朗西斯·S.菲尔布里克译）、《欧陆民事诉讼法史》（恩格尔曼等著，罗伯特·W.米勒译）、《意大利法律史》（意大利卡洛·卡利斯著，约翰·莱尔译）、《法国公法史》（法国布里索著，詹姆斯·W.加纳译）、《大陆商法史》（保罗·赫未林著，欧内斯特·G.洛伦岑译），以及《欧洲法律发达史》（加布里埃尔·塔德、拉乌尔·德·拉·格拉塞里等著）。

六、原书中个别脚注因以多国文字写成，译者无力一一破译，故有选择地翻译或照录了其中的一部分。

七、本书的边码为原书页码。

八、书中人名、地名，除约定俗成之外，依据商务印书馆出版的《英语姓名译名手册》（第四版）、《德语姓名译名手册》（修订本）以及《外国地名译名手册》（中型本）翻译。

九、书中涉及大量拉丁文、典故名、德文名词、法文名词等，译者自感吃力，故将原文列于译词中，以便专家指导。

大陆法制史系列丛书总序[1]

我们又想起了梅特兰大师，他说："历史是一张没有接缝的网；只想讲某一段历史的人，一定会感到他说的第一句话，就要扯破这张网。"

英美法律史这张没有接缝的网，将我们同西欧和南欧的历史紧密地联合在一起。我们的主要兴趣因此必须自然而然地集中在破译这一就摆在眼前的模式（盎格鲁-美利坚法律模式）之上。当我们追寻这张网的经线和纬线时，我们必然会进入一个更为宽广的视域。

西欧大陆法的历史，说到底是由种族和智识两大运动构成的。一个是日耳曼人的迁徙运动，它把日耳曼习惯移植到了各地，从但泽（Danzing）到西西里（Sicily）、从伦敦到维也纳

〔1〕 经译者授权，"大陆法制史系列丛书总序"部分引自［英］约翰·麦克唐奈、［英］爱德华·曼森编：《世界上伟大的法学家》，何勤华、屈文生等译，上海人民出版社2017年版。谨致谢忱。

并使之茁壮成长。另一个是罗马法的余威,它或抗拒着其他法律制度,或与其他法律制度保持着竞争的关系,或与其他法律制度结合在一起,始终如此;数以千计的不同结合由此得以出现,如今约有10余种不同的法律制度仍独立存在。但问题是,若不从整体上对它们了解一番并追根溯源,对于其中的任何一种法律制度而言,我们都很难做出完整的理解。

即便是英格兰这样的岛国,也无法逃脱这张网。因为,首先来说,英格兰的各个种族支线——撒克逊人、斯堪的纳维亚人、诺曼人——都是同一日耳曼人经线和纬线的分支;日耳曼人确立了法国、德国、斯堪的纳维亚、荷兰、奥地利、瑞士、北意大利及西班牙的法律。其次,英格兰的法律文化绝谈不上从未受到过罗马法的任何影响;罗马法对于欧洲大陆各民族一样都有过智识上的影响。因此,一方面,当我们把英美法上的任一学说或规则与罗马法进行对比时,英美法中的原则或学说鲜有不能从罗马法上找到源头或未从罗马法中受益的;我们会发现,英美法在与罗马法出现分歧前,必有共通之处。另一方面,在交互影响的几百年里,英美法和大陆法之间,或多或少存在一种"持续的法律交际现象"(constant juristic sociability),如果这样的一种提法是可以的话。总之,西欧的法律与英美法之间存有一种交织的共同的祖先,有种族上的,也有智识上的。

于法学研究而言,这样的历史应为所有有志于了解英美法历史的人所熟知。时机现已成熟。在过去30年中,欧洲学者将他们的法律史视作现在批判研究和哲学研究的立足点。今天,在英美学者中间,我们发现,人们对于本国和外民族法律制度的对比研究,在视野上已有了显著扩大,兴趣也日渐浓厚。如果说,这一研究有尚不尽如人意的地方的话,唯一的障碍就在于,这方面的英语语言研究资料还相对匮乏。

时代的精神呼唤我们对大陆法制史能有深入的研究。在1909年8月的那届美国法学院学会的年会上，提交会议的一篇纪念文章中已经悉数指出有益的对策：

> 近来，对于比较法总体研究的势头不减，值得引人注目。美国律师协会中的比较法事务处(the Comparative Law Bureau of the American Bar Association)、泛美科学大会(the Pan-American Scientific Congress)、美国刑法与犯罪学研究所(the American Institute of Criminal Law and Criminology)、统一立法公民联合会议(the Civic Federation Conference on Uniform Legislation)、史学国际大会(the International Congress of History)，还有各大图书馆对于外国法书籍的购买，这些工作和其他运动，在不同程度上触及大陆法中的各部门法。这些活动不断提醒我们，英语文献中，并无大陆法历史的资料。要对大陆法有研究，就要对大陆法的历史或多或少地有些了解。大陆法的各个国家都有其自己的法律制度及法制史。但英国法对于大陆法并非一无所知，这种陌生的程度远不及大陆法对于英国法的不了解程度。只不过是，如果说我们能够对大陆法制史有持续的研究，我们就能永葆英美文献的最佳传统。
>
> 我们相信，对于大陆法近代学术成果的熟悉，定会带来新的增长点，对于英美法自身的发展会大有裨益。不仅如此，今日的法典化运动、许多部门法的重构，使我们更加需要了解诸如欧洲大陆在19世纪做出的法律改

革和法典化举措等历史。

出于这样的原因,我们相信,勤于思考的美国法律人及学者,应自主翻译一些大陆法制史方面的优秀作品。

美国法学院学会于是一致通过了下列决议:

“成立一个由五人组成的大陆法制史翻译委员会,该委员会有权组织安排合适作品的翻译及出版。”

编委会成立后,花费了约两年的时间,对这一领域展开了研究,并选择和安排了翻译事宜。编委会决定对这一事业整体推动。大陆法制史系列书籍按照下列主题来协调安排:(1)历史时期;(2)国别;(3)主题。这样做的目的在于,读者能在有限的空间里,对大陆法有一番最为恰当的概览。

(1)历史时期的确立。编委会确定,丛书的内容既要包括近代时期,也要涵盖早期历史和中世纪时期;因为无论在实用价值还是在重要性上,早期历史和中世纪时期的历史均急需我们去了解。任何一卷书都不应仅仅满足于搭建一个有价值的框架,它不能缺乏重要的发展时期;相反,要实现充分展示从早期到近代时期的发达史这一目标。

(2)国别的确立。编委会确定了法国、德国和意大利作为中心阵地,对于其他国家法制史的发展,要做可能的顺带提及。西班牙本应是第四个着重考虑的国家,但因为没有合适的文献可供参考,故无法列入;编委会的专家一致认为,可资翻译的合适的西班牙法制史书籍,在欧洲还未写出。

(3)主题的确立。编委会接受了大陆法中关于法律的常见划分法,即民法(或私法)、商法、刑法、诉讼法及公法。编委会努力在这一系列中包括上述五种。但是,若要分开介绍每个主要国家的上述五种法律,则不仅会突破篇幅限制,而且还会造成大量重复。因此,该系列的每一卷书,都是部分按照主题、部分按照国别来编排的。

商法、刑法、民事诉讼法及刑事诉讼法,各出一卷。在这样的一卷书中,基础是欧洲早期及中世纪法律史。接下来是各历史时期的法律史;它要特别论及一个主要国家(法国或德国),还要补充另外主要国家的情况。法国和德国的民法(或私法)各分配一卷。对于意大利法,出版一卷涵盖以上五个法律领域。关于公法(这一主题的历史与英美法最不相关),法国单独出一卷;其中与英国法共同的发轫之点及后来的分歧,对于英美法院和法律方法的历史有着不同寻常的价值。最后,还有三卷是概览性的,它们的内容关乎各部分间的联系,因而也必不可少。在这三卷中,第一卷是导论性的,它的内容是关于大陆法的渊源、文献及运动。简言之,其内容是关于法的外部史,与波洛克爵士(Sir F. Pollock)和梅特兰教授(Professor F. W. Maitland)合著的《爱德华一世前的英国法律史》(*History of the English Law before Edward* Ⅰ)相当。第二卷讲的是伟大法学家发挥的历史作用。还有一卷讲的是,在学说发展过程中,所有现代法律制度所具有的共同特点。

无须赘言,这样编排的大陆法制史系列丛书,完全契合我们的需求;但鉴于现有材料都是欧洲的学者为欧洲的需要而写成的,因此实际编起来并不容易。编委会希望,丛书编写的困难,能够得到读者的体察。尽管如此,编委会有理由确信,整合并试图把法律的各个部门有机结合在一起的做法是正确的;为实现这一目的,编委会尽力选择了适合的材料。

编委会感谢那些为丛书的编写付出努力的人。感谢欧洲一些大学的学术顾问,他们为本丛书遴选待译材料给出了许多宝贵的建议。他们的建议让编委会相信,在欧洲法律史学者中,这11卷的作者们代表着极高的学术水平、最新的研究成果以及极高的学术声望。编委会在此还要感谢纽约市的埃尔伯特·H. 加里先生(Elbert H. Gary,Esq.),本丛书的编写与准备工作,得益于其在西北大学的“加里大陆法图书馆”提供的大量法学研究资料,它们是不可或缺的。

编委会感谢丛书各位作者的通力合作,慷慨应允使用他们的作品。他们的许可无疑对法学的发展大有助益。

编委会感谢出版商对本丛书表现出由衷的赏识,这对于法学的发展具有更为重要的意义。

编委会特别感谢丛书的译者们。这样的一项工程要求译者具有极高的语言和法律技能;找到合适的译者,并不比找到合适的作者容易。编委会代表法学同人,感谢他们为这项工作付出的辛勤劳动;本丛书的读者们似乎也应牢记,没有他们的付出,这个梦想定不能实现。

编委会对于自己能代表广大法学界和史学界同人,向大众介绍本丛书的各位作者和译者,感到十分荣幸。不再赘言。

大陆法制史系列丛书编委会

美国法学院学会编辑委员会

原 译 者

托马斯·S. 贝尔 洛杉矶律师

THOMAS S. BELL, of the Los Angeles Bar

詹姆斯·W. 加纳 伊利诺伊州立大学教授

JAMES W. GARNER, Professor in the State University of Illinois

拉珀利耶·豪厄尔 纽约律师

RAPELJE HOWELL, of the New York Bar

约翰·莱尔 费城律师

JOHN LISLE, of the Philadelphia Bar

欧内斯特·G. 洛伦岑 编委会委员

ERNEST G. LORENZEN, of the Editorial Committee

罗伯特·W. 米勒 芝加哥律师,西北大学讲师

ROBERT W. MILLAR, of the Chicago Bar, Lecturer in Northwestern University

弗朗西斯·S. 菲尔布里克 纽约律师

FRANCIS S. PHILBRICK, of the New York Bar

约翰·辛普森 纽约

JOHN SIMPSON, of New York

约翰 · 沃尔格伦 芝加哥律师

JOHN WALGREN, of the Chicago Bar

约翰 · H. 威格摩尔 编委会委员

JOHN H. WIGMORE, of the Editorial Committee

编者前言

威廉·E. 米克尔[1]

(WILLAM E. MIKELL)

当我们反思刑事诉讼基础时，最应当做的莫过于从该学科的历史中汲取经验。在法律体系中，没有任何一部法律如刑事诉讼法一样如此深刻地烙印着过去之印记，奠基于防止权力滥用的政策考量。没有任何一部法律如刑事诉讼法一样，警示来源于历史，作用直抵当下。两种刑事诉讼制度的发展历程是一段引人入胜的故事——起初，英国与欧陆紧密相连，后来却分化，尔后并行不悖。

迄今为止，由于缺乏英文资料，人们对大陆法系的历史知之甚少。事实上，艾斯梅因教授所著本书，是现代唯一一部以欧陆语言撰写的

[1] 宾夕法尼亚大学刑法及刑事诉讼法学教授，本丛书编委会成员。

刑事诉讼史著作。

阿德玛·艾斯梅因,1848年2月1日出生于法国夏朗德省图韦拉克市镇,1875年首次获得教职,随后在杜埃担任法学教授,并于1879年在巴黎任教。此后,他被选为法兰西学院院士。他还曾任法国公共教育委员会委员,巴黎自由政治学院教授,巴黎高等研究实践学院院长。艾斯梅因教授在法律史各领域的研究成果,使其在法国法学学者中居于前列。〔1〕

本卷所译著作《法国刑事诉讼史》首次出版于1882年,原书名为"Histoire de la Procédure Criminelle en France,et spécialement de la procédure inquisitoire depuis le XIII siècle jusqu'à nos jours"。比较法学资深教授达雷斯泰(M. Dareste)〔2〕这样评价该书:"这部著作结构严谨、文笔极佳,并因全书中敏锐的判断力和精准的研究而闻名于世。"该书集中体现了法国学术研究的优秀品质,并将其推向极致。刑事诉讼史这个重要的主题,很幸运地得到了如此卓绝的研究。在英文版本中,作者还对原书进行了彻底修订,对注释进行了大量补充,并对正文进行了一定修改。

艾斯梅因教授的研究视野广博,这使该书足以揭示大陆刑事诉讼的整体发展历程。然而,原书的撰写本身并非出于这一目的。基于英美读者的独特立场,本卷需要提供更宏观的视野。因此,为了使本卷更加全面地服务于英美读者,编辑委员会从其他著作中吸纳了一些章节。这些章节概述了欧陆刑事诉讼总体的

〔1〕 艾斯梅因的主要著作包括:"Etudes sur les contrats dans le très ancien droit français,"1883;"Mélanges d'histoire du droit et de critique; Droit roman,"1886;"Conrs élémentaire d'histoire du droit français,"1892,5th ed. 1903;"Précis Elémentaire de I'historie du droit français de 1789 a 1814;Révolution,Consulat,et Empire,"1909;"Eléments de droit constitutionnel français et comparé,"5th ed. 1909。此外,他还撰写了一本关于古弗尼尔·莫里斯(Gouvemeur Morris)的专著,并在法学期刊上成果颇丰。

〔2〕 在撰写本前言时,我不由得哀叹他的病逝。

发展路线,例如填补了德国法上的更多细节等。作为刑法变革的发源地,意大利的特殊历史将在本系列《意大利法律史》一书中进行介绍。这些新增的章节,包括开头绪论部分的三章(关于刑事诉讼类型、罗马刑事诉讼和原始日耳曼刑事诉讼)以及第三部分第三编和附录A、B(关于1800年后的大陆立法、刑事诉讼文献和大陆证据制度史),分别出自加罗教授和米特迈尔教授的著作。

里昂大学法学院教授弗朗索瓦·加罗(FRANÇOIS GARRAUD)是法国现代刑法和刑事诉讼领域的权威学者。本卷所节选的章节来自他的著作《刑事侦查与刑事诉讼的理论与实践》(Traité Théorique et Pratique D'instruction Criminelle et de Procédure Pénale, 1907, 1909);该著作的最后一卷尚未出版。[1]

卡尔·约瑟夫·安东·米特迈尔(Carl Josef Anton Mitteimaier, 1787-1867),1821年后在海德堡大学担任法学教授,是欧洲当时最著名的刑法学家。他的生平和工作成就已充分记述于本系列第二卷《世界上伟大的法学家》。本卷前三章,即刑事诉讼类型、罗马刑事诉讼和原始日耳曼刑事诉讼,摘自其著作《德国刑事诉讼在司法与立法方面的发展及与英法刑事诉讼法的比较》(Das deutsche Strafverfahren, in der Fortbildung durch Gerichtsgebrauch und Landesgesetzgebung und in genauer Fergleichung mit dem englischen und französischen Strafverfahren)。这一著作首次出版于1827年;1846年发布第四版,也是最后一版。此后一直是德国刑事诉讼史领域的最佳文本,后来的德国学者著作再未能超越该著作。

艾斯梅因教授的著作和加罗教授的章节,其译者为约翰·辛

[1] 参见《美国刑法和犯罪学会杂志》第二卷。米特迈尔教授在刑法学方面的另一代表性著作为"Traité théorique et pratique du droit penal,"6 vols.,1898-1902。

普森。辛普森先生是《美英法律百科全书》(*American and English Encyclopedia of Law*)撰稿人,并为多家期刊担任法律通讯记者,翻译过数部法国文学名著。

米特迈尔教授的章节,译者为托马斯·S. 贝尔(THOMAS S. BELL)。他曾是塔科马律师事务所律师和华盛顿大学讲师,目前执教于加利福尼亚州帕萨迪纳市。贝尔先生从科罗拉多大学毕业后,以罗德学者身份前往牛津大学,在那里修读了法学理论(B. C. L. ,1908),之后在哥伦比亚大学担任法学研究员。

无论英国法的学生多么赞颂威廉·布莱克斯通爵士,我们仍应承认,在很大程度上,正是由于布莱克斯通,英美法律人在过去100 年来对其他国家的法律体系和法律制度缺乏兴趣。

布莱克斯通总是不断地夸耀英国法与其他法律的不同。阅读他著作的年轻学生一直感到困惑的是,在没有盎格鲁—撒克逊人所拥有的那些伟大的"自由守护神"的情况下,其他国家是如何保有任何类似文明和自由的。他从不厌倦在英国法和其他法律之间进行比较,并总是贬低后者。虽然可能并非布莱克斯通的责任,但巧合的是,随着我们不再使用布莱克斯通释义作为研习英国法的入口,我们对其他国家法律制度的知识需求变得越来越大。

从现实的角度来看,了解其他国家的刑事诉讼法,其价值也许不如了解域外的其他部门法那么大,因为美国刑事诉讼法与其他国家存在截然不同的模式。然而,法国刑事诉讼的历史仍然是一个迷人的主题;研究它不仅对学院内的学生有益,同时可以使人们看到压迫和自由间永不停息的博弈,并了解一个伟大民族是如何解决这一重大问题的。英美自身的刑事程序是一个缓慢演化的结果。然而在法国刑事诉讼程序中,我们看到了一种非比寻常的现象:这一程序先是将自身的演化与对外国法的吸收相结合,其后,被吸收的内容同样存在演化,然而整个过程又始终存在复归的趋势。

从罗马法到日耳曼法,再到教会法,艾斯梅因所揭示的法国刑事诉讼法上的这种演变,十分有趣。两个世纪以来,各种力量的相互作用和对抗,使弹劾制率先出现,而后纠问制得以存续。

读者还将在本卷中阅读“enquête du pays”即“来自国家调查”和教会法上“死因调查程序”之间的斗争,并了解前者是如何输给后者的。然而,在同一时期,国家调查的英国法对应物“the inquisitio patriæ”,即大陪审团审判,却在英国取得了胜利。

《1670年法令》无疑在长达一个世纪的时间内固化了法国法上的纠问制程序。然而,大革命带来了新的力量,使英国弹劾制诉讼程序被移植到法国本土。其后,出于加强国家权威的需要,这一改革遭到了逆转。大革命后第四年制定的《犯罪与刑罚法典》表现出回归纠问制下秘密审讯的趋势,第九年法律则进一步突出了这种趋势。其后,1808年《重罪审理法典》实现了一种折中,体现为部分重现纠问制,部分保留弹劾制。然而,法典的通过仅仅标志着斗争按下暂停键。每当政府发生重大更替时,这场斗争就会重启。

在研究法国刑事诉讼史时,无论是在整体抑或细节层面,我们都不得不感喟于历史惊人的一致性。法国与英国的诉讼史在许多方面都不一样,事实上,二者在某些时期分属于截然相反的程序类型。但我们看到,两者都起源于同一类型——弹劾制。英国程序至今仍然忠实于弹劾制,只存在某些并不重要的偏离,例如一度在英国出现的星座法院。在法国,虽然弹劾制被放弃了很多个世纪,但我们现在看到它几乎恢复了崭新的活力。细节层面,我们同样看到了这种一致性。在两国间,酷刑问题如同一条红线贯穿其中,尽管法国的线更长、染色更深。虽然我们可能会对酷刑制度不寒而栗;但我们应该知道,废止酷刑的必要性不是基于其内在的残忍性,而是源于对无辜被告的尊重。这种尊重要求有充分的证据才能对被告定罪,而观念中只有口供才能满足这一要求。对于法国人而言,"家即堡垒"的理念甚至强过英国人,因为前者甚至不能在自己的家中被捕。在这两个国家中,对于重罪被告的获得律师帮助权同样先是被拒绝,其后才获得承认。普索尔特在《1670 年法令》的有关辩论中所使用的语言,读起来就像现代"公司律师"的政治控诉。普索尔特说:"我们知道,这类律师在寻求制造管辖权冲突的机会上是多么经验丰富,他们经常图谋发现诉讼程序中的无效之处,并制造无穷无尽的细节问题。因此,赋予被告获得律师帮助的权利尤其符合有钱人的利益。"在这两个国家,这一权利在成文立法之前都是由法官赋予的。

在英国,定罪所需的证据总是要求达至"排除合理怀疑"。在法国,证据则必须"比正午的太阳更清晰"。

此外,对于是否有必要作出一致裁判、被告是否有权不自证其罪等质疑,都只是英国法学生在法国法上可以发现的相同之处中的一小部分。

与其他学科一样,法学中也存在那些反复出现的思想。现代精神病学家将我们带回到古希腊,在那里,荷马将犯罪归咎于阿忒(希腊神话中的毁灭女神。——中译者注)。我们重申,犯罪人与其说是一个恶棍,不如说是一个"傻瓜"或"疯子",因为其智力出现了衰退。柏拉图引用西蒙尼德斯的话说:"当环境的力量压倒一个人的时候,此人不得不变坏。"现代社会学家把犯罪视为环境的产物。在欧陆,15 世纪的人文主义猛烈抨击法学家的理论和技术。20世纪的社会科学家们也在发出同样的呼声——有所不同的是,人文主义者们对执法的现实重要性毫不关心,其兴趣在于揭示起源,并努力把人们的思想带回到纯洁的源头。现代运动则对起源并不关心,其努力仅针对实际的结果。

在法国刑事诉讼中,我们可以发现许多对于美国而言颇为反常的制度先例。

在法国刑事诉讼的构建过程中,最有趣的部分可能是对陪审团制度的争论。这种争论在法国法律史的每一个转折点中都会出现。

"法国的死因调查程序具有一切后来成为中世纪后期英国法明显特征的制度萌芽,即陪审团审判制度和一种足以抵抗罗马主义攻击的、坚实而迅速的诉讼制度的萌芽。"梅特兰还告诉我们,在诺曼征服后的一个世纪里,死因调查程序的命运仍然悬而未决。亨利二世在千钧一发之际,将罗马人从法国带来的"国家调查"置于特定诉讼的当事人处置之下,在英格兰建立了陪审团审判。艾斯梅因向我们展示了法国版的"国家调查"是如何在与法国教会法"死因调查程序"的斗争中落败的。最初,陪审团在法国消亡;1791年,这一制度又被作为一个彻底的外来制度加以引入;在后来的历史中,陪审团的支持者在存废之争中四次落败,但最终取得了胜利,甚至在拿破仑的反对下胜利——本卷作者对这些史料进行了大师级的处理。

作者还详细记载了法国对刑事案件陪审团审判的相关辩论,包括陪审团审判的价值和采纳该审判的可取性。对于将陪审制视为"自由守护神"的英美读者而言,没有什么比阅读这一辩论更有趣的了。在辩论中反复出现一种观点,即那些在英国被证明有价值的东西可能不适合"天才的法国人"。这使我们想起了"非美国人”这个词,它也在我们提出改革建议时被反复提及。尽管有“天才的法国人”的说法,但陪审团还是在法国法上赢得了永久性地位。正如我们的作者所说,“一个有着伟大文明的国家不能既宣布放弃陪审团制度,而又不使自己蒙羞……尽管存在缺陷,它仍然坚不可摧……”。

关于陪审团在刑事审判中的功能一章,非常值得研究。陪审团在作出一般性裁决时,究竟是否应当受到法院所告知的法律的束缚,还是其本身既是法律问题的法官又是事实问题的法官,这一直存在争议。

众所周知,美国国内对刑事执法严重不满。我们曾经满足于这样一种解释,即这主要因为我们是一个崭新国家,直到我们了解到比美国成立更晚的国家中并不存在同样的现象。那种归因于移民的解释也是没有分量的,因为我们治理犯罪的预算比移民来源国的预算还要多。人们正逐渐形成这样一种信念:这是由于我们追诉罪犯的程序造成的。当前,公众的思想比以往任何历史时期都更开放,更愿意采取切实可行的方案来改革已经证明过时或不充分的程序。刑事法院正努力利用现有机制使刑法的执行更加有效,对此,刑事法学的学生们往往印象深刻。法院每天都会做出维持起诉、忽略指令中的错误等决定,并重申那些几年前被视为否定了基本宪法权利的判决。法官们虽然急切试图使刑事执法变得高效,但他们独木难支。立法机构和修宪机构必须拥有更大权力,才能治理某些犯罪。对于立法者来说,本卷值得推荐——这并非因为可以直接借鉴相关立法,而是因为本卷展示了一个伟大国家如何尝试解决美国也存在的问题。

一个有趣的事实是,在19世纪中,法国程序与英美程序一直呈现相反的发展趋势,现在仍然延续这一趋势。法国趋向于缓和法律的严厉程度,以牺牲追诉权力为代价,为被告提供更多保障。在英国和美国,则有一种以牺牲被告为代价来加强国家权力的强烈倾向,即废除那些武装被告的技术规则。最近在美国,古老的纠问制以所谓的“第三阶段”(酷刑的另一种说法)为形式再度冒头。这种情况是否仅是零星出现,是否仍属违法,是否会得到承认,还有待观察,但它已经达到了需要立法规制的程度。这种法外的实践做法无疑是错误的;并且到目前为止,立法一直持反对立场。但很可能的是,由于从逮捕至最终判决的过程中,美国法庭的刑事罪犯不仅受到旧有英国程序上所有的推定和技术性保护,并且还受到州和联邦宪法的额外保障,因此,我们可能会认为有必要采取一些与法国的法官审查(juge d'instruction)相似的措施。在某些州,我们实际上已经效仿了法国的做法,废除了大陪审团。

对于那些旨在改革刑事程序的人士而言,另一项可能富有吸引力的问题是,是否有必要坚持陪审团成员对于定罪达成一致。在这一点上,与其他大多数刑事诉讼的基本制度一样,法国人并不忌讳进行试验。他们的经验很值得研究。

由国家向被错误定罪并遭受刑罚的人支付赔偿金,这是法国法的一个特点,我们可能将很快采用。争取设立“公设辩护人”的运动已经开始。美国刑事立法的未来仍然难以预测。400 年来法国一直是刑事立法的试验区,在即将到来的变革前,充分研究法国刑事诉讼史是题中之义。

导　言

诺曼·麦克拉伦·特伦霍姆[1]

(NORMAN MACLAREN TRENHOLME)

在国际主义日益盛行的时代，法律应变得更加国际化，更加理性和科学。法律工作者、法律史学家和法学教授应该熟悉其他国家的法律史和诉讼程序，并对过去和现在的法律原则、实践和程序形成广博的比较法知识。为了实现这一目标，以本卷为代表的书籍最为有效、绝对必要。迄今为止，正是由于欠缺这类书籍，英美法律界的视野才显得有些狭隘和民族化。

当下人们对于刑事诉讼的认知，很大程度上源于通常意义的法律培训和知识传授；几乎没有法律人意识到，这一法律具有丰富的历史

〔1〕 麦吉尔大学文学学士，哈佛大学文学硕士、博士，密苏里大学历史学教授；著有《英国的庇护权》(1903年)(*The Right of Sanctuary in England*,1903)。

意蕴。刑事诉讼史在很大程度上也被学院内的历史学家所忽视,他们更喜欢研究政府和法律发展等更为宏大的问题。这种双重忽视的结果体现于以下事实:在本卷出版之前,几乎没有英文书籍详细论述刑事诉讼的历史。鉴于了解当下实践背后的发展历程、比较美国与他国程序方法的重要性,缺乏这类历史参考文献令人遗憾。因此,在大陆法制史系列丛书中出现了诸如本卷的全面性著作,其中囊括对欧洲刑事诉讼(甚至包括英国)的历史形态和文献的概述,这是美国法律史领域最令人鼓舞的进步迹象。

本卷虽然主要译自艾斯梅因的《法国刑事诉讼史》(Histoire de la Procédure Criminelle en France)[1],但前后几章收录其他著作中的部分内容,使本卷具有更广泛的意义和价值。在这些额外补充的章节中,有大量内容译自加罗关于法国刑事诉讼的广博且充满学术色彩的著作,并构成了本卷绪论部分的第一章。该章是对刑事案件中的弹劾制、纠问制、混合制程序极佳的概括性讨论。第二章则吸收了另一部著作,作者为半个多世纪前德国法律史学家米特迈尔教授,他是研究德国刑事诉讼史的著名学者。该章对罗马刑事诉讼进行了简洁且富有学术性的论述,其中包括罗马程序立法的各种进程和实践,并揭示了罗马制度中的部分弹劾制特征。在此基础上,作者考察了罗马帝国后期刑事诉讼中存在的纠问制特征,使我们较为全面地了解了罗马法背景对后世刑事诉讼的影响程度和特征。第三章同样来自米特迈尔的著作,对原始日耳曼刑事诉讼进行了充分而详细的研究,进而形成了全面概述。

〔1〕 Histoire de la Procédure Criminelle en France, et spécialement de la procédure inquisitoire depuis le XIII siècle jusqu'à nos jours, par A. Esmien, professeur agrégé à la faculté de droit de Paris. Ouvrage couronné par l'académie des sciences morales et politiques. Paris, 1882.

通过比较加罗和米特迈尔的章节,可以很好地凸显出法国和德国学术研究之间经常出现的差异。前者在风格和语言组织上具有绝对优势,而后者则在精确性、考证和参考资料方面表现出色。对于研究法律史的学生而言,这两部著作都有很大的助益和价值。

本卷主体的第一部分专门论述了13~17世纪法国刑事诉讼史,并在引言部分再次援引了加罗的作品。这一部分述评了法国刑事诉讼发展的一般特征,是一项极富价值的概述。作者通过论证当今法国刑事诉讼属混合制而非严格纠问制,是漫长的法律演变和特殊立法的结果,从而以一种清晰、有趣的方式将过去和现在相连。对于那些不熟悉法国现代刑事诉讼独特性的英美读者来说,这样富有条理、哲理的引言极为重要。在了解现况之后,人们会更好地理解艾斯梅因详细论述古代法国刑事管辖的意义和重要性。

在了解过罗马和早期日耳曼刑事诉讼的宏观背景、掌握了从古代到现代的总体发展情况后,读者就可以进一步阅读中世纪后期至今法国和其他欧洲国家刑事诉讼演变的有趣故事。艾斯梅因教授的著作为这一部分研究奠定了极好的基础。与许多影响深远的法国和英国专著一样,艾斯梅因的相关研究首次提出于1880年,是博尔丁奖的一篇获奖论文。征文主题为:"明晰《1670年法令》的历史;追寻该法令对其后直到18世纪末期的立法与执法的影响"。艾斯梅因当时只是巴黎一所法学院的年轻教员,却基于评委们的一致决定,以一篇题为《〈1670年法令〉和法国纠问制程序的历史》(Histoire de I'Ordonnance de 1670 et de la Procédure Inquisitoire en France)的论文获得了该奖项。这位年轻作者大胆地超越了征文主题:该篇关于法国刑事诉讼的论文不仅论述了《1670年法令》的历史背景和法律背景，同时并未仅局限于18世纪，而是紧扣了彼时时代背景。这并没有超越该征文主题的精神，反而使艾斯梅因的著作具有更广阔的法律和历史价值。正如他所说的那样，“对过去法律的历史介绍不应仅局限于讲述它如何颁布、适用和废除，还有必要揭示其所蕴含的法律思想的起源，并内省其是否将一些有价值的东西流传给后世的现代立法”。凭着这种精神和观点，艾斯梅因无疑作出了足以传世的研究；而这篇由政治与科学伦理学院所评选出的获奖论文，理应纳入本卷，并作为我们研读刑事诉讼历史的基础。

可能令历史学专业的学生感到遗憾，本卷省略了艾斯梅因著作的引言及第一部分中有关法国早期司法管辖的两章内容，这些章节生动地论述了中世纪后期法国领主司法和王室司法的历史特征与法律特征。相关章节被代之以加罗所作的更为宏观的概述，而历史学专业的学生可以随时查阅艾斯梅因的原作，以获取被省略章节的具体内容。

基于上述原因，本译本的第一个主题为法国早期刑事诉讼。该诉讼程序具有彻底的弹劾制特征，并与封建时代法院相关。博曼努瓦、各种封建习惯的集合，连同法国和德国占主导地位的现代权威，都被用作论证这一封建时代程序重要特征的论据。接下来，作者论证了法国从弹劾制向纠问制过渡的历程，并特别强调教会的影响以及在这一变化过程中皇室权力的发展。刑讯逼供的引入和秘密审讯的出现被认为是新制度的重要因素。

再者，本卷介绍了始于《1498年法令》与《1539年法令》，由皇家法令组织和控制的刑事诉讼程序。后一项法令特别重要，并且其专断和严厉的特征引起了一些激烈反对。在这些法令影响下，所有其他形式的刑事诉讼要么趋于消失，要么遭到废除。顺理成章的是,17 世纪的法国见证了强大的君主专制政府,以及沿着纠问制路线对刑事诉讼进行周密法典化的趋势。在路易十四的统治下,这一趋势以《1670 年法令》作为完成标志。

《1670 年法令》是王室大臣们,特别是科尔伯特,以及当时的著名法学家在经过多次讨论和会议后产生的结果。与《大宪章》(Magna Carta)一样,该法令几乎没有什么真正的新内容,仅是对法令颁布前三个世纪内逐渐发展起来的刑事诉讼程序的法典化。因此,它标志着从封建时代的口头和公开的弹劾制过渡到近代早期的书面和秘密的纠问制的最高潮。其结果是,一部刑事诉讼法典被明确地构建起来了。这部法典一直持续到法国大革命时期,法国所有法院都严格遵循其确立的秘密程序、刑讯逼供和残酷刑罚的规定。法典背后是独断的皇权,难怪 18 世纪的法国改革者认为这种制度是中世纪的、不合乎理性的。相反,改革者对英国公开的弹劾制表示钦佩;该制度意味着陪审团审判与无罪推定原则的确立,刑讯逼供与秘密审讯的废除。艾斯梅因对《1670 年法令》的实际运作进行了特别充分、有益的论述,其中包括 18 世纪主要法学家、哲学家和政治理论家如何看待该法令的珍贵史料。

与上述内容相呼应的是,本卷同时生动概述了当时欧洲其他国家的刑事诉讼程序,如意大利、西班牙、德国、荷兰及英国。作者专门为英文译本进行了认真修订并新增了大量的补充内容,特别是与英国有关的内容,使这一概述的英文版本更加完整且富有价值。

艾斯梅因著作的第三部分,也是最后一部分,涉及大革命时期的刑事诉讼立法和拿破仑时代颁布的 1808 年《重罪审理法典》。书中生动地描述了《1789 年请愿书》中对旧程序的抨击,以及制宪会议所做的第一次改革尝试,并且很好地展现了陪审团审判的倡导者和改良纠问制的支持者之间的争论。这场争论最终以妥协告终:经过拿破仑的国务委员会和帝国的主要法学家们的长期辩论和研讨,一种混合了弹劾制与纠问制的诉讼制度被付诸实施。这一结论体现在1808年伟大的《重罪审理法典》中;该法典一直是法国现代刑事诉讼的基础,尽管后来的立法经常对其进行修改。在这部法典中,可以清楚地看到《1670年法令》和先前刑事程序的影响,包括由预审法官和治安法官进行的初步审讯和秘密审讯、对刑事被告的严格限制、书面证言和取证程序等。另外,在公开审判和陪审团裁决的规定中,在最高法院和重罪法院的承认中,以及在允许被告更好地获得辩护的规定中,都可以看到对陪审团有利的改革因素的影响。为了进一步改革法国刑法,1810年皇帝诏敕编纂并颁布了一部详尽的《刑法典》。在对法国司法体系进行改组后,《重罪审理法典》和1810年《刑法典》均于1811年1月1日后全面生效。

艾斯梅因详细论述了《重罪审理法典》的颁布和运作情况,这非常值得认真研究。尤其是讨论是否将陪审团纳入诉讼程序一章,更是如此。许多有才能和影响力的人反对陪审团审判,拿破仑本人也反对陪审团审判;但在国务会议上,保留陪审团审判的强烈呼声最终取得了胜利。同时,大陪审团或起诉陪审团被废除了,其职能被转移到一个特别法庭。然而,总体而言,正如艾斯梅因所说,“在陪审团程序与《1670年法令》间伟大而漫长的博弈中,前者取得了决定性的胜利。后人应当赞誉那些帝国国务委员会的委员们,他们抵制了皇帝几乎不加掩饰的愿望,他们的卓绝努力使得陪审团制度在我们的法律中得以保留”。历史学专业的读者会发现,关于拿破仑的这段史料得到了很好的处理,并且最终呈现的面貌也将更加尊重国务委员会的委员们。

虽然对于英语读者来说,关于是否保留陪审团的章节可能更具吸引力,但实际上,本卷还有许多同样十分重要的讨论,例如《1670年法令》的大部分内容以及大革命初期的特别立法如何被纳入新的诉讼法典等。本导言难以再逐一展开,因为这将涉及对现代法国刑事诉讼的专门论述;但提请读者关注的是,本卷还充分讨论了古老、正式的纠问观念和书面证据观念是如何通过改造与修订,从而融合了更多的自由化倾向。

1808年后的法国刑事诉讼一章,使我们对历史发展的认识沿着不同的改革主题不断更新。该章记录了那些足以改变法律特征的立法进程;探讨了审前程序的变更或修改;结合1856年、1863年、1865年的法律,讨论了与预审有关的重要法律变化;论及了1880年以前实施的各种改革计划;最后,回顾了影响刑事诉讼的最新立法史,特别是1895年法律所作出的修改,以及19世纪末的修改。

在阅读过长篇的法国刑事诉讼史之后,读者的注意力将被转移到1800年以来世界其他国家的刑事诉讼之上。这是对整个现代刑事诉讼领域的宝贵且富有条理的回顾,取材于前文被反复提及的加罗的著作。这一部分恰当总结了欧洲刑事诉讼,同时强调了现代法律思想的体系分类和国际性。作者巧妙地将史料和观点融为一体,并合理地运用了比较法方法。这一特点同样延续至本卷的附录A与B,也是摘自加罗著作。附录A是对中世纪至今的刑事诉讼文献回顾。以1808年《重罪审理法典》出台前后为分界线,这些作者被划分为两类,并按照作者不同的特点、贡献或国籍作出进一步细分。附录B很好地概述了欧洲大陆证据制度史,将证据制度的历史发展清晰地划分为家族化、宗教化、法定化和科学化四个演进阶段,并区别了不同的证明制度和证明方法;这有力地反驳了现在英美国家占主导地位但确实错误的观点,即“通过陪审团的证明”是唯一令人信服的证明。

从这样一本内容如此全面、比较方法如此娴熟的著作中,英语国家的法学与历史学学生可以得到很多启发。读者可以了解到刑事诉讼是如何从罗马、日耳曼和基督教的元素和思想中产生和发展起来的。西欧各国的封建时代实际上都实行了弹劾式程序,但却生长出了两种不同的制度,即英国制度和法国制度。前者以陪审团起诉和审判为标志,后者以秘密审讯、酷刑和严刑峻法为标志,这一内容本身就很吸引人。不仅如此,比这一制度分化更有趣、更重要的是,两种制度在当下欧洲的刑事诉讼发展中正在逐渐融合。欧洲主要国家所采用的所谓“混合制程序”已经承认了陪审团审判、公开法庭程序等制度的价值和重要性,并旨在为被告提供更充分、更公正的辩护机会,从而对抗可能出现的无端指控。通过接受盎格鲁—撒克逊系统的这些程序原则,欧洲大陆的法学家和政府人士不仅受到了人们的广泛尊重,也为欧洲大陆创设了一套可能同时吸收两种旧制度优势的诉讼程序。

在阅读本卷之后,读者可能会产生这样的想法:美国或许也可以在一定程度上模仿欧洲大陆目前所使用的混合制刑事诉讼,并从中受益。然而,即使这种改革不可能成真,美国法律界也需要清醒地认识到,当前美国的刑事诉讼程序已经比英国和欧洲大陆的刑事诉讼程序落后了半个世纪,甚至更多。英国已经建成了一种迅速且可靠的司法程序;欧洲大陆的法院能够进行仔细、彻底的调查,并顺畅地组织起诉及审判。与之相比,美国的诉讼程序正在被没完没了的技术性问题所堵塞,受被告财富和人脉的影响,被狡猾的律师所扭曲,刑事案件充斥着漫长的延期、无效审理、悬疑陪审团和驳回起诉。

法律改革的精神在美国随处可见，并将为刑事诉讼法带来重要的变化。在开启这些改革之前，我们应当对现有制度进行广泛的比较研究。为此，我们必须阅读诸如本卷这样的著作。接下来，让我们认真阅读艾斯梅因、加罗和米特迈尔的文字，这必将有助于我们对刑事诉讼法形成一种世界性的、超越国别限制的认识，从而摆脱狭隘的民族偏见。

于密苏里大学

哥伦比亚，密苏里州

1913年3月22日

本卷导言

威廉·伦威克·里德尔[1]

(WILLIAM RENWICK RIDDELL)

英美法系的法律人倾向于认为,英国普通法是自成一体的独特事物,与其他领域的知识和思想全然不同。然而在我看来,英国普通法并不是某个单一民族的独创,它属于全人类法学概念的一部分,尤其是亲缘民族间共同的法学概念的一部分。承认这一点并不会使普通法黯然失色,反而会使其更加耀眼。如果我们将法律知识这一概念不仅仅解读为对现有法律规定及其影响的知识,而是从法律渊源和基本法哲学的层面去理解,那么,当我们谈到法律知识时,我们可以中肯地提出以下问题:“只通晓英国法的人,能否真正通晓英国法?”

这一反思既适用于程序法,也适用于实

[1] 加拿大安大略省最高法院大法官(上诉庭)。

体法。

本卷讲述了欧洲大陆刑事诉讼演变和发展的精彩历史——与英国刑事诉讼史相比,欧陆的这一历史既存在相似性,也存在差异性,非常值得我们关注。

在本卷中,首先给读者留下深刻印象的,或许是欧洲大陆为摆脱刑事诉讼的技术性和形式性所作出的长期努力。

戈德温·史密斯曾经说过,期望法律人改革法律程序,等同于期望老虎消灭丛林。他把无数关于法律人的调侃中所隐含的思想,用一种文学的形式表达了出来。但是,这种嘲讽是完全不公正的。我们所追溯的程序史越久远,就越会发现程序的技术性特征——最初,程序被认为必须是没有任何“缺陷”的,而所有对程序的修正与发展都是由法律人完成的。我手头有一本早年的刑事诉讼判例集,其作者是一位约半个世纪前离职的法官。在这本判例集中,一份谋杀罪的起诉书有三大页纸,但如今这类起诉书的篇幅甚至不需要超过三行。程序演化的进程虽然并非总是那么快,但其方向往往一致。无论在英语国家抑或其他地方,如果能够认识到这一点,我们就会对法律人人格和该职业赋予更高评价。

对比欧陆与英国的诉讼程序,我们可以发现许多有趣的相似性与差异性。在罗马末代皇帝的统治下,元老院经常主张对犯罪行为的管辖权,并采用简易程序审理,这与星座法院所主张的管辖权相当类似。而星座法院并非如同1487年亨利七世通过的第一个议案中规定的那样是一个独立的法定机构;星座法院的权力最初来源于枢密院的普通法管辖权,并且同样采用相当简易的程序。在英国,这种管辖权的行使方式被认为具有重大价值,尽管该法院自身已因声名狼藉而遭到废除。

显而易见,法国与英国一样,起初都对神明裁判给予了极大的尊重,其后这一制度又尽皆消失。火审、水审并不是日耳曼民族所特有的,只是他们比其他民族运用得更为普遍。神明裁判在法国最终消失的时间比英国早了几个世纪。对于决斗而言,至少在理论上,英国法上的决斗延续了几个世纪,一直持续到近些年才消失,但这一制度在欧陆早已过时。宣誓助讼人也是如此。

二者的相似性还表现在以下细节上:

例如,被告把自己"置于国家管辖之下"相当重要,这在强迫被告接受管辖的各种手段中可见一斑,如英国法上臭名昭著的"重石刑"(peine forte et dure)。吉列斯·科里的遭遇并不是个例。被告拒绝接受国家管辖的另一个结果即"逐出法外",并使其在漫长的痛苦中死去。

再如,对于拒绝为阶下囚提供律师这一问题,存在一种理论解释,即法官就是被告的律师。然而,很难说服人们相信审判自己的法官不是杰弗里斯式的人物。"国家审判"(主要指与侵害国家的罪行有关的审判)见证了该理论的虚伪性。将法官视为被告的律师,如同法官应注意使受刑者不至于因施刑而致残的说法一样,都是那么合情合理,并表现出对人性那"令人动容般"的信任。施刑者的照顾义务,就如同杰弗里斯对爱丽丝·利斯尔的"照顾"一般。

又如,悲惨的监狱世界普遍存在,伏尔泰和霍华德都没有主张彻底废除它们;对于被控有罪的不幸之人来说,应付狱卒的开支又是一种长期的额外刑罚。

此外,传闻证据、推定、口供的价值,两个证人的必要性,所有这些问题在文明国家都颇受争议。

法国在100年前用以反对陪审团制度的论据,与近期影响日本法律人的论据相同。毫无疑问,无论英国、英属殖民地,抑或美国,所有的英语国家都会继续坚信陪审团制度是“公民自由的守护神”。虽然越来越多的人认为,无论这一制度的过去如何,在当下,陪审团在保障公民自由的问题上并无助益,如同特洛伊最初的守护神帕拉斯一样,在真正的危机面前根本无法保护特洛伊的安全。同样毫无疑问的是,外国人会继续像法裔加拿大人一样感到困惑——当英国法在1760~1763年被引入加拿大时,加拿大人惊讶于英国人竟然把公民权利的决定权留给裁缝和鞋匠,而不是他们的法官。然而,加拿大刑事案件的陪审团制度似乎已经成功地运行,即使陪审团不需要在所有事项中达成一致。

所有的国家都经历过或正在经历一个阶段,在这个阶段这一行为被假想成犯罪,即巫术。不幸的是新英格兰也不例外。但就在不久前这一行为在欧洲大陆上销声匿迹了——被人遗忘般地消亡了。

上述历史回顾表明,在最为紧迫的技术性问题上,理性化进程正不断前进。现今,除了起诉书中所载的确切指控外,被告不会被要求回答任何问题;同时,被告有权与对他不利的证人对质,有权自由出入法院。人们会对警察的不当行为表示愤慨,批评警察没有在第一时间完整记录被告的陈述。(对此有一个笑话,一位伦敦警务司法官对被告说:“你有什么想说的吗?你不需要说任何话,但如果你说了,你所说的一切将被记录下来,并被篡改,在审判中用作对你不利的证据。”)

本卷关于英国法律史部分的重要介绍在篇幅上并不突出,这表现出了作者对英国史准确性的极度谨慎。

我并不打算面面俱到地分析本卷,读者应当亲自阅读并得到属于自己的收获。但我仍应提请大家注意皮埃尔·艾罗、拉布吕耶尔、杜帕蒂等人“沙漠中的哭泣之音”(vox clamantis in dcscrto),他们是塞缪尔·罗米利的先驱和榜样。对致力于降低刑罚严厉性的罗米利爵士而言,罪犯的冤屈深深地刻在他的心中。为纠正这些冤屈,他付出了英勇的努力,并卓有成效。他们的思想远超他们所处的时代,但他们的努力现在得到了承认与肯定。

所有这类人都会被警告远离这片净土——“离远点,你亵渎了这方学术净土”。对于一个一心只想着赚钱的商人型律师而言,本书毫无用处。但幸运的是,法律职业本身是向往自由的,充满智识光芒,而不仅仅只是一门生意。法律不仅仅关乎衣食住行与经济利益,真正的法律人,他的旨趣远远超出了以法律职业谋生的范畴。

我很羡慕那些修读法律史的学生,学习这一学科可以使人们从法律职业的枯燥实践中解脱出来。当读者初次精读本书时,他可能在大陆法系的既往及当下实践中发现许多值得怀疑、谴责或赞成之处。他可能会为本国找到一些教训,明白什么应当坚持、什么应当避免。很难想象有什么事情是前人没有接触过的,“太阳底下无新事”。在最古老的罗马法中,人们通过向人民申诉来反对治安官的法令……从而施加影响。

英译本作者前言

阿德玛·艾斯梅因

本书是我出版的第一部作品,写作于 1877 年至 1880 年,始于杜埃,完成于巴黎。本书曾在道德与政治科学学术院举办的评选中获奖,现今我也是该院的成员之一。

作为盎格鲁—撒克逊一脉的仰慕者和朋友,我当然乐见它被翻译成英文并在美国出版。美国是近代民主国家,为大力提高本国智识文化做出了卓绝努力;这为我们树立了令人钦佩的榜样。

尽管本书问世于 30 年前,即 1882 年,新版却几乎做了原样保留。无论是法国还是外国学者的成果,抑或我之后的研究,都未足以使我在任何实质性观点上改变原有结论。尽管如此,在新版中,考虑 1882 年以后新出现的早期文献的重要内容,我也对本书进行了彻底修订。因此,本书目前呈现了一个虽然简短,但(我相信)

是对法国刑事诉讼及其至今历史的忠实叙述。我已经完全重写了教会法中有关纠问式诉讼起源和发展的部分章节，这是我在高等研究院讲座课程的主题。根据波洛克（Pollock）、梅特兰（Maitland）、塞耶（Thayer）和霍尔兹沃思（Holdsworth）的杰出研究，我还重写了专门讨论英格兰刑事诉讼历史的部分。

于巴黎

1913年4月

目　录

绪论部分　早期刑事诉讼

第二部分　刑事诉讼历史(17世纪后期与18世纪)

附　　录

绪论部分

早期刑事诉讼

第一章[1]　刑事诉讼的多种类型

第一节　刑事诉讼的三种类型

随着人类文明的发展，打击犯罪的诉讼制度和组织体系呈现了有限的几种不同类型。这些不同类型的诉讼制度和组织体系按照其生成的逻辑顺序相继出现。我们可以有效地区分三种基本的诉讼类型，即弹劾式诉讼、纠问式诉讼和混合式诉讼。几乎每个国家的刑事法律都从弹劾式诉讼开始，进而转变为纠问式诉讼。[2]然而，时至今日，诉讼制度的发展开始发生明显

〔1〕　第一章是加罗教授关于"法国刑事诉讼"的著作第二节的内容。有关该作者和著作的情况，参见"编者前言"。——英译者注

〔2〕　原始法律就如同给一场肉搏披上了合法的外衣。这种比喻从一开始就十分贴切，当事人的最初方法无异于今天作为最后手段的野蛮打斗，这么说一点也不过分。参见 *Beaudouin*, "La participation des hommes libres au jugement dans le droit français" (Revue historique du droit, 1887-1888, p. 246-279); *Ihering*, "Esprit du droit romain," vol. Ⅰ, p. 122, note 33。

的反向转变：到处都呈现一种复归以公开和对抗为基本要素的弹劾式诉讼之趋势。在纠问式诉讼中，检察官制度是唯一一个未受到质疑并且可能发展成为越来越强势和普遍的制度安排。

第二节　弹劾式诉讼制度

弹劾式诉讼制度具有两大主要特征。它与刑事诉讼的基本理念相符，即双方展开语言而非肢体上的“虚假”决斗，进而法官通过判决一方或另一方败诉来结束这场决斗。该基本理念从一
4 开始就意味着刑事和民事两种诉讼程序将出现混合的现象；这两种诉讼程序都是由私人控诉引起的，最初都在同一类法官面前以相同的程式进行，并力求达到同样的诉求。毫无疑问的是，抛开当事人的身份差异，诉求的不同必然导致刑事诉讼与民事诉讼的逐渐分化。然而在弹劾式诉讼制度中，这两者的差异从来都不是绝对的，基于赔偿的惩罚与基于惩罚的赔偿之间往往相互作用、相伴相生。

以下原则构成了该诉讼制度的基础：

(1)由每个公民自由行使控告权，但应遵循“没有控告人就没有刑事诉讼”的不告不理原则，诉讼需由原告主动发起并为之承担责任。然而，在这一问题上，最初诉讼程序的启动权仅属于受害人；后来，出于打击犯罪和维护社会利益的需要，并随着刑事法律与民事法律的逐渐分化，受害人所属群体的每个成员都成了刑事诉讼程序启动的合法权利主体，其可以集体的名义提起诉讼。这就是公共指控制度。

当司法文明发展到某一阶段时，控诉显然已经变成了一项社

会职能。然而,此时尚未设立常设官方机构来履行这一职能。这使刑事诉讼和民事诉讼在司法理念上的差异得以显现,并不断扩大。刑事诉讼的制度安排和起诉程序显然是社会关注的重点。如果不存在公力强制的协助,无论是遭受犯罪侵害的受害者,还是他的同胞,都无权阻止一个正逍遥法外并且可能很快实行新犯罪的罪犯。因此,社会或公共诉讼的设立在刑事案件中具有充分的正当性,尽管其在民事案件中可能是无用或多余的。从社会角度来看,财产权利得到尊重、合同得以履行以及损害受到赔偿无疑是有益的;但是,获得这些结果最可靠的办法是,将自由选择的权利交给个体,让其有机会诉诸法庭,通过双方的法庭辩论使其权利得以确认。[1] 因此,民事诉讼以私人利益的名义进行,而刑事诉讼则以公共利益的名义进行。对于前者,提起诉讼的权利应 5
该完全属于控诉私人错误的当事人;而对于后者,该权利应当由公众代表来行使。这一区别是每个诉讼制度中的根本性问题。无论这一演变何时完成,刑事诉讼都呈现了以下特征:由社会代表对不法行为进行侦查和起诉;由社会代表进行审判;公开惩罚。然而,在形成这一文明国家的观念之前,我们经历了许多困顿。

(2)原始习惯有着最低限度的紧迫性和理想,他们希望尽可能地避免使用暴力。当原始习惯确立了,受害人在行使权利时必须遵守一定的形式、负有一定延迟的义务,在存有疑问的情况下限制被害人提请仲裁,他们已经战胜了个人复仇的本能。[2] 最初,作为私人争斗裁判者的法官必须由双方选择,或者至少为双

〔1〕 在这方面,刑事诉讼和民事诉讼之间的区别已经被很好地解释了。参见 *Tarde*, "Penal Philosophy," *Howell's* trans. "The Criminal Science Series," Little, Brown, & Co., Boston, 1912, p. 423-429。

〔2〕 *Sumner Maine*, "De la codification d'après les idées antiques," p. 13.

方所接受。

我们还发现,几乎所有实行弹劾式诉讼制度的国家,要么坚持同侪审判原则,要么不存在缺席审判。

(3)作为弹劾式诉讼制度中首要制度的被告同侪审判是指将被告交由其部族和种姓同伴来审判,这也被视为原始社会实现公正司法的最佳保证。在这一制度下,案件将被提交给不偏不倚的裁判者,他们仅依靠其理性和良知进行审判,并且,案件的审判结果不可被提起上诉。刑事诉讼主要围绕两个问题展开:一个是事实认定问题,即查明被告是不是被诉犯罪行为的罪犯;另一个是罪责程度问题,即判定其应当为此承担何种程度的道义责任。通常情况下,法官可以同时决定上述两个问题的答案,并且,这些问题的解决并不需要专门的司法学习。

(4)最初,双方当事人亲自出庭的必要性源自诉讼的本质,即一场"虚假"的决斗。每场有效的决斗都必须以双方战士的出席为前提。事实上,它的实质意义很少,仅仅是一种象征。形式意义大于实质意义。后来,另一种观点产生并与第一种观点相结合,为这一原始法律规则提供了新的正当性依据。为合法地赋予
6 法官权力,法官作为裁判者,必须为双方所接受,或者至少被默认接受。这一时期最大的问题是强制被告接受审判;将不情愿的被告"逐出法外"(outlaw),是迫使被告接受审判的有力程序,这一程序并不施加任何直接的强制手段,并且不对被告定罪量刑。换言之,被告如果不出庭,则不会被判刑,但将成为被逐出法外者。[1]

(5)在弹劾式诉讼制度中,法官不能主动行使司法管辖权,也

〔1〕 *Molinier*, p. 18; *Du Boys*, "Histoire du droit criminel des peuples modernes," vol. I, p. 122.

不能主动收集证据。他的职责在于回答向他提出的问题,审查提供给他的证据,并依据该证据作出裁决。他在诉讼对决中居于次要地位。他负责监督诉讼对决的公平进行,并宣布最终的胜利者。但在诉讼程序的任何时候,无论是起诉还是询问,他都处于消极的裁判者地位。因此,弹劾式诉讼制度下的审判具有三个主要特征:对抗性、口头性和公开性。对抗双方在公开的场景下进行面对面的争论。每方自主决定其证明方式。诉讼类似于一场武器平等的公正对决。

(6)诉讼程序被用来发现罪犯并证明其确实有罪;而这一诉讼程序与那一时期人们观念中的偏见高度一致,或者,如果愿意的话,你也可认为那是当时人们的信仰。

控方的主要工作是对犯罪行为的证立。的确,在原始程序中,犯罪行为一经发生就被当场抓获被视为一种正常的假设;在这种情况下,通过刑罚制度对罪犯打击报复的情绪将较为强烈;而其构罪的证立也不那么值得怀疑。除在行为时被抓获的情况外,如果被告推翻了所有证据而拒不认罪,按照习俗要求,他可以通过涤罪宣誓加上宣誓辅助人(在宣誓断讼或助誓涤罪过程中宣誓相信当事人之誓言为真之人。——中译者注)满足一定数量的方式来证明自己的清白。这是通常的证明方法,也是赋予被告的一项权利。但在某些特定案件中,这一权利被弃置,证明方式转向适用神明裁判,即诉诸神的审判。神明裁判通常有两大类。在一些情形下,神明裁判只需要一方当事人积极参与,当然这一方通常是被告。典型的神明裁判方式有烙铁审、沸水审和冷水审。在其他情形下,双方当事人都需要积极参与,比如司法决斗和十字架审 7

判。[1] 该制度绝非日耳曼人的特有习俗,也不是某个种族的独有特征,而是人类文明的一个特定阶段的产物。[2] 在人类的神话阶段,人们借助神来裁判被告是有罪还是无罪,正如借助神来裁判一场决斗的胜负。从这个层面来看,信仰与法律制度之间存在一种连接。类似的思维方法使神明裁判[3]与司法决斗在刑事审查中得以适用并且范围逐渐扩大。[4]

正是因为弹劾式诉讼制度象征并规范了原始决斗,所以它在司法文明的发展进程中首先出现。该制度最早可以追溯到东方的某些立法。该制度在古希腊和古罗马也有精巧的设置,然后在罗马帝国时代的后期,随着自由的发展而逐渐衰落、消失。在罗马帝国灭亡后,我们发现该制度在日耳曼和封建习俗中以粗糙拙劣的方式被沿用;虽然在现代,它已从欧洲大陆消失,但仍然存在

[1] 在法国,运用烙铁、沸水和冷水的神明裁判方式,在墨洛温(the Merovingians)统治时期经常使用,而从加洛林王朝开始逐渐变得少见。

[2] 涤罪宣誓和神明裁判可以在古希腊的审判中找到(*Esmein*,"Mélanges,"p. 240 et seq. ;*Sophocles*,"Antigone,"verse 264);也可以在印度教徒中找到("Laws of Manu," translated by *Loiseleur-Deslong-champs*, vol. Ⅷ, p. 109, 413–416)。该制度在大量未开化种族中仍然发挥着效用(*Köhler*,"Studien über Ordahen der Natur-völker,"in Zeitschrift für vergleichende Rechtswissenschaft, vol. V, p. 368 *et seq.* and vol. IV, p. 365 *et seq.*)。关于习俗中的神明裁判的本质请参见 *H. d'Arbois de Jubainville*,"Etudes sur le droit celtique," vol. I, p. 50。

[3] 参见 *Tarde*,"Penal Philosophy,"*Howell*'s trans."Criminal Science Series," p. 430;*Esmein*,"Cours élémentaire d'histoire du droit français,"p. 98。

[4] 然而,*D'Arbois de Jubainville*(*op. et loc. cit.*)指出,凯尔特人传统的决斗,像古罗马人的战斗(罗马诗人荷拉斯的战斗)和《伊利亚特》里的决斗(阿贾克斯和狄俄墨得斯之间的决斗),以及底比斯史诗中的决斗一样,其灵感源于一个与中世纪司法决斗截然不同的概念。与后者一样,它在诉讼事务中也占有一席之地,但它却缺少神圣正义的理念。不管是凯尔特人还是荷马的英雄们,不管是荷拉斯三兄弟还是库利亚提三兄弟,都没有为了权利的胜利而寻求上帝的干预。对他们来说,决斗只是对私人战争的模仿。

于英国和美国。[1] 8

从18世纪末开始,欧洲各国(以"返祖"的方式)想要去探寻和恢复这种古老的程序类型,而一些法国天才最好的创造正是奉献给了这一程序,如检察官制度。

第三节　纠问式诉讼制度

相较于弹劾式诉讼制度,纠问式诉讼制度更加科学、复杂,更加适应社会控制的需求。该制度具有两大主要特征,即调查审判程序的秘密进行和刑讯逼供的使用。但是,该诉讼程序涵盖了与之相关的多项制度,它们密不可分、相互照应、彼此协调:

(1)罪犯的侦查和起诉不再由私主体发起,而是由国家"依职权"(ex officio)统一履行这两项职责。国家为此设立了有关调查和控诉的组织机构。虽然与该刑事诉讼必要阶段相适应的具体制度在起源和发展过程上较为模糊,但毫无疑问的是,这些制度并非一蹴而就。在此,我们不准备讨论所有问题,而仅讨论这一司法演变最后阶段的相关问题,即审判("预审程序")和逮捕性质的转变。

(2)社会和政治演变过程中的一个有趣现象,首先出现在法官的职能层面。原本属于每个人的权利和职能变成了社会上部

[1] *Cf. Seymour-Harris*, "Principii di diritto c procedure penale Inglese" (Bertole's translation), Verona, 1898; *Fournier*, "Code de procédure criminelle aux Etats-Unis de New York; Introduction sur la procédure criminelle aux Etats-Unis" (Paris, Larose, 1893). 但美国有检察官。在一个由如此多样化的因素组成的新国家里,来自英国的起诉制度将起诉的主导权留给公民,导致了不安全性和有罪不罚的后果;这使美国认识到,必须将起诉的职责交给特定的人员。

分人的权利和职能,该权力逐步呈现专业化趋势。该权力也变得具有强制性。原始裁判者的特征也发生了变化。法官不再由当事人自行选择,而是由统治者统一任命;违法者只能接受而不能对此提出异议。法官成为唯一享有司法权力的统治者的代表。因此,法官的性质在两个层面上发生了变化。一方面,他是一名司法官员。正因如此,他被赋予了一定的社会职能;并且,鉴于刑事诉讼的科学性,该人员的选拔将在法学研究者、立法者当中进行。另一方面,他也是一名常任工作人员,负责有关某一案由的所有案件的审判活动。经过最初的流动后,法官选择在某些地区定居,这些地区就变成了上述法官的司法管辖区。通过大量法官裁判的累积,刑事科学体系得以创立和发展。首先,收集风俗习
9 惯;其次,通过记录加以固定;最后,通过编撰法律实务教科书为专业人员提供指引向导。因此,法律科学在观察和批判精神的发展过程中得以确立。

(3)法官不限于仅依据提交给他的证据进行调查。法官可以根据自己的意愿和确定的规则主动进行调查。也就是说,可以进行法律所允许的各种证据的收集。并且,这一调查过程是书面、秘密进行的,不具有对抗性。原告和被告之间的公开对抗被法官的秘密审判(the insidious attack)代替。

(4)相较于神明裁判,刑讯逼供或许更加残酷,但确实是一种更合乎逻辑的全新审查方式。它首先在上级法院产生,进而渗透进下级法庭。由于被告口供已经获得优势地位,在今天看来,获得该项证明的“最佳”(par excellence)方法就是刑讯逼供,例如利用木马、靴子或水等进行刑讯的方式。刑讯逼供这一制度起源于罗马。毫无疑问的是,在共和国时期和罗马帝国初期,刑讯制度并不适用于罗马公民。被指控(或只是被传唤到法庭上)的奴隶

和行省居民(the provincial)是该制度唯二的适用对象。[1] 但在帝国早期,随着被指控叛国罪的罗马公民也受制于这一审查制度,该习惯开始形成。随后,刑讯逼供逐渐开始被普遍适用,以至于审判指引手册都建议法官以收集被告的口供作为案件审查的出发点。[2] 因此,在现代历史上,随着博洛尼亚学派刑事法学家开始推动复兴几乎被遗忘的罗马法,刑讯逼供也理所当然地被广泛传播。从 12 世纪末开始,由神明裁判到刑讯逼供的诉讼程序转变才真正开始显现。自那时起,没有任何一个欧洲国家成为例外。[3] 到 14 世纪末期,刑讯逼供已然成为一种普遍的习惯,并在某种程度上构成旧时刑事诉讼程序的基本制度之一。

为限制法官权力,纠问式诉讼程序发展出了上诉和“法定证据”两大诉讼制度,这也成为纠问式诉讼的两大典型特征。

(5)上诉是一项将下级法院法官已经裁判的案件交由上级法 10
院法官重新审理的权利。上诉的理念与同侪审判的司法理念是相异的。首先,它与司法具有绝对可靠性的主流观念相悖。如果第一个法官可能出错,为什么第二个法官一定不会出错呢?其次,这也意味着法庭的等级制度:虽然法官普遍是非常优秀的,但每个人都受限于一定的认知水平。因此,按照我们今天的理解,罗马共和国时期并不存在上诉制度,该制度在帝国统治时期才出现。日耳曼人和封建制度的程序都不存在这种救济方式,其适用

〔1〕 *Esmein*(“Cours élémentaire d'histoire du droit français,”p. 36)观察到,“古代从来不承认奴隶的证词,除非对他施以酷刑加以控制”。

〔2〕 L. 11, C. IX, 41.

〔3〕 *Tarde*,“Penal Philosophy,”Howell's trans.,“Criminal Science Series,”p. 435. *Cf. Molinier*,“La torture”(Toulouse), 1879. Extract from the“Recueil de l'académie des sciences, inscriptions et belles-lettrea de Toulouse.”

的方法实质上均基于民间习惯。[1] 但是,随着国家主权和承载着王室利益的等级制度的重建,并在罗马法和教会法的逐渐影响下,上诉制度被引入世俗审判。

(6)纠问式和秘密进行的程序安排导致了"法定证据"制度作为必要的平衡而出现,这甚至是出于为被告利益的考量。法官想要定罪,必须已经掌握了法律所要求的特定种类和数量的证据;但是,如果这些证据已经全部摆在法官面前,则该法官必须就此定罪。无论在哪种假设下,法官的个人信念对定罪的影响都微乎其微。该制度使刑事定罪更加困难,而且带来了一个致命的后果,其将会使对刑事诉讼的束缚更加牢固。而这带来了一个双重变化,即它在某些方面恶化了罪犯的处境,又在另一些方面改善了罪犯的境遇。

罗马帝国末期的制度中,蕴含着纠问式诉讼制度的萌芽。它与中央集权和专制政权非常契合。作为一种侦查和证明程序的刑讯逼供,它在这一时期尤为普遍适用;后来,大约在 12 世纪中期,它从意大利的一个角落扩散到了整个欧洲;罗马法的复兴给所有封建制度法庭带来混乱的同时,也带来了新的理念与思想。

教会通过其法庭的运作为世俗法庭提供了教程和模板,并为欧洲各国在 16 世纪顺利实现以纠问式诉讼取代弹劾式诉讼的转变铺平了道路。[2] 在 13 世纪后半叶,罗马法和教会法的合力影

〔1〕 因"不享有权利"(défaut de droit)而拒绝审判的上诉,和因"虚假判决"(faux jugement)而造成的错判的上诉,是封建诉讼程序所特有的制度,它们仅仅是在名称上类似于现代的"上诉"。

〔2〕 这一制度最初用于对异端邪说的控告,后来逐渐适用于所有罪行,直到 1789 年以"特别程序"(procédure à l'extraordinaire)的名称成为皇家司法管辖区内对严重罪行进行起诉的习惯法制度。*See Faustin Hélie*, *op. cit.*, vol. Ⅱ, Nos. 206, 207, and 208; Léo, "Histoire de l'inquisition au moyen age" (translated by *Salomon Reinach*, Paris, 1900), book 1, ch. ix to xii t. I, p. 399 et seq.; *Tanon*, "Histoire de l'inquisition," *passim*.

响导致了这一新的诉讼程序形成;该诉讼程序摒弃了日耳曼主义 11
的倾向,并且近乎完全从这两种内涵丰富的欧洲法律制度中汲取灵感。

无论是弹劾式诉讼,还是纠问式诉讼,都各有其优点和缺陷,且二者都不包含刑事司法所需的保障措施。在弹劾式诉讼中,对犯罪行为进行侦查和起诉的主动权完全交由私主体行使——而私主体的惰性、恐惧或腐败可能会使权利处于睡眠状态。由于该制度在所有诉讼阶段都存在的公开性,以及法官只能依据控告者呈现给他的证据进行调查的必要性,该制度将使有罪不罚的可能性进一步增加。但是,纠问式诉讼存在非常严重的缺陷:在该制度之下,犯罪的起诉权和侦查权完全由国家代理人行使;该审判程序在秘密的环境下进行,也因此可能受到一定的质疑;最后,在该审判程序下,控辩双方完全不存在任何真正的对抗。

因此,在司法文明发展的道路上,我们应当从每一种程序类型中汲取最佳要素,形成一种混合式的诉讼制度,进而推动司法文明的进步。这种混合式的诉讼制度一部分来自纠问式诉讼制度,而另一部分则包含了弹劾式诉讼制度的所有保障措施和优良品质。

第四节　混合式诉讼制度

混合式诉讼类型具有如下特征;它们在大多数欧洲国家的诉讼制度中都有体现,但直到 1808 年《重罪审理法典》(该法典在欧洲产生了如此巨大的影响)才首次对其作出系统的规定:

(1)法官在诉讼过程中不享有主动权,不能依照其意愿主动调查。因此,一项控告的提出是必要的;但该控诉权交由检察官这一特定类型的工作人员来行使,原则上,当事人在这一过程中仅是辅助性人员。

12 (2)裁判由法官和陪审员作出。然而,在不同国家的刑事司法中,这两类审判主体实际发挥作用的环境和模式都不尽相同。

(3)诉讼程序可分为两个阶段:首先由法官进行预审,并作出预备性裁决;最后在法庭上进行最终审判,并作出判决。前者具有既不对抗也不公开的双重特征,而后者则同时包含了对抗和公开原则。

(4)法官无须陈述其判决的证据基础。虽然证据的搜查和提出受到法律规则的约束,但其证明价值并不存在提前预设的限制,而控诉是否成功的最终结果取决于法官是否完全信服。

像每一个折中的制度一样,该诉讼程序的适用要求各诉讼参与者的努力合作和衷心支持,但有时候上述内容似乎有所欠缺。一方面,法官作为被赋予了诉讼主导权的专业人士,对私主体的合作表现出了极大的不信任;自 1810 年以来,这一趋势持续增长,因此,多年来,有人呼吁恢复纯粹的专业法官制度。另一方面,不幸的是,在法官希望收回其所有审判权力的同时,大多数公民都对因此给他们带来的公民责任有所厌恶,并强烈地希望可以规避这些责任。对于最适合履行陪审团职责的陪审员而言,其认为陪审极其无聊。这种状况并非法国独有,而显然普遍存在于每
13 一个实行这种混合式诉讼制度的国家。

第二章 罗马刑事诉讼程序[1]

第一节 一般特征

诸国的刑事诉讼历史，与其政治状况的演进及对待刑罚态度的变化紧密相关。在奉行自由宪法与保障公共利益的国度，对消除危害公民自由危险具有较高的需求。这些危险往往存在于刑事诉讼中，因滥用起诉权实现政治上的目的而产生。当刑罚愈具有满足被害者被犯罪行为侵害的特征时，弹劾式诉讼程序就愈加盛行。而当刑罚被普遍认为是诉诸法律维护公共利益的必需品时，纠问式的色彩则逐渐增强。这

〔1〕 第二章和第三章是米特迈尔教授关于“德国刑事诉讼进程”的著作的第十三章和第十五章的内容。有关该作者和著作的情况，参见“编者前言”。——英译者注

些特征在罗马刑事诉讼程序中得以印证。[1]

14 根据所处理的特定犯罪类型,罗马刑事诉讼程序呈现不同的特点。[2] 每种犯罪类型都具有特定的审理法院与证据规则,因政治状况的变化有所区别。"叛国罪"(perduellio)[3]的诉讼程序完全不同于[4]"弑亲罪"(parricidium)。[5] 遵循"宗教审判"

〔1〕 关于罗马刑事诉讼程序,参阅了以下作者的文献:*Sigonius*,"De judicns"(第二、三本书是关于"刑事诉讼"的);*Brissonius*,"Oper. minor,"p. 32;*Ferratius*,"Epistol."(Patav. 1699);*Ayrault*(Ærodius),"L'ordre, formailté et instruction judlieiaire, dont les anciens Grecs et Romains ont usé en accusations publiques"(Paris 1575,1598)。(Ayrault 本人在法国是"Criminal-lieutenant"。参见 *Niceron*,"Mgmoires,"tome XVII, p. 327。关于他的生活与其作品,"Le Droit,"1884, No. 269,和其作品的特点,参见 *Laboulaye*,"Essai,"p. V。)"Lectii de public. judie."in *Otho*"thesaurus,"I, p. 67;*Mathæi*,"De criminibus,"特别是 Nani 的版本(Mediol. 1803);*Van der Hoop*,"De his qui antiquitus apud Roman. de crim. judic."(Lugd. 1723), in VIII Band of *Meermann*"thesaurus,"p. 608;Saxli,"De ordin. judic. public. apud Romanos"(Traj. 1784);*Madihn*,"Vicissit. cognition. crim. apud Romanos"(Hal. 1772);*Invernizi*,"De publicis et crim. jud."(Rom. 1787);*Heyne*,"De judic. public. rat. et ordin. apud Romanos"(Goett. 1788);*Renazi*,"Diatr. de ord. et forma judic. crim."(在其卷五的尾部"Elem. jur. crimin.");*Broquet*,"quinam fuit apud Romanos in crim. publ. procedendi modus"in Annal. Acad. (Gandav. 1820);*Schmiedicke*,"Histor. proc. crim. rom."(Vratislav. 1827);*Kennis*,"De crim. perduel. regum ætate"(Lovan 1828);*Rosshirt* in the "Archiv des Criminalrechts,"Bd. XI No. 1, and No. 14;*Geib*,"Geschichte des rom. Criminalprocesses"(Leipzig 1842);*Platner*,"Quæst. de jure crim. Roman."(Marb. 1842);*Lebastard Delisle*,"De l'administration de la justice crim. chez les Romains"(Paris 1841);*Osenbruggen*,在其著作的序言,"Ciceros Rede für Milo"(Kiel 1841);*Féréol Rivière*,"Esquisse historique de la législation criminelle des Romains"(Paris 1844);*Laboulaye*,"Essai sur les loix criminelles des Romains"(Paris 1845);*Hélie*,"Traité de l'instruction crim."(Paris 1843), Vol. I, pp. 34–173。

〔2〕 *Mittermaier*, in"Archiv des Criminalrechts"(1843), p. 153.

〔3〕 *Kostlin*,"Die Perduellion unter den röm. *Königen*,"(Tübingen 1841);*Geib*,"Geschichte,"p. 61.

〔4〕 可以肯定的是,在不同的政治条件下发生的同一罪行,例如谋杀,有时被称为"叛国罪",有时被称为"弑亲罪",例如在 Horatii 案中。*See Rubino*,"Unters. über röm. Staatsverf,"p. 490;*Kostlin*, p. 10, 57; *Wöniger*,"das Sacralsystem,"p. 244.

〔5〕 关于"弑亲罪"的广泛含义,参见 *Festus. Meister*,"Urtheile und gutachten,"p. 461;还可参见 *Diek*,"Historisehe Versuche fiber röm. Crim.,"p. 9;*Dirksen*,"Vers. zur Kritik der Quellen des röm. Rechts,"pp. 284 and 337;*Luden*,"uber Versuch des Verbr.", p. 59;*Osenbruggen*,"Das altröm. Parricidium"(Kiel 1841)。

(sacer esto)[1]方案审理的案件,则适用另一套特殊的程序。

第二节　早期法庭

诉讼程序一般在国王治下的法庭中进行,[2]作为裁判者的国王在顾问机构(consilium)的协助下作出判决。或者,由审讯官(quæstor)[3]审理(一般被称为 quæstores parricidii),[4]抑或由叛国专审审讯官(duumviris perduelliones)[5]审理,其是一种专门设 15
立的审讯官。国王治下的民众法庭[6]仅在案件被上诉(provocatio)交由人民时才具有管辖权。[7] 在国王被驱逐之后,他们的管辖权交由执政官(consuls)行使,[8]而后者则经常与元老院的顾

〔1〕 *Abegg*, "De antiquiss. roman. Jur. crim." p. 44; *Dirksen*, "Civil Abhandl." p. 102; *Rosshirt*, in "Archiv etc." XI, p. 2 e; *Platner*, "De crimin. jure antiquo Roman." (Marsburg 1836), p. 26. *Kostlin*, "von Mord und Todtschlag" (Stuttgart 1838), Part I, p. 59; *Rubino*, p. 475; *Kostlin*, "Von der Perduellion," p. 127; *Platner*, "Quest. de jure crim. Roman," p. 27.

〔2〕 *Kennis*, "Diss." pp. 34 – 41; *Dirksen*, "Civil Abhandl." p. 100; *Burkhardt*, "Die Criminalgerichtsbarkeit in Rom bis auf die Kaiserzeit" (Bael 1836); *Kostlin*, p. 20; *Geib*, p. 14; *Rubino*, p. 211; *Laboulaye*, p. 80; Hélie, I, p. 35.

〔3〕 早期的审讯官并非常设官职,而是针对特定案件委任的。*See L. 2. No. 23. D. De orig. Juris. Dirksen*, "*Uebersicht der Versuche zur Kritik der XII Tafeln*," p. 617 *and especially* p. 654; *Invernizi*, p. 31; *Kennis*, p. 48; *Rosshirt*, *in* "*Archiv etc.*"; *Burkhardt*, pp. 6, 8, *and* 9; *Zacharia*, "*Sulla*," pp. 147, 148. 更多正确的观点可以查阅 *Geib*, p. 52. *Cf. with Lebastard Delisle*, p. 9; *Rubino*, p. 322。

〔4〕 *Geib*, p. 51.

〔5〕 *Schmiedicke*, p. 16; *Kennis*, p. 43. 正确的观点见 Geib 论述, p. 59; *Kostlin*, p. 102; *Laboulaye*, p. 84。

〔6〕 *Geib*, p. 30.

〔7〕 *Wöniger*, "Das Sacralsystem," p. 239; *Hélie*, I, p. 37.

〔8〕 *Livius*, II, 5. L. 3. No. 16. D. De orig. Juris.; *Ivernizi*, p. 20; Schmiedicke, p. 31; *Geib*, p. 22.

问进行合作。[1]《十二铜表法》有一条著名的规定,[2]即人民在民众法庭和百人队会议(comitia centuriata)应当依据对罗马公民的指控而作出判决。[3] 因此,部族会议逐渐扩大其权力,一般审理具有政治影响的刑事犯罪。[4] 人民通过针对法院裁决的民众上诉,对刑事诉讼产生重大影响[5]——该权利为诸多法律所肯定。[6]

第三节 关于"Quaestiones"

Quaestiones 由民众或者元老院委任,[7]作为审判专员,对特定犯罪作出裁决。[8] 向民众法庭提出上诉的诸多不便和犯罪数量的增长导致 Quaestiones 的性质发生变化,其含义变成了"常设刑事法庭"(quæstio perpetua),即审理和判决经常发生的罪行。

〔1〕 *Cicero*, "De legibus," III, 19; *Dirksen*, "Uber die XII Tafeln," p. 645; *Schmiedicke*, p. 42.

〔2〕 *Geib*, p. 39.

〔3〕 *Geib*, p. 32; *Férol*, p. 11.

〔4〕 *Geib*, p. 35; *Cf. Platner*, pp. 49-65.

〔5〕 *Burchardt*, p. 4; *Huschke*, "Die Verfassung des Servius Tullius," p. 584; *Geib*, p. 152; *Wöniger*, "das Sacralsystem," p. 265.

〔6〕 L. 2. No. 16, D. De orig. Juris.; *Sigonius*, "De jud.," II, cap. 4; *Van der Hoop*, in *Meermann* "thesaurus" suppl., p. 617; *Wirsinger*, "Resp. ad quoast. de differentia inter delicta, dolus et culpa" (Bruxelles 1824), p. 99.

〔7〕 *Geib*, p. 48; *Laboulaye*, p. 112.

〔8〕 关于"审讯官"适用于那些被专门法典规定没有刑罚的犯罪,参见 *Platner*, p. 12, etc.; *Geib*, p. 68; *Laboulaye*, p. 126。

每个为此目的设立的“常设刑事法庭”都有独立的专门法律(lex)[1]加以规定,并且明确其适用哪些犯罪及特定的诉讼程序。 16
这些“常设刑事法庭”的数量稳定增长。[2]

然而,由全体公民作出裁决的民众法庭继续与这些常设的刑事审判法庭并存。[3] 在共和国时期,“特别刑事法庭”(quaestiones extraordinariae)[4]就已存在,彼时“常设刑事法庭”还不存在。或者,基于案件的特殊性,可以任命一个专门的委员会审理。[5]主持常设刑事法庭的行政官员往往是法务官之一,[6]因此主持“刑事审问处”(quaestio,由民众大会授权的一种委员会,其目的在于调查犯罪及违法行为并作出报告。以后它演变为全面实施刑事管辖权,以致宣告判决。——中译者注)的法务官往往被称为司法行政法官

[1] *Burchardt*, pp. 17, 19; *Bach*, "Histor. juris." p. 80; *Schmiedicke*, p. 124; *Rosshirt*, in "Archiv etc." XI, pp. 373, 382; *Zachariä*, "Sulla," 2 tift. p. 143. 有关“repetundarum, ambitus, majestatis, and peculatus”等犯罪的“审讯官”; See *Ferratius*, "Epistol." lib. I, epist. 15; *Rosshirt*, in "Archiv," p. 404; *Cicero*, "Brutus," cap. 27; *Birnbaum*, in "Archliv," VIII, p. 656。But see *Heineccius*, "Antiq. jur. rom." (Haubold's edition), p. 768; *Klenze*, "Ad leg. Ser-viliam prolegom." p. xii; *Geib*, p. 170; *Féréol*, p. 18.

[2] 例如,“quæstio de falso, de sicariis, de parricidiis”。*Hugo*; "Rechtsgesohiehte," pp. 316, 633; *Livius*, I, 26; II, 35; XLIII, 8, 18; *Cicero*, "Pro Milone," 3; See *Van der Hoop*, "De his, qui antiq." cap. V.

[3] *Cicero*, "Pro Milone," 6. Also a'nova questio, "Cicero, Pro Milone," 5, 6; *Cicero*, "In Verr." I, 42; II, 25; "Philip." II, 9. 还可参见 *Cicero*, "Attic." I, 13, 14, 16; *Rosshirt*, p. 395; *Köstlin*, "Die Lehre von Mord," I. Thl. , p. 97; *Burkhardt*, p. 20; *Geib*, p. 216。

[4] *Geib*, p. 219. 关于罗马衡平法院(Centumviral courts)是否对“de criminibus”作出裁决,参见 *De Tigerstroem*, "De judic. apud Roman." (Berol. 1826), p. 216; *Huschke*, "Servius Tullius," p. 586; *Geib*, p. 233; *Féréol*, p. 34。

[5] *Birnbaum*, in "Archly," VIII, pp. 674, 679; IX, pp. 399, 412; *Platner*, "Qumst." p. 85.

[6] *Cicero*, "In Brut." cap. 27; Cicero, "Pro Ocel." p. 13; "Pro Cluentio," 53; *Klenze*, p. 19; *Geib*, p. 178.

(quæaestor)或者调查员(quæsitor)。〔1〕另外,我发现靠前的一些研究中提到了"judex quaestionis"即"常设刑事法庭法官",〔2〕这类法官被法务官授予主持刑事法庭的权力,享有和法务官相同的
17 审理权限,可代表法务官主持庭审作出判决。〔3〕还可以肯定的是,元老院享有共谋案与外国人犯罪案的刑事管辖权。在这些案件中,元老院可以自己采取侦查措施,也可以委托给专门委员会。〔4〕

第四节 承审员

作出判决的权力掌握在"承审员"(法官)的手中。决定承审员人选出自哪个阶层的规则反映了该时代的政治自由。〔5〕最初,只有元老阶级才能做法官。经过后续改革,骑士阶级(equites)可以做法官,再之后是骑士和元老阶级均可,到最后低阶层的

〔1〕 *Cicero*,"In Verrem," II, c. 10; Virgil,". Æneid," VI, vers. 432; *Cicero*,"InVatin."c. 14;"Pro Fontejo,"c. 6;"Pro Plancio,"c. 17; *Schmiedicke* 在第 116 页的观点是错误的。正确的观点可参见 *Geib*, p. 184。关于"quæstor"的含义,可专门参见 *Laboulaye*, p. 45; *Hélié*, I, p. 59。

〔2〕 *Cicero*,"Pro Cluentio,"c. 54;"Pro Roscio,"c. 4;"Cecina,"c. 10. L. 1. pr. and No. 1. D. "Ad leg. Corn. de sicar." L. 81. D. "De judic." *Köstlin*,"Lehre von Mord und Todtschlag,"I, p. 99; *Osenbruggen*,"Oratio,"p. 35.

〔3〕 *Geib*, p. 188-193. *Cf. Féréol*, pp. 21, 22. 关于"judex quæstionis,"参见 *Laboulaye*, p. 327; *Hélié*, I, p. 60。

〔4〕 *Dirksen*,"Civil Abhandl."I. Thl., No. 2, p. 135; *Rosshirt*, in"Arehiv,"XI, p. 31; *Geib*, p. 217.

〔5〕 *Sigonius*, lib. II, cap. 6; *Krebs*,"De jud. rom. decir."(Lips. 1744). 这里有许多"leges judiciaris,"特别是"lex Servilia."Bach, p. 61; *Haubold*, Instit. rom. priv. p. 94; *Klenze*, Diss。有关于"leges judiciaris,"Laboulaye, pp. 198-322。关于"decurks judicum". See *De Tigerstroem*, p. 163. *Zachariä*, p. 156, and p. 159。有关 Sulla 所介绍的变化,参见 *Geib*, p. 213; *Laboulaye*, p. 263; *Hélié*, I, p. 61.

民众也可以做法官。[1]

这些“承审员”每年都会被挑选一次，但是相关的诸多法规对其数量表述各异。[2] 与现代陪审团一样，在这些“承审员”中，首先要通过抽签和申请回避(recusation)指定在每个案件中作出判决的人。申请回避权既属于原告，也属于被告，且权限在不断扩大。正如犯罪各异，作出合法刑事判决所需的法官数量也各不相同。[3]

第五节 “承审员”与现代陪审员之比较

尽管很多人如此认为，[4]但是将现代英语和法语国家的陪审员类比于罗马的“承审员”并不合适。[5] 最主要的是后者在作出最终判决时，并不区分事实与法律问题。但是现代陪审团作此 18
区分，且至少在法国，陪审团需要根据内心确信作出裁判，[6]无须考虑任何证据规则。然而，不可否认，罗马“承审员”与现代陪审团有一点类似，即两者的理念都源于民众法庭，且罗马“承审

〔1〕 正确的观点可参见 *Geib*，p. 193-202。*Cf. Osenbruggen*，“Rede für Milo，”p. 34.

〔2〕 这也属于“lex Servilia”。参见 *Ascon*，“In Cicero Or. in Verr. ”c. 6；*Nes*，“De judiciis judic. jurator”(Trajeet. 1804)，p. 15；*Rosshirt*，in“Archiv，”XI，p. 385；*Osenbruggen*，p. 36；*Geib*，p. 307；*Laboulaye*，p. 354。

〔3〕 例如，“lex Servilia”要求 50 人；根据 *Cicero*，“Pro Cluentio，”一次需要 30 人；根据“Orat. in Pison. ”cap. 40，必须有 65 人；根据 *Cicero*，“Epist. ad Attic. ”IV，15，要求有 28 个法官. 特别参见 *Geib*，p. 207。

〔4〕 *Pentingal*，“关于希腊与罗马承审员实践与应用的调查研究”(伦敦 1767)，3 vols. ；*De Blankensee*，“De judic. jurat. apud Grwcos et Rom. ”(Goett. 1812)。还可参见 *v. Oppen*，“Geschworne et Richter，”p. 9；*Lebastard*，p. 25。

〔5〕 *Geib*，p. 315；*Mittermaier*，in“Archlv”(1844)，p. 151.

〔6〕 *Van der Doesde Bye*，“Histor. judic. jurat. ”(Lugdun 1821)，p. 29. 关于罗马承审员的重要意义，Laboulaye，p. 337。

员”与陪审团一样都不是常设的，而是每案抽签[1]指定。[2] 另外，被告享有的不断扩大的对于“承审员”的申请回避权，[3]对现代陪审员同样适用。至少在这种情况下公认一点，即被告只需服从于自由意志完全公正的法官。

第六节 罗马诉讼的弹劾性质

与罗马刑法精神及盛行的观点相一致，罗马刑事诉讼也通常基于正式指控的原则——刑事诉讼不仅要基于正式的指控，而且在原告和被告之间必须存有争议，该争议限于原告提出的正式指控，原告有义务为其案件进行必要的举证。[4]

纠问式要素在罗马共和国时期的刑事诉讼中逐渐发展起来，当为某些特定案件定罪时，可以委任专门的“审讯官”。[5] 在“主持刑事审问处的法务官”和“祭司们”面前进行的诉讼程序有很多特殊之处，均受到纠问式的影响；但是，诉讼程序的根基仍然是弹
19 劾式的。[6]

〔1〕 “Sortitio.”参见 *Ayrault*, p. 245; *Cicero*, “In Verrem,” XI, 15; *Geib*, p. 308。

〔2〕 对于特殊罪名有特殊规定。在“lex Licinia”中与“judices fedilitii”相关，参见 *Cicero*, “Pro Plane.” 15, 17; “Pro Murena,” 13; *Ayrault*, c. 1, p. 254.

〔3〕 法官回避的原因并无明确规定。*Ayrault*, p. 240. 法规规定了关于每种犯罪的不适格。参见 *Cicero*, “Pro Cluent.” 53; “In Vatin.” c. 2。关于“lex Licinia”的影响，参见 *Geib*, p. 313。

〔4〕 *Ayrault*, “Ordre etc.” p. 281; *Geib*, p. 98; *Laboulaye*, p. 134; *Hélié*, I, p. 70.

〔5〕 Geib, p. 102; *Hélié*, I, p. 120.

〔6〕 *Mittermaier*, in “Archly” (1843), p. 287.

在民众法庭,提起诉讼的权力专属于[1]可以召集并与之沟通的官员,(该官员需要主持民众秩序。——中译者注)[2]但在"常设刑事法庭"前任何公民都可以提起控告。

罗马的各个机构都在明显地努力保护[3]公民的自由,避免受到原告恶意、阴谋及鲁莽行为的侵害。同时,还试图抵制恶意撤诉,防止共谋或有偏见的定罪,以保护国家的利益。第一种态度解释了与原告"诬告"(calumnia)有关的法律,[4]以及"书面签字认罪"(subscriptio in crimen)的必要性。[5] 第二种态度解释了关于"敷衍塞责罪"(tergiversatio)[6]与"渎职罪"(prævaricatio)[7]的规定,即元老院相关法令(Senatus consultum Turpillianum)。[8]罗马也有惯例[9](至今仍在现代诉讼程序中使用),例如在针对国家的罪行中,利用其中一个被许诺豁免的有罪者[10]作为控方证人指控其他人。在罗马共和国时期,专门的官员可以在何种程

〔1〕 公民个人必须通过法官提起诉讼。根据之后的法律,No. 1, Inst. "De publ. jud. "但是 *cf.* L. 30. Cod. "Ad leg. Jul. de adult. " *Burchardi*, "Rechtssystem der Römer," p. 217; "Neues Archiv etc. " VII, p. 465.

〔2〕 *Rosshirt*, in "Arcbiv etc. " XI, p. 397; *Geib*, p. 100.

〔3〕 *J. van Renesse*, "De coercitione accusatorium in Oelrichs" (diss. belg.), vol. I, Tom. II, pp. 561-632.

〔4〕 "lex Remnia"非常重要。参见 *Brencmann*, "Lex Remnia sive de lecis Remnime exitu cum diss. de fatis calumn. " in Otto, "Thes. " tom. III, p. 1561。还有 *J. de Bye*, "De delicto canmnim in public judiciis. " (Lugd. 1790); *Geib*, pp. 124, 291.

〔5〕 L. 3. No. 2. 7. D. "De accus. " L. 24. D. "Ad leg. Corn. de falsis. " L. 2. Cod. "Ad SC. Turpill. " L. 5. Cod. Theod. "De accus. "; *Klenze*, "Ad leg. Servil. " p. 13; *Birnbaum* in "Archiv etc. " IX, p. 361. 参见 *Brencmann*, c. 1. p. 1635; *Bye*, "Diss. " pp. 4-16。

〔6〕 L. 1. pr. D. "Ad SC. Turpill. "还可参见 *Cicero*, "Pro Flacco," c. 20; "pro Plancio," c. 19。

〔7〕 *Cicero*, "In partit. " 36. L. 1. No. 6. D. "Ad SC. Turpill. "

〔8〕 *Nordkerk*, De lege Petronia, c. IV, 3. 4.

〔9〕 被称为"索引"。*Ascon.* "In Verrem," c. 11; Cicero, "Pro Cluentio," c. 7; "In Catil. " IV, 3; *Tacitus*, "Annal. " IV, 28; *Invernizi*, p. 60; *Geib*, p. 105.

〔10〕 *Ayrault*, p. 291.

度上利用其职权进行侦查及起诉并不明确,[1]在何种程度上是告密者(quadruplatores,罗马法词语,指可以获得被告涉案财物四分之一
20 的告密者。——中译者注)[2]也不明确。

第七节 欠缺一般刑事制度的影响

古罗马人对包含各种犯罪类型的犯罪体系的现代观点并不了解。[3] 每部法律都包含了对特定犯罪有关的正式指控、证明和起诉的专门规定。相应地,在每个"刑事审问处"中,只能针对该罪行进行审理和判决,正式指控依照法令进行。[4] 这一点在数罪中对于多个犯罪是否同时发生有疑问时非常重要。[5]

《优利亚诉讼法》(Leges Juhæ Judiciari)[6]似乎只包括了有关法官和同类事务任命要点的一般规定。在有关程序的大多数制度中,其中之一是区分程序属于常设刑事法庭还是"公民大会"——如果是后者,那么是部族大会(comitia tributa)还是百人

[1] *Adam*,"Handbuch der römischen Alterthümer"(Translation),I,p. 552;关于 *Cicero*,"Pro Rose."20;"De legibus,"II,47;and Plin. "Epist."III,9. 但是相反的,参见 *Winssinger*,"De diff. inter etc."p. 102。

[2] 关于"quadruplatores",*Livius*,III,c. ult;*Ascon.* "In Divin." c. 7;*Cicero*,"In Verr."IV,8;*Invernizi*,p. 80;*Geib*,pp. 106,257。

[3] *Ayrault*,"Ordre et formalité,"pp. 5,932;*Hugo*,"Röm. Reehtsgeschichte,"p. 634;*Diek*,"Hist. Versuche über röm. Crim."p. 29. 还可参见 L. 3. No. 5;L. 13. 18. D. "De testibus."。

[4] *Geib*, p. 361.

[5] *Wafflaer*,"De coneursu dehctor."(Lovan 1823),pp. 33,34;*Savigny*,"De concurs. delict,formal."p. 110;*Von Feuerbach*,"Ueber das Geschwornengericht,"p. 227;*Plank*,"Die Mehrheit Rechtsstreitigkeiten,"p. 95.

[6] *Bach*,"Histor. jur."p. 350;*Brissonius*,"Oper. minor."(edit. *Treekell*),p. 95. 之后法律中关于法官的委任,参见 *Geib*,p. 207。

队会议。还有一个问题是,“承审员”是否仅适用法律所规定的刑罚,还是可以考虑从轻情节——这要视不同类型犯罪的起诉程序而定。[1] 在“常设刑事法庭”程序中,“承审员”要严格依照法律规定适用刑罚。[2]

第八节 审前规定

诉讼程序分为审判和审前调查。直至正式的公开庭审,由“审讯官”在“承审员”在场的情况下进行指挥。在正式庭审中,首先进行正式的指控,然后进行证据的举证,并为被告提供准备的机会。

审前调查程序(præjudicium accusationis,[3] ordination ca-
usæ)[4]的分离源于一个事实,即只有公民个人才能被作为“刑事 21
被告”(accusatus 或 reus)[5],对于他们的指控是采取主要侦查行为的基础。[6] 因此审理(现代意义上的)必须与“罪行”(crimen[7] 或 reatus[8])有关。

〔1〕 *Besserer*,“Do indole juris crim. Roman.”II, pp. 22–49; *Rosshirt*,“Entw. der Grundsiltze des Strafrechts.”p. 71; *Geib*, p. 207.

〔2〕 *Kostlin*,“Von Mord und Todtschlag,”p. 194.

〔3〕 *Quinctilian*,“Declam.”319.

〔4〕 L. 1. Cod.“Ad. SC. Turpill.”*Birnbaum*, in“Archiv etc.”XI, p. 353.

〔5〕 L. ult. Cod.“De accusat.”“Archly etc.”IX, p. 352.

〔6〕 在经典著作中,将“Postulo”、“defero”和“accuso”进行区分可以证明这一点。参见 *Forcellini*,“Lexicon,”voce:“accusare,”和 *Cicero*,“Pro Roscio,”c. 5. 10;“In Verrem,”III 16. L. 38. No. 10. D.“Ad leg. Jul. de adult.”L. 3. Cod.“De plagiar.”还可参见 *Ayrault*,“Ordre etc.”p. 303。关于罗马审前调查程序,参见 *Hélie*, I, p. 59。

〔7〕 “Neues Archiv etc.”IX, p. 340.

〔8〕 L. ult. D.“Ad leg. Jul. majest.”

在民众法庭,刑事指控似乎由主持法庭的长官立即发布。但是,在之前很长时间,法官仅宣布一项指控声明,为此设定聆讯日期,并在同一时间传唤被告。[1]

长时间的间歇、被告试图影响民众的机会、指控应当重复三遍的要求[2](必然结果是民众与此同时熟悉了指控所涉的事项)也构成了一种初步调查程序。[3] 但这一程序并不如同我们的时代由官员收集证据,或者召开将被告排除在外的听证会一样。这些行为与弹劾式诉讼的性质相冲突,并且与不将精力放在获取口供上的理念相矛盾。

为保证被告在诉讼中到场,可以采取必要的安全措施。在某些情况下,被告可能会被暂时监禁。[4]

第九节　初步调查

在"常设刑事法庭"[5]公开审理程序中有规律进行的一系列的行为可被视为初步调查措施。这些行为中的第一个为:原告(postulatio rei)向主持刑事审问处的法务官申请起诉。原告向"刑事审问处"的主持者做正式祷告,以允许对某人提起诉讼;主
22 持者调查原告主张的相关事实,并根据情况批准或拒绝该请求。如果他批准该请求,接下来就是刑事案件登记程序(nominis 和

〔1〕 "Dies dicebatur" *Cicero*, "Deharusp." c. 4; "In Div. Verr." c. 21; *Quinctilian*, "Declam." 302; *Geib*, p. 116.

〔2〕 *Cicero*, "Ad famil." XVI, 12; *Livius*, III, 35.

〔3〕 关于这些程序行为的性质特点,参见 *Laboulaye*, p. 138。

〔4〕 *Geib*, p. 117.

〔5〕 关于它们的特点,参见 *Laboulaye*, p. 183。

criminis delatio)[1]:原告提出正式和明确的指控,[2]表明行为的性质以及指控的对象。该行为通常在被告在场时进行。[3] 接下来进行签名程序(inscriptio nominis)[4](签名,subscriptio)或者确认被告程序(criminis),作为正式指控由法院登记在册,注明原告(现已正式宣布自己为原告)和被告的名字。[5] 对于起诉书(libellus accusationis)[6]的起诉,原告必须在随后的审理中予以限制。[7] "主持法庭的长官"(magistratus)有时可能拒绝将被告的名字列入名册,[8]这表明他对指控进行了初步调查。

一项既定的法律原则是,多名原告不能起诉同一被告;[9]因此,有必要就原告可能提出的指控作出初步裁定(divinatio)。[10] 并且,至少作为一项一般规则,在"刑事审问处",原告不能针对一名以上的人提出指控。[11] (文献中)没有关于"主持法庭的长官"为收集证据或讯问某些人而进行初步调查的规定,但是提到的

[1] 在古时,这两个行为通常并未被明确区分。See *Cicero*,"Pro Ccel."3;"Pro Cluentio,"8;"Divin."20. L. 18. No. 9. D."De quost.";*Ayrault*, p. 306;*Birnbaum*, in"Archiv etc."IX, p. 358;*Geib*, p. 267;*Laboulaye*, p. 344.

[2] The"professio crimin."in L. 5. Cod. Theod.,"De accus.,"包含了一个例子。

[3] *Geib*, p. 270.

[4] *Cicero*,"Pro domo,"c. 20. L. 3. 7. pr. D."Deaccus";*Birnbaum*, p. 359(cf. p. 263). In L. 3. D.

[5] *Geib*, p. 281.

[6] L. 2. No. penult. D."Ad. leg. Jul. de adult."L. 2. D."De accus.";*Birnbaum*, in "A. rchiv etc."p. 359, note 496.

[7] *Ayrault*, pp. 308-312.

[8] *Cicero*,"Divin."VIII, 8;*Laboulaye*, p. 346.

[9] *Ayrault*, p. 819.

[10] 但其他人可以支持首席原告(subscriptores)。See *Cicero*,"Div."20;*Gellius*, II, 4;*Geib*, p. 268;*Cicero*,"Div."15;"Pro Muren."24;"Ad Div."VIII, 8;*Birnbaum*, in"Archiv etc."IX, p. 361;*Geib*, p. 322.

[11] L. 12. D."Do accusat."L. 16. Cod."De accus."参见 *Ayrault*, pp. 327-332。关于初步的具体程序, See *Osenbruggen*,"Rede für Milo,"p. 37. (Kiel 1841)。

23 “主动调查”[1]似乎表明存在这样的证据收集程序。文献中提到的“庭询”(interrogation)也是由原告独自进行,没有“主持法庭的长官”的纠问式[2]协作。[3] 通过向被告发问,原告为他的指控提供了必要的切实基础。然而,刑事诉讼程序被认为类似于民事诉讼程序,在正式起诉之前,原告提交的起诉书必须首先得到“裁判官”批准。这似乎表明直至“主持法庭的长官”许可进行“审理”(judicium)[4]后,原告才能提出正式指控。

第十节 审 判

当完成所有这些初步行为,对被告的起诉即完成了,而且其确实存在问题。[5] 被告成为“reatus”[6]或者“crimen”[7],并因此列入被允许提起指控的名单。然后,“主持法庭长官”一旦设定了“出庭日”(dies),便开启了正式审判流程(judicium publicum),技术上称为“quæsito”或“crimen”。[8] 在此,每一诉讼行为都以

[1] *Cicero*,“In Verrem,” IV, c. 4. “Pro Murena,” 0. 21. *Plinius*, “Epist.” III, 9; V,20.

[2] *Ayrault*,“Ordre etc. ”pp. 420-424. The“interrogatio ex lege”(Bissonius,“De formulis,”p. 471;*Besserer*,“Diss. ”p. 15)涉及被追诉方。*Rosshirt*, in“Archiv etc. ”XI, p. 390. 关于“interrogatio”的性质,*Geib*, p. 273。上文提到的“inscriptio”似乎在“interrogatio”之后,*Geib*, p. 281。

[3] 对被现场抓获的罪犯有一个更简易的程序,参见 *Hugo*,“Rechtsgeschichte” p. 534(基于“Appian de Bello civ. ”2 II,6);*Nagell*,“De flagranti crimine”(Groning 1828)。

[4] L. 25. D. “Ad SC. Sillan. ”

[5] “Litis contestatio. ”对于“crimen,”也有一种叫法称作“contestari crimen. ”L. 15. No. 5. D. “Ad SC. Turpill. ”L. ult. Cod. “de jure fisci. ”指代所谓的“receptio nominis”. *Geib*, p. 283.

[6] L. 9. No. 1. Cod. “De bon. proseript. ”;L. ult. D. “Adleg. Jul. majest. ”

[7] *Birnbaum*, in“Archiv etc. ”VIII, p. 438.

[8] *Ayrault*,“Ordre, etc. ”p. 316; *Hélie*, I, p. 76.

尽可能公开化的形式进行,且没有书面诉讼可循。诉讼程序体现出对被告辩护最高程度的保障;如果被告自愿,可以选择辩护士(patronus 或 advocatus)为其辩护。[1] 提出指控的原告必须在场,这是开始公开审理的重要条件,[2]不能由律师(procurator)代理。[3] 无法找到任何资料表明法庭开庭审理有一个统一的程序。[4] 显然,原告在陈述完控诉之后,且往往是在开场陈述和概 24
括完指控之后,开始出示证据。[5] 原告及辩方的陈述,先于证据的出示。主持审理的“裁判官”并不参与对被告的审讯。[6] 这种举证责任完全由原告承担的刑事诉讼与刑事诉讼的精神并不一致。除此之外,被告无须基于任何原因供认——虽然在供认的情况下,原告无须多言,不用再举证。[7] 没有任何资料表明被告快速在公开法庭中作出全部供认,就可以不经过“审讯”,立即作出裁判。[8] 相反,对于“供认人”(confessus)的裁判必须经过正式庭审。然而,在早期确实没有对于供认真实性的正规审查程序。没有人听说过被告被强迫指控认罪。[9] 但可以相信,被告固执

[1] *Geib*, p. 320.

[2] L. 13. “De public. judic.”; L. 15. Cod. “De accus.”; L. 15. 17. Cod. Theod. “De accus.”

[3] *Ayrault*, p. 478. 原告有时还会带着在“deductio”中支持他的“资助者”(patron)。*Ferratius*, “Epist.”, I, 6; *Rosshirt*, in “Archiv etc.” XI, p. 392.

[4] L. 20. Cod. “De his, qui accus. non poss.” mentions “Expositio crimninum atque accusationis exordium.” 关于不同的形式,参见 *Brissonius*, “De formulis”。

[5] *Geib*, p. 318. 然而,庞培试图改变这种安排,但他所引入的变革并未持续很长时间。

[6] *Ayrault*, “Ordre, etc.” p. 479.

[7] *Cicero*, “In Verrem,” V, 64; Sallust, “In Catilin.” c. 52. 之后供认的可信性需要结合其他证据加以证明。L. 1. No. 17. 27. D. “De quaestion.” *Cf.* L. 8. Cod. “Ad leg. Jul. de vi,” and *Niccolini*, “storia del principṅper L'instruzione dele pruove,” pp. 244-249.

[8] *Geib*, “Do confessionis effectu in processo crimin. Romanorum” (Turie 1837); Geib, “Geschichte,” p. 275.

[9] *Geib*, “Geschichte,” p. 138.

而无正当理由的沉默将对其不利,并加剧法庭对他的怀疑。[1]

提到的对被告的庭询,[2]既有原告提出的询问,也有被告在举证时[3]对原告提出的询问。在罗马共和国时期,自由人不可
25 能遭受刑讯逼供。[4] 刑讯逼供只对作为证人的奴隶适用,而且根据法律(leges)性质的不同会有一定的限制。[5] 证人由首先申请其出庭的一方询问。如果是原告申请的证人,[6]在辩方出示证据的过程中,被告(或者其辩护人)也可以询问证人——特别是质疑证人证言的可信性。[7] 同样,原告也可以询问被告一方申请的证人。总体而言,对证人的询问类似于英国询问与交叉询问的程序体系。[8] 处理不同犯罪的不同法律关于证人证言的可信性的规定并不相同。[9]

没有资料显示"主持法庭的长官"可以在"正式审判流程"决定任何事项,[10]例如,某些质疑证人证言证据的可信性。有学者已经指出,被告发表的专门辩护意见先于证据的举证质证。[11]

〔1〕 L. 8. Cod. "Ad leg. Corn. de falsis."

〔2〕 *Ayrault*, p. 490.

〔3〕 *Ayrault*, p. 479.

〔4〕 *Grupen*, "Diss. prælim. observat. jur. crim. de applicat. torment." (Han. 1754); *Reitemeier*, "De orig. et rat. quæst. per tormenta apud Græc. et Rom" (Goett. 1683); *Westphal*, "Die Tortur der Griechen und Römer" (Leipz. 1785); *Wasserschleben*, "Hist. quæst. per torment." (Berol. 1836), No. 75.

〔5〕 *Cicero*, "Top." 34; "Pro Milone," 22. L. 1. Cod. "De quest."; Geib, "Geschiehte," p. 138, 330, 348.

〔6〕 在庭审的后期,"裁判官"也可以进行发问。See L. 3. No. 3. D. "De testib."

〔7〕 关于取证方式的文章,参见 Brissonius, "De formulis," p. 476。关于询问,参见 *Geib*, p. 390。

〔8〕 询问公开的原则似乎违背了以"recitatio"进行的缺席证人证言。See L. 3. No. 3. D. "De testib." See also Brissonius, p. 476. 关于书面证词在何种程度上被应用,参见 *Geib*, p. 342。关于罗马法中询问的方式,参见 *Laboulaye*, p. 367。

〔9〕 L. 3. No. 5. D. "De testib."

〔10〕 *Ayrault*, p. 515.

〔11〕 *Ascon.*, "Cmcin." 4,区分了四种"defensores"。

发言者精妙的演说术[1]对他们非常有利,这是因为,尤其是在民众法庭,不受证据规则约束的公民容易混淆赦罪者和法官的职责。[2] 并且,在"民众大会"程序中,若没有推迟裁决(ampliatio),法庭需立即作出有罪或无罪裁决。[3] 在法庭审理的尾声没有专门的类似于法国现代刑事诉讼中的陈词答辩。但是,原告和被告可以简要地揭露对方答辩中的弱点,强化己方有利的证 26
言。[4] 在"民众大会"中进行投票的方式同其考量其他问题的方式相同。另外,在"常设刑事法庭"程序中,裁决以投票方式进行,[5]并非交由法官裁决,且不区分事实与法律问题。该裁决由多数票作出,并立即予以公开,但在"未证明"(not liquet)为多数裁决的情况下,该决定可以推迟。[6] 在罗马共和国时期,被定罪的公民个人可以向民众提出上诉,由"主持法庭的长官"监督司法公正。[7]

〔1〕 *Cicero*,"Orator."I,8. *Quinctilian*,"Inst."II,16 and 17. 还可参见 *Cicero*,"Pro Sextio,"69。"laudatores"(具有证人的性质)也同样如此。*See Rosshirt*, in"Archiv etc."XI,p. 393;*Geib*,p. 344.

〔2〕 *v. Feuerbach*,"Betrachtungen über Oeffentlichkeit und Mundlichkeit"(Giessen 1824),I,p. 269. *Geib*,p. 103.

〔3〕 *Geib*,p. 148;*Laboulaye*,p. 377.

〔4〕 这些是"altercationes," Quinctilian,"Institut." VI, 4. *Geib*, p. 326; *Laboulaye*, p. 363。

〔5〕 关于投票的方式,参见 *Geib*,p. 364。

〔6〕 *Ascon.*,"In Verrem," III,"De prietur. urb." c. 9; *Erhard*,"De ampliat. judicor. publicor."(Lips. 1793). 区分"comperendinatio,"参见 *Geib*, p. 369; Spies,"De comperendin."(Lips. 1728);*Ferratius*,"Epist."I,9;*Geib*,p. 372。关于裁决的种类,参见 *Brissonius*,"De formulis,"p. 480。

〔7〕 Wöniger,"Das Sacralsystem,"p. 288. *Cf. Geib*,p. 387.

第十一节 帝国时期的变革

在皇帝的统治之下,[1]公民自由的逐渐被破坏必然影响古罗马刑事诉讼程序,而基督教在传播,其思想则倾向于保护无辜者和促进正义。[2] 然而,众多皇帝的专制统治导致刑事诉讼程序沦为他们玩弄权力的工具。[3] 随着皇帝集政府的权力于一身,司法权与行政权之间的区分逐渐消失。因此,旧时的民众法庭不复存在。虽然“常设刑事法庭”仍然存在,但是已实质改变了存在的原始意义。民事和刑事权力合二为一,集于一身。[4] 首都城市行政长官(praefectus urbi)[5]和禁卫军长官(praefectus praetorio)[6]是常设的负责刑事司法的公职人员。常设法院制度
27 已经建立。[7] 皇帝很少会亲自作出刑事案件的判决,[8]而是将调查工作委托给专门的官员。元老院经常主张对罪行特别是对危害国家罪行的管辖权,[9]或者赋予某些官员管辖权。[10] 早在

〔1〕 关于刑事诉讼精神的变化,参见 Laboulaye,p. 387。

〔2〕 L. 22. Cod. “De episcop. audient. ”非常重要。

〔3〕 *Faustin Hélie*,in the“Revue de 1Wgislation”(1844),p. 339,349. 这是许多温和条款被引入刑事诉讼的证明。

〔4〕 *Haubold*,“Instit. jur. rom. priv. ”p. 91; *Féréol*,p. 46.

〔5〕 Tit. Dig. I, 12; Malblank, “Conspectus rer. judiciar. Roman. German. ”(Norimb. 1797),p. 59,and especially p. 62;*Geib*,pp. 399,439; *Hélie*, I,p. 133.

〔6〕 *Malblank*,p. 56;*Geib*,p. 431.

〔7〕 *Niccolini*,p. 188.

〔8〕 *v. Feuerbach*,I, p. 270; *Dirksen*, “Civil Abhandl. ”I, p. 175; *Geib*, p. 420; *Laboulaye*,p. 429.

〔9〕 但元老院的管辖权并不限于针对国家的罪行。*Geib*,pp. 398,412;*Laboulaye*, p. 413.

〔10〕 *Dirksen*,p. 189; *Rosshirt*, “Geschichte und System des deutschen Strafrechts” (Stuttgart 1838),I,p. 188.

1世纪,"常设刑事法庭"也许就已经废止了;无论如何,在卡拉卡拉(约3世纪的罗马皇帝。——中译者注)时期,关于其已没有任何记载。[1] 刑事询问处审讯官(judex quæstionis)[2]虽然在之后存在了很长一段时间,其只不过是地方法官委任的一名专员。[3] 随着古老的"刑事审问处"和民众法庭的衰落,投票"承审员"也随之消失。因此,"正式审判"(judicium punlicum)[4]完全失去了其原有的意义,并最终被专门法规废除了。"特别犯罪"(criminal extraordinaria)[5]数量一直在增长。从古代法律的角度来看,所有刑事法院被认为是"特别的"(extraordinaria),正如现代司法中案件的审理归属于地方法官一样平常。[6] 首都城市行政长官、禁军统帅和省总督(praesides)不认为自己受旧法的约束,因此在其刑事法院中制定了新的诉讼程序(extra ordinem)。[7] 在上述官员的法院中,起关键作用的是顾问团(consilium);[8]该顾问团中的法官由地方法官选任,领取国家的薪俸。[9] 但是,他们并不像过去的"承审员"一样投票,遵循大多数的意见裁决,而仅仅是写下他们的裁判意见。[10]

〔1〕 *Schulting*, "De recus. judic." cap. VII, Nos. 1 and 2. 还可参见 L. 13. D. "De poenis." L. 15. No. 1. D. "Ad SC. Turpill." 关于废除"quæstiones"的不同观点, *Geib*, pp. 394–397; *Hélie*, I, p. 127。

〔2〕 L. 1. No. L. D. "Ad leg. Corn. de sicar." 还可参见 *Birnbaum*, in "Archiv etc." IX, p. 420; *Geib*, p. 396。

〔3〕 *Schulting*, "Jurisprud. antejust." p. 728.

〔4〕 L. 8. D. "De publ. judic."; *Geib*, p. 402.

〔5〕 *Hugo*, "Rechtsgeschichte," p. 878; *Geib*, p. 404; *Platner*, "Quæst. de jure crim. Roman." p. 85.

〔6〕 L. 1. D. "De offic. prmf. urb."; L. 1. ult. D. "De poon." 还可参见 *Birnbaum*, in "Archly etc." VIII, pp. 676–679。

〔7〕 *Geib*, p. 406.

〔8〕 包含所谓的陪审员(assessors)。

〔9〕 *Geib*, p. 442.

〔10〕 *Geib*, p. 447. 结果,被告不再享有先前的质疑的权利。*Geib*, p. 600.

虽然“正式审判”的旧称谓已不在其原始含义上使用，但当对
28 “显而易见事实的案件”(levia delicta de plano)审判时，其仍然适用于刑事法庭。[1]

基于规定多数犯罪法律中的规则，似乎从法院的惯例[2]中逐渐发展出一种公开的程序。[3] 口头答辩仍然是一项规则，但即使在哈德良(约1世纪的罗马皇帝。——中译者注)时期也要记录诉讼程序，宣读缺席证人的书面证言。

弹劾式诉讼最基础的形式得以保留。因此，仍有必要签署起诉书(libellus accusationis)；[4]与之前一样，原告方存在“犯罪签名”。[5] 但基本原则的性质已经发生了巨大改变。经过国家权力的发展，中央集权的倾向，[6]基督教逐渐广泛传播的影响，[7]以及刑罚认识的改变，刑事诉讼引入了更多的纠问式因素。[8]即使基于弹劾式诉讼，法官在其职权范围内[9]也需更加积极主动地寻求案件真实。现在被告要接受刑讯，[10]法官进行的常规讯问[11]似乎更追求获取被告的供述。基于在犯罪诉讼程序中不断增加的国家职责[12]和一些专门官员消除危险人物统治的工作

〔1〕 L. 6. D. “De accus.”

〔2〕 *Ayrault*, p. 531; *Geib*, p. 509.

〔3〕 *Rosshirt*, “Gesebichte und System des deutschen Strafrechts” (Stutt-gart 1838), p. 189. 关于新程序的发展，*Laboulaye*, p. 409。

〔4〕 L. 3. D. “De accus.”

〔5〕 L. 2. D. “Ad S. C. Turpill.” L. 10. Cod. “Qui accus., non poss.”; *Brissonius*, “De formulis,” p. 469.

〔6〕 *Hélie*, p. 163.

〔7〕 *Hélie*, p. 173.

〔8〕 *Geib*, p. 515. *Cf. Mittermaier*, in “Archivetc.” (1843), p. 433.

〔9〕 L. 22. Cod. “Ad leg. Cornel. de falsis.”

〔10〕 *Hohbach*, “Beiträge zum Strafrecht,” p. 2; *Geib*, p. 617.

〔11〕 *Geib*, p. 614.

〔12〕 “Publicæ sollicitudinis cura” as in L. 1. Cod. Theod. “De custod. reor.”; *Geib*, p. 527.

任务,[1]有必要发展一种受到刑法学和警察制度必要性约束的新的诉讼程序。因为一些类似警察的次要官员越来越多地被任 29
命搜寻危险人物,发现相关的犯罪(agentes in rebus,[2] renarchoe,[3] stationarii[4])。在这些官员[5]发现犯罪的过程中,出现了新的不同于弹劾式刑事诉讼的程序。[6]

虽然旧的名称仍在使用,但是古代诉讼程序发生了诸多变化,如正式检举(nominis delatio)。[7] 许多旧的诉讼步骤似乎被合为一体。[8] 由于现在法官权力的极大增加,[9]许多较早的诉讼方式被改变。

查士丁尼[10](6世纪的古罗马皇帝。——中译者注)时期刑事诉讼程序还到处残留着古代诉讼形式色彩——弹劾式诉讼、公开、口头辩论。但是这些制度背后古老的根本精神已经消失了。新制度丛生。提出控告的原告和法官要受到从习俗或者皇帝的敕令中发展出来的特定证据规则的指引,[11]从中甚至产生了一些

[1] L. 13. D. "De officio pries."

[2] *Ammian Marcellin*, XV, 3; *Augustinus*, "Confess." VII, 6; Cod. Just. lib. XII, Tit. 20-24.

[3] 2L. 6. D. "De custod. reor."; Tit. Cod. X, 75.

[4] L. 3. 4. D. "De fugitiv."; L. 1. D. "De offic. prief. urb."; L. 1. Cod. Theod. VIII, 5.

[5] The "advocatus fisci" (*Spartian*, "Vita Hadrian." c. 20; *Meigter*, "Einleitung in den peinl. Proz." I, p. 179)不能被认为是国家公诉人。

[6] *Mittermaier*, in "Archiv etc." (1843), p. 433.

[7] *Geib*, p. 548.

[8] 例如,"nominis delatio"和"inscriptio", *Geib*, p. 558。

[9] 例如,关于询问证人,根据 L. 3. No. 3. D. "De test.,"哈德良皇帝可以提出问题。权力极大扩张。*Geib*, p. 631.

[10] 细节可参见阿伽提亚斯(*Agathias*)收集的刑事案例(由 *Degen* 翻译),"Neus Archiv etc." VII, No. 22。

[11] 关于后期的罗马刑事诉讼程序,参见 *Rosshirt*, "Zeitschrift filr Civil-und Criminalrecht," 2d. Hft. p. 178。

基本的证据理论。[1] 然而,我们不能因此断定,为了给予特定的刑罚,对举证方式提出了更高的要求。[2] 法官司法权力的扩大也是一项原因。在同一行为构成多项犯罪的案件中,法官不受原来指控的约束,并且在决定刑罚时享有一定的自由裁量权。[3]

〔1〕 *Post*, in the"Lehre vom Beweise."还可参见 *Geib*, p. 610。罗马人对于间接证据的重视将在后文探讨。

〔2〕 可能在 L. 16. Cod. "De pcenis."中出现过。See *Geib*, p. 649.

〔3〕 *Geib*, pp. 652-659.

第三章　原始日耳曼刑事诉讼法 30

第一节　一般特征

在日耳曼法中，与刑事诉讼法[1]的发展密

〔1〕 关于德国刑事诉讼的历史，可以参考以下内容。*Gebauer*，"Vestigia juris german. ante."（Goett. 1766）. Disp. 14，15，16；*Weisand*，"De re German. judiciar."（Viteb. 1773）；*Hofmann*，"De orig. progressu et natur. jurisprud. crim. ger."（Leipzig. 1722）；*Malblank*，"Geschichte der peinlichen Gerichtsordnung"（Nurnb. 1783）；*Malblank*，"Conspectus rer. judiciar. röman. German."（Norimb. 1797）；*Heineccius*，"Elem. jur. German. tum vet. tum hod."（Hal 1736），tom II，Tit. III；*Hauschild*，"Gerichtsverfassung der Deutschen"（Leipz. 1751）；*Kopp*，"Nachrichten von der Verfassung der geistl. Und Civil-Gerichte in Hessen." 2 Thle.（Cassel 1769）；*Henke*，"Geschichte des peinlich. Rechts，" 2 Thle.（Sulzbach 1809）；*Meyer*，"Esprit，origineet progrès des instit. judiciaires"（la Haye 1819）（vol. VI，also the firstpart）；*Rogge*，"Uber Gerichtswesen der Germanen"（Kömgsberg 1820）；*Raepsaet*，"Analyse raisonnée hist. et critiq. de l'origine et progrès des droits des Belges."（Gand. 1824，1826），3 vols. 关于法国国王时期的具体刑事诉讼程序，参见以下内容。"Théorie des loix politiques de la monarehie francoise"（Paris 1792，8 vols.），in vol. VII，pp. 1　186，or in the new edition（Paris，1844，by *M. de Lazardière*），vol. II，p. 97，vol. III，p. 1，and vol. IV，pp. 29，200. There is also much in certain pas-sages of *Bodman*，

切相关的是刑罚观念的转变和德意志民族的政治状况。直到出现了“直接针对现代社会的犯罪”的概念,刑事诉讼才具有与当今
31 社会相类似的意义。[1]在现代社会中,如果出现由家族复仇驱使的针对公民个人的犯罪,则只有在违反了习惯确定的复仇限度的情况下才被认定为犯罪;[2]而对被认定为破坏社会安宁的,则强制收缴罚金,或者对其判处生效的处罚。

旧秩序的基本原则是将司法权与执政权分开。掌握在贵族手中的执政权,为“伯爵”(comes)的出现奠定了基础。[3]伯爵是

“Rheingauische Alterthümer”; *Feuerbach*, “Betrach-tungen über Oeffentlichkeit und Mlundlichkeit,” (Giessen 1824); *Eichhorn*, “Rechtsgeschichte”; *v. Savigny*, “Geschichte des römischen Rechts.” The following are also important. *Maurer*, “Geschichte des altgermanischen und namentlich altbaier., öffentlichen, mundlichen Gerichtsverfahrens” (Heidelberg 1824); *Frieberg*, “Das altdeutsche Gerichtsverfahren” (Landshut 1824); *Buchner*, “Das öffentl. Gerichtsverf. in bürgerl. und peinl. Saachen” (Erlangen 1825); *Steiner*, “Über das altdeutsches imbes. altbaier. Gerichtswesen” (Aschassenburg 1824); *J. Burchardt*, “Diss. hist. de judiciorum criminal. formis olim hodieque” (Basil. 1823); *Vos*, “De judiciis Drenthinorum antiq.” (Gromng 1525). *Cannert*, “Bydragen tot de kennis van het oude Strafrecht in Vlaenderen” (Ghent 1835); *Rosshirt*, “Geschichte und System des deutschen Strafrechts” (Stuttgart 1838); *Wilda*, “Das Strafrecht der Germanen” (Halle 1842); *Unger*, “Die altdeutsche Gerichtsverfassung” (Gött. 1842); *Pardessus*, “Loi salique” (Paris 1843), p. 567 *et seq*; *Hélie*, “Traité de l‘ instruction criminelle’” (Paris 1836), I, p. 179.

〔1〕 关于它的发展,参见 *Wilda*, p. 169。

〔2〕 *Wilda*, p. 160; *Waitz*, “Deutsche Verfassungsgeschichte,” p. 193.

〔3〕 *Marculf*, “Form.” I, 8; “Capit.” 779, Art. 21; “Théorie des lois politiques,” tom. VII, p. 35; *Savigny*, “Geschichte des röm. Rechts,” I. Thl., p. 222; *Meinders*, “De judic. centen.” cap. III, No. 18; *Grimm*; “Rechtsalterthümer,” p. 752; *Pardessus*, “Loi sahque,” p. 571; Unger, p. 152.

由国王任命的官员,主要负责专门审判严重罪行。[1] 他指导审判,并监督正式判决的执行。[2] 除了伯爵之外,国王派出的钦差使臣(missi dominici)[3]也同样重要。因为他们有权对官员、司法部门进行监督,负有秘密侦查犯罪的职责;同时也因为官方授予他们[4]组织并主持法庭审理的权力。[5] 无论何时,只要社会中的自由民听说有犯罪发生,社会的组织者一定会立刻采取措施确保安宁;这表明犯罪被普遍视为破坏社会安宁,同时也表明社会组织者尝试努力压制复仇行为。这也解释了人民所维护的和平是如何逐渐演变为长官所维护的和平。[6]

第二节 司法权 32

司法权是由人民行使的权力。他们在经常举行审判的民众法庭(great popular courts)会面,并作出判决;在一开始的集会

〔1〕 "Capitul."III, a. 812, c. 4; "Cap."815. c. 3. 只有在国王任命的法官(comites)主持的高等法院(placitis)中,才有处理严重罪行的刑事法庭;基层(centurius)法庭的情况却并非如此,它只审判轻微的犯罪行为。但是,如果"comes"参与到法庭审理(judicium centenarium)中,则严重的刑事犯罪也允许在此进行审判。参见 *Rosshirt*, "Geschichte," p. 11; *Montesquieu*, "Espritdes loix," XXX, 18。但是相反的情况,参见 *Le Grand de Laleu*, "Recherches hist. sur l'administration de la justice crim. chez les Français" (Paris 1822), p. 53。

〔2〕 *Meyer*, "esprit." vol. I, p. 355.

〔3〕 *Gregor.* Turon. V, 29; *Marculf*, I, 11. 参见以下两篇文章: *de Roy* and *Muratori*, printed in Baluz. Capitular. regum Francorum; *de Kock*, "Diss. de potestat. civil. episcop." p. 29; *Bluntschli*, "Rechtsgeschichte von Zflrich," I, p. 38。

〔4〕 "Capit." Ⅳ, 55.

〔5〕 "Capit." Ⅲ, 812, No. 8. *Muratori*, "Diss. de missis dom." p. Ⅱ, cap. Ⅲ, and V. See also *Wigand*, "Das Vehmgericht," p. 36.

〔6〕 瑞士古老的法规和措施都非常有趣。参见 *Schauberg*, "Zeitschrift für ungedrückte Schweizerrechtsquellen," I, pp. 20-35。

中[1],尽管当时仍然处于早期[2],但是已经出现了一种习惯,即这些参与审判的人是从社区中经验丰富且年龄最大的人中选取的。这就是所谓的"承审员"(Schöffen)。[3] 查尔斯大帝(Charles the Great)发现这种承审员体系已经建立。他对这一体系[4]进行了确认和改进,即对于定期举行的民众法庭,要求高户的所有自由人都到场,同时普通法院和特别法院也都需要承审员的参与。只有具备一定数量[5]的承审员才能够作出有效的判决。但是,其他的自由人并没有被排除在法庭之外。特别是在刑事案件中,这一审判方式似乎已经在普通的民众法庭获得通过。[6] 查尔斯大帝把这种"承审员"制度扩展到他新征服的领土上。[7] 至少就刑事诉讼而言,没有迹象表明"承审员"只对事实作出判决。相反,法庭似乎已经作出了关于被告有罪或无罪的最

[1] *Pardessus*, p. 565; *Unger*, p. 143.

[2] VII"Scabini"在下文中曾被提到,"leg. Sal. "tit. 60. Ripuar. 32。

[3] Passages in"Théorie des loix polit. "tom. VII, p. 203.

[4] *v. Savigny*, "Gesehichte des röm. Rechts." I, p. 195. However, see *Meyer*, "Esprit." vol. I, p. 396; *Maurer*, "Geschichte," p. 66; *Le Grand de Laleu*, p. 63; *Wigand*, p. 280; *Rogge*, "Gerichtswesen," p. 66; *Grimm*, "Rechtsalterthümer," p. 774; *Unger*, p. 169; *Pardessus*, p. 576; *Lehuerou*, "Hist. des institut. caroling." p. 382. 关于"Scabini Racbinburgi,"参见 *Thomas*, "der Oberhof zu Frankfurt," p. 9; *Sachse*, "Histor. Grundlagen des deutschen Staatslebens," p. 295。

[5] 至于"Schöffen"的数量,参见 *Unger*. p. 281; *Hlie*, I, p. 195。

[6] This appears from"Capit. "801. Art. 27. cap. Ⅲ. of 812, cap. 4. cap. I, 810. See also"Théorie des loix," Ⅶ, p. 50, 204; *Bouquet*, "Rer. Gall. Script." Ⅲ, p. 533. Also"Capit." 813, cap. 13; *Bluntschli* "Rechtsgeschichte," Ⅰ, p. 37; *Falk*, "Gerichtsverfassung von Schleswig," pp. 83-86; *Hélie*, Ⅰ, p. 254.

[7] 关于意大利, See *Troya*, "Della condizione dei romanivinti dai Longobardi," p. cceli; *Gregori*, Introduction, "degli statuti diCorsica," p. lxxxix。关于伦巴第的文件"Schöffen," in Troya, e. p. clxx。

终判决。[1]

在法兰克时期[2],对于法庭或特定的法官[3]特别是承审员而言,在没有原告出庭的情况下,很难明确他们在多大的范围内有义务去通报他(它)们所了解的罪行。[4] 然而,在国王派出的钦差使臣[5]召集的集会中,某些特定的承审员似乎就像在派出法庭(Sendgerichte)中一样,负有一种严格审查的责任。 33

在许多地方,高等的民间刑事法庭(the great criminal folk-courts)消失了。然而,这些法庭在非紧要情形[6]或下级法院[7]坚持的时间最长。在这里,每一位自由人都必须出庭;在对所有在场人员就一年中所犯的罪行进行询问后,其中有些人将会受到严格审查。后来,在大多数地方,这种严格审查的义务不再涉及较严重的犯罪类别。

死罪的审理和判决仍然总是在地方法院[8](land court)或粮

[1] *Eichhorn*,"Rechtsgeschichte,"No. 75. But *cf. Rogge*, p. 68; *Maurer* p. 106; *Biener*,"Beitrge,"p. 120. 关于事实和法律问题的分离,参见 *Birnbaum*, in the"Zeitschrift für ausl. Rechtswissensehaft," Ⅰ. Thl. p. 160; Ⅱ. Thl. p. 436。对于"sagibarones"来说,存在相当大的不确定性,特别是他们是否表达了对法律观点的看法。*Birnbaum*, in"Zeitschrift etc. "I, p. 151; and in"Archiv etc. " XIV, p. 203. *Pardessus*, p. 274,将他们视为"comes"的代表,参见 *Unger*, p. 197; *Maurer*, p. 19; *Beuker Andro*,"De orig. juris. fris. "p. 417; *Lehuerou*, p. 380. *Hélie*, I, p. 197; Thomas, p. 11; *Sachse*, pp. 287-293。

[2] Capit. Carol. Calv. Tit. XIV, cap. 4. "Capit. "828. No. 3. *Beiner*, p. 132.

[3] "Cap. "I, 802. c. 25,因为"juniores"这个词,关于它们的结构存在一些争议; *Wigand*, p. 284. *Beiner*, p. 130. 参见 *Unger*, p. 402。

[4] *Unger*, pp. 403-406.

[5] "Capit. "828, in Pertz Ⅲ, p. 328.

[6] 在"nassauische Landesordnung"of 1498. Art. 76, 80 中,它们被如此命名。

[7] 另见 the Würtemburg"rüggerichtordnung"of 1495; *Eberhard*, in *Pitts*,"Repertorium für peinl. Recht,"I, p. 45。可以肯定的是,在许多国家,提到"Rügen"的习俗是从"Sendgerichte"传到主权法院的。*Unger*, p. 408.

[8] *Buchner*, p. 137; *Grupen*,"Diss. prmlim. observat. jur. crim. applicat. torment. "(Han. 1754), p. 445; *Grupen*,"Discept. "p. 576; *Kopp*,"Hessische Gerichtsverordcnung,"I, p. 270.

食交易所[1](the grain exchange)进行,或在高卢法院[2](Gau)或教区法院[3](the parish)进行。在所有这些法院中,由承审员[4](作为非专业审判者)或法官[5]作出判决,而不是全体人民;尽管大多时候情况并非如此,[6]但随后也将会作出一份所谓的判决书(collaudatio sententiae)。[7] 在旧伯爵管辖之地,出现了具有类似特权的某些法官和其他官员,例如公共管理员(Pfleger)和监守官(Drosten)。即使在15世纪,主持审判的法官也无法一个人作出判决,这仍然是一个普遍规则。[8]

34

第三节 决斗审、神明裁判、辅助宣誓人

在一个简单而原始的思想时代,社会越依赖旧的家庭和社区关系的基础,一种观念就越容易流行起来[9],即仅凭一个自由人的控告就足以对被告产生既定的怀疑。[10] 这种控告本身就等同于对被告及其家人的挑战。因此,原告和被告之间的每项刑事诉

[1] *Maurer*, p. 168.

[2] *Grupen*, "Discept." p. 667.

[3] *Verhanderlingen der Genoothschap*, "Pro ex-colend. jur. patrio," I, p. 369.

[4] "Sachsenspiegel," I, 62; "Schwabenspiegel," I, 75; "Kaiserrecht," I, 7; *Maurer*, p. 106. 有关"Schöffen"制度的参考资料有很多:in *Dreyer*, "Nebenstunden," p. 157; *Raepsaet*, "Supplement à l'analyse de l'origine des Belges," p. 134。

[5] 文中提到有七个"Schöffen"的效果:in *Dreyer*, p. 142。

[6] *Maurer*, p. 180; *Bluntschli*, "Rechtsgeschichte," I, p. 37.

[7] "Sachsenspiegel," II, 12; *Falk*, "Gerichtsverfassung von Schleswig," p. 84.

[8] *Warnkönig*, "Flandrische Rechtsgesch." III, p. 265. 至于法官的职位变动,参见 *Unger*, p. 323。

[9] 对于法兰克时期酷刑的使用方式(仅适用于奴隶),参见 *Hélie*, I, p. 225。

[10] *Rogge*, p. 212; *Wigand*, "Vebmgericht," p. 373, 386; *Evers*, "Altestes Recht der Russen," p. 136.

讼活动,实际上都是两个人所属的家庭或家族(band)之间的"交战理由"(casus bclli)。[1] 因此,每一个受到指控的自由人,或者利用这种世仇的权利发动一场战争;[2]或者效仿这种权利,由被告召集亲属提供担保,即全体家属[3]作为证明人,[4]为其提供证 35
据和证言,证明他们所支持的被告并没有肆意拒绝和解,后来部落规定禁止原告挑起争端。

许多文章似乎支持一种假设,[5]即通过宣誓方式获得无罪释放的特权绝对不属于被告,而是取决于司法许可。[6] 这些宣誓方式在种类上是多种多样的。[7] 支持被告宣誓的人是从被告

〔1〕 这解释了原告和被告及其家人的出庭情况。*Dreyer*,"Nebenstunden,"p. 49.

〔2〕 关于决斗审,参见"Leg. Saxon."XVI,No. 1;"Baiuv."XI,4 and XVI,1;"Aleman."tit. 84;"Théorie des loix politiques,"Vol. VII,p. 17; *Rogge*,p. 206;*Hélie*,I,pp. 240–280。关于中世纪,参见"Sachsenspiegel,"I,48 and 63;"Schwabenspiegel,"I,228;*Hauschild*,pp. 52,106;*Kopp*,I,p. 479;*Meyer*,"Esprit."Vol. I,p. 323。同样,今天家庭纠纷在那些几乎没有法律机构的人中间依然存在,例如 Montenegrins,参见以下示例:"Le Droit"of Feb. 1839,No. 32。

〔3〕 *Grimm*,p. 860;*Schildener*,"Beiträge zur Kenntniss des germanischen Rechts,"pp. 34–73;*Luden*,"Deutsche Geschichte,"III,p. 397. The"Théorie des loix politiques,"Vol. VII,p. 13(p. 45 上有一个参考文献集"preuves")称之为"preuves negatives"。另请参见 *Rogge*,p. 136。从"Leg. Wallite"(e. g.,lib. 1. cap. 10. No. 47),"sacramentum minus et majus."来看,很显然辅助宣誓人(compurgatores)有两种。首先,他们宣誓声明:"se credere,juramentum esse verum."在这里,他们必须保持一致。但就"majus"而言,这取决于大多数人。参见 *Wotton*,in"Prief. ad leg. Walli";也可参见 *Hickes*,"Diss. epist. zum thesaur. linguar."p. 35。关于被告无罪的证人,参见 *Abegg*,"Histor. pract. Erört."pp. 47–65; *Gaupp*,"Das alte Gesetz der Thuringer,"p. 299;*Pardessus*,"Loi salique,"p. 624; *Hildenbrand*,"Die purgatio canonica,"p. 10; *Waitz*,"Deutsche Verfassungsgeschichte,"p. 210; *Sachse*, p. 312; *Hélie*,I,p. 229。关于宣誓者的人数,参见 *Gaupp*,p. 305。

〔4〕 *Schildener*,"Uber die religi6se Gemeinschaft der alten Mittschwornen"(Greifswalde 1833 and supplement 1835).

〔5〕 *Pardessus*,p. 625.

〔6〕 尤其是,如果原告可以提出"确实的证据"(probatio certa)。

〔7〕 *Wigand*,"Vehmgericht,"pp. 387–391; *Schildener*,"Guta-Lag,"p. 170. 关于"electi"一词的含义,参见 *Pardessus*,p. 627。

亲属以外的人中挑选,[1]还是只能由原告从被告的亲属中进行选择,这是一个很重要的区别。[2] 一个必须被视为在基督教影响下发展起来的限制是,只有内心确信被告无罪的人才能宣誓支持他。[3]

现存于挪威法律中的"Hardes"或"Stocknasn"[4]和"Neffninger"[5],被用来通过宣誓来解决争端,从根本上是从"辅助宣誓人"(Kionsnafn)(也称被告无罪的证人。——中译者注)发展而来的。后来,他们被人民选出作为固定的证人,任期为一年;而"sandmanner"[6]已经被定期任命为常任法官。在当时的条件下,
36 不可能产生现代意义上的证据。[7] 有一种观点是无处不在的,即秘密犯罪的揭露是由神明的干预决定的;[8]神一定会揭露真相,并使无辜的人免于死亡。

〔1〕 *Stirnhoek*,"De jure Sueonum vet."p. 105;*Rosenvinge*,"De usu juram."II,p. 50.

〔2〕 *Rosenvinge*,I. e. II,p. 158. Here belong the"Kionsneffninge"of the "jutischen Lovbuch."*Rosenvinge*,"Grundriss der diinisehenRechtg."p. 244. 关于"Folgeeid""Deedeid",参见 *Verhanderlingen der Genoothschap*,"pro excolend. jure patrio,"vol. V,p. 64。

〔3〕 *Phillips*,"Englisehe Reichs-und Rechtsgeschichte,"II, p. 259. 关于法规中的限制,参阅 *Pardessus*,p. 629。

〔4〕 他们是首席执法官任命的 12 名陪审员,负责审理更加严重类型的案件,并以多数票作出裁决。参见 *Falk*,"Gerichtsver-fahren."p. 94。

〔5〕 也被称为"nominati."他们对较轻的罪行作出判决,但是其任期为一整年。*Rosenvinge*,"De usujuram,"I. e. II,p. 7;*Rosenvinge*,"Grundriss,"pp. 146-232. See *Rogge*, p. 242;*Paulsen* in the"Zeitschrift für ausländ. Rechtswissenschaft,"I,p. 484; *Falk*,p. 95. 另见文章 *Repp*,"Historicaltreatise on trial by jury"(London,1832)。另见"Deutsche Vierteljahrschrift,"1844,I. Hft. p. 216。

〔6〕 "Jutisch Lowbuch,"II,c. 1;*Rosenvinge*,p. 231.

〔7〕 *Rogge*, p. 93; *Weigand*, "Vehmgericht," p. 371, 385; *Cropp*, "Heidelberger Jahrbücher,"1825,No. 41,p. 669.

〔8〕 "Théorie des loix politiques,"vol. VII,p. 16;*Meyer*,"Esprit,"vol. I,p. 311.

与这一观点密切相关的是神明裁判的概念,〔1〕即只要能够熬过酷刑的人,就能够求助于神明的保护,祈求神明以某种表现形式将其判定为无辜,并被宣告无罪。〔2〕

在各种民间法律中,对于神明裁判的辅助宣誓人和决斗审的关系,并没有统一的规定。〔3〕越早出现由证人提供证据的观念,以及需要两个证人的证词才能作出判决的观念,〔4〕旧的制度才越容易被废除。

目前为止,人们能够根据习惯构成的规则来选定定罪的方式。而证明的理论是由下列因素决定〔5〕的:(1)考虑到犯罪的类型——在涉及某些罪行的情况下,〔6〕由于存在某些条件和某些证词,应当立即作出判决;(2)根据情况,考虑犯罪行为是否有预谋;〔7〕(3)决斗审——因为,根据许多法律的规定,原告提出决斗的要求排除了被告通过宣誓进行辩护的可能性;(4)被告的声誉——因为名声不好的人没有权利通过宣誓证明其无罪。〔8〕

〔1〕 *Dreyer*, "Abhandl." III, p. 1269; *Maier*, "Geschichte der Ordalien," (Jena 1795); *Hof*, "Von den Ordalien" (Mainz 1784); *Grupen*, "Observat." IV; *Hauschild*, p. 187; *Schildener*, "Guta-Lag," p. 160; *Rogge*, p. 195; *Rosenvinge*, "Grundriss," p. 143; *Wilda*, in the "Hallische Encyclopadie," under the word "Ordalien."; *Pardessus*, p. 632; Sachse, p. 455.

〔2〕 *Hildenbrand*, "Purgatorio," p. 16.

〔3〕 在某些国家,如果原告当即提出将双方的诉讼诉诸决斗审,则原告可以对抗辅助宣誓人;不过只有在特殊的情况下,原告才可以要求被告接受神明裁判,如火审。*Gaupp*, "Recht der Thuringer," p. 316; *Pardessus*, p. 632. 该方法取决于原告所能够提出的证据。

〔4〕 "Théorie des loix politiques," vol. IV, p. 200.

〔5〕 *Albrecht*, "doctrina de probat. secund. jus. germ. med. ævi." (Regiom. 1825).

〔6〕 例如,强奸罪。

〔7〕 如果犯罪者没有被抓到,那么通过辅助宣誓人的干预,他在无罪释放的问题上是占有优势的。

〔8〕 至于对故意拒绝出庭的个人的起诉程序,参见 *Bluntschli*, I, p. 205; *Cropp*, "Beiträge," II, p. 388。

第一部分

法国刑事诉讼史（13～17世纪）

导论编[1]

演变的一般特征

[1] 本导论章节和第一编是加罗教授关于"法国刑事诉讼"的著作的第三章、第五章和第六章的内容。有关该作者和著作的情况，参见"编者前言"。——英译者注

第一节　法国刑事诉讼程序的三大渊源及其演变 39

法国的刑事诉讼程序，以及我们现在要在本卷中详述的法国刑事诉讼程序的主要特征，深深地扎根于罗马法、日耳曼法和教会法这三个连续的层面，而且其所有的司法制度都是建立在这三个层面之上。

其历史上的第一个元素是日耳曼元素。直到13世纪，日耳曼的程序法与它的实体法相比都更统一。它是公开的、言词的、极为正式的，很少使用助誓人或决斗提供的证据。在墨洛温王朝（法兰克第一个王朝，存在于481～751年，疆域包括当代法国大部与德国西部。——中译者注）盛行的古代酷刑，如烹煮、烙印、水刑等，很快就被废弃了。这是第一阶段。然而，出于各种原因，日耳曼民族的弹劾式诉讼程序受到了欧洲的两大法律——罗马法和教会法的影响，变成了纠问式的、书面的和非公开的。路易九世的一项法令（通常被认为是在1260年颁布的，但实际可能更早）通过在皇家属地上以审讯程序或陪审团（enquête）代替决斗断诉，更进一步推动了上述变动。但是，国王不能在未经领主同意的情况下在他们的领地上“设置惯例或禁令”。贵族们反对在领主管辖区推动这一转变，他们坚持要求按照古老的规则进行审判。然而，市民（bourgeois）和农民（vilains）却都欣然接受了这一禁止决斗并 40
以口头或书面诉讼方式取代决斗断诉（en champ clos）的新办法。由此，农村公社和城镇的市政辖区，以及南方的所有管辖区，都迅速采用了这一程序。它复兴了非常古老的传统，可能可以追溯到高卢—罗马时代。

这两种程序,即弹劾式诉讼程序和纠问式诉讼程序,在起源和性质上是如此不同,在13世纪的后半期和14世纪的前半期也一直处于对立状态。在这一个过渡时期,习惯的可塑性力量发挥了重要作用。这一演变始于13世纪,终结于16世纪。弗朗西斯一世(法兰西瓦卢瓦王朝第九位国王,1515~1547年在位。——中译者注)于1539年在耶勒斯科特雷茨(Yillers Cotterets)颁布的关于司法和缩短诉讼期间的法令明确规定了法国纠问式诉讼程序的规则。《1670年法令》的地位类似于"旧制度"时期的《重罪审理法典》,只是将已经批准的方法系统化,使其在细节上更加精确,并加重了其惩罚的严重性。

从这一时期起,刑事诉讼制度在近一个世纪的时间里得到了具体化。但是,革命前涌现的新批判思潮从理论上谴责了这一制度,认为它没有为被告提供任何保障。因此,哲学家把目光投向了英格兰:他们对英格兰的司法和政治制度表示钦佩。不仅国民制宪会议在努力使英格兰的刑事诉讼程序(特别是陪审团制度)在法国本土化,1791年9月16日和29日颁布的法律以及共和四年雾月三日(1795年10月25日。——中译者注)颁布的《犯罪与刑罚法典》(the Code of Offenses and Punishments)也都是围绕着这一程序展开的。

但是,在13世纪和14世纪导致一种程序体系取代另一种程序体系的原因在此时又开始重新发挥作用;人们感到有必要重新组织国家,并加强这一时期因对内和对外战争动乱而被削弱的惩治制度。《1670年法令》再次成为许多人的理想范本,人们希望将它再次付诸实施。随之,各方达成了妥协。尽管枢密院和帝国的法律(the Laws of the Consulate and of the Empire)并没有完全恢复旧时的程序,但该法令中的大部分条款,甚至是其中一些较为严厉的条款,都被纳入了《重罪审理法典》第一部分,而其第二部分则保留了弹劾式诉讼程序和陪审团制度。对于整个欧洲来说,1808 年的这部法典已经成为后来许多立法效仿的典范。因 41
此,它代表了一个重要的阶段,是程序法历史演变中的一个里程碑。

第二节 双重趋势;对被告的保障;社会保护;古典学派和现代学派

自那时起,刑事诉讼程序的演变出现了明显的双向运动。一种趋势是通过修法来消除法国刑事诉讼程序从《1670 年法令》中继承下来的一些过分严厉的规定,并在预审中引入其所缺乏的保障措施。人们希望预审法官的分庭即使不向公众开放,也至少能够对某些获得授权的人开放;在预审期间允许律师在场;从起诉的最初阶段开始,承认被告和他的律师有权通过对预审法官已经采取的措施质疑和批评来查明真相。对秘密的预审程序提出抗议似乎是普遍的,人们开始反对以往旧程序中的诸多做法,因为它对法官和被告同样危险。正如英国法学家斯蒂芬所说,旧程序中的诸多做法"从源头上毒害了正义"。

但是,另外,陪审团的干预在审判中起的作用,尽管在某些时候曾被认为非常有限,但如今看来几乎已经过度了。人们发自内心地期待一种新形式的司法,少一点主观印象,多一些科学性。有人认为,为了实现这一理想,我们甚至可以牺牲直到近代仍存在于各地的对陪审团根深蒂固的尊重。[1]

〔1〕 Jean Cruppi, "La Cour d'assises de la Seine" (Revue des Deux-Mondes, 1895, Vol. Ⅳ, p. 39).

在这一双向运动中,这两种趋势之间无休止的冲突也造成了如今刑事科学领域的分裂。古典学派强调个人主义,要求新的、有利于被告的保障措施,强调对刑事司法机关的持续控制,减少恣意性和增加对自由的保护。现代学派则注重集体主义,希望加强“社会防卫”,剥夺“无罪推定”授予被告的所有保障,以科学的程序取代人道主义程序,把刑事诉讼变为临床检验,使法官成为在心理学、人类学和犯罪社会学方面都接受过特殊训练的专家。[1]

42 当撰写这些文字的时候,尽管社会主义(socialism)和集体主义(collectivsim)都有了明显的进步;但刑事诉讼方面,如今的趋势不再是武装社会力量去对抗犯罪,而是保护被告不受因社会权力滥用导致的侵犯。在过去 50 年中,法国和其他国家的刑事诉讼程序所涉及的众多极为有特点的改革,都是朝着这个方向提出的。

第三节　当代程序的特点;民事司法和刑事司法的统一

法国的体制属于混合型。法国现行的司法机构和程序以四个基本理念为指导。

在法国,民事司法与刑事司法的统一意味着民事和刑事案件由同一法庭审理。这种统一体现在:第一,掌玺大臣(keeper of the seals),两个司法系统的最高领导。第二,治安法官(juge de

〔1〕 Ferri,“Sociologia criminale”(4th ed.)79-84,pp. 777-826;Garofalo,“Criminologie”pp. 387-397. 不同的观点,参见 Cruppi,“La Cour d'assisses”,第 130 页及以下,第 281 页及以下。

paix),其不仅有各种民事职能,也在刑事案件中同时担任司法警察(judicial police)和违警法院法官(police judge)的职责。第三,总检察长(procureur Général)和共和国检察官(procureurdela République),他们在民事和刑事等两个司法系统中行使检察官的职能。统一性还体现在第四和第五两个方面(作者这里可能想说的是,除了民事案件的管辖权之外,初审法院和上诉法院同时具有刑事案件的管辖权。——中译者注)。第四,初审法院(the tribunal of first instance),既提供预审法官,也可以进行矫治法庭(the correctional tribunal)的第一审程序。第五,上诉法院(the court of appeal),有负责矫治和传讯两项刑事事务的分支部门,其成员通过主持和指挥陪审团参与刑事审判。

这种民事和刑事司法的统一仅仅是指机构意义上的统一,而非程序意义上的统一。民事程序与刑事程序相分离是法国法的一项基本原则。每种程序都有其特定的法典。关于法国的司法体系,我们有比较深入的研究。[1] 由于本卷专门论述刑事诉讼程序,我们只研究与刑事程序有关的司法机构的细节。

陪审团的设立打破了民事和刑事司法的统一性,因为它要求
普通公民参与对犯罪行为的审判。民事审判没有陪审团参 43
与,[2]除非是涉及为公共目的而征用财产的案件。否则,在这种情况下,公民会在意见不合的情况下被传唤,以确定对被剥夺财产者的赔偿。

〔1〕 在这一点上,可以参考 M. Garsonnet 的"Traite Theorique Et Pratique de Procedure"(第 2 版,1898~1904,第八卷,第 8 页,由 Charles Ceygar-Bru 修订和修正;第 3 版,1912 年)。第一卷,下至第 473 页,专门讨论司法组织。

〔2〕 在 1790 年 4 月 30 日的会议上,经过长时间的辩论,以及在图雷特(Thouret)和特隆切特(Tronchet)的请求下,制宪会议决定不设立杜波特(Duport)所希望的民事陪审团。从那时起,这个问题一直是从科学的角度来讨论的;但从实际的角度来看,这个问题被认为已成定论,不作讨论。参见 Garsonnet,同前引书,第一卷,§ 3,第 83~88 页。

第四节　职能分工——刑事司法组织遵循劳动分工的原则

刑事司法的运作需要分设机构,以分别行使逮捕、预审、审判、执行等职能。并且,法律规定,由于各职能间不具有相容性,因此,行使某一项职能的司法官员,除非在特殊情况下,不得越权行使其他职能。有资格综合执行刑法职责的机构主要有四个:第一,司法警察,负责进行初步调查和起诉前的讯问;第二,预审法庭(courts of examination),负责根据检察官的控告决定对被告进行传讯或签发正式的起诉书,以及逮捕和提交审判的必要性;第三,审判法庭(trial court),负责就被告是否有罪的问题作出判决,并处以刑罚;第四,公诉人员(officers of the public prosecation),其职责是通过签发控告决定或者援引其他机关的诉讼请求以提起公诉,并监督这些指控决定的执行。

司法警察和检察官的职能主要是由个人在上级的命令和监督下,采取一系列积极行动。审判的职能,包括审理和裁判,通常委托给合议庭(collective bodies)。合议庭的决定可以被改判或撤销,但他们在履行职责的方式上不必接受任何人的指示。司法警察和公诉人员依赖于行政上级,行政上级可以"随时"解除或撤销他们的职务。相反,法官一般是不能被撤换的。

正式的刑事程序有三个连续的阶段,即提出控告、预审、正式审判:

(1)查明犯罪事实是适用刑法规范的前提。因此,刑事司法
44 官员必须对违法犯罪进行调查。在必要时,还必须对被告人进行
保全,并将他们交至法院审查。承担该项职责的官员是司法警

察。该机构不同于行政警察，因为后者的目标是维持社会治安，特别是预防犯罪。司法警察是司法系统的一部分。它负责调查行政警察未能预防的犯罪行为。它为后续的法庭审理铺平了道路，也提供了便利。司法警察的职能先于初步控告阶段。法律创造了司法警察这一机构，但却没有制定能限制其行动的程序。在此方面，警察进行的初步和正式调查必须与所谓的属于司法职能的预审程序（instruction）区分开来。然而，尽管如此，由于这两个机构的目的以及运作机制是相同的，事实上，我们会发现，警察往往在做预审的工作，而预审法官又在做警务工作。

（2）除需要履行其他各种职责外，提出控告的职权是完全交由检察官来行使的。检察官的职责是要采取一切必要的行动，以确保对犯罪行为人展开追诉。犯罪行为的被害人被认为享有对所受伤害要求民事赔偿的专属权利，他们可以通过附着于刑事诉讼的方式或者另行提起诉讼的方式向刑事法庭寻求损害赔偿。但该民事诉讼只能由刑事法庭审理，受刑事指控的约束。该基本规则限制了被害人的权利。

（3）然而，除了由司法警察正式进行的初步审查外，案件经常需要经过预审程序方可提交刑事法院。对于所有重罪行为的指控以及某些轻罪行为的指控，都需要经过预审之后才能提出正式控告。这一职责是由某些被称为“预审法官”（magistrates of examination）的特别司法官员履行的，他们可以授权或撤销之前的初步控告。这一审查由共和国检察官和预审法官来负责。前者有权调查和起诉在其辖区内犯下的重罪和轻罪。但是，在一般情况下，他没有权力采取任何收集证据的行动或下令暂时逮捕或长时间羁押被告。这些权力属于预审法官。但是，预审法官无权自行提出控告，即无权在没有检察官提出初步控告的情况下进行预 45

审。尽管如此，审查职能与起诉职能分离的规则在现行罪(flagrant crimes)案件、轻罪案件或其他类似性质的案件中并不适用。在这些情况下，检察官可以自行进行审查，而不必等待预审法官；后者也可以在没有检察官事先请求的情况下开展预审。

直到最近，预审仍具有纠问式程序的三个特征，即书面、非公开性以及非对抗性。1897 年 12 月 8 日的法律对其中最后一个特征，也是最容易激起批评的特征，即非对抗性，进行了大刀阔斧的修改，特别是对于普通案件中预审法官如何开展预审程序。两项重大的改革使预审程序发生了根本性的改变。第一，法官在第一次讯问被告时有义务告知其享有的诉讼权利，即除非他的律师在场，否则被告有权不作任何陈述。第二，讯问和对质必须有律师在场帮助，且律师有权查阅控方的主要案卷以及案件中的证据。

预审程序并非法官裁决被告是否有罪的预演；相反，它仅仅允许预审法官确定是否有理由提出正式指控，并在该种情况下决定相应的管辖权。事实上，被告不会立即被带到法庭上，法院也不会立即决定被告是否有罪。社会福利原则和被告利益原则要求在有充分理由进行指控之前被告不得出庭。法律把对指控的调查和管辖权的确定委托给了某些介于负责讯问和审判的官员之间的机构。这些行使预审职能的机构，首先是上文所述的预审法官，其次是负责聆讯的法庭。从某种意义上讲，这种在重罪案件中必须履行的预审程序会拖延诉讼程序，而且其弊端与它给予
46 被告的保障也不成比例。但尽管如此，它仍然被写入多部法典中；只有在 19 世纪后三分之一阶段，司法权强制且绝对控制指控的原则才被 1873 年的奥地利程序法典以及受其影响的立法所拒绝和抛弃。

(4)当案件被正式起诉到审判法庭之后，诉讼程序的性质就

发生了变化,并表现出弹劾式诉讼程序的基本特征。该阶段的诉讼程序遵循对抗性、言词性和公开性三项原则。警方记录和预审程序中的案卷(dossier)不能作为证据使用(只能以辅助方式使用),这是因为法官是根据口头的、对抗性的和公开的证词来形成他的"内心确信"(conviction intime),而这也是其判决的唯一合理依据。

第五节　刑事管辖权的划分

刑事管辖权和主管机构的划分与罪行的三等划分相对应:重罪(crimes)、轻罪(delicts)和违警罪(contraventions)[《刑法典》(Criminal Code)第1条]。负责审理刑事案件的法院有三类:审理重罪的巡回法庭(assize courts),审理轻罪的矫治法庭(corrcetional courts),审理违警罪的违警法庭(police tribunals)。每个法庭都被赋予了充分的司法权力以惩治所管辖的犯罪案件;而且,每个法庭对自己管辖的犯罪案件都可行使完整的普通管辖权。其他负责指控、预审和执行的三类人员在这三类法庭中履行着他们的职责。

第六节　对各类人士和各种罪行的管辖权

上述刑事司法人员有权针对各类人士和各种罪行履行职责。这里不存在两种司法制度:一种是普通法的;另一种是有例外特权的。旧制度时期(the Old Régime)最令人憎恶的机构之一——

特别法庭,曾被共和九年雨月十六日(1801 年 2 月 5 日。——中译者注)通过的法律短暂地恢复过。但是,1830 年《法国宪章》(the Charter)第 54 条则使该特别法庭制度永远成为历史。毫无疑问,陆军和海员,只要他们在各自岗位上履行职责就处于一种特殊的地位,他们所实施的犯罪属于军事法庭的管辖范围。但在某种程度上,如今每个公民都要接受军事习惯法。当然,在和平时期,关于是否废止这些特殊司法管辖权也仍然是争议问题之一。

第一编
中古法国的刑事司法管辖

第一节　中古法国司法机构的阶段变迁:民事司法和刑事司法合一

在中古法国,刑事司法管辖的机构依次经历了三个阶段。但是,在每个时代,都有一个共同点是值得注意的,那就是民事司法和刑事司法合一,两者均由同一法庭掌管。这种"合一"先是与民事诉讼程序和刑事诉讼程序的"合一"相对应;其后,当(民事与刑事)司法管辖产生差异时,"合一"则是由于专业法官取代了平民法官,以及系出同源并均以国王之名运行的单一司法概念。

在野蛮时代,日耳曼民族部落保留了他们的民间组织。司法由部落酋长["国王(rex)、部落首领、公爵(dux)、伯爵、男爵(grafio)"等]在与部落的拉欣布尔格[包括"正派的人(boni homines)(boni homines,在欧洲早期古法上指在部落法庭上作证或担任法官的平民。——中译者注)、拉欣布尔格(rachimburgi)(rachimburgi,中世纪法律用语,意为'智者'是指在萨利安人、里普阿尔兰人和其他日耳曼人的法律制度中,在伯爵法院与伯爵一起审理案件的法官或陪审员。也有文献记载他们是起到特殊作用的自由人,需要澄清法律和给出建议,如果最终判决与法律不符,还需要承担相应责任。——中译者注)、地区居民(pagenses)(pagenses,有地区居民、乡民、农民等意思。——中译者注)"等]的合作下通过临时和定期会议["国民会议"(mallum)(欧洲古法用语,有"国民会议"或"伯爵法院"之意。后者是由享有司法权的伯爵在其辖区内处理重要事务的一种高级法院,是古法兰克法院,相当于盎格鲁—撒克逊人的百户法院。结合上下文的语境,译者认为此处翻译为"国民会议"更为妥当。——中译者注)或"司法集会"(placitum)]来进行。酋长召集巡回审判(assizes),主持裁判者会议,在不参与审理的情况下接受(裁判者会议)裁决,并使裁决得以执行。因此,根据可能在入侵罗马治下的高卢之前就已经确立的一个规则,判决由裁判者宣布,而不是酋长。法庭可以由几个"拉欣布尔格"组成。然而,全体(裁判者)会议并不少见。[1]

48 在封建时期和中世纪,司法在一定程度上被稀释了。它无处不在——在家庭、学校、国王的宫殿、自治市以及封建领主周围。由此产生一个双面的事实,它概括了这个时代司法机构的历史。这就是各种司法机构之间不断"司空见惯"[2]的管辖权冲突。法庭之间为扩大其管辖权而进行了一场斗争,在这场斗争中,王室司法因整合其他所有司法而结束。与此同时,王权也因整合封建制度而结束。该时期的司法机构主要包括四种,分别是王室司法、领主司法、自治城市司法和教会司法。支配这些机构的重大分歧是世俗裁判权和宗教裁判权。

第二节 法院的区分:世俗裁判权和宗教裁判权

1. 世俗法院(secular jurisdiction)主要有三种,即领主法院(seignioriar courts)、王室法院(royal courts)和自治城市法院(municioal courts)。

(1)在特定时期内,掌管司法事务的权力被视为一种世袭的权力。这是封建制度的特征之一。由于领主对领地的最高所有

〔1〕 我不需要细说来源,它们将在以下文献中被恰当和细致地分析:"l'Histoire des institutions politiques et ad-ministratives de la France,"by *Paul Viollet*(1890,8°,Larosse and Forcel)vol. I,p. 307-312。

〔2〕 *Viollet*,*op. cit.* t. 2,p. 453.

权,其对领地上的采邑和庄园拥有司法管辖权。最初,无数的领主司法管辖权分为高级司法管辖权和低级司法管辖权,最初称作“alta,magna,major justitia”;后来被称为“血亲管辖权”(justitia sanguins,sanguis);在诺曼底地区称作“剑的审判”(litigation of the sword),即快速审理军事犯罪的法庭或低级的管辖权;稍后将出现一个中间等级,即中级司法管辖权(media justitia)。从等级制(压迫的)观点来看,这种分类出现在中世纪的第二阶段,具有特别重要的意义。现实中的高级司法审理较严重的犯罪,包括谋杀、强奸或性侵、“堕胎”(avortes)或“致人流产”(encis)(对孕妇造成流产的打击等)和纵火。[1] 高级法院(Parlement)(Parlement,也被称作“巴列门”。13世纪法国国王为了限制贵族的审判权、加强中央集权而设立的法院,最初只有一家,即巴黎高等法院,后来逐步设立了更多。——中译者注)将未经预谋的杀人罪(occisio)和肢体残害犯罪列为高级司法案件。在那些不承认中级司法管辖权的省份中,低级司法依其特质,审理所有不属于高级司法管辖的案件。准确地 49
陈述中级司法管辖的案件向来非常困难,因为其与高级司法和低级司法是截然不同的。

权力最初由领主本人在封臣协助下行使,在涉及封臣时由封臣的同侪行使,随后司法权被委托给上述官员,这些官员根据地位差异,被称作“钦命地区行政司法长官”(baillis)(bailli,钦定执行官,中世纪法国一种领薪的王室官员,源于12世纪。他是王室在一地的主要代表,位于王室地方法官与中央王室法官之间,拥有司法权、行政权、财政权、军事权等,是国王反对地方封建领主的主要工具。——中译者注)或“地方法官”(prévôts)(prevot,法国革命前的一种低级王室法官。——

[1] 高级司法的案由清单请参见 *J. Desmares*,“Decisions,”295. Compare *Becquet*,“Trait6 des droits de justice,”chap. 2,in“Euvres,”Geneva 1625,vol. III,p. 3-7。

中译者注)。[1] 这种演变有双重目的,一方面它减少了法官的人数;另一方面它使法官成为一个精选的团体,并赋予他们官员的性质。

(2)在封建制度开始之初,国王只对自己采邑上的封地和庄园行使管辖权;在那里,他以与领主法官相同的职权和相同的条件进行司法。像封建领主一样,他将自己的职责任命给他授权的官员,最初是临时职位,后来是永久职位。这些官员最初是"地方法官";后来,也许是因为集权和监督的需要,才创设了高级官员;他们在法国北部和中部被取名为"钦命地区行政司法长官",在法国南部被取名为"国王执事"(sénéchaux)。[2] 这些官员的职责是在其管辖范围内的诸城镇举行庄严的巡回审判。他们受理对王室官员的所有诉请,并推翻他们的判决;后来,被称作"王室诉因"(royal causes)的更严重罪行被保留给上述官员(审理)。

最后,在王室管辖权的最终阶段便是高等法院,这是两个机构[国王法院(King's Court)和贵族法院(Court of Peers)]融合的结果,两者虽然在法律上有区别,但实际上是一起运作的。高等法院最初在固定时期分期举行庭审,后来逐渐成为一个固定的机构。长期以来,王室只有一个高等法院,即巴黎高等法院,后来在14世纪到18世纪,省级高等法院全部成立。

(3)自治城市(commune,法国等国家的最小行政区。——中译者注)和没有议会的城镇的市民在刑事方面受到起诉时,只能由其市政法院进行审判,也就是说,只能由其同侪审判。我们对这些

[1] 然而,法官的组成因省份和时代的不同而有所不同。参见 *Viollet*, *op. cit.* vol. II, p. 461-465。

[2] 参见 royal bailiffs Beugnot's Preface 第一卷序言"Les Coutumes de Beauvoisis", by *Phillippe de Beaumanoir* (Paris 1842)。

法院知之甚少。[1] 一方面，习惯法和习惯法的记录仅提供了关于这些司法管辖区的少量信息，这些信息很少与王室官员和采邑官员或法学专家记录的相一致。另一方面，尽管这些法院的机构显然系出同源，但其管辖权从一个自治城市到另一个自治城市都各不相同。在它们起作用的绝大多数城镇中，这些司法管辖区的根本缺陷是行政权力和司法权力处于同一机构或官员手中。例如，在图卢兹，该镇的机构是迄今为止最常见的机构样态，城市行政长官或“首席长官”(capitouls)在很大程度上享有对城镇的治理权，在1283年之后形成民事法院和刑事法院。法院由代表伯爵的“维吉尔”(viguier)主持。但是，这个职位纯属荣誉性质，甚至没有给在法院办公室任职的他们以审议的机会。 50

2. 教会法院(ecclesiastical jurisdictions)，后来被称作基督教法院，当时具有对人和对物的双重管辖权。神职人员的特权涵盖了所有等级的常规神职人员(regular clergy)以及所有在俗神职人员(secular clergy)直到平信徒教职人员(在教会工作的平信徒。——中译者注)，他们有权援引该特权在这些法庭接受审判。无论何人所犯，特定罪行也属于这些法庭的管辖范围，如异端、巫术、通奸和高利贷。然而，即使这些法院对所有这些案件都进行了审理，但它们并不总是宣告判决。教会法的原则是，教会不能流血，因此不能施以死刑。如果它们要求审理的罪行需要施以死刑，教会会将犯罪人交与世俗司法之手，由后者通过判决并处决。

法官通常是主教。像领主一样，也许在领主之前，他将权力授权给副主教(archdeacon)，然后从13世纪起，委托给一个称作“推事”(official)(official是一种教会法的概念，是指副主教任命的代理

〔1〕 *George Testand*, “Des juridictions municipales en France, des origines jusqu'A l'ordonnance de Moulins” 1566(8°, 1904, Paris).

人。——中译者注)的高级教士群体。宗教法院因此取名为"officialités"。[1] 圣秩制度允许教会法院机构存在一系列上诉制度,从推事到大主教,从大主教到总主教,最后再到基督教世界的最高领袖和首席法官(教皇)。

51 第三节 王室司法管辖的发展

这些司法管辖(应该是指宗教、领主、市政等多种司法管辖。——中译者注)一直存在到 18 世纪末。但是,当宗教、领主和自治城市司法管辖逐渐失去其重要性时,王室司法(royal jurisdictions)管辖却蓬勃发展,并最终几乎吸收了其他司法管辖。这一转换是如何完成的? 17 世纪到 18 世纪,上述司法管辖各自的地位如何?

1. 王室司法管辖权的发展和王权一样,是采用巧取豪夺的方式,而法律专家[2]则是其中积极而坚韧的工具。国王因为是"王国守护者"[3]而代表公共福祉,王室的官员和法律专家从这一观点出发,认为国王在整个王国中拥有至高无上的司法权。因此,他们被引导设法逐步采取各种策略,以削弱世俗法院和教会法院的管辖权,以使王室法院受益。

这些手段中的第一个是所谓的"王室诉因"制度。在 13 世纪,国王以与他"有关"为由而在他的男爵们的领地主张审判管辖

[1] 参见 *Fournier* 的杰作"Les officialités au moyen âge,"1880,很不幸现已绝版。

[2] 或者是受过罗马法训练的律师,当时罗马法的影响在复兴时期达到顶峰。

[3] *Beaumanoir*, XXXIV, 41. See, however, the formula in the 1300s in the "Grand Coutumier," Book IV, ch. V, edited by *Charondasle Caron*, 1598, p. 323. "一般而言,只有一种正义来自上帝,即国王对国家享有控制权。"(Generally speaking, there is but one justice which emanates from God, of which the king has the control in this kingdom.)

权的诉因已经数目众多。14 世纪末的一位法律专家用 12 页的篇幅列举上述诉因。[1] “王室诉因”清单总是在增加，而且永远不会停止。罗马法在这场较量中向法律专家提供了最好的武器。他们为王室的利益而解释的这项权利是帝国时期的罗马法的典型特征。不久，他们开始主张根据公法原则，所有司法权源于国王。从 13 世纪末开始，他们主张所有世俗司法管辖区都是从国王处得来的，具体(划分与分配)的形式为采邑和次级采邑。他(国王)的男爵们从他那里名义上占取了司法权，但是国王保证没有任何其他人实质拥有这种权力。

这种理论的实际结果是引入了上诉制度。封建制度从来没有接受过将第一位法官已经决定的诉讼重新提交给上级法官的想法。它不承认下级和上级法官。在其审判权限范围内，所有封建法院都是高级法院(终审)。在封建制度中，只有两种救济方式:对法律适用错误的上诉，在诉讼中，诉讼人主张司法不公;以及对虚假判决的上诉，一种野蛮的上诉，存在于诉讼当事人与审判他的贵族的“决斗断讼”(wager of battle)中。用我们的话来 52
说，后者的上诉是在违背惯例作出判决，或者封臣及次级封臣未尽其应为之事时，才被允许适时从领主法院移送至王室法院的。[2]

最后，起诉权在国王处得到了承认，国王的官员在很大程度上利用了起诉权，也就是说，国王可以在任何事情上向法院传唤所有人，但要求由领主法院或领主司法管辖的人除外。但是，如果被传唤的当事人通过承认传唤的正当性或拒绝传唤而默示地

〔1〕 *Bouteiller*, Ⅱ, 1. Compare Ord. 8th October, 1371 (ord. V, 428) reproduced in the "Grand Coutumier de France," Book Ⅰ, ch. Ⅲ, p. 90 *et seq.*

〔2〕 *Beaumanoir*, Ⅺ, 2, 3.

接受了王室司法,则他不能再向其他法院提出申请。诉讼必须在开始的地方结束。

王室的法律专家以另一种方式采用各种手段来限制教会法庭的管辖权。在叛国罪或煽动叛乱罪(lèse-majesté)(原意是“国王被伤害”。这是中世纪和近代早期法国法律取自罗马法的一个罪名,包括一切直接反对国王、国王顾问、宪兵队或者损害政府利益、引起社会暴乱、煽动阴谋活动等恶意行为。——中译者注)含混不清、富有弹性的概念下,许多原来由基督教法院审理的案件被纳入“王室诉因”中;尤其值得强调的是,法律专家通过创造“特别恩典诉因”(privileged causes)而削弱了神职人员特权的引入。在非常严重的案件中,如果应受的惩罚轻于教会法的惩罚,那么教士将由王室法官审判,除非王室法官被迫将其交给教会。这些“特别恩典诉因”的清单,与“王室诉因”一样,一直在持续增加。[1]

自治城市司法管辖(municipal jurisdictions),至少是在刑事案件中,通常在自治城镇的至高权力下幸存。此种权力几乎没有危险,因为王室权力对市政官员的任命只有间接影响。

2. 通过扩大作用的范围,王室司法管辖完善了其机构:一方面,可以看到旧法庭被调整和发展;另一方面,特别法庭出现。

(a)直到旧君主制的最后时期,王室法官都是第一阶段的常任法官;最初巡回执事的钦命地区行政司法官和国王执事后来坐堂办案,构成了王室司法管辖的第二阶段。钦命地区行政司法官是王室的高级官员,将权力下放给了地区行政司法副官(lieutenants of bailiwick)(bailiwick 是 Bailli 的司法区,在英文词典中解释为 the district or jurisdiction of a bailie or bailiff. ——中译者注)。刑事审判落到

〔1〕 *Muyart de Vouglans*,“Inst. trim.”3d part,p. 34 *et seq.*

了刑事副官(criminal lieutenant)的身上;他成为所有被移交案件的刑事法官,因为这些案件的严重性超出了地方法官的管辖范 53
围。起初,他独任审判;后来,他得到了以"顾问"名义履职的陪审员的协助。但是,案件总是由他来进行刑事审讯,从这个角度来看,在旧制度下,他是镇压机制的重要组成部分。

在亨利二世统治期间,有了一个具有特殊重要性的席位,称为"审席法官"(présidiaux)。[presidial 法院的特点是在于人数多——由 9 名法官组成。考虑到 presidial 既有主导的意思,也有合议庭审判长的意思,因此翻译为"审席法院"。当然,但也有学者认为,这来自拉丁文中的"省督"(praesidalis),因此应译为"省督法院"。——中译者注]根据 1551 年 11 月的一项法令,该国王(1551 年亨利二世为国王。——中译者注)下令,在主要的钦命地区行政司法管辖区和国王执事的司法管辖区内,应该有一个至少由 9 名司法行政官组成的"审席法院",其中包括普通的和特别的民事和刑事副官。这些法庭,就刑事而言,并没有区别于其他钦命地区行政司法管辖区的法院,除了它们可以审理和地方法定相关的案件。

在人员不断增加的巴黎高等法院,设立了一个名为"都尔奈勒"(Tournelle)的特殊部门来审理刑事案件。1446 年 10 月 28 日的法令(第 10 条和第 11 条)是第一个将其与其他分支机构区分开来的法令。[1] 它由世俗的顾问组成,他们从"大庭"(Grand Chainbre)(高等法院的一个核心部门,包括负责质询、调查的 Chambre des Enquêtes 和负责请愿的 Chambre des Requêtes。——中译者注)选拔而来,坐落在都尔奈勒的圣路易斯小塔楼中,因此而得名。"大庭"本身宣布这些顾问准备的判决。1515 年,弗朗索瓦一世将这个法

[1] *Pardessus*, "Essai sur l'organisation judiciaire," p. 163.

官小组组成一个特别分支部门。但是其组成从来都不是独立的,至少从以下意义上说,通过轮换规则,顾问从民事部门转移到了刑事部门,因此即使有了这个组织,民事司法和刑事司法的统一也始终是主导原则。

随着王室政治权力的发展及其由此引起的领土扩张,省级高等法院依次出现。实际上,其中有几个高等法院只是统一在王权之下的大块封地的最高法院。[1]

巴黎高等法院,经过其连续的转型,直到最近始终是贵族法院。法国的所有贵族都有权坐在那里,只有高等法院才能审判他们。

除了其日常职能外,巴黎高等法院和其他一些省高等法院
54 (图卢兹、里昂和波尔多的高等法院)还参加了"伟大的日子"(Great Days)的司法活动,"伟大的日子"是在某个省份,由国王选择的代表进行庄严的、临时性的巡回审判。"伟大的日子"始终以镇压严重和持续的一般性骚乱以及减缓地方当局的苛捐杂税为目标。

(b)除一般司法管辖外,还设立了特别法庭。它们有两种:第一,一些仅对与他们设立目的相一致的事项具有附带的刑事诉讼管辖权,比如造币厂法务官(Hôtel des Monnaies)、"造币厂法院"(Cour des Monnaies),以及海事法官;第二,其他人拥有主要的刑事管辖权,如宪兵司令(provost marshals)和军事法官(military judges)。

[1] 诺曼底的财政署(Exchequer)变成了"高等法院",在 1519 年模仿巴黎设置了名为"都尔奈勒"的刑事法庭,以便像巴黎一样展开刑事司法。

第二编

程　序

55

第一章[1] 封建法院的弹劾式诉讼

第一节 引 言

封建法院的民事诉讼和刑事诉讼二者形式相同。这是原始法律制度的一个普遍特征,是封建习惯法从法兰克时代的法律中借鉴来的。自法兰克时代以来,刑法自身无疑经历了许多变化。例如,金钱性质的补偿金制度在很大程度上已经消失;根据罪行的严重程度,犯罪人要么受到非常严厉的肉刑惩罚,要么被罚款,而封臣法庭(baronial courts)正是靠这些罚款来获利的。但从严格意义上讲,刑事诉讼程序仍然是弹劾式的。

[1] 第一章和全书其余部分是艾斯梅因教授的《法国刑事诉讼史》第一编第二章以及第二编和第三编的内容。有关作者和著作,参见"编者前言"。——英译者注

第二节 指 控

诉讼只能由被害人提起,如果被害人死了,则由其亲属代行。同时期的史料中均奉行这样一个原则,即"除被害人自己,或他的亲属,或他的领主之外,任何人提出的指控都不合法"。[1] "如果他和死者没有血缘关系,或者她不是死者的妻子,那么,他或她提出的指控就得不到审理。"[2]"与死者关系最近的亲属可以对谋杀或杀人行为提出指控,如果该近亲是未成年人或老年人,则其
56 后与死者最亲近的人或经这些亲属同意的其他亲属可提出指控。如果达成和解,未成年人在其成年后则可以重新提起诉讼。但如果诉讼已经提起并进行完毕,则不得再提起或启动其他诉讼。"[3]吉恩·德贝林(Jean d'lbelin)煞费苦心地列举了那些可能以谋杀为由提出指控的人,以便加以限制。[4] 没有原告就没有刑事诉讼。因此,刑事诉讼只是两个私主体之间的较量,其与民事诉讼的区别只是由于所涉情况的性质不同而在细节上有所不

[1] *Beaumanoir*, LXIII, I, "Trés-ancienne coutume de Bretagne," ch. 96 (Bourdot de Richebourg).

[2] "Livre de Jostice et de Plet," XIX, 3, § 1, 2.

[3] "Grand Coutumier de Normandie", ch. LXX; 以下摘录允许某人替他的主人提起诉讼:"如果有陌生人(身上沾满血迹的)以这种形式来指控杀人:'我起诉R.,他在我面前残忍地袭击并杀害了我的领主Q.,当我在抵挡R.的时候,R.把我伤到流血了,留下了这个伤口。'接着他应当着可以作证的骑士的面,向法官展示他的血迹和伤口。如果对方提出申辩,双方应进行决斗,如前所述。通过这种方式,一个陌生人(受伤流血了的)可以对谋杀和杀人行为提起诉讼。"参见"Summa de Legibus"(Tardif edition), c. LXIX。私人复仇的思想显然总是至上的。

[4] Ch. LXXX *et seq.* 尽管吉恩·德贝林的列举中包含了与当事者具有亲属关系的人、精神上有密切交流而感觉亲近的人乃至其他人(在域外,这种有点宽松的关系认定又变严格了),但他仍然坚持这一原则,即诉讼只能由利害关系方提起。

同,所以显然没有必要为刑事诉讼设立特别程序。

程序以公开、口头陈述且正式的方式进行。听审通常在城堡门口或城镇的公共集会等场所举行。当事人必须在传票(semonce)(君主或领主的召见。——中译者注)规定的日期出庭,除非他们给出的理由为封建程序所认可。不能由他人代表当事人出庭;从古代的法则来看,在法庭上不能由他人代表的规定在刑事案件中比在民事案件中贯彻得更为严格。

原告口头提出控告,该控告不得遗漏必要的话,也不得犯任何错误(faute),否则其对手可以因此宣布控告无效。[1] 被告必须当场进行答辩;他保持沉默就等于招供,在原始的法律制度中, 57
所招供词是最好的证据。[2] 被告只能逐字逐句地驳斥以否认每一项指控。这一做法保留了很长一段时间,但民事案件除外,因为在民事案件中,允许被告在初期仅给出一个笼统的答复。[3]

〔1〕 有关古代诉讼程序方面的详细信息,请参见前文引用的 *M. Brunner* 的著名研究:“Wort und Form in altfranzösischen Process”。此外,关注并评论此事的并非只有现代作家:“布雷福特(Fabrefort)……为一场决斗辩护时,向与埃默里·德·杜瑞福特(Emery de Durefort)对抗的阿曼德·德·蒙塔依(Armand de Montaign)提议,他应该亲自参加决斗以证明他说的事实,但没有明确说明证据应该由参加决斗的他这一方来提供,这有使他自己被卷入决斗的危险,并遭到已武装备战的同伴耻笑,在这种情况下,适用的程序就非常正规。”*Loysel*,“Pasquier,oudialogue des avocats,”edit. Dupin,Paris 1844,p. 40.

〔2〕 谈到供认时,博曼努瓦(*Beaumanoir*)说,“这个证据无疑是最好的、最清楚的、也是获取成本最低廉的”,XXXIX,2(*Salmon*,No. 1146)。关于即刻答辩的必要性,参见*Beaumanoir*,VII,10 and XXX,94(*Salmon*,Nos. 246,915);“Livre de J. et de P. ”II,14, § 6;*Jean d'Ibelin*,ch. LXI。

〔3〕 “Livre de Jostice et de Plet,” XIX,2, § 1; *L. Delisle*,“Échiquier de Normandie,”No. 113;“Grand coutumier de Normandie,”ch. LVIII *et seq.* ;*Jean d'Ibelin*,chs. XCI,XCVII,C,CIV;*Brunner*,*op. cit.* p. 706 *et seq. Cf. Britton*,Book 1,ch. XXII,“关于指控”,No. 7:“至于辩护,被告可以这样进行。彼得(Peter)在这里为其被指控对某人实施的所有重罪、叛国罪 、阴谋诡计以及恶作剧逐字逐句地进行辩护,我们希望,在这些指控中,控告人可以毫不遗漏且有条理地陈述案情,以确保他的指控可以成立,这一点比被告为自己辩护更有必要;在每一项重罪中,我们都允许被告对重罪笼统地加以辩护,而不把此视为他未进行答辩。”*Britton*(F. M. Nichols' edition,1865),vol. I,pp. 101,102.

第三节 证据理论

这些证据与民事案件中的证据一样,都来自法兰克时代的习惯做法,封建制度只偏爱那些最适合当时社会境况的证据,而逐渐摒弃其他的证据。

尽管由宣誓辅助人来证明被指控者无罪的情况越来越少,但被告通过宣誓独自证明自己无罪的做法仍然司空见惯,在民事案
58 件和轻微犯罪案件中均如此。后一种涤罪方式是古诺曼习惯法中的“有违常理法”(disraisina)。(被告证明原告的主张违反常理从而挫败原告的主张。——中译者注)[1]博曼努瓦称之为“经过法律检验而免责”(Le passer par loi),[2]且“古布列塔尼习惯法”(Très-ancienne coutume de Bretagne)另包含了一个它在犯罪方面的奇怪应用。[3]

在 13 世纪,神明裁判[教会法中的“世俗赎罪”(purgatio vulgaris)]在实践中很少再出现;它们遭到 1215 年召开的拉特兰公会议(Lateran council)的抨击。但在此之前,它们在诺曼底发挥了重要作用,这一点可以从神判法从诺曼底被带到英格兰后获得

〔1〕 “Summa”(Tardif edition),c. CXXIII.

〔2〕 Ch. XXX,86(Salmon,No. 912).

〔3〕 (Planiol edition),c. 102,p. 145:“如果他没有当场被逮住或在追捕中被抓,或者如上所述事实并不那么臭名昭著,而且由于他在乡下住了一年,在修道院和集市上享有盛誉,他也没有因为犯罪而被扣押或逮捕,如果法官希望对他提起诉讼,他可以说,在他可能被处以死刑的案件中,按照习俗,他不必去等待别人来给他作证,他可以自己证明其具有良好声誉。如果不能以司法手段证明他确实有罪,他可以让他附庸(附庸指封建社会中以履行一定义务为条件从上级领主那里领有封地的人。——中译者注)通过宣誓来证明他没有犯罪。(这样做了之后)按照习俗,他将被无罪释放。”

广泛使用的事实中得到证明。[1] 根据这一"法律大全"(Summa de legibus),[2]当一个妇女受到指控时,或者当一个男子被一个妇女控告或者依据该"法律大全"被定罪时,都会诉诸神明裁判。这无疑表明了稍后将在我们自己的习惯法中注意到的一种做法,即因犯罪而蒙受"污名"的人有责任为自己开脱,即"自我涤罪"(sese purgare)。然而,我们在《耶路撒冷法令》(Assises de Jerusalem)中找到一段话,其中规定,只有在受到怀疑的一方自愿、不加限制地接受神明裁判时,神明裁判才被允许使用。

在自由民法庭(Cour des Bourgeois)中,其第261(CCLXI)章探讨了"审判"(dou juice portare):[3]"要知道,无论是钦命地方行政司法官还是宣誓者,都不得强迫任何人承担法律责任。但如果一个男人或妇女被指控犯有归咎于他或她的任何罪行,并且他

〔1〕 *Thayer*,《普通法上的证据问题初探》,p. 7-16;*Holdsworth*,《英国法律史》,I,p. 142;*Pollock and Maitland*,《英国法律史》,II,p. 596,597。

〔2〕 C. CXXVI,No. 2:"Olim mulieres causis criminalibus insecute,cum non haberent qui eas defenderit jussio(judicio)se purgabat et homines per aquem vel jussium cum justicia vel mulieres in criminalibus eosimpetrabant;et quoniam hujusmodi ab ecclesia catolica sunt abscissa inquisitione frequenter utimur."参见 *Brunner*,*op. cit.* p. 719 *et seq.* 。开脱罪责的宣誓最引人注目的用法是古诺曼习惯法中的"有违常理法";"Summa,"II,e. XVIII, § 2."Est enim disresina super injuria a querulo exposita coram justiciario purgatio per sacramentum querelati et coadjutorum suorum in curia facienda."只有在一些轻微案件——"simplices querelæ"中,它才获准使用。*Cf.* "Assises de Jérusalem":初级法院,ch. CCXXII:"在某人受致命伤的情况下,如果有人出庭并指控他人实施了该不法行为,被指控的这个人到庭说'(他那样做)的话就不符合上帝的意愿',他要求进行巡回审判,并在郡长和宣誓人员在场的情况下获得巡回审判,他手抚圣经起誓说,自己没有实施此不法行为,也没有安排他人去实施,他不赞同这一行为,也不认识实施该不法行为的人,于是,他被宣告无罪,因为他按要求进行的司法宣誓被接受了。"*Kausler's* edition,p. 330.

〔3〕 "Juice"等同于"审判",是行使上帝裁判职责的一种方式。Tardif,"Summa de legibus Normanie,"c. CXXII,No. 2:"Sirendum est ergo quod hac probabilia quandoque per juramentum solius,quandoque per sacramenta duorum,quandoque quinque,quandoque sex,quandoque septem,in curia recipitur paicali."c. CXXXIV,No. 2:"Est autem disraisina purgatio super injuria coram justiciario a querulo exposita per sacramentum querelati et coad-utorum facienda."

或她自愿提出要承担法律责任的话,理性的命令及裁断是他或她
59 不能撤销该提议,必须承担法律责任,若控告者恰希望如此……他或她不按照法庭的指示承担法律责任的话,理性的判断(控告者的意见已被听取)是,既然(被指控者)不愿意承担法律责任,那么很显然他或她做了应归咎于他或她的犯罪;因为如果他或她没有这样做,他或她就不会不信任法律,而法律对所有寻求正义的人来说都是公正的。[1]"我们还发现它在"古布列塔尼习惯法"中有一个奇特的应用;不过在那里,神判法通过一个绝妙的逆转作为刑讯的"替代品"(succedanæum)而出现。[2]

另外,司法决斗,即诉诸神明的裁判方式,借助双方的宣誓和决斗的结果有了更为持久的生命力。这是一种惯用的证明方式,至少在犯罪案件中是这样。在所有以处死或肢解作为惩罚的严重罪行中,控告者可以通过"诉请裁决"(appeal)的方式开启诉讼。也就是说,他可以立即自发地向被指控者提出司法决斗的挑战;[3]但在轻罪案件中,这种直接的挑战很可能无法提出,而需要通过采取证人作证的方式来提出。[4] 此外,"诉请裁决"是一项非常冒险的诉讼活动,这不仅是因为它的目的,也因这项挑战

[1] *Kausler* edition, p. 307.

[2] C. 101, *Planiol* edition, p. 144:"如果找不到完整的证据,并且提出不利于他的坏名声或强有力的推定,他应当经受三次神明裁判'jous'('juice, judicium')或刑讯('gehine')。如果他能忍受刑讯而不招供,或者说神明裁判能拯救他,那么显然上帝为他创造了奇迹,他会没事儿的。因此,在以这种方式对他们提起诉讼之前,不得对某男子(或女子)进行神明裁判'joux'或实施刑讯。"令人惊讶的是,距第四届拉特兰公会议召开1个世纪之后,在布列塔尼发现了"烙铁审"(judicium ferri),而"古布列塔尼习惯法"则隶属14世纪的前三分之一时段;不过我怀疑,作者一定研究过较早的文献,特别是在讨论刑事诉讼程序的章节中,他不顾资料恰当与否,直接将其应用于他所处时代的法律中。

[3] *Beaumanoir*, LXI, 2(Salmon, No. 1710).

[4] 只有在"那些面临被处死或被肢解惩罚的犯罪"中,1260年的法令才宣布,今后由证人作证取代决斗方式的证明。*Cf. Beaunianoir*, XXXIX, 4(Salmon, No. 1148);"Livre de J. et P."II, 18, § 1.

必须以特定的术语(决斗时的措辞)来表达,而且用语上的一个错误就可能会使决斗情况恶化。[1] 因此,尽管控告者可以采取诉 60
讼,但他极有可能不以“诉请裁决”的方式进行诉讼,而提出由证人来证明案件事实,但前提是被指控者享有随后指证证人作假(fausser)的权利。

这里由证人进行的口头证明与我们在后来的法律制度中所了解的有很大不同,它完全是程式化的。证人们会读一段套话,有时只在“前面的作证人”(avant-parlier)或辩护人之后重复这些话;套话中必须申明他们是目击者,其还需手按圣物发誓来证实这一点。[2] 两名证人,满足这些条件,足以引起定罪,他们的宣誓必然导致这一结果;在这样一种制度下,证人不能详细说明情况,法庭也不衡量证人提供的证据的价值。这些证人,按照法令规定的日期出庭,并不得延期,他们在公开的听审中作证,并与当事各方对质。[3] 这种公开是必要的,原因之一是,它可以让被告充分行使其享有的宝贵权利,即指证证人作假或质疑证人。实际上,被告可以指控证人作伪证,并以此为由向他们提出司法决斗的挑战。诉讼裁决将取决于决斗的结果。根据一些权威人士的说法,这个挑战必须在宣誓之前进行;据另外一些人的说法,挑战

[1] *Jean d'Ibelin*, Ch. CXX; *Beaumanoir*, LXI, 41; LXX, 5 (Salmon, Nos. 1264, 1972);“Abregé des assises de la cour des Bourgeois,”part II, ch. XXXVI;“Grand coutumier de Normandie,”ch. LXVIII;“Livre de J. et P.”XIX, 33;“Etablissements de S. Louis,”II, 118; *Britton*, I, I, ch. 22:“诉请裁决是某人用一套固定的说辞对另一个人提出的意在判他重罪的诉讼。”*Nichols'* edition, t. I, p. 95;“Stylus Curim Parliamenti,”CXVI, § 8.

[2] “Grand coutumier de Normandie”:“世俗法庭的证人是那些为控告人所说的话作证的人:‘我看到并听到了,我将按照法庭的指令去做’……”*Cf. Jean d'Ibelin*, chs. 70, 77; *Beaumanoir*, XXXIX, 57 (Salmon, No. 1200).

[3] *Beaumanoir*, XXXIX, 78 (Salmon, No. 1222):“在这种情况下,证人出庭的正当理由是他需要公开作证并当庭接受质疑。”

在宣誓之后立即进行;但是,宣誓时所有的诉讼参与者都必须在场。[1] 鉴于被称为“担保人”(garants)的证人要冒生命危险(可能会被报复,因而要冒生命危险。——中译者注),所以不能强迫他们作证。由于其他原因,很多人没有作证的资格;这类人包括所有不能参加决斗的人,如妇女、未成年人、神职人员,以及那些臭名昭著的社会恶棍。

以上是对中古时期弹劾式诉讼主要特征的概述。它完全是口头的,没有书面形式。无论是以诉请裁决还是以证人提供口头
61 证明的方式开启的诉讼活动,都是两个私人之间平等、公开的较量。

但这种制度显然是野蛮的,也不健全;它必然会导致不少罪行得不到惩治。很快,人们就发现,社会和国家同个人一样,都是犯罪的受害者;甚至在一种新制度出现之前,这种思想就已经对程序的某些方面产生了影响。[2]

第四节　现行犯

现行犯(“人赃俱获”等情形)最初受到特殊规则的约束;不难发现它在原始的法律体系中占有一席之地。尽管在原始时期对犯罪的指控并不容易被接受,那是因为人们认为几乎不可能将否认自己罪行的被告明确地予以定罪。然而,当他被当场抓获

〔1〕 *Jean d'Ibelin*, ch. 74;“Clef des assises de la Haute-Cour,” 101; *Phillippe de Navarre*, ch. 10; *Geoffrey le Tort*, ch. 23; *Beaumanoir*, LXI, 55(Salmon, No. 1762).

〔2〕 *Beaumanoir*, LIX, 7(Salmon, No. 1673):“犯罪人不仅侵犯了被害人及其亲属的利益,也冒犯了充当他们保护者和司法官的领主。”

时,证据就变得清晰,定罪不再迟疑。在中世纪,当一个人被当场抓获时,无须指控者,也不允许进行司法决斗。司法官(justiciar)被他的属下包围着,他的执达吏(sergents)把现行犯带到他面前,根据抓捕者的证词,司法官当着公众的面立即对现行犯进行审判。[1] 我们还知道,封建时期的诉讼程序沿袭法兰克时代的传统,开创了一种正式而精巧的方式,以便在对现行犯处理完成后的一段时间内,将该案中现行犯的特征存留下来。这就是"基于高声喊捉"(古时法律规定,犯罪发生时,闻声者有义务进行干预。——中译者注)的逮捕——基于"求救的呼喊声('haro','harou','hareu')"而引发的追捕。[2]

然而,所有这些只给公诉提供了一个有限的施展空间;随后其有了进一步的发展。如果谋杀的是一个没有亲人的人,该怎么办?在这种情况下,仅允许被害人或其亲属提出指控是不合理的;而且,根据某些研究习惯法的学者的说法,此时,公共当局有义务进行干预。"如果碰巧有一个男子或女子被杀,且该谋杀可归咎于某人,而死者没有任何(与他有血缘关系的)亲戚或朋友来要求加害者对他或她的死负责,理性的裁断者即国王、领主、城镇 62

[1] "任何人都可以对他提起诉讼是不恰当的……因罪行显而易见,只要没有人直接指控他,就应由法官代表官方替死者报仇。" *Beaum.* VI,12;LXI,2(Salmon,Nos. 208,1710);"Livre de J. et P. "XIX,44, § 14."自由民重罪法庭"(Assises de la cour des Bourgeois)中有一章的内容很奇怪,与此有关,ch. CCLIX:"如果碰巧有人将他人殴打致死,而两名附庸路过目睹犯罪后将凶手抓获,因所有的附庸都应当维护领主的一切权利,有义务对所有实施犯罪的人予以抓捕,只要这两名附庸把凶手交给法庭,当着郡长或助理法官(échevins)的面心怀敬意且如实说出他们见证的谋杀情况,裁判者基于理性的裁断和命令,凶手无需进行决斗就应被判有罪。这样可避免他说'不,如上帝所愿,他没有这样做',继而立即被绞死。因为在这种情况下,两个附庸的证词和两个宣过誓的人或助理法官的证词效力相当。"Edit. *Kausler*,p. 314.

[2] "Grand coutumier do Normandie,"ch. 54;*Beaumanoir*,LII,16;XXXIX,43(Salmon,Nos. 1571,1187).当今牛津大学英国法教科书仍然把这一程序称为"基于高声喊捉的逮捕"。

里的贵妇(如果案件属于她管的话)必须依据法律或律令来查问死者的死,方法就是,如果(被指控者)否认其罪行的话,就指定一个决斗替手(代替死者与被指控者进行司法决斗。——中译者注);因为我们的主在圣经中提及穷人向他呼求正义时说'主耶和华啊,你要替死去的穷人复仇'。既然这是我们天主说的,那么人世间的法律就应该明白,封臣法庭应像所有戒律所规定的那样进行尘世的复仇。所以,为了这一目的,他或她(指国王、领主或贵妇。——中译者注)有权处理这些事务,并为死者报仇。"[1]"如果国王把杀害他人的责任归咎于某人,国王即下令惩治该凶手。"对此,凶手可能辩解说,"我不会认罪的,法律不是这么规定的,因为除了你没人提出指控时,一个人不应为这一行为负责"。既然被质问了,那法律到底是怎么规定的?答案是:如果像死者这样的人有子女、继承者或者近亲能够替他报仇,那么指控者就是这些人,而非他的领主。但若被杀的人没有亲属可以为他报仇,国王就可以进行指控并施加惩罚;肉刑由抓捕到他的人来实施。[2]

第五节　基于怀疑的逮捕

还有另一种情况。如果被害人或他的任一亲属仍健在且没有提出控告,男爵主持的采邑法庭对此不予受理。但随着时间的推移,一项权力被赋予,即公共当局虽然不能以自己的名义施以
63 刑罚,但其至少有权逮捕作恶者,并由利害关系人在必要时提起

〔1〕 Assises de la Baisse Cour, ch. CCLXVII, p. 324(edit. *Kausler*).

〔2〕 "Livre de J. et P." XIX, 45, § 1; *cf. ibid.* § 2:"当他(受害方)没提出指控时,是否要追查加害方的责任。答案是否定的,因为受害方还活着,且犯罪据说是针对他实施的。"

诉讼。大量文献记载了这一原则,[1]但其并没有最终解决这个难题。对此,有两条出路。

按照这些旧制度的逻辑,公共当局逮捕嫌疑犯的行动只不过是指控的前奏。因此,我们在来源非常多样的文献中发现了具有如下特性的程序,即领主有义务对他因怀疑某人犯某罪而将其逮捕一事广而告之,并呼吁被害人或其亲属提出控告。如果公告(通常会发布三道诏令)一段时间后,没有人提出指控,被羁押人就获得保释,或者,根据其他学者的说法,他会被监禁一年零一天。如果在此期间没人提出控告,他最终获得释放并被宣告无罪。“领主必须准其离开,他摆脱了谋杀的罪名,也不必就此再应答控告他的人了。”[2]以下是对这个程序的一个非常明晰的概括:“如果怀疑的理由不明确或不合理,任何人不能因涉嫌实施可能被判处肉刑的行为而被捕。如果有人因有嫌疑而被捕,他可以被关押四十天。如果在这四十天之内没有人指控他,他可以被保证人保释出来。保释期共三次,每次四十天。如果仍没有人指控他,保证人的保证义务将被免除;如果有人在一年零一天之内提出控告,犯罪嫌疑人就得受审,但在此之后被告将不再被追究。”[3]这

〔1〕 *Jean d'Ibelin*, ch. 85:“如果被指控杀人的人是领主的臣民,那么领主就应去搜捕、缉拿该凶手,并将其投进监狱。”Compilatio de Usibus Andegaviæ, § 7:“根据习俗和法律的规定,如果一个人没有当场被逮捕或因有嫌疑而被法官逮捕,那就不能在没有‘原告’(指控者)的情况下将其逮捕。当谋杀者杀害他人却无指控者时,逮捕凶手是正当的,因为死者的血在流淌鸣冤。这跟亚伯被他哥哥该隐杀害时的情形一样,神对该隐说:‘该隐,你杀害了你的兄弟,他血流的声音从地底向我发出哀号。’”“Livre des Droiz,” § 334:“在没有原告或无犯罪行为或无嫌疑的情况下,法官不得逮捕任何人。但是,当凶手杀了人时,法官逮捕他就是正当的,因为血在控诉。”“Livre de J. et P.”XIX, 26, § § 5, 12; “Etab. de S. Louis,”II, 16; *Beaumanoir*, XL, 14; XXX, 90(Salmon, Nos. 1236, 917).

〔2〕 *Beaumanoir*, XXX, 90(Salmon, No. 917); *Jean d'Ibelin*, chs. 35, 85; “Livre de J. et P.”XIX, 26; “Compilatio de usibus Andegaviæ,” § 24; “Livre des Droiz,” § § 252, 387.

〔3〕 “Livre de J. et P.”XIX, 26, § 12. 根据一些书的作者的说法,公告期满后,被告获得无罪释放。*Beaumanoir*, XXX, 91(Salmon, No. 918).

64 仅仅是为了驱策私人提出控告,而非以国家名义进行起诉。[1] 这种做法实际上赋予了实施可能引起被害人提起刑事指控(如果被害人死亡,由他的亲属提起)的犯罪行为的任何人以豁免权,毫无疑问,正是这个原因,这种做法才得以持久存在。凶手把自己的命运交到领主手上,后者依据习惯法规定的程序,将情况公之于众,给适格的指控者提供一个站出来的机会。如果规定的期限届满而没有人提出指控,行凶者就没有什么可担心的了,因为不允许有人再就此提起诉讼了。《布列塔尼古代习惯法》(the Trèsancienne coutume de Bretagne)称该程序为"最后的保障"(finporter),无疑是因其使整个案件得以了结,并呈现了案件处理的所有细节。[2] 我们也在1344年的《盖恩斯习惯法》(Livre des usages et anciennes coutumes de la comté de Guynes)中发现了同样的做法。[3] 在后一种情况下,该程序与国家调查相结合,即"来自国家的调查"(enquête du pays)(下一节将对此进行探讨),[4] 这样做可能是为了使程序的适用更为果断和有效。这被称为"将自己置于法律之下"(se mettre à loi),它是某些佛兰德斯(Flanders)文本中经常使用的一个术语,指的是某人通过这种方式将自己置于被指控的风险之中,而真正的目的则是使其免受任何可能的指控。我们只能假定,这样自发地使自己面临起诉的人并不是

〔1〕 在某些省,受到怀疑的人可以援引这一程序;那么就可以说嫌疑人是将自己"置于法律之下"("à loi")了。参见"Ancien coutumier de Picardie"(*Marnier's* edition),LV 。"依据法律,安德列(Andrieu)骑士、杰汉(Jehan)和亨利(Henri)兄弟把自己交给位于阿比维尔(Abbeville)的普瓦蒂乌(Poitieu)法庭,他们因涉嫌杀害科拉特·赫特兰特(Colart Hurtant)而获准这样做,且其多次通过决斗断讼方式召唤任何基于上述怀疑而想控告他们的人出庭,对其行使权利,让他们受到法律审判;但如果没有人出来控告他们或提出诉求……这些人就得以释放并被解除上述怀疑。"

〔2〕 *Planiol's* edition,c. CI,CII,p. 142-145.

〔3〕 *Taillar and Courtois's* edition,Saint Auer. 1856,p. 144 *et seq.*

〔4〕 *Esmein*,"L'acceptation de l'enquête dans la procédure criminelle au Moyen Age" in"Revue générale du droit,de la législation et de la jurisprudence,"1888,p. 14 *et seq.*

轻率地或者没有事先采取适当的预防措施就这样做。在过失杀人的情况下,这种程序最常见。《盖恩斯习惯法》举了一个在射箭比赛中杀死他人的例子;其中有一篇建议行凶者要立即与有关各方达成妥协。

第六节　国家调查

还有别的选择。被羁押人也许会同意在没有任何指控者的 65
情况下,根据文献中所称的"国家调查"(l'enquête du païs)程序接受审判——"当任何人因涉嫌严重犯罪而被捕时……他可能会被问及是否愿意就该案接受调查"。[1] 调查必须征得被羁押人的同意。"要知道,没有人会因不配合调查而被定罪。"[2]诚然,为获得这一同意,需要使用极其费力的说服手段:如果在这段时间内他不接受国家的调查,就应被法官逮捕并监禁一年零一天,得不到多少吃喝。[3] 古老的《勃艮第习惯法》(Coutume de Bourgogne)(英译版为 bourgoyne,系笔误。——中译者注)另记载(第13章,"调查"):"除非他亲自接受调查,否则对任何人进行的犯罪调查都是无效的。"[4]《巴黎习惯法》(Livre des coutumes notoires demenées au Chastelet de Paris)警告人们不要轻率地将自己置于调查之中:"如果可以的话,任何人都不应该让自己接受调查,因为并不是每个人都对他抱以善意,他可能因此将自己置于极大的

〔1〕 *Beaumanoir*, XI,14(Salmon,Nos. 1236-1238).

〔2〕 "Livre de J. et P." XIX,45, § 1;"Ancien coutumier de Picardie," p. 52.

〔3〕 *Cf. Beaumanoir*, XXXIV,21(Salmon,No. 1042).

〔4〕 *Charles Giraud*,"Essai sur l'histoire du droit francais au Moyen Age," vol. II, p. 291.

危险之中;但是他可以适当地向法官授权,让法官在上帝和他灵魂的指引下进行调查或者由他的封臣进行调查,而这可以在没有控告人的情况下进行。"[1]被羁押人对调查的接受具有决定性作用;调查既对他有利,也对他不利,正如博曼努瓦所说,它"终结了控告"。根据调查结果,这个人被判无罪或有罪。

什么是调查?它是一种由证人提供的证明,但与之前描述的习惯法中由证人提供的口头证明不同。而且,这也不是什么新鲜事。它曾以"纠问"(inquisitio)的名义存在于加洛林(Carlovingian)时代。[2] 事实上,在法国,它很快就与《1260年法令》提出的口头证明融合在一起,这导致很难根据13世纪的文献来确定它的特征。不过,《诺曼底习惯法大全》(Grand Coutumier de Nor-
66 mandie)对它作了详细的描述。[3] "那些可能知道犯罪情况的人

[1] *Mortet's* edition, § 61, p. 71.

[2] 参见 *M. Brunner*, "Die Enstehung der Schwurgerichte", 尤其是第六章。

[3] Ch. LXVIII. 根据"Somma",拉丁文的原文如下(II, ch. II, § 13):"Si autem de multro facto nullus sit qui sequelam faciat aut clamorem, si publica infamia aliquem super hoc fecerit criminosum, per justiciarium debet arrestari et firmo carcere obersvariusque ad diem et annum cum penuria victus et potus; nisi interim super hoe inquisitionem patrie se offerat sustinere. Quam si sustinere voluerit sollicitudo justieiarii debet procurare quod omnes illi, quos de multro aliquid scire prmsumpserit vel ipsius aliquam noticiam habere, de quocumque loco fuerint, coram se certo die et loco faciat convenire et hoe subito et inopinate, et causa propter quam eos faciat submoneri celetur, ne parentes cruninosi eorum prece vel precio corrumpant sacramenta; et ab eis unoquoque per se vocato, coram IIIlr militibus non suspectis, utrum crimmosus illud multrum fecerit inquiratur diligenter. Et auditis dictis eorum et inscriptis, et si sufficiens seonium super aliquem miserit dictum ejus pro nulo debet reputari et a jurea debet removeri. Et si sufficiens non fuerit seonium nihilominus ulterius procedatur. § 14. Hujusmodi jurea fieri debet per XXIIII or homines ad minus legales quos nec favor nee odium a jurea debeat amovere… § 18. Post hoc autem coram ipsis juratoribus et alfis in publico convocatis dictum eorum coram reo debet per justiciarum recitari et per juratores confiteri quod itò juraverunt. Et super hoc debet fieri judicium in continente et judicium factum sine dilatione adimpleri, et quod XX^{tl} eorum juraverint observetur. Et si aliqui eorum se nescientes dixerint tot debent juratores apponi, si possunt inveniri, quod per sacramentum XX^{tl} eorum veritas rei eluceat inquisite."(*Tardif* edition, c. LXVII, No. 11.)

应立即被传唤,至少传唤 24 个人,如不能是疑似对被告持有喜欢或不喜欢(的偏见)者……需传唤犯罪发生地最有能力、最值得尊敬的人。”司法行政官将他们单独带到四位骑士面前,并将他们说的话记下来;之后“将被告带上前来,询问他是否反对这些宣誓人”。[1] 最后,宣誓人被召集到一起,他们所说的话由法官宣读给被告。“他们需承认曾起过保证陈述真实性的誓言;在此基础上,根据法庭助理的建议和意见宣布判决。”

在英格兰,这一制度发挥了主导作用,我们将在后面看到。它催生了刑事案件中的陪审团。尽管由于一些不利环境的影响,该制度在法国的发展很有限,但它仍然和在海峡对岸取得极好发展的制度是一样的。

然而,一些旧文献显示,“国家陪审员”(jurée du pays)有个在我看来很不一样的用途,这让人想起了“陪审团告发”(jury de dénonciation);它在 9 世纪即开始运作,正如教会法规集(Capitularies)中所显示的,在教会的诉讼程序中它并没有真正中断,而是存续下来,如我们当下看到的那样,它以“一般纠问程序”(inquisitio generalis)而告终。这也是“纠问制”的原型,英国“大陪审团” 67
由此诞生。《布列塔尼古代习惯法》对这个问题的解释是:“当一个地区发生严重犯罪时……法官有责任让该地区有能力宣誓的一些人——男人、女人和孩子——进行宣誓,并向其询问犯罪发生那天他们[在哪里]。如果法官发现某家的人不断更换,他就可以逮捕他们,且如果他能通过第三方将怀疑锁定在某人身上,法官就应按照惯例对其提起诉讼,以便能够找到引起怀疑的原因。接着,法官应对他进行讯问,问他是谁,住在哪里,和谁一起吃的

[1] 根据博曼努瓦的说法,要求接受调查的人提出反对意见的时间是在一开始,在听取“被传唤者”的意见之前(XL,14,Salmon,1236)。

饭,都吃了什么饭,以及其他类似的问题,但无须提问或提及有关犯罪的事,只有这样才能找到蛛丝马迹。”[1]

回到经被告“同意”的调查上来。1887 年,布拉格大学扎克教授(M. Zucker)在一本满是有创见性批评的极其有趣的专著中对其进行了另一种解读。[2] 他并不认为经被告同意的国家调查会早于我们现在要谈到的“国家公诉”(aprise),也就是官方的起诉,它是教会法中的“纠问式诉讼程序”(processus per inquisitionem)。根据他的说法,接受调查的唯一目的是在没有原告的情况下提起诉讼;这只是“国家公诉”的一个具体环节,是一个交到“国家公诉”所针对的人手上的抗辩请求,被告可以利用这个请求避免被长期羁押或使其成为一个可利用的正当辩护事由。[3] 但这种观点与通过比对所有文献所形成的资料中的记载很不一致。博曼努瓦特别明确地指出,“国家公诉”和调查是两个不同的程
68 序;只有在被告不接受调查时法官才诉诸“国家公诉”,且他的权力在这两种情况下并不相同。[4] 在被告同意的情况下,无疑有可能从公开的“国家公诉”转为调查,而且在最初拒绝调查之后被告作出这种同意,可能对他非常有利,有可能起到使其免遭严重危险的作用。在 13~14 世纪这漫长的时间里,它保护被告不受“国家公诉”中可使用的酷刑“问题”的困扰,这可能是被告愿意接受调查的一个原因。实际上,在“国家公诉”中引入酷刑的唯一

〔1〕 *Planiol's* edition, ch. CXIV, p. 154. 第 CXIV 章,第 154 页也讨论了“国家陪审员”的问题:“如果情况是这样的,有人控告说他遭到抢劫了,一旦事实证明是某男子或女子做的,可据此判他们死刑,若控告者以圣人的名义起誓说不知道该控告谁,此时,法官应按照严重罪行发生时的应对要求而召集‘陪审员’,开展调查。”

〔2〕 *Dr. Alois Zucker*, “Aprise und loial enquête, ein Beitrag zur Feststelling des historischen Basis der modern Voruntersuchung” (Vienna, 1887).

〔3〕 *Op. cit.* pp. 85, 86, 88, 89, 97 *et seq.*, 100, 101, 110, 111.

〔4〕 “Coutumes de Beauvoisis,” *Salmon's* edition, Nos. 1186, 1235-1238, 1244.

原因是，在判处死刑之前，除有其他证据外，往往还必须有被告的供词；另外，无论可能获得什么证词，经过被告同意的调查允许法官在被确信的情况下宣布全部判决。站在法官这一边，他看到自己的权力因被告的同意增强了，自然想获得被告对调查的同意，即使诉讼正在进行中。我在研究“中世纪刑事诉讼调查的同意”(L’acceptation de l’enquête dans la procédure criminelle au Moyen Age)时，试图借助大量的文献把这一切说清楚。[1]

第七节　未决羁押与保释

尽管这一古老的封建弹劾式诉讼适用范围有限，但它的存在合乎逻辑，未决羁押在其中发挥了重要作用。这种逮捕被称为“羁押”(prise)，[2]但是随之而来的是因保释或“逮捕令被召回”(récréance)[3]而使被羁押人获得释放，从这个角度来看，旧习惯法是相当宽松的。《正义与怜悯之书》(Livre de Jostice et de Plet)对保释的讨论如下：“一个人被监禁或他的任何动产被扣押时，将财物予以归还或将其释放的方法。——这项公告是为了防止领主的压榨以及那些掠夺他人财物的人犯下重罪。”[4]

但是，在关于习惯法的多本书中存在这样一条格言，即在涉

[1] “Revue générale du droit, de la législation et de la jurisprudence” (1888).

[2] *Beaumanoir*, ch. LII, “des Prises”.

[3] “récréance”是指在指定的日期将被捕者交由逮捕他的人处置时或当把他逮住的“领主”(Seigneur)任何时候向他签发传票时，曾经的被捕者要再次提供担保。*Beaumanoir*, LIII, 2 (Salmon No. 1583)：“如果有人想在任何情况下都能获得保释，他应该为获得保释而提供担保。因为根据世俗法庭的惯例，没有担保人就没有保释。”

[4] XIX, 26, § 1.

69 及以丧失生命或被肢解作为惩罚的罪行时,不准予保释。[1] 在这些情形下,由担保人或保释金(保证)提供的担保被认为不能提供充分的保障。根据长期沿用的旧法则,个人担保人必然受到最严格的约束"以身换身,以物换物"(body for body, property for property)。但这并没有达到逻辑上的目的。不履行保释义务的罪犯所受到的惩罚是不能再继续被保释。后者只是受到了金钱上的损失,可是,有时损失巨大。[2]

然而,仅从资料来看,这方面似乎发生了变化。以下是《圣路易法令集》(Etablissements de St. Louis)中值得注意的一段话。"如果被保释的人逃跑了,没有在规定的时间出庭,那么法官就应该对保证人说:'你们已经向我们保证过,担保被告会在某日出庭受审(这些都有具体的约定),他被指控犯有重大罪行,现在他却已经逃跑了。基于此,我将证实你们的罪行并判处你们承受本该逃犯承担的刑罚。'""老爷(对封建领主的尊称。——中译者注)他们说,不要这样做,因为替朋友保释,只是尽我们的责任而已。"因此,担保人可能会在被罚款 100 苏和 1 旦尼尔(法国旧银币"denier"。——中译者注)后获得释放。而这项罚款被称为"Relief

[1] "Etablissements de St. Louis," Ⅱ,5:"在面临被处死、被肢解或流血等惩罚的案件中,被告不允许被保释。"也见Ⅱ,7。"在世俗法庭,保释不得用于判决案件,也不得用于谋杀、叛国罪、强奸、殴打孕妇导致流产、道路埋伏、抢劫、盗窃、纵火等案件。"同上,I,104。*Beaumanoir*,LIII,2(Salmon,No. 1583):"被告遭到逮捕的所有案件都允许保释,但犯罪导致或可能导致被处死或被肢解的惩罚的除外,除非事实已知或已被证明不是此情况。""Livre de J. et P. "XLX,26, §6:"但是,如果我因可能判处肉刑的犯罪而被捕,可以保释或归还原物吗,有人会对我提出控告吗?无论是保释还是返还原物都是不恰当的。" *Cf.* "Compilatio de Usibus Andegaviæ," § 47;"Très-ancienne coutume de Bretagne," ch. XCVII, *Bourdot de Richebourg*.

[2] *Beaumanoir*,XLIII,24(Salmon,No. 1332):"担保人不能因为保释而失去生命,尽管他可能已为因严重犯罪而被羁押的人提供了担保,保证其在某一天返回受审,而被保释的人逃跑了;在这种情况下,担保人在失去了全部财产后,就交由'领主'处置了。"担保人通常被判处 100 苏的罚款。

d'home"(家庭救济金),法官因而会非常小心,不为任何被指控犯有谋杀或叛国等严重罪行的人提供保释,因为除了我们提到的外,这些担保人不用再交任何其他罚款。〔1〕

从另一个角度看,领主不应轻易保释被控犯罪的人,这是有 70
充分理由的:保释的话,他个人就要冒很大风险。如果领主在他无权这样做的情况下准许保释,他会使自己处于两种危险之中,第一种危险比第二种危险更大。因为如果被保释的人本应在某日出庭受审却逃跑了,那么领主准许保释的做法就丧失了正当性,他就不能让担保人来承担责任,因为担保人不能因保释而被判处死刑。但如果不允许保释的话,犯罪分子本可能被判处死刑。在不应该保释的情况下领主准许保释时,对他造成的第二种危险是,如果伯爵知道他不正当地行使了批准保释的权限,那么伯爵应找到被保释者,只要他想,他就可以逮捕被告,而不必将主持法庭或管辖案件的权限交给批准保释的人。然而,在这种情况下,领主批准保释的做法虽然没有丧失正当性,但他失去了管辖和惩治犯罪的权限。如果领主以缺乏正当性的方式批准保释,尽管传统上允许他这么做,但这种不服从不那么公正的保释规定(fole récréance)的行为也被视为对正义的破坏。〔2〕

涉及"被处死或肢解"惩罚的罪行不准保释,但这一规则有其

〔1〕 Etablissements de St. Louis, I, 104. The "Livre de Droiz," § 763,说的是同样的意思:"通常认为,如果有人为了保释被羁押的犯罪人而向法院笼统地表示愿意提供担保,但没有声明或具体说明未尽担保职责时,他会承受被保释者可能会承担的特定刑罚,那么根据习惯法,法院不能对其处以100苏以上的惩罚。如果有人为保释被羁押的犯罪人而成为他的'人身担保人、财产担保人',正如其表述的那样,这应当理解为,对于他的身体,保证人应当受到与他(被保释的人)同样的惩罚,对于财产,他应当受到与被保释人同样的民事惩罚。不过,实践中的做法和这个往往相反。" *Cf. Beaumanoir*, LVIII, 18 (Salmon, No. 1658). See *M. Tanon*, "Registre criminel, de la justice de Saint Martin des Champs au XIVe siècle," preface, pp. lxxx, lxxxi.

〔2〕 *Beaumanoir*, LVIII, 18 (Salmon, No. 1658).

例外。一旦发生犯罪,利害关系方可能会提出控告,此时,如我们所知,诉讼最常见的是直接以诉请裁决或提出司法决斗的挑战而开始。〔1〕在这种情况下,被告会遭受未决羁押;但奇怪的是,该做法同样适用于原告。〔2〕这首先可以用弹劾式诉讼的一般特征
71 来解释,弹劾式诉讼的目的就是要保持当事双方之间的绝对平等。〔3〕另一种解释是,如果原告在决斗中遭到了极严重的打击,他将丧失自己的生命和财产。〔4〕决斗就像一把"双刃剑",必然会击中参与决斗的一方或另一方。在法国,这种双方受羁押的规则一直延续到正式指控者(formal party)出现为止。〔5〕它并不局限于习惯法所"青睐"的案件,或者禁止使用以决斗作为证明方法的案件。但是,这种特殊情况有一个鲜明的特点。如果以决斗的方式进行裁判,即使涉及的是最严重的犯罪,双方也可能在被提供充分的担保之后获得保释,因为对抗双方必须为决斗做好准备。"在以下这一情形中,犯罪时应当准予保释——如果是以决斗断讼方式进行的一方对抗另一方的严重案件;在这种情况下,如果双方有足够的担保,约束他们能够在规定的日期返回法庭,

〔1〕 *Beaumanoir*, LXI,2(Salmon,No. 1710).

〔2〕 *Beaumanoir*,LIII,4(Salmon,No. 1585);《圣路易法令集》,I,104;"Somma de Legibus Normaniæ",II,2, §2:"Primo autem capiendum est vuadium defensoris,et post ea vuadium appellatoris,et de lege deducenda plegios debent tradere,uterque tamen in prisonid ducis mancipandus est."《布列塔尼古代习惯法》,ch. 104:"如果有原告,他应同被告一样被监禁,因为双方都应该受到同样的惩罚。"

〔3〕 "这种平等意识导致封建诉讼(appeal)中双方受到监禁。在罗马的'公共审判'(judicia publica)制度下,未决羁押被废除。"参见 *Geib*,"Die Römische Criminalprozess bis auf Justinian,"part 2。

〔4〕 *Beaumanoir*,LXI,11(Salmon,No. 1718):"战败者会失去生命,失去他所拥有的一切,不论他追随的领主是谁。"参见"Très-ancienne coutume de Bretagne,"ch. 104,前引,and ch. 96."因为如果控告者没有证实他说的情况,他将因其指控而被判有罪,并受到与另一方被判有罪时相同的惩罚。"

〔5〕 至于德国的情况,可对比《加洛林法典》(Carolina),Art. 12 *et seq.*。

则应准许他们获得保释,以便他们能够根据案件的需要为诉讼做好准备。”〔1〕《诺曼底习惯法大全》以稍显不同的形式给出了相同的解决方案。在提到原告和被告都必须被羁押之后,又补充说,他们可能会被交给值得信赖的人照料,它将其称为“活监狱”(vifve prison)。〔2〕但在这一点上,同样地,双方的待遇必须是平等的。不能在给予一方保释自由的同时却不给予另一方。《圣路易法令集》记载,“如果一方不比另一方更难管理的话,法官应对二者施以同等条件的羁押”,但当其中一个人获得保释,而另一个 72
人被关押时,则称法官为“跛脚的法官”(fole justice)。〔3〕

在这方面,法官的权力起初是非常有限的,但其权力仍在继续扩大。《正义与怜悯之书》给了法官很大的裁量权:“如果被问及两人因其中一人指控另一人的罪行而致双方被羁押时,将(物品)恢复原状或作出保释是否合适,答案是这个问题应由法官斟酌决定。如果被问及可否允许其中一方保释而另一方继续羁押,答案是否定的;不能给予一方比另一方更多的好处,也不能给予一方比另一方更多的束缚。”〔4〕在封建领主不需要承担责任的情况下,这种自由裁量权在王室管辖范围内必然比其他地方有更大的发展。

除正式指控人的指控之外,还可能出现另一种情况。正如我

〔1〕 *Beaurnanoir*,LIII,4(Salmon,No. 1585); *cf.* LVIII,18 (Salmon,No. 1658).

〔2〕 “Somma,”II,2, § 2:“Per justiciarium tamen his quod necesse fuerit ad duellum debet inveniri,et utrumque,si voluerit vive prisonie poterit committere dum tamen bonos de ipsis habuerit,qui eos ita fideliter cutodiant,quod vivos vel mortuos ad diem duelli terminatam reddant,et ad duelli deductionem habeant preparatos.”且如果他们愿意的话,两人都可以被保释在“活监狱”里,只要他们真诚地把各自交给令自己满意的守护者,在指定的日期如果各自的守护者还健在,他们将武装起来通过决斗的方式来决定被守护者们的生死。

〔3〕 I,104;*cf. Beaumanoir*,LIII,4(Salmon,No. 1585).

〔4〕 XIX,26, § 9.

们所说的,领主可以逮捕并监禁涉嫌犯罪的人,且为了引发指控,在发布三道诏令予以公告后或在习惯法规定的时间间隔之后即可公开逮捕嫌犯。监禁的期限为一年零一天,时间一过,就不可能再提出任何指控了。但是监禁能尽快结束吗?习惯法著作者普遍承认,在公告期限届满时,被告有权要求保释。[1] 有些人仍主张应继续羁押。[2] 还有一些人则认为,在延长后的羁押期限届满时应立即释放(délvrance)犯罪嫌疑人。[3]

最后一种假设情况是这样的。被领主逮捕("*pris*",被掳获的。——中译者注)的人可能会同意接受国家调查。那么他应该被
73 保释出来吗?这是有可能的,某些文献似乎持这种观点,即没有指控者时,获得释放是一项权利:"如果法官认为我实施了犯罪并判我死刑,但除了法官自己,没有人向我提出指控时,他除了将我羁押外,没有权利占有我的财产;但基于正义,法官应允许被羁押者提供保证人后获得保释。"[4]

我们的结论是,保释是一项权利,除非犯下可能面临被处死或肢解惩罚的罪行。尽管这些古老的理论主要与封建制度和司法决斗有关,但在随后的一个时期,两种思想仍然盛行。一是轻罪应当允许保释,二是重罪应当拒绝保释。

〔1〕 Compilatio de Usibus Andegaviæ, § 24;"Livre de J. et P. "XIX,26, § 12.《1315年法令》(Ordinance of 1315):"怀疑的威力可以如此之大,让人声名狼藉,以至于遭受公开谴责的嫌疑人要被羁押在其领主的住所,羁押四十天或者两个、至多三个四十天,如果期限届满而没有任何人指控他犯了罪,他就获得保释(ostagez)。"(Ord. I,p. 358)

〔2〕 *Jean d'Ibelin*,ch. LXXXV.

〔3〕 参见 *Beaumanoir*,LVIII,20(Salmon,No. 1660);XXX,90(Salmon,No. 917)。

〔4〕 "Livre de J. et P. "XIX,26, § 5.

第八节　拒绝出庭应诉

这一古老的法律开始接受拒绝出庭应诉程序，尽管该程序在其不断变化的过程中已经面目全非，但这是我们的法律制度在与缺席理论有关方面的一个出发点。旧刑事诉讼程序与所有正式的诉讼程序一样，不承认缺席判决。原告和被告必须自始至终在场。然而，人们找到了一种办法，可以确保正义承受住顽抗者的一切抵抗而照常伸张。正如日耳曼实践中的那样，拒绝出庭应诉程序带来的不是对指控行为的谴责，而是将藐视法庭的人逐出法外。拒绝服从法律的人不享有法律给予的保障。这是合乎情理的。与拒绝出庭应诉程序有关的大量传唤和间隔期，因不同的习俗而有所不同，但这种不同并不妨碍确定该程序的主要特征。

拒绝出庭应诉程序被称为“forbannissement”——驱逐或逐出法外。（源于撒克逊时代的“utlagatus”，即剥夺法律资格，不受法律的保护。——中译者注）“逐出法外”的处罚只有在巡回审判时才能宣布，且只有严重犯罪才适用拒绝出庭应诉程序，稍后我们会在《刑事大全》（le grand criminel）中看到这一点。[1] 中古时期的《诺曼底习惯法大全》极可能展现了该程序最纯正的样态。在接连三次 74
的巡回审判中分别进行三次传唤是必要的（英译本未译出本段，以下

[1] “Livre de J. et P.” XIX, 37, § 4：“被问到如果有人殴打他人、辱骂他人、伤及流血，或给他人留下无血伤口或挫伤他人但没有造成死亡或肢体残缺的后果，而行为人逃跑了，那么，他应该被逐出法外吗？答案是否定的。——§ 5. 另被问及如果有人被指控犯有谋杀、盗窃、强奸、杀人、肢解的罪行，或实施了抢劫，或没有出庭来解决纠纷，而他逃跑了，他应该被逐出法外吗？答案是肯定的。因为这些情况可能导致他被判处肉刑以及危及他终身获得法律保护的权利。”

记叙文献原文。——中译者注):“我们对已被证明存在犯罪行为的罪犯判处身体上的刑罚。如果有人承认自己犯下了罪行,那么他就可以公开被定罪并执行刑罚。潜逃者以十分顽固的方式对抗前三次巡回审判是有罪的,应当被传唤,由艾特维尔的士兵在四十天的审限内在特定的地点进行审判,使程序的公正得以彰显。到了第四次巡回审判时,应公开宣判该罪犯的罪行,以君主之名判处其‘逐出法外’,任何如果在本案审结后发现的该罪犯,不论其生死,都应将他交给法官。”[1]这一切都很清楚——关于逐出法外和间隔期,每一巡回审判需经过四个间隔期方能将某人逐出法外。这四个时段显而易见,最后一个时段就是一个巡回审判历经的时间或四十天的期限(quarantaine)。“要知道,在将一个人逐出法外之前,他必须被传唤三次,每次传唤间隔八天,如果他在(那段时间内)没有出现,传票将递给与他最亲近的人,并让该亲近的人转告他在确定的日期出庭。有正当理由的话,允许他为自己辩解;如果没有,四十天的期限将从那时起算,在这段时间内他没有出现,就会被逐出法外。”[2]

根据《圣路易法令集》的记载,被传唤的逃犯“必须在七个昼夜内出庭认罪或进行辩护,传唤必须在公共场所进行……没出现的话,要重新传唤他,责令他在十五个昼夜内出庭受审……还没出现的话,再次传唤他;在四十个昼夜内若他还不出现,在公开场合宣布他被逐出法外”。[3] 根据博曼努瓦的说法,根据关涉的是佃农还是有身份的人,有不同的间隔期:“如果他是附隶,(指依附于领主,履行苦役的一种奴隶。——中译者注)那么,每两个星期会被

[1] “Somma,” Ⅰ,23, § § 5,6.

[2] XIX,37, § 9.

[3] XIX,26, § 9.

传唤一次,共传唤三次,在第三次传唤后的两个星期之内需到长官那里报到。在第三次传唤后的两个星期内要告知他必须出席接下来的第一次巡回审判……若他被传唤的这六个星期内均未出现,且他也没有参加这个巡回审判,他将被逐出法外。"[1]对有 75
身份的人来说,先有三次到长官处的传唤,接着是三次参加巡回审判的传唤。这里似乎两种体系叠加在一起:"如果他是一位有身份的人,依君主的法律,他每两个星期会被传唤一次,共传唤三次,责令其到长官处报到;若他不出现,此后他应该被连续传唤三次,以被责令参加巡回审判,两次审判之间至少要间隔四十天,如果他在最后一次巡回审判中没有出席,他将被逐出法外。"[2]

无论是否有原告一方,还是仅仅因王室法院的法官持有怀疑而提起的诉讼,都可以适用拒绝出庭应诉的程序。在这两种情况下,都有人违抗领主的传唤令。

被逐出法外的人确实不再受法律的保护,谋杀他的人不会受到惩罚,任何人都不准庇护他:"当一个人被伯爵判逐出法外时,其他任何人不得也不应庇护他,如果有人发现他出现在自己的封地内,应将其逮捕,并通知伯爵他抓住了这个被逐出法外的人……凡知道他被驱逐却提供庇护的,庇护者的房屋将被拆毁,同时由法庭视情况判处其适当的罚款,并处以监禁刑。"[3]此外,这些可怕的威胁并不是为促使未出庭应诉的人出现所采用的唯一限制手段。因被判逐出法外,他的财产被没收了,[4]从程序的

〔1〕 LX,5(Salmon,No. 1695).

〔2〕 *Beaumanoir*,LX,6(Salmon,No. 1695);XXX,99(Salmon,No. 930).

〔3〕 *Beaumanoir*,LXI,21,23(Salmon,Nos. 1728,1730). 然而,以前没有也不能颁布驱逐法令,除非是从王室法院法官享有管辖权的领地内被驱逐[*Beaumanoir*,LXI,22(Salmon,No. 1728)]。但是,博曼努瓦发现了一个很有意思的程序[LXI,21(Salmon,No. 1728)],该程序的目的是将其效力扩展到至高无上的王权的整个管辖范围。

〔4〕 *Beaumanoir*,LX,9(Salmon,No. 1698).

一开始,也就是从他第一次缺席时起,领主就扣押了他的财产。[1]

这种程序最鲜明的特征是,它不是为了宣告某人有罪,而是为了将其"逐出法外"。但它很快便失去了这一特性。对法律的抵制被看作对所犯罪行的一种默认;因此,被逐出法外者是"被褫夺了法权以及被认定为有罪"的人。鉴于此,如果他被抓获,应将
76 其交给领主,接受惯常使用的惩罚。博曼努瓦以及《正义与怜悯之书》最先明确表达了这一新观点。[2] 从他(它)那时起,拒绝出庭应诉程序就承载起判处某人被逐出法外以及对其受指控的行为加以定罪这两种功能。

具有严重后果的被逐出法外的判令是终局、不可撤销的吗?当逐出法外者被抓获,或者当他出现并表示愿意弥补未出庭应诉造成的不利后果时,正如后文所阐述的那样,他能要求进行对抗性的审判吗?合乎逻辑的答案是,不能。最初,被逐出法外,是对违抗法律者的惩罚而不是对犯罪行为的惩罚,它具有终局性,或者至少除了发布这一判令的人,任何人不能进行撤销。撤销是一项经自由裁量后的决定,不是采取任何方法进行请求(recourse)

〔1〕 *Beaumanoir*, LXI,10(Salmon,No. 1717):"由于担心延期所带来的风险,伯爵应该在他传唤的人处设置守卫……每天两次,直到他出现来,防止他的财物受损。""Livre de J. et P."XIX,37, § 8:"首先,伯爵应该让人去他的住处传唤他,这是他该返回的地方……若他不露面,他的财物就被没收,仍由法官保管。" *Cf.* "Ancien coutumier de Picardie,"LIV.

〔2〕 *Beaumanoir*, LX,9(Salmon,No. 1675):"无论谁被指控犯有上述任何一项罪行",且按照当地的习俗,他被判逐出法外,而且在被逐出法外之后他再次被捕,他失去了正常的生活以及财产,就像他真的做了那个被指控的恶行一样受到审判"。*Ibid*,XXX,12(Salmon,Nos. 834,835):"应该根据导致他被逐出法外的罪行来审判他。""Livre. de J. et P."XIX,37, § 7:"如果在被判逐出法外后不久他就被逮捕,他会被宣判有罪。""Ancien coutumier de Picardie(Anc. cout de ithieu et Vimeu,XIV),"p. 131:"如果他缺席,应该按照他受指控的犯罪来定罪。"

的结果。[1] 撤销涉及王权的行使,就像解放奴隶或农奴一样,男爵要进行授权,必须得到上级领主的同意。[2] 此外,撤销通知书(letters of recall)可能会使逐出法外所带来的一切后果归于无效,且它完全就是一份赦免书,或者它们可能只是开启了一个作出新判决的可能性。博曼努瓦非常清楚地阐释了这一点:"如我上文所述,若因任何值得怜悯的理由,被逐出法外的判令被君主撤销,那么,之前的被驱逐者将拿回属于他的一切,即那些因其涉嫌犯罪而被扣押的东西,无论它们是在法官手中还是在其他人手中,因为在王室法庭上被无罪释放的人不能在下级法庭上被定罪。但是,如果伯爵因为请愿、恳求或者出于同情而自行决定撤销他作出的逐出法外的判令,那就另当别论了,因为在这种撤销中,如果被逐出法外者没有通过接受审判来洗刷自己的罪名的话,下级 77
法庭的法官不会交出他所扣押的被逐出法外的嫌疑犯的物品。如果经过审判,被判无罪释放,就像受到指控后又因无罪而摆脱了指控、接受调查而查清后被无罪释放一样,那么,其实,无论物品在谁的手中,他都有权把属于他的东西拿回。"[3]

但与这些法则相类似的另一观点出现了。人们倾向于允许让"被判逐出法外者"证明他的善意,并依法对逐出法外的判令提出异议。为此目的,《正义与怜悯之书》规定了赦免的最后期限:"如果任何人在四十天内仍然处在被逐出法外的状态,那么他仅

〔1〕 *Beaumanoir*, LXI,24(Salmon,No. 1731):"如果伯爵基于某种值得宽恕的理由撤销了逐出法外的判令:例如,他听说被逐出法外者在受到指控以及被判逐出法外时,他在异国他乡或正在朝圣,且很显然他对被指控以及被判逐出法外的事一无所知……或者伯爵自那以后确信他并没有实施那个让他被判逐出法外的犯罪的话,那么撤销逐出法外判令便是仁慈之举了"。

〔2〕 *Beaumanoir*,LXI,26(Salmon,No. 1733):"因缺席被指控犯罪的庭审而对缺席者作出逐出法外判令的人,未经伯爵同意,不得以任何理由撤销该判令。"

〔3〕 *Beaumanoir*,LXI,25(Salmon,No. 1732).

仅是被判逐出法外;如果他在接下来的三次巡回审判期间出现,并表示他会且愿意接受法律的制裁,那么将允许他这样做。如果他在三次巡回审判中均不出庭,就要因其受指控的行为而被判刑。"〔1〕《圣路易法令集》在没有规定任何间隔期的情况下声明,如果被逐出法外者出现并提出善意的辩解,"那么法官将接受被逐出法外者想要宣布的誓言,而那些想控告被逐出法外者的人会听听他给自己作的辩护。"〔2〕这里有未来发展的一些要素,但最初的看法并不是注定要在某个时间消失,在《1670年法令》规定的缺席程序中,我们会看到在撤销逐出法外的判令方面,自由裁量的方式和请求的方法二者同时在发挥作用。

这就是我们古老的刑事诉讼程序。它的不完美自有理据,就此而言,它实际上包含了两种截然不同的元素。其中一种属于过去,很快就会消失得无影无踪;另一种则恰恰相反,它包含着新制度的萌芽,我们将展示它如何改变以适应不断变化的新情境。

〔1〕 XIX,37, § 10;*cf.* "Ancien. cout. de Picardie," XCVIII.

〔2〕 "Etab. "I,26. 从"Livre de Jostice et de Plet"中的一段话来看,被逐出法外所造成的影响似乎无法随着时间的推移而消除(XIX,37, § 12)。"Cefroi de la Chapele(说)奥尔良的法庭执达官在公告中宣布某人被逐出法外,并报告说这个人宣称他杀了一个人。在这四十天里,他在其住所处接到国王传唤他出庭的命令,他既没有出庭,也没有被押解到国王面前,也没有提出过辩解,为此,他被判逐出法外,并且他一直是个被逐出法外者,在五十年内他都没有出庭,法庭也没有再传唤他。最后,他来到奥尔良主教面前说,他无论躺着还是站着的地方都是在主教的领地上,所以他的案子归主教管。情况就是这样。主教有权撤销这个逐出法外的判令。但主教决定不撤销(逐出法外的判令),因为他没有早点来主张他的特权,也没有法律要求他这样做,他被交给了有权管辖他案子的主教。主教对他进行了审判,并决定将他绞死。"

第二章　纠问式诉讼的起源及其发展（13~14世纪） 78

第一节　引　言

在前面章节论及的残酷且粗陋的诉讼程序中,对犯罪行为的追诉是由私人完成的。政府当局仅在当场抓获犯罪嫌疑人的案件中才会主动介入诉讼,而其职权范围也仅限于控制住犯罪嫌疑人并等待受害一方提起诉讼或者是犯罪嫌疑人同意接受调查。

私人追诉的模式不可能一直延续。因此在13世纪,国家公诉模式形成并迅速发展。与此同时,私人追诉程序所采用的证明方法亦被替代。在探讨前辈学者就该发展趋势的研究成果时,有必要简单地解释一下什么是教会法庭(ecclesiastical courts)的刑事诉讼程序。教会刑事诉讼程序对于大陆法系诉讼模式的转变有着深远的影响,而影响产生的原因并不是教会自已制定了详细的程序规则体系。相反,教会诉讼程序规则的很多内容都是从世俗机构处习得。但是在借鉴吸收之后,教会为其注入了新的精神,并不失时机地对其进行实质性的改变。有学者提出,古代法国的纠问式诉讼仅是从教会移植的结果。这种观点我们认为是不准确的,但不容否认的是,教会是首先完成从弹劾式
79 到纠问式诉讼转变的权力机构,并随后为法国和周边国家提供了一个范例,这些国家在类似条件具备时发生了同样的变革。

第二节 教会刑事诉讼

缺乏强制力保障的司法制度明显不符合实践需求。因此构建自由、高效的国家公诉模式尤为必要。为实现这一目标,在 12 世纪末期,教会法建立了纠问式诉讼程序,即"processus per inquisitionem"。

在此之前,受罗马法和日耳曼习惯法的影响,教会法在犯罪追诉方面仅认可弹劾制。直到 9 世纪,情况发生了变化。如果某人因为涉嫌犯罪被公众指认,并且法院依据公众指认确定了嫌疑人的"污名"(mala fama or infama),那么教会法即允许对"污名者"(infamatus)采取行动。教会法不允许法官召集证人指证犯罪,但是被指控者有义务向法庭提供无罪证据。无罪证明可以通过两种方式实现:第一,教会赎罪(purgatio canonica),即污名者提供担保人和他共同起誓证明无罪;第二,世俗赎罪,即经受住折磨类的考验。如果污名者拒绝或者未能证明无罪,则将被判定有罪。[1]

〔1〕 C. II, qu. 5; *X*, "*de* purgatione canonica," V, 34; *X*, "De purgartione vulgari," v. 35.

上述证明方式是教会法从日耳曼习俗中借鉴而来的。[1] 不同的是,当时在一些特定的案件中,日耳曼习惯法允许被告凭借自己的誓言证明无罪,而不需要另外提供保证人誓言。依据 9 世纪所引入的程序规则,如果"污名者"主观拒绝或者客观不能自证无罪,那么其将被定罪判刑。这一程序实则是纠问式诉讼的前身。[2]

在 9 世纪,教会法也开辟了另一条道路。它允许法官在不需要原告的情况下对臭名昭著的罪行进行起诉和定罪。而这也是那句谚语"法官从不指控穷人"(notoria accusatore non indigent)的 80
来源。但是实践中这一规则并不常用,因为对于什么样的罪行才是臭名昭著的,没有可操作性的标准。[3]

事实上,教会法并没有承认国家公诉,原因是在当时的诉讼程序中法官同时扮演着控诉人和裁判者的角色,不再需要另一个公诉人了。[4] 这是伊夫·德·沙特尔(Yves de Chartres)时代[5](11 世纪末到 12 世纪初)和格拉蒂安(Gratian)(意大利基督教教会法学家,教会法创始人。——中译者注)时代[6](12 世纪前半叶)的主流学说。但在 13 世纪的最后几年,一种新的诉讼模式——纠问式程序出现了,在纠问式程序中实际上是法官提起的国家公诉。

"纠问式程序"与我们前文提到的要求"污名者"自证无罪的

〔1〕 Chaps. V, VI, VIII, IX, C. Ill, qu. 5. *Hildebrand*, "Die purgatio canonica et vulgaris," 1841; *Richter-Dove*, "Lehrbuch des deutschen Kirchenrechts," § 226; *Loning*, "Gesehiehte des deutsehen Kirchenrechts," II, pp. 496, 503.

〔2〕 *Hincmar de Reims*, "De presbyteris criminosis," c. XVI.

〔3〕 Cc. 15–17, C II, qu. 1.

〔4〕 *Panormitanus* upon c. 7 X, "de accusat." V. 1, No. 7:"法官在当时履行着双重职责。"

〔5〕 *Yves de Chartres*, Ep. CXIX, CVIII, CCVI.

〔6〕 Dictum upon e. r. C. IV, qu. 4.

程序不同。区别在于,在纠问式程序中,除非被确定为“污名者”,否则法官不能以积极行为推动程序的继续进行;然而一经确定,法官则可以传唤或逮捕被告,提供证人,并依此定罪。除此之外,还有其他一些明显的特征也证实了二者的不同。

但很明显,上述变化是由立法而非习惯所引发的,具体说来,是由教皇英诺森三世(Inhocent Ⅲ)的法令所提出的。这一问题在1178年被首次关注,[1]随后一系列案例在1179年[2]、1206年和1212年[3]被连续不断发现。最后,在1215年,第四届拉特兰
81 公会议庄严地确认了这一原则。[4]

关于法官能否既做裁判者又做“两造”一方,当时存在意见分歧,既有支持又有反对。两种意见相互争锋,就算是在同一份文献中也会出现不同观点。经过两种途径,支持的观点逐渐成为主流。第一,圣经的引用,如果上帝或者先知涉足了人类活动,[5]那么其将同时扮演裁判者和参与人的角色。基于对这一问题的理解,宗教法官获得了扮演双重角色的权力。第二,我们前文讲述过,官方发动刑事追诉程序的前提是被告的“污名”成立,在此诉讼程序中没有具体控告人,法院实则代替了控告人的角色。法官可同时作为裁判者和“两造”一方的观点注定成为经典。[6]

有人认为国家公诉模式之所以被引入,是因为打击异端的实

〔1〕 c. un. X. “Ut eeclesise vel benefieia sine diminutione conferantur,” III, 12.

〔2〕 c. 10 X, “de purg. can.,” V, 34; cc. 31, 32 X. “de simonia,” V. 3.

〔3〕 c. 21 X, “de accus.” V, 1.

〔4〕 c. 24 X, “de aceus.” V, 1.[关于相关法令文本,以及它们后续对英国法律的影响。——英译者注] *Wigmore*, “Treatise on the System of Evidence.” § 2250(“History of the Privilege against Self-crimination”).

〔5〕 cc. 30X, “de simonia,” V, 3; 17, 24 X, “de aceus.” V. 1.

〔6〕 *Panormitanus* upon C. 2. X, “de accus.” No. 7:“法官会主动传唤证人指控相关犯罪。”No. 6:“同时可以进行秘密调查。”

践需求,但是事实并非如此。毫无疑问,异端纠问程序(inquisitio hæreticæ pravitatis)在审理异端时采用的即是国家公诉模式(这一问题后文详述)。对异端者发动追诉的权力被授予给特定的专员,这些专员通常是从多明我会修士(Dominica)或方济各会修士(Franciscan)中选出。由专员发起的追诉最早发生在 1227 年。当时该诉讼的发生基础是教皇法令(The decretals)。教皇法令有时会直接针对神职人员的异端邪说,但是绝大多数情况下教皇法令是针对神职人员滥用权力。为了更好地打击神职人员滥用权力的行为,天主教会(papacy)认为应当建立一种更加强力的公诉模式。

纠问式程序是由最初的“污名者控告程序”演变而来的,最有力的证据是二者之间具有一脉相承的关系以及共同的特点。首先,如果纠问式程序不能形成有效结论,不能提出充足证据证明有罪,那么被告就可能被要求承担证明自己无罪的责任。自证无罪实则回到了“污名者控告程序”的规则设计。[1]

另外,纠问式程序最显著同时也是最令人厌恶的特点之一 82
是,被告不仅应当对法官的审问作出答复,而且还必须宣誓,发誓其供述是真实的。这一规则可以追溯到早期的纠问程序。这似乎与教会法的传统教义背道而驰,因为依据教会法在无涉宗教的世俗法程序(forum externum)中,任何人都不应被强迫自证其罪。发誓并且如实供述罪行的审理模式同样移植自“污名者控告程序”。不过在“污名者控告程序”中,污名者不但要发誓自证无罪,而且还需要找到保证人同其一起发誓。相比之下,纠问式诉讼只要求被告自己发誓,相对简单。此种诉讼制度的正当性基础,由

〔1〕 *Hostiensis*,“Summa,”Lyons edition,1517,p. 409:“如果所有证人都提供了无罪的证言,则被告人应被宣告无罪”V. 34。

未来的英诺森四世(Innocent Ⅳ)以非常精确的措辞提出,即正式的诉讼手段和灵巧的讯问方法是截然不同的。[1] 不过需要说明的是,虽然这种说法成为经典,但其本质只是一种诡辩。

纠问式诉讼程序中有一个非常不利于被告的规则被教会法改良了。改良后,在纠问式诉讼中的刑罚会比在私人控告的普通程序中的刑罚要轻。比如,对神职人员的纠问式诉讼,一旦被定罪其就不能再继续神职工作(ab officio),但是不能给予其屈辱性
83 的刑罚。[2] 必须补充的是,在纠问程序中,如果被告的供述有证人证言的佐证,那么就像"污名审理程序"的情况一样,审理者可以宣布判处完整的刑罚。

最初,纠问式程序的推行遭受了多方面的抵制。有资料显示,在当时,如果法官希望通过纠问式诉讼对"污名者"发起追诉,那么"污名者"可以援引其他法律并通过提供"共同宣誓人"(purgatio canouica)的方式而脱罪。另有资料显示,纠问式诉讼中的被告会援引世俗法(secular law),其中规定法官可以在一定期限内羁押被告,但在此期间应当要求指控人现身对质,否则即应当释放被告或者对其施加折磨类的考验,即"世俗赎罪"。[3] 历史

〔1〕"Commentaria Innoeentii quarti pontifieis maximi super libros de-cretalium"Frankfort edition,1570,p. 246,upon e. 2 X,"de eonfessis"II,18:"犯罪人的罪行可以通过试验和考验而被净化,如果犯罪人拒绝认罪那么相应的指控的罪行也会更重。对于被告人的讯问应当依序进行,被告人有权拒绝回答相应问题。" *Cf. Panor-mitanus*, upon c. 2 X,"de coufessis"Nos. 16,19.

〔2〕c. 24 X,"de mcus.":然而,犯罪指控趋至人格减等,即降格。过去,人们会因指控而遭受耻辱刑,现如今则为指责。危险之人而不能饶恕者,被审问乃至被惩罚,即使罪孽深重,仍不得降其等级,但可完全剥夺其行政之责。

〔3〕*Gofodus*,"Summa deeretaHum de aecus."Lyons edition,1519,p. 199:"长官追诉者,须被告现身。追诉而期间徒过,非吾人所愿。控诉他人而控诉人缺席,则吾人须赎罪自身。被告抑或法官须被聆听?似是前者,盖被告诉求为常事,而法官所言为异常。法官须以正常法令而非异常法令行事。吾人以为:赎罪跟随追诉,故须追诉。" *Cf. Hostentius*,"Summa,de inquis."Lyons edition,1517,p. 408;*Durantis*,"Speculum,"p. 33.

经验表明,纠问式诉讼模式并未因上述阻力而停止发展的脚步。

纠问式诉讼程序有一种特殊的运行模式并附带差异化的适用范围,即一般纠问程序或者称为预备纠问程序(preparatoria)、常规纠问程序(ordinaria)。这种特殊程序模式的定位不是专注于对个人的定罪判刑,而是将调整对象定位为整个社会或者社区。要求社会或者社区主动揭露存在于其中的不当行为,要求内部的信息揭露。这种追诉模式具有特殊的古老起源,在修道院的内部审查和改良时被经常使用。

在加洛林王朝时期,陪审团告发已开始实践运行,并同时适用于世俗法庭[1]和教会法庭。实践中,陪审团告发通常与一些古老的机构关联在一起,例如教区会议(diocesan synod)和主教巡视会议(bishop's visitatio)。关于陪审团告发在教会领域的运行问题,我们收集到了非常精确的材料。材料具体由雷吉农(Regi- 84
non)[2]和博查德沃姆斯(Burchard de Worms)[3]分别于10世纪初与11世纪初撰写。宗教法官、主教在其辖区内巡视时会召集各神职人员和信徒,并从中选出一部分人,要求其在发誓后揭发他人罪行或者特定的不当行为。上述是教区陪审团(juratores synodi)的实践做法。被指控犯有罪行的被告则需要证明自己无罪,根据指控罪行的性质或者提供担保人证明无罪完成教会赎罪,或者经受住折磨类的考验完成世俗赎罪。

上述机构从未从教会组织中消失,尽管它的职责经常在封建时代的混乱中被中止。第四届拉特兰公会议希望通过上述机构

〔1〕资料显示其最初发生于9世纪初。

〔2〕"Libri duo de synodalibus causis," *Wasserschlaben* edition.

〔3〕"Burehardi Wortmatencis eeclesiae episcopi decretorumlibri vigorati," Migna Patrol, lat. t. CXL, p. 536 *et seq.* The interrogatories, eighty eight in number, will be found in Book I, c. 90-95.

和程序实现对异端的告发。有资料显示,在主教和大主教巡视期间,旧的诉讼程序被再一次停用。

在过去,强制告发制度使被控诉者通过提供担保人或者经受住折磨考验的方式证明自己无罪。其后,纠问式诉讼制度取代了强制告发。在教区或修道院巡视的法官,如果认可了公诉方的证词,后续将继续召集证人(控方证人)听取有罪证言。被召集的证人可能是一般纠问程序中提出过证言的证人,也可能是首次作证的证人。杜朗替(Durantis)对一般纠问程序曾有详细介绍,其中包括上述制度的变迁过程。杜朗替提出,当主教要求神职人员和普通民众相互举报时,其实是充分运用了他的巡视(visitation)权力。雷吉农的书中也同样提到了在 10 世纪发生的上述情况。杜朗替并没有提及教区陪审团,但是他认为主教的上述权力对于维护信仰的纯洁性有着重要意义。[1] 除了上述内容,我们有更直
85 接的证据说明瑟里西官方登记制度(Registre del' officialite de Cerisy)[2]的演进。14 世纪,在一定范围内继承了主教管辖权的修道院官员(official of the abbey),仍然以旧的方式进行着“巡视”——通过召集信徒集会并要求被告提供担保人或者教会证人(testes synodales)。这种追诉的模式被称作“Inquisitio”、“Inquisitio generails”、“Inquester”或者“Informatio”。[3] 根据最早的记载,教会告发程序(synodic denunciation)仅仅是令被告完成教会

〔1〕 *Durantis*,“Speculum,”Book III, part 1,“de inquisitionibus,” § 3, Frankfort edition, 1592, p. 30: c. 1, § 4, VI,“de cons.” Ill, 20; *Panormitanus* upon c. 7 X,“de test, cogend,”II, 21, No. 5.

〔2〕 “Le registre de l'officialite de Cerisy”(1314-1457), published by *M. Gustave Dupont*(extracted from the“Mdmoires de la Society des Antiquaires de Normandie”).

〔3〕 “Registre de Cerisy,”Nos. 25, 26, 73, 96, 138;“inquisita,”110, 121;“Inquisitio loco visitationis,”43;“Informare,”215.

赎罪。[1] 但在1320年之后,就没有再发现过"赎罪"的例子。经过了多次决定,"特别纠问"(inquisitio specialis)替代"一般纠问"成为追诉被告的主要模式,而教会告发即相当于提起控诉。但是,上述追诉模式在13世纪后就很少适用了。根植于修道院巡视制度的一般纠问程序,被用作调整世俗和宗教社会的最主要手段,其主要存在于人身调查程序(inquirere de capite et de membris)之中。[2]

纠问式诉讼产生了"告发"(denunciation)这个词,指由法官向公民个人发起的追诉。毋庸置疑,"告发"在更早的时候即已出现,格拉蒂安在解释刑事诉讼程序时就曾间接提到过。[3] 但是他似乎把这个词当作"accusatio"(弹劾、控告)的同义词。在更早的时候有教会法学家(Canonists)解释了教会法中的程序规则,其中亦存在告发制度。告发也被称作"福音告发"(denunciatio evangelica)或者"慈爱告发"(caritativa),是因为其源于《圣经》(Math,xviii,15-17)。就制度设计的目标价值而言,告发制度带有镇压性质,源于一个基督徒对另一个基督徒的控诉。随着制度的发展,其可能会催生一种真正的刑事诉讼模式,而且那个时期的改革者也在这个方向上作了尝试。但是改革者的努力最终没有成功,因为"福音告发"最终被认为是无效果的,其只允许应用 86
"责难"(censuræ)或者"治疗式惩戒"(poenae medicinales),而不是真正对个人的惩罚。本质上,其仅是一种纪律手段,而不是刑事镇压。

〔1〕 "Registre de Cerisy," Nos. 5b, 20a, 25e, *t*, 84d.

〔2〕 *Duraniis*, "Speculum, de inquis." § § 2, 3, p. 30.

〔3〕 c. 47, C. II, qu. 7, and Dictum upon c. 20 C. II. qu. 1; *Hosiiensis*, "Summa," p. 406; *Panormitanus* upon c. 13 *X*, "de jud." II, 1, No. 45.

一旦纠问式诉讼得以启动,法官可以在之前进行的告发程序的基础上继续对被追诉对象进行讯问,而不是依职权(ex mero officio)继续追诉。最初其仅在实践中操作,但后来逐渐被法律所认可并予以规定。促成告发程序发生的人自然是对公诉感兴趣的人,或者是有权提出私人控告的人。在纠问式诉讼中,法官扮演了积极发动程序的角色,而其他与诉讼有利害关系的个人其实并没有积极作为,但是他们希望法官能够成功启动纠问诉讼程序。理论上这种利害关系人被叫作"纠问程序推动人"(promovens inquisitionem)。此有推动人的纠问程序(inquisitio cum promovente)由一些特殊的规则来调整,这些规则将告发者视为程序中一个积极的部分,而且制度设计者最初希望将这种宗教裁判的特殊规则引入私人控告程序中。相关规则中有以下内容。

我们之前提到过,被纠问者(inquisitus)应当进行如实供述的宣誓(de veritate dicenda)。但是宣誓仅适用于法官依职权启动程序时,但是如果存在诉讼推动人或诉讼一方当事人可以证明其诉讼主张,则不适用宣誓。不过这一区别后来被消除了,在这两种情况下,宣誓都是必需的。似乎只有在私人控告程序中,强制被告宣誓才是合乎逻辑的。[1] 在存在诉讼推动人的情形中,教会控诉程序的发生必须以正式证据的提交为前提条件,而这些证据应当由诉讼推动人提供。后文将论及,在法官依职权主动控诉的程序模式下,并没有提供正式证据的必要性要求。但是早先的案例显示,被告既可以质疑证据、提出相反证据,又可以通过证人证明自己的"诚实品格"(bona fama)。

但是当私人控告程序规则在另一个重要问题上适用时,即产

〔1〕 e. 18 X,"de aceus." V,1. *Panovniitanus* upon c. 16, *ibid.* No. 2.

生了疑问。提出控告的原告如果没有告诉成功,则其可能会被判处诽谤罪,受到报复性惩罚;具有讽刺意味的是,其将遭受的惩罚 87
就是他在报案和案件登记中要求对被告施以的惩罚。但是在纠问式诉讼中,对提起诉讼的推动人,能否同样因为错误追诉而对其进行报复性惩罚呢? 有一点是不可否认的,那就是,如果他以不诚信或者诽谤的目的而促成了追诉,他应该受到额外惩罚(poena extraordmaria)。但是否能够对其施加报复性惩罚(inscriptio in talionem)呢? 有观点认为不应当施加,因为依照法律,在纠问式诉讼中,法官是唯一的追诉人。[1] 但是上述观点并未成为主流,因为任何惩罚措施得以施加的前提是存在报案和案件登记。事实上,纠问式诉讼中的推动人就相当于私人控告程序中的原告。

告发程序通常以非常简单的形式实现,由控告人口头提出即可。包括教会法学家在内的学者将告发程序与教会"福音告发"式追诉相联系,因为二者在效果上均涉及对被告的矫正(correctio)。而且,如果被指控的行为导致了秩序的不可恢复,还可能会对被指控对象施以"恢复性惩罚"(poena vindicativa)。[2] 这就解释了我们之前所提到的,纠问式诉讼并不允许同样严厉的惩罚形式:"惩罚与损害相称"(nutius punitur per inquisition)。

两种不同形式的告发程序(一种是法官主动发起的,另一种是在教会中普遍适用的。——中译者注)的本质差别在于,任何人都能够发起教会告发程序,但对于司法告发程序(denunciatio judicialis)而言,只有具有原告资格的人才能够发起。[3]

〔1〕 c. 16 X,"de accus."V,1.

〔2〕 c. 16 X,"de accus"and *Panormitanus* upon this chapter,No. 2.

〔3〕 *Durantis*,"Speculum,de accusat."p. 24.

然而,依据我们的讲述,最终的结果是,司法告发程序变成了刑事诉讼的一种形式,在此基础上,只有法官依职权继续推动程序,一个纠问式诉讼才会产生。

以推动纠问(promovens inquisitionem)为理论基础,诉讼推动人(promotor)不可避免地成为教会司法体系中一个新的部分,其仅是名义上的官员,主要职责是将犯罪人涉嫌的相关罪行向法官
88 提出控诉。诉讼推动人起源于法官在纠问程序中所设立的委员会和临时特别代表团。当法官依职权开展追诉时,其实际面临的任务十分艰巨和困难。因此法官就指定有能力的人在特定案件中担任诉讼推动人。法官不应当既做裁判者又做“两造”一方,诉讼推动人的出现解决了这一困境,而且诉讼推动人同时能够给予法官物质和精神上的帮助。

古时候的教士(doctors)依据第 53 章第 10 节“证言”(chapter 53,X,“de testibus”II,20)进行相应的活动。英诺森四世已经证明它是普遍存在的,并试图从中推断出理论教义。在他那个时代,这样一个“特别诉讼推动人”(promotor specialiter a judice deputatus)的角色还没有完全确定下来。特别是有人质疑,如果诉讼推动人发起纠问式诉讼,其中途能不能被召回或者替换,而且其是否拥有上诉的权利。无论如何,他已经被塑造为“纠问部长”(Minister inquisitionis);但霍西恩斯(Hostiensis)认为,诉讼推动人并非诉讼的一方,诉讼程序不应依他进行。[1] 但是这一职能注定会得到进一步强化,并发展成为一个名义上的职能机构。在 13 世纪末或 14 世纪初出现的《关于雷芒习俗的实用书》(Liber practicus de consuetudine Remensi),其中并没有诉讼推动人的角

〔1〕“Vox loquando iste non est vera pars, sed quasi pars similitudine quia talis nulium libellum offert nee litem. eontestatur.”

色设定,但是在其他的地方已经有迹象表明,存在法官特别委任诉讼推动人(promotor specialiter delegatus a judice)。[1] 国王的"检察官"或首席司法官(lords justiciar)在大约 12 世纪末出现,此必然会对诉讼推动人这一诉讼角色的发展产生影响。我们找到资料,从 1274 年起巴黎即已出现主教检察官(procurator episcopi Parisieiisis),对于这一点我们将在别处讨论;[2]而在"瑟里西官方登记簿"中,诉讼推动人出现于 1338 年。[3]

纠问式程序的规则细节早在第四届拉特兰公会议即已初步
制定,后来几乎没有改变。[4] 在教会习惯法领域,被告被允许享 89
有广泛的辩护自由。纠问程序的启动通常以"污名"的成立为前提。但是如果纠问程序被进一步推动发展为法官依职权启动,则没有明确规则对其进行规制。在规则缺乏的情况下,法官即可凭借自由裁量来决定程序的运行模式,但是程序进行到二审阶段,那么一审程序的正当性要接受审查。[5] 如果有诉讼推动人,其为了能够证明被告"污名"的成立,将向法官、法官助理甚或是公证人提供证人,而此处证人作证是在被告不在场的情况下进行的。但这也同样给了被告第一次辩护的机会,因为当被告被传唤时,其有权知悉上述对其不利的证言并且提出质疑。[6] 但是此处被纠问对象是否有权提出己方证人,以证明自己的诚实品格?

〔1〕 "Liber praeticus de consuetudine Remensi" (in the "Archives legislatives de la ville de Reims" published by *M. Varin*), Nos. VIII, p. 43. Cc. LXXX, c. 269, p. 210.

〔2〕 *Tanon*, "Histoire des justices des Eglises et communautes ecclesiastiques de Paris," p. 341.

〔3〕 "Registre de Pofficialite de Cerisy," Nos. 204 b, 334, 338 c, 269, 288 c, 386, 414 b.

〔4〕 c. 24 X, "de accus." V, 1.

〔5〕 c. 19 X, "de accus." V, 1, and *Panormitamis* upon this chapter.

〔6〕 *Panormitanus*, "Practice," c. 150.

理论上讲应当是可以的,但是实践运行往往很微妙,因为这样容易形成一方证人反对另一方证人的僵持局面。法官通常被允许在双方僵持时进行直接言词式的听审(propriis auribus se informans),除非在前期污名调查(inquisitio præcedens de infamia)程序中得出了有利于被告的结果,而这需要被纠问对象主动提出,否则就相当于放弃相关权利。

如果被告未被羁押,则其将被传唤并带到法官面前,告知相关指控罪行。上述程序可通过两种方式实现。如果程序是法官依职权启动,则法官将会起草指控文书(articuli),其中包括所有指控罪名。之后法官应当会见被指控人并向其展示指控文书,同时给予被指控人充足的时间检查和了解其中内容。[1] 如果存在诉讼推动人,则其有义务像民事诉讼中的原告一样起草一份指控
90 词(libellus),当诉讼争点整理程序(litiscontestation)开始时,被告即会参与其中。[2]

追诉程序以法官对被告的讯问开始,而被告有义务在宣誓后如实回答。实践中,法官可以根据需求对被告重复讯问。早年间,停职权纠问模式(inquisitio ex mero officio)和诉讼推动人纠问模式(inquisitio cum promovente)在讯问阶段并没有明显区别。[3] 如果被告直接认罪,则此即足够成为定罪量刑的依据。[4] 而如果被告不认罪,法官或者诉讼推动人需要提出有罪证据,实践中通常是言词证据。

在纠问式诉讼的最初发展阶段,依据法律规定,两组证人会

〔1〕 *Durantis*,"Speculum,de inquis." p. 36.

〔2〕 *Durantis*,*ibid.*, p. 34;*Panormitanus*,"Practica,"c. 150.

〔3〕 *Durantis*,*ibid.*,p. 34; *Panormitanus*,"Practice,"c. 150.

〔4〕 *Durantis*,"Speculum,de inquis." p. 34:"如果被告认罪,则犯罪可成立;如果不承认则需要经过检验。"

被传唤作证,一组是针对污名的指控,另一组是针对具体的罪行。在法官依职权启动的纠问程序中,之前用来指证“污名”的证言不能成为正式的法庭证据。对于所有的案件,在初步聆讯、污名证明等阶段获取的证据是不能用来指控犯罪成立的。因此,对于证明“污名”和证明犯罪需要前后两次分别询问证人并获取证言。[1] 但这一规则并非绝对,在证明臭名昭著罪行的犯罪事实(corpus delicti)时即是例外,还有如果罪犯是已知的[2]或者相关罪行可能危及整个社会,[3]那么法院可根据最初获取的证人证言定罪而不需要另外调查获取证言。

证人证言的获取是秘密进行的,被告不被允许在场。事实上,秘密询问证人也不是纠问程序所特有的,在私人控告程序和民事程序中同样存在。在当时,被告方的辩护权在一定程度上能够实现,当证人询问阶段结束后,被纠问人会收到证言材料,其中 91
不仅包括证人的名单,还包括具体的证言内容。[4] 此后,被纠问人有权申请再一次询问证人,并将其对证言可采性的质疑以及对证言内容的答复告知证人。被纠问人甚至可以自由地针对相关指控进行辩解,并请己方证人证实。[5] 最后,依据旧的法律规定,律师的参与和帮助没有受到任何限制。[6]

纠问式诉讼程序允许使用刑讯手段,但是仅针对被告且在特

〔1〕 *Durantis*,“Speculum,de inquis”p. 32:“对于犯罪的认定,证人要前后两次进行作证;”p. 33:“恶名的成立不能成为判定被告有罪的依据,事实必须被查明,审判不能被表象所迷惑。”

〔2〕 *Innocent IV*, upon c. 23 X,“de elect”I,6.

〔3〕 *Panormitanus*, upon c. 22 X,“de accus. ”No. 2.

〔4〕 C. 26 X,“de accus. ”V. 1. *Dur antis*, Speculum,de inquis p. 32:“获得证人信息以及证言内容是被告自我辩护的基础条件。”

〔5〕 ec. 18,19 *X*,“de accus. ”V. 1. *Durantis*,“Speculum,de inquis. ”pp. 28,34,35.

〔6〕 *Panormitanus*,“Praetica,”c. 150. p. 30:“律师被允许提供法律咨询,有着明确的法律规定。”

定条件下实施。受罗马法的深刻影响,教会法同样允许刑讯手段。但是在法兰克君主国(Frankish monarchy)的教会法庭中酷刑是否同样适用,针对这一问题并没有确切的记载。[1] 格拉蒂安教令集(Decretum)包含了相反的理论,即禁止酷刑。[2] 在帕卡帕莱亚(Paucapalea)的辑要(Summa)中同样规定有类似制度,在
92 艾蒂安·德·图尔奈(Etienne de Tournay)时期(1165年至1177年),对于奴隶和伪证者可以施以酷刑。关于刑讯手段的使用,罗马法对后世的影响巨大,从古罗马帝国时期的宗教先辈那里获取的资料可以证实这一点。在宗教先辈生活的罗马帝国时期,刑讯是当时所谓文明社会的一种自然和正常事情。[3] 约翰尼斯·条顿尼克(Johannes Teutonicus)编纂了格雷先皇帝时期的法令,他认可了酷刑并在编纂法令时采纳了罗马法对酷刑的所有应用。[4] 13世纪的伟大教士,包括英诺森四世和杜兰蒂斯,均对刑讯的合法性持肯定态度。某些具有法律效力的正式文本也证实了这一点。[5] 对于异端纠问程序(inquisitio hæreticæ pravitatis),立法是非常明确的。[6]

我们前文提及,宗教领域的纠问式程序并没有随着时间的推

[1] 在pseudo-Isidorian的文献中(c. 4,C. V. qu. 5),提到了关于允许对控告人和证人施以刑讯的规定,目的是保护主教免受不当控诉。

[2] C. XVI,qu. 6,under the headings of"Cause"and"Torture."

[3] c. 1 C. XV,qu. 6; c. 1 C. XII,qu. 5.

[4] Gloss upon C. XV,qu. 6,*q. v.*

[5] C. 1. (Alex. Ill) X,*de deposito*,III,16;"法官可以通过刑讯进行审判"。鞭打作为刑讯手段被经常使用,c. 4,X。垂死者:"你将能够……将鞭子浸透在那些被屠杀的人的鲜血中,但是在统治者的判断中根本没有,他们可以被视为祸害"有一段具有普遍的适用性,c. 6,X,*de reg. juris*,V. 41:"这仅是讯问的开始,但这段文字取自格雷戈里一世的一封信,而且只是复制了罗马关于酷刑的规则。"Book 1, par. D. XLVIII,18;L. 8, § 1,C. IX,41.

[6] *Clement*, 1,"de hæret,"V. 3.

移发生太大变化。虽然其曾经历了数次修订,但是实践中这些修订对世俗法庭的影响要比对宗教法庭大得多。重要的影响之一是形式纠问程序(inquisitio super forma)和实质纠问程序(inquisitio super veritate)之间的区别逐渐消除,而这些区别之前是被明确界定的。纠问程序的最初启动具有双重目标,但是其却引发了以下实践规则,即在被纠问对象要求下,相关证人应当被再次询问。[1] 此实践规则被称为"第三人回归"(repetitio tertium),相当于我们现在的证人的再询问。

宗教领域的纠问式程序对世俗法庭的影响,还发生在对被纠问人权利的限制上:被纠问人知悉证言内容(不利证言)以及证人身份的权利被剥夺了。早在13世纪就曾有教士提出过质疑:让被纠问者知悉证人的身份是否有必要。其中一些教士就对知悉权作了限制,如果其可能导致危险则将不批准知悉权的行使。到了英诺森四世时期,知悉权的保障与否完全交由法官自由裁量。[2] 依据博尼法斯八世(Boniface Ⅷ)时期的教令规定,在异端纠问程序中,证人的名字是不公开的。[3] 教皇庇护四世(Pius IV)和保罗三世(Paul III)的信件概括了这一原则。[4] 到了14世纪,我们会发现世俗法庭上已经停止了公开证人、证言相关信息的做法。有人认为,当面质证代替了信息披露成为被纠问人知悉 93
权保障的主要手段。当面质证即是证人于被纠问对象在场时作证。在教会程序中也存在当面质证,但其并不是一项明确的权利,没有它程序也同样有效运行。然而事实上,当面质证经常被

〔1〕 *Guazzini*, "Traetatus ad defensionem inquisitorum," 'Venice, 1649, "defensio," 25 V, p. 15, 19.

〔2〕 *Panormitanus*, upon c. 26, "de accus." V. 1.

〔3〕 c. 20 VI°, "de hæret" V. 2.

〔4〕 *Guazzini*, *op. cit*, "defensio," 24, II, p. 3 *et* seq.

使用,因为它是一种极好的检验证言真伪的方法。而且在法律层面,当面质证可以弥补传唤制度存在的缺陷,以及填补传唤难以实践运行的空白。当面质证就类似于“传票的公告”(publicatio processus)。

这就是习惯法中的纠问式程序。对于当时的大部分人来说,虽然他们不了解习惯法历史,但却通过神圣裁判制度(Holy Inquisition)经历了纠问式诉讼的适用。人们对相关法律的发展历史并不了解,因此有必要予以说明。神圣裁判制度最初创建于 13 世纪,在当时主要应用于镇压瓦勒度派(Waldensians)和亚勒比根斯派(Albigenses)的异端邪说,其具有两个显著特征。首先,负责审批的法官不是普通的教会法官,而是教皇的特别代表,通常来自多明我会和方济各会这两个教会的修士,由他们组成了特别的宗教法庭。其次,虽然神圣裁判制度依从宗教纠问程序规则及宗教习惯法(Canon common law),但其主要运用的是教会习惯法中最严厉的规则,其中包括:不公开证人身份,律师帮助被禁止或者被极大限制并且对律师活动采取相应监控措施,最重要的是,就算证人被认为不具有适格性,其证言也可能会被听取并采纳。1312 年在维也纳总公会议通过了一系列法令后,证人身份保密的相关规则变得不再重要,但并未完全消失。对于异端追诉和审判主要由纠问者和法官负责,实践中他们在追捕和传唤过程中都保持着独立的主动权,但所有重要的程序步骤均不能省略。[1]

从 14 世纪起,在很多欧洲重要的国家都有关于神圣裁判制度的历史记载。例如在法国,神圣裁判制度很快由盛转衰;在 16
94 世纪末,它正迅速衰落并最终被完全弃用。在当时,对异教徒的

〔1〕 *Clement*, 2“de hseret.”V. 3.

追诉是王室的特权,除非国王愿意将其授予教会,那么王室对异端行为拥有排他性管辖权。为打击新教徒,在16世纪持续发生了复杂的立法和修法活动,借此国王也就把异端管辖权交给了教会。就法国而言,推动法国法律发展的并不是异端裁判所(Inquisitio heretica pravitatis)这个机构,而是宗教习惯法中的纠问式追诉程序。

第三节　国家公诉雏形在13世纪的诞生

我们在前文曾论及,国家公诉模式在13世纪的世俗司法管辖区首次出现,当时被称为"aprise"。

这是怎么发生的呢?在那个时候,如果一个人因涉嫌犯罪而被捕,只有当其在自由意志下认罪,针对他的审讯才能够成为可能。尽管经常会采用一些间接且具有严厉性的手段逼迫犯罪嫌疑人认罪,例如在封闭的监狱里提供有限的水和食物。事实上对于上述程序设置可进一步完善,如果废除被告必须认罪这一条件限制而将追诉程序启动权赋予法官,这将更加简单且符合法理。法官认为相关指控是充分确凿的,即可决定适用刑罚。上述制度变革符合司法逻辑,而且当时的法学家亦论证了其理论正当性。

如果犯罪嫌疑人在实施犯罪行为时被当场抓获,那么仅凭借现场证人的证言即可对其治罪,而不需要正式的起诉程序。[1]另有一种情况,在案件发生后,如果有很多证人宣誓作证或者犯

〔1〕"Livre de Jostice et de Plet,"XIX,44,§ 14:"那些因现行犯罪而被捕的罪犯就算不承认罪行,也会立即被带上法庭并接受审讯:因为人们认识到,确切发生的罪行应该受到惩罚"。

罪行为已经对社会产生了相当大的恶劣影响,那么对于符合上述条件的案件,法官可以自行听取证人的证词并宣布刑罚,等同于行为人被当场抓获。[1] “aprise”在后期古典拉丁语中写作
95 “l’aprise”或“aprisio”,博曼努瓦对这个词进行了解释:“关于一桩案件是否具有启动追诉程序的必要性,法官总是最明智的。”

依据博曼努瓦的观点,国家公诉更像是一种警察调查的程序,仅在当场抓获犯罪嫌疑人的情况下才可能导致惩罚。[2] 但这一理论过于模糊,并不具有长久生命力。在实践效果方面,国家公诉与审讯相似,但是相似性并不是很明显。在很长一段时间内,仅通过国家公诉对危害行为施以普通惩罚被认为是不够的。[3] 依据一些法律的规定,通过国家公诉仅能决定对犯罪人施以逐出法外的刑罚。在圣路易斯大学(Les Etablissements de St. Louis)有学者提出:“如果有公告或者社会流言直指某人恶行,那么法律应当规定授权国家机关将行为人控制在其住所并就其恶行和日常生活经历进行讯问,此外,在没有具体控告人,没有完

〔1〕 假如犯罪嫌疑人被逮捕后并不认罪,那么国家公诉的程序模式即可派上用场。法官可以根据自由裁量启动国家公诉程序并询问相关案件事实信息,如果其能够确定涉案行为在社会人群中产生了恶劣影响,那么即可对行为人施以惩罚。但在他被判处死刑之前,至少应该有3个或4个证人明确证实这一事实,因此死刑判决应有明确的事实基础。*Beaumanoir*, XL,15(Salmon,No. 1232).

〔2〕 博曼努瓦把“aprise”比作审讯,二者都能够解决争端。XL,16(Salmon,No. 1233).—See as to the“apprise”the“Registre des Grands-Jours de Troyes,”quoted by *Brussel*, “Usage des fiefs”:“控告人如果没有充足的证据,则官方调查尤为重要”,Vol. I, p. 227。——“在骑士、君子和其他一些绅士的建议下……涉案人员被捕入狱……根据上述信息和建议,针对相关事实和涉嫌谋杀罪行的 aprise 程序将启动。”在博曼努瓦看来,“apprise”这个词等同于“informatio”,“aprandre”相当于“se informare.”本质上是借鉴于教会法的相关规定。祖克持相反观点(M. Zucker,“Aprise und loial Enquete,”p. 93,96),他认为“aprise”一词来自“prisio”,即扣押和监禁某人。祖克的这一观点与他引用的博曼努瓦的观点内容不符。毫无疑问,人们经常提到“Prise par suspicion”,但那是因为抓捕和监禁几乎总是伴随“enquete”或“aprise”。

〔3〕 这是我们注意到的一个特点,它与“宗教法庭”的纠问式诉讼模式相关联。

成公开宣告程序或者无法证明行为发生的情况下,不能对行为人判处死刑。如果行为人不服从审讯,则法官有权将其驱逐法庭并根据已查明的事实判定有罪。"[1]在德罗伊斯的《司法命令》(Le Livre des Droiz et Commandements de Justice)这本书里面讲得更清楚,但是它属于更晚些时代的产物。"由于存在宣告、公共报告 96
或者是恶名,法庭启动了官方追诉,最终可以决定实施以下措施:法官可在犯罪嫌疑人住所将其控制并进行讯问,如果指控犯罪成立则可直接将其判处逐出法外,但如果没有发生认罪或没有经过审判程序或者犯罪嫌疑人不接受讯问,即使指控的犯罪成立,也不得适用死刑。就逐出法外而言,也有很多饱学之士反对其直接适用。"[2]"另外一个证据是在一些古老法典中被称作'inquisitive'的制度。具体而言,在政府机关对犯罪嫌疑人进行了审讯并且证人也已经被带到的情况下,如果相关审讯行为没有充分保障犯罪嫌疑人的自愿性,那么审讯结果不能作为对其进行逮捕、羁押以及审判的依据。"[3]

世俗法中的国家公诉程序是对教会法相应制度借鉴和模仿的结果。这一点在14世纪的法令中会很清楚地体现出来,这些法令以非常明确的语言规范了新的审讯方式,尽管只是几句话,

〔1〕 II,16;*cf. Beaumanoir*, LXI,20(Salmon,No. 1727). 为能够促成这种国家公诉模式,"Etablissements"援引罗马法:"这是地区行政首长和每一个忠诚的法官的职责之一,行使他们的管辖权,清理省内的犯罪恶行,所有的恶人,既包括男人也包括女人,所依据的法律包括"de receptatoribus","Congruit","de officio Præsidis"。因此可以对恶人提起审讯,如果可以证明其有罪并且属于上述案例中的一种,那么法官可判处死刑。

〔2〕 § 328.

〔3〕 § 476,*cf. Boutaric*,"Actes du Parlement de Paris",decree of 1259(No. 345);这是牵涉王室的违法行为;如果犯罪人实施了针对国王的危害行为,那么在其刑罚确定并执行完毕前将被一直羁押在监狱。"Salva tamen eidem vita sua,membris suis et hereditate sua,quia non supposuit se isti inqueste."No. 4372;Decree of 1315;"如果有证据证明行为人已经承认了对于他的指控"。有罪人会被判处死刑。

但重申了教会法的原则。[1] 最初的法令曾明确提到过相关原则并称之为成文法国家制度。《1254年法令》的制定是为了改革朗格多克和朗格多尔地区的一些司法惯例。

《1254年法令》有法语和拉丁语两个版本。拉丁语版本是为南部省份制定的,其中第21条有这样的表述:"根据法律和当地习俗,犯罪调查应在犯罪地进行,在以成功指控犯罪为目标的价值导向的指引下,调查结果将在法庭上呈现出来。"[2]有这么一
97 种观点,在犯罪调查的相关制度传到北方省份之前,其在南方已经形成相对稳固的制度和机构体系,而且在这个时候对异端的宗教裁判制度也首次出现了,但是这种观点是否正确还有待考察。

除了教会法之外,国家公诉程序还有着其他的制度支撑。如今人们普遍认为,法兰克君主制时代,在卡洛文吉人(the Carlovingians)的统治下,另有一种程序与严格而正式的习惯法并驾齐驱。在这个被称为"纠问式诉讼"的程序中,司法决斗、开脱罪责的宣誓和正式证词都是不存在的。原则上,国王仅凭其君权即可以亲自或委托他人对犯罪进行调查。接受委托实施调查(inquire)的人员,有权召集一定数量的当地居民,并要求他们宣誓后提供证言,调查人员依此判案并宣布刑罚。上述相关权力并非归于法官行使,除非统治者将其授予法官;但如果相关调查涉及财产权利,其适用的程序将是纠问式的,而教堂和修道院获得了启动这一程序的特权。纠问式程序还适用于牵涉寡妇、孤儿以及贫

〔1〕 关于教会在程序规则方面的影响,参见 *M. Glasson*,"Les sources de la procedure civile française"(Nouvelle Revue historique du droit français et etranger,1881,p. 413 *et seq.*). *M. Stintzing*("Geschichte der deutschen. Rechtswissenschaft,"1880,p. 27),指出刑事诉讼和民事诉讼程序规则,尤其是对于教会法学家而言,需要通过对"教令"第二卷的解释得出。

〔2〕 Ord. 1,p. 72. 编者指出,在法语版本中第20、21、22条的设计存在不足。

穷的弱势群体的案件。但在法兰克时期,纠问式程序的适用范围还是主要集中于民事案件。[1] 在中世纪,王室保留了发动审讯的权力。通常当王室的封建利益受到损害时其会行使权力发动 98
审讯。《正义与怜悯之书》中包含一个重要的章节,其中再现了法兰克时期的相关法律原则。[2] "第一章提到,如果国王的一项动产或者其他可继承的财产受到侵害,国王基于此而产生的索赔主张可通过审讯实现……第三章,国王的官员在执法过程中如果遭受侵犯,那么这将是发动审讯的直接诱因……第七章,如果有人将国王的犯人连同其他属于国王的物品劫走了,这同样将导致审讯的发动……第十一章,武力抢劫、故意毁坏财物等行为也将导致审讯……第十三章,法官应当就案情细节询问所有可能的知情人,知情人作为证人不得作伪证。"[3] 但上述制度并不适用于刑事案件,如我们所见,要对被告进行审讯,获得其同意是必要前

[1] 上述内容参见 *M. Brunner*,"Die Entstehung der Sehwurgerichte,"ch. VI,pp. 84-126(1871)。—Zeugen-und-Inquisitions-Beweis des Karolingisehen Zeit. (1866)一些法律授权了皇家巡回法官(missi)针对业已发生的犯罪行为的调查权。但是这种法官追诉程序一旦开始其终结仅能通过两种途径实现:一是与案件有利害关系的控告人出现了;二是被告人通过宣誓或者经历严酷考验证明自己无罪。参见"Capitulaire de latronibus,"Ann. 804(Pertz I,129);第一章的论述相对笼统:主要涉及对调查文件以及专业调查主体的概述;第二章规定了控告人到场制度以及司法决斗;第三章规定了神示考验制度。另有一些例子是介绍不开化人群的国家公诉制度,Lex Burg.,LXXXIX (*Walter*):对于那些犯下罪行的人,他们有义务证明自己是无辜的,通过宣誓或者经受住严酷的考验。对于不认罪的嫌疑人法官可以通过酷刑迫使其认罪。——*Lex Wisigoth*, Lib. VI,tit. 5,L. 14:"对于行凶者,应当在其承认犯罪事实后直接对其人身进行控制以确保后续诉讼程序的顺利进行。"

[2] 标题是"应该通过审讯来处理什么问题"。

[3] 就民事领域而言为了避免不必要的争端,在普通诉讼程序的多个节点上法官调查制度被引入,例如在萨梅斯事项上(Sasme)。("Livre de J. et P."XIX,44, § 6),of partition (*ibid.*, § 10),and wills (*ibid.*, IV,4, § 1).该书的第44章介绍了法官调查制度的扩大适用。约翰·德·博蒙特(Johanz de Beaumont)认为:"法兰西的官员们应该意识到这么一个问题,即诉讼应当尽快实现终结而在程序进行中应尽量避免对抗,这关系到所有人的共同利益。"

提。这其中的逻辑值得深思,因为打击犯罪同样是国王所追求的目标,那为什么对刑事条件的审讯不能像民事案件那样直接启动而必须经被告同意呢?《正义与怜悯之书》中同样给出了答案:“在可能被处以生命或人身伤害刑罚的情况下,任何人不应被轻易审讯”。〔1〕在下列情况下可以发动刑事审讯:

“如果贫穷者的权利遭受侵害,但他本人、他的财力或他的朋友都不足以发动追诉程序,那么国家应依职权启动审讯程序解决这一问题,不能因为贫穷就剥夺了被害人获得法律保护的权利。
99 不过如果贫穷被害人主张给予犯罪人死刑,那么国家依职权亦不可启动追诉程序,除非国王将给予犯罪人有条件的赦免。”〔2〕进一步而言:“在杀人案件中,如果被害人没有亲属或朋友能为其复仇,那么国王可根据前期国家公诉程序所确认的事实对凶手提起公诉并判处刑罚,但是同样不能判处死刑。”〔3〕——“国王可以仅基于恶名对妓院老板、窃贼、作恶者、暴乱者和其他习惯为非作歹的人启动刑事审讯程序,并且随意判处惩罚(死刑除外),在这种追诉模式下应保证诚实的人不会受到损害,而且对于残忍的行凶者应毫不拖延地对其实施惩罚。”〔4〕

在如此发展趋势下,国家审讯势必融合于国家公诉程序。启动国家公诉程序的权力最初是由国王独占的,属于皇权的内容。

〔1〕 XIX,44, § 4.

〔2〕 XIX,44, § 8.

〔3〕 XIX,45, § 1.

〔4〕 XIX,44, § 12.《正义与怜悯之书》中同时提到了教会纠问式追诉程序(I,3, § 7):国王可以根据其贵族的建议作出以下决定,如果有人涉嫌实施了宗教异端行为,那么普通法官可以请求国王或者国王麾下之法庭就该案启动国家公诉,并逮捕和羁押犯罪嫌疑人。之后,主教和地方的教士即教会的官员,应该对他进行纠问式追诉同时询问他的信仰。如果纠问对象被判处死刑,那么国王将成为他的主人并且推动死刑的执行。死刑执行后,执行人的所有财产,除了他妻子的嫁妆和遗产外都属于国王。

奥林(Olim)的书中,曾多次提到了刑事国家公诉的例子,也都同时说明是根据国王命令作出的。[1] 在随后相当长的时间内,低级别法院的法官都没有发动审讯程序的权力:“如果没有贵族的同意,地方领主无权释放重刑犯,他也同样无权启动审讯程序,因为启动程序是属于高级别法官的权限范围。”[2]

第三节之一　相同点:告发

“国家公诉”程序使告发制度产生。许多人必定会规避“私人控告”程序。只要司法决斗仍然存在,它的危险就显而易见,即遵 100
循罗马法的原则,法院仍然可以对缺席的原告判处刑罚。重要的是谨记,在教会法庭面前,被害人可以放心地向法官告发恶行,然后由法官正式起诉;这种方便的程序在世俗法院管辖之前就开始使用了。但一开始,类似“国家公诉”的情况,在可以有效地作出告发之前,这一事实必须被众多证人宣誓确认——等同于行为人被当场抓获。[3] 这种限制注定很快消失,告发总是被接受。但

〔1〕 参见 vol. I, p. 213, 394, 482, 544, 619, 768。参见帕尔德萨斯(Pardesssus)《司法机关》(*Organisation judiciaire*) p. 107:“法庭(属于国王的)在很早的时候就表现出对证人或书面文件的偏爱,而排斥法庭对抗,因此我认为,当圣路易斯根据 1260 年的法令禁止在他的领地内进行对抗式庭审时,他只是推广了长期存在的一种习俗。”

〔2〕 “Etablissenients de St. Louis,” II, 35. 或许这一文本的唯一目的,甚至在其结论中,就是限制低级司法的权力。

〔3〕 *Beaumanoir*, LXI, 2(Salmon, No. 1710):“但是,除了个人控诉之外,确实还有另一种方式;因为在提出指控之前,如果控诉人愿意的话,他可以向法官告发这种不当行为,告发是在众多知名人士的眼皮底下完成的,且被他们普遍知晓,因此无法将其隐藏起来;在此基础上,他应该扮演一个好法官的角色,并对此事进行调查,尽管当事人不愿接受调查。如果他发现这一恶行是公开的和臭名昭著的,则可以根据该恶行对他进行判刑。如果有人公开或在很多人面前杀了我的近亲,我为了复仇而战斗是理所应当的。因此,在上述情况下,可以通过告发的方式进行。”

是,原告并不一定会在诉讼中失去全部利益:他通常是诉讼的一方当事人,如教会法中的“纠问程序推动人”,其目的是获得相应的金钱损失赔偿;这催生出了民事当事人制度。在德罗伊斯《司法命令》的书中,以下段落非常准确地描述了这种刑事诉讼的新形式:“法律上,控告、纠问和告发有所不同,‘控告’是指任何一个人指控另一个人构成犯罪并且自己作为案件的一方当事人;在这一情形下,他提供担保并服从法律称为‘报复’(ad poenas talionis)的惩罚是适当的。依法律规定,‘纠问(调查)’(Inquisicion)是指法官自行纠问(调查)并提起‘法定诉讼程序’。‘告发’(Denunciation)是指任何人为了恢复其财产在任何事情上告发另一人,在这种情况下,他应明确表示自己不是为使当事人承担刑事责任,而只是寻求恢复其财产(权利)。”[1]

由于被强烈反对,“国家公诉”和告发制度没有被确立。当被
101 起诉的人是农奴(homme de poeste)时,并不存在什么问题;但是,当此事涉及一位有权按旧制受到同侪审判(通过控告和决斗)的绅士时,“国家公诉”程序就构成对封建主体特权的冲击。贵族阶级进行了反抗,这场冲突留下了许多痕迹。反映这一点的最奇怪的记载是对一名叫圣路易斯的人提起的诉讼。这一记载由写过国王生平的神父撰写而成,展现了这一古老控告的生动图画,以下援引原文:“尊敬的库西领主恩乔兰兹阁下将三名年轻的绅士送上了绞刑架……因为他们被发现在恩乔兰兹阁下的森林里携带弓箭[2]……那些被绞死的人所属修道院的院长和他们的女性亲属在我们尊敬的国王面前控诉他们被杀害。这就导致了上文所说的库西领主恩乔兰兹阁下被传唤到国王面前,因为在这种情

[1] §942.

[2] 他们犯了狩猎罪。

况下应进行充分的纠问(调查),这是国王的责任。然后,他被国王的骑士和军官逮捕,并带到了卢浮宫,他被关进一间监所内,但未被加戴脚镣。有一天,上述库西领主恩乔兰兹阁下被传讯时,我们尊敬的国王将他带到了自己的面前,同时在场的有纳瓦拉(Navarre)国王,勃艮第(Burgundy)公爵,巴尔(Bar)伯爵,苏瓦松(Soissons)伯爵,布列塔尼(Brittany)伯爵,尚帕涅(Champagne)伯爵,尊敬的托马斯(Thomas)勋爵,时任海姆斯(Rheims)大主教,尊敬的杰汉·德·索罗特(Jehan de Thorote)勋爵[1],以及王国的所有男爵。[2] 最后,在我们虚心纳谏且仁慈的国王面前,库西领主的代理人提出了他的建议。之后就从国王及上述的贵族处离开了(转而去同库西领主恩乔兰兹阁下商量)。库西领主恩乔兰兹阁下与他的代理人商量了很长时间后,回到了尊敬的国王和杰汉·德·索罗特勋爵面前。代理人代表上述提及的库西领主恩乔兰兹阁下强烈要求他不应该也不要屈服于这种纠问,纠问触动了他本人、他的荣誉以及他的财产,他准备通过战斗来捍卫自己的利益,并绝对否认他绞死了上述青年或是使他们被绞死。当我们尊敬的国王听完库西领主恩乔兰兹阁下的决定后,回答说,在穷人、教会和那些值得同情的人的事上,按照决斗的规则行
事是不适当的;因为很难找到有人愿意因这类人的举止去与国家 102
的男爵决斗,所以他说,在类似情形下,不会使用一个不同于我们祖先以前采用的程序。随后,尊敬的国王讲述了他的叔叔菲利普(Philip)国王的故事,因为据说当时的索利(Soilli)勋爵耶汉(Jehan)阁下犯下了一桩谋杀罪,于是国王对他进行了一次审讯并将其在索利的城堡里关押了12年,尽管这座城堡是由国王直接掌

〔1〕 他扮演"先锋派"(avant parlier)的角色。

〔2〕 这是一个由相同地位人组成的组织,要求他们一起去裁判他们中的其中一人。

控的。于是,尊敬的国王拒绝了上述请求并直接将库西领主逮捕,并由他的军官直接带到卢浮宫,并在那里进行了宣布……随后,国王陛下宣布休庭,上述男爵们又惊又羞地离开了那里。就在同一天,在陛下作出上述回应之后,布列塔尼伯爵对他说,他不应该坚持对涉及男爵们的人身、财产和荣誉的问题进行调查。国王回复伯爵说:'以前你不是这样说的,当时以崇高敬意拥护你的男爵向我们提出了他们对你的控告,并提出通过与你决斗来证明他们在特定案件中的诉因。然后,你在我们面前回答说,在这种情况下,你不应该通过决斗而应是被调查的方式来应诉,进行决斗不是合法的方式。'他补充说,由于库西勋爵没有接受上述调查,所以根据王国的习俗,他不能通过对库奇勋爵的调查来判断是否可以对其进行个人惩罚。但正如他深知神在这件事上的旨意,他绝不容许高贵的出身或任何相同地位的人的权力阻止他对恩乔兰兹进行充分的司法审判。最后,国王陛下根据他的顾问们的建议,判处尊敬的库西勋爵一万二千巴黎里弗尔的罚款(livres of Paris)。"[1]

103 在这里,男爵们的抗议活动和圣路易斯主张新教义所采取的行为被描绘得栩栩如生。但是王室不能立刻在所有地方消除旧法律制度的这种顽固抵抗。相反,在14世纪,我们发现了一些文件,其中一半体现了抗议活动的精神。1315年的两项法令(路易

[1] LaviedeSt. Louisby Queen Marguerite'sconfessor. Recueildes Historiens des Gaules et de la France, vol. XX, p. 113, 114. 在圣路易斯死后,男爵们的要求提高了。当布兰奇女王召集他们参加她儿子的加冕典礼时,他们提出了他们的条件:"一天中大部分时间都被要求逮捕法国囚犯,包括被国王囚禁多年的恩斯姆雷金纳德·费朗和博诺尼。他们还要求他们中的一些人把自己的土地归还给自己,他们的父亲约翰·卢多维奇和他的祖父菲利普长期以来一直受到不公正的忽视。此外,没有一个法兰西王国可以违背他的誓言,除了第十二条的判决。"Math. Paris, "Historia Major Anglorum" (ann. 1226), Wats. edition Paris, 1644, p. 231.

十世)承认勃艮第地区和尚帕涅地区的贵族在这方面的特权。国王根据向他提出的抗议作出决定:“提交给我们的第一件事如下。首先,在犯罪的情况下,以告发或怀疑的方式起诉上述贵族是不合法的,也不可通过调查来审判或定罪,除非他们自己放弃这项权利接受审判或定罪。虽然这种怀疑可能是很严重和臭名昭著的,以至于那些被告发的嫌疑人应该被他的贵族勋爵关押四十天,或者最多两到三倍于这些天数,但是如果在这期间没有人指控他的行为,他就应该被保释出来。如果原告亲自出庭,他就有权通过决斗断诉来进行辩护。如果这个人或是他的行为不是那么臭名昭著,导致贵族勋爵应该求助于其他补救办法的,我们就允许他们这样做。至于决斗断诉,我们愿意像以前那样使用它。”[1]以下是关于尚帕涅地区的贵族的规定:“第十三条,当尚帕涅地域内的任何一个绅士因为涉嫌犯罪被捕时,他应该被告知针对他犯罪的充分说明以及可以进行辩护,并被关押一段确定的时间,如果有人指控他,他有权在不愿意接受调查的情况下,通过决斗断诉来为自己辩护。如果他没有因当下的违法行为而被捕,他就应被释放出狱。我们的意愿和目的是让每一个因刑事案件被捕的人都有机会被充分地倾听理由及其辩解并使正义得以伸张。”[2]最后,鲍泰勒(Bouteiller)还表明,阿托瓦(Artois)的贵族
享有同样的特权:“众所周知,根据阿托瓦和一些地方的风俗习 104
惯,一个不接受调查的绅士,如果他不提出要求,就不应该被送去,也不应该被强迫将自己置于调查中。如果在他不知情和不同

〔1〕“Ordonnance rendue sur les remontrances des nobles de Bourgogne, des Evkchez de Langres, d'Autun et du Comt 6 de Forbs”(Ord. I, p. 558).

〔2〕Ord. I, p. 575.

意的情况下这样做,他就不应因此而受到偏见,除非他自愿追认。"[1]

第三节之二　相同点:14 世纪世俗审讯

然而,纠问式诉讼程序却不断取得进展。它在王室官员有力的掌控中取得了特别的进展,其中一些进展至今仍有迹可循。1347 年,瓦卢瓦王朝的菲利普国王(King Philip of Valois)应里昂居民的要求,对反对国王的建议作出决定。前者控诉道:"何事是正式的法官可以在没有控告者和告密者的情况下,对所有犯罪进行各方面无差别的调查的?何人是可以被合法地进行追诉的?与此相对的,公民们所谓的习惯却可能是正如他们陈述的那样,对小偷、纵火犯和叛国者的定罪仅仅经过纠问调查就可以开始,并不需要其他除此之外的如告密和控告的程序。"国王只是要求由证人来证明这一习惯。[2] 1363 年,约翰国王(King John)确认了主教授予兰格尔(Langres)居民的特权,根据这一特权,官方起诉仅限于某个程度上:[3]"我们声明并规定,我们和任何一个我方官员无权对上述居民提起诉讼,或正式逮捕他们中的任何一

〔1〕 "Sommerurale,"I,Tit. 34,p. 224.

〔2〕 Ord. II,p. 258. 在一定数量的城镇宪章中,列出了可以采用"纠问式诉讼"程序的罪行。参见 Consuetudines Tolosse, rubric "de incmisitionibus" *Bour-dot du Richebourg* (IV,2,p. 1044). "Cout. de Limoges"(in Latin),ibid. ,p. 1149。

〔3〕 居民们抱怨道:"我们和我们的官员遗憾地宣布,无论采取什么行动,我们和我们的官员都不能正式对他们提起刑事诉讼,也不能因为这种犯罪行为而逮捕他们。如果上述居民的男性或女性没有犯下目前的罪行,或者没有被当事人起诉,或者事实不是臭名昭著的,无论是由于他们上述的特权和习俗,还是因为我们的执行官员已经就这个问题作出了某些决定,我们都不能对他们提起正式诉讼,也不能因此逮捕他们。"

人。除非在我方管辖范围之内的人身、财产案件中，且针对的是声名狼藉、名声不佳或被强烈怀疑犯有上述行为的人……但我们的宗教官员有权依据法律规定的方式，对这些人提起正式诉讼。”《布列塔尼古代习惯法》中保留了这种发展的明显痕迹(在第113章中有记载)，凡在国内外、海上或公路上，对未成年人或受司法 105
保护的人以及在财产或人身方面处于弱势的妇女或男子实施不法行为，或对从家出发，往返于教堂或市场、参加其领主的任期日典礼的人以及为免于水火之灾进行朝圣的人犯下罪行，无论何罪何地，法律都可以基于告发启动诉讼程序。[1] 对此第114章也有记载。“如果在一个地区内发生了严重罪行，如谋杀、焚烧房屋或财产、公路抢劫或掠夺教堂、掠夺船只等严重罪行时，法官有责任促使该地区的民众就此事宣誓，包括有能力宣誓的男子、妇女、儿童和仆人，宣誓内容包括说明他们在犯罪发生的当晚或当天的所处位置。法官如果发现某一家庭成员之间的誓言内容存在出入和变化，可以下令逮捕他们；如果从其他人那里发现有人是嫌疑犯，法官将按照惯例对他们进行审判。”第115章有如上记载。“凡有人因暴力而流血，司法程序需要进行也必须进行。”[2]

虽然正如我们已经指出的那样，弹劾式诉讼并没有消失[3]，但也正如我们所描述的那样，弹劾式诉讼程序经历了重要的修

〔1〕 *Bourdot de Richebourg*, IV,1,p. 227. 应当注意的是，在法兰克时期民事案件是按照“纠问式”的程序来审理的，其中大多数案件都引发了人们的关注。

〔2〕 *Cf.* ch. 102,p. 225：“如果他在犯罪时或随后的抓捕中没有被及时抓获，或者事实并非如俗话所说的那样臭名昭著——因为他在这个地区居住了五年，名声很好，是一个虔诚教徒和从事正当交易的人，没有犯罪被捕前科，他可以说，如果法庭想起诉他，根据习惯法，不能强迫他接受证人对他的指控。”

〔3〕 根据某些文本，这甚至是对某些当事人开放的唯一途径，因为每个人都不允许谴责：“根据布拉格拉克习惯法(Coutumede Brargerae)第22条，如果一个地位低下的人想要检举控告一名善良的人，因此受到的谴责是可以被接受的，但如果以此进行指控，即便他本人承认，但罪行和罪犯又会如何存在呢？”Bourdot de Richebourg,IV,2,p. 1016.

改。决斗断讼开始逐步消失了。1260年圣路易斯在圣烛节议会(the Parlement of the Octaves of Candlemas)上发布的法令,就是这种转变的起点。[1] 这就是在著名的《赛勒·贝卢斯科尼的宗教仪式》(Etablissements le roy)一书中,博曼努瓦在他关于证据、讯问和决斗断讼的章节中经常提到的。国王说:"我们禁止在我们的领域内进行任何决斗……对于决斗,我们用证人的证据来代
106 替。"这导致了对上诉的压制,对司法决斗的挑战以及对证人伪证的质疑。其结果是,迄今为止相当多无法作证的人成为合格的证人。[2] 但这还不是全部,国王也改变了取证的方法。新方法要比旧方法复杂得多,需要学习的东西也多得多,书面文字在其中起了很大的作用。新方法沿袭了教会法庭的做法,也借鉴了我们以前谈到过的审讯的一些特点。[3] 法庭命令传唤的证人在公开法庭不再出庭,而是出现在法官的某些代表面前,这些代表被称为调查员(enquesteurs)或审查员。[4] 他们对证人逐个地、"巧妙"地询问,这与旧的正式证词相去甚远。双方当事人在此询问时并不在场。他们只有在证人宣誓时才在场;那时,如果他们有任何主张,他们有义务陈述他们反对证人资格的理由,或支持他们证人资格的理由。[5] 审查员将证词简化为书面文字,这些书面材料将成为诉讼中的主要文件;而且,双方当事人,被告和原告,都可以接触到证词;"审查员应该分别听取他们(证人)的意见,及时进行公开;"[6]——"然后他将根据向当事人公开的证人

[1] Ord. I,86;Isambert,I,283.

[2] *Beaumanoir*,*XL*,37(*Salmon*,*No.* 1259).

[3] 由于他们不再承担任何风险,他们以后无法拒绝作证。

[4] *Beaumanoir*, XL,12(Salmon,No. 1234). 这些人是相关行业的从业人员或专家、"普鲁德"人士(prud'hommes),偶尔还有法官助理、法院官员和其他人。

[5] *Beaumanoir*, XL,18,28;XXXIX,27,28(Salmon,Nos. 1240,1251,1170,1171).

[6] "Etablissements de St. Louis,"I,1.

证言来判断此事。”〔1〕

被告可以提供己方证人。在双方或其律师在法庭上进行辩论后,判决被公开宣布。

可以看出,弹劾式诉讼程序的形式与国家公诉或私人控告的形式往往相互借鉴,甚至趋于合并。但这仅仅是一种趋势,国王 107
无法强迫首席司法官接受他在自己领土上实行的程序。这种调查审讯制度凭借自身优势蓬勃发展,但其取代司法决斗制度仍需要一定的时间。〔2〕 司法决斗并没有突然销声匿迹,即使在王室的领地内也是如此。在 1306 年,菲利普大帝(Philip The Good)将其重新纳入除盗窃以外包括所有涉及死刑的指控中,因为盗窃是在“如此秘密和安静(en repos)的情况下发生的,以至于不可能通过目击证人的证言来对罪犯定罪”。〔3〕 但这是一项注定要被废除的制度。鲍泰勒说,决斗断讼成为不同寻常和偶然的事件;洛伊塞尔(Loysel)后来说,“所有的决斗和争斗现在都是被禁止的,只有国王才有权下令”。〔4〕

第四节　刑讯逼供

虽然司法决斗持续了很长时间,并且菲利普(法王腓力四世)

〔1〕 Ord. of 1260, Art. 4. 人们采取了最周密的预防措施,以使这份重要的文件措辞精确和保存完好。审查员必须为“至少两名合法和有能力的人”,每次审查结束时,相关文件必须盖章后密封。*Beaumanoir*, XL, 2, 27(Salmon, Nos. 1225, 1250).

〔2〕 “Etablissements de St. Louis,” I, 24; *Beaumanoir*, XXXIX, 21; LXI, 15, 16(Salmon, Nos. 1165, 1722, 1723):“当路易国王在他的领地里废除了决斗时,他并没有废除其他贵族领地中的决斗。”

〔3〕 Ord. I, p. 435; *Isambert*, I, p. 831. See “Stylus Curiae parlamenti,” ch. XVI.

〔4〕 “Inst. Cout.,” VI, 1, max. 30.

曾短暂地将其在自己的领土上重新实施,但这是因为,根据《1306年法令》(the Ordmance of 1306),旧习惯法上要求提供两个目击证人才能定罪,而这十分困难。但是实践很快引入了一种新的讯问方法,即刑讯逼供(酷刑),这种方法虽然令人厌恶,但非常有效。

在一个执行纯粹弹劾式诉讼程序的自由国度,酷刑是不合适的,原告与被告是两个手持同样武器公开斗争的决斗者。因此,在罗马,只要程序仍然是严格的弹劾式,酷刑就绝不会被用来针对自由公民。但是酷刑确实在刑事诉讼中发挥了很大作用,即让奴隶、被告或是证人说话。在过去,这种观念非常普遍——奴隶只有感受到疼痛才会说实话。[1]《朱莉亚·马杰斯特法》(the Law Julia Majestates)是这一规则的例外,它规定,当涉及叛国罪时,对所有被指控的人都可以不加区别地适用酷刑。随着刑事诉讼程序的修改和弹劾式原则的丧失,在有关严重犯罪的指控与诉讼中,当被告已经被严重怀疑为有罪时,使用酷刑不久就被承认
108 为是一种正常的证明方式。但是,这种酷刑的适用将叛国罪中的"罗马高贵阶层"排除在外,也就是说,所有属于帝国地方议员等级以上的上等阶层都免于酷刑。[2]

原始部落的野蛮人留下的私人控告体系并没有像古罗马程序那样承认酷刑的作用。然而,在起草法律时,在某些地方却也发现了一些规定这种残酷调查方式的法律;分别是巴伐利亚人

〔1〕 参见 *Gelb*,"Geschichie des romischen Criminal prozesses bis auf Justinian," p. 348 et seq.;以及我们对"罗马通奸罪"的研究(Nouvelle Revue historique,1878,p. 416 et seq.)。

〔2〕 *Geib*,*op. dt.* P. 615 ei seq.

(the Bavarians)的法律,[1] 勃艮第人(the Burgundians)的法律,[2] 维齐戈斯人(Vizigoths)的法律,[3] 甚至是萨利克人(the Salic)的法律。[4] 当然,这些都是从罗马制度借鉴而来的;[5] 但是几乎没有法律认可酷刑,除非是奴隶犯罪,在这种程度上,借鉴是可以理解的。日耳曼法赋予受害方对犯罪奴隶的主人提起诉讼的权利,[6] 有了这一规定,主人就不能为"奴隶"辩护。[7] 后者在那时必须为自己辩护。但是他不被承认与自由公民享有同样的权利;他不能通过共同宣誓者都支持的宣誓来消除自己的过错;他不得不经受火或沸水的考验。[8] 像罗马人那样,让奴隶遭受酷刑,不是更可靠、更简单、更残忍吗?因此这是由上述"法律"规定的,如果酷刑后将证实奴隶无辜,则应同时做好对奴隶主赔
偿的准备。[9] 勃艮第人的法律不仅规定了对奴隶,而且还包括 109
对农夫(原住民、移居者)(originarius、colonus)施以酷刑,[10] 并且

[1] *Merkel*,"Text, primus," Tit. IX, § 19. Pertz,"Leges," II, p. 306(Walter, VIII, 18).

[2] Tit. VII, XXXIX, LXXVII(Bluhme edition). Cf. CVII, 3.

[3] L. VI, Tit. I, U. 1-3.

[4] Tit. XL(Merkel).

[5] 《萨利克法典》(the Salie Law)第XL章的手稿版本中没有任何马尔伯格("Malberg glosses.")的注释。

[6] *Cf. Wilda*:"Strafrecht der Germanen,"p. 650 et seq.

[7] Ripuar., Tit. XXX:"Si servus talis non fuerit, unae dominus ejus de fiducia securus esse possit, dominus... sine tangano loquatur et dicat: ego ignoro utrum semis meus eulpabilis an innocens de hoc ex-tilerit."Walter, I, p. 171.

[8] *Ripuar.*, XXX, § 1(al. 31):"如果仆人把手放进火里,让耶稣来判断怎么办……用这种委婉的方式来判断是否是小偷。"*Lex Fision*, III, 6:"奴隶将会被放到沸腾的氨水中"Walter, I, 356。

[9] 《萨利克法典》允许奴隶再次受到酷刑, XL, 2:"如果奴隶承认自己就是伤害奴隶主的人,那么奴隶要受到更大的惩罚。"Bajuv., VUE, e. 23, § 1:"如果有人杀死在不公正的奴隶制之下生活的奴隶,他所忍受的无辜者所遭受的折磨……此人不得成为同一主人的奴隶。"

[10] Burg., Tit. VII.

在一个特殊的条款中,甚至规定了酷刑可施加于前来寻求避难的在当地人陪同下的外地人(advena)。如果这个外地人像法律文本中规定的那样,确实被强烈怀疑是一个逃亡奴隶时,也可以对其施以酷刑。〔1〕

西哥特人(the Visigoths)的法律则更进一步。它比任何其他法律都具有更加鲜明的罗马法色彩,即使被告是自由公民,在没有其他证据的情况下,也允许对其施以酷刑。它的体系在其他方面是最特别的。它符合弹劾式原则的方法。如果原告不能以其他方式证明他的指控,他必须以"申请书"(inscriptio trium testium subscriptione roborata)的形式要求施加酷刑;〔2〕除此之外,原告还必须秘密地以书面形式向法官提出申请,当被告知道他被指控的事由时,受酷刑影响作出的供词是没有用的。〔3〕 被告在其他方面受到保护。如果他忍受住了酷刑,那么原告将任凭他处置。〔4〕此外,绅士不能被施以酷刑,除非是最严重的罪行——"在君主国或父权国,犯了杀人或通奸的罪行",或是受到了和他同一等级的人的指控。如果涉案金额超过 500 苏勒德斯,(solidi,一种古罗马金币。——中译者注)下等阶层的自由公民也可能因盗窃或其他罪行

〔1〕 Burg. ,XXXIX, § 1:"在每个国家中,与陌生人见面的那个人应该尽可能多地接受法官的陈述,并提出讨论的问题,这个事实是承认使用酷刑。"

〔2〕《西哥特人法》(Lex Wisigoth),Book VI,Tit. I,1. 2:"如果他能证明他没有,三位证人却对其进行陈述,那应从何开始对问题进行研究。"(Walter,I,537.)

〔3〕《西哥特人法》,Book VI,Tit. I,1. 2:"原告有可能按原定顺序准备上诉材料,并且根据法官的安排交由司法机关裁定,通过其中任何一个人亲自或者通过普通指示向他们提出材料指控他所指控的诉求,表明被告是被起诉的,如果不能确定被告的身份,却将其视为被告,这是不合法的。"

〔4〕《西哥特人法》,Book VI,Tit. I,1. 2:"谁受到您的询问,如果对他所遭受的折磨无害,那么原告应立即向他提供服务,但不会损害他的灵魂,所遭受的伤害的程度,他将随时可以判断自己或其中的状态"案文的其余部分还涉及被告的亲属,原告(作为酷刑的主导者)将在折磨中造成受害者死亡。

而被处以酷刑。[1] 如果涉及的金额少一些,法官也一定会用沸水这种酷刑使被告认罪,如果这还不能证明他是无辜的,法官就可以再继续折磨他。[2] 在勃艮第人的法律中找到对自由公民施 110
以酷刑的条款也是有可能的,但是相关文本十分模糊。[3]

就像我们要说明的那样,随着封建制的逐渐形成,酷刑的使用绝对没有随着罗马帝国的司法组织一起消失,在将封地所有者(homme du fief or miles)带到他们同侪面前(接受审判)的弹劾式诉讼与公开程序中,酷刑却已没有什么地位。但是,可以确定的是,当法官或他的主教在那些只能向上帝上诉的奴隶和农民面前进行审讯时,它难道也从来没被用过吗?[4] 博曼努瓦曾以相当赞赏的方式在一篇文章中提到过这一点,但是皮埃尔·德·方丹斯(Pierre de Fontains)却没有提到酷刑。正如我们所知,遵循《敕令汇编》(the order of the Digest)的《正义与怜悯之书》没有在刑讯(de Quæstionibus)一章中记载任何条款,并且该书第二十卷与汇编第四十八卷一致,这位姓名不详的作者完全抛开了一贯敬重

〔1〕《西哥特人法》,Book VI,Tit. I,1. 2:然而,虽然该人是盗窃,谋杀或其他任何情况,但是他们已经被指控犯罪,我以前解释过的头衔也未得到征服的问题,已经确定了五百种固体物质,其总和不应超过健康原因。

〔2〕《西哥特人法》,Book VI,Tit. 1,1. 3:任何事情,尽管它们可能在某些指控中起着很小的作用,但都是由它决定的。法官下令用沸腾的水去检验,只要出现一丝皮疹,就成为一个问题,成为可以去怀疑他的一个证据。

〔3〕 Tit. LXXXIX(Walter):"勃艮第国王的贡德巴尔多对你的奉献……所有的一切都归于肉身;并且能够……如果……但如果不残酷地接受犯罪,我们将立即将其带到这里,应予以惩处或应受其折磨。"(Pertz,Leges III/,577.)

〔4〕 在此项研究的第一版里我说过:M. Beugnot 在他的著作 *Beaumanoir* 的词汇表中创立了"gehine"(酷刑)这个单词,但没有用于书中的任何一段,我们也没能在哪发现它被提到过。但是 M. Salmon 在他的著作 Beaumanoir 第 1996 版本中的词汇表中提到了"Gehine"这个单词,此书是有关一个奇怪且有趣的故事,有一个妇人使丈夫被两个流氓打死并且在法官面前无理地试图控诉他们,但法官发现了这是个骗局,于是指控妇女说的两个谎言,并将行为归咎于她,很快法官决定对这个妇女处以酷刑(engehine),她坦白了所有的事实并被烧死。这个案子无疑是关于酷刑危险的陈述。

的罗马法,而是遵循了最纯粹、最古老的习惯法。另外,“耶路撒冷市民巡回法院”(Assizes of the Court of Bourgeois of Jerusalem)记载了有关酷刑的两个章节。其中有一个案子,某人将死者埋在家中,公众传言揭露了罪行:“如果像公众传言的那样他已经被害,法官认为尸体应该会客观公正地说明他的死因,如果发现或
111 者确定死者是被勒死或者死于暴力,那么法院一定会通过强灌的方式折磨或者使用酷刑审判这些人,以便能够查明这一罪行的真相。而且如果是涉及暴力杀人的,所有牵涉其中的人理应受强灌等酷刑,而不受到其他伤害。”[1]

在另一案件中,两位骑士都发誓对谋杀行为不知情且意外,但两人都与本案的被害人有联系。在没有供词的情况下,他们的证词对于定罪尚不充足,但是足以据此对被告施以“水刑”,而非诉诸弹劾式程序。两个臣民的证词可以相当于两个宣誓之人(jurés)的证言。这是一个由巡回法庭审判的问题,因为死者与臣民之间没有联系,即使他与本案有联系但他不承认,法官也不能绞死他。但在他承认事实真相之前,对他施以水刑是相当合理的,一旦他承认了事实,他就应该被绞死。如果他在三天痛苦折磨后无任何供述,[2]他应该被监禁一年零一天,看看在这段时间内他是否会屈服于折磨,或者是否有其他人来证明他犯了谋杀罪。如果在此期间无人作证,并且他能够经受起折磨,那么他就应该被从监狱里释放出来,随即被宣告无罪,而无须回应任何潜

〔1〕 文中在谈到某人将一个男人埋在自己的房子里时,接着提到,“如果碰巧房主在城里,在其房子里发现死者”,然后,他在宣布该地方被没收为教会的利益之后,又说:“然后,将尸体交托给上帝和土地所有人的怜悯,因为做过这种不端行为的人没有人会听他说,是他杀死了被他埋葬的人,还是后者自然死亡。”

〔2〕 应当指出的是,根据西哥特法律刑讯可以持续三天。Book VI,Tit. I,L 2:“三个准阿吉塔里的人。”(Per triduum quasti oagitari debet)

在的指控,因为他已经做了一切被要求做的事。[1]

《1254年法令》规定并规范了自13世纪以来使用酷刑的情况。法令第21款规定,如果被告是名誉很高的人,则不得以单个 112
证人证言为依据施行酷刑。原文如下:"知名且杰出优秀及品德高尚的人们,如果他们也是穷人作为单一证人而做证言,我们应当阻止将他们强加于各种折磨和控告之下,不应让他们遭受这种恐惧。"[2]1315年,尚帕涅贵族抗议使用酷刑,国王对他们的申诉进行裁决:"关于我们的官员和教士所抗议的第51款,对作为他们私人财产的佣人和身边的奴仆实行酷刑是违背他们的习惯和权利的。旧法令在禁止酷刑方面规定了最严格的命令,依据法令我们将命令我们的教士和官员停止酷刑。"[3]但在这里,所有的抗议都注定是徒劳的;在14世纪,酷刑已经被普遍使用。[4]

是什么原因允许建立这种可恶的程序?

首先,酷刑对于大力打击犯罪很有必要。王室致力于满足这一需求,因此酷刑起初常出现在王室辖区。[5] 古罗马法产生了显著的影响。在汇编和法典中,我们的法学家发现了由帝王宪法规定和(古代)伟大法学家阐述的酷刑惯例。如此重量级的权威无疑会使我们部分忽视这种讯问方式的残忍与可憎;此外,(文明

〔1〕 *Kauder* edition, ch. CCLIX, p. 314, 315.

〔2〕 Ord. I, p. 72:本文是仅在拉丁文本中发现,但在法语文本中缺少的文章之一。

〔3〕 Ord. I, p. 575.

〔4〕 [有关酷刑史的另一种说法,请参见 Professor A. L. Lowell's article on "The Judicial Use of Torture," Harvard Law Review, XI, 293。有关英格兰历史的详细信息, See Treatise on Evidence, 1905, I, § 818, n. 7。——英译者注]

〔5〕 *Bouteiller* 中的一段("Somme rurale", I, 34, p. 229)表明并非所有司法管辖区都有权施加酷刑:"的确,在根据法律和习俗审判的法庭上,他们不应该用刑讯逼供来审判,因为这样的法官无权使任何人遭受酷刑,如果在不使用酷刑且不供认的时候也不能裁判,或者没有得到证人的适当证明也难以审判。下级法院也是照章行事。"

早期)野蛮时代的人们对酷刑问题可能也不太敏感。[1]

113 其次,酷刑填补了公诉程序的一个空白领域,这就是我们描述的“国家公诉程序”。正如我们所说的,“国家公诉程序”难以形成死刑判决的依据,除非有大量确凿的证据证明,犯罪事实是臭名昭著的,否则嫌犯的供认是必不可少的。法官必须力求通过各种手段取得这种供词,为了取得这种供词,他可以利用任何有效但残酷的方法。这种考虑对这个问题是决定性的;事实表明,当囚犯接受审讯时,他不会受到酷刑;这种接受的实际效果是可以不通过酷刑来定罪。鲍泰勒说:“要知道,当囚犯屈从(接受)审问时,他永远不应该受到酷刑;因为这对他而言是错误和不公正的。因为酷刑本不应发生,除非有明确信息表明罪行存在,且无法提出或找到证据时,才可以推定罪行。”[2]证据的严谨性与酷刑的使用之间的这种相似性注定会形成一个恶性循环,在这个恶性循环内旧的刑事诉讼程序将始终贯穿其中。

酷刑是与一条为了限制酷刑的规则同时出现的,这条规则似乎从一开始就得到承认;获得的供词不被认为是合法有效的,除非它是在嫌犯的疼痛停止后被签认的。为了回应尚帕涅贵族的诉请,1215 年 4 月制定了一则法令,法令中写道:“正如所看到的那样,反对尚帕涅地区的古老习俗的官员们竭力使尚帕涅贵族因

〔1〕 其他当局并没有忽视酷刑的可怕性质,在这方面可以参见一篇奇特的文章“Très-ancienne Coutume de Bre-tagne”ch. XCVII:如果犯罪嫌疑人不承认罪行,并且是犯罪后当场被抓或者在实施犯罪时被抓,或者实施了牧区公认的恶行,那么实施讯问和目击证人证明程序,如果不能完全证实、一致证实或者有力的推论使其脱罪……他就要被以神明裁判的方式审讯或被三次施行酷刑。若他能够忍受酷刑和神判法折磨,他就可能使自己得救(这是显而易见的上帝为他创造了奇迹),他应当被认为无涉此案,并且被宣告无罪释放。(Bourdot de Richebourg,IV,1,p. 214.)就像在“协助”文中和上文引用的维齐戈斯法律中的规定,这里有三次提到酷刑。

〔2〕 “Somme rurale,”I,34,p. 224. 同样的规则在《布拉格拉克习俗法》也有出现,第 17 条。

涉嫌犯罪而遭受酷刑,尽管他们并不是被当场逮捕,也不是完全了解事实……我们规定禁止对任何贵族实行酷刑,如果推定的恶行不是过于严重,或者依据有适当的理由或权利,或者该行为不 114
应当被惩罚。在上述情形下我们禁止酷刑,并且我们由此禁止依靠所谓的酷刑定罪或审判。尤其是他在刑讯后不能维持其供述的话。"[1]这条规则得到延续。"我们谈到过自愿认罪,这被认为是第三种必要的证明;至于在刑讯逼供时所作的非自愿供词,如果被告在刑讯逼供后坚持供述,那就很可能构成证据;如果被告没有坚持自己的供述,那就形成了一种推定而不是一种实质的证据。"[2]但是,这种缓和的情况比实情更明显。根据《布列塔尼古代习惯法》,法官可以重复使用三次酷刑,如果被告在酷刑后撤销供述,那么他就面临着被实行新一轮酷刑的可能。

第五节 检察官

在14世纪,已经出现了完整的国家公诉程序,然后出现这个重要的职业,即检察官一职。

国王和贵族的检察官最初仅仅是法律顾问。众所周知,封建时代的程序是正式且口头化的,就像另一种正式的程序,即"法律诉讼"(Legis Actiones),它不承认法庭上的代表诉讼原则。[3] 直

〔1〕 *Isambert*, " Anciennes lois franeaises," III, p. 90. *Esmein*, " L'acceptation de l'enquete dans la procedure criminelle au Moyen Age," p. 9 et seq.

〔2〕 Bodin, "De la demonialite des sorciers" (Antwerp edition, 1593), Book II, ch. III, p. 349; cf. ibid., p. 357, 358.

〔3〕 关于这一原则的全部历史,见于诺曼、法国、英国法律,见布鲁纳教授的文章《律师的早期历史》(*The Early History of Attorney*)的译文,载于《伊利诺伊法律评论》(*Illinois Law review*), II, 257。——英译者注

至 13 世纪,无论在民事还是刑事诉讼中,任何人都不可以在诉讼中被代表(demandant)。[1] 但是,国王和贵族是这一规则的例外;他们可以由检察官代表起诉(demander par procureur)。这就是"在法国,除了国王,没有人可以通过检察官向法庭陈述案情。"这句格言的由来和主要含义。因此,国王和贵族授权检察官在外国司法机构或本国法院起诉。这些律师、专门人才受到国王和贵族的委托,他们最初之所以区别于其他同行,是因为他们拥有更多声名显赫的委托人。然而,国王和贵族的这些检察官本应注定成为真正的公职人员,其实事实上也是这样的。

115 除了检察官之外,国王和贵族也有一些律师(advocates),在得到正式的公职之前,他们长期以来只是律师,"众所周知,官方的律师在他所代表的贵族的法庭上的地位是最高的,正如国王的律师在皇家法庭上的地位一样。并且要知道,作为一个贵族的官方的律师,他绝不能反对他所代表的贵族,即使他从该贵族那里得不到任何补偿或报酬。但是,法律规定,官方的律师可以在自己的贵族的意愿和允许下,为任何其他的贵族担任律师,但前提是不违背他所代表的贵族,也不违背以前为其贵族所代理的诉讼[2]"。

国王的检察官或贵族的检察官最重要的职责之一是主管某些罪行的起诉:将罚金和没收财产作为刑罚的结果是这两种刑罚手段成了国王和贵族的主要财政收入来源之一。"地方检察官"(procurators fiscal)这一称谓曾适用于领主法院的检察官,作为对

〔1〕 Beautnanoir, IV, 2(Salmon, Nos. 137, 138).

〔2〕 "Somme rurale," II, 2, p. 671. Loysel; "Pasquier." "在那个时候(1380 年)没有正式的国王的辩护人,但一个法庭的律师被选来为国王的权利辩护。1411 年 2 月 18 日的 Parlement 登记册中提到 M. Jean Perier, canon of Chartres,作为国王的辩护人"。(Dupin edition, p. 23, 24.)

这一概念的纪念,该称谓至今仍存在。不久,检察官在其原有的职责上又增加更高阶的利益。维护公平与正义是法官的职责,这直接关系到对犯罪的起诉;因此,检察官的职责是尽可能地压制犯罪。检察官当然不能像被害人那样将自己定为原告,但其有权督促法官进行审理。以上是国王的检察官的起源和最初职能的概述;然而,有必要更详细地阐述,在此,法令是我们最好的资料来源。

国王的检察官在13世纪的任何一部习惯法中都没有出现;
但在1302年之后,菲利普在一些条款里规定了他们的职责,这表
明,此制度已经存在很长一段时间。国王特别要求他们像王室的 116
公职人员一样进行全体宣誓,当他们以他的名义行事时,他们会
像其他当事人一样宣誓效忠(de calumnia)。[1] 除了在某些特定
的情况下,国王还禁止他们为其他人辩护。国王的要求得到人们
的认同。然而,一系列的回应随之而来。1318年,根据习惯法,国
王的检察官一度在各地区受到压制,他们履行的职责又被收回到
地方司法行政官的手中。[2] 压制的原因可能是这些地区反对新
的刑事诉讼程序,在这一程序中,检察官已经发挥了重要作用。
因此我们发现,在1347年,里昂市镇因类似的理由要求解除国王

〔1〕 Ord. I, p. 368:"第15条,我们也希望统治者以下面的内容庄严宣誓。第20条,我们想让我们的战士们以我们的名义而战斗,发誓会遇到预言中的灾难。如果人民想为此做替代、准备,他们不会反对,会感到满意。我们的检察官不必用其他原因或信件,除非是和自己有联系的人,否则他们会被判火刑。"很明显,从这个时候开始,检察官就完全是国王的代理人。Cf. Ord. 1303, Art. 18(Ord. I, p. 399).

〔2〕 Ord. of 1310, Art. 29:"所有的检察官应被撤回,除了那些在成文法有规定的地方。"(Ord. I, p. 657.)

的检察官这一职务。[1]

但是,这种抵抗是徒劳的。在 14 世纪的所有法庭上,我们看到国王的检察官具有公认的权力。由塔农(M. Tanon)出版的《圣马丁刑案汇编》(Registre criminel de la justice de Saint-Martindes Champs),其中包括 1332 年至 1357 年这一时期,几次提到"国王的检察官"[2];让·德马雷斯(Jean Desmares)将其定义为一个非常明确的角色。[3] 至于贵族的检察官,他们的存在不会引起任何麻烦,并经常在《圣马丁刑案汇编》中出现。

那么检察官是如何参与到刑事诉讼程序中的?他们不是以直接控告者的身份出现,即不是通过作为一方当事人参与到刑事诉讼中;然而,我们发现这似乎与旧的原则背道而驰,因为旧的原
117 则要求指控一个人必须存在直接的利害关系。[4] 他们以教会法的"纠问程序"为切入点,巧妙地介入正式的审讯调查中。我们已经可以看到,根据教会法,告发者可以要求法官行使其权力,他可以继续作为诉讼的一方提供他的证人以及出示他的证据,这就是所谓的"推动人"或"控告审讯"(prosequi inquisitionem)。这是检察官将扮演的角色;无论他是单独出庭还是与私人一起出庭,他

〔1〕 Ord. of 1347, Art. 2:"关于国王任命的检察官物品,他们要求将这些物品从卢格登西城(Lugdunensi)移走,并确认这个搬迁安排是国王答应的。不过,在卢格登西城内,总督不会做进一步的调查,除非长老们命令他们在卢格登西城外开始。无论以国王流亡的名义说什么,人们只会执行国王任命的第一个命令。"(Ord. II, p. 258.)

〔2〕 9th December, 1337 (p. 107); 1st July, 1339 (p. 153); 7th December, 1340 (p. 153); 4th September, 1343 (p. 198). 所有这些案件都涉及王室法官和圣马丁法官之间的管辖权问题。

〔3〕 Decisions 89 and 150.

〔4〕 *Jean Desmares*, 89:"国王的检察官在一项刑事指控中,作为检察官,他没有义务在不存在利害关系的情况下为自己签名", secus de alus。

是所有罪行的告发者,并介入所有的指控。〔1〕根据上述《1347年法令》,他的职责是“促进审讯”。从当代的观点来看,是法官授权国王的检察官行事,而不是检察官促使法官采取行动:〔2〕“根据《1350年法令》第15条,法院要求控诉一方当事人在没有提供充分资料信息的情况下不得正式指控任何人。在检察官开始其行动或加入一方当事人之前,在法官的指令下,应让司法行政官或适格的人查看和通知该控诉。”〔3〕在《圣马丁刑案汇编》中,检察官多次出现,扮演着与所述类似的角色。〔4〕

但我们越向前发展,国王的检察官的职责就越重要。在这方面,我们已经援引了让·德马雷斯的新颖观点。以下是他的另一项论断:“此外,在不存在任何特权、辩护权被侵犯或者导致应更换法官审理案件的情况下,当对犯罪有管辖权的高等法官在法庭上受理指控并首次开庭审理时,答辩即应受到辩护陈述阶段(litiscontestation)的约束:此时,原告仅可以向法官提起诉讼和主张,尽管原告已获得了国王检察官的同意,要求将案件提交给王室法 118

〔1〕 *Biener*,“Beitrage,”p. 200,201. 教会也有其官方的“推动者”;但他们是后来才产生的,是复制于Asecular管辖区的“检察官”。参见M. Fournier,“Les offcialites au Moyen-Age”。

〔2〕 Ord. of 1338,Art. 7:“任何人都不应参加国王的诉讼,除非在法庭上。法官将在法庭上,在判决和听证的部分发出明确的命令。”(Ord. II,p. 124.)

〔3〕 国王也被征税,颁布了有利于诺曼底(Normandie)统治者的若干法令。(Ord. II,p. 407.)

〔4〕 p. 74(18 October,1336):“到目前为止,检察官已经起诉了上述过失和圣马丁(Saint-Martin)市长。”-p. 69:“衣帽匠耶汉内特(haberdasher)向中尉监狱长及关押她的国王检察官投降了。”-pp. 187,188(30 September,1842),被告被宣判无罪,“在教会检察官和赛义德·杰汉(the said Jehan)之间的诉讼”。-*Cf.* 223,224. 就管辖权问题达成了一项协议,“一方是巴黎圣米亚丁(Master Pierre Martin)教堂的书记和检察官皮埃尔·马丁(Saint-Martin)大师,另一方是圣丹尼斯(Saint-Dems)的法警杰汉·德拉布雷特什(Jehan de la Bretesche)”。塔农非常明智地注意到,在登记册所涵盖的时期内,国王的检察官似乎没有填补“所有刑事事项的起诉责任,而这些刑事事项后来必然属于他或者和所有财政检察官共同负责”。(Pref.,p. lvii.)

院。”鲍泰勒提出:对于除已提出控告的国王的检察官,某人所犯之罪不存在任何控告之人的情形——除非国王检察官要求传唤,否则不得将任何人带入法庭——如果被传唤之人表示反对,并提出由男性法官或者通过申诉或者先前的委员会来进行审判……国王检察官将对此质询,并提出由司法行政官对其进行审判,因为根据先前控告,国王是唯一的原告。然而,1377年的《高等法院法令》(decree of Parlement)规定,可以由地方司法行政官独自行使或者由其认为合适的顾问行使管辖权,因为国王与此存在利害关系,先前的控告已经存在。[1]

我们以后会看到这样的格言:国王的检察官是真正的控告者,而且这个头衔仅属于他,但是原来思想观念的一些遗迹总是存在;到最后,法官有权力自己确认犯罪行为。

在1389年9月6日至1392年5月18日[2]的《巴黎裁判所刑案汇编》(Registre criminel du Chatelet de Paris)中,国王的检察官安德烈(Andrieu)与安德里·勒普雷克斯(Andry le Preux)反复出现。在《巴黎裁判所刑案汇编》[3]中还提到了国王的总检察
119 长,以及国王的律师人。[4] 安德里·勒普雷克斯是“智叟”(preudhommes)中的一员,他们组成院长或其代理人的委员会,但有一个频繁出现的词组,意思是“公诉人”。1391年11月6日的判决记载:“受博学且令人尊敬的耶汉·特鲁金(Jhan Truquenrt)以及巴黎宪兵司令蒙斯(Mon)中尉的指令,应国王检察官的要

〔1〕 Somme rurale, II, I(p. 653);cf. ibid., I, 34(p. 221).“他可以通过正式诉讼或应检察官的要求而宣布自己为反对党。”

〔2〕 “巴黎犯罪登记处”……法国藏书家协会首次出版2 vols. Paris 1861。

〔3〕 1,301.

〔4〕 I, 36, 74, 268, 373;II, p. 6:“国王沙特尔的检察官.”还多次提及发言人以及官方发言人。s. I, 84, 246, 255.

求,对前述的耶汉宁 · 佩拉特(Jehannin Pelart)进行起诉,在起诉过程中,该罪犯希望对指控进行调查。”[1] 被告和国王检察官的判决被多次报道:“上述罪犯耶汉宁 · 佩拉特,以及前文提及的国王检察官,希望通过调查和书面起诉来行使自己的权利。”[2] 上面所述的审讯程序中,国王的检察官和罪犯都希望行使他们的权利,希望他们的信息材料被逐字逐句地审阅。[3] 最后,我们发现国王的检察官或地方检察官的几项口头要求,[4] 其中包含了一段简要内容,如果详细阐述的话,在公诉中,他不可否认地享有这项权利,这要归功于“进一步调查”(further inquiry)规则。[5]

在确定检察官职责的同时,检察官起诉的规则也在皇家法令中有所体现,就像教会法的“纠问”程序一样,这个程序也包括两个部分:提供材料和调查。首先所有的材料都必须提交给法官或者其代表。[6] “除非有针对此人的案件秘密指控,并且应当首先 120
提出并告知”,否则无法起诉[7]。法官和其顾问必须仔细审查这些材料,如果他们认为这些材料足以进行控诉,那么真正的对抗

[1] II,p. 352,4.

[2] II,356.

[3] 16th January,1390-1391,II,p. 26.

[4] 24th March,1391-1392,“桑塞尔(Gerart de Sanseurre)从监狱被逮到检察官前面。这个检察官说他是一个游手好闲的人,一个流浪汉,没有收入,没有工作等”(II,456)。-2d September,1390(II,p. 2):“富尼尔(Jehanmn le Fourmer)从图尔(Tours)公爵的监狱里被带走了,在公开听证会上接受审判,被指控为上述情况,并且和在这片土地生活的囚犯形成了组织。”

[5] 25th Augut,1390(I,443):“为皮埃尔 · 勒布伦(Pierre le Brun)兄弟和雅各宾派的首席进行脱罪,他们在恰斯陶登(Chasteaudun)受到指控。先前之人和皮埃尔兄弟已从监狱里释放。考虑到现在,这是对国王的检察官的保留权力。”

[6] 有时国王的检察官亲自进行指控,不是根据法官的命令,而是根据王室文书中的一项委托。See Ord. of 1344,Art. 7(Ord. II,p. 215).

[7] Ord. of 1363(Ord. II,pp. 664-665);Ord. of 1350(Ord. II,p. 400).

就开始了。在确定本质特征时,这两个程序并没有明确的界限。[1] 然而,这两个程序的文书却有明确的区别。我们只需引用《布尔日习惯法》(Coutume de la Ville et Septene de Bourges)的两章:“第三十九章,对刑事犯罪被告的诉讼方式。”在刑事案件和重要民事案件中被控告方,即使这个民事案件与国王有利益相关,对于特权人士和王室人员所犯下的罪行,以及法院官员所犯下的罪行或其他需要立即处罚的重要案件,都应当使用程序进行规范。基于怀疑,值得信赖的人提出案件秘密指控之后,如果足以证明被告有罪,则可以限制其人身自由并扣押财产,将其传唤,进行调查,并可以根据案件需要将其逮捕……第四十一章,指控和调查的区别。指控和调查之间是有区别的。指控不带有定罪的性质,而公正的调查程序则是传唤当事人到庭,听取其证词,并对证词进行裁判和公布,进而宣告其有罪或无罪;很合理的是被告应当先应答他的宣誓条款,只用语言表述是不够的。显然,“调查”程序要求证人再现指控程序中的证言,如果不是为了在起诉之前复现证词,至少是为了其出席宣誓。但是,如果被告放弃,证人再现证言的行为是可以免除的,也就是说被告同意指控和调查
121 的效力相同。14 世纪,在《刑案汇编》中不止一次发现了这个原则。[2]

在这一阶段,纠问式程序所有重要的特点都已经得到了阐明。在进行下一步讨论之前,不妨大致介绍一下 14 世纪和 15 世

[1] 参见 a note of De Laurire(Ord. III,p. 159):“这里应该区分指控和调查的区别是,前者应该是由法官正式作出,在对被法庭当作罪犯起诉的人进行任何程序之前;法官应该在考虑这些指控后决定是否有对其采取行动的理由。如果提出这种诉讼,法官应当指示进行调查。”

[2] “Registre criminel du Chatelet,” II, 354. “Registre criminel de Saint-Martin des Champs,” p. 57, 83.

纪的刑事诉讼。对此我们有明确的资料依据,一方面,众所周知,鲍泰勒的作品取得了很大的成功;另一方面,《圣马丁刑案汇编》向我们展示了在14世纪上半叶运行中的刑事法庭,以及从1388年9月6日延续到1392年5月18日的《巴黎裁判所刑案汇编》。

第六节 最终变革——“普通程序”和“特别程序”

根据鲍泰勒的系统阐述,刑事法官审理案件共有四种路径:“通过告发、现行犯、正式当事人(partie formée)的控告,以及已经进行过审讯和先前指控(prior information)的公共报告。”[1]我们将结合鲍泰勒的阐述共同探讨这四种路径,并对论述的顺序稍作改变。

1. 正式当事人(accusation of formal partg)的控告即古老的弹劾式程序。“通过正式当事人,每个可以并且应当审理刑事案件的法官,都可以并且应当允许任何有完全法律能力的人,成为指控被告的一方当事人,并在密闭的监狱中展开和推进诉讼。”[2]两个对手之间的平等对抗原则,始终要求原告和被告均有入狱的可能。根据借鉴罗马法而来的规则,吃败仗的控告方必须承受他所主张的惩罚。“在许多地方,根据成文法,成为指控他人犯罪的当事人是一件危险的事情。因为根据成文法,指控失败的人将招致与他本欲使被告方承受的同样的惩罚。这被智者称为诬告反坐。”[3]然而,这一严苛规则并未得到完全的遵守。依据失败之

[1] “Somme rurale,”I,34(p. 221).
[2] p. 222.
[3] Bouteiller,“Somme rurale,”p. 222.

控告者向法庭提出的申请,其惩罚会获得赦免。这被称为“祈求完全赦免和减轻惩罚”(praying for total pardon and remission)。
122 仅在诽谤指控的案件才施加严厉的处罚。

这项繁重而苛刻的控告是过时旧物,从14世纪开始就很少被使用。在《圣马丁刑案汇编》中,我们发现两则正式当事人的确定案例,一个在1332年10月7日,[1]另一个在1338年1月14日。[2]

2. 随着控告的消失,告发越来越多地被使用。它发生于“当任何人都不愿作为控告他人犯罪的正式当事人时;他总能够将他告发于法院,并试图提出或列名证人。”[3]法官绝不会受起诉的约束。他首先要考虑是否应置信于该告发。如果他决定要行动,他将首先处理这些指控,然后传唤或逮捕被告,并展开诉讼进程。正如鲍泰勒明确指出的那样,该告发者通常是诉讼的当事人。他指出了目击者,并参加了调查。他实际上是一名幕后的控告者,出于个人利益,将主要部分留给了以官方身份行事的法官。自然,弹劾式诉讼的部分责任规则被应用于告发。该告发者幸免于诬告反坐与被监禁的风险。所有这一切都呈现于《圣马丁刑案汇编》中。告发是如此频繁,以至于统计它们没有什么价值;正是通

〔1〕 屠夫耶汉宁·德·圣索普拉特(Jehannin de Saint-Soupplet),由邦迪斯(Bondis)的首席治安法官(provost)投进我们的监狱,依据耶汉宁·勒·布歇尔(Jehannin le Bouchier)提出的指控……因为在判决中他指控该圣索普勒特,宣称他偷了他的木材……而且,此外,称他是一个杀人犯,并因此他将证明……而且依据上述指控,该首席治安法官已经把他投入和监禁在监狱——这一天由该首席治安法官带来耶汉宁……控告此犯人。

〔2〕 “托马斯·伦格莱(Thomas Lenglais)之妻雅娜·德·蒙塔日(Jehanne de Montargis)和科林·皮卡尔(Colin Piquart)被市长关押在我们的监狱中,其原因是在市长面前的审判中,雅娜发表、坚持和确认用来指控该科林(Colin)的誓言……并且该雅娜被提出来要证明所说的话。”

〔3〕 *Bouteiller*, p. 221.

过这些方式,诉讼通常也就开始了。[1] 告发的形式形形色色。有时,它是说,该程序是某某人“所要求和告发的”。[2] 有时候“向我们告发了由法院裁决的行为并且呼吁我们伸张在其中的公 123
平和正义”。[3] 或者再次,“他请求我们执行法律,并在这件事上为他主持正义。”[4]告发向法官作出,但通常会在被告在场的情况下在公开法院重复进行。[5] 告发者被要求提供证人,他必须证明自己的诉因。[6] 要是他随后宣称,他从被告处没有任何要求,或者他不能提供证人,或者放弃,结果将会是对被起诉之人的宣告无罪。[7]

〔1〕 See p. 10,16,19,27,31,32,34,4L,48,57,63,67,68,81,82,84,89,93,94,98,102,114,116,124,132,139,143,145,166,167,173,174,178,203,207,209.

〔2〕 p. 167,173,174,185,186.

〔3〕 p. 114.

〔4〕 p. 188.

〔5〕 p. 32,34:“我们所称的圣马丁市市长在该杰汉(Jehan)(被告)在场的情况下,以上述方式向我们告发了此事。”——在一个案件中,告发人受伤,不能带到法院所在地;在该案中,法官会去找他,并在证人面前接受他的告发。

〔6〕 p. 105:“耶汉宁 · 德 · 特拉布雷(Jehannin de Trambley)之妻玛丽(Marie)充分证明了这一点”,告发指标(denunciatrix)—— 塞迪勒 · 伦格莱希(Sedille Lenglaiche)的诉讼“原因是这油漆匠埃蒂安纳(Estienne)曾告发她……被宣判无罪通过审判她和埃蒂安纳之间的诉讼(1345 年 5 月 4 日)”。

〔7〕 在 1338 年 2 月 23 日,恩德洛 · 德 · 皮卡第(Endelot de Picardie)告发了石匠纪尧姆 · 达穆尔(Guillaume Damours),说他强奸了她:“该恩德洛告发了上述罪行,并宣誓声称该告发是真实的,然而这个纪尧姆完全否认。——而且这事过后,他就立即要求和召见该恩德洛,如果她有可以指控我们该事实的真相的任何证人,即她应该提名和提出他们,其中她发誓并在她的誓言中确认她没有……并且为了我们能充分了解所述的案件,我们给予该恩德洛到下周四的一段时间。——被宣判无罪,因为她从来没有支持她的告发。”1332 年 2 月 22 日:“依据理查(Richart)的告发吉洛 · 勒 · 佩尔蒂埃(Guillot le Pelletier)被投入和关押在我们的监狱……他被当事人宣判无罪,因此从监狱提出,并在法庭上被释放”(第 31 页)。——1336 年 11 月 26 日:“赛迪隆 · 拉弗朗屈特(Sedilon la Franquette)……依据吉洛(Guillot)的告发被关在我们的监狱……被释放因为他撤诉,并对他不作任何主张”(第 81 页)。——1338 年 10 月 13 日:“米什莱 · 勒 · 列维尔(Michelet le Lièvre)和他的妻子凯瑟琳向圣马丁的奥泰 · 拉拜(Autel Labbé)市长告发了吉洛 · 德苏瓦松(Guillot de Soissons)……因为一方不愿向他主张任何东西而被从监狱中释放出来”(第 145 页);参见 p. 200,203;参见《巴黎裁判所刑案汇编》,第 309 页。

一种释放(deliverance)的裁决似乎引入了告发程序中,当被告被关押,而在一定的时间内没有原告出现时,法官会宣布:"1332年5月3日,戈德弗鲁瓦·拉莱蒙(Godefroy Lalement)经过八天监禁后获释……在五月的圣尼古拉斯节(Saint-Nicholas of May)之后的那个星期天,鉴于他顽强地反抗巡回审判委员会(the council of the assizes)的告发而被宣告无罪。"[1]从下面的描述可能会发现,诽谤的告发行为受到了惩罚:"他在判决中和依宣誓陈述,他无缘无故地造成了他们的监禁,他为此悔改并赔偿了他们。"(第102页)

124 控告与告发在这里发生的融合,且绝不是一个随便的融合;从中必定会产生一个新兴的制度,即民事当事人制度。必须注意,从现在起,受害方可以为获得赔偿而提起民事诉讼,而无须提起刑事诉讼:"在刑事案件中,"让·德马雷斯在第58号决定中说,"寻求民事赔偿,只要两次缺席就足够了,但必须对事实加以证明;而在寻求刑事赔偿中,四次则必不可少,然而申请人不用证明他的事实。"我们还在《圣马丁刑案汇编》中读道:"1332年5月3日。这一天,托马赛特·德·皮龙(Thomasette de Piront)对理查德·伦格莱(Richard Lenglais)之妻马罗特·德·拉·马雷(Marote de la Mare)和其妻妹韦特·德·拉·马雷(Huete de la Mare)提出民事主张,说在马罗特炖菜时,她将她的钱包交给韦特照看,而钱包里二十三枚白色的小铜钱被弄丢了一半,并且她仅仅请求恢复她所失去的动产。经过8天监禁,今天该姐妹被释放。"[2]这些为民事目的的起诉通常可以在《巴黎裁判所刑案汇编》中找到。这些当事人当时非常谨慎地提出他们的主张,只寻

〔1〕 p. 10, 11; *cf. M. Tanon*, 同上, 注1。

〔2〕 p. 11.

求民事赔偿[1]——“皮埃尔·德·穆兰(Pierre des Moulin),物品的主人……表达了明确的声明,要求上述各方当事人出庭见证,他想说,他这样做不是为了寻求任何伤害,而是要陈述事实,并且他只是要寻求民事赔偿。”[2]——“这些学者们声明他们寻求民事赔偿。”[3]——“纪尧姆·塞尔坦(Guillaume Certain)……通过告发的方式和为民事争议陈述并报告于首席治安法官蒙斯。”[4]这些保留和声明的目的是要表明,尽管是诉讼的当事人,从回报他们的后果来看,告发者并没有提出一项真正的指控;它们还表明,这种区别仍然是一种新奇事物,可能会犯错误。

3.“现行犯”(present meffait)的情形存在于行为中被抓获的古老程序;“现行犯制度可以而且应当理解为,法官可以并且应当正式对违法者进行诉讼,对其行为定罪,并仅凭他自己的意愿,判处其死刑,而不需要其他告发或先前指控;如果他否认,并且如果案件易于证明,法官或国家公诉人应提出证明,如果案件被证明,则惩罚应接踵而至;如果对它的证明不是很清晰,因为案件是有 125
关现行犯的,法官可以并应当通过对他刑讯以弄清真相。”[5]“审理现行犯”经常在《圣马丁刑案汇编》中找到。[6] 甚至这些古老习俗被证明得以忠实地保存。大声呼喊“哈鲁”被多次提到,这就

[1] I,213.

[2] I,310.

[3] I,138.

[4] II,275. 参见 II,89,此判决向民事当事人表达他的结论。

[5] *Bouteiller*, p. 222.

[6] p. 38,58,63,64,73,77,92,93,99,104,124,130,134,136,138,142,151,156.

是常说的,罪犯已经被“采取了追捕和公告”。[1]

4. 最后,根据“公共报告”(common report)进行诉讼,是旧时的“国家公诉”:“公共报告可能是通过先前指控被传唤到世俗法庭,或通过传言及其恶名昭彰之报告被传唤到世俗法庭,因为一个人在该地区作为杀人犯或劫匪可能如此闻名,以至于对他是此等人再清楚不过,众所周知:在这种情况下起诉该罪,可在没有当事人的情形下由法官正式作出,或由政府官员,或由检察官正式作出,并且法官可以应他的要求正式这样作出。”[2]诉讼必须始终以指控开始,除非由正式当事人提出控告,以及情况紧急的现行犯案件。这是重要的一点,是后来的法律将更加严格地执行的一个特征。在《圣马丁刑案汇编》中,正式指控非常频繁。它的古老名称是“基于嫌疑的逮捕”(arrest on suspicion)。它由两个部分组成,即指控和审讯,这在几个段落中清晰地显现。[3] 在其他几个段落中也有说明,在事先指控之前并没有逮捕犯罪嫌疑人的情

[1] “把他们投进监狱,也因为在他们逃跑时,街上的邻居向他们追呼和叫喊”(第115页)。——“在邻居的紧追和追呼中抓住他们”(第141页)。——“即她呼叫哈罗昌时他已经把她的头巾捂在她的嘴上,为了使她的叫喊声不被听到”(第47页)。——“我们的官员逮捕了他在晚上秉烛追捕和因应追呼”(第71页)。*cf.* “Registre du Chatelet”,I. 410. “*Harou* 谋杀案”,II. 63;“*Harou* 放火案”。

[2] *Bouteiller*, p. 223.

[3] “1341年11月6日,市长根据上述案件所作的调查、指控和宣誓人报告,由地方议会(council)宣告无罪,”(第184页)——“被提出监狱通过由该布费蒙镇(Bouffemont)和其他地区的市长已经进行的审讯和指控”(第185页)。——“凭借由市长进行的指控和询问,我们的议会宣告事实和他的谋杀案无罪”(第189页)。——在许多情况下,确实如此,二者之中只有一个被记述下来。

况发生。[1] 有时,虽然仅提及审讯,没有提及指控的任何问题;[2]根据任一假设,我们可以说,指控单独存在,替代了审讯, 126
并因此执行了双重功能:果然在一个案件中,指控在被告本人的同意下发生,而在另一个案件中结果则对他有利。[3]

当法官审理案件时,他有两种方式可选择,并且我们发现有两种程序形式,"普通"和"特别"程序。这是一个关键的区分,其重要性将不断增强:"还有,要知道有普通诉讼和特殊诉讼。"[4] "普通"程序公开进行;其从未认识到要使用酷刑,并且允许被告进行不受约束的防御。另外,在"特别"程序中,允许酷刑;秘密性很快就开始出现,防御必将因此遭到越来越多的限制。不幸的是,这是将来的程序。在这个时期,欧洲几乎所有其他地方都发现了这种二重性。

何时应采用这些方式的一种或者另一种呢?"普通"程序在有正式当事人的控告时始终得到遵循:"我们应该知道,如果犯罪嫌疑人依据正式当事人的控告被逮捕,并被送上法庭,他后来不应被施以酷刑。而是应该以普通诉讼审理。"[5]当事人各自提出了他们的证人,由审查员听审;审讯立即传达给被告;律师或者原

〔1〕"1337年4月6日,巴黎的耶宁汉 · 勒福特(Jehannin Leuffaut)由抓住他的狱卒罗宾和奥罗斯(Oroz)带来……因为我们十分有根据地被告知,他曾殴打雅克敏 · 德 · 苏瓦松(Jacquemin de Soissons)致血液喷出"(第93页)。——"1338年1月18日,杰汉 · 德 · 佛罗伦萨 · 洛伊巴特(Jehan de Florence Loinbart)由市长的命令以及依由我们的公证事务人员P. 德奇夫里(P. de Chivry)作出的告知而被带来,因为依上述告知证明并确认了他被殴打和撞击基本上造成了挫伤"(第115页)。

〔2〕p. 24;200.

〔3〕"1336年6月14日,于德勒 · 德拉昂(Ydre de Laon)……通过监禁并依她同意审讯的指控交付"(第57页)。——"1336年11月12日,皮埃尔 · 特赖(Pierre Terlait),圣马丁的居民由依怀疑而逮捕他的巴黎的首席治安法官提交到修道院的法庭;依据由R. 皮德菲尔(R. Pié de Fer)巴黎裁判所的审讯员作出的指控提交"(第83页)。

〔4〕*Bouteiller*,"Somme Rurale",1,34(p. 223).

〔5〕同上。

被告双方在公开法庭上争论,而判决就以此为据。据发现,迟至16 世纪,拥有强大才智和伟大心灵的皮埃尔 · 艾罗(Pierre Ayrault)描述了这种形式的程序,并对其消亡感到惋惜:“我读到过一百二十[1]多年前由法官助理(master)让 · 贝林(Jean Belin)、杜纳尔(Doinart)和福东(Foudon)的领主,(将这一程序)引入刑
127 事诉讼中,根据法令规定,当事人有时间为起诉提供证人,被告也有时间为其辩护提供证人,并通过他的答辩提出一些事实作为辩护或减轻罪责的理由。在我看来(可能我被这一古代事物所欺骗),没有什么比这更公平或公正……整个诉讼一气呵成,而且就像在一个单一的画卷之中一样,双方的真相都呈现给了法官。”[2]在告发者和原告几乎被同化的制度中,如我们在《圣马丁刑案汇编》曾注意到的,该规则即使在告发的案件中也必须得到遵守。

甚至在国家公诉中,当被起诉的个人接受调查时,也必须采用“普通”程序:“如果随后将行为人逮捕并希望提交进行完全调查,则在所有这样的案件中,他都应被采取普通诉讼且应只能根据当事人或官方的指控进行,不得采用任何‘审讯’(question)折磨,不得实施威胁,并且总是应当对他的整个诉因之行为采取合理的监禁和措施。”[3]这可以从《正义与怜悯之书》的一个段落得到确认:“如果任何人被怀疑为刑事犯罪并且法律将他作为犯罪追诉,他将根据罪行程度被逮捕和惩罚,如果他对被谁指控(事实)一无所知,他应请求法院推进指控他有关该罪行的诉讼,以宣告无罪。并且诉讼模式应该是这样的,法官可以通过对他提出诉

[1] 这把我们带回到 15 世纪的中期。

[2] “L'ordre et formalite et instruction judieiaire,” Book III, Art. 2, No. 50.

[3] *Bouteiller*, “Somme rurale,” II, 3(p. 765).

讼的方式在判决中陈述事实,如果他承认的话,最终会受到惩罚;如果他否认(它)的话,他应该提出合理的证据。被控告人应该主张他的原因和正当事由,并按规定进行证明。接着是对事实的辩解主张以及准许授权任一方提出他的证人并进行他的询问,然后是其他合法程序。而且,在这种情况下,诉讼应当比在其他情况下更慎重、更从容地进行。"[1]在《圣马丁刑案汇编》中,我们发现有一定数量的案件,其中罪犯明确地将自己置于调查之下。[2]

与"普通"程序(ordinary procedure)相对比的是"特别"程序(extraordinary procedure)。它的名字就很威风;并且它会被认为 128
是,它得名于法律的一般规则不再被遵循的事实。[3] 鲍泰勒已经充分说明这一程序所赋予法官的权力:"此外,在所有其他案件中,特别是在被否认的重大和令人发指的罪行中,以及在秘密犯下的罪行中,都应使用和提起特别诉讼。法官应毫不犹豫地采取不寻常的行动,每天不间断地通过指控或其他方式了解真相。"[4]"特别"诉讼允许刑讯。"无论如何,如果被怀疑的人通过强烈的推定被发现涉嫌犯罪,法官可以并且应根据他的体格对他施以刑讯,如果一个人比另一个人更能忍受更严酷的刑讯,那么

〔1〕 § 943.

〔2〕 "1332年8月23日,罗宾·弗洛里安(Robin Fleurian)……已在我们对上述请求进行调查的指控中提交"(第23页)。——"圣马丁的人员在诺西(Noysi)逮捕了他,并送他进附近的监狱。他就这件事提交审讯,圣马丁的人就这一不当行为进行了审讯"(第225页)。——"阿内特(Anet)的理发师和他的儿子因涉嫌谋杀而被捕……为此事被带到巴黎,并被带到圣马丁;他们提交讯问,圣马丁人就此事对他们进行了询问"(第228、229页)。

〔3〕 *Damhouder*,"Practica criminalis",Pars. III,quastio 第103期,第21期:"Nonnunquam proceditur ordinarie et secundum juris ordinem et aliquando extraordinarie,id est,juris ordine non servato.""有时要采用正式的(程序)来进行,根据法律的秩序,偶尔一次(也要采用)非正式的(程序来推进),即不再维持法律的秩序。"的确如此。这里提到的法律是罗马法。

〔4〕 *Bouteiller*,"Somme rurale,"I,13(p.765).

法官应尽一切可能注意不要刑讯那个人以防他因此而丧命或断肢,因为这将置法官及其代理人于危险之中。此外,他不得使用被国王禁止的火刑;如果由于遭受酷刑他第一次什么也没有说,也不承认,那么法官可以在第二天重复刑讯,甚至是第三天和第四天重复一次,如果他认为案件需要,并且如果有如此强烈的推定以及嫌疑人是一个有巨大勇气的人。"[1]

"特别"程序还存在另一个突出特点,即证人的证词并未提供给被告。一切对他都是秘密的,目的是剥夺他逃避起诉的手段。最初,按照教会法的原则,无论是在官方审讯中还是在当事人进行指控的询问中,都会向被告提交"调查记录"(acta inquisi-
129 tiones)。这种通知方式是依《1254年法令》第21条所规定的:"根据国家的习惯与法律,对犯罪调查的过程中,如果被告提出要求,可以向被告移交调查记录。"[2]《1338年法令》一般性地授予当事人出席在全体法官席前进行的诉讼听审的权利。[3] 但渐渐地发展出拒绝提交该文件给被告的趋势:"根据教会法及民事相关的法律,基于被告的恶名,法官可以不理会被告的请示,继续审理案件。"[4]——"虽然在高等法院,无论民事或刑事诉讼都不公开证词,但证人的姓名和证人证言在裁判所是公开的,并且因此在刑事诉讼中只有证人名字,而没有证言内容;如果公开了刑事诉讼的证言,当有罪的被告明知犯罪被证明是对他不利的情况,他能够逃离,并由此违法行为将逃脱惩罚,他可能报复、干扰和诽谤

〔1〕 *Bouteiller*,"Somme rurale," Ⅰ,34(pp. 228,229)。

〔2〕 Ord. I,p. 72.

〔3〕 我们已经宣布并命令在司法总管和其他法官面前处理民事和刑事的关系。在本案中,双方都有利害关系。(Ord,Ⅱ,p. 125)

〔4〕 乔安妮斯·费伯(Joannes Faber),"就机构而言,依照公众的判断"。("ad Instituta,tit. De publicis judiciis.")

那些作证反对他的人。"[1]这种保密性,使人们回想起"异端裁判所",并成为"特别"程序的显著特征之一:"要知道,如果依先前的指控,其显示了有真实和强烈的怀疑他犯有被监禁的罪行,而他又不否认犯有这种罪行,他将被施加刑讯,在对囚犯施加刑讯之前,该指控和罪行应向法庭顾问(counsellors)出示,并应听审囚犯为什么否认罪行并反对指控,在不向他出示指控的情况下,应根据法庭顾问的建议和命令,宣布对该囚犯施以刑讯 。"[2]

应当指出的是,尽管事实已经表明不可能通过刑讯获得被告供述,法庭也无法基于这个理由完全宣告无罪:"如果被刑讯他什么都不说,也不自白,并且未经证人证言被定罪,如果碰巧如此,依据怀疑,他被监禁了很长一段时间,并且通过'宣告'(exclamasse)[3],以确定是否有人要出庭反对他,如果很长一段时间没有人出现,他已经经历和遭遇的监禁惩罚将作为恶质推论的刑罚,然后他应该在法官的自由裁量权下被释放,否则他就会因被指控和被推定有罪的事实而被褫夺公权(attainted)和定罪,法官不得作出其他的豁免(delevrance),因为如果他被完全豁免,就会显得他是被毫无理由地关押起来的。"[4] 130

在这种"特别"程序中,我们已经找到了16世纪和17世纪的原型。以指控为起点;然后通过裁判发布"特别"(à l'extraordinaire)命令;通过裁判决定施加刑讯;最后,某些类似于"进一步讯

〔1〕 Jean Desmares,262.

〔2〕 *Bouteiller*,"Somme rurale,"I,34(p. 229).

〔3〕 由公众追呼宣告。

〔4〕 *Bouteiller*,"Somme Rurale",II,13(第765页);*cf.* I,34(第229页).——这个原则往往应用在《圣马丁刑案汇编》中;它说的是一个"从监禁中被释放"的人(第57、64页)。——"从长期监禁并被用棒殴打中被释放"(第67页)。——有时只对未定罪的被告人处以罚款;据说他依刑罚被释放,当他付不起钱的时候。然而,事由以他在程序下被释放而告终。"由贫困而被释放"(第77、95、99、100、101、102页)。

问”(plus amplement inform)的事情。然而,它还是提供了被告一定程度的保障,这些保障随后不复存在了。公开听证仍然存在。最初,我们已经说过,诉状在公开场合做出,但这种情况必然与封建旧习俗一起消失。艾罗说:“它的痕迹仍然存在于教堂,城堡,市场,在公共场所的门道里仍然保留着法官的席位。他们开始嘲笑露天法官,现在,他们已经建立了法院和审判室,但这表明,以前最伟大的法官在那里做得很好。”[1]然而,公开性在审判室内仍然存在,事实是,稍微有点受限。引述艾罗曾说过的话:“我们提到过的,已故的法官助理让·贝林主持的诉讼,除了他本人和法院书记官,通常将照会他所提名的七八个人在调查时在场,此外他还会说‘以及其他几个人’,一切想参加的对象都可以参加。”[2]

这种公开性也同样显示在《圣马丁刑案汇编》中。它扩展到在审判中发生的所有事,除了在委员或调查员面前的指控或讯问,以及秘密进行的刑讯。圣马丁法院的书记员会谨慎指定在场
131 的主要人员,并总是在列表末尾加上“以及几个其他人”。工匠的名字比比皆是,女人们也往往被指派,这些事实表明这的确是名副其实的公众,而不仅仅是被挑选出来的助手。[3] 以下文件特别证明了公开性:首先是必须要在审判中重复的告发,[4]其次是医生或助产士的报告,其扮演了一个重要角色,[5]犯罪嫌疑人的

[1] “L’ordre, formalite,” etc., Book III, Art. 3, No. 56. 3.

[2] Ayrault, op. and loc. cit., No. 71.

[3] See, in particular p. 20 and 28.

[4] p. 35, 41, 42, 114, 124, 167.

[5] p. 13, 19, 20, 22, 29, 35, 36, 45, 46, 48, 64, 106, 109, 112, 117, 127, 133, 139, 170, 171, 173, 181, 188, 189.

保释令,[1]在审判中制成的供词以及随后的判决。[2] 公开也是对外国司法管辖请求之拒绝和承认的裁决规则,[3]如要求查阅皇家信件,[4]以及发掘尸体或者检查身体。[5]

根据《圣马丁刑案汇编》,保释还是得到了非常广泛的执行。它未曾作为一个权利问题,似乎法官总是可以批准它;事实上,我们发现它在非常严重的案件中保释也是被允许的,例如可能牵涉死刑的盗窃案。[6] 根据以前的惯例,保证人(sureties)保证他们自己"以身换身,以物换物";他们通常只对被告的出庭负责;[7]他们有时也承诺支付被扣除的金额。[8] 在一个案件中,犯罪嫌疑人不提供担保人,而是在提出"等价160巴黎索尔的两个铁砧"的保证后获释;[9]后来,他们有时未经担保即被释放。[10] 此外,保证金钱的充足性并不是被告自由获释的唯一保证要求;如果他未出庭,他理所当然地被宣布褫夺公权和被定罪[11]。因逃跑而产生的有罪推定在我们的法律中长期存在。

尽管"特别"程序如此严格,它在很长一段时间内都允许被告可以为自己辩护。在判刑之前,他可以提出他的理由或者以之辩护。他也可以宣称事实的正当性,并由证人证明。在此方面原本

[1] p. 30,31,33,34.

[2] p. 26,51,174.

[3] p. 39,40,47,50,52.

[4] p. 62.

[5] p. 148,197.

[6] See 29th March,1332,p. 4;12th April,1332,p. 6;of. p. 3,4,5,6,14,15,22,28,32,33,34,37,40,127,etc.

[7] 程式是"保证每天我要召见他时他就出现在我们面前"。

[8] p. 127.

[9] p. 34.

[10] 1328年1月27日:基于自我保证释放了雅娜 · 德 · 蒙塔尔日(Jehanne de Montargis)。事实是雅娜是在正式诉讼中的原告。

[11] 参见第4、6页。

132 一直是相当松弛的,因为我们甚至在马塞尔(Masuer)的《实践》中发现以下内容:“如果被告正被囚禁,提供证据证明他的辩解,在进一步诉讼之前他应该被允许这样做,如果他可以很容易地做到这一点;这是合理的,尤其是当涉及不可挽回的伤害和损害时。”〔1〕

在鲍泰勒时代,“特别”程序仅是最后的手段。当有正式当事人时,甚至在被告被官方指控并接受调查时,它也被置于“普通”程序中。在这个程度上,尽管这是不合法的,但还可以容忍。这种状态不可能持久,例外已成为规则。犯罪嫌疑人可以拒绝接受调查。这样做可能对他们有利,可能是因为按照该制度的早期精神,目击者并不是必需的。这将为“特别”程序提供机会。常常发生的是,在正式当事人的控告或被接受的调查中,证词不能提供充足的有罪证据。难道法官不会抵抗不住诱惑,甚至利用酷刑来榨取他认为必要的供词吗?正是发生了这种情况,正如鲍泰勒自己所承认的那样,他推翻了他曾设定的所有规则和区别特征。在提出有正式当事人的情况下不允许刑讯之后,他补充说:“如果法官将此案视为谋杀案,而犯罪嫌疑人又如此狡猾,以至于通过证词一无所获,该案结果是‘表面证明’,那么法官有权在可能不带来危害的情形下进行刑讯。”〔2〕为了相同的目的,他列举了一些严重的案件中,受怀疑的人不被允许自己辩白(se mettre à

〔1〕 由安托万·方塔农(Antoine Fontanon)译成法文的《马塞尔的实践》(La Pratique de Masuer),皮埃尔·圭诺瓦(Pierre Guenois)的新版本,巴黎,1606 年(第三十二册,第 14 号,第 589 页)。译者方塔农在笔记中仔细指出这是旧法律。“至于在两个不同的条款中所说的允许被告证明和核实他的正当理由和辩护,以及恢复他在保释时扣押的物品,这一点自那时以来已有所改变。”

〔2〕 “Somme rurale,”I,34(p. 223).

purge),[1]而这里的“特别程序”应该是强制的:“一些案件不允许辩白,比如杀人、(对住宅)放火、侵犯女性、公路抢劫……叛国、异端、不自然的冒犯……通过辩白,所有罪行都会逃避追究,因为 133
当一个人被允许‘辩白’,他将只能由‘普通诉讼’审理,而上述提到的案件应当通过‘特别’诉讼审理。”[2]这一动向无疑,在很大程度上是由进入了法学领域的“法律证明”(legal proof)[3]的学术体系所引起的。该系统是从法律博士那里借来的,尤其是意大利的博士,而他们在罗马法律中发现其最早的萌芽,并在很大程度上已经发展了它们。非常清晰或“公开”[“适度开放”(bien apertes)]的证明是必要的;“根据法律,刑事事项中的证明应尽可能使事实如正午太阳一般明白无误”。在缺少被告供述的情况下,已事先确定的某些证据,对定罪至关重要;而竭尽全力地获得被告供述是不可避免的。很快,被告是否接受审讯就没有什么区别;根据犯罪更重或更轻而遵循“普通”或“特别”程序;然而,古老习惯的影响是如此强烈,以至于直到最后,询问被告是否愿意亲自作为证人的风俗习惯一直保持着。[4]

乍一看,《圣马丁刑案汇编》似乎没有区分这两种程序形式。它在任何地方都没有专门提到“特别”或“普通”诉讼;但它实质上表明案件之间存在差异。当问题严重到需要判处死刑时,我们

[1] 这无疑与那个在“皮卡第的旧习惯”中由“自己举证”“se mettre à loy”一词所表示的是相同程序。参见上文,p. 64。

[2] “Somme rurale,”I,34(p. 223).

[3] [See post,Part II,chap. III on the system of“legal proofs.”TRANS.]

[4] 参见 Dupaty,“*Memoire pour trois hommes condamne la roue*,”*Paris* 1786, *p.* 20。——路易・塞吉耶(Louis Séguier)的“公诉书”(Requisitoire),要求禁止杜帕蒂(Dupaty)的“请愿书”(“*Memoire*”),p 30,31:“说实话,对这些囚犯的最后一个问题是,他们是否愿意相信这些证人的证词,他们回答说:‘是的,如果他们说的是实话。’这个问题在我们所有的最初审讯中都是正式的;它没有在任何案件中被省略。它不设定已提出的指控,已下令提供的指控,或者已听取的证人。它既不误导、欺骗也不突然袭击囚犯。”

都会发现以下一个或多个公式:“审理——犯罪之诉讼;审理——刑事争讼之诉讼”。[1] 另外,当指控未显示为严重犯罪,或当医
134 生[“法院指定的医生”(mire juré)]的报告说明受害者“没有死亡或缺失肢体的危险”,当事人可以提出民事责任请求。[2] 这并不意味着该案是纯粹的民事案件,正如我们今天看到的那样,因为通常会判处刑罚,[3]但只是没有进行刑事处罚的理由;而且该程序以“普通”诉讼进行(procès à l'ordinaire)并将遵守民事诉讼规则,这起初也是刑事诉讼的规则。《圣马丁刑案汇编》中有一段非常清楚地表达了这一点:“指控由它构成,并且转换为民事诉讼,而且已赎了危害我们安全的罪行。”[4]《1670年法令》包含同样的用语。[5]

《圣马丁刑案汇编》没有用这么多文字来规定刑讯的使用。但是必须指出的是,诉讼程序的细节没有得到详细说明,而且几乎所有在提起诉讼后遭受死刑的人都被宣称为“已经认罪”。此外,在一个特定的案件中,法院的书记员明确指出,自白未经刑讯就已经获得:“雅凯(Jaquet),杰汉·杜德罗(Jehan Duderot)之子,

〔1〕 p. 43,66. 由塔农注解:“在大多数死刑案件中都有类似的陈述。它的主要目的是指出法官在严重刑事案件中采用了纠问式程序。布泰耶(Bouteiller)把严重和令人发指的罪行称为‘特别’诉讼。”参见第78、81、121、169、177、180、186、187、188、219-221页。

〔2〕 p. 35:“民事上排除犯罪——被无罪释放。”——p. 76:“以及提出民事诉求,第二天被释放。”——p. 127:“他们继续进行。”——p. 94:“报告了艾美琳(Emmeline)公爵夫人遭受的危险;刑事告发——民事,他们继续进行。”——p. 116:“已报告的犯罪,民事。”

〔3〕 p. 82:“民事——处以刑罚。”——p. 83:“犯罪——被报告——民事和惩罚。”——p. 93:“民事——刑罚。”

〔4〕 p. 97.

〔5〕 Ord. Tit. XX, Art. 3.“如果在与证人对质之前出现该事项不应刑事起诉,法官应在普通诉讼中接待当事各方。为此目的,他们应颁布法令,将指控转化为调查。”见乔斯(Jousse)在本文中的文章:“这被称为民事化(刑事)程序或移交当事人诉诸民事救济。但是,可以这样说,考虑到所有的因素,这一程序并没有结束刑事诉讼;但是从那时候起,这种诉讼就不再以特别的方法被起诉,而开始以普通的方法被起诉。”

年龄9岁上下,被关押在我们的监狱里,由于他自白了,免遭刑讯的强制和恐惧。”[1]有时用以获得自白的程序,让人们想起了遭受刑讯的威胁——这仅仅是言语描写——在后来的时代大行其道。[2]

最后,我们感兴趣的主题是,审查在14世纪末期就存在的对法国最早的首席治安法官决定的声明,因为这些决定将不可避免地给其他首席治安法官作出了示范。 135

据我们所知,在《巴黎裁判所刑案汇编》中,没有涵盖1389年至1392年之间的真正控告,即由正式当事人提出的单独案例。控告这个术语[3]往往出现很多,但很明显的是,这些在现实中仅仅相当于告发。总是法院进行正式起诉;的确,它更经常地在利益攸关者的要求下采取行动;在这种情况下,他们的起诉使用不同的名称,即“告发、请求、寻求、强烈要求”(dénonciation, requeste, pourchaz, clameur);从根本上来说,总是有告发者。值得注意的是,根据上述规则判断,诉讼并不总是以完全符合规则的方式发起。根据这些原则的每一个正式起诉,除了现行犯的案件,在实践中,应由指控开始。在《巴黎裁判所刑案汇编》中诉讼有时会通过法院书记员抄录的指控开始;在其他案件中,[4]指控已经指

[1] p. 51. See Introduction, p. lxxxviii to xci.

[2] “后来圣马丁(Saint-Martin)的人把他们带回了诺伊西(Noisi),用武力把他们带走,并假装要把他们吊死。他们绝不会承认这桩谋杀案,因为没有确凿的证据证明他们有罪,圣马丁的人就在诺瓦西圣马丁的法庭里永远把他们从整个圣马丁地区驱逐出去,违者处以绞刑”(第229页)。这些人已经接受了审讯,也许这个计谋是用来对付他们的,因为他们不能按照规定受到折磨。“他们被允许接受调查。如果他们这样做了,审讯的作用是确定他们是否无罪或定罪,并禁止诉诸酷刑。”

[3] 某些段落似乎甚至可以忠实地再现旧时的区分;II,279。

[4] 参见,例如,II,第20、352、441页;*cf.* I. 523。

示但未提出;[1]通常,法官仅凭当事方的告发就将被告逮捕;[2]有时,当事人本人直接导致法院官员对其进行逮捕。[3] 从这点来看,告发保留所有的古代弹劾制的功能;我们可以补充的是,当该程序被遵行,规则是告发者应在公开法庭,当着被告的面,依宣誓确认他的指控,从而使犯罪嫌疑人有首次机会来为自己辩
136 护。[4] 拘留待审在所有情况下都存在,无一例外;[5]这里找不到一个具保释放的例子。

但是,对诉讼的详细检查揭示了对两个最可憎的以“特别程序”著称的调查方法的连续使用,即被告的宣誓和刑讯。被告无可避免地要发誓他将和盘托出真相;他发誓“以神圣的福音书,以他灵魂的救赎,以他希望在天堂得到的份额,凡问他的,他必说真话”。[6] 至于刑讯,未施加于被告身上的实例极为罕见。他是否

〔1〕 I,第 330、382、406 页;II,239,525。

〔2〕 参见,例如,I,376。人们可能会倾向于认为,在这些众多的案件中,一个初步的指控也总是存在的,无须提及它的构成,但事实上,有时是在逮捕和第一次审讯之后才下达指控的命令。参见 I,p. 256;II,p. 77。

〔3〕 I,第 14 页;*cf.* I,212、365。

〔4〕 I,158,173,175,344,365,393;II,6,7,etc. 这是我们已经在《圣马丁刑案汇编》中提到的特征。*Cf.* 再说一次,布尔戈斯(Burgensis)的主教不应该因任何犯罪带走或者逮捕人,除非他被卷入该行为,或者是最近发生的犯罪,要么该罪行公开人所共知,要么有人告发他做出了被指控的罪行;告发者必须在举行所述调查之前宣誓……说自己知道或相信它是正确的,这势必使告发者声明的目的是要回应之前的告发。

〔5〕 在监狱登记本(jail book)中有囚犯的常规记录,I,202;但是,并不是所有人都一样。有些人被单独监禁,其他人则被一起关押;II,285 。有时,他们可以与外界自由沟通,I. 245:“被关在了监狱里称为‘la Fousse’,所以任何人都可以跟他说话”;有时,所述相反,这样的沟通是被禁止的;II,83:“海斯的妻子去了夏特莱监狱(Chastellet)与她的丈夫商量,她带着的钱包里藏着大量弗罗林(florins),其中她有提供给狱卒 2 枚弗罗林,如果她能和丈夫说话;狱卒将与这事无关。”

〔6〕 在涉及犹太人的地方,犹太人按照惯例来执行誓言,II,44 :“犹太人乔涅斯·德斯佩捏(Joesne d’Espaigne)和塞门·德巴塞罗那(Salmon de Barseloane)……在他们根据他们的法律规定,通过将手放在头上,作出宣誓他们会说实话之后……承认并自白了。”*Cf.* ,II,132:被告的誓言由上文所引的《城市风俗和塞普泰姆德布尔日》(Coutume de la Ville et Septéne de Bourges)第四十二章所要求。

已经以最清晰的方式宣布他接受审讯,[1]或者是否有目击证人,[2]这都无关紧要;甚至在他认罪的时候,如果法官怀疑被告犯下了除了那些他已经承认了的罪行之外的其他罪行,法官有权施加刑讯。下面的段落也说明了推动这个法律制度的精神:“该首席治安法官要求出庭的委员们说明如何处理这名犯罪嫌疑人,以及他的供词是否足以判处死刑。他们都认为,就目前的(罪行)而言,最好不要继续谴责该犯罪嫌疑人,他的偷窃活动是如此微不足道,这是众所周知的,但他们决定对该犯罪嫌疑人再次施以 137
刑讯,以便更明确地确定由他犯下的其他罪行。”[3]看来在某种程度上,后来区别开来的两种制度即预备性刑讯和审前刑讯,在当时混合在一起。对酷刑的决定通常是基于被告陈述中的差异,以及依据他的地位和状况方面的次要特征和可疑性质而作出的。[4]

此外,裁判所的法官还知道如何根据被告的体质和案情的需要来给刑讯区分等级。通常是用水来刑讯,似乎有时是强迫被告

〔1〕 I. 285:“陈述有关的上述事项,他信赖该国家的意见和公共报告……被问及关于他的状况和行为的公共报告以及上述指控,他是否信任和相信阿迪纳特·勒布雷比亚特(Adenat le Brebiat)、杰汉·博塔斯(Jehan Beautas)和佩里内特·博塔斯(Perrinet Beautas)的证言和书面证词,他们为了这个目的,在被告面前出庭,凭宣誓说,是的,不管结果是死是活,并且他知道并承认这些人是有舒适生活、优秀业绩和良好信誉的人”;他被刑讯,p. 287—— *Cf.* II,361,381,407,448。

〔2〕 II,81,85.

〔3〕 I,207. *Cf.* I,463:“尽管有上述供词,他还是在第二天被拷打了两次,以查明和询问他是否知道除了他所承认的下毒以外更多的事,或者他是否知道有其他同谋犯(‘同谋犯’)或有罪的人。”

〔4〕 参见 I,196:“考虑到她的生活状况,那是一个罪恶的女人的生活,没有什么名声。”在一个不施酷刑的案件中,宣布被告是“一个受人尊敬的人,不受痛苦,也不缺钱,因为他穿着体面”(II,28)。*Cf.* “Coutume de Bragerac,” *Bourdot de Richebourg*,IV,第2卷,第1015页,第16条。“如果伯根斯因公众头目或明显的罪行而被捕,就有这样一个条件,那就是他应该受到惩罚。”

喝水,有时是把水泼到他身上;[1]为了这个目的,他被赤身裸体地绑在一匹木马上。[2] 有两种花纹的木马,"小木马"和"大木马",[3]这区分了刑讯的等级。还有一种更可怕的刑讯,那就是
138 "佩洛特"(pelote),[4]也许还有"宫廷角"(courtepointe)。[5] 有时严苛性会得到缓和,他们只施行轻度痛苦的刑讯。[6]

显然,这种刑讯可以无限期地重复;除了法官的执拗或被告的反抗力度,它的重复没有其他限制。[7] 这是一种可怕的调查方法。但必须承认,它常常能从那些值得怀疑的人那里套出事实的真相,而这些人经受住了巴黎的首席治安法官法庭的检验。一般说来,从他们被施以刑讯的那一刻起,他们就开始作最不光彩的坦白;在书记员的笔下,偷窃和谋杀的名单无限延长。如果我们记得《巴黎裁判所刑案汇编》所揭露的不安全状态和破坏,我们就能理解当时人们对罪犯的严厉和严酷的态度。但是,另一方面,刑讯有时会给当时的偏见提供强劲助力,并给最令人遗憾的错误盖印背书。在一个巫术诉讼中,当一名妇女第四次遭受刑讯时,该妇女终于承认她看到了魔鬼并听到了他的讲话。"然

〔1〕 I,p. 145:"在水给他喝或泼在他身上之前。"——I,179:"当给他喝一点时。"在几乎每一页出现像这样的表述:"那水会给他喝"——"然后一点水会泼在他身上。"

〔2〕 "被脱光衣服,置于并绑在架子上。"这样的表述经常出现。参见,例如,I,264:"该玛格丽特(Marguerite)被脱去衣服,手和脚绑在架子上。"

〔3〕 参见,例如,I. 207:"这个囚犯在小木马和大木马上被刑讯。"—— 248:"在小马上被折磨,当他被要求骑上大马的时候,他热切地恳求放过他。"

〔4〕 I,212:"又被带回并付诸实施'佩洛特'的酷刑。"——II,54:"因为他什么也不肯承认,他就被实施了'佩洛特'的刑讯。"

〔5〕 II,203:"被剥光至全裸,抬起,绑住,并被拉伸至小马上以实施'宫廷角'刑讯。"

〔6〕 I,241:"有意见认为……该囚犯应受到温和的刑讯。"——II,523:"不过,考虑到他的年龄,他只受过一次这样温和的刑讯。"

〔7〕 玛戈特·德·拉·巴利(Margot de La Barre)遭受了四次酷刑(I,330、333、335、353)。雷诺·德·波伊(Regnault de Poilly)"为了进一步从他的嘴里了解真相,在这么多不同的日子里遭受了五次酷刑"(I,432)。

后……在她面前出现了一个假扮的敌人,在受难剧中表演的敌人们之中,只有他没有角。他说了这些话:'汝欲何?'……她对他说……并且她看见敌人从她房间的一扇开着的窗户里离去;当离开这所房子的时候,这个敌人发出了很大的响声,就像一阵旋风,她非常害怕,浑身发抖。"[1]

但是,有体质足够强大者,可以承受这些苦难,无论法官做什么,强壮体质之人都冒死以逃脱。戴维南·德·布雷恩(Thevenin de Braine)被施以刑讯四次却不作任何招供;因此,"考虑到他作为具有冷酷无情和邪恶性格的反常人之体质的本性,他的罪行,
由他完成和实施的,不能由他的口供来认定,虽然当任何人犯罪 139
时,如果他没有传唤证人,他应该这样做(坦白);考虑到他曾经因为他所犯的罪行而被驱逐,并且默认了该驱逐……以及他是个无可救药之人……经过深思熟虑,我们认为应该将这位戴维南·德·布雷恩永远驱逐出法兰西王国,否则将处以绞刑"。[2]

在刑讯逼供可以作为定罪的基础之前,必须坚持在没有刑讯逼供的情况下才定罪。因此,《巴黎裁判所刑案汇编》说到,每次受刑人冻僵了,疲惫不堪,伤痕累累,被领到裁判所的厨房里,他

〔1〕 这一程序处理巫术隐约让人想起忒奥克里托斯(Theocritus)的第二田园诗。一个妓女,马里恩·艾斯塔(Marion l'Estatee),她被她将要结婚的情人迷住了。通过老朋友玛戈特·德·拉·巴利的帮助,她对他施了一些天真无害的魔咒。马里恩被刑讯了三次,玛戈特被刑讯了四次;两人都被活活烧死。

〔2〕 II,147;*cf.* I,163:"考虑到……上述囚犯已尽可能少地承认和供认,(还有)他们的处境和由他们所受监禁的惩罚,经过深思熟虑,认为这些囚犯应被转到市场上示众,宣布他们的判决理由,然后就永远被逐出了巴黎市镇、郡长和巴黎首席治安法官管辖区域。"——I,506:"考虑到这个贝尔坦(Berthand)是流浪者,他的状况,最好他应该再受刑讯,并且如果他没有进一步比上述陈述更多认罪的话,而且,要把他拉到巴黎的法院里去,把他的左耳割掉,然后把他永远放逐到巴黎城及半径十法里(leagues)以外去。"

就在那儿暖和起来,恢复了体力;[1]然后他在除了宣誓没有其他约束的情况下重新接受审讯。如果他反悔了,通过刑讯获得的供述就毫无意义。诚然,犯罪嫌疑人自然担心再次遭受刑讯;然而,也有一些人,他们每一次都撤回他们的供词,从而避免死亡。[2]

以上是巴黎裁判所程序中具有的一些可悲的特点,但必须指出的是,它也有不那么阴暗的一面。《巴黎裁判所刑案汇编》表明,被告可以充分自由地进行辩护。我们当然从来没有见过由代理人来实施,但是犯罪嫌疑人可以仔细审查对他不利的证词,并提出他的理由。我们已经说过,这种诉讼往往不是按照规定所要求那样,由指控开始。在这种情况下,如果要听取证人的证词,他
140 们经常被带到法庭,在被告面前作证,被告有各种措施反驳他们。[3] 当有指控时,有几段文字表明被告是熟悉它的。[4] 如果进行了诉讼的第二部分,即审讯,我们会发现在许多地方都遵循了博马努瓦曾经扼要叙述的程序模式;证人被带来与被告面对面并在他面前宣誓,以便他可以提出异议的理由,不过他们会在他

〔1〕 通常的程式是:"因此被从这种酷刑中拖出,并按惯例在厨房里取暖";有时,会说些更多的话,I,167:"等他完全暖和了,穿好了衣服,精神恢复了以后。"——II,373:"等他身体好了,自然地暖和了。"——I,324:"等他吃饱了、暖和了、精神恢复了,又重新被带回到了审判之中。"

〔2〕 乔斯内·德斯帕涅(Joesne d'Espaigne)的程序,II,33-36;他是只"被驱逐出王国。"*Cf.* I,438 及以下等。

〔3〕 I,134:"那个囚犯,在听取了当他在场时由该吉尔特(Gilet)和大卫(David)所作的上文书面证词之时,被询问",等等——I. 303:"在对上述囚犯采取进一步的诉讼程序之前,上述骑士必须……在指定的日期,在上述囚犯在场的情况下,对上述事项进行审查。"——I,313(以下是被告持有的某些药草,它们被认为是有毒的):"为此,草药医生理查特·德·布尔斯(Richart de Bules)被召唤他面前……给他看了上面提到的草药。"

〔4〕 I,407:"甚至否认……说过指控中提到的那些话。"——I. 260:"至于包含在上述指控中据说是她说过的话,她却一点也不知道。"

缺席时,仅在审查员面前作证。[1] 但是,按照传统原则,犯罪嫌疑人要熟悉读给他听的证词:"依据宣读给他的马里恩(Marion)所说的证词,他要求并请求她应该说实话。"[2]——"在杰弗罗伊·奥利维尔(Gieffroy Olivier)的证词被逐字逐句地读给他听后,他同意并信赖一切支持或反对他或讨论他的任何事情。"[3]有时,被告要求证人在他面前作证。"亨内奎因·德·鲁伊(Hennequin de Reuilly)之妻马赛特(Macete)被问道,她是否希望信赖该女巫所说的话,作证支持或反对她,她发誓说不需要,但是她愿意听她讲话,为此(原因)……蒙斯,即首席治安法官,要求据说是女巫的该雅娜·德·布理格(Jehanne de Brigue)来参加审判……在马赛特在场的情况下。"[4]此外,为了避免出现困难,这也是发生在指控之后,而不是继续上面所描述的审讯程序,该证人可能被提出在公开法庭当被告在场时作证:"通过该顾问们的意见,据说……玛戈特(Margot)……和耶内特·德·布莱(Jehennette de 141
Blé),在该指控中接受调查,应该重新宣誓,并在有该嫌疑人在场的情况下进行听证和调查。然后,这办到了,妇女们就立即被传进法庭,被告的证词……提到了她们;(并且)她们在该嫌疑人在场的情况下接受调查和作证。"[5]

如果法律是严厉的,它仍将努力执行公平的审判。被告有机

〔1〕 尤其参见II,p. 20及以下等;引用了四个书面证词;在每个证人的案件中,据说他是在查洛·德·库弗斯(Charlot de Couvers)(被告)面前宣誓的……在上述查洛缺席的情况下听取和调查:"他们被审问,就像在博马诺瓦(Beaumanoir)一样,有关上面所写副本的事实。"

〔2〕 I,264.

〔3〕 I,415;*cf.* II,290,347.

〔4〕 II,320;I,350:"当被问及……她是否信赖和相信该安塞尔(Ancel)所说和宣誓作证。那个玛戈特(Margot)说,是的,只要她听见他说话,他在她面前宣誓。为此目的,前面提到的安塞尔被召来了,他……在玛戈特面前叙述和作证。"

〔5〕 II,81.

会来证明他的无辜;[1]从当他援引某种正当事实(如不在场证明)的那一刻起,他尽一切努力来证明这一点。如果简单的事实只需要核实,并且要被听审的证人在场,法官会立即对他们进行调查;[2]或一个审查员被派到裁判所以确保获得证言。[3] “听审那个囚犯招供时,该法官助理尼古拉斯·贝尔丁(Nicolas Bertin)被命令去找该菲姆斯(Fymes)女士,从她那里确认该嫌疑人是否说了真话。”[4]甚至常规指控可以被公开:“命令该法官助理杰汉·苏丹(Jehan Soudan)他应该与该安塞尔·高希尔(Ancel Gohier)和他认为合适的其他人通讯并调查,以确定该玛戈特(Margot)提供的不在场证明是否真实,并且,第二天或者等到可能方便的时候,他应该报告一下这件事究竟是怎么回事。”[5]被告对判决施加刑讯只享有一种申诉权——向高等法院上诉。上诉只有一句话,中止中间裁决的执行。它在《巴黎裁判所刑案汇编》中被多次提起,但同时值得注意的是,最高法院总是确认裁判所的判决。[6]

虽然刑事诉讼程序的主要特征已经确定,正如我们刚才描述的那样,但在某些方面仍然是可变的和不确定的。更高的精确度

[1] 让我们顺便说一句,在某些情况下,对“司法决斗”提出质疑的问题出现在“汇编”中;这是一个可怜的女孩,我们已经谈到过她,而且她无疑曾听到绅士们谈到(它)。I,344。

[2] II,345:“门房杰汉·维利特(Jehan Vilete)奉那郡治安长官的命赶快到维纳里街(rue de la Vennerie)那地方去,把所有住在那里的从事麻捆活儿的妇女都叫来,由治安长官调查她们说了些什么。”——I,411:“下令去把那个吉夫罗伊·奥利维尔(Gieffroy Olivier)叫来,让他到该囚犯面前。”

[3] II,232;I,404;II,361:“德雷埃·达尔斯(Dreue d'Ars)法官助理奉命去见该女士,并对她进行尽可能仔细地……检查。”

[4] II,411.

[5] I,346.

[6] I,334;II,143,144,299,415,428.

至关重要。为了实现这一目标,我们将探讨“核实证词”(récolement)或重新审查所提出的证人。按照旧习惯,不是法官本人,而是一位特别的代表,他在指控中听审证人的证词,并将他们的证词简化为书面形式。通常是法院官员,有时是司法从业者,在公证人(notary)的援助下执行指控;有时,法院让特别工作人员承担这项职责,他们过去的名字是“审查员”。“国王的检察官和民事当事人提起由皇家御用律师或上级司法大臣所犯罪行构成的指控,并作为皇家公证人(royal notary)或世俗法院公证人被传召;在某些地方,法官可以发布这一命令,在其他地方,凭向其制作报告的有管辖权的‘调查员’的命令;在其他地方,‘调查员’只被授权进行指控,这是不合理的,导致当事人的多元化;在其他地方,法官的命令不被接受。”[1]这些习俗非常不便,因为他们把最重要的利益放在了下级官员的手中。为了纠正这些不便,它规定,法官应该自己重新听审证人。此即“确认的重新调查”。艾罗说:“由法官审查的证人不受确认的约束,除非诉因从他处撤回,如法官所怀疑的那样。”[2]此外,这假设了先前将诉讼分裂为指控和审讯已经成为一纸空文,而该审讯,正如我们所描述的那样,已经废弃不用。它无疑始终承认,无论是被告同意它与否,“指控应该无异于审讯”。这些指控最终将倾向于吸收诉讼的其余部分。同时,随着确认的引进,作为被告,在“特殊”程序中,既未收到指控的复件也未知悉指控内容,于是他与每个证人分别对质的习惯开始了。这最起码能得到实现,而就在这个时候,如果 142

〔1〕 *Imbert*,“Pratique”,第Ⅰ、Ⅲ版,第2版,第2号(1604版);*cf.* 艾罗(Ayrault),*op. cit.*,1,Ⅲ,Art. 1,No. 40。尽管引用的作者属于16世纪,但他们描述的习俗可以追溯到更早的时期。

〔2〕 *Op. Cit*,Book:Ⅲ,Art. 2,No. 38.

被控告者有什么要提供的话,他必定更喜欢(对证人)的反对意见。至于让己方证人出庭作证,在这段时间之后,这种做法可能很快就被叫停了,至少在对控方证人进行听证、复查和对质之后,法官才有权这么做。

143 在这样的制度下,古代弹劾式程序所剩下的一切必定会消失。正式当事人的控告在16世纪就消失了,没有受到法律的压制:"要指出的是,今天法国正式当事人制度不被容许,因为众所周知,任何人都可能因犯罪而被逮捕和被监禁,无须先前指控,如果他构成了自己的正式当事人将像其他人一样会送交监禁。"[1]"直到不久前,毫无疑问是这样做的,这样的控告人被称为正式当事人,但这已不再是实践状况。而我当然也从来没有见过它再发生,只有一次例外,这是两个身份不明且没有担保人的外国人案件。……在他们的案件中,我允许他们这样做,因为他们身份不明,所以他们自己就是正式当事人。"[2]此后,我们将只找到一名真正的控告者,国王的检察官或领主的检察官。惩罚的施加是出于公共利益的考虑,而不再是满足私人复仇的渴望。英伯特(Imbert)说:"我们有两种控告者,那些为国王利益和共同利益而提起诉讼的人,被称为国王的顾问,也就是君主和领主利益的代理人和检察官,占据着很高的公义;他们寻求肉刑和对违法者处以适当的罚款;其他的控告者,要求恢复其民事利益,因为他们承受了对其人身和财产实施的犯罪,并且根据实践并未寻求肉刑,尽管根据普通法,他们可能会要求肉刑和对他们利益的赔偿。"[3]该受害的个人并没有全部停止诉讼,他们仍然在诉讼中,正如我们

〔1〕 *Imbert*,"Pratique",III,ch. 1,Ncs. 11,14.

〔2〕 *Ayrault*,op. *Cit.*,Book III,Art. 1,No. 15.

〔3〕 *Imbert*,"Pratique",II,ch. 1,No. 3.

提及告发时所讨论的那样,为主张赔偿的目的。由此而来的是我们刑事诉讼最原始的特点之一,民事当事人制度(partie civile)。该受害的个人尽全力作为刑事诉讼的一方当事人,他提出证人;真正的起因是他请求法官启动指控,“公正的指控者”(faire informer),因为只要古老的法律存在这句话就会流传下去。这些程序中的步骤都以他的名义和以他的耗费进行。[1] 此外,作为事实问题,公诉人不是主要当事人,而是一个共同当事人。[2] 在现
实中,民事当事人制度是正式当事人制度和古代由受害方告发制 144
度的组合;此后,这将完全不同于告发,其中,私人个体仅仅是诉讼的发起者,而国家公诉人在诉讼中发挥独立作用。

〔1〕“国王的检察官和民事当事人通常是一起要求,然后民事当事人承担刑事诉讼的全部费用。”*Imbert.*

〔2〕该条例禁止国王的检察官与任何民事团体一道参加,而无须事先指控。*Imbert*,“Pratique”,III,ch. 1,No. 3.

第三章　法令下的法国刑事诉讼（15~16世纪）

第一节　引　言

让我们将目光投向一个变革与转型的时代。这场转型对刑事诉讼产生了根本性的影响，作为司法机关的王室法院对此感受至深。在当时，属于王室所有的立法权只介入法令中某些已得到认可或承认的简短条款、规则的确认。将刑事诉讼程序区分为“普通程序”与“特别程序”的形式二元性，是由法学家与司法实践共同确立的，并作为整座刑事诉讼大厦的基石。然而，当这场变革最终完成且制度达到完整发展状态时，王权开始介入成文法。15世纪末期至16世纪上半叶的一些著名法令只是对已经确立于习惯法中的规则进行的一种确认。这些法令细述了各种不同的观点，而司法实践所寻求的却是“非此即彼”的精确性。即便认为这些法令带来了某种程度的严肃性,他们也仅仅加快了司法实践终将实现的效果,或者是将某些地方已经实施的法律加以归纳。迄今为止,在这些法令中,最重要的当属《1498年法令》与《1539年法令》。[1]

第二节　《1498年法令》与《1539年法令》:16世纪的刑事诉讼

针对我们的主题而言,《1498年法令》的主要目的在于明确界定"普通程序"与"特别程序",并指出两种程序分别在什么情况下适用,以及在个案中将适用哪一种制度。首先必须提出一项正式的控诉,一份只有国王的检察官[2]有权接触的文件记载:"在充分审查前述控诉后,必须起草一份书面意见,并由负责该案的司法人员签名,该书面意见应包含关于传唤与逮捕等事项的条款。"[3]如有必要,下一步将实施传唤或正式的羁押;其后会展开讯问[4],讯问笔录与指控信息将一并报告给国王的检察官[5],以便其提起正式的控诉。自此诉讼程序开始出现分叉。法令第108条规定:"应决定是否适用特别程序,以及是否需要听取控辩双方 146

〔1〕 冗长的《1507年法令》(*Isambert*, XI, p. 464 *et seq.*)仅仅是为了匹配诺曼底(Normandy)而对先前法令的承继;就刑事问题而言,《1507年法令》第184条 *et seq.* 仅仅是对《1498年法令》第106条的复述。

〔2〕 第120条(*Isambert*, XI,第367页);第96条 *et seq.* (第362页)。

〔3〕 第98条(第362页)。

〔4〕 第106条:"令所有服刑人员、被羁押或传唤的人处于孤立状态,迅速交由前述司法行政官司、司法事务官(seneschals)、法官或警长(lieutenants)审查,对涉案问题进行迅速与终结性地处理,并充分听取辩护律师、检察官与附带民事诉讼当事人的意见。"

〔5〕 第107条:"无需向控辩双方展示或传达任何信息。"

意见。”若决定适用后者,“在作出进行进一步听证的命令之前,应通过公开的庭审程序听取控辩双方意见,前述司法行政官、司法事务官、法官或警长应依照法定程序出席法庭”;[1]这意味着,将依照旧制度进行调查与诉讼。在旧制下,司法机关将适用一个更加迅速的诉讼程序。国王的检察官或当事人有权声明适用被告认罪程序:“他们应当以书面方式声明,以被告的认罪答辩换取量刑上的酌减,在此之后,应当基于被告的认罪答辩给予适当的裁判。”[2]

反之,如果决定适用特别程序,法令的两大独有特征将得到
147 呈现,即秘密性与刑讯的可适用性。法令第 110 条规定:“当需要对被羁押的或其他被告人启动刑事程序时,诉讼活动应当尽可能在谨慎和秘密的状态下开展,故前述人员并不会获得通知,以避免贿赂与作伪证发生,犯罪嫌疑人将被带至法庭书记员(greffier)(负责法庭档案、记录诉讼程序等行政管理、运作事务的官员,亦称“court clerk”。——中译者注)面前,而监狱看守、司法官、书记员、旁听人员或其他未向司法官或法庭宣誓的人并不会被传唤到庭。”[3]关于刑讯,《1498 年法令》包含了一些特别的条文,这些条文实际上是对先前司法实践的一种完善性借鉴。该法令明确规定必须经

[1] 第 107 条。

[2] 第 109 条;*cf.* 第 108 条。

[3] 根据第 110 条与第 108 条,适用特别程序的案件并不会获得法庭审判,也不会听取控辩双方意见。

过严格的审查才能进行刑讯;[1]同时该法令明文禁止在没有新证据的情况下重复适用刑讯。[2] 考虑到司法实践是在鲍泰勒与《巴黎裁判所刑案汇编》的基础之上开展的,这一立法革新可谓重大进步。官方报告还提及,"在进行多次刑讯的情况下,刑讯的形式与方法,为在押被告提供饮用水的总量与次数[3],审讯与供述的情况,被告的忍受能力与身体状况的变化,再次启动刑讯时,应当将在押被告带离刑讯场所以检验其耐受力,法庭书记员应当以书面形式全面记录以上情况。"[4]毫无疑问,被告对指控仅有的了解是通过法令第 111 条所规定的途径予以实现;[5]然而,从另 148
一角度来看,被告自诉讼伊始便有权进行辩护,如果被告完成了符合司法实践要求的举证,那么将立即启动相应程序:第 111 条规定:"应当对被告适用完整的程序,对案件的完整信息、认证、与证人的对质或不在犯罪现场的证据,抑或其他有利或不利于被告

〔1〕 第 112 条:"前述程序必须经过所有签署严格审查才能适用,在'讯问'与刑讯的审查程序中,前述司法行政官司、司法事务官、法官或警长应确保刑讯在议事厅(council chamber)或其他私密场合获得有名望并有学识之人的谨慎审查,审查者不得对被告人存在怀疑或具有利害关系,且不得为控辩双方提供过咨询,辩护人与检察官应当在场或被传出席审查程序。"该审查程序正是我们在《巴黎裁判所刑案汇编》中所适用的。《1498年法令》在其他条文中还在刑讯"听觉障碍者(ear-cropped men)、逐出法外者与无家可归之人(vagabonds)"的程序中提及法官(judgers)的参与:"第 94 条……不得与本国的习俗、惯例以及特别适用与某些地区的法律相冲突,在这种情况下,将在通晓法律的人的法律帮助下根据习俗来审查被告。"

〔2〕 第 114 条:"我们禁止司法行政官、司法事务官、法官在缺乏新事实、新证据以支持其推定的情况下对被羁押的被告进行重复的'讯问'或刑讯。"

〔3〕 因此,在法庭开庭期间,被告可能受到多次刑讯。而法庭开庭结束后,不得再次进行刑讯。

〔4〕 第 113 条:"因此在受到刑讯后,被告将获得 24 小时的思考时间。"

〔5〕 但根据在里昂召开的贵族议会(assembly of the Nobles)制定的与立法修正案相关的 1510 年 4 月法令等(*Isambert*, XI 575 *et seq.*),第 47 条:"为了消除此前由前述地区成文法下法官实施追诉行为与调查时的权力滥用以及由此造成的不便,我们规定今后所有的刑事诉讼行为与前述调查活动都应当使用方言或本地通用语言,以便犯罪嫌疑人能够听取他们的书面口供以及受指控的犯罪事实。"

的事实进行尽可能谨慎而秘密的审查,在这个过程中被告并不会获得通知。"最终,有罪判决将在被告在场的情况下宣告。[1] 如果"特别程序被适当执行,那么任何诉讼信息都不会获得公开,但应当听取控辩双方意见并允许他们选择适用普通程序,前述司法行政官……应当命令控辩双方择日向委员会陈述,在押被告应被带至法庭就其涉案事实进行公开的审判"。[2] 对被告保释只在普通程序中才能适用。[3]《1498年法令》之所以如此值得关注在于其对整个诉讼程序作了详细说明。它最突出的重要性正体现在其包含了有关在绝对秘密状态下进行的特别程序的条款。自此有了一部明文拒绝公开司法的法律,这步了14世纪与15世纪司法实践的后尘。公众被禁止进入法庭旁听刑事审判,这一现象将持续一段较长的时间。

然而关于刑事司法最重要的一部法令,由弗兰西斯一世于1539年4月在维莱科特(Villers-Cotterêts)颁布,主要涉及司法与
149 审判程序的简化问题。该法令是以先前基于布列塔尼改革时期颁布的法典为模板。这部由波耶特大法官(Guillaume Poyet,1473-1548。——中译者注)制定的法令明确规定了法国刑事诉讼程序的基本原则与规则,波耶特大法官其后也受到这部他亲自编撰的严苛法律的制裁。人们很快就认识到这部法令堪称奠基之作,对于其涉及的所有问题,这部法令的规定都具有开创性。从另一角度来看,《1670年法令》只不过是在《1539年法令》的基础上对部分

〔1〕 第116条:"前述司法行政官、司法事务官、法官或其代表应当在设在监狱内的公开的法庭或议事厅宣布刑罚,根据该地区的法定习俗,被羁押的被告人将被带至相应的法庭或议事厅,在法庭书记员在场的情况下宣告刑罚,法庭书记员应当在裁判文书中记录有关情况。"

〔2〕 第119条。

〔3〕 第119条:与巴黎王室法庭首席治安官相关的1485年10月法令(*Isambert*, XI,第147页 *et seq.*)含有关于该监狱的有趣信息。

条款进行细化,同时加大刑罚的力度。这种立法的稳定性提供了足够的时间来解释法律体系,也为注释者提供了深耕法律条文解释的空间。

这种刑事诉讼程序首先因一系列显著且独特的特征而区别于其他类型的诉讼程序。在任何一项指控中,国王的检察官或领主的检察官都将成为诉讼一方。其毫无疑问仅仅是联合的诉讼一方,但从彼时起,对刑事追诉的审查必须由两名地方司法官,即提起诉讼的检察官与主持审理程序的法官联合实施。这种诉讼程序被分为两个极其不均衡的诉讼期间,即调查与审判。首先,一个过度冗长的期间包含了对各类证据的收集过程,这些证据都要放入案卷材料,而这些都是一名法官独立完成的事务。根据法学教科书的描述,他是一名"刑事法官",在字面上总是以单数形式出现,即刑事警长或领主法官(seigniorial judge)。直到一切准备就绪,被告才会被带至整个合议庭面前,在合议庭的引导下审查书面材料并对被告进行最后一次讯问。一切诉讼活动都必须有书面记录,同时一切诉讼活动都在秘密状态下进行,包括调查与审判;并且在多数案件中,裁判结果的作出也并不以充分的证据为基础。

接下来是一起控诉的完整进程。此前,除了对当场逮捕的现行犯会在逮捕时立即讯问外,控诉是所有刑事诉讼程序的第一个步骤。[1] 这种控诉由民事当事人提起民事诉讼,或由司法官员
提起指控[2],或直接向法官告诉,抑或由法官主动启动,法官具 150

〔1〕 除非所涉犯罪极其轻微以至于被害人一方能够立即提起按普通程序进行的民事诉讼(ordinary action)。

〔2〕 被害人一方提起民事诉讼是宪法规定的民事诉讼一方当事人或自诉人(private prosecutor)的权利;二者在该权利的行使上并无差异。

有依职权启动诉讼程序的权力,这是《1539 年法令》(第 145 条)所规定的权力。民事诉讼当事人或公诉人申请的证人将单独私下向法官或一位被称作“审查员”(由法庭委派在诉讼过程中听取证人证言的人,只记录询问情况,不得对证人证言的可靠性发表意见。——中译者注)的特别司法官,更常见的情况是向一名由皇家公证人协助的法院官员询问。[1] 每一位证人的证言都必须被转换成完整详细的书面证言,但必须向证人全文宣读并要求证人在该书面证言上签字。[2] 由如此低级别的官员参与如此重要的诉讼行为,存在严重的弊端:“没有人能够提供充分的理由以逃离这些官员与公证人之手……并且询问过程的严格或宽松完全取决于询问人的个人偏好,而非证人提供的证言。”[3]《1539 年法令》对这种司法实践采取包容态度。该法第 145 条规定:“法官应当通知或促成询问的进行。”[4]

指控或调查报告作出后将递交刑事法官,由刑事法官呈递国王的检察官作出决定,决定应当以书面形式作出(第 145 条):“作出的指控应呈递检察官,由其裁量作出决定,检察官应当毫不迟延地对前述指控作出回应,且不得因此收取任何费用。”由该条文看不出会与民事诉讼当事人进行任何沟通。根据该决定,法官会

〔1〕 *Imbert*,“Pratique,”III,ch. II,Nos. 2 and 3. *Cf.* “Le style de lacour de Parlement,” by *Philbert Boyer*,latest edition,revised after the author’s death in 1610:“应当将前述请求(成立一个委员会进行询问)传达至刑事法庭的书记员,该书记员应当立即成立该委员会,并向法官或地区调查官(examiner)抑或法院的首席官员(head officer)报告该请求。询问应当在一名受尊敬且作了司法宣誓的代表在场的情况下进行。”

〔2〕 *Imbert*,III,ch. XIII,Nos. 13,14.

〔3〕 同上。

〔4〕 在某些情况下会颁布戒谕信(monitory),这是世俗法官作出的命令,贴在教会大门之上并将在弥撒之后宣读,责令所有信徒告诉主教他们所知的关于该犯罪的一切情况,主教将提供书面证言并将该书面证言密封提交刑事法官。这一司法实践要求那些信徒们已在主教规章(judicia synodalia)中宣誓作出的书面证言;戒谕信很可能源于此。

允许该涉案事实被放弃追诉,或起草一份裁定,即一份要求被告出庭的命令。《1539年法令》对此语焉不明。该法规定:“这一法定条款应当在必要的时候适用。”(第145条)然而,司法实践确立了两种命令,即传唤当事人与采取强制措施,又称“人身强制” 151
(prise de corps)。[1] 这种“传唤的执行应当同普通民事诉讼中的传唤相仿,除非被告具有人身危险性并惯于拘捕,或单独的传唤以及在其住所传唤存在危险性,法官将命令并允许通过在市场或在距离传唤对象住处最近的广场吹号并宣布公告的方式对其进行传唤”。[2] 执行逮捕的裁定将使被告处于审前羁押状态:“习惯法禁止在公民住处对其执行逮捕,但在今天,只要是在白天而非夜间,并在‘见证人’(records)(一种特殊的证人)在场的情况下,即可在住处执行逮捕,但住处逮捕不得在众人在场的情况下执行,也不得采用过于暴力的方式;同时,不得损毁或带走被逮捕人房内的任何物品;但在房门紧闭的情况下可以破门而入。”[3] 执行逮捕的裁定只能在犯罪嫌疑人涉嫌严重犯罪的情况下作出,英伯特认为,“法官在对这一问题的裁量上应高度慎重”,“除针对危害公共安全的犯罪或其他严重犯罪以外,应避免轻率颁布逮捕令”。然而,法官并不受制于评论者的著述;人们对这一规则的期待甚高[4],而这一规则实际上只为公民个人提供了微弱的保护。

无论被告是被传唤还是被逮捕,法官都应当“立即、慎重并仔

〔1〕 *Imbert*, III, ch. II, No. 3.

〔2〕 同上, III, No. 1.

〔3〕 同上, V, No. 2.

〔4〕 执行逮捕的裁定不仅可以针对现行犯之外的人,还可以适用于“毫无个人影响力的无家可归的穷人,或被告人存在掩盖证据可能性的情形……这时在没有正式指控的情况下决定并执行逮捕将成为合法行为”*Imbert*。这与我们在《巴黎裁判所刑案汇编》见到的适用情况相同;参见前引,第135页。

细”进行讯问。[1] 讯问应当在“前述法官的办公室或专门为此设置的刑事法庭进行”,这种讯问常常在严苛且缺乏信任感的环境下进行。被告的处境在很大程度上取决于法官的仁慈程度。他被迫在没有律师帮助且对指控一无所知的情况下接受讯问并作答。[2] 被告甚至还要发誓声明其将如实供述犯罪事实。这种令人憎恶的行事方式并非由法律所规定,而是由一种前文述及的古
152 老传统造成的结果。英伯特对此直言不讳:“法官应当先要求被告发誓声明其将如实供述,其后再对其进行讯问。”[3] 所有口供将以书面形式总结归纳:“重要的是法院书记员在法官的指引下记录下法官所陈述的每一句话。”如果被告在讯问过程中作出了认罪的供述,这一记录将提交国王的检察官,由其决定是否对被告直接适用刑罚,也就是要求直接审判,进而省略更多的诉讼环节。如果国王的检察官持这种意见,根据当时盛行的证据理论,只要被告不涉嫌重罪,讯问情况将传达给民事诉讼当事人。这两方(国王的检察官与民事诉讼当事人)将提交书面决定,该书面决定也将通知被告“以便其作出选择酌定从轻量刑的答复”。[4] 从这个角度上看,被告除了列席法庭接受刑罚之外,已无其他需要参与的诉讼活动。与之相对,如果被告在讯问过程中表示不愿意直接适用刑罚,这种情况多数发生在被告不认罪的情况下,在部分被告认罪案件中亦偶有发生,此时将依法启动特别程序或普通程序。在这种情况下法官常常独任审理,并作出一个中间判决

〔1〕《1539 年法令》第 146 条。

〔2〕《1539 年法令》第 146 条与第 162 条。

〔3〕 L. III, ch. X, No. 2. 在法典颁布之前的拉丁文文本同意明确规定:“Judex ergo primum ad nudandam veritatem reum jurejurando adigit”。鲍耶(Boyer)在其《阶梯》(*Stile*)中指出:“彼时审问官将被告传唤至面前并要求其发誓声明其将如实供述。”(第 238 页右页)

〔4〕《1539 年法令》第 148 条;*cf.*《1498 年法令》第 109 条。

(interlocutory decree)。在《1539 年法令》颁布之前,诉讼三方,包括被告,都是在公开的听证程序中以口头或书面的形式陈述他们的诉讼请求。[1] 英伯特指出,"争议点的确定(joinder of issues)发生在对在押被告的听证程序之后,控辩双方共同出现在法官面前,由在押被告亲自提出辩护意见且其辩护意见被传达给国王的代理人或检察官,提出无罪释放或允许使用普通程序并获得保释的诉讼请求……而提出控告的民事一方却要求对被告适用特别程序进而进行认证及与证人的对质,并在参与诉讼过程中获得食品与药品供给。在最高法院这类地方,国王的代理人将提出指控所根据的事实并将案件转至前述特别程序审理;在最高法院之外的地方,则在听证程序结束之后提出指控。"[2] 尽管此时被告尚 153
无法获知指控信息,但这正是被告可利用的提出辩护意见的有利时机,特别是在有律师帮助的情况下。[3] 然而《1539 年法令》(第 162 条)"废止了所有的形式、惯例与传统。在这些被废除的形式、惯例与传统下,被告通常会参加听审程序以查明其是否应当被追诉,同时使被告获知其被指控罪名所根据的事实。前文论及的其他事项也被彻底废止"。在此之后,只有公诉人与自诉人的申请会以书面形式提交给法官,被告将不再享有陈述的机会。

[1] 参见《1498 年法令》,前引,第 137 页,note. *Imbert's* text,quted above,阐释了在这种情况下司法实践并没有严格按照法律的规定执行。

[2] *Imbert*,"pratique,"III,ch. X,No. 6.

[3] 参见"Notice sur les archives du Parlement de Paris"in Boutaric's"Actes du Parlement"。"现存的关于 15 世纪末与 16 世纪开始直至 1529 年的记录属于辩护的范畴。经过几年时间,对辩护的第一次书面记录出现在 1535 年 11 月至 1536 年 11 月的会议记录。从那以后直至在 16 世纪末的会议记录中都没有出现关于辩护的记录。正如塞吉埃(Séguier)大法官(chancellor)在其《巴黎高等法院回忆录》(Mémoire sur le Parlement de Paris)中所记述的图尔内勒(Tournelle)在设立时并没有经过听证。1515 年 4 月颁布的法令确立了相反的规则。但这一规则随着 1539 年 8 月《维莱科特法令》(Villers-Cotterêts Ordinance)的颁布而废止,在刑事问题上的辩护被禁止。"(Vol. I,p. 227)

与《1497 年法令》一致,在适用普通程序审理的案件中,法官应当首先听取诉讼各方的意见;第 150 条进一步规定:"在诉讼各方于审判中陈述意见后,法官可以指令进入普通程序,除非所争议的事项无关紧要。"除了在极其罕见的情况下,法官决定适用"特别程序",那么他将确定一个日期进行认证及与证人的对质程序。[1]

证人被再次通知(subpoenaed)(因"传唤"在我国的刑事诉讼程序只适用于当事人,故此处将"subpoena"译作"通知"。——中译者注)参加认证程序:"法官首先要求即将参加认证的证人宣誓其将如实提供证言,如果法官无法确信证言的真实性,则其会要求证人陈述其所了解的有关指控的信息,法官将对证人作简要说明,但不会
154 提及包含于指控材料中的书面证言,若法官认为证人当庭作出的证言与书面证言大体一致,他将要求法庭书记员向证人宣读其当庭作出的证言,其后法官会要求证人再次宣誓保证其当庭证言的真实性,并确认签字,此时证人可对其书面证言进行修改。"[2]在此之后将立即进行证人与被告的对质程序:"如果证人坚持指证被告,他将立即与被告对质,也就是说,法官应当在证人在场的情况下将被告传唤至法庭,证人与被告均须宣誓如实陈述或供述,其后法官将询问他们是否熟识对方,并询问证人被告是否是其在书面证言与认证程序中所指之人。"[3]认证程序具有双重目的,首先,为被告提供一个当面向证人提出异议的机会;其次,使被告

[1] 《1539 年法令》第 151 条;*Imbert* III, ch. XII, No. 1。法令规定,若诉讼期限届满,将根据现有的案卷材料进行审理,除非具有充分的理由而允许延长诉讼期限一次;但英伯特指出:"前述条文并未被遵守,皇家法官乃至其他法官依然如同过去那般允许二至三次期限的延长,这对被羁押的被告而言无疑是一种巨大的困扰。"

[2] *Imbert*, III, ch. XIII, No. 9.

[3] 同上。

享有当庭对指控表示反对和异议的机会。这是被告第一次也是仅有的一次陈述异议的机会。《1539年法令》在先前司法实践的基础上更进一步,该法令规定在向被告宣读证人的书面证言之前,必须允许被告先行提出异议。"第154条规定,在向证人宣读书面证言之前,应当询问被告是否对在场证人所提供证言存在异议,并告知被告应当立即提出异议,我们认为立即提出异议是被告的义务,否则被告的异议将不被接受,且法官应当明确向被告发出警告……"——"第155条规定(在向被告宣读证人的书面证言之后),将不允许被告对前述证人证言提出异议。"这无疑形同拿匕首抵住被告的喉咙。然而真实的司法实践并没有如此严苛,司法实践允许被告要求获得一段时间来提出异议。

对书面证言的宣读于此时开始:"被告表示(对证人证言)没有异议并明示他不打算提出任何异议,或要求获得时间来提出异议并以书面形式提交,法官应当在被告与证人同时在场的情况下宣读证人的书面证言;法官还将首先向证人,其后向被告询问是否如实陈述或供述,并要求他们提交书面答复。"[1]鉴于认证程序是在秘密且没有律师帮助的情况下进行的,将其作为一种辩护方式显然是不充分的,然而这一程序仍为身心健全且智慧的被告提供了某种程度的帮助。他可以通过言辞诱使证人撤回证言或 155
自相矛盾。证人撤回证言并无法律上的风险:"并不要求证人在认证与对质中遵循其在指控信息中被归纳的书面证言,证人更改书面证言可获得法律上的豁免。"[2]是否所有的证人都要参加认证程序?显然法令只要求那些支持控诉的证人参加认证程序,

〔1〕 *Imbert*, III, ch. XIII, No. 10.

〔2〕 *Imbert*, III, ch. XIII, No. 12;但他要求(No. 14)即使证人改变其先前签字确认的书面证言也可获得豁免。

"然而",英伯特指出,"一些经验丰富的法官会当面询问所有证人,也就是既询问那些有利于控诉的证人,也询问并不利于控诉的证人"。

直到此时,被告在诉讼中依然仅扮演着一个被动的角色。简言之,被告仅在认证程序以及公诉人或自诉人申请证人出庭时,才有权对证人证言进行审查,其并不享有以自己的名义申请证人出庭的权利。被告尚不具备直接证明自己是无辜者的能力。他是否曾经有机会自证清白?关于这一问题,一个令人感到震惊与悲哀的独创性理论被提出。一般来说,法律与司法实践并没有赋予被告申请证人对质以证实其无罪的权利。实际上,纯粹从逻辑上看,被告并不需要证明一个消极事实,例如无责或无过失;并且根据司法证明理论,被告并不需要说服法官,而只需提出明确的证据。如果控方提供的证人并不能"在法律层面上"证明某一事实,这部分针对被告的事实就应被视为不存在。与之相对,在具备充分证据证明犯罪真实发生且犯罪正是被告实施的,那么被告只能就其先前提出的异议对证言进行反驳,或者证明证人被收买而作伪证,抑或提供某些积极事实以证实其无罪。这些事实——被称作"行为合法化证据"(justificatifs)——表现为两种形态:一种是间接但无争议地证明被告清白的证据。例如,"不在场证据"(alibi)或被认为受害致死者的出现,抑或一份针对本案真凶的生效判决。[1] 另一种证据则不对指控的事实进行反驳,而是致力于否认行为的违法性或有责性;例如正当防卫,或行为人在实施涉案行为时处于精神不正常状态。因此,对证人的反驳以及提出
156 行为合法化的证据成为被告仅有的辩护方式。显然,被告提出的

〔1〕 这些事实中的一部分在其后常常被作为指控成立的绝对排除情形。

证据必须不同于控方提出的证据。被告的不利因素不仅于此,其必须在控方举证完成之后才有权出示证据;直到此时被告尚未排除全部障碍。我们已经了解到被告被要求在认证程序中提出对证人的反驳意见;在司法实践中,被告还被要求自办案机关对其进行第一次讯问之日起即提出行为合法化的证据:“如果他掌握行为合法化的证据,他必须在前述供认程序中进行陈述”;〔1〕在调查程序中,被告有权在每一次被带至法官面前时出示这些证据,或者将相关请求提交法官。然而仅仅出示证据还远远不够;就行为合法化证据而言,被告不仅要承担证据的提出责任,还必须在法官要求下承担证明责任,这与反驳控方证据所要求的证明责任承担方式别无二致。

整个刑事诉讼程序,包括控诉、讯问、认证与对质。简言之,所有的案卷材料都要呈递国王的检察官:“如果国王的检察官认为被告已经提供了足以导致其无罪开释或证明其清白的证据,例如‘不在场证据’或其他合法且具备可采性的支持其对指控进行反驳的证据,国王的检察官应当要求被告立即提供有关证人的名单,以证实其提出的前述事实……如果被告不能完成这一证明,他将遭受酷刑以及最终被定罪。”〔2〕不论出于何种动机,法官有权通过认定证据不具有可采性而驳回被告提出的行为合法化证据。从另一角度来看,假使法官采纳了反驳指控证据与行为合法化证据,仍然存在一个终极障碍。根据法令,“应书面记录”,“如

〔1〕 *Imbert*, III, ch. X, No. 4.

〔2〕 *Imbert*, III, ch. XIII, No. 15;《1539年法令》第157条。“如果被告自诉讼伊始便被允许出示支持其辩护意见的证据,法令授权了司法机关对这一行为的许可,对公共福利是致命的,这会为被告树立一个获得豁免的招牌与保险;被告可以出示其证据为托辞间接逃避定罪;通过削弱控方证据的分量、权威性与证明力,被告常常会指出法院无法查明他们有罪或清白,这样被告甚至并不需要真正承担对其提出有利辩护事实的证明责任就能实现脱罪的目的。”塞吉埃:《罪行录》,1786年。(Réquisitoire de 1786)

果具备可采的反驳指控证据与行为合法化证据,他(法官)应当向前述被告展示,并要求被告立即提供有关证人的名单以支持其提出的前述事实,这是被告的法定义务,否则有关证据将不被法庭
157 采纳"。[1] 如果被告成功地提供所有证人,那么这些证人将如何被带至法官或调查官面前?法官或者书记员抑或法官的代表将依职权听取与审查证人证言。[2] 这种对证人的审查是在被告缺席的情况下进行的。检察官主导着对被告的讯问;而证人无须对被告的反驳进行回应。关于调查程序的官方报告将并入诉讼案卷之中。

无论调查程序的结果如何,下一步都要求公诉人或自诉人发动追诉请求,并将案件提交合议庭;"当程序终结,法官会命令就案件处理情况与国王的法律顾问沟通,以便他们在三日内提出追诉请求"。[3] 在调查程序中,除了预审法官之外并无他人在场,为了使法庭更容易理解调查的情况,有关调查程序的书面报告都会包含预审法官个人的解释,因此诉讼程序的正式报告都是由法官制作的。这种"书面报告"制度是书面审理程序的重要组成部分,二者往往相辅相成。

公诉人的结论或动议并不等同于最终适用刑罚,但可以导致强制性酷刑的适用。"法官将案件事实完整展示于委员会面前,如果涉案犯罪事实除了被告的供述之外几乎得到完全的确认与证明,且已证明犯罪情节极其恶劣,那么法官将准许适用严厉的肉刑,法官应当在国王的代理人在场或被通知到场的情况下,将案件交由富有影响力与学识之人在私密的场所进行谨慎的审查,

〔1〕 第158条。

〔2〕 《1539年法令》第139条。

〔3〕 *Imbert*, III, ch. XX, No. 1.

该审查者不得是犯罪嫌疑人本人或对犯罪嫌疑人具有倾向性，且不得为诉讼各方提供过咨询。"[1]《1539年法令》对此特别规定，酷刑应当立即实施，除非被告提起上诉(第164条)。然而，法令对酷刑执行的方式却未着一墨，由此造成酷刑执行的方式往往根据犯罪情节的轻重而变化。马赛的希波吕托斯(Hippolytus)列举了意大利采用的四十种酷刑执行的方式，显然，在法国，酷刑执行的方式不少于意大利。"根据法律规定，法官在执行酷刑时只能使用绳索。然而，在一些省份，法官与宪兵司令会使用其他工具， 158
例如使用柴捆抽打，将水灌入喉咙以吞掉纸巾(water for 'l'avallement de la serviette')，将醋、油等一滴滴倒入喉咙，将在灰烬中煮熟的鸡蛋放入腋窝，使其经受无法忍受的寒冷、饥饿或由于咀嚼高盐食品而没有饮水而引发的口渴，用火绳枪或手枪的尾部或头部紧紧按压手指，或用细线或麻绳绑住手指并用数根被称作'绞指折磨'(gréssillons)的小木棍加以固定，或用成捆的绳索，或用水泵，抑或其他不同的方式。详见《马赛地区法院审讯录》中关于酷刑种类的部分。"[2]然而，酷刑执法者似乎对巫术与药物报有很大信心，被告能做的只是努力使自己进入昏迷状态以承受酷刑。根据达姆豪德(Damhouder)的叙述，作为一名目击者，同时也是这场"戏剧"中的一名演员，有必要谈谈人类的智商能够做出怎样的惊悚行径。[3] 执行酷刑后将出具一份官方报告；然而第二天被告将再次接受讯问，以确认其是否坚持口供。这种做

〔1〕 *Imbert*, III, ch. XIV, No. 1. 这些"专业而有学识的"人，在拉丁文中表述为"causidici"，他们是当时围绕在法官周围的司法人员，同时也是封建时期法官角色的当代继承者。*Cf.*《1948年法令》，前引，第147页。

〔2〕 "Le procès civil er criminal," by *Charles Lebrun de la Rochette* (Rouen 1616), Part 2, p. 140.

〔3〕 *Damhouder*, "Pracis," ch. XXXVI, No. 21 *et seq*. *Lebrun de la Rochette*, "Le procès civil er criminal," Part 2, p. 144 *et seq*.

法与先前法律一致,但至今仅仅成为一种惯例:“由于有很多机敏而狡猾的被告会在第二天的讯问中完全否认前一天在酷刑之下所作的供述,如有可能且符合或接近查明指控的内容,按照司法传统,在酷刑之下所作的供述将被宣布无效。”〔1〕

当酷刑执行完成,或者自一开始公诉结论就具备终局性,“整个刑事诉讼程序就将由法官交给法庭委员会进行谨慎的审查,如前所述,国王的代理人与国王的检察官将在场对案件的处理提出意见,法庭书记员应当记录有关意见与审查结果”。其后,被告常常会在将对其进行审判的全部法庭成员面前接受讯问。〔2〕然而
159 此时被告完全无法获得律师的帮助;法令第162条明文规定:“在刑事问题上,当事人无权听取律师或第三方代理人的意见;他们必须以自己的语言对涉案犯罪事实进行陈述。”

对裁判结果的审查存在多种方式。在只存在一名委员(conseil)协助法官的情况下,他往往会接受法官的处理意见,这种处理方式对该委员不具有约束力;而当存在多名对裁判结果进行审查的委员时,对裁判的审查结论将由简单多数意见决定。〔3〕艾罗指出,在这种情况下,法官将通过口头或者投票的方式发表意见。“这是根据法令或者司法实践的情况形成的一种不成文的传统,不同的法院适用不同的方法。只要诉讼程序中的所有事项都

〔1〕 *Imbert*, III, ch. XIV, No. 6.

〔2〕 英伯特对被告在合议庭前接受的讯问未置一词。尽管至关重要,但这场最终的讯问却是在完全任意的状态下进行的。

〔3〕 “法官将刑事诉讼程序及前述请求交由其司法区内与被告人不存在利害关系的杰出顾问进行投票。尽管《路易十二法令》(Ordinance of King Louis XII)第115条规定……法庭书记员应当书面记录参与审查程序的委员意见,但这并非一成不变的;因为书记员往往并不会参与前述审查程序,除非有特定的委员在场使得法官必须将裁判结果报送审查,并由前述委员以多数意见作出裁决。”*Imbert*, III, ch. XX, No. 4.

得到公开,那么程序通常就不会出错。”[1]不阐释裁判理由的传统已经被更高层级的法院吸纳。“应当明确的是,在刑事案件的判决中特别需要阐释被告被指控的犯罪事实,巴黎高等法院正是这么做的,至少在绝大多数情况下如此;然而,王室法官并不尊重这一原则,他们仅仅在裁判文书中写明——被判有罪的被告所应承担的刑事处分与民事赔偿。”[2]

即使在诉讼程序秘密进行的情况下,有时也公开宣布裁判结果,或者至少在被告在场的情况下宣布裁判结果。但这种体现程序公开尚存的最后一点要素也消失殆尽:“前述法令(《1498年法令》)第116条规定,如果被告被判处死刑或其他肉刑,法官应当在公开的审判程序中宣告对被告的刑罚,或者将被告带至议事厅,在法庭书记员在场的情况下向被告宣布刑罚,书记员应当将宣告量刑的情况记录在案……但这一传统当前已不再适用,今天,法官往往将其裁决传达给法庭书记员,由书记员在看守所看管人员的办公室向被羁押的被告宣布对其的刑罚。”[3] 160

被告在整个刑事司法程序中都被羁押在看守所。我们曾认为在14世纪对保释的批准已足够自由了,而它却在新的刑事诉讼程序中被基本排除了。《1539年法令》表达了一种前所未有的严厉态度:“第152条规定,在为了进行认证程序而导致的程序延长期限内,不得释放被告。”由此可见,只有在诉讼程序处于常规流程时才允许申请保释(第150条)。很快我们就理解了艾罗所反对的那种造成毫无例外的审前羁押规则。然而,有迹象表明《1539年法令》关于这一问题的规定并未被严格遵守。据某位生

[1] “L’ordre et formalité,” etc. , III, Art. 4.

[2] *Imbert*, III, ch. XX, No. 6.

[3] *Imbert*, III, ch. XX, No. 3.

活在 16 世纪末期的长者所言,“在一些不会招致肉刑或刑罚的轻微案件中”,“法官往往会同意被告在宣誓后获得保释,甚至仅仅将被告交由治安官或司法官监管。或许有人会反对这种做法,因为法令明文禁止在认证或对质程序进行之前释放被告,同时释放在押被告也不利于对犯罪的追诉,这可能导致办案机关无法获取犯罪证据,最终导致被告逃脱法律的制裁。根据常识,很容易回应这种质疑的——在《1498 年法令》起草的时代,并不像今天这样存在如此之多的虚假证言。众所周知,在一定程度上,很多定罪是基于虚假证言作出的。我这么说并不是缘于对伪证罪的深恶痛绝,也不是因为我想要引入一种新的司法(制度),而是因为确有必要采用一些新的手段来应对这类日益增加的蓄意为恶者”。[1]

因此,被告在刑事诉讼中的自我防卫措施逐渐消逝。刑事诉讼程序开始在绝对秘密的状态下进行,这种秘密性不仅体现在一切诉讼活动都不对社会大众公开,更在于被告本人都无法查阅案件有关材料。被告获得律师帮助权与申请证人作证权相继被剥
161 离。面对精细设计且充斥着引诱和欺骗的讯问,被告无疑处于极端的困境之中。在《1498 年法令》颁布后,可以说被告的处境更加令人绝望,《1539 年法令》的颁布令其境况雪上加霜。

然而,公诉案件的上诉程序却总是公开进行,并且在很长一段时间内上诉案件常常会交由王室法官审理。英伯特依然认可一种特别的处理方式(resort),这一方式源自民事诉讼中的领主法官,而在刑事诉讼中却未得到认可。[2] 1536 年颁布的《克雷塞

〔1〕 鲍耶:《阶梯》,1610 edition,Part Ⅳ,Title 12,p. 289。

〔2〕 这一顺序是,第一顺位——领主法官或王室法官;第二顺位——本省的司法行政官、司法事务官;第三顺位——最高法院。(Imbert,Ⅲ,ch. xx,Nos. 1-7)

法令》(The Ordinance of Crémieu)确认了一种已经存在的做法,即赋予"被判处肉刑的上诉人"越过中间法院(middle judge),直接由低级法院(lower judge)上诉至最高法院(supreme court)的权利,前提是上诉人正式表达想要这么做(第22条)。《1539年法令》在此基础上更进一步。该法令第163条规定,在未来所有的刑事上诉程序中,"无论基于何种上诉理由,都应当立即将案件移送最高法院,进而省略中间程序"。这或许超出了合理的限度。因此,1541年11月21日发布的"宣言"(declaration)将前述条文的适用范围限定为"因遭受刑讯或被判处其他肉刑,包括被法律上宣告死亡或自然死亡、被棍棒抽打(fustigation)、被切断身体部位、责令参加公共服务等原因提起的上诉"。与民事诉讼相同,在刑事诉讼中,一般情况下,上诉必须在一审裁判宣告后立即提起,但即使在民事诉讼中这一规定也只是有名无实,因为从字面意义上看"救济"是很容易实现的,只需行使上诉权即可从形式上实现救济,在刑事诉讼中这事关被告的权利保障。"当被告被羁押,他通常都会提起上诉。"[1]然而,当被告被判处肉刑,他甚至没必要提起上诉。"当被告被判处肉刑,他所涉案件将被交由中间高级法官(middle superior judge)审理。"上诉对象不仅是法院的判决,还包括法官所作的决定、裁定、适用特别程序的决定乃至刑讯的决定等。上诉往往会导致程序的未决效力。

我们还没有提及被告拒绝出庭应诉程序,而我们已经谈到了该程序先前的形态。这一程序作了重大修订。特别是变更了程 162
序延长的期间。在这个方面,绅士与黎民没有区别。《圣马丁刑案汇编》记录了一些被告拒绝出庭应诉的案件,这些案件的性质

[1] *Imbert*, IV, ch. I, No. 3.

相同。如果被告拒绝应诉,会在三日内进行第一次传唤。这种传唤是由一名或一名以上的法院司法官员以公告形式作出。[1] 在此之后会进行四次每两周一次的传唤,这四次传唤中的前三次必须严格依法进行;[2]最后一次传唤不到庭将被视为违法。以下是两则适用被告拒绝应诉程序案例的完整信息:“在 LII(1352)吉拉特·德尼勒(Girart de Neelle)……被我们的司法官员菲利普·德拉维莱特(Philipot de la Villette)与让·勒福尼耶(Jehan Lefournier)在其居所合法传唤,并且有其共同居住的家庭成员及其邻居在场见证,该次传唤的原因是其涉嫌谋杀纪尧姆·德埃萨尔(Guillaume des Essars)大人……被告有三天时间主动出庭,即圣丹尼斯(Saint Denis)之后的星期日,以及接下来的星期一与星期二(10 月 14 日、15 日、16 日),被告缺席了这几天的传唤,同时在杰拉德·拉·苏里斯(Girart la Souris)法官审理该案时被告在前述的每一个期日都受到传唤,我们的地方官员与法院对被告进行了第一次、第二次、第三次以及最终的第四次传唤,共经历了四十天。第一次传唤是由圣路克福音传教士在 1352 年 10 月 17 日(星期三)进行;第二次是在 10 月 31 日(星期三)传唤至圣全体圣徒面前;第三次传唤是在圣马丁(Saint-Martin)之后的 11 月 14 日(星期三);以及最后一次由圣尼古拉斯(St. Nicholas)法官于 12 月 5 日(星期三)进行的传唤。被告缺席了上述四次传唤且没有为前述涉嫌的犯罪出席法庭,他因此被判有罪并最终走上绞刑架。”[3]“1352 年 1 月 10 日至 12 日……让·米隆(Jehan Millon)

〔1〕 pp. 32-74:“Perrin-Duport on three days oral summons by Phelipot Malgars and Colin de Montmartre,” *Cf.* p. 85.

〔2〕 “被地方长官或法院传唤到庭行使我们的诉讼权利,一次、两次、三次以及最终的第四次”(pp. 211,212)。

〔3〕 pp. 311,312.

缺席了其涉嫌谋杀西蒙·卡佩尔(Symon de Cappeval)一案的审理……让·米降受到法院与当地行政长官依法传唤,他三次受到违法的惩处——在合适的场所并以合适的方式进行。第一次传唤发生在洗礼节(Epiphany)之后的星期日(1月13日);第二次传唤发生在圣保罗的皈依日(the Conversion of Saint Paul)(1月27日);第三次传唤发生在'回忆之日'(Reminiscere)被颂唱后的星 163
期日(2月17日);第四次传唤发生在'欢唱耶路撒冷日'(Lætare Jerusalem)后的星期日(3月3日),这一次的缺席导致被告被我们的圣马丁(Saint-Martin)大人从其土地上驱逐并被判处绞刑。"[1]

被告拒绝出庭应诉程序实际上存在两个阶段:第一阶段是三日的连续传唤,第二阶段是三至四次每次间隔十四日的传唤。这一程序太过繁复冗长,故《1539年法令》将程序缩短。法令中的两个条款规定了这一程序:第24条规定"在民事与刑事诉讼中,四次缺席庭审已成惯常情况,其中,有两次传唤是在合法合情的情况下进行抑或在被告的住处进行,即可被视为充分,除非法官在被告没有出庭应诉且法官认为有必要时,'依职权'启动第三次充分传唤。"[2]——第25条规定:"在刑事诉讼中第一次传唤被告不到庭即可适用逮捕,经两次传唤被告不到庭则应当对其逮捕。如果被告拒绝接受逮捕,将向被告三次发布时间间隔较短的

〔1〕 pp. 213,214. 有时登记簿(Registre)对程序的记录也不完整。因此在吉永(Guillon)案中,只记录了被告在第一次传唤中连续三次缺席法庭的情况,即12月30日、31日与1月1日(pp. 311,312)。佩林·杜邦(Perrin Dupont)案中也存在同样的情况(pp. 74,75)。詹宁·德森林斯(Jehannin de Senlis)案只记录了被告在1337年1月20日缺席三天的情况;其后增加了1337年1月21日被告缺席法庭的情况,"经行政长官庞斯(Pons)传唤,詹宁·德森林斯缺席了因其在上周日所涉犯罪的庭审",这就是登记簿对该案的全部记录。*cf.* p. 133. 显然登记簿省略了部分信息。

〔2〕 *Cf. Jean des Mares*, 58.

传票,并对其财产进行查封或扣押,直至被告接受传唤到庭应诉。”[1]这些法条从文本上看并不十分清晰,但司法实践的情况足够清晰。首先,当被告被宣布一次或两次拒绝出庭应诉,法院将向被告宣布对其逮捕的决定。“如果仅仅对被告进行了传唤,那么必须在被告两次拒绝出庭应诉后才能发布‘三次时间间隔较短的’传票以及对被告的财产进行处分;而如果拟作出逮捕决定,那么逮捕决定中可以同时规定‘三次时间间隔较短的’传票与对被告的财产处分。”英伯特认为,一个重要的问题在于“保障‘三次时间间隔较短的时期’必须由三个完整的自然日组成,且每个期日之间必须一定的间隔,前两个期日……以及第三个即最后一个期日间必须至少间隔一星期或根据被告所在地与法院之间的距离确定一个充足的期间”。鲍耶认为,“前述基于同一令状进行的传唤间的三个时间间隔较短的期间应当被区别对待,一个充足的
164 间隔期应至少包括十日或八日;基于法律的规定,这一间隔期应至少应包括十日,但依然有人坚持认为这一程序总共只需要三日”。[2]

被告拒绝出庭应诉导致了其在实质上被最终定罪。这一程序更重要的影响在于,从此,指控在提起之前就已经完成证明了。尽管与罗马法的精神相悖,但这一观点已得到广泛的认可:“尽管根据罗马法传统,不得因为被告在刑事案件中拒绝出庭应诉而对其定罪,我国适用了与之相反的传统,这与一些意大利的法律规定相一致,亦即,被告拒绝出庭应诉将被视作供认了他被指控的

[1] *Imbert*, ch. III, No. 5.

[2] 鲍耶:《阶梯》,第 234 页。

犯罪事实。”[1]从理论上看,要想在这一情况下对被告定罪,必须获得君主的书面答复授权。而尽可能从表面上削弱乃至废除这种定罪的声音开始壮大,并很快将取得胜利。英伯特指出,被告可以通过行使上诉权以攻击这种判决,并且,尽管英伯特观察到这一判决必须以前述“书面答复”为基础,但这显然只是一种形式上的问题:“因此,如果被告不亲自出席法庭,法院基于其拒绝出庭而作出有罪判决并向其宣告,被告有权对这一判决提起上诉,此时即需要王室书面答复,送达第一位作出前述判决的王室法官,要求允许他(被告)在法律范围内提起上诉,而前述书面答复将撤销因被告拒绝出庭应诉而作出的有罪判决以补偿由此造成的损失。”[2]鲍耶在此基础上更进一步,他认为,被告到庭,即可导致基于其拒绝出庭应诉而作出的有罪判决根据事实(ipso facto)而无效。[3] 对立法最初目的的探讨将持续一段较长的时间, 165
塞尔皮隆(Serpillon)指出。对这一问题的争论一直持续到1635年,随着当年一部法令的颁布方才终结。[4]

在拒绝出庭应诉的程序中,查封蔑视法庭者的财物,一个可

〔1〕 *Imbert*, *loc. cit.*; *cf. Constantin*, “Commentaire sur l'ordonnance de 1539”, p. 56: “Bartolus……dicit valere statutum vel consuetudinem, quod judex condemnet et procedat contra contumacem, quæ consuetudo viger in toto regno Franciæ.”——这一执行条款被并入法令:“Si Pris et appréhendé, peut être.”(If taken and arrested may be). 参见 Bornier, Ordinance of 1670, Title 17, Art. 15:“这一条款……可能只是旧制度的产物”,在先前时期针对拒绝出庭而做出的判决仅仅针对他们被发现的……由于仅仅加入了“ad terrorem”且并未在法国得到实践层面的运用,这一条款很快被《1670年法令》所废除。

〔2〕 Ch. IV, p. 663.

〔3〕 “尽管前述判决已经作出并执行,缺席法庭的被告人仍然可以自证清白。被告人必须先接受法庭的羁押,法庭应当记录为了对控诉进行审查而对被告人进行的未决羁押,否则正如下文提到的那样,被告人应当被释放。”

〔4〕 “法庭在被告拒绝出庭的情况下判处其死刑,那么被告人在其后出席法庭是否会导致缺席审判结果的无效,这一问题在之前一段时间内存在疑问。这是巡回法庭在1633年6月一起判决中解决的主要争议事项。”《刑法典》, p. 851。

以溯源至封建时期的程序,被予以了详细规定。查封需要具备令状(annotation),并在三次间隔较短的传票送达之后进行。[1]《鲁西荣法令》(The Ordinance of Roussillon)(第80条)规定,如果被告在查封程序执行后的一年内仍然没有到案,“那么他们被查封或扣押的财物将毫无争议地归属于对其合法享有所有权的人”。这一立法规定移植了罗马法的精神,同时注入了过去被告拒绝出庭应诉程序的元素,这一程序在当时已完全呈现习惯法的样态。《穆兰法令》(The Ordinance of Mulins)(第28条)进一步规定,如果裁判结果包含了没收财产或罚金,因拒绝出庭应诉而被定罪的被告“不仅将丧失他们的财产权益,还将失去法律赋予他们的相关权益。民事当事人将有权根据判决获得赔偿,我们与我们的领主法官将通过罚金与没收财产对民事当事人予以补偿”。这一法令还补充道,国王可以通过书面答复“允许被定罪的被告在前述期间经过后出席法庭以为自己开脱并获得免刑”。赦免书(Letter of pardon)在被告拒绝出庭应诉而定罪之程序中再现。人们大体上认为,这一立法在实质上废止了《鲁西荣法令》。其后颁布的《1670年法令》不过是把这些法令设立的原则与规则加以整合,并对先前法令的某些部分作出发展与完善。

第三节　君士坦丁、迪穆兰和皮埃尔·艾罗对《1539年法令》的批评

《1539年法令》中的新规则如何被缓慢确立,以及旧体制如

[1] 《1539年法令》第25条。

何被瓦解,这一过程是我们都有目共睹的。但要理解这些规定为何在毫无异议的情况下为人们所接受,却并不容易。不可否认的事实是,作为我们研究对象的法令,其颁布的时间节点恰好与每一次全国代表会议(meetings of representatives of the country)的召开相吻合,在代表会议上,人民能够发出声音,并获得他人的倾听。对此,有必要说明的是,法令中的程序规则在很大程度上可归功于王室法官的司法实践,并随着王权的壮大而发展起来的。166
它建立在一种内在的无谬论(infallibility)和严密保护的情感之上,王室从教会那里移鉴来这种情感,构筑起维护王权的主要力量。中世纪的无政府状态、毁灭性宗教战争以及与英格兰之间的年连征战,使得民众非常渴求安全与和平。[1] 新的法令比任何其他法律都更能保障对犯罪的镇压和打击。因此,新的法令被人们欣然接受,甚至可以说是深受人们的欢迎。然而,《1539 年法令》并非在法学家们毫无抗议的情况下就通过的。人们对该法令的严厉性提出了理由充分的反对意见,只可惜这些意见在当时非常微弱无力。

毫无疑问,第一个批评该法令的人是一位来自波尔多的律师,名叫让 · 君士坦丁(Jean Constantin)。1543 年,他用拉丁文完成一部法律评论。[2] 在自己论著的序言中,尼禄(Néron)对君士坦丁的评价并不高,他认为君士坦丁不是一个伟大的智者。[3]

〔1〕 抛开法院的司法档案不谈,《巴黎裁判所刑案汇编》的每一页都展示了法国 14 世纪末的强盗横行和不安全的状态。

〔2〕 “让 · 君士坦丁的法律评论包括了议会批准的法律(被召集的波尔多议会),王室法或者近期通过快速决定而确立的争讼规则”。

〔3〕 《尼禄文集》序言中(Recueil de Néron, preface, Paris 1720)写道:“在该法令出台十年后,波尔多议会一位名叫让 · 君士坦丁的人用拉丁文写了一篇关于该法令的评论。在这部作品中,大部分内容是不可否认的,但如果去掉无用的内容,删除掉大量的引文,则所剩无几了。”

但事实上,君士坦丁是一个诚恳之人,他对宪兵司令没有表达任何爱慕之心,这在那个年代是常有之事。[1] 此外,他展现出来一种未曾被人理解的博学精神,在评论中,《民法大全》(Corpus juris)和意大利文献中的观点被他信手拈来,甚至在某些短句的不同部分,他都罗列出大量的引文,这种做法非常契合那个年代的时代风潮。君士坦丁在一定程度上代表了意大利学派的纯正学说,因而值得我们关注。他可以确切地证明,法国仅仅移植了意大利刑事法学说中某些字面意义上的观点(如证据理论),同时融入了法国人自己对纠问制的具体形式和发展趋向的理解,最终使整个制度非常严厉,甚至连绝对权力主义者(Ultramontanes)都未
167 曾想到。总之,移植到法国的意大利学说,其本来的内涵有时发生了很大的变化。对此,君士坦丁还举了一个荒诞的例子。[2] 他以法学博士之名,对法令的严厉性提出批评意见。

在评论法令第 162 条时,他对排除辩护律师的做法提出质疑:“安吉鲁斯(Angelus)在他的著作中提及了在法国已经被废止的古老做法……他在论著中指出,被告或其辩护人可以进行提问。”[3]针对第 157 条和第 158 条,他认为,法令留给被告的辩护

[1] “我们称呼这类罪恶的执法官和法官为宪兵队长,那些赋予他们职责的文人都很无知。所有对高贵文化一无所知之人、为自己复仇的僭主和他们的附庸们都被商业击垮。这些僭主们被消灭,被暗杀,他们的职权被赋予了善良的人和文人们。”

[2] “这些罪恶的法官们齐聚波尔多议会,他们要求我支持他们,让我说出在审判中应该拷打盗贼,而这些法官们如果自己因盗窃被捕后,则应该被赦免。他们还问及了关于审判程序的具体规定。当我提到凡事要依据法律程式和规定时,他们笑着说,如果没有对质和针对对质的特殊规定,这样的程序规则就显得非常低级。我认为在针对盗贼的审判中,引入对质程序毫无用处,他们认为我无论在事实还是理论层面都大错特错,辩护人和王室检察官援引了《规章》中的‘论公共法官’。这显得非常愚蠢,对大多数人来说,也很卑鄙。但我不敢在同一群人面前敞开了说,因此我保持沉默:没有人不知道,法律程式与规定在所有犯罪中应当一以贯之,而这些法令中的规定却截然不同。”

[3] p. 288.

空间非常有限:“如果人们不向被告提供证据和所有程序性文件的复本,那他又如何能委托其他人来为自己辩护呢?因此我请求,如果非要进行纠问制审讯,则证据和所有程序都应该公开,同样也要给被告相关材料的复本。”[1]接下来,他展开长篇大论,几乎引用了所有权威观点并得出结论:在一般情况下,法学博士们承认,只要有纠问程序推动人的存在,则文书证据的形成就成为了一个人的权利行使的问题。但只允许被告提供有关行为正当化事实的证据,禁止被告在诉讼过程中提出其他证据,对此,君士坦丁认为这一规定不仅非常可恶,而且也是绝对不允许的。关于第158条的规定,他指出:“如上所述,人们已经充分看到了条文的严厉性,尤其反映第146条将被告排除在庭审辩护之外,这些规定都是违反习惯法的……因此,安吉尔认为,一定程度上,这一法令排除了被告的辩护权。他再次声明,在坦白和认罪的情形下,被告被赋予辩护权。但实际上,存在大量既不坦白也不认罪的情形,在这些情况下,应当允许被告进行辩护,以证明自己的清白。如若被告无法进行有效辩护,后来却被发现或有其他证据显示被告是无辜的,这时,请问你是否还会支持这一法令?”[2]事实上,第162条的规定否认了此前所容许的对抗主义模式。对此,君士坦丁的反对态度非常坚定果敢:“请注意第149条的规定,将被告的辩护权限缩在最小的范围内,不然他可能无法被定罪判刑……巴托鲁斯(Bartolus)和伊莫拉(Imola)也这么认为……全世界都保留了一些古老的做法,但上述条文证明,这些规定限制了被告的辩护权。如果不去捍卫全世界都保留的司法实践,那我们就是一群对法律和正义一无所知之人。该法令剥夺了自然法

[1] pp. 281,282.
[2] p. 284.

所赋予人们的辩护权,我为何会认为这一法令是无效的……因为市民法不能废除自然法,法官也同样不能违反。被告的辩护权应当突破上述法律的限制……否则无辜之人会受到侵害,这是不该发生的事情。"[1]除去论著中大量的引文,从君士坦丁的行文风格来看,通篇都没有好的辞藻。虽然他的文风晦涩,但同时也可以看出其思想还是非常深远的。

君士坦丁并不是唯一一位对该法令的残酷无情提出异议之人,在英伯特的论著中,人们也经常能找寻到类似的简短评论。相比之下,其他人的批评意见更显尖锐,尤其是迪穆兰(Du Moulin),他以一种怪诞的风格(将笨拙的拉丁语和法语混合在一起)针对《1539年法令》提出了批评,其中某些尖锐的言论还流传至今。首先,他试图对法律文本做尽可能有利的解释。关于第155条的规定,他指出:"第155条没有给被告任何的时间机会提出抗议",他写道:"如果迟延提出抗议,则意味着要排除被告的辩护机会,这是野蛮的、也是非正义的。法官可以依据自由裁量来决定适当延期,而且不可公开地排除对被告有利的延期。"[2]第157条要求被告立即指名道姓地提供证人的信息,以证明被告行为正
168 当化的事实。对此,迪穆兰也以同样的方式提出异议。在他的著作中,有两段极具情绪化的表述特别有名,即在评论第158条时,他给波耶特(Poyet)取了一个臭名昭著、自此再也无法甩掉的外号:"请看那个魔鬼般的僭主——波耶特的观点"(Vide tyranni-

[1] pp. 291,292.

[2] "Recueil de Néron" vol. I, p. 250.

cum opinionem illius impii Poyeti)[1]。此外,根据第154条的规定,立法者并不要求法官为被告的利益而核实证人:“你们看看辩护有多么艰难,可如今,在上帝的审判中,主拥有正义,因此大多 169
数法官想要保留1544年10月的这项规定。这种结果是极其危险的。”[2]

与迪穆兰相比,皮埃尔·艾罗的批评意见声音更大,他拥有伟大的智慧和宽广的胸怀。在其论著《司法指令的级别与形式》(l'Ordre,formalité et instruction judiciaire)中,我们仍可以获取关于罗马刑事法方面的宝贵资讯。他以令人钦佩的、热切的、光彩夺目的风格完成了这部博学之作,其眼界远在同时代人之上,他向我们展示了刑事诉讼程序的危险性,而法国法恰好是这种危险性的代表。在论述中,他希望为一个虽已远去,但永远不会消亡的事业而战,即审判应当保持言词审理,辩论要公开和自由。在此,权且引用他的一些核心观点:

令他非常关切的是诉讼制度的根本性缺陷,即程序的秘密性、过分重视书面证据材料以及法官手中的巨大权力。他认为:“正义被视为神圣的奥秘,只传授给牧师。[3] 而在古希腊和罗马,所有的审讯、认证、对质和判决都是在民众、法官和有关的当事人面前公开进行的。而我们的做法却正好与此相反,我们法律的规定是如此严苛,即刑事诉讼必须单独地和秘密地进行审查,以至于法官及其书记员以外的人在场,我们便不会对其进行审

〔1〕“Recueil de Néron”vol. I, p. 251.“在诉讼过程中要求以任何一种方式说出证人的名字,这些证人可以提出证据证明他的不在场,但不是所有清白之人都知晓他们证人的名字。对于所谓的‘提出正当理由’而言,事实上,我在21个月之后的1550年,看到他的说法有了改变,在我的记忆中,他提出了新的做法,依据王室检察官的请求,只需在证明过程中说出了证人的名字,而几乎无需传召控告人。”

〔2〕“Molinoei opera,”vol. II, p. 792.

〔3〕“L'ordre et formalité,”. etc. , Book III, Article 3, No. 21.

判。这种差别从何而来？在人民享有参与权的共和国里，与那些个人统治的国家相比，权利和理性难道是全然不同吗？当然，我们法国人长期以来并不这么认为……因此，造成这种秘密审讯和公开审讯之间的差异，并不是因为政治上的差异。……在私下里，人们很容易捏造证据，搞阴谋诡计或恐吓。与之相反，公开的法庭是扼制狂怒的缰绳，对邪恶的法官而言，是一种鞭挞。这种公开审理不仅可以遏制邪恶的法官，同时也给了正直的法官一种意想不到的安全感和自由感。”

“无罪的人永远不会被确定地宣告无罪，有罪的人也永远不
170 会得到公正的惩罚，如果不对他们进行公开的审讯和评议，总有理由会产生一些抱怨。与我们暗中审讯一个人相比，那颗由多双眼睛、多个耳朵和大脑组成的脑袋(比诗歌中所有怪物和巨人都要多得多)更有力量和能量能直达良知和揭示正义。”[1]“仅凭一个法官和一个雇来的书记员对十个或二十个证人的证言进行宣读，这是否值得人们信赖？这样的证言既不能显示出证人说了什么，也不能显示出他具体是怎么说的。如果证言是由官员、侦探、搜查员或调查官，甚至是法官一个人完成的，则它仅仅是部分人的构想，他们会让证人说出他们认为好的证言。这些证言貌似无懈可击，但实际上可能会存在很大的矛盾之处，证人在宣誓作证时，信誓旦旦所述的最初证言，当我们进行核实和对质时，就会消失不见了。我曾多次听闻一位见多识广的、已故的中将讲述，证人如同一面大钟，我们可以随意敲击出我们想要的时间，人们可以根据证人所接受询问的方式，对他陈述的词句进行修饰，从而为控方或辩方作证……因此，他认为，在我们所习以为常的审判

〔1〕“L'ordre et formalité,”. etc. ,Book III,Article 3,No. 58,59,60,63,64.

中,获取证人证言的方式和证言所扮演的实际作用,往往是百害无一利的。对于未曾谋面的证人所做的证言,法官只能依赖其他治安法官的报告。如果法官意外地让证人重新接受审问,通常情况下,他们要么会说出故事的另一个版本,要么就会说:'请读我的证词吧,我对证词中所写的东西坚信不疑'"。[1]"当嘴巴因害怕落入陷阱而紧闭时,谎言的成分就很大,但我们的手势和外在的表情,无论我们愿不愿意,都会以各种方式透露出来相关信息,由此可以判断这个人说的到底是不是真话。"[2]

人们从来都没有为诉讼程序的言词和公开审理进行辩护,或者用更精妙的语言来阐述它们的重要意义。艾罗形象生动地描绘了预审官的可怕权力和辩护人的无奈。"我坚持认为,古代社会刑事审讯最大特点是,讯问当事人由他们自己或他们的辩护人来完成,而不是法官……而现如今,这种讯问方法已经彻底改变了,我们现在的做法与之前大相径庭,如果由法官以外的人对被 171
告进行讯问,或者在当事人在场的情况下进行讯问,那么整个诉讼程序就会归于无效……我们把所有的事情都交给了法官,剥夺了被告对证人进行发问和对质的权利,以至于现如今出庭接受审判的被告,犹如双手被绑住,比起那些在午夜的黑暗中写作的人来说,更显得无所适从……如今,当所有由被告及其辩护人承担的职能都汇集在法官一个人身上时,如果他想从一个罪犯的嘴里套出真相的话,那么他就必须要有诡计多端的审讯技巧。但在这种情况下,很难说这些技巧到底应该被称为正义还是狡诈。"[3]

[1] "L'ordre et formalité,". etc. ,Book III,Article 3,No. 38.

[2] Ibid. ,No. 64.

[3] Book III,Article 3,No. 21 and 22. 英伯特注意到了实践中的这种困境,他给审讯法官提出了一些睿智的建议,同时对法官狡诈的做法进行了批评。(III,ch. X,No. 2 and 3)

艾罗对诉讼程序中的被告提出异议和行为正当化的事实证明问题深恶痛绝:“对证言进行及时的辩论、论证和反驳,要比指责提供证言的人要好得多。既然我们正在讨论被告提出异议的问题,为了论证的便利,让我们看看波耶特大法官所提出的法令,该法令规定被告必须在听取证人证言之前就应当提出异议,否则证言一旦被宣读,被告无权提出异议,这种做法是否公平公正,值得怀疑……这位大法官甚至下令,除了被告的亲戚、邻居和同胞之外,被告不得申请传唤任何其他证人……被告如何在听取证人证言前就知道证人是否收受他人钱财或被蛊惑做出对他不利的证言?他的亲属、朋友、辩护人都不可能这么快就知道,他怎么能在监狱里就知道了呢?在宣读前提出异议的做法,导致被告不顾一切地提出反对意见,而他们的异议大多是无关痛痒的……无辜之人尤其需要保护……无论怎样进行普法宣传,并不是所有人都能理解该法令的具体内容。无论事先是否提出异议,还是事后提出毫无法律效力的异议,法官都照样能剥夺人的生命或荣誉,难道这不就是当权者希望建立的形式主义吗?……很多不幸的被告,根本就不知道具体证人的存在,也不知道对此提出反对或质疑。”[1]

172 “综上所述,我想说的是,我不清楚是什么原因导致波耶特大法官放弃了这种简单易行、优势明显的诉讼模式,即双方当事人同时提出证据,随后作出一个中间裁定,以查明行为正当化的事

〔1〕 英伯特也在这个问题上提出了批评意见。他认为:“这些法令是非常严苛的(该法令的制定者最终的命运也如同臭虫一般),因为让一个不幸的囚犯在被监禁的条件下痛苦地煎熬一年或六个月,不允许他与其他囚犯或可能为他作证的证人进行交流。相反,作为对手的王室检察官却可以要求证人出庭,更何况这些被告很可能会被移交给某些对囚犯持有敌视态度的法官来审理。基于此,应当对上述法令进行一定程度上的相对化处理”(III,eh. xiii,No. 16)。此处所涉及是证明行为正当化的事实证据和对证人证言可采性(admissibility)的异议问题。

实和相关异议是否成立,一直以来,这都属于亘古不变的规则。在检察官的证据没有提出与解决之前,不允许被告提出证据,这种'创制'是从何而来的?在一方准备好了所有证据后,才允许另一方当事人千辛万苦地努力拿出自己的证据,难道这是正义的应有之义?如同在一场决斗中,允许一方先开枪,而另一方后开枪,显然这既不公平,也不体面。在现如今的审判中,判决的做出是恣意的,法官更愿意接受指控被告有罪的证据,而不是接受已被证明的事实。尽管被告提出了各种行为正当化的事实理由以及反驳意见,但他仍然极有可能被判刑。简言之,在只顾片面事实就判断一个行为构成犯罪,这是否妥当?……在该法令中,还有两个方面的问题与以往的审判制度相去甚远,使人对它的公平性产生怀疑,而这一切都是波耶特大法官的功劳和贡献,即被告应立即向法庭提供证人的名字,而决定证人能否出庭的却不是被告,而是国王的检察官,这意味着什么?检察官有充足的时间进行调查,但被告要在第一时间明确提出哪些证人可以为他平反!作为第三方的检察官,他要去寻找被告所提供的证人来证明被告人是否无辜,因此,被告的清白将取决于检察官的忠诚与否、勤勉还是冷漠。可问题在于,哪个检察官能像被告本人一样,会关心自己的清白无辜?"[1]

艾罗还对滥用审前羁押和罪行自我坦白书(monitoires)提出了批评。他用一段华丽的语言来表达自己对保释做法的支持,并称赞古人的做法中也允许进行保释。关于突击逮捕,他的原话如下:"如今,这种做法几乎已习以为常,令我不解的是,为何会经常 173
发生这样的事情。理论上最美好、最合理的事情,在实践中却寸

〔1〕 *Ayrault*, Book III, Article 3, No. 50-52.

步难行。为了保护公众,则必须抛弃自由的传统,把所有的人都当作十恶不赦的敌人、流氓和奴隶来对待,监狱、酷刑和绞刑架是专为他们而发明准备的。如人所愿,所有的理由都非常合理,因为经验告诉我们,如果不把被告关在监狱里,就不可能有一个人被定罪,因为没有证人敢于作证,也就没有判决可供执行,但我们的做法也太过严酷了。"[1]"如今习以为常的是,人们可以诉诸宗教和教会的审查,以获得相关的证据和自我坦白书,从而为已经提出或有待提出的指控提供支撑。人们为了能达到相同的彼岸世界,他们向教皇请求对他们的罪行进行训斥和诅咒。对于古人的这种做法,有值得我们进行批判的地方吗?我认为并没有……通过贿赂或威胁受到神或人的惩罚来引诱证人,这种事情他们从来没有做过。既然被告为了自己的利益而贿赂证人是犯罪,那么检察官胁迫、贿赂证人也应该是犯罪。古人毕竟比我们这些人更讲究宗教信仰。相比于亵渎和污染圣物所产生的不利后果而言,公众对控告和证明犯罪并不那么感兴趣。"[2]

请读者原谅我采取这种大量直接引用他人语录的做法,因为这有助于阐明,当我们国家的大多数规范和制度中最缺乏真正自由之时,真正自由的情感仍然存活于一些崇敬之人的心中。如果有人认为,"单凭王室法令,就彻底改变了刑事诉讼的形式,即以书面审理的方式取代了旧制度中的言词审理",[3]这一表述并不完全正确。可事实是,这些智识之士所提出的抗议,在公共舆论

〔1〕 *Ayrault*, Book III, Article 3, No. 50-52. 奇怪的是,在艾罗的论著中只找到了这一段对可怕的酷刑制度提出批评的表述。相比之下,英伯特关于审前羁押问题的批评则更加明显:"尽管这可能有些武断,但最好是通过法令明确规定可下令逮捕的罪行,以限制法官在这一问题上恣意行使权力。"Book III, ch. II, No. 4.

〔2〕 同上, Book III, Article 2, No. 31。

〔3〕 *M. G. Picot*,"Histoire des Etats-Généraux", vol. IV, p. 254.

中并未惊起涟漪。皮埃尔·艾罗苦口婆心的控诉,在今天值得我们敬佩,然而在当时却没有掀起任何波澜:“充耳不闻先哲之呼”(Vox clamantis in deserto)。我们应时怀感念之心,接受这些批评 174
的声音,因为它有助于结束长期以来所经历的混乱局面。皮科特(M. Picot)曾指出:“在中世纪末期,在历经可怕的百年战争之后,整个法国动荡不安,王室逐渐意识到国家最需要的是内部安定的秩序。整个国家显然对保护国家不受强权暴力侵害的保障措施充满了热情。”与此同时,不仅法国刑事诉讼开始进行改革,欧洲大陆其他邻国的诉讼制度改革也取得了长足进展,这种改革的力量是不可阻挡的。

第四节　16世纪的刑事诉讼程序与三级会议

当国家允许民众代表在三级会议(States-General)[三级会议(États-Généraux)指的是在法国中世纪,民众代表应国王的召集而不定期举行的会议。这些代表由教士、贵族以及其他民众(称为第三等级)组成。——中译者注]或名流聚会的场合上各抒己见时,他们往往会赞同刑事诉讼中所进行的改革。虽然在极少数情况下,第三等级(教士和贵族以外的其他民众)受自由的本能驱动,以及贵族基于对独立的嫉妒情绪,针对某些细节问题提出了反对意见,但随着时间的推移,人们对新的诉讼程序的满意度越来越明显,根基也越来越牢固。在三级会议上,人们对秘密和纠问式诉讼程序的认可在不同时期都有体现。在1786年巴黎高等法院的一次著名演讲中,首席大法官(Attorneys-General)塞吉埃(Séguier)回顾了这场改革,在演讲中,他打消了人们进行改革的愿望。他认为:“这是一件很了不起的事情,我们不应该忘记。王国所有伟大法令都有一个共同点。《维莱科特法令》(Ordonnance de Villers-Cotterêts)颁布于1539年,《奥尔良法令》(Ordonnance de Orléans)是在1560年,《穆兰法令》是在1566年,《布卢瓦法令》(Ordonnance de Blois)则是在1579年。它们都属于同一个世纪,其目的都是对法律进行改革。最后提到的三部法律则是为了回应三个地区出现的抱怨和抗议而颁布的。请允许我这么认为,在所有这些庄严的法律中,国家的臣民只是要求君主伸张正义,但没有人对诉讼形式提出控诉,也没有人对《弗朗西斯一世法令》(Ordinance of Francis I)的野蛮行径提出控诉。难道说整个国家的人聚集在一起讨论国事时,都是睁眼瞎而不提出这方面的要求吗?需要对一个与自然法相背离的、虚幻的法律体系进行改革吗?"[1]

后来,在起草《重罪审理法典》时,彼时"司法官辖下法庭"已经以
175 "特别法庭"(Special Tribunals)的名义被引入司法系统,起草该法典的人回忆说,16世纪时,会议曾批准设立这一机制。"为了澄清,有必要指出的是,在16世纪初,弗朗西斯一世才在法国各地恢复了一个类似于我们刚才所提到的特别法庭,该制度在奥尔良、穆兰和布卢瓦三个地区议会得到承认,此外,为了回应这些地区的抗议而颁布的著名法令中,特别法庭制度得以重新恢复。"[2]塞吉埃和吕亚尔犯下的唯一错误在于,他们误以为议会是在为《1539年法令》中所确立的程序规则而正名。

我们可以更详细地研究一下各路人马在三级会议上请愿的确切含义。皮科特的传世之作《三级会议史》(Histoire des États-

〔1〕 pp. 240, 241.

〔2〕 "Exposé des motifs du titre VI, livre II, du Code d'Instruction Criminelle," by *M. Réal* (Leiré, vol. XXVIII, p. 47).

Généraux),让这项工作变得非常轻松。

在1560年的三级会议上,贵族只是坚持要求国王的检察官"有义务公开控告者的身份,否则就必须以自己的名义承担责任"。而第三等级和教士们则呼吁强化检察官的追诉活动,《奥尔良法令》(第63条)在法律中体现了这一愿望。[1] 三级会议对这一规定提出不同意见,因为该规定"要求被告必须立即向证人提出异议,这是非常困难的,往往会使许多无辜之人遭受无妄之灾"。因此,三级会议呼吁法官应有权决定延期审理,但王室御前会议(king's Council)的答复是"法令必须遵守"。[2] 此外,宪兵司令的问题是三级会议最关切的话题,虽然第三等级要求并获得了王室法院和宪兵的部分并行管辖权。[3] 但三个法令都一致要求宪兵的行动要更迅速、更有效。

1576年,在布卢瓦召开的三级会议上,代表们提出一个请愿,即在对质之前"应告知被告不利于他的控告者姓名",[4]但这个愿望注定是要落空的。相反,另一项请愿的命运却大不相同,它得到了三级会议的青睐。该请愿的大意是,"所有调查犯罪之人都有义务对证人进行询问,以查明事实的全部真相,这对被告的辩护人和检察官的要求都是一样的。"人们曾认为,把对被告的照顾交给法官的良心,这已经算是足够照顾他们了。虽然这一规定
只是一种纯粹形式上的满足,但该请愿还是被写入《布卢瓦法令》 176
(第203条),后来又被纳入《1670年法令》(第五章第10条)。《布卢瓦法令》中还规定了一个更为重要的制度,即法官有义务查

[1] *M. Picot*, *op. cit.*, vol. II, p. 169, 170.

[2] Ibid., vol. II, p. 171.

[3] Ordinance d'Orléans, Article 72.

[4] *Picot*, *op. cit.*, vol. II, p. 528.

明证人的身份是否属于“双方当事人的亲属、家眷或佣人,并在询问证人之前,就告知证人如果属于上述人员的范畴,则其证言是无效的,并将面临对方当事人提出的损害赔偿之诉”。[1] 但人们更看重的是加快追诉的工作进度,为宪兵的追诉工作大开方便之门:皮科特写道:“仔细阅读这些请愿书(Cahiers),[在“三级会议”上,各个等级的代表可以递交请愿书(Cahiers de Doléances),向国王表达某些意愿。——中译者注]可以清楚地发现,代表们被《1539年法令》给迷住了。在他们看来,这些规定本身似乎只会威慑到犯罪之人,老实安分之人则无须担忧。因此,他们回避了对秘密审判的批评。”[2]

在1588年的布卢瓦三级会议上,上述问题也没有引起代表们的关注,无论是教士还是第三等级,对于刑事审讯问题都表现得漠不关心。[3] 而贵族则希望加快诉讼进程;他们表示希望恢复私人的控告方式,而不是由检察官来进行追诉。这次会议上提出了没收的规定,并已纳入我们的法律中,按照该规定:“如果凶杀案被害人的遗孀、继承人或受让人,未就对于其丈夫或亲属实施的谋杀或过失杀人行为提出控告的话,他们的一切权利都将被剥夺。”[4]

1593年的神圣联盟会议(Estates of the Ligue)完全只涉及政治话题,刑事立法并不属于这次会议讨论的范围。在一部不朽的讽刺作品《梅尼普斯》(Ménippée)之中,作者忠实全面地记录了人们对本次会议的讥讽。1596年在鲁昂(Rouen)举行的三级会议

[1] *Picot*, *op. cit.*, vol. II, p. 528. 贵族曾表示希望:“因证据不足而被释放的嫌疑人,在下令进一步调查之日起一年后不得再被逮捕。”

[2] Ibid., vol. II, p. 530.

[3] Ibid., vol. Ill, p. 184.

[4] Ibid., vol. Ill, p. 184.

同样没有关注这个问题。[1]

在《1670年法令》起草之前,代表们还有机会在1614年的巴黎议会上、1617年鲁昂会议和1626年和1627年巴黎会议上表达了他们的意见。但公众舆论更倾向于支持秘密和纠问式的诉讼程序:“整整一代法律人都是在神秘主义的习俗背景下接受书面审理模式的培训,被害人一方的慵懒导致了他们逐渐接受了治安 177
法官的主动调查,这使公民免去了为自己辩护的烦恼,国家提供的保护代替了个人的行动。”[2] 在代表们的请愿书中,我们甚至注意到一种观点,即在诉讼中表达意见往往会拖延诉讼。因此,在第三等级代表们的要求下,《1629年法令》明确规定,禁止在刑事诉讼程序开始时就提出异议(第112条),以免律师和检察官仅仅通过暗示就足够清楚地确定证人的身份,从而给被告充足的机会进行准备和提出异议,并针对检察官的证人采取攻击性的策略。[3] 三个法令都规定,一名法官在助手或者书记员的协助下就可以进行审讯。[4] 事实上,这种规定主要是出于经济方面的考虑。基于同样的理由,促使《穆兰法令》的制定者还规定(第37条):“从现在起,应委托一个而非两个办案人员负责审讯;任何时候都必须有书记员或者助手在场,否则处以四倍罚款(quadruple penalty)。第三等级的代表们还考虑到了突发事故(incidents)[5]和移送问题(evocations)[6]——通常情况下,当事人是为了逃避惩罚。他们呼吁不能以各种借口中止审理,直至最后判决的宣

[1] *Picot*, vol. Ill, pp. 257, 323.

[2] Ibid., vol. IV, p. 61.

[3] Ibid., vol. IV, pp. 61 and 187.

[4] Ibid., vol. IV, p. 64.

[5] 突发事故是指在案件审理过程中出现的构成索赔的事实,视主要赔偿请求权而定。

[6] 审理移送是指将一个案件从一个法院移送给另一个法院审理。

布,法官都不应当停止审讯。[1] 当然,也有人认为应当提供一些缓和措施。贵族坚持认为“作为一方当事人的检察官,在诉讼开始时就必须说出控告人的姓名”。[2] 第三等级的代表们还希望“在被告被逮捕后的二十四小时内应对其进行讯问”。[3] 宪兵司令管辖权问题也得到了代表们的关注;宪兵司令滥用职权现象非常严重,因此,他们建议其案件管辖范围应限于军队所犯的违纪行为。[4]

1614 年的三级议会和后来的贵族大会上提出的请愿意见,都在随后颁布的法令中有所体现。1627 年,掌玺大臣马里亚克(Mi-
178 chel de Marillac)召集了部分议员,对代表们的请愿意见进行了审议,并颁布了一项法令,随后于 1629 年 1 月 15 日在法国高等法院备案通过,该法令包括大量关于司法行政管理和程序方面的条款,它绝不是一部详细而系统的法典。这部被称为《米肖法典》(Code Michaud)的法令在实践中很少得到遵守。

在 17 世纪,正如我们将看到的那样,公众舆论不要求对刑事法进行改革,甚至没有人隐晦地指出,这些应当遵循的诉讼程序可能是恶法。但人们很早就认识到,有必要制定一部精确而详细的《刑法典》,以解决所有的细节问题,并消除司法中的不规范和矛盾之处。“投石党运动”(Fronde)(也称投石党乱、福隆德运动,是 1635 年至 1659 年发生在法国的反对专制的政治运动。——中译者注)时期是一个充满危机的时代,犯罪是邪恶时代的必然产物,这一时期犯罪率飙升。与此同时,在政治动乱中经常出现的一种现象

〔1〕 *Picot*, vol. IV, p. 64.
〔2〕 Ibid., vol. IV, p. 60.
〔3〕 Ibid., vol. IV, p. 61.
〔4〕 Ibid., vol. IV, p. 65.

是,司法行政变得不那么精准有力了。在红衣主教马萨林(Cardinal Mazarin)去世五年之后,德姆斯·塔隆(Dcms Talon)终于站出来呼吁:“由于犯罪没有受到应有的惩罚,恶人的数量已经增加到了如此之多,所有的公共安全和自由很快就会不复存在。”[1] 1665年,在奥弗涅地区“伟大的日子”里,弗莱希埃(Fléchier)给我们留下了非常有趣的记录。[2] 该记录以一种令人震惊的方式,展示了混乱和丑闻如何让司法行政的名声扫地。此外,虽然在很长一段时间内,诉讼程序的基本特征已经确立,但细节问题尚缺乏一般性的法律进行规范。在司法实践中,制度上模棱两可的弊端越来越明显。据《1670年法令》的一位编纂者说:“这种弊端已经到了这样的地步,以至于在法国高等法院内,一些原则在三十年内变来变去,甚至在今天,在高等法院内部不同的审判庭,对这些原则的解释也不尽相同。”[3]除了一般的法律之外,没有任何东西可以提供补救措施,而这些法律还要用来制止其他的滥权行为。刑事诉讼法完全属于成文法,但其中引入了许多形式上繁文缛节的东西,导致了诉讼进程的拖延以及诉讼成本的增加。

君主政体从刚刚结束的战争中幸存下来,几百年来,君主政 179
体先是反对封建主义,然后是与贵族进行斗争。投石党运动是对王权敌对势力的最后一击(1643年,法国国王路易十四幼年登基时,由太后出任摄政王,深得太后宠信的红衣主教马萨林则任首相,但马萨林才是当时法国的实际统治者。马萨林为了应付30年战争的需要,向百姓大量开征捐税,激起了贵族和平民的愤怒。——中译者注)。从此以后,王

〔1〕 Quoted by *M. Pierre Clément*, “Lettres, papiers et documents de Colbert” vol. VI, Introduction, p. xxxix.

〔2〕 “Grands-jours d'Auvergne,” *Chéruel.*

〔3〕 “Lettre d' Auzan et à un de ses amis.” 参见 *Pierre Clément*, “Lettres et documents de Colbert,” vol. VI, App. p. 397。

室在没有异议力量的情况下,一步步建立起绝对的中央集权,对后来法国的发展留下了不可磨灭的烙印。这也是历朝历代进行法律改革的有利时机,每当国家与敌对势力进行世俗斗争之后,每当国家到达一个对它来说似乎是生死存亡的边缘时,每当国家对于长期稳定迫切向往之时,往往也重燃了制定和统一法律的诉求。人们深感有必要将缓慢形成的法律规则统一为一个和谐的整体,并将一些异质因素从中去除。这就是国王路易十四政府所要做的工作。事实也清楚地表明,确实有必要开展这样的工作,就像我们今天所说的那样,其中拉穆瓦尼翁(Lamoignon)和科尔伯特(Colbert)这两位杰出人物不约而同地已经产生了编纂法律的构想,为实现这一目标,他们已经分别开始了第一阶段的工作。

第二部分 181

刑事诉讼历史(17世纪后期与18世纪)

第一编 183

法国的《1670 年法令》[1]

〔1〕 为了让本编的发展脉络看起来更清晰,本部分对原书的章节顺序有所调整。——英译者注

第一章　《1670年法令》的起草

第一节　法典编纂计划:科尔伯特、皮索尔、路易十四

路易十四在他的日记和回忆录中,有几处谈到他统治时期颁布的法令。他声称,不仅法令的实施,而且法令最初的构想,都要归功于他。的确如此,路易十四周围的人都在竭力让他相信,他才是帝国真正的功臣。他的继承者们似乎也持同样的看法,他们把这些法令汇编后命名为《路易法典》。[1] 如今,得益于最新的研究成果,区分每个人在这项工作中的贡献已经成为可能。如我们将要陈述的,《1667年法令》和《1670年法令》应被综合考虑;它们是同一工作的组成部分,并由同一批人员完成。

〔1〕 "Mémoires de Louis XIV",(Dreyss edition),vol. II,p. 156,224,368.

这项事业的荣誉应归属于科尔伯特和他的叔叔皮索尔。甚至 18 世纪的法学学者已开始相信这一点,尽管他们仅能依据最高法院的成员和议员之间的会议纪要进行判断。说到刑事法令,他们称皮索尔为“法令的主要编纂者”。科尔伯特和皮索尔都有能力成功完成这一工作。科尔伯特强大的意志力广为人知,皮索
184 尔和他一样精明强干。圣西蒙(Saint-Simon)对科尔伯特没有好感,但仍这样评价他:“科尔伯特是一个自我奋斗的成功者,他的才能使其左右逢源……他非常富有,也极其贪婪,性格阴郁,为人苛刻。科尔伯特令人生厌的凶狠、不满的表情反映了他的性格,而他的严厉也令人生畏……同时,他也是一个诚实正直、能力超群、洞察力敏锐、工作非常努力的人。在议会所有重要委员会和王国所有重要内部事务中,他都起着领导作用。”[1]

在科尔伯特的文稿中,有一份记录着他的计划的手稿。[2] 这是一份“由我们的国王颁布的王室法令清单,这些法令规范着王国的法律、警察、财政和军事事务”。这份为国王准备的清单,囊括了从圣路易统治时期到《1626 年法令》。它以这样的小结结束:“清单罗列的法令清楚表明,从查理曼大帝(Charlemagne)——他制定了构建王国等级制度的法令,到他的子孙路易·勒·德波涅尔(Louis le Débonnaire),没有一个国王曾努力把王国里的所有法令集合成一部法典。我们所有伟大的国王,查尔斯五世、查尔斯七世、路易十二、弗朗西斯一世、亨利四世,在和平时期,甚至在战时,都能及时制定涉及司法和其他事项的法令,但都没有尝试法典化工作。只有亨利三世有过将所有法令缩减为

〔1〕 “Mémoires,” Chéruel edition, vol. I, p. 325.

〔2〕 “Lettres, papiers, et documents de Colbert,” edited by M. Pierre Clément, vol. VI, App. p. 362.

一部法典的想法。他把这项任务委托给曾编纂过《亨利法典》的布里松(Brisson)庭长,但布里松从未付诸实施。掌玺大臣马里亚克也有同样的经历。最后,这项宏伟事业被完整地留给了路易十四。"这份备忘录的日期不详,但可以肯定的是,早在 1661 年,勤奋的皮索尔就已经开始着手实现科尔伯特的计划。"就我向您建议的法令编纂工作,我已初步开展工作,"1661 年 9 月 6 日,皮索尔写信给科尔伯特,"但我承认,这是一项涉及范围极广的工作,需要精心谋划。当我手头没有其他更紧迫的事情时,我将持续投身其中。如果您需要,我和我的工作都服从您的安排。"[1] 即便不包括统一民法的工作,编纂法令本身也是一项浩大工程。因此,到了 1665 年,科尔伯特的计划似乎陷入停滞。

宰相(The prime minister)希望由王权主导法典编纂。一个古 185
老的法律格言说,立法权属于国王,并仅属于他。[2] 毫无疑问,15 世纪和 16 世纪的重要法令,通常是在起草委员会(States-General)通过或议员(deputies)提出报告后颁布的,但从立法意义上说,他们没有立法权,立法权仍由国王独享。这些"法令"由受委托的人和三阶层的代表起草,但只有在国王颁布后才能成为正式的法律。这一点是毋庸置疑的。为完成立法任务,国王要汇聚周围的顾问和起草人员的智慧。制定涉及司法的法令时,征求高等法院的意见似乎理所当然。然而,科尔伯特并不想这么做。在他的文稿中,我们找到了一份他亲笔签名的草稿,上面写道:"要找到一种方式使高等法院处于适当的地位,以永久剥夺它企图参与

〔1〕 "Lettres, etc., de Colbert," vol. IV, App. p. 368.

〔2〕 其实早在 18 世纪,巴比耶(Barbier)律师就对历史做出了这样的评价,他说:"每一个国王在他取得王权后,都可能会修改或废除前任国王的法律,就像前任国王对待他们在位前所遵循的法律和习俗一样。"(Journal, vol. VII, p. 281)

国家管理进而妨碍国家运行的权力。"[1]和他的王室主人一样,科尔伯特不愿意让高等法院官员掺合到他所谋划的光荣事业中来。他只想从议员、杰出的律师和法律专家那里寻求帮助。他后来说道:"除非依靠议员和法律专家(Masters of Requests),否则,没有哪项重要的工作能很好地完成。"[2]

科尔伯特可能在 1664 年或 1665 年与国王沟通了他的计划。他很容易地找到了一种沟通方式,让人感觉这个主意好像是国王陛下自然而然想到的。同样地,在 1665 年 5 月 15 日一份重要的备忘录中,科尔伯特写到:"国王表示,实现公正的构想,是一个国王所能想到的最伟大、最光荣的计划……国王清楚地认识到,王国统治者有两大任务:一是保护自己的子民,二是为他的子民伸张正义。他已经完美地实现了第一个目标……与此同时,他也意识到,自己渴望同样成功地解决第二个问题……我们还未来得及
186 说出自己解决问题的想法,他三言两语就把世上最有才干的人需要数年深思熟虑才能想到的思路表达了出来。"[3]

第二节 议会成员的请愿书

科尔伯特首先向国王建议,让议会的领袖人物们就当前法令存在的不足及解决办法提出个人意见。这是获取有用信息的一

[1] "Lettres, etc. , de Colbert," vol. II, VI, p. 15.
[2] 同上, vol VI, p. 8。
[3] "Lettres, etc. , de Colbert," vol. II, VI, pp. 5, 6.

种路径,同时也能发现能力最突出的议员。[1] 这些材料被整理后,现存于"国家图书馆"(Bibliothèque Nationale)。[2] 科尔伯特似乎对这些材料评价不高,事实上,他对这些材料所做的"浓缩的摘要"被保留下来。在摘要中,经常出现这样的词语,——"和改革计划的重要性或与国王的伟大相比,这些建议基本上毫无价值。"皮索尔的请愿书被单独地仔细分析过。[3] 但是,对这些稀有且未发表的材料,我们不必因科尔伯特对其评估不高而阻碍我们对其价值进行粗略的评估。皮索尔的请愿书无疑远超其他人,其引人注目之处不仅在于其条理清晰、文采斐然,还有其所表达的高贵情感。但其他请愿书可以告诉我们,改革的未来走向是什么,特别是,我们可以了解议员们对刑法有什么想法,以及他们打算纠止哪些弊端。

这些请愿书表明,议员们将司法改革理解为官员制度的改革,而非法律本身的改革。法律规定的矛盾冲突毫无疑问地受到了批评,将散乱的法律规定编纂成法典被认为是有价值的工作,但最重要的事情是确保法律得到严格遵守。在这方面,皮索尔的观点具有代表性:"法国被认为拥有欧洲最优秀、最明智的法律规定,但在对法律规定的统一性方面,法国可能比其他任何国家都要做得糟糕。每项法律规定的思虑都如此精确,以至于国王很难找到修补的空间。但如何将这些法律规定统一起来,我们需要您的鼎力支持。因为我们不仅必须与自然的天性,还要与后天习惯 187

〔1〕"如此看来,首先国王要做的是选出有能力完成这项伟大事业的人。显然,他十分谨慎地处理这个问题。他命令所有议员就某一案件提出自己的意见,以便他根据实际情况从中挑选出能辅助他完成这项伟大事业的人。"("Lettres, etc., de Colbert," vol. VI, p. 6.)

〔2〕"Bibliothèque Nationale Manuscrits: Mélanges Clérambault," No. 613.

〔3〕"Lettres, etc., de Colbert," vol. VI, p. 21.

作斗争。这些后天习惯根深蒂固,几乎成为另外一种天性。"[1]皮索尔尤其青睐《米肖法典》,认为其值得采用。"我认为,我们应该特别遵守之后的各项法令,其中包括掌玺大臣马里亚克的法令,众所周知,它是基于细致入微的态度和热情公正的精神被制定的。"[2]——"虽然它很高明且有见地,却没得到应有的赞同,也没有在高等法院得到充分的实践,而他们也难以说明其中缘由。"[3]

议员们对司法官员改革展现出诚挚的热情,他们首先以官员的蒙昧无知和唯利是图来谴责现有体制,认为这是买卖官职和法官收费制度(judges' fees)的必然结果。"不同类型的人被无差别地任命,"皮索尔说,"法律认为,刚刚走出大学的未成年人在没有监护人干预的情况下,在触及自身利益的最细微的事上,都无法捍卫自身利益。作为法官,他们需要在当事人生命和财产濒临险境时作出决断,需要就国家的重要事务发表意见,而他们却只是些无知之人,若不是财富傍身,本应与普通老百姓一样。在面临即使是最明智的医生也感到困惑不解的问题时,他们不假思索做出判断,试图看穿人类的恶意和狡猾的伪装。那些堕落的人,那些在放荡淫逸和践踏正义中长大的人,却为陛下履行他王权中最伟大、最神圣的职责"。[4] ——"这个时代给法庭带来的最大罪恶就是卑鄙无耻和利欲熏心的官职买卖,它滋生欺骗和诉讼,并使它们永存,而且这种情形越来越多。它像是毒药,在最崇高的

[1] "Melanges Clerambault," No. 613, p. 443. 皮索尔是这样解释这一乱象的:"国民喜欢新鲜事物的天性是法律难以统一的主要原因。就算他们品行端正,但因他们自身缺乏自制力,也难以坚持自己的选择,很快就会被其他事物似是而非的表象所迷惑。"令人感到忧心的是我们发现这一想法后来被一再强调。

[2] "Mémoire de d'Aligre," p. 5.

[3] "Mémoire de la Maugrie," p. 277.

[4] p. 406.

阶层中不知不觉地蔓延,可能会导致正义精神最终幻灭。”〔1〕

议员们提倡的措施,乍一看令人吃惊。他们要求确保地方执法官的学识和品格,有些人要求至少取消官职出售和法官收费制度〔2〕,甚至还希望取消终身任职制。这确实反映了公众的心声,让我们想起了投石党运动。“修改《路易十二法令》是有必要的。该法令是在他黑暗的统治末期确立的,其规定只有在前任官员死亡、辞职或被剥夺职位的情况下才能任命新的司法官员。但是,由于官职是国王授予的而不是国王卖给他们的,因此他有权根据自己的意愿撤销这些职位。”〔3〕皮索尔大体上持有同样的意见,但目前只要求把司法人员的人数减少四分之一或五分之一。“国王们对司法职务的不当处置引入了腐败,之后通过建立官职税制度(Paulette)使这些职务摆脱了特有的束缚,同时国王自己也丧失了奖赏有功之臣的唯一方式……如果采取这种方式,我们将不会看到法官们轻率地卷入危害王国安全的阴谋和争斗中去,统治者也不会疏于监督让议员们履行职责。如果庭长们盲目到不顾自己对国王负有的义务、名誉和承担的职责,他们就会发现法院里所有的高级官员都会采取行动。这些具备美德、勇气和雄心壮志的人们,将会很乐意抓住这样的机会登上为国服务的岗位,这些岗位,他们的长官已无法胜任。”〔4〕 188

在讨论《1670年法令》时,多份请愿书再次提出了另一个非

〔1〕 “Mémoire de Barillon de Morangis,” p. 33; cf. “Mémoire de Boucherat,” p. 84.

〔2〕 最好的办法就是完全禁止官职出售,让国王严惩他们,为那些真正拥有真才实学的人让出位置。(“Mél. Clér.” No. 613, p. 625)对于法官收费制度下文有所介绍。本卷的第609页摘录了一份请愿书,但文中没有记录作者是谁,标题之后只有这么一句话:“这份请愿书是阁下1665年6月19日到圣日耳曼之前提出的。”德斯坦(D'Estamps)也对废除官职买卖和法官收费制度持积极意见。

〔3〕 “Mémoire de d'Estampes,” p. 107.

〔4〕 Pussort, pp. 428-431.

189 常大胆的提议,旨在镇压领主和教会法庭。皮索尔指出,“王国的大量司法辖区内普遍存在四种恶行,即司法权的扩张、司法权的冲突、诉讼激增和诉讼不便。这种乱象的应对之策,是将所有的领主法庭、世俗法庭、教会法庭与他们衍生的王室法庭统一起来”。[1] ——“为了维护国王的尊严,有必要取消所有的领主法庭,在那些认为有必要的这些地方建立王室法庭。对王室来说,法官由个别贵族任命是不合礼数的。这些法官大多数是农民,没有能力履行职责,他们侮辱了法官之名,有损司法权威。所以应当任命能够正确维护臣民财产、荣誉和生命的法官。剥夺生命的权力,也就是所谓的最高审判权,同时也是主权的显著标志,都是属于国王的……在古代,王权之外的个人从未享有过这种权利……即使是在今天所有欧洲国家,法官的任命权掌握在国王之外的人手中,都是闻所未闻的。除德国之外,在意大利、西班牙、英国、威尼斯,这都是不变的规则。”[2]议员莱迈斯特·德贝勒贾梅(Lemaistre de Bellejame)仅仅提议要由王室法官掌握刑事司法权。德塞弗(De Sève)还要求,如果在犯罪后的三天内,领主法官没有启动管辖权,王室法官将享有优先管辖权。[3] 德沙莫(Deshameaux)希望,“除了任职、辞职和其他领主权力外,这些中、低级法院的法官不应被授予任何其他的司法权力”。

然而,在支持官员制度改革的同时,请愿书的作者也认为有必要修订和重组法令。人们希望“在王国内建立一个统一确定的

〔1〕 p. 445.

〔2〕 “Mémoire sans nom d'auteur,” pp. 615, 616.

〔3〕 关于教会法院,他是这么说的:“教会法院的现况不佳,存在机械司法、法官收费、除非有一方先垫付费用,否则无法启动刑事诉讼、有罪不罚的现象,而这一切都是出售问询处、负责人和第二法庭书记员的官职所造成的。”(p. 49)

程序”,[1]“制定法庭一般规则”,[2]“把国王希望在国内保留并实施的所有法令编成法典”,[3]“统一程序规范和实践操作”。[4] 190
但随之而来的问题是,如何进行编纂?

值得注意的是,议员自然应该参加议会。即便他们不愿意召开议会,他们中间的大多数也认为自己有义务提出反对的理由。“也许可以向国王提议召开议会,但是议员人数众多,意见纷杂,会导致事与愿违。1617年和1626年,伟大的已故国王分别在鲁昂和巴黎召开领导层密会,以寻求帮助。参会人员主要由国王和他的顾问们选出,主要包括高级教士、主要贵族成员和领主法院的官员。他们建议在司法改革中起草一个新的法令……在1629年领导层会议后,《1629年法令》被颁布……如果国王希望的话,他可以命令我们结合请愿书和相关意见制定法令,不受到任何来自议会或是领导层的阻碍。”[5]梅斯格里尼(Mesgrigny)也提到了议会。[6] 皮索尔同样提到了却对此不屑一顾:“必须承认的是,议会改革是实现王室宏伟蓝图最重要的目标。它与内战动乱以及君臣矛盾不同,当出现内战动乱以及君臣矛盾时,反叛分子总会要求改革,这些改革将赋予他们反抗的色彩,使他们有机会削弱王室权力。而国王也从不放弃改革,以表示他们对公共福祉的关心,并缓和国内矛盾。但这些改革从未付诸实践,这既不是

〔1〕 “Mémoire de Boucherat,” p. 75.

〔2〕 “Mémoire de d’Estampes,” p. 117.

〔3〕 Pussort, p. 117.

〔4〕 “Mémoire sans nom d’auteur,” p. 494. 甚至有一份请愿书(p. 646)提出要单独制定一部统一的民事惯例,但是其他委员认为惯例是难以修改的(D’Estamps, p. 117);而De Sève称其是“在王权统治下经过人民同意后适用的法律,大部分法律因为和君主制度一样古老而被称为‘惯例’”。我之所以这么认为,是因为它们在法国的某些省份被称作成文法,它是由人民制定的,而不是国王,普罗柯比(Procopius)就是这么写的。

〔5〕 “Mémoire de la Maugrie,” p. 227.

〔6〕 p. 376.

建议改革者也不是国王的本意,这也许是没有制度能够在法国全面实施的原因之一(除了我之前提过的那些)。仔细调查后发现,
191 这些法令诞生于内战的动荡中,可以说,炮弹的声音淹没了反对法令的声音。"[1]在议会(State Council)的辩论中有人提议建立起草委员会,我们将会看到这样做的后果。

大部分请愿书支持司法官员参与改革。"这个问题最适合由法院官员参与讨论,他们每天处理诉讼活动,比任何人都了解诉讼当事人的诡计和策略,知道谁是幕后主使。"[2]"征询高等法院大法官们的意见是有必要的。"[3]最好让"首席院长(First president)和总检察长(procurator-general)去召集议会全体成员或议员代表,去审议法庭一般规则,并将请愿书六个月内送交给国王"。"国王应与在巴黎领主法院的主要官员进行初步会议,这些官员了解发生在巴黎辖区内和低级法院内的特有的恶行,据说它们现在仍旧存在。"[4]"似乎应当……建议中级法院和其他领主法院法官从议会成员或代表中挑出四到六名领导人(人数较多会造成混乱),让他们修订并汇编那些还未使用的法令。"[5]只有皮索尔一个人坚持己见,制订了一项十分精确的计划,而司法官员在其中却起不了什么作用。"这项工作,"他说,"在很大程度上可以,且应当由某几个人来做,可以根据他们的能力和学识分配工作,使他们各尽其职。我相信六个人就足以胜任这项工作,少则误事,多则混乱。我建议让这几人放弃其他所有工作,甚至退居乡间静养,远离所有会分散他们注意力的事物,从而让他们完全投

〔1〕 p. 422.

〔2〕 D'Aligre, p. 4.

〔3〕 Barillon Morangis, p. 31.

〔4〕 La Maugire, p. 277.

〔5〕 p. 493; *cf.* "Mémoire de Mauroy," p. 355.

入工作,迅速且准确地完成任务。这六个人应该独立工作,每周 192
交换工作进度。我想要委任一个德才兼备的人来领导这个委员会,他将监督工作、分配职责、主持会议,并就重要事项向国王汇报,听从国王的命令。"[1]不久,我们将会见证皮索尔的计划所取得的具体成果。

我们尤为感兴趣的是,请愿书中展现的刑事程序如何?在这方面,他们断言《1539年法令》是一个完美的典范,接下来要做的就是完善它。"法令解答了刑事审判程序中的所有困惑。在这之前,因为没有规制审判行为的精细规则,犯罪缺乏有效的刑事审判。犯罪人时而可以逃脱制裁,时而被施以过重刑罚。犯罪事实没有得到充分证明,证据会在冗长的程序中丢失。"[2]——"刑事公正通常被他们(法官们)忽视,但绝不可以缺失。我虽看到这一点,却提供不了任何帮助,因为公正只取决于法官的良心。至于规范方面,除了使《1539年法令》继续生效外,对于它制定的刑事程序条款,没有什么可以补充的地方。"[3]没有人会认为这一程序是严厉的,相反,如果有什么可指摘的地方,那一定是因为它过于温和。请愿书提出了一些较为严厉的规定,《1670年法令》将它们容纳其中。"法官时而会对法令作出宽松的有利解释,导致有罪不罚的现象出现。这是司法过程中最严重的问题。"[4]——"被告在被关押之后,法官可能要求被告在审讯前一两个月内不得与任何人交流,也不能寻求任何法律意见,直到和证人对质。然而,为了确保犯罪人的人身安全,在审讯之后,被告应当一律得

〔1〕 Pussort, p. 447.
〔2〕 Boucherat, p. 62; see also D'Estampes, p. 118.
〔3〕 De Sève, p. 485.
〔4〕 Pussort, p. 400.

到律师的帮助。唯一的例外是涉及危害国家的罪行,在这种情形下保密是重要的,没有法官的命令和许可,被告既不能与人交流,
193 也不能获得法律帮助。"[1]"历时多年的刑事案件表明,法令没有为刑事诉讼审理提供全面且必要的规范,例如让被告知悉相关法令、向被告当面提供免费意见、对特殊案件进行区别对待……看起来,对于那些因藐视法庭而被判决的人,法令似乎太仁慈了,给了他们五年的时间改过自新。"[2]

上述这些文件揭露了法令面临的信任危机和实践乱象,就像克莱蒙特鼎盛时期(the Great Days of Clermont)出现过的那样。皮索尔说:"被指控的大人物与法官们一起密谋,从后者那里获得帮助,从而逃脱法律制裁。但是,也会经常看到因为诉讼费用过高而使诉讼当事人不堪重负甚至破产。"皮索尔提出,"法官滥用职权,将犯罪集团在一定程度上置于法律的保护之下"。[3]——"最危险的事情莫过于支持邪恶,给罪犯提供安全的庇护所,剥夺司法官员扣押和处决罪犯的裁量自由,使正义无法被伸张。执杖人员应当代表王权行使权利。"[4]"敲诈勒索和法官受贿都应受到谴责。[5] 在里昂,国王的法律顾问为了得出最终结论,共同商议刑事程序;[6]在图卢兹,法官向拒不服从法令的人收缴费用,这正使得无辜之人被定罪,有罪之人被释放,违背了法令的精神。为了改善这种局面,改革尤其注重减轻诉讼负担。"[7]皮索尔还特别提到了两类人的严重滥诉,分别是无能之人和品行不端之

[1] p. 525. "Mémoire sans nom d'auteur."
[2] p. 646.
[3] p. 400.
[4] Barillon Morangis, p. 30.
[5] Boucheral, p. 73.
[6] Ibid., p. 83.
[7] Ibid., p. 84; cf. Barillon, p. 75.

人。"国王,我必须向您报告辖区内出现的一些不良行径……增加诉讼以便敲诈勒索,这些人在自己管辖的城市和集镇设立办事员,给付一定的佣金,让他们去调查犯罪和冲突,然后报告给法院主要的王室官员,包括主席、中将或是刑事副官。由于佣金是不 194
问缘由地统一交付,有罪方状告无罪方的情形时有发生,这些争端被带到了法院,无辜之人被逮捕,引发了许多冤屈。"[1]西弗的议员指出了程序上的双重缺陷:一方面,即使非常琐碎的纠纷,人们也倾向于适用"特别"程序;另一方面,即使出现了严重犯罪,如果没有民事主体出现,控告常常会被忽略。[2]

但到目前为止,最糟糕的制度就是"司法官辖下法庭"(亦译作重罪法庭。——中译者注),它的名字至今仍带有可悲的含义。有些请愿书带着强烈的情绪去看待这个问题。"为了维护司法公正,要么废除这些小司法官,要么把他们联合起来,在各个城市中组成大的主席团。因为这些小司法官对贫苦的民众造成了难以置信的影响。首席治安法官住在一个地方,刑事副官住在另一个集镇,参审员也另居他处。因为没有士兵,小司法官们就雇佣地痞无赖,逮捕他们认为可能有些财产的贫农。他们声称这些人盗窃或携带武器,从而把他们关在私设的监狱里,直到勒索到钱财为止。我忘了说,如果国王不废除那些小司法官,至少应该废除那些比小司法官更加有害的参审员。为了晋升,他们更加熟悉这些敲诈勒索的把戏。"[3]德·埃斯坦佩斯(D'Estampes)还宣称,首席治安法官没有履行职责,因为没有工资,所以他们从当事人

〔1〕 D'Estampes, p. 382.

〔2〕 p. 485.

〔3〕 Mesgrigny, p. 283; cf. 1664年5月21日塔比斯主教写给科尔伯特的一封信。("Correspondance administrative sous Louis XIV," vol. II, p. 133.)

那里收取钱财,但这是法律所明令禁止的。[1] 梅斯格里尼和德·埃斯坦佩斯都要求首席治安法官应"立即且毫不拖延地"提起诉讼,并有义务向被告宣布进入诉讼的时间,"应在第一次讯问期间宣布,那样被告不会感到突然,并且可以抗辩并对管辖权提出异议。管辖权应该根据法令,以常规的方式去决定……在诉讼
195 过程中和上诉中对管辖权的抗辩也是不同的"。[2] 梅斯格里尼和德·埃斯坦佩斯都反对上级法官对首席治安法官、执行官助理和副法官助理的上诉行使管辖权;[3]反对上诉管辖权乍一听不免会令人感到震惊,但梅斯格里尼对这一观点进行了说明。"自《1629 年法令》颁布以来,《宣言》规定首席治安法官有权提起上诉。这是一项非常糟糕的制度,因为他们会滥用职权。当首席治安法官想报复臣民,甚至是拥有头衔的绅士时,他就会适用这一规则。"[4]那么,对首席治安法官模糊的司法权进行严格限定是绝对必要的。[5] 以上就是《1629 年法令》所做的;但在接下来的百年之中,有必要重新审视这个问题。

我们在请愿书上花费了比较多的时间,对于我们而言,这些未发表的文件还是很有价值的。比起议会或委员会会议的辩论,它们包含了更多的观点。

[1] p. 132.

[2] D'Estampes, p. 133.

[3] Ibid., p. 132; Mesgrigny, p. 382.

[4] p. 383.

[5] Barillon Morangis, p. 76.

第三节 科尔伯特的计划:司法委员会;初步人选

科尔伯特全盘采纳了皮索尔的计划。在请愿书汇集而成的备忘录中,皮索尔说了这样一段话:“法令的编纂工作(需要)委任给六位才能出众之人,其中一人担任主席。他们将退居乡下,将所有需要遵守的法令编纂成法典,并在全国实施。”[1]然后,科尔伯特向国王递交了请愿书,也就是上文所述的1665年5月15日的请愿书。在这份请愿书中,科尔伯特从一开始就清楚地表明态度,提议要编纂包罗万象的法典。“国王的一思一行都是他智慧的体现。让我们印象深刻的是,在统治国家方面,他不想像前任君主那样,仅满足于汇编部分法令且未能有效实行。国王已经告知我们,他希望将所有必需的条例汇集成一个完整的法典,建立统一的司法实践方式,并减少法官的数量……我们只需要按照国 196
王下发的指示,就如何实现这些伟大目标提出自己的可行意见。”

如前所述,王国很快采用了科尔伯特当时提出的计划并起草法典,也就是如今我们遵从的这部法典。它分为两部分:议会对委员会和附属委员会制订的计划的讨论;与此同时,为了方便工作,在全国范围内对有关机关进行的广泛调查。

司法委员会(a Council of Justice)由最有能力的议会成员组成。“(司法委员会)必须定期开会,每周一次或是每三天一次,同时进行工作分配——审查收集的全部法令,以找到所有需要更改的地方。这是所有工作中规模最大、范围最广的部分,有必要任

[1] “Lettres, etc., de Colbert,” vol. VI, p. 21.

命四到六位得力议员,他们将和来自中级法院的优秀律师们——也是四到六位——在首席议员的领导下组成一个独立的委员会。同时也有必要将他们的工作与民事司法工作区分。这项工作的每一部分都有两名议员和两名司法官员参与;四人决定的内容将受到十二人的全体会议的审查,之后,全体会议将已经解决的问题即刻提交给国王议会。”科尔伯特并不满足于提出各司其职的分工方法,还指出了工作中应当遵循的精神。这是他关于刑事程序的看法:“要把王国刑事司法制度中一切相关事务,都作为最重要的事务来加以审查,消灭司法过程中敲诈勒索的现象。并且要注意采用可靠的方法,在保护无辜者的同时,达到迅速惩罚犯罪的目的。”接下来我们将讨论科尔伯特是如何理解刑事程序的。

我们之前所说的审讯是必要的,“在第一次会议中,需要选择八位能力强大且品性正直的专家,为王国内所有的高等法院效力”:他们将得到“一项明确的指示”;在上述会议中,他们要收集(关于刑事程序的)控诉和评论,并向司法委员会报告。为便于报
197 告,委员会的特定成员需要接收相关讨论和专家提议,“与各辖区内巡回法庭专家给出的提议相结合;将他们在司法领域中发现的漏洞上报委员会。委员会的特定成员可以采取适当措施及时补救缺漏,并将与起草法令相关的事宜即刻提交给六人特别会议”。这项计划基本是完成了,[1] 但广泛调查的结果,我们不得而知。可以肯定的是,这一结果在路易十四 1667 年的几页手记中有所涉及。在说起法令起草的时候,他提到了“来自其他高等法院的

〔1〕 在“Mélanges Clérambault”613 号,最后一封信中,我们发现了 1665 年 10 月 2 日的便条,上面有“指派到各部门的法律专家”的名字,并在每个名字上都做了标记。

请愿书”。[1]

1665 年 9 月 25 日,在科尔伯特的提议下,司法委员会在卢浮宫(Louvre)召开了第一次会议。这项伟大的工作就此开始了,并且没有中断地持续到最后,直至完全取得成功。会议的讨论历程无从查起。委员会和高等法院代表共同举行了会议,尽管官方会议记录很快被公布,并成为解释法令的基础,但很长一段时间里议会都没有披露任何会议信息。然而,有一份官方起草的会议报告,它的部分内容可见于“圣日内维图书馆”收藏的手稿中,题为“司法委员会的成立”(Déliberation du conseil de la réformation de la justice)。该文件由弗朗西斯·蒙尼尔(M. Francis Monnier)首次公开使用,[2]并在皮埃尔·克莱门特(M. Pierre Clément)整理的“科尔伯特的书信、回忆录和指示”(Lettres, mémoires, et instructions de Colbert)中完整出版。[3] 不幸的是,这份文件并不完整,仅包含三个会议的官方报告。另一边,我们获得了司法官员奥扎内特(Auzanet)写给朋友的信件,内容与司法改革相关,非常 198
有趣。这是主要负责人之一奥扎内特的证词,它特别简略,表明写信人并不想完全揭开司法改革的神秘面纱。[4] 这两份文件主

[1] “Mémoires” (Dreyss edition), vol. II, p. 252. 此外,科尔伯特还收集了很多文件。而我们发现在 1665 年 9 月(具体不知道是哪一天)中有一张便条,他要求著名律师 M. 德·戈蒙特(De Gomont)“草拟国王应当采取的司法改革举措的计划”。Lettres, etc., de Colbert, vol. VI, p. 12.

[2] “Guillaume de Lamoignon et Colbert, Essai sur la législation francaise au XVIIe siècle,” 1862.(摘自哲学与政治科学院的报告)

[3] Vol. VI, App. p. 369 et seq.

[4] “你总是请求我事无巨细地把司法改革会议上所发生的一切都告诉你,可是我既不能也不被允许满足你的愿望,因为这一切要保密。但是经不住时间的考验,这些事情还是慢慢浮出水面,为公众所知,现在我能够满足你的好奇心,接下来我会说明这次大会召开的原因以及给出的下一步指示。” “Lettres, etc., de Colbert,” vol. VI, App. p. 396 et seq.

要涉及《1667 年法令》的起草,尽管非常简要,因为这项计划贯穿始终,所以参考它们有一定的价值。

综上所述,1665 年 9 月 25 日第一次司法委员会于群众集会后在国王的内阁举行。

委员会组成人员包括伊桑(Voisin)、德维勒罗伊(de Villeroy)、科尔伯特、霍特曼、塞吉尔大法官(Séguier)、德马乔(de Machault)、德维尔萨蒙(de Verthamon)、蓬塞特(Poncet)、布切拉特(Boucherat)和皮索尔。塞吉尔大法官第一次出现在这个伟大的事业中;在此之前,科尔伯特已经完成了所有的工作,而这位大法官对此计划知之甚少,以至于在第一次会议中犯了不少错误。[1]

会议以国王的演讲为开场。国王宣称他希望进行司法改革,"他致力于推行改革,而委员会也并非只存续一年或几年,国王打算在他的有生之年一直委任他们,让他们环绕左右"。大法官在赞扬了国王的决心后,认为应当从教会入手进行改革;"他将这些事情分配给坐在他左边的委员会成员"。国王似乎并不满意;"尽管事情没有按原计划进行,也未能如国王所愿,但国王十分宽容,他允许大法官这样分配工作;"然后,国王在他衣服口袋里搜寻,"他在维莱科特时所撰写的文章,该文章参照了若干请愿书和文稿的内容,就会议的主要观点表达了自己的看法"。在维莱科特
199 雷的时候,他是基于哪份请愿书呢?是《1539 年法令》,抑或仅是科尔伯特撰写的报告启发了他?可以肯定的是,路易十四先是采纳了大臣提出的两项举措,分别是议会改革以及下派专家到各个

[1] "国王听取了科尔伯特的意见,他兼任大法官,并对所有的政府部门进行改革……虽然是塞吉尔主持所有司法改革委员会,但事实上科尔伯特才是司法改革的中坚力量。""Le chancelier Séguier," by M. René de Kerviler, p. 379.

城市。会议就此结束。

1663年10月11日,第二次会议再次于卢浮宫举行。德·埃斯坦佩斯、德莫兰吉斯(de Morangis)和德塞夫第一次出席会议,庞塞先生退出了会议。这一次他们着手规划接下来的改革路线。科尔伯特还准备了一篇演讲,我们在他的文稿中发现了原文,但这篇文章似乎从未发表;他在文中坚持认为,国王想要的无非就是编纂法典。[1]

霍特曼是其中最年轻的成员,他最先发言。他表现得十分了解科尔伯特的计划;霍特曼指出,问题不在于制定全新的法律,而是改革旧法律,并强调"刑事司法缺乏完备的法律法规……这就是刑事诉讼程序冗长且矛盾的原因,多年来的宽松容忍导致了严重的司法懈怠,以至于绝对有必要明确规则进行规范,完善所有的程序并将他们固定下来"。霍特曼向国王提议"将职责分配给会议成员";并要求进行广泛的调查。"委员们要从各城市收集的意见中寻找完成工作的办法,也就是说,在刑事问题上要从刑事副官、前检察官、法官和顾问的意见中寻找答案。"

沃伊桑先生是下一个发言的人,他提议遵循《亨利法典》并委任委员。皮索尔先生说,查士丁尼"在一个类似的项目中委任了十二位最有能力和最具经验的法律专家,花费了十年进行刻苦钻研",因此"他不能马上给出一个具有说服力的意见"。布切拉特先生说:"永无止境的法令改革需要伟大的国王为其深谋远虑并身体力行,因此,如果不进行长期艰苦的研究,就无法做出决定乃至展开行动;前国王们有时会召开会议,有时还会召集议会和王 200
国法院中的杰出领导人才;在这种情况下即便他们认为国王的计

[1] "Lettres, etc., de Colbert," vol. VI, p. 14.

划是值得深思的,也无法当场作出决定。"[1]"议会"这个词的出现让人感到惊讶,在之前的请愿书中也能看到它的身影。布切拉特显然希望这个或多或少直接代表国家的机构能够参与这项工作。这个被圣西蒙轻视的人,[2]在这里却给出了最具见识的想法。德莫兰吉斯、德塞弗和勒特利尔(Le Tellier)也持有相同的观点。科尔伯特肯定不愿意这样做,于是德维尔萨蒙先生又回到了之前的计划,仅由委员会负责。然后,必须在国王的面前做出报告,"这样才能够由天赋异禀的国王来作出英明的决定。他说这些并不是出于奉承,而是举国内外对此都有所共识,他们必须承认上帝赋予了国王超越他人的非凡才智和天赋"。但皮索尔并没有止步于此,而是十分巧妙地继续比较查士丁尼和路易十四。这使国王心情好转。德马乔先生认为,"要在短时间内完善法律,参照法令、《亨利法典》或《马里亚克法令》(Ordinance of M. de Marillac)进行查漏补缺、去繁从简,这样就已经足够了。"

然后轮到科尔伯特发言。他先是赞颂国王,紧接着清晰简要地表明应当遵循先前的计划。众人对此发表意见。国王询问大法官的看法并让他接着发言。"法律改革是君主特权。如果没有国王签章,所有的意见,甚至是法庭的规定,都没有强制的法律效力。"他同意把工作分配给委员和司法官员,并建议可以在他家里召开会议,商讨要向国王的委员会提交的内容。国王表明了他执
201 行计划的决心;但他放弃了在大法官那儿开会的想法:"他总是希望所有的事务不经转手地直接提交给他,这样他就可以直观了解到官员们的想法。如果在事务提交之前,这些人已经达成一致意

[1] "Lettres, etc., de Colbert," vol. VI, p. 374.

[2] "尽管德·图伦先生的工作很简单,但我们依然很难想象他是如何想方设法完成的。" "Mémoires," vol. II, p. 217.

见，那么国王就不能实现这一目的。”路易十四的这种观点并不奇怪。大法官随后向国王提议要分配工作；但是“国王站起身来，说这件事值得斟酌，他要与大法官私下商议”。

10月13日，星期一，科尔伯特奉国王之命，把选出的委员名单送交大法官。这是事先草拟好的，它和前文提及的五月请愿书附着的名单几乎没有什么不同。我们发现：“在司法方面（可细分为民事、刑事和警察），名单上有德维尔萨蒙、科尔伯特、皮索尔、沃伊桑、考马丁（Caumartin）、莱佩蒂尔·德拉雷尼（Le Pelletier de La Reynie），由霍特曼先生担任秘书。参与改革的司法官员也在名单之上，他们是：奥扎内特、伊奥斯特（I'Hoste）、西尼尔（Senior）、德格蒙特（de Gomont）、拉奎瑙（Raguenau）、贝拉因（Bellain）。贝拉因是之后任命的。”[1] 实质性工作即将开展，但我们的文件有一个巨大漏洞，我们仅有一份司法委员会会议的官方报告，它发生在1665年10月25日星期日。会议斟酌考量了已有法规并讨论出《1667年法令》的首章。国王和科尔伯特坚持一点，他们认为有必要抑制高等法院的权力，剥夺他们的同意权。拉穆瓦尼翁在谈到《1667年法令》时说：“它对高等法院和所有领主法院法官们构成威胁。”司法委员会进行了一场生动的辩论；有人宣称，教会法庭应与其他法庭一样共同遵守国家的法律，并且必须废除高等法院“领主法院”的称号。路易十四总是采用严厉的手段进行干预。“国王曾说过，在有生之年他会无所顾忌地提出反对意见，因为他知道如何驳回那些无用或有害的提议，并考虑采纳那些真诚且理由充分的提议。”但这些都和我们的主题相去甚远。

〔1〕“同月16日，也就是10月16日，国王授予法院书记官福柯先生律师资格。”“Lettres, etc., de Colbert,” vol. VI, p. 377.

202 然而,委员们和司法官员的会议已经举行。奥扎内特在上述的信件中向我们展示了会议的性质。大概在 1665 年 10 月 13 日之后不久,即将成为委员会主席的德维尔萨蒙先生“给司法官员们写信让他们到大法官家中会面”。他们身着法衣出席会议,塞吉尔接见了他们,并告知他们需要完成的工作。“几天后,委员们在德维尔萨蒙先生那里会面,德维尔萨蒙先生坐在会议桌的上端,也就是主席位上;在他的右手边是议员皮索尔先生,他也居于发言席。接着是专家考马丁和莱佩蒂尔·德拉雷尼,司法官员伊奥斯特、德格蒙特、福柯(Foucault)。坐在他左手边的是专家沃伊桑和霍特曼,司法官员奥扎内特、拉奎瑙和贝拉因。”这是文字记载的会议景象。奥扎内特信件中有几处也体现了对礼仪的吹毛求疵,在之后与高等法院官员的第一次会面中,这个问题注定会引起不快。

会议最开始每周两次,之后因为国王在枫丹白露(Fontainebleau)只安排了一天时间,所以在埃松内(Essonne)会面,“这样议员和专家,以及司法官员们只需各赶一半路程”。在法令起草过程中,德维尔萨蒙去世了,会议的地点改到了皮索尔家中。“伊奥斯特先生被调去医疗部门之后,他的位置空缺,因此委员人数减少到九人。”紧接着,科尔伯特加入这个委员会,奥扎内特说:“科尔伯特作为财政大臣,履行维护秩序、管理国家和其他最为重要的职能。”尽管大家恳请科尔伯特担任会议主席,他并不愿意而乐于退居次位。

委员会最为关注的事情是对法令的审查,10 月 25 日司法委员会上委员们详细阐述了需要讨论的条款。但事实上,委员们并没有掌握它们。“这个困境并没有持续很久,”奥扎内特说,“因为在接下来的会议上,国王把他对这项工作的想法告诉了我们,并出具了八项条文,这些条文构成了《1667年法令》的首章。”至于剩余部分,他们是按如下方式进行的。福柯1709年发表了后续会议的官方报告,其中有一段可以看出,皮索尔率先完成了初步 203
性的工作。“在委员中,皮索尔先生被选去起草司法改革的相关条文。这位伟人在工作中一丝不苟且精益求精;他敏锐的洞察力和对正义坚定不移的追求,被公认为是最值得钦佩的崇高品质,支撑着他完成了这份工作。”接着这些工作将被分配给“每一位律师,由他们独立完成,这样做的目的是先把法令分成若干条款再有序整合。在会议上通读法令的全部章节后,对每个条款单独考量后正式提出,并且由多数票表决通过。尽管很多时候意见不同,但没有人表现出敌意,也没有人急于把他的意见强加于人。最值得称赞的是,一切都在融洽热烈的氛围中进行”。[1] 这些工作完成后,条款被提交给司法委员会。“这些条款经过整理之后被提交给委员会,国王批准了自认为公正的条款,其他的条款或被修改或被否决。”律师没有参与委员会的讨论,因为奥扎内特补充说道:“在会议中必须要决断问题的关键时刻,国王采纳了我们的意见,为此我们感到无比荣幸。”

第四节 高等法院的责任

相对而言,民事法令是精心制定的。奥扎内特说:“为了保证法令能够实施,我们的会议持续了15个月,才完成了初稿的所有工作。”在要发布这部法令的关键时刻,高等法院再次登场了。新

〔1〕 Auzanet, “Lettres, etc., de Colbert,” vol. VI, p. 399.

的会议就要召开,这次巴黎高等法院的代表们和州议员、法律专家们一同出现。这个突发事件意味着什么?奥扎内特在宣布这一事项时,仅提到这是国王经过深思熟虑之后作出的决定。而路易十四对此也阐述了自己的立场。“我曾经提到在以往的司法条例中,大部分条款是按照我所希望的形式拟定的,而我不想再损
204 害公众利益。但我也不认为条款适合送到高等法院,因为会存在欺诈的风险,这使我感到烦恼。如果我自己做主实施它们,在这种情况下,或许未来某天法令会被质疑,认为它的通过没有经过全面的审查。正因如此,我采取了一种折中办法,可以防止出现这两种异见。在所有的法庭代表和委员会委员在场的情况下,大法官(Chancellor)宣读所有的条款;不仅如此,当会议上出现理由充分的反对意见时,它将立即被送到我的面前,并以我认为合适的方式处理。在经过这样的讨论之后,最后由我亲自发布这项法令。”[1]这位国王最近还以高压手段对待高等法院的抗议,完全看不出会有这种顾虑与担忧。而在其他地方也能寻找到高等法院登场的原因。

首席院长拉穆瓦尼翁几乎是和科尔伯特同时深刻感受到,有必要将法律法典化。由于没有能力完成这项伟大事业,他的个人目标是处理巴黎高等法院管辖范围内的所有争议。拉穆瓦尼翁打算聘请地方执法官和律师来做这项工作。在律师中有奥扎内特,不久之前他也被科尔伯特选中了。而来自不同高等法院的肯定,赋予了奥扎内特极高的评价,也正是通过他,我们才能知道发生了什么。“巴黎高等法院的首席院长拉穆瓦尼翁先生,他不能忍受法官之间的意见冲突。他了解到,之前我为了寻找疑难问题

〔1〕 “Ménioires pour 1667”(Dreyss edition),vol. II,p. 224.

的解决办法撰写过备忘录，于是命令我找到这些备忘录并补充我认为合适的其他内容。完成这些事项后，为达成目的，首席院长拉穆瓦尼翁先生征得了国王的同意，在他的家里举办了三四次会议，约有十二名律师出席，并就最初的条款发表自己意见。在其他场合，大参事会（the Grand Chambre）的两名代表在他家里会面，各法院调查庭也来了差不多的代表，在宣读上述条款和律师意见之后部分条款经过决议，其余的则暂时被搁置。但是会议所取得的成果并不令人满意，首席院长拉穆瓦尼翁先生得出结论，用这种方法将永远无法实现他的目的，于是不再继续召开会议。”[1]然而，拉穆瓦尼翁并没有完全放弃他的计划，他坚持让奥 205
扎内特继续完成他的工作，另外还在高等法院聘请了另一名律师，博纳温特·富克鲁伊（Bonaventure Fourcroi）。“这项工作持续了两年之久，在此期间每周召开两次会议，其中一次是私人会议，参加的人有这两名聘请的律师、大参事会委员布里拉克先生、调查庭庭长莱佩蒂尔，在这次会议上他们整理了材料并拟定条款。另一次会议是在首席院长先生在场的情况下召开的，会议根据他的意见进行评断并决议条款……至此初步工作完成，剩下的就是等待政府部门公布条款。”[2]正如我们所知道的，这些条款从未见过天日，但它们在拉穆瓦尼翁院长的坚持下得以长存。

值得一提的是，拉穆瓦尼翁的伟大事业直接指向了民事法律，也就是司法制度中最困难的部分，这一事业终究落空。然而，据奥扎内特所说，在路易十四准许其进行同样尝试之后，首席院长应当非常强烈地感到自己被排除在重大的政务工作之外。拉穆瓦尼翁智慧过人且为人忠诚，这些品质使他敢于直言进谏，然

〔1〕 Auzanet, “Lettres, etc. , de Colbert, ” vol. VI, p. 397, 398.

〔2〕 这发生在1665年前。

而他也很精明地表现出对他没有参与的那些事并不知情。他向路易十四提出了一项由科尔伯特提出且成功被采纳的相似建议，至少这是我们从他的传记作者盖拉德(Gaillard)那里得到的信息。“科尔伯特委托皮索尔进行司法改革。他的目的并不是要让所有人都知道法令，而是由君王来颁布它，让它在‘国王的宝座’上通过。拉穆瓦尼翁先生对这个计划十分感兴趣，他找到路易十四，并向其建议在解决财政问题之后应当实施司法改革，以使国王政绩赫然。国王对他说，‘科尔伯特先生现在正雇佣皮索尔先生进行这项工作，你去找科尔伯特并和他一起行动。’”[1]科尔伯特惊讶于国王对首席院长抱有的信心，并发现他的计划出现偏差。“会议接连开始，这些会议的官方报告已经公布，其对许多条款进行了修订，体现出会议的必要性。”[2]这奇怪的描述是真的与实际情况相符吗？拉穆瓦尼翁的策略和路易十四的回答也许是可疑的，但是有一件事情是肯定的，那就是首席院长确实去觐
206 见了国王，而国王可能想起了，之前自己给予过巴黎高等法院首席院长的鼓励，便下令召开了新的会议。与此同时，路易十四也很可能是为了避免任何阻碍法令通过的障碍，而决定采取这种方式。

然而，大约是“在 1667 年 1 月 24 日，国王向高等法院，特别是首席院长和总检察长发送了指令，命令首席院长和其他高等法院庭长、大参事会的四名委员、五位调查庭的前庭长以及这些调查庭最具资历的法官、询问庭的前院长和下议院最具资历的议员、律师们以及检察长们在大法官处继续会面，并在委员会委员们的

〔1〕 “Vie du president de Lamoignon,” quoted by M, Pierre Clement. “Lettres, etc. , de Colbert,” vol. VI, p. 14.

〔2〕 同上。

指导下拟定条款”。这在很多关于会议的官方报告中都有所体现,但会议的召开并不是大法官的功劳,他在这一工作中充其量只是工具。甚至可以肯定,直到一切都准备就绪他才得知这个消息。国务大臣盖内高德(Guénégaud)在给大法官的信中写道:“阁下,我已奉国王之令,写信给巴黎高等法院,通知他们,国王认为 207
未先经过你、委员会委员以及由国王指定的高等法院主要官员考量,直接发布条款,以期用于编纂法令以进行司法改革,这是不合适的。首席院长应当在家中即刻且尽可能多地召开会议,这样他们才能给国王提交总体意见。我认为应将这些通知阁下,让您知道这项工作目前的进展。”[1]会议于1月26日星期二在塞吉尔宅第开始,前后举行了十五次会议,最后一次在1667年3月17日。出席的有九名委员会委员,还包括大法官,二十九名高等法院代表,以及首席院长、总检察长和两名副检察长。[2] 约瑟夫·福柯先生是会议的书记员。一场庄重严肃的讨论在他们中间展开,讨论中最为专注的是阐释条款的皮索尔和首席院长。讨论结束后,条款按要求修改,被重新提交给议会,由议会做出最终决定。我们从奥扎内特处知道了最后是如何对民事法案进行润色的。“国王发现出自不同人之手的条款有不同的表达风格,于是他指定委员莫兰吉斯、皮索尔、布切拉特、询问庭法官霍特曼先生以及我——唯一的实务者,将法案简化为统一样式,并按适当的顺序排列章节,使法案成型。这一共花了整整七周时间,每周举行五次会议,有时甚至是六次。最终在1667年4月,第一部法案被起草出来,也就是现在我们所能看到的。同月20日,法案被送

〔1〕 Letter quoted by M. de Kerviler,“Le president Séguier,”p. 385-386.

〔2〕 “Procès-verbal de l'Ordonnance de 1667,”p. 4.

至巴黎高等法院并在议会颁布。”[1]

第五节　法案的讨论:拉穆瓦尼翁与皮索尔

虽然我们所讲述的是关于起草民事法案的故事,但刑事法令的起草也源于这一项工作。起草民事法案的组织在经过同样的努力后产生了刑事法令。很少有关于委员们起草法令和讨论条款的具体细节。奥扎内特在1669年12月1日的信件的结尾处称(接下来我们会逐段引用这封信),从1667年5月起刑事法令的完善工作一直在进行。“1667年5月的时候,剩下九名委员继续工作,他们每天继续沿用之前的方式努力工作,制定编纂其他能被国王采纳的条款,以完善刑事法令。这项前期工作直到1670年年中才完成。在此之后新的会议随即召开,高等法院代表出席了会议。这实际上是1667年会议的延续。官方报告显示,委员们和高等法院的代表们在1670年6月6日下午3点于大法官的家中会面,会议在下层走廊举行,遵循1667年会议以来的秩序和布局。”如下所示,会议的成员较1667年有所不同。

一、委员会委员:塞吉尔大法官、德阿利格雷(d’Aligre)、德莫兰吉斯、德·埃斯坦佩斯、德塞弗、蓬塞特、布切拉特、皮索尔、沃伊桑、霍特曼;

208 二、高等法院代表:首席院长、市镇院长们、诺维翁(Novion)、梅斯(Mesmes)、勒科伊纽斯(Le Coi-

〔1〕“Lettres, etc., de Colbert,” vol. VI, p. 400.

gneux)、德贝勒勒(de Bailleul)、莫勒·德·尚拉斯特勒(Mole de Champlastreux)、德内斯蒙德(de Nesmond);

三、大参事会议员:德卡蒂诺特(de Catinat)、杜布里拉特(du Brillat)、法耶特(Fayet)、德瑞福吉(de Refuges)、派瑞斯(Paris)、罗约(Royault);

四、调查庭的代表:博蒂埃·德·布兰克松(Potier de BlancMesnil)、德贝尔蒙德(de Bermond)、德布拉吉隆(de Bragelone)、莫德特(Maudet)、德福尔希(de Fourcy)、福雷(Faure)、莱佩蒂尔、勒瓦瑟尔(Le Vasseur)、毛佩乌(Maupeou)、马洛(Malo);

五、诉状审理庭的代表:查特龙(Chatron)和勒博尔特(Leboult);

六、总检察长德哈莱(de Harlay);第一检察长塔隆(Talon)和第二检察长比农(Bignon)。

当时总共召开了七次会议,且最后一次是在1670年7月8日星期一举行。之后经司法委员会修订,刑事法令"1670年8月在圣日耳曼昂莱颁布之后,于1670年8月26日在巴黎高等法院盖章通过"。这些会议的官方报告也同1667年会议的报告一样,不久之后被出版。起初市面上流传着一些手抄本,直到17世纪出现了两种翻印本。而在1709年,国王指定专门印刷新法令的出版社,发行了准官方版本。"国王授权"的抬头体现出了此次发行是由福柯负责,他既是议会议员,也是枢密院(privy council)议员。福柯翻印了由他父亲——国务卿兼财政局局长大福柯(Foucault)交给他的手稿。他父亲是1667年会议的秘书,可能也是

1670 年会议的秘书。[1]

我们已经掌握了充足信息,足以毫不费力地总结会议内容。皮索尔、拉穆瓦尼翁院长和塔隆检察长三人参与了初稿的起草,其中两个人比较特别。早在 1667 年就已经有冲突的皮索尔和拉穆瓦尼翁,此时才是真正的对手。他们同时保持着无懈可击的最高威望,他们在每一个条款上都要发表言论。皮索尔秉承了科尔伯特的观点,展现了新法律制定的精神。他们的主要目标是消除程序繁杂冗长又吹毛求疵所带来的障碍,减少诉讼干预,缩短诉讼周期,减少诉讼成本。与此同时,皮索尔希望能够产生一种明确有力的镇压手段,但又不会过多地限制被告的权利。

拉穆瓦尼翁的观点表现在两个方面。一方面,他精神饱满且
209 斗志昂扬地反对这一可怕程序的严厉性。他是这个会议中唯一为人道主义发声的人,这些观点到下一代才被接受。在这方面,他远远超过了同时代的人。他反对被告的强制性宣誓,反对剥夺被告提请律师协助的权利,并反对伪证罪,该条款对在对质中自相矛盾的证人施以惩罚。最后,虽然他没有那么积极地反对酷刑,但对 17 世纪的地方法官来说,“他看到了废除死刑的有力依据,虽然这只是他的个人见解”,但仍然是不同凡响的。[2]

另一方面,拉穆瓦尼翁对自己的职业十分忠诚且高度尊重传统制度,在这种保守主义倾向之下,他对部分条款发表了反对意见,而事实上这些条款对社会有所助益。拉穆瓦尼翁极力捍卫领主管辖权,反对对其进行限制的条款。然而,享有领主管辖权的法院通常是特别法院,废除它们就意味着贵族最核心的权力被剥夺,他们的领土也将因此变得一文不值。可以肯定的是,贵族除

〔1〕 这是我们一直引用的版本。

〔2〕 “Procès-verbal,” p. 222.

管辖权外,一无所有,也只有这项权力能让他们和平民明显地区分开来。[1] 除此之外,拉穆瓦尼翁还反对在被告被捕后24小时内实施讯问,[2]以及另一项广受推崇的条款,该条款规定一审判决应由至少三名法官作出,终审判决应由至少七名法官作出。[3]这显然是出于地方执法官对工作效率的追求。对司法官员权利和薪酬进行限缩的条款最先引起了首席院长的反对,他为法院的书记员、[4]国王的检察官[5]和狱卒们[6](jailers)竭力声援。现在拉穆瓦尼翁为领主法院法官们的财产权极力抗争。"这些官职是他们以天价买来的,是他们财产的最主要部分。"

虽然塔隆的发言通常极具威严,但他的态度并不明确。他有时支持皮索尔,有时支持首席院长。塔隆展现出了公共部门(public ministry)执法官应当具备的才能。尽管他是地方执法官,但他同时也是"国王的人"。其他地方执法官和议员,甚至包括大法官在内,都扮演着无足轻重的角色。布切拉特和德诺维翁的发 210
言最为频繁,他们经常讨论一些细节问题。如果圣西蒙的话是可信的,那么德诺维翁是善于把握细节的人。"他像他的祖父大德诺维翁——另一首席院长,一样公正正直,但是他对自己的专业一无所知。尽管他看起来对细节十分精通,仿佛是位十分出色的律师,但具体到晦涩难懂的专业知识时,就指望不上他了。"[7]德哈莱和比农的中立立场真让人感到惊讶,他们本应当是具有发言权的人。圣西蒙是这样评价他们的:"作为地方执法官的继承者,

[1] "Procès-verbal," p. 15.
[2] "Procès-verbal," p. 151.
[3] Ibid., p. 246.
[4] Ibid., p. 82.
[5] Ibid., p. 108.
[6] Ibid., p. 135.
[7] "Mémoires," vol. XIV, p. 216.

德哈莱非常地愤世嫉俗,这影响了他的公正和中立……他过去在公法领域博学多才,且精通各种法学体系。他深谙美文且精通历史。[1] 比农是一位守旧派的地方执法官,因博学、正直、公正而深受尊重,在法学界和文坛都享有盛誉,如同他的检察长父亲一样,不负其名。"[2]

正如我们知道的那样,这些条款在经过会议讨论之后,再次交由司法委员会处理。高等法院提出的建议有时会被纳入委员会的考虑范围,但大多时候都被忽视,这也正说明了后来拉穆瓦尼翁院长的建议没有被重视,这令人深感遗憾。

〔1〕 "Mémoires," vol. I, p. 392.

〔2〕 Ibid., vol. I, p. 136.

第二章 《1670 年法令》规定的诉讼程序 211

第一节 引 言

我们并没有对《1670 年法令》进行评论的打算，但有必要简要介绍《1670 年法令》所引入的新特征，并且基于这个目的，也会对其中的主要条款作一个概览。由于其既包括了管辖权规则，也包括了所谓的刑事诉讼程序规则，我们必须采取这种主题的划分。[1]

〔1〕 我们将按照以下版本引用《1670 年法令》的主要的评注者：*Bornier*，"Conference des nouvelles Ordonnanees de Louis XIV"，1703 edition. — *Jousse*，"Connnentaire sur rOrdonnance criminelle，" 1766. — *Muyart de Vouglans*，"Institutes du droit criminel，" 1757 edition；"Instruction criminelle，" 1762. — *Rousseau de La Combe*，"Traits des mati^res crimiuelles，" 1769 edition. —*Serpillon*，"Code criminel，" 1767 edition. — *Pothier*，"Procedure criminelle，" *Bugnet* edition。

第二节 管辖权规则

正如我们看到的,从13世纪开始,发生了一场持续的运动,即为了王室管辖权的利益而掠夺和掏空领主和教会管辖权。为了实现这个结果,法律家们逐渐改变了旧的管辖权规则,除上诉外,他们主要的发明是犯罪地法院管辖,优先权理论,以及王室诉因理论。既然王室已经取得了不可逆转的胜利,就让我们看看这些规则在新法律中是怎么体现的。

一、犯罪地法院管辖规则最终大获全胜。甚至犯罪地法院成为唯一有管辖权的法院(第一编第1条),被告住所地法院和被抓获地法院则被放弃了。院长拉穆瓦尼翁在讨论中对该条规定提出了抗议,指出了其在运行中可能产生的困难,但该条款被保留了。皮索尔指出,“法院应当是必然可确定的这一点非常重要”。[1] 然而,这一管辖权并不排斥其他管辖权。如果控告人将
212 这个问题提交给另一位法官,而被告在宣读第一份证词前并未要求转交,则在对质时诉讼会继续进行。

二、第一编第11条列举了授权给司法行政官、司法事务官、首席法官的王室诉因,“限于我们的其他法官和贵族法官(lord's judges)”。我们知道,到那时为止,所有的法令都做了类似的列举,总是以“和其他所有属于王室权利的”这样的字句来结束。该条款第一次被忽略了。既然冲突已经结束了,毫无疑问保留这件武器是没有意义的。拉穆瓦尼翁在一次长篇演讲中敦促替换这

[1] “Procès-verbal,” pp. 4–6.

些语词,这证明了我们所说的首席院长的保守精神。皮索尔则回应称:"国王并不是要扩张自己的权力,而是作为国家唯一的主人,要解决所有的争端。《克雷米约法令》(The edict of Crémieu)规定了五六个王室诉因,并且增加了'以及其他事由'这样的表述,但这只是形式问题。"对这个问题,拉穆瓦尼翁比国王的人更保皇,发起了攻击并取得了胜利。最后,第11条列举的事由最终是以"其他我们的法令和法规所阐释的事由"结尾的。

三、至于在管辖问题上王室法官对领主的优先权问题,该方案包括了一个足以摧毁领主法院的条款。该条规定:"如果王室法官和下级法院及非王室法院在同一天调查和作出裁判,王室法官在管辖权上应当优先于下级法院和非王室法官",未来领主法院只享有对王室官员未重视的或者不屑于管辖的事由的管辖权。在这个问题上,首席院长仍旧把自己视为捍卫过去的精力充沛的卫士,在他看来,这是一个绝对公正和适当的问题。皮索尔支持这个方案,其认为大部分的领主法官是"无能的",司法的运行对领主自己而言是一项负担,因此,皮索尔极力主张王室的权利。"(刑事)司法的真正性质即法律的执行权(jus gladii),这是一种对国王臣民的生命进行剥夺的权利,确切地说,这项权利处在国王手中,并由国王将其传递给他的官员。"[1]但是,王室并没有胆量完全废除领主法官。该条引入了两处修改:优先权只被授予了司法行政官、司法事务官,而不是所有的王室法官;给贵族法官设定了一个期限,在期限届满前优先权不可以干预。[2]皮索尔认 213
可第一个妥协但是拒绝第二个,这两种妥协最终都成为条文的内容。

〔1〕"Procès-verbal," pp. 15-17.
〔2〕这一期限是24小时,第一章第9条。

至于在王室法官之间,首席治安法官可能享有“在犯罪后三天内”相对于法庭事务官的优先管辖权,[1]首席治安法官对贵族犯罪没有管辖权的传统条文也被调整了。[2]

四、该法令在第二十六编中详细地处理了上诉问题,王室认为并没有必要对上诉进行正式登记,在这一点上,王室取得了对领主的决定性胜利。上诉法官通常是王室法官,领主法院对二审从来都未能干预。只有地区司法行政副官和王室司法事务官有刑事管辖权。这是由《克雷米约法令》第 22 条所规定的,而《1670 年法令》的规定则更为明确,该法令只提到了司法行政官和王室司法事务官,结果是对其他法官的民事案件有上诉管辖权的贵族法官,在刑事诉讼中则并没有该权利。[3]

五、由于普通轻罪(ordinary misdemeanor)理论和特许案件(privileged case)理论,教会管辖权(ecclesiastical jurisdiction)逐渐丧失了根据。普通的轻罪可以由世俗法院管辖,只要不被要求移交即可。在这种情况下,只有法庭事务官和王室司法事务官有管辖权,而不包括领主法官。[4] 世俗法院并没有被剥夺对特许案件的管辖。这是由《穆兰法令》所规定的。该法令规定,世俗法院应该控制教会人士被告直到已经对其提起诉讼并作出裁判,只是,世俗法院必须在此之后将被告人移交给教会法院,以便于教会法院审理被特许事由所涵盖的普通轻罪案件。[5] 这种后续的介入导致了很多麻烦。人们努力将两种诉讼结合在一起,1580 年

〔1〕 第一章第 7 条。

〔2〕 第一章第 10 条。

〔3〕 *Serpillon*,“Code criminelle,”p. 1139.

〔4〕 *Muyart de Vouglans*,“Inst. crim.”Part III,pp. 50,51.

〔5〕 “我们规定,在所有案件中,我们的官员都应审查和判断教会人士的特权罪行,然后将其移交给教会法院,而移交的条件是,他们被监禁起来等候对特权罪行的惩罚,如果不满足这种条件,主教的官员将对释放教会人士负责。”

《默伦法令》(edict of Melun)第 22 条解决了这个问题。“对在特
许事由下起诉教会人士诉讼的审查应当由教会法官和王室法官 214
共同进行,在这种情况下,上述王室法官应当加入教会管辖的法官席位。”但联合审查的唯一结果是,在王室权力和传统的教会豁免权之间达成妥协,这充满了矛盾和冲突。既然王室正在通过一项新的法律,那么这部法律会消除这个障碍吗?其试图做到这一点,在第一稿中包含了两个条款,只保留了教会法院对纯粹教会犯罪的管辖权。这是非常合理的,也是议会所多次要求的,但是其未被通过,就像向领主屈服那样,王室向教会屈服了。在这件事上,同样是拉穆瓦尼翁表现出对传统的捍卫。“他不得不向国王表示,这两条严重侵犯了神职人员的特权,并且看起来差一点毁灭掉这种特权。……只要有天主教徒的地方,这种神职人员的特权就是被普遍承认的,可以说,这种普遍的习俗可以说就像是圣坛上的装饰。”[1]拉穆瓦尼翁还回顾了教会豁免权的历史,提醒人们注意,这项豁免权被准许享有已经有 1400 年了,他请求“陛下作出他认为必要的思考”。然后,皮索尔站出来支持重建世俗权威。“国王的目的是规制而非限制教会管辖权……宗教惩戒被完全保留给了教会法院……不可否认,该条与实践做法相左,但是合乎理性的;……一位王室法官担任其他法官的陪审员是不体面的……因此,该条是正当的。”[2]这说得再好不过了,皮索尔援引了“理性”,该词直到一个世纪之后才占据统治地位,而且,皮索尔反对有无上权力的传统。塔隆上前维护首席院长的主张。作为一位“国王的人”,他从向王室致敬开始。“的确”,他说,“这一特权是君主给予神职人员的恩惠,是出于虔诚的动机和他们对

〔1〕 “Procès-verbal,” p. 44, 45.

〔2〕 Ibid., pp. 46, 47.

神圣的神职人员的尊重……因此,毋庸置疑的是,王子有权撤销或限制其前任授予的特权”。但是,他接着讲到了要维持豁免权:“如果该特权被限制在一定范围内的话,(维持豁免权)就是充分
215 的;这样一来,它在某些关头所造成的不良影响就会得到纠正,而且,如果罗马皇帝体制所确立的特权中的某一项特征被取消(该体制由查理曼大帝重申,并已被遵循了一千四百年),主教和王国里所有的神职人员,甚至教皇本人都不可避免地会抱怨。”正如塔隆所指出的那样,这种强大的反对意见,使在司法委员会中的国王似乎非常依赖这些条款,值得深思。这些条款被压制,取而代之的是一个维持现状的文本:“第 13 条:前条规定不得减损神职人员依惯例享有的特权。”然而,由于法令没有对共同程序作出规定,因此有必要为此制定一种单独的法典。这是好几部法律的目标,首先是 1678 年 2 月法令,该法令扩大了《默伦法令》中的原则,在其中只纳入了一项限制,以避免伤害议员们的感情;其次是 1684 年 7 月声明,1695 年关于教会管辖权的一般法令;最后是 1711 年 2 月 4 日声明。[1]

六、《1670 年法令》并未处理城市、市长、市政管、领事等人的管辖权,也没有从任何方面调整他们的权力。他们在任何地方都只处理警察的事务,这是议会在奥尔良所要求的,[2]并且由《穆兰法令》第 71、72 条授权给了他们。然而,这些规定拿走了市政的民事诉讼管辖权,却授予了他们刑事诉讼的管辖权,并且已经参与。但大多数城市失去了高级司法管辖权(high justice),并且是被一个一个拿走的。然而,王室并不是总能在这些篡夺中得逞,我们拥有的一份路易十四时代的奇特文献,让我们看到了其

〔1〕 *Muyart de Vouglans*,“Instr. crim.”Part III,p. 70 *et seq.*

〔2〕 *Picot*,“Histoire des Etats-Generaux,”vol. II,p. 216 *et seq.*

中的一件戏剧性事件。这是科尔伯特写给塔隆的一封信,内容是关于中止运行中的海诺特市(Hainault)市议员法庭的问题。“从我们从这些边疆地区所听到的情况来看,没有什么比中止他们的市议员法院(aldermanic court)和按照整个王国流行的做法建立由法官组成的机构给人更坏的印象了,因为他们被告知,大多数官员都买卖官职,买官只是为了更便于从中榨取利益。”[1]因此, 216
科尔伯特得出的结论是,必须赎回官职,重建旧秩序。在这里,人们遇到了佛兰德斯(Flanders)人民古老的集体精神,在南方的一些城市,也遇到了同样的反对意见。结果是,在大多数情况下(如果不是一个普遍的规则的话),“自革命时期开始,城市一直保留着刑事案件的审判权。奇怪的是,王室剥夺了他们的民事管辖权,却把刑事管辖权留给了他们”。[2]

因此,王室法官的管辖权和其他的管辖权不同。我们看到,王室法院中有一些特别法院。《1670 年法令》只是把这些特别法院中的大部分留给了现行法律,但是,法令选取了这些管辖权中最重要的部分,宪兵司令的管辖权,作了特别对待。

我们知道“司法官辖下法庭”最初是纯粹军事的,后来逐步扩展了其影响力,这是王室手中一件令人生畏的武器,可以用来平息搅扰公共安全的骚乱,但它是一个可怕的法庭。这些武装人员草率、严厉地审判,而且不允许上诉。人们认为这对那些属于其管辖的人来说已经足够好了,英伯特把这些人称为“宪兵司令的囚犯”(the provost marshal's jail-birds),这些人以前是流浪汉,尤其是那些在全国各地游荡、吃老实人家禽的武装人员。然而,议会却经常抱怨这一司法管辖权带来的混乱。新法令至少应该以

〔1〕 “Lettres, etc., de Colbert,” vol. VI, p. 2.

〔2〕 *Laboulaye*, Revue des cours litteraires, year 1865, p. 723.

一种精确的方式规范这种管辖权,这是第一章的一部分条款和第二章全部条款的目的。第一章第 12 条确实扩大了首席治安法官的管辖权,但它并非在没有反对意见的情况下通过的。[1] 拉穆瓦尼翁院长宣称:"可以肯定的是,在刑事司法中遇到的最严重的侵权行为都源于这些官员。他们欺压无辜的人,释放有罪之人。他们中的大多数人比盗贼本身更可怕。"这是一个如此严重的罪
217 恶,以至于这个制度的捍卫者不得不承认它。皮索尔说道:"宪兵司令,身为一个没有正派生活的人,他们的恶劣行为使他们声名狼藉。"塔隆说道:"由于长官和他们的骑士都没有生活费,因此没有不令他们屈服的腐败;他们不履行任何职责,除非他们希望从中得到一些报酬。"最终,德诺维翁(de Novion)院长补充说:"这不是为了维护公共安全,而是为了扩大宪兵司令的权力。"[2] 然而,王室希望保留这一管辖权,讨论被限制在问题的细节方面,草案中所包含的由司法官管辖的案件清单都被通过了,只有极少数例外。

在保留司法官管辖权的同时,由司法判决所设计的用来规制和约束这一管辖权的保障措施得到了保留和增加。第一,"最迟在抓捕发生后的第三天,尽管被告没有提出否定性的抗辩",首席治安法官必须毫无例外地从司法辖区首席法官那里获得管辖权。[3] 第二,在逮捕后的 24 小时内,必须由首席治安法官在其助审员(首席治安法官的助审员是一名法律专业的毕业生)在场的情况下对被告进行讯问,而且,有必要在第一次对被告讯问时告

[1] 除了流浪汉犯下的罪行和士兵的过激行为,首席治安法官还有责任审判"在公路上非法集会和偷窃、在城镇里夜间偷窃、伴随闯入的亵渎、蓄意谋杀、煽动叛乱、民众骚乱和伪造假币,不管凶手的位置如何"。

[2] "Procès-verbal," p. 28 *et seq*.

[3] Tit. II, Art. 13; see also Arts. 19, 20.

知其将由司法官对其进行审理。第三,像所有其他“司法官”判决一样,司法判决至少由7名法官作出,无论判决是初步的、中间的还是最终的。[1] 第四,当涉及犯罪时(司法官管辖是基于犯罪的性质而非人的性质),如果该犯罪并不是在首席治安法官居住的城市实施的,首席治安法官就无权管辖该犯罪。这一规定表明了该机构的真正性质。首席治安法官作为“巡路人”,是国家为了控制日益增多的巡回区而设置的,旧的法令在这方面非常严格。“他们在全国上下奔波,在一个地方停留的时间不会超过一天,除非有必要。(Orleans,68;Moulins,Art. 43)”如果要求首席治安法官审理在他们居住的城镇内犯下的罪行,就等于邀请他们一直住在那里。第五,采取详细的预防措施,以避免混乱和腐败;[2] 特别是制作一份在逮捕处发现的所有财物的清单,这份清单需要“在离逮捕地最近的两位居民的见证下”制作,“两位见证人应当 218
在清单上签字”。[3] 第六,对宪兵司令的优先权被赋予给首席法官,或者更确切地说是被确认给了首席法官。在司法官管辖的案件中,首席法官的管辖权优先于宪兵司令、着军人制服的刑事司法行政副官(criminal lieutenants of the short robe)、副法庭事务官(vice-bailiffs)以及副司法事务官(vice-seneschals),如果首席法官在后者之前或者同一天签署判决;为了作出最终判决,他们必须遵守我们刚刚制定的所有规则。在司法官管辖的案件中,普通法官只能在实施抓捕的情况下进行调查和裁判,并且有义务将案件交给相关人员。

《1670年法令》注定不是旧法律关于这个问题的最后定论:

[1] Tit. II, Arts. 18, 24.

[2] Tit. II, Arts. 10, 14.

[3] Tit. II, Arts. 9, 11.

1731 年 2 月 5 日发布了一份关于司法官管辖和首席法官管辖案件的王室宣言。该宣言有 30 个条文,比《1670 年法令》起草的相应规定要好得多。其首次清楚地区分了根据人的性质由司法官管辖的案件,以及根据案件的性质由司法官管辖的案件。在一些问题上,它要比旧法律更为宽大。[1] 以前没有受到刑事处罚的男性议员(gentleman)最终被排除在司法官的管辖权或首席法官的管辖权之外。我们较为仔细地观察司法官的管辖权,不仅是因为它在法令和古代法国社会生活中占有重要地位,而且还因为,我们将看到它在 19 世纪初重新出现,并在不久之后永远消失。

在即将结束对管辖权原则的解读之际,我们可以注意到,神职人员、男性议员们、国王的秘书和司法官员有权在"高等法院大法庭"(Great Chamber of the Parlement)而不是在刑事都尔奈勒(该特殊法庭因坐落在都尔奈勒的圣路易斯小塔楼中而得名。——中译者注)受审,而且根据规定,他们可以在都尔奈勒开始投票前请求将案件移交到高等法院大法庭审理。[2]

第三节 程 序

《1670 年法令》之下的程序,系立基于先前司法实践所确立的规则之上。在此之后,将可真正认为仅有一个指控者——国王抑或领主之检察官。私人控告者仅能主张损害赔偿。与此同时,传统弹劾式诉讼的最后痕迹依然残存,即对于不足以判处肉刑的

〔1〕 Arts. 17 and 20.

〔2〕 Tit. I, Arts. 21, 22.

行为,受伤者与施害者之间的协议可以中止甚至终结公诉程 219
序。[1] 法令第三章同时提到“指控者”和“告发者”,[2]也一直将私人置于犯罪行为的第一指控者,“当没有民事当事人时,对罪行的起诉应以国王律师或领主法庭律师的名义进行”。[3] 公诉人看来只能在原告缺席时出场,但这依然是一个“空洞”角色,至少从财务角度看实情如此,毕竟当存在民事当事人时,诉讼费用由其承担,反之则由国王或领主法庭承担。[4] 就此而言,过往以阐释“控告”为名的精细且深入的研究,已使我们今天所称的民事诉讼的诸多细节成型。

一、该法令明确区分告发与起诉。告发者向国王检察官提出告诉,需要自书告发书状并签名,或者由法庭书记员于其在场时代写书状。若被追诉者最终被判无罪,告发者可因毁谤或疏于谨慎而被判刑。但告发者自身在诉讼中并非诉讼之主体。法令关于起诉有新的规定,即可直接向法官提出告诉,且法官必须回应(第1条),这实际上是先前申请起诉许可的程序。此外,起诉状也可由法庭书记员于法官在场时书写,但依然只能向法官提出。与改革的精神相一致,该法令禁止向治安官、法庭官员或公证人提出起诉。但有一点创新极为重要:一旦起诉状做成,作为对起诉许可的申请,起诉者就成为本案的民事当事人,须因此承担沉重的费用。由是之故,私人往往不愿意向法官申请起诉许可,更多是以告发者身份向国王检察官告诉,虽然后者并非总会回应。法令明确规定:“除非正式通过起诉状予以明示,申请告发者不得

[1] 第二十五章,第19条。
[2] 第三章,“关于原告、控诉和告发”。
[3] 第三章,第8条。
[4] 第二十五章,第16、17条。

220 被视为民事当事人。"[1]在此之前,虽说只有通过起诉状才能成为民事当事人,但其对诉讼程序的介入并未得以规定。在此之后,在诉讼的任何阶段都可通过后续文书完成原告手续。最后一点"优惠"是,民事当事人可以在 24 小时内放弃起诉,并且无需对放弃后发生的费用负责。对于单个条款而言,这些创新不仅够多,而且够好,以致拉穆瓦尼翁院长评价道:"这一条款虽然很新,但看起来堪称完美。"[2]法官一旦接受起诉,接下来首先要确证"犯罪事实"(corpus delicti),而法令对于法官和内外科医生的官方报告做出了非常审慎而明智的规定。[3]

二、法令第四章聚焦诉讼程序的主要部分,也即审讯,而且迄今还是按程序先后顺序编写。程序秘密原则得到严格遵循,"证人须秘密且分别地作证"。[4] "法庭书记员不得公布法庭讯问或其他诉讼秘密文件。"[5]这些条款看起来如此正当,以致没有遭到任何批评。但在这些传统的严厉规定外,法令依然在细节上体现诸多值得赞许的改革。原先允许法庭官员或公证人进行审讯的规定被完全废除。在此之后,宣誓证词须由法庭书记员于法官在场时书写[6],且证人在作证前必须出示通知其作证的令状,并在书面证词中对此加以记载,以此确保证人只能被公诉人或民事当事人带至法庭。[7] 此外,为避免被告过多传唤辩方证人,作证

[1] 第三章,第 5 条。
[2] "Procès-verbal," p. 66.
[3] 第四章和第五章。
[4] 第六章,第 11 条。
[5] 第六章,第 15 条。
[6] 第六章,第 9 条,参见第 6 条。
[7] 第六章,第 1 条。

通知书的签发以必要为限。[1] 所有规定都力图确保书面证词真实且不被篡改,毕竟其如此重要。其他如证人宣誓、对证人如何发问、证词的宣读、禁止行间书写、核准删除内容以及证词登记的实质效果(第5、9、11、12条)等事项,都分别明确规定,且违反即 221
可导致证词无效。

证人作证费用由法官确定(第13条)。立法专员(commissioners)的草案要求证人费用"由法庭书记官亲手支付",并禁止当事人追加任何费用,但是首席院长拉穆瓦尼翁意识到"有些证人身体有病,或者一旦当事人未尽心促成他们出庭并支付差旅费用,证人可能疏于出庭"。因此,"由法庭书记官亲手支付"的表述被拿掉,只不过禁止当事人在法庭确证的标准之外多付费用。拉穆瓦尼翁院长确实对这一被滥用的条款难逃其责。

诉状之后紧跟着的是传票(第七章)。法官裁定允许发出传票,官员则有义务遵行,即使"尚未有任何证据,或是证人拒绝作证"。这一规定确属过分,尤其是考虑到扣押财产的裁定在遭遇上诉时依然得以执行的情况。拉穆瓦尼翁就认为"诉讼调查并非始于一张传票"[2],但这些规定依然通过了。

三、如果诉状包含具体指控,国王检察官就会提出动议,法庭会据此发出命令。[3] 法令草案曾规定,不得针对检察官动议收取诉讼费用或其他手续费。拉穆瓦尼翁表示反对,但皮索尔徒劳地争辩说:"国王的目的并非减少他的官员的薪水,而是通过压制过于轻松且毫无根据的法庭指令来限制诉讼。"[4]这一规定被删

〔1〕 这一规定也被《重罪审理法典》采纳(第74条),但后者的意思并不完全相同,因为被告总是有权传唤辩方证人出庭。

〔2〕 "Procès-verbal," p. 74.

〔3〕 第十章,第1条。

〔4〕 "Procès-verbal," p. 108.

除了。

法令规定有三种令状:一是出庭通知;二是出庭传票;三是逮捕令。第一种并未在英伯特法案中出现过,而是由司法实践产生。它比第二种即出庭传票要温和一些,因为不包括后者对人身自由的诸多限制。[1] 为了在不同令状中择优选择,有必要考虑犯罪性质、证据及对象。针对本地居民一般不发逮捕令,"除非涉及肉刑或耻辱刑"。出庭通知若未奏效,则转为出庭传票,再未奏
222 效则转为逮捕令,[2]除非被告根据第十一章的规定提出应诉障碍或其他理由。这即所谓"被告之缺席理由",或曰拖延出庭的例外,曾经对封建制下的诉讼程序如此重要,但这是最后一次出现在我们的法律中。[3]

一般规则是,除非事先有指控,否则不可发出任何令状,但也有诸多例外,而且不仅针对抓捕现行犯,还包括其他必要性更低的情况。"逮捕令可能仅因被告有决斗的恶名就予签发,或是检察官对流浪汉提起的控告,或因律师涉及犯罪或家庭伤害等。"[4]

逮捕令将使被告置于羁押状态等候审判,若要释放则必须获得法官的命令(第 23 条)。不过在所谓特别诉讼(extraordinary action)中,[5]保释并非总是可能。但在讯问过后,如果最初只发

[1] 第十章,第 10、12 条。

[2] 第十章,第 3、4 条。

[3] 若被传唤者出庭了,则不可被关押,除非有新的指控(第七章),或者"法官秘密评议决定对其进行逮捕,且不得由其他任何法官做出该命令"。该规定展示了这一程序的本质,而且往往伴随被告人直到诉讼终结。

[4] 第十章第 8 条,参见第 5、6 条。逮捕令可由调查法官一人签发。博尼尔(Bornier)认为调查法官不经征询他人意见就予签发的做法使得令状的规定毫无意义(第 348 页),但是主流意见完全相反。朱塞就认为,"尽管令状常由调查法官一人签发,但事实充分证明博尼尔的观念与规则不符"。Serpiplon,"Code crim.," p. 532.

[5] 第十五章,第 12 条。

出了出庭传票，而逮捕仅仅是因为被告失于到庭，则他可能被释放(第 21 条)。这一规定过于严厉，对个人自由几无尊重。话虽如此，本法令比以往的类似法令都更加精准，也多少提供了一些保护措施。比如国王检察官有义务每年两次向总检察长提供一份书面报告，“形式上须由所在辖区刑事司法行政副官(Lieutenants)和狱警签名，内容包含此前六个月在其辖区内所有未决在押犯人的逮捕日期、入监记录、姓名、监舍、住址、指控罪名和诉讼阶段等”。[1] 这是一个值得赞许的规定，而《重罪审理法典》第 249 223
条和第 250 条显然受到其启发。

规定逮捕令状之后，法令的起草者自然会考虑监狱的规制问题。这体现在第十三章。17 世纪和 18 世纪的监狱可谓糟糕透顶：“(没有任何人)敢于下到这些阴暗的地窖中，进入永不见阳光的地方，目睹因折磨而变形的同类们，身体四处被铁链挫伤，半身披着破布，深受永不流通的空气的毒害，被噬食死尸的害虫反复叮咬，仅仅依靠一点点偶尔分发的粗糙食物过活，面对悲惨的同监犯人的哀号和狱警的威胁而处于持续的惊恐之中。”[2]这是一位治安法官的开篇陈词，尽管经过修辞的夸大，但其悲惨现实依然一目了然。伏尔泰后来曾讲道：“监狱无须媲美天堂，但是至少要能和停尸房相比。众所周知，欧洲的大多数监狱都是传染病中心，不仅在监区内传播疾病和死亡，甚至扩散至周边社区。阳光从不得见，空气永不流通。犯人们仅以受污染的呼吸相互交流。早在接受审判之前，他们就已经遭到残酷的惩罚。慈善界和决策层应当寻求对此等不人道的危险过错加以弥补。”[3]

[1] 第十章，第 20 条。

[2] *Servan*, “Discours,” etc. , p. 14.

[3] Idee de la justice et de L'humanite，第 25 条。

《1789 年报告》(The Reports of 1789)同样提出不可辩驳的证据。第三等级代表一致要求“监狱必须安全且健康,需要建立医院,以免损害囚犯的健康”。[1] 同样的抗议也出现在《贵族报告》(Reports of the Nobility)中:“监狱处于一种不人道、不体面的状态。”[2]连教会都一样愤怒:“在充满恐怖和传染病的监狱中,无辜者常和有罪者一起遭罪,这种违背法律精神的监狱必须停止;让悲苦的穷人们至少有新鲜空气和充足的食物;必须将监狱医院配备起来,以照顾生病之人。”[3]所有这些事实都是如此不可辩驳。

话虽如此,却不能认为古代法国的立法者和治安官们对犯人
224 的命运视若无睹。一方面,在他们看来,这些严酷的惩罚和痛楚不仅自然而且必要。另一方面,诸多措施也被用来防止狱卒针对囚犯财物的盗用或滋扰。一些法院实践就涉及这一问题,比如巴黎都尔奈勒地区高等法院每年上任前一天会专门听取囚犯的诉苦和询问。[4] 高等法院也经常针对辖区内的狱警制定规范,比如 1717 年 9 月 1 日的规定就广受赞颂而且所涉深远。本法令的编撰者也受到这种情绪的鼓舞。在第十三章中就有关于今天所称的监狱问题的几条规定,包括囚犯必须依性别分别关押(第 20 条),狱卒必须每天到地牢中查看并上报患病的囚犯以便医生前来诊疗或必要时转移至普通房间中(第 21 条),“符合质量标准的

[1] Prudhomme,“Resume des cahiers,”第三卷,第 173、174、588 页。

[2] 同上,第二卷,第 152、411 页。

[3] 同上,第一卷,第 163、357 页。

[4] “在周四上任日,高等法院在裁判所和囚犯们座谈。10:30 的时候,最后任命的院长在议员们的陪同下来到裁判所。当他们到达后,原来的听证即停止,民事司法行政副官离场,由高等法院主持听证,而刑事司法行政副官、国王检察官和短袍刑事司法行政副官都会作为国王代表坐于现场,以便在有针对他们的控告的时候予以回应。”*Barbier*,“Journal,”II,p. 328.

面包、水和草席必须依法发给囚犯”(第25条)。其他条款均着眼于如何防止狱卒们贪污公物,揭露了严重的违纪行为,尤其是可耻的腐败行为(第2、6、7、9、15、19、10、11、14、18、22、28、30、33条)。狱卒被一再禁止就履行他们的法定职责收取财物。国王检察官或者领主检察官受命每周探视一次囚犯,以便听取囚犯们的控告(第25条)。[1]

四、被告不管是因传唤还是逮捕到案,都必须接受法官讯问。这是最为重要的程序。可以说在大多数案件中,一旦被告的口供阙如,重罚也就难以实行。对于调查法官来说,一项极为重要的能力就是如何在这一秘密程序中进行讯问。刑事法律的编撰者们基于经验和研究,制定了一系列讯问标准规范。朱塞(Jousse) 225
为法令第十四章撰写的前言一直是这些短短的规范中最具审慎性和明智性的代表,常让人联想到忏悔指南。

讯问实践中有一轻微的改良,即讯问必须于羁押后24小时内开始。但是实践和法令中设定的严厉措施依然被执行,甚至进一步恶化。比如讯问必须在法官和书记员面前秘密进行,且传统上要求被告宣誓的做法被明文保留(第7条)。

在预备会议上,关于宣誓这一点曾有一段值得纪念的讨论。拉穆瓦尼翁院长展示了一颗伟大心灵的高贵之处,他援引之前一些治安法官的观点作为论据,尽其全力主张将宣誓条款废除。他指出,宣誓供述无非是一种单纯的惯例,“既非制度之本源,也非制度之原因”。他强调宣誓具有圣洁之本质,“如果强制宣誓,就不可避免地诱使被告‘罪上加罪’,即在本就不实的供述之外再加一个伪证之罪名。如果不强制宣誓,则等于不把上帝的名字当回

[1] 可同《重罪审理法典》的第610条相比较。

事”。“众所周知,我们法国人常常只求做事,不问缘由;但在我们参考的任何一个国家中,都没有(宣誓供述)这样的要求。”他进一步指出:“民法其实也不允许宣誓,而是毫无疑问地反对宣誓的。在纠问制度建立之前的教会法中,也看不到哪怕一丁点的类似痕迹。”据他观察,《加洛林法典》(德国查尔斯五世)不涉及宣誓作证,荷兰也没有类似规定。最后,他还引用古老的法国治安法官制度的传统,比如勒梅特尔(Lemaitre)院长曾说:“任何人不应自证其罪。”德图(De Thou)也说过:“当在庄严的法庭上考验个体记忆时,任何被指控犯罪的人都不应被强迫宣誓,因为没有任何法案授权法官强制性地从被告身上拷取供词,也没有任何法案让法官唆使被告明目张胆地作伪证。”[1]

皮索尔尝试反驳拉穆瓦尼翁的有力论辩,但他的理由过于苍
226 白:“前述理由不可采信,因为任何时候都不允许以邪恶的方法获取最大的善果;与基督教义相悖的自然法规则必须让步,就像没人会怀疑道德上的罪行比死亡更不可取一样……宣誓的使用非常古老,远在《1539 年法令》前就已存在……因为宣誓制度的建立独立于法律,其使用极为神圣;……宣誓并非全无用处;……出于对伪证罪的恐惧,这种胆怯的良心还是有助于承认真相。”塔隆先生支持皮索尔的主张,他指出:“在西班牙、意大利甚至整个欧洲,被告在接受讯问前都需要宣誓……既然有人反对,就绝对有必要在法令中作为单独的一条。”拉穆瓦尼翁鉴于自己的理由并没有得到回应,遂要求征询国王的意见。最终国王保留了该条款。

但命令完成一件任务,并不等于真能完成该任务。要是被告

〔1〕“Provès-verbal,”pp. 153,159.

拒绝宣誓,该怎么办呢?法令预料到被告完全拒绝的可能性,[1]规定应视为对其不利的自愿沉默。[2] 一旦三次要求被告回应,且三次告知其沉默的后果,法官即可记录称被告拒绝开口。如此一来,所有程序即视为合法,哪怕被告后来愿意回应,也不会重启包括对质在内的任何程序。这一比缺席审判还严厉的程序规定,间接地成为强迫被告宣誓供述的工具。朱塞甚至认为,那些愿意供述但不愿宣誓的被告,将被视同为自愿沉默。他在讨论自愿沉默时补充说:"时有发生的被告拒绝宣誓的情况,应该和自愿沉默 227
一样处理。"[3]塞尔皮隆反对这一做法:"愿意回答问题但不愿意宣誓的人,不能被视为自愿沉默。毕竟他没有拒绝回答,没有保持沉默,且没有规定对拒绝宣誓者有任何惩罚。不过在 2 月 8 日针对臭名昭著的达米安斯(Damiens)的审判中,巴黎高等法院的委员长确实曾三次要求被告宣誓,而后者依然拒绝。这一案例证明确有这一惯例存在。"[4]

在法令中,律师帮助再一次被禁止。被告必须自行陈述,这不仅适用于第一次讯问中,毕竟这不难理解,而且同样适用于整个调查程序,包括刑事司法行政副官和合议庭的调查。但是,在非死刑案件中,"经过讯问之后,法官可允许被告咨询任何他们信任的人",只要辩方不至于在法庭上进行长篇大论的演讲。反之

〔1〕 第十八章,关于聋人、智障和拒绝回答之人。

〔2〕 出庭之人不能被视为缺席法庭。"曾经将接受调查时自愿保持沉默的行为视为缺席,但这一程序在 1663 年 12 月 1 日巴黎高等法院的决议中被废除。"塞尔皮隆 Code crim. 第 900 页:"在之前,自愿沉默者会被指定一位监护人,但是法令认为该废除这一做法,从而剥夺自愿沉默者获得该帮助,毕竟他们已经证明自己不值得。"穆亚德 Inst. crim. 第一部分第 684 页:"裁判所关于自愿沉默者的处理在不同时期有不同。曾经会为他们指定一个监护人,但这样极不方便,因为一旦被告愿意开口,又得重新开始。"M. 塔隆,"Procès-verbal",第 217 页。

〔3〕 "Comment," p. 384.

〔4〕 "Code crim.," p. 902.

若在死刑案件中,所有咨询都被严格禁止,"即便所有的惯例都与此相反,我们依然坚持禁止咨询,除非是在贪污、勒索、金融诈骗、金融职员内盗等犯罪中,法官可以视案情需要,允许被告在讯问之后咨询其职员"。尽管本法令看起来完全像要弱化《1539 年法令》的严格禁令,但实际上却更糟,其模糊的用语给予法官过多的裁量权。拉穆瓦尼翁再次为被告利益发声:"这一规定禁止法官为被告指定律师——哪怕是在对质之后。这一前所未有的规定将为被告带来巨大困难。"鉴于其主张的自由辩护理念,拉穆瓦尼翁的言语看起来"提前出生"了一个世纪。"假设律师可能会让有罪者脱罪,同样意味着无辜者可能因为缺乏律师帮助而蒙冤。在司法系统中,没有任何一种罪恶可以同错杀无辜者相比拟,哪怕
228 是错放一千个有罪者。赋予被告以律师,全非本法令或其他法律授予的特权,而是自然法赋予的自由,是比任何人间法都更古老的法则。我们的法令已经剥夺了被告本该拥有的如此之多的利益。如果将我们的程序同罗马或者其他国家相比,也许法国在这一方面不算特别严厉,尤其是自 1539 年以来。也许可以规定法官不应为被告人指定律师,除非在特别复杂的犯罪中;但若特别列举出何种犯罪适用,则可能极为危险,因为这样就排除了其他所有罪名。"[1]

为反驳拉穆瓦尼翁,皮索尔再次把自己塑造成顽固不化的压迫者形象。"经验告诉我们,当律师被指定为辩护人,他视其为一种荣耀,因而认为自己有义务穷尽任何手段为被告脱罪。"他甚至大胆地援引波耶特大法官的行为来证明《1539 年法令》的重要性:"本法令关于律师的模糊规定确实被多方位解读……给了法

〔1〕 "Procès-verbal," p. 162-164.

官足够的裁量权。有的法官一概禁止律师介入,有的法官则一概允许,但也有法官只在特定案件中许可。……我们知道律师的创造力有多么厉害,包括如何在管辖冲突中找到缺口,以及如何在程序中找到瑕疵并引入无穷无尽的枝节争议。被告(被拒绝享有律师帮助)并未丧失任何东西,毕竟起诉的所有材料——包括可能导致他无罪或有罪的材料——都必须被认真审查。假设被告真有渠道和财力聘请充足的辩护人,也不应允许诉讼被无限期拖延。正因如此,允许律师介入仅仅是对有钱人逃脱惩罚有益。"[1]恰如一个知名法律作家所言,皮索尔所持的立场完全违背其从经验获知的真理。从必要性逻辑判断,应属当时的书面式秘密程序不堪承受各种形式要求之重压(也因此才可称为"程序"),不得不以自欺欺人的态度对待这一"早就耕种完备的熟地"。

塔隆爵士提出一个折中方案。他希望在"仅仅依靠证人定案 229
的诉讼中",律师应当被一概排除。但在"指控证据包含诸多文书且被告又能提出辩护性文书的案件中",律师应当被一概允许介入,但无须采用列举法这种危险的立法技术。他以涉及小孩的信托与继承案件为例,希望加上一个兜底条款即"其他类似情形"。这一条款得以通过,修订为"在涉及小孩的信托与继承案件或其他包含人身关系的犯罪中",辩护律师将被允许介入。[2] 立法者认为,只需在法令中保留以下文字,就足以为被告提供足够保护:"法官在做出判决之前,必须凭借其良心和职责去审查诉讼中是否有任何错漏。"这一观念也催生另一条款,即调查中的证言"可以被控诉双方所使用"。在这一体系下,法官似乎在扮演一个上

〔1〕 "Procès-verbal," p. 164,165.

〔2〕 第十四章,第8条。

帝的角色,他注定永远正确,在保护被告的同时也对其进行指控。

讯问的所有过程都有细致的规定。[1] 讯问结果须立即告知公诉人和民事当事人(第 17、18 条)。如果被告做出了有罪供述,民事当事人可以立即“启动法律”,意即请求法官及时判决,不过就如后文所述,这仅限于不涉及肉刑的案件。除此之外,被告也可要求“启动法律”,即被告知所受之指控。在两种情况中,公诉人都会向法官提出请求,被告则加以答复(第 20 条)。如果不能提出此等即时判决要求,民事当事人和公诉人则提出动议,要求对“特别诉讼”进行裁决。被告也可请求进行常规诉讼,但这一对诉讼进行“民事化”(civilizing)的请求只限于单处罚金的案件中。[2]

五、对于“特别诉讼”的裁决,意味着已在讯问中作证的证人将“再次作证,确证他们的证言,且必要时同被告对质”。[3] 如此
230 重要的裁决由谁做出呢?法令的规定是法官。从逻辑上理解,这里仅仅指调查法官。除此之外,截至当前程序,也只有调查法官介入过。但是朱塞不这样认为,考虑到如此重大的权力仅仅系于一人之手,他主张“这一命令应当由法庭基于案件实体做出;如果允许上诉,由三名法官决定即可;如果决定是终局的,则需要七名法官”。[4] 不过只有朱塞一人持该观点。“在执法官辖区及其他可被上诉的辖区,调查法官一人即可决定确证程序和对质程序。熟知这一事实的朱塞爵士居然要求特别诉讼裁决由三个法官做出,这确实让人奇怪。这也与他所引用的规范相冲突,因为后者

[1] 参见第 9、11、13、16 条。

[2] 法令第二十章第 3 条规定,在特别诉讼的裁决之后,只要还没有进行对质程序,都可以转化为常规诉讼。

[3] 第十五章,第 1 条。

[4] Comment, sur Lord. De 1670,第 296 页。

仅涉及终局裁决,就如诸多判决所示,刑事司法行政副官就可以决定采取常规程序。此外,国王法庭的惯例是由调查法官自行决定采用常规程序。要反驳这一错误观点,足以引用的规范依据可能冗长到令人乏味。”〔1〕

对庭前宣誓证言的确证程序应属必要,毕竟这些证言构成对被告的指控。但对于辩方证人的宣誓证言,可在未经确证或对质的情况下加以宣读,以便被法官知悉。〔2〕 接下来的问题看起来比较正当:是否有必要和所有证人对质?通常的做法是仅同控方证人对质。

在缺乏怜悯的诉讼程序中,对质是被告第一次有机会知悉其指控内容,在此之前都是对他保密的。但法令对此权利的规定几乎使其成为镜花水月。本质上讲,确证程序的目的是让法官核实之前仅由法庭官员在公证人协助下完成的询问工作。当前法令的规定使这一功能完全落空,因为法官总是自行询问。确证程序变成获取证言的工具,进而使此后的对质程序毫无用处。法令第11条规定:“在确证阶段撤回证言或者实质性改变证言的证人,应 231
就伪证被起诉并加以惩罚。”拉穆瓦尼翁第三次为被告利益提出抗议:“出台如此严格的法律是极其危险的,因为被告可能会使一些证人改邪归正,或使其回忆起一度忘掉的真相。证人和被告双方可能都是善意的,但如果证人一旦撤回证言就可能被定罪惩罚,则必然对被告极为不利。……在对质程序中,一切都对被告不利,毕竟这时他才开始意识到他的处境,并了解到指控他的罪名和证据。正因如此,最好将这一决定交给法官进行裁量,毕竟法官足以判断证人证言在庭前宣誓作证、确证程序和当庭对质之

〔1〕 Serpillon, “Code crim.”, p. 690.

〔2〕 第十五章,第10条。

间的矛盾究竟是出于恶意还是探求真相的结果。"[1]这一理由本无可辩驳,但皮索尔却认为:"经由立法和实践已经建立一个不可更改的规则:任何人在法院两次宣誓作证之后,都不得不受惩罚地翻证;……这一条款对于保护公共安全当属必要,而且不仅不会鼓励伪证,还因为要求在对质阶段确证证言的真伪,使得证人在庭前宣誓作证时更加谨慎,不至于在无记忆的情况下乱说。……除此之外,这一条款的间接规定也覆盖了所有情况。"类似前见的力量是如此强大,以至于皮索尔的观点被采纳后,还在法令中增加了如下规定:"如果被告在证人的庭前宣誓作证笔录中发现矛盾之处,或是其他可以证明其清白或澄清事实真相的情节,他可以要求法官呼吁证人予以承认。"在今天看来,这一条款几乎就是一个笑话。

尽管对于被告而言,对质程序中基本不再能够质疑证人的庭前笔录,但依然可以质疑证人。但《1539 年法令》的一项条款被
232 保留,即被告必须在宣读证人的庭前证言笔录之前质疑证人[2],之后则不再允许。这一做法由来已久,本次立法也未受到任何挑战即获通过,只不过明确加了一句:"若有书面证据加以证明,被告可在诉讼任何阶段质疑证人。"(第 20 条)

六、当起诉、讯问、确证和对质程序都完成后,调查法官将把案件交给报告法官审查,后者的职责在于分析案件并将结果汇报给合议庭。不过,所有案卷首先要送交国王检察官,以便他提出最后的动议,[3]且必须"立即提出"。这些动议既可能包含量刑请求,也可能是适用刑讯的申请,或是要求出示辩护事实的证据。

[1] "Procès-verbal," p. 178.
[2] 第十五章,第 15、16 条。
[3] 第二十四章,第 1 条。

所有动议均以书面形式完成并密封,且在报告法官进行报告之前不得启封。动议中“不得包含所依据的理由”。[1] 在此节点,报告法官才开始介入。“当案件已完成调查,且国王检察官在查阅案件后已经向法庭书记官提交其密封好的最终动议,则案件将交由一名法官来向合议庭进行报告。”[2]这极为重要,因为尽管案卷会在所有法官面前宣读,但对于这些第一次面对案情的法官而言,要如何才能获得对案件的充分了解呢?显然是通过听取报告。正因如此,报告法官必须“首先汇报他的裁判意见。这是所有法院都未改变过的传统,原因在于,相比其他法官,报告法官应当对案情有更充分的了解”。[3] 由于报告法官的影响力如此之大,如何选择报告法官就尤为重要,但法令并未就此作出规定。在执法官辖区,案件由刑事司法行政副官进行报告。塞尔皮隆说道:“根据1553年5月法令的规定,刑事司法行政副官有权就辖区内的所有案件进行报告。”他也引用一项《1537年法令》和其他诸多规定,证明法官费用也是这一问题的考虑因素。[4] 但另一 233
方面,刑事司法行政副官也兼任调查法官,也就是说,整个案件几乎全在他的控制之下。这一明显的滥权规定,正是《布卢瓦法令》意图纠正的对象,[5]但其仅适用于高等法院审判,不适用于在各个司法辖区进行一审的案件。对于本法令的起草者来说,尽管一贯如此细心地规定了司法的诸多细节,却对此重要问题视而不见,难免多有奇怪。

〔1〕 第二十四章,第3条。

〔2〕 *Pothier*,“Instr. crim.”,第466页。

〔3〕 *Serpillon*,“Code crim.”,p. 1052.

〔4〕 *Serpillon*,“Code crim.”,p. 1230.

〔5〕 第130条:“由高等法院进行一审的刑事案件,不得由兼任确证程序、质证程序或其他调查过案件的法官进行报告。”

除法官们外,任何人均不得参与对案件的审查或报告。即便是所谓"国王的人",也被明文禁止在场。[1] 但在最终判决之前,被告将接受最后一次讯问。这也是除调查法官外的所有法官们第一次面对被告并听其陈述。若公诉人提出施以肉刑的量刑动议,则最后一次讯问需要在被称为"讯问椅"(sellette)的犯人席位进行。[2] 在其他案件中,"被告公开站立于栏杆组成的审判台的后面"。[3] 本法令并未涉及将被告置于犯人席位上进行讯问之外的其他形式问题。这一遗漏也暗示几个司法区直接在肉刑动议阙如的前提下取消对被告的听证。1703年4月13日的一份皇家宣告废除了这种做法,声称《1676年法令》从来不曾意图剥夺任何案件中的任何被告进行口头诉讼自然权利,也不会将法官们赖以认清"特别"诉讼复杂情节的工具拿走。被告必须获得听审,无论是在犯人席上还是审判台之后。

也有可能的是,对案件的审查不会顺利完结。"当审查完成并对被告进行最终讯问之后,如果法官认为证据仍然不充分,他依然对预期裁判存在疑问,且这些疑问指向对被告不利的强烈假
234 设,使其看起来更像是有罪而非清白,即除其口供外不再缺乏任何证据证明其有罪。此时即可下令进行刑讯……另有可能是,这些疑问的天平偏向对被告有利,比如被告在最终讯问或对质程序中确证了特定事实,或是对证人提出了有力的质疑,以至于可能彻底地证明其清白。在此情况下,法官可依被告申请甚至依职权决定,在上述事实或质疑当中选择在他看来最具相关性者,以便

〔1〕 第十四章,第2条。
〔2〕 第十四章,第21条。
〔3〕 *Serpillon*,"Code crim.,"p. 682.

通过一份特殊裁决进行针对性调查,此即所谓承认辩护事实。"[1]以下我们分别考察这两种情形。

七、刑讯远非只有一种类型,我们已经讨论过其中令人痛惜的发展历程。以痛苦程度为标准,可分为常规刑讯和非常规刑讯。法官有绝对权力止步于前者,或者继续使用后者。[2] 以刑讯的功能为标准,可分为用以获取认罪口供的"准备性刑讯",以及用以迫使被告交代同案犯的"初始性刑讯"。我们在此主要讨论前者。

法令规定了可以使用刑讯的具体情形。"犯罪事实"必须已经确立,且必须已经有"相当的证据"。[3] 施以刑讯的命令可以上诉,这是被告的一项权利。[4] 被告在刑讯前已接受讯问,在刑讯后也必须马上进行讯问,以便观察其是否坚持其说法。一个关键点在于,"不管出现任何新证据,被告都不得因同一事实被两次刑讯",[5]且一旦解除刑讯或撤回刑讯,都不得再对被告进行刑讯。[6] 一定程度上,这些规定弱化了刑讯的残酷性,但作为一种交换,基于长期的司法实践,法令在设定证据条件的前提下依然允许刑讯。这些刑讯条款顺利通过,没有遭到任何反对,在当时 235
可谓自然而然。不过拉穆瓦尼翁和皮索尔居然难得地达成共识,两人都发言反对准备性刑讯,但均没有真正努力推动这一议题,这似乎仅仅是为让自己的良心好过一点而已。皮索尔声称:"他认为准备性刑讯一向毫无用处。若意图废除这一古老的传统,只

[1] *Muyart de Vouglans*,"Inst. crim. ,"第 390 页。
[2] 这让我们想起"Registre criminal du Chetelet"中那匹"伟大的矮马"。
[3] 第十九章,第 1 条。
[4] 第十九章,第 7 条。
[5] 第十九章,第 12 条。
[6] 第十九章,第 10 条。

需要意识到很少能够从遭受刑讯之人口中听到任何实话即可。”

皮索尔院长“宣称有充分理由废除准备性刑讯,但这只是他的个人意见”。[1] 相比之下,拉穆瓦尼翁的目标更加务实。鉴于刑讯的方式从无固定的规则,法官必须在场似乎是唯一的要求,全盘废止这一过于灵活的制度可能太过匆忙,“最好在整个王国有一套规范的刑讯方法,毕竟一些地方的刑讯过于残酷,以至于被告再也无法工作,甚至余生永远残废”。对于这一点,皮索尔的回应可谓令人震惊:“很难使刑讯规范化……任何使其规范化的必要描述,都将使一部法令显得缺乏体面……但在这一条中潜藏着这一层意思,即法官使用刑讯必须小心,避免将被告打残。”[2]

立法上对此并未取得任何共识,而实务中则存在诸多差异。穆亚特·德·沃格兰(Muyart de Vouglan)曾有关于当时最为常用的刑讯手段的简要描述:“在巴黎高等法院辖区中,刑讯可用两种方式,一是水刑,二是脚踢。”高等法院曾于 1707 年 7 月 18 日就刑讯出台一份详细的请愿书,其中包含 23 个条款。在这份颇有意思的文件中,几乎所有细节都提到了。[3] 很多辖区都采纳了这一规定,但也有一些辖区坚持更为古老的方式,“在布列塔尼高等法院辖区,刑讯是用一种称为‘铁夹’的铁器去夹被告的手指或腿脚……布列塔尼的受审者双脚并拢坐下,脚被绑在靠近火堆的
236 椅子上……在贝桑贡高等法院辖区,刑讯也可采用两种方式:一是将受审者的双臂捆在身后,再用穿过双臂的滑轮组将他吊在空中;……二是所谓非常刑讯,即再用一大块生铁或石头吊在受审

[1] “Procès-verbal”, p. 225.

[2] “Procès-verbal”, p. 224.

[3] *Serpillon*, “Code crim.,” p. 930.

者的两个大脚趾上,等他被吊起来以后,铁块或石头也悬在半空”。[1] 塞尔皮隆则描述了在欧坦地区使用的滚油刑讯手段,“尽管据说曾在古代法国全面流行,但我没有听说其他任何法院还采用这种残忍的刑讯”。[2]

对于初始性刑讯,法令仅仅提到“应由判决书决定”。

关于辩护事实的古老规定在法令中被保留,且比之前更加明确。“即使在法庭中,只要还没有进行(报告后的)审查,法官也不得命令证明任何辩护事实,或者听取任何证人证明这些事实。”[3]除“被告在审讯和对质过程中陈述的事实”外,法官不得采信其他任何事实。被告需要立即列举证人的名字,以便公诉人要求传唤证人出庭,并在被告不可见的情况下作证。被告的无助是显而易见的。但与此同时,民事当事人的诉求和相应文件都需要告知被告,“若未将诉求和文件的副本送达被告,则法庭应予拒收”。[4]

八、下一程序是宣告判决。本法令重复了一项传统,即要求法官将刑事问题优先于民事问题进行处理,禁止法官在“后半段”审理重要案件。[5] 不过法令中也有一些新颖且重要的规定。在所有辖区中,如果量刑是可以上诉的,则必须由至少三名法官做出判决,“除非当地法院没有这么多法官或法律毕业生”。“他们

〔1〕 *muyart*,“Inst. crim. ,”p. 403.

〔2〕 “Code crim. ,”p. 967.

〔3〕 第二十八章,第1条。

〔4〕 第二十三章,第3条。有人问证人关于辩护事实的庭前宣誓证言应否告知被告人。“第8条仅仅规定应公诉人和民事当事人的问询时应予告知,故给人以被告人不得要求告知的理解。但这并非指控,而是一种问询,且因民事当事人有权获悉,拒绝告知被告人就显得不公正。法令对此未置可否,并不意味着予以拒绝,不过确实带来相当的困难。”参见Poullain du Parc,“Principles du droit fancais”,第6卷,第374页。

〔5〕 第二十五章,第1条和第9条。

需要前往法庭驻地去审案,若被告在押,则需要参加对被告的最终讯问。”[1]这一改革值得赞许,尤其是当考虑领主法官的品行
237 之后。不过拉穆瓦尼翁却表示反对,他甚至希望不要求裁判者必须是法律毕业生。“在一些小的司法区,可能有一些品行优秀的人适合担任法官,却不一定是法律毕业生。”但是皮索尔的反对理由很成功:“鉴于涉及国王子民的生命和荣誉,必须保持足够的谨慎。尤其是考虑到当事人对这些领主法官可能极为顺从,而后者又缺乏经验且容易被收买。”[2]

至于终局判决,无论是程序性的还是实体性的,都必须由七名法官做出。当法官缺位时,法律毕业生才能补位。[3] 当合议庭意见刚好对立时,应做有利于被告的决定。终局性地判决最为严重的刑罚时,至少需要以两票多数通过。孟德斯鸠将这一规定称为神圣条款。

法令规定了刑罚的种类,也明确指出何谓最严重的刑罚。[4]这对一个传统上被恣意惩罚所笼罩的国家而言无疑极为重要。值得指出的是,刑讯在此被明确列举为一种刑罚,而在其他国家却总是一种调查手段。这背后的真相有必要加以承认。实际上,这一罗列刑罚措施的条款的可取之处并非特别明显,因为其罗列并不完整。还有许多实践中认可的刑罚措施并未被列举。一位早期作者曾非常清楚地对此进行分类:[5]肉刑和痛苦刑、纯粹痛苦刑、侮辱刑以及不含侮辱的轻微惩罚。

〔1〕 第二十五章,第10条。

〔2〕 “Procès-verbal,” p. 246.

〔3〕 第二十五章,第11条。

〔4〕 第13条:“从自然死亡之刑罚往下,最为严重的惩罚包括:基于全案证据保留的刑讯、终生劳役、永久剥夺公民权、无证据保留的刑讯、有期劳役、鞭刑、(剥夺)荣誉和临时剥夺公民权。”

〔5〕 可特别参考朱塞的列举:“Comment”,第208~211页。

法令并不要求在判决中引用据以定案的事实。但是初级法官“必须说明其定罪或无罪的根据。若该根据阙如,高等法院或 238
其他法庭可撤销其量刑或判决,尽管他们做出的量刑可能完全一样。不过高等法院和其他法院本身不受这一形式要求的约束,他们的决定仅限于重复起诉状中列明的罪犯和罪行”。[1]

此前关于诉讼费用的规定被保留下来。如果存在一个民事当事人,则由其承担;如果没有,则由国王或领主承担。被告从未被要求支付诉讼费用,不过民事当事人往往对其有索赔主张;且当国王支付诉讼费用后,一般也会对被告施以罚金,这也许可算一种补偿。

定罪判决必须在宣布当日就执行,唯一的例外是孕妇,需要等生产后才能执行。对于判处死刑的人,必须为其提供临终祝祷。[2]

如果指控被认定毫无根据,似乎就该一律作出无罪判决,但并非如此。若不能定罪,有三种可能选项:无罪判决、带出法庭和继续调查。无罪判决是对指控的简单有力的否定,也使得被告有权向民事当事人主张赔偿。“带出法庭”则是一种不够彻底的无罪判决:“当被告仅仅是被带出法庭,而非因无罪判决而获释,则不得寻求赔偿,也不会被彻底开脱。这一判决使被告依然身披嫌疑,只不过因为证据不足而逃脱惩罚。”[3]不过这种判决只适用于最高法院[4]。最后,“继续调查”仅仅是一种有条件的无罪判决,“这看起来是最安全也最常规的选项,毕竟和法令的精神最为

〔1〕 *Rousseau de Lacombe*,“Mat. crim.”,第 437 页。

〔2〕 第二十五章,第 23、24 条。

〔3〕 Serpillon,“Code crim.,”p. 409.

〔4〕 Serpillon,“Code crim.,”p. 1069.

匹配,适用于在案证据虽然不足以定罪但足以阻止无罪判决的情况”。[1] 继续调查可以设置定期或不定期的限制:“定期的继续调查适用于罪行不算特别残暴的案件,或者有罪的概率不算高,
239 或者除国王或领主检察官外再无其他当事人,或者即便有民事当事人但依然适合将被告释放的案件。……反之,不定期的继续调查仅仅适用于严重犯罪和有罪概率很高的案件中。其功能在于使被告一直处于‘随时可被引燃的状态’,公诉人也可在出现新证据时再次发起指控……这显然不是因罪行而受惩罚,而是因存在有罪的强烈推定和迹象而受惩罚。”[2]看来任何被卷进这一程序的人,都必须留下一点自由和尊严。

九、法令用整整一章(第二十六章)规定上诉问题,确属非常慷慨。被告可对法官的所有决定上诉,不仅包括实体判决,也包括调查中的预备性或中间性判决。[3] 在判处痛苦刑的有罪判决中,应直接上诉至法院。在其他案件中,可“根据被告的选择”上诉至执法官或法院。对于判处肉刑、劳役刑、永久剥夺公民权或剥夺荣誉等非常严重的犯罪,上诉是一种权利,所以必须由法院加以处理。[4]

上诉也可能为被告带来一些保护。上诉程序并不总是秘密进行,律师协助也并非全被禁止。至少在《1670 年法令》之前,已经出现如下区别:如果一审量刑是痛苦刑,或者涉及刑讯,则二审程序将采取和一审诉讼一样的形式,而且不允许律师参与庭审。反之在其他上诉中,尤其是对调查中的决定的上诉,则采用和民

[1] Muyart, “Inst. crim. ,” p. 362.
[2] Muyart, “Inst. crim. ,” p. 363.
[3] 第二十六章,第 1 条。
[4] 第二十六章,第 6 条。

事诉讼相同的形式进行诉讼。[1] 如果上诉人选择“口头上诉”[2]程序而非书面程序——两者他都有权选择，则上诉将在法庭上予以审理，且律师有权参与。《1670年法令》正式确认了这一做法。第二十六章第2条规定：“基于起诉许可、命令和其他调查的上诉，均应提交法院和法官们进行听审。”但为了加快针对调查程序的上诉审理，曾尝试对这一规定进行限制。穆亚特·德·沃格兰说道：“关于调查决定、预备性决定的上诉，应由法官在法庭里公开听审。但关于中间判决的上诉，由于并未在本条中提及，故应像最终判决一样，由法官们在办公室中闭门决策，并如其他书面程序一样收取诉讼费。”[3]但是，被告的上诉权却被法令的下述规定几乎贬为一纸空文：“任何上诉均不能阻止或延缓命令、调查或判决的执行。”[4]不过，如果对实体性上诉的审判速度足够快，则其他附带上诉将在同一时间通过同一形式进行审理。[5] 正因如此，一扇(获取律师帮助的)方便之门为被告打开了。只要满足必要的信誉、费用和及时性条件，他就可提起并非针对实体裁判的附带上诉请求。“在低级别刑事法院中，在涉及特定调查和上诉的附带性争议的辩论中，律师辩护很快就得到允许了。塞吉埃也谈到都尔奈勒地区此后就允许‘持续很长时间的 240

〔1〕 “Pratique de Boyer,”pp. 117, 119.

〔2〕 “Pratique de Boyer,”pp. 220, 221.

〔3〕 “Inst. crim.,”p. 832.

〔4〕 第二十六章，第3条。

〔5〕 Serpillon,“Code crim.,”p. 1141：“这一条并不意味着上述附带上诉应在听证中加以审理，而仅仅规定可上诉至法庭。法官们可自行决定，在针对一审法院的最终判决加以处理后，可在上诉中进行书面审理。对一审调查和最终判决的审查，都可基于书面材料进行。尽管这一规则并未在巴黎高等法院实行，但在我们勃艮第(Burgundy)地区却早已习惯使用。”

听证'。这一习惯也得到法庭记录的证实。"[1]

对于因一审最终判决被定罪而上诉的被告而言,上诉程序中唯一的保障机制就是上诉法官更高的地位。上诉审中并没有真正的辩论。总检察长塞吉埃曾不得不承认"法令将所有上诉程序
241 局限为针对犯人席或审判台后的被告的讯问"。[2] "当庭讯问就是被告人提出针对处刑的异议和自己的正当理由的时候,也正是因此,上诉裁决中总会写到'听取了被告对于其罪行的态度和上诉的理由'。"[3]就此看来,总体来说还是报告法官权力最大。不过不要忘记,对于那些教区或驻军区案件,最终是由宪兵司令或驻军来审理的。

公诉人一方也可以上诉。"国王检察官至少可以就他认为与犯罪的严重性不相匹配、进而与其建议不符的量刑提出上诉。"[4]民事当事人也可以就"民事赔偿、利息或损失的不充足判决"提起上诉。在没有当然上诉权的案件中,当事几方可以协议认可上诉,只要上诉不存在限制。此外,对上诉权的放弃或默认也是许可的。

总体而言,上诉具有中止效力(我们指已经立案的上诉,而非允许立案的期间)。如果涉及定罪判决,该判决将暂停执行,但是不超过特定标准的金钱判决可以有条件地执行。[5] 另外,如果上诉涉及调查决定,则不具有中止效力,除非决定的实施将带来

[1] "Notice sur les archives du Parlement de Paris," by A. *Grun*, in *Boutaric*, "Aetes du Parlement," vol. I, p. 227. 不过有一种趋势是在低级别刑事法院恢复纯粹的书面审程序:"在勃艮第,轻微犯罪通常通过书面形式审理。"(Serpillon, p. 977.)但我们注意到,即便只是施以不公开的警告,依然会有庭审听证。

[2] "Réquistoire de 1786,"第157页。

[3] "Réquistoire de 1786,"第159页。

[4] Rousseau de Lacombe, "Matières crim.,"第481页。

[5] 第二十五章,第6条。

不可挽回的损失,比如关于刑讯的决定。“禁止继续调查”的传统命令并未被完全废除,但是受到限制。[1] 如果一审判决被告无罪但公诉人提起上诉,被告必须留在监狱中;如果当被告在判决宣告后应予释放时仍然没有最低限度的上诉得以立案,则须做好释放被告的准备。[2] 如果仅有民事当事人上诉,则按民事诉讼进行上诉程序。在诸多细节上,法令都对上诉程序作了细致规定,也对法院的提审权进行了限制。[3]

十、对于被定罪者而言,还可求助于“最后一根稻草”,但法令 242
中并未提及,具体原因此处将予说明。被告可向王室御前会议求助,申请一项错判令状。确实,最高法院的判决是终局的,而且原则上不可置疑。但依循一项在古代法中有着重要地位的“正义保留”法理,这一判决可被撤销。所有的正义均置身于国王,也源自国王。尽管国王将正义的具体实施委任给他的官员们,但其自身依然保留“充足的正义”,可以撤销包括最高法院判决在内的任何官员的决定。[4] 不过这仅限于以违法为理由。“以法院判决违背法令或习惯法为由而申请撤销,两种理由都可以,毕竟最高法院和下级法院一样,都有义务遵守法律。”[5] 塞吉埃总检察长曾在一次对法院的讲话中详细论述该原则,对此本书也已多次引用:“立法者从未忘记,司法官的尊严并不意味着其免受人性的普遍软弱甚至欺瞒的威胁。或许是基于个人经验,立法者早就承认犯错是人性,即便是最为谨慎的人也会犯错,而且绝非因为偏见

〔1〕 第二十六章,第4条。

〔2〕 *Rozisseau de Laconibe*,“Mat. crim. ,”p. 480.

〔3〕 第二十六章,第5条。

〔4〕 早在关于向复审法院上诉的理论成型之前,已经存在另一种挑战最高法院决定的方法,即所谓“分配错误”,这一做法和向复审法院上诉制度一起共存了很长时间,最终被《1667年法令》废除。参见Guyot:“Répertoire”,《复审法院》。

〔5〕 Guyot:“Répertoire”,参见《复审法院》。

或背叛。法律需要保护自身的规则,并对自身的程序分外珍惜,因此应以加倍的小心去规定,即便在历经所有诉讼阶段之后,如果法院判决有悖于法令的规定,或者存在任何有违既定程序的情形,则依然可以向国王本身求助。正是因此,每一个被定罪之人都有一条逃脱惩罚的途径。"[1]求助申请将交给王室御前会议审理,其成员"包括首相、四个国务大臣、国务委员和一个轮值担任
243 的申诉总管……申诉总管负责向御前会议汇报"。[2] 针对不同案件,御前会议可能会驳回申请,或者撤销原判之后发回重审。这一程序规定于 1738 年 6 月 28 日的御前会议规则中,其中部分内容也体现于当代法律之中。比如在刑事案件中,这一规定要求提交保证金,今天的《刑事调查法》就吸收了该规定。

从各方面来看,向御前会议求助都是被告的一项有力武器。这些充满各种繁复形式和文书的司法程序,总是容易因出错而被撤销;被告方的请愿书提交御前会议后,也总会始终如一地公布出来。[3] 但实际上,这一渠道几乎毫无用处。动用这一武器的可能性,几乎完全取决于国王的恩惠。提出撤销原判的申诉,也并不会阻止或延缓判决的执行。在民事案件中,申诉并不能避免原告诉求得到满足,尽管其结果并非不可补救。在刑事案件中,执行官可能早在申诉到达御前会议之前就已动手。正是因此,在正式撤销原判之前,还需要获得国王的额外恩惠以命令暂停执行。"在民事案件中,被质疑的判决依然会得到执行;但在刑事案

[1] "Réquisitoire de 1786",第 9 页。

[2] Guyot:"Répert.",参见"Conseil"。他指出:"任何要求御前会议撤销法院判决的申请,都必须首先向专门任命来调查最高法院判决的专员们提出。"

[3] Guyot:"Répert.",《复审法院》。"在被许可公开之前,任何关于最高法院判决的申诉、咨询或请求都不得散布。正是因此,在御前会议出庭的代理人不得签署任何类似文件。当事人和他们的律师只能向委员或法官们提交书面请求。"

件中,因为作出定罪判决的法官无权中止其执行,所以需要在申诉至御前会议之前做出特殊的救济安排。”[1]这种救济命令常被使用,在君主专制的最后几年有诸多例证。[2] 为获得这种国王命令,要么需要有效的恳求,要么是一些意外的惊喜,比如一些省份的要人转交请愿。一般而言,就如在古老的传说中那样,信使 244
要等到绞刑架已经搭好才会赶到。[3] 申请错判令状是唯一针对终局刑事判决的非常救济手段,而复审状并不能阻止生效判决。[4]

十一、法令关于缺席判决程序的规定只是对之前法律的精准重述和简化。如果无法执行对被告的逮捕令,则可制作通缉令,并对其财产造列清单。此后将以公告的方式,先是提前两周发布一份传票,然后提前一周再发一份,一律不得延迟。[5] 接下来,根据检察官的动议,法院将决定对证人证言进行确证,这相当于正常审判中的对质程序。最后,“同样的判决将宣告缺席的罪犯已经过适当调查,进而作出定罪量刑的决定”。

缺席判决本质上的可撤销性禁止在判决中进行如下表述:

〔1〕 Séquier,“Réquisitoire”,第9、10页。

〔2〕 比如《路易十六政府书信集》第二卷,第184页,涉及被判决活活烧死的巫师,信使是在执行当天到达。第190页涉及一个被判决绞刑但得以幸免的妇女。

〔3〕 我们后面会讨论的一份回忆录中有记载:“阿比说:赶快醒悟过来!并非一切都结束了!赶快陈述你的理由,因为掌印者就在这里(确实是这样)。我会让他向法院提交一份一个有信誉的人的请求……立法者是睿智的,首席法官是警觉的,对贝尔贝克侯爵和里昂高等法院辖区的首席检察官下令暂停执行……原定的执行须推迟到明天进行。”(Lecauchois回忆录,第7、8、11页。)

〔4〕 在一些古代法学家的著述中,似乎能够找到一些反例。参见Muyart de Vouglans,“Institutes”,第368页。但这仅限于适用普通程序也即和民事诉讼相同的程序的案件中。朱塞很好地作出了解释:“唯有针对经过公开审判做出的刑事终局判决,才能以复审状程序提出质疑,且一般应针对所有的调查”(“Commentaire sur l'Ordonnance”,第329页)。——*Guyot*,“Repert.”“刑事程序中的更正状与民事诉讼中的复审状基本一致。”参见*Dupaty*,“Moyens de droit”,第67页。

〔5〕 第二十七章,第7~10条。

“如果(被告)被抓捕归案”。鉴于实际的执行难以实施,死刑判决改为对肖像的执行,其他判决则改为在公共场所张贴名单,或者将判决书送达被告之住所。这一点非常重要,意味着法定期间开始计算,一旦期间届满则实施严格的没收程序。

245 不管在任何期间,一旦被告自动投案,只要不存在法定的相反情况,之前的缺席判决即变为(未决)法律事项。[1] 但截至一年期满或五年期满时,特定法律效果依然存续。在一年期满时,缺席被告的个人财产增值部分以及动产出售价款即不再归属于他;在五年期满时,“罚金和没收等刑罚就将予以执行,就等同于业已公开审判一样,其位阶也等同于正式判决”。[2] 如果判决内容的性质使然,法官也会明确地宣告死亡。

一旦缺席判决被撤销,被告将和证人进行对质,哪怕此前的缺席判决宣称确证程序和对质程序有同等效力。[3] 但是,如果证人已经死亡,或者无法对质,他们的庭前宣誓证言则可作为证据;此时仅仅进行书面对质,也仅仅接受有书证支撑的针对证人的质疑。如果被告一开始本来在案,但在启动讯问后脱逃,则诉讼将继续以对质方式进行,哪怕被告根本不在场。[4]

除上述我们简单介绍的普通程序外,法令还规定了几种例外案件,包括针对聋人和智障者的诉讼,[5]针对集体——城市、集镇、村庄、企业和协会等——的诉讼,以及源自古代法的针对死者尸体或记忆的令人作呕的诉讼等。[6]

〔1〕 第二十七章,第28条。

〔2〕 在此之前,对方当事人有权就损失另行起诉,但必须提供担保(Serpillon, p. 870)。法令的这一规定非常简单,将之前法律给当事人造成的诸多困难都消解了。

〔3〕 第二十七章,第10条。

〔4〕 第二十八章,第24条。

〔5〕 第二十八章。

〔6〕 第三十二章。

第四节 司法保留和国王的令状

这就是根据《1670 年法令》制定的刑事诉讼规则,但某些情况可能会干扰或阻止其进程。

在古代法国,一切司法权都来自国王这一说法是很正确的。尽管他毫无疑问地把权力下放给了司法官员,但他可以随时干预。这是一种司法保留理论,它产生了来自国王的宽恕令(lettres de grâce)——这是一个包含许多种类的通用术语。没有什么比保留司法权力,同时授权治安法官向其臣民伸张正义更能体现我们国王们的善意了。这就相当于说,法官的权力首先限于追查犯 246
罪、宣判刑罚和执行刑罚,统治者有权立即停止起诉、宣判和执行,并宣告罪行及罪名消灭。[1] 这还不是全部。作为全能的保管者,国王不仅可以暂缓司法的进程,还可以通过监禁令(lettres de cachet)的形式增加指控。下面让我们再更为细致地考察一下这两种令状。

根据朱塞的说法,恩典、宽恕或者国王的谅解等术语是通用术语,包括所有直接来自最高权力的令状。[2] 它们各种各样,《1670 年法令》详列了它们全部,但是它们都属于两种类型。一种类型的令状出现在宣判后,用于暂缓执行裁判。另一种类型的令状则更有强制性,可以停止所有程序,甚至是消灭罪行。后者与我们今天所说的大赦相对应,但有一点不同,他们是为了纯粹

〔1〕 *Muyart*, "Inst.," p. 103.

〔2〕 "Comment," p. 322. 它们不同于所谓的司法令状,如上诉令或复审令,这些可以说只是程序上的例行要求。

的私人利益而被授予的。

最重要的宽恕令状是那些王室赦免令状(royal pardon)。“这些令状是国王陛下授予个人的,这些被指控犯罪的个人根据王国的法律和法令应当被判处死刑。这种令状仅在极少数案件中因为极为重要的原因才会被授予,而且,只能由掌玺大臣办公室给出。”它们通常在宣判之前介入;然而,“因为国王宣布他宽恕了罪行,不管这是如何发生的……甚至在定罪判决作出之前就能得到它们”。赦令(lettres de rémission)的性质相当奇怪,它们只被授予给“非自愿杀人,或者因为保卫个人的生命而实施的杀人的人”。当合法自卫排除所有罪责时,这些赦令有什么必要呢?这是因为在那时的法国,“尽管罪行是因为正当理由以及有合法自
247 卫必要的情况下实施的,如果没有赦令,一个人是可以因杀人而被处刑”。[1] 对于非自愿杀人或误伤人命,同样也允许授予赦令。归根结底,这不过是一个检察程序。还存在另外一种赦令,这是以不同措辞表达王室赦令(lettres d'abolition)的仿制品。谅解令(lettres de pardon)是授予给“不涉及死刑(涉及死刑则是不可被原谅的)”的罪行的。所有这些阻止司法进程的令状构成了旧制度的弊政之一,议会经常抗议其滥用。[2] 议会的抗议的唯一成果是《1670 年法令》中包含的一份声明,在该声明中国王宣布放弃在更为严重的案件中的宽恕权。《1670 年法令》中列举了这类罪行。[3]

另一类有待提及的令状直到作出有罪判决之后才介入。首

[1] *Rousseau de Lacombe*, p. 83; cf. *Muyart*, "Inst.," p. 542. 这与主张将合法自我防卫归入正当行为的理论不太相符。

[2] 参见 Picot, I, p. 121; II, 191, 555, 556; III, 186; IV, 84。

[3] Tit. XVI, Art. 4.

先是法律上的令状，免没收令（pour ester à droit），对于拒不出庭应诉之人（contumax）而言，在对其肖像执行死刑的五年后，有必要通过这一令状以防止没收其财产。其次是驱逐战俘的召回令（ban de galères）以及减刑令（commutation de peine），类似于今天生效的谅解令和平反令，用于恢复被定罪人的名誉和财产。这些令状总是假定这些人已经执行完了刑罚，赔偿了民事损失。这些令状既可以授予给活着的人，也可以授予给死去的人。“最后是重新审理令（lettres de revision），这是国王授予的重新审查和审理刑事案件的令状，或者是因为形式无效这一缺陷，这种缺陷可能导致刑事诉讼被污染，或者是因为刑事诉讼中所包含的明显的实体不公。这些令状在刑事诉讼中发挥的功能与民事诉讼中以复审令形式体现的令状所发挥的功能是相同的。”[1]

尽管所有这些令状构成了司法保留的体现，然而它们都和授权管辖密切相关，因此，它们必须由调查庭登记和批准，即“enter- 248
inees”。准确地说，如果是男性议员的话，则是由法庭登记和批准，如果是平民的话，则由执达官登记和批准。（第12、13条）这种批准仅仅是一种形式。在特定案件中，法官必须确定这些令状是否“符合控告和起诉”，如果法官之间在这方面不能达成共识，他们就继续裁判。“如果国王陛下被欺骗了，当时被起诉的罪行就不是国王陛下谅解的罪行。”王室谅解令、赦令、谅解令都是一样的。另外，如果罪行极其严重，或者特别是如果属于国王放弃其宽恕权的罪行，调查庭可以提交异议书，法庭可以直接提交给国王，其他的则提交给大法官。在发布驱逐战俘的召回令，减刑令以及平反令的情况下，它们必须获得批准，“无需调查它们是否

〔1〕 *Muyart*, “Inst. ,” p. 114.

符合控告和起诉,除非涉及陈述权",但作为诚信的保障,裁定或者定罪裁判需要附在"这些令状的印章背面"。该法令创设了一种由自诉人和公诉人参与的批准令状的诉讼程序。重新审理令引发了一项普通的诉讼。为了得到该令,向国王议会提起诉讼是必要的。(第 8~10 条)

监禁令构成了王室权力中更为有力的一项行为。它们的名字源自它们的形式。"这是一封奉国王之命写的令状,由国务大臣会签,并盖有国王的印章。"[1]它们可能包含各种命令,尤其是流放令或监禁令。"国王被视为一切正义的源泉,他有一种特别的特权,可以根据自己的自由意志,无须审判便可以处置公民的自由和财产。"[2]须知,这并不是向法院致函的问题,我们处在国王美意的范围之内。"这封令状是由一些警官带到目的地的;被
249 委托传送令状的人就委托的执行情况作出正式报告。"[3]我们能意识到王室提出这种令人遗憾的权宜之计的用途。刑事法律在这一点上保持了沉默。一个本质上是专制的东西不是规制的对象。异议经常被提起,有时来自高层。尤其是梅尔歇布(Malesherbes),作为审计法院(Court of Accounts)的代表,曾经向路易十五提交过一份强烈的异议。[4] 这场争论使国王对统治感到担忧,最近的研究也表明,议会在争论中谈到了异议"监禁令"的问题。在 1753 年(4 月),律师巴比尔(Barbier)在谈到某些异议时这样表示:"关于监禁令的文章得到了特别关注。该文章到了指责所有大臣的权威的地步,不仅如此,也攻击了国王本人,好

〔1〕 *Guyot*, "Répert." voce Lettrede cachet. "See Mirabeau," Des lettres de cachet et des prisons d'Etat. A work composed in 1778, Hamburg 1782(all the first part).

〔2〕 *Laboulaye*, "Revue des Cours littéraires," 1868, p. 9.

〔3〕 *Guyot*, loc. cit.

〔4〕 *Laboulaye*, "Revue des Cours litteraires," 1864, p. 643.

像它假定国王会在不知道他在做什么的情况下签署‘监禁令’,或者大臣们有权在不征求国王意见的情况下发布这些令状。”[1]同年,他再次说道:“里昂议会的异议还没有印出来,但詹森主义者(Jansenists)已经在巴黎传播了抗议的原因。给出的理由不可能是真实的,因为它公然攻击最高权力。它明确地讲,国王无权使用监禁令,除非是针对他的大臣和家庭官员,但不得针对任何私人主体;如果一名私人主体在任何事情上有罪或被怀疑有罪,国王应将他交付司法,由法庭依法审判。”[2]

另一个最高权力的体现是,国王任命委员负责审理刑事案件,或者他对他的议员的提审权。“在法国,国王任命的委员与法庭和其他法官任命的委员之间存在差别……一般的委任是由来自首席法官办公室的令状授予的,而且,只有国王可以授予。只有国王才能授予特别委任,这些委任必须包含授予委员的权力的范围和限度。任何个人都可以被君主选任做裁判或撤销……这样任命的委员应当在他们打算用委任状的地方公开这些书状,特别是当这是一个采取司法行动或严厉行动的问题的时候。如果 250
他们不这么做,人们可以不服从他们。在审查和判断他们被任命的事项时,他们必须以与其他法官相同的方式,按照王国的法律和条例行事。凡国王委任的委员所作的判决,除非超过委任的限度,否则不得上诉。……当他们被任命审判任何刑事案件时,如果程序有缺陷,他们可以放弃他们的程序,并命令重新开始。此外,特别委任被认为是一种危险的权宜之计。因为这个原因,议会不会轻易允许这种特别委任。”[3]我们知道王室有时会利用这个制度作出什么滥权行为,议会经常对此提出异议。

〔1〕 “Iournal,” VI, p. 368.

〔2〕 “Journal,” V, p. 415.

〔3〕 *Guyot*, “Répert.” voce “Commissaires.”

251

第三章　证明理论

第一节　习惯法中的证明

为了恰当地理解我们所研究的刑事诉讼程序——这套逐渐成型、直至在《1670 年法令》中获得其最终面貌的糟糕制度，我们就必须将它与在同一时期形成的关于证明的理论相联系。这一时期的证明理论，在法制史上被称作法定证据（legal proofs）。该理论的基本内容如下：一方面，法官必须找到某些被预先规定的证据形式，然后才可以作出有罪判决；另一方面，当存在这些证据的时候，法官必须作出有罪判决。在这两种情况下，法官的个人意见都不具有决定意义。这一古代法律制度的主要准则是：判决的作出，“必须依照供词和证据”（secundum allegata et probata)。[1] 该制度下的法官就像一架钢琴那样,他发出什么音符,取决于哪些琴键被按下。这种严苛的证明制度,被视作一种对纠问式、秘密审理之程序风格的必要平衡。这种证明要求达到“昭如当午之日”的程度。看起来,这有利于保护被告。另外,法定证据理论更加收紧了对刑事诉讼程序的限制,因为它使得对有罪之人的定罪判决更加难以作出。这种双重的影响,是朝着同一个方向的。

这种制度是逐渐形成的。法律官员们在罗马法的文本中发现了它最初的要素,但是它得以完全形成,是在封地法院(feudal
court)里法官(jurists)取代了“平民法官”(men judgers)之后。当 252
一批永久任职的地方法官长期垄断了对刑事案件的审判权时,法定证据制度的缓慢形成就不可避免了。假如陪审员从我们的法律体系中消失——当然这是个不太可能发生的假定——我们可能会看到这种微妙的决疑法的复苏。

《1670 年法令》并未明确地规定这些详细、复杂的规则,但是它将这些规则视作理所当然。在一个立法文件中规定它们,是不太恰当的。尽管这些规则只是存在于关于法律教义与司法实践的著述中,它们依然具有一般法律的效力。接下来,我们会简要地探析这些规则是如何被引入我们的法律体系的,解释该理论在 17 世纪至 18 世纪的发展,并且说明它们是如何与程序的形式协调一致的。

(1)在封地的诉讼程序中,证明的方式非常原始、自然,也经

[1] *Loysel*,“Inst. cout.”Title on Judgments,rule 11. *Constantin*,“Comment. de l'Ord. de 1539,”p. 238.“法官和任何一个理性的人一样,被一组推定和导致推定的事实完全说服,这是不够的。这是一种非常错误的裁判方式,它实在算不上什么,只不过是在表达意见而已——该意见有一些或多或少的根据。”*Poullain du Parc*,“Principes du droit français,”vol. XI,p. 112.

常很不理性,要完成证明很简单。作为一般性的规则,法官(仅仅是一个旁观者)只需要确定一个重要事实。被告的供述是最完整证明,如果有了口供,甚至不需要再继续进行其他的程序,但是不能使用武力或者诡计来获取口供。英国的诉讼程序仍保留了这一特征。如果被告作无罪答辩,接下来要么诉诸司法决斗,要么诉诸证人。若通过司法决斗解决,决斗之胜负消除了所有疑惑。若通过证人作证来解决,针对证言早已存在一套规则,不需要由法官来衡量证据。这种证明方法简单至极,其简易性使它容易被当时的人们接受——那时人们尚未完全开化,对他们而言,如果某事被否认,那么如何证明它以及排除所有的怀疑,是一个难以解决的问题。当时的证明规则不只包括这些内容,那时已经有了一些推定规则。但是,这些推定同样很简单,很原始,也可以说很形式化。比如,有这样一个推定规则:如果一名在押的被告越狱逃跑,就是承认了他的罪行。"任何一位由于受到关于某罪行的指控而被囚禁的人,如果逃跑了,我们就可以清楚地提出一个推定,认为这等同于已经证明了犯罪事实;因为他的逃跑行为指出了一个很有力的推定,即他不敢经受法律的考验。法律要求他应该因其罪行而受惩罚——如果他被捕获的话。"[1]"那些由于被
253 指控或被怀疑犯了某个罪行而被逮捕的人,如果逃跑或越狱了,然后又被捕获了,我们就可以判处他有罪,即他之前被捕时所指控的罪名,然后根据该罪对他施以惩罚。"[2]类似地,习惯法汇编的作者们认为,在藐视法庭罪的程序中,多次缺席、不参加庭审,

〔1〕 *Beaumanoir*, XXXIX,15(Salmon,1160);XXX,13(Salmon,836).

〔2〕 "Livre des Droiz," § 333.

等同于不可反驳的有罪推定。[1]

如果犯罪嫌疑人受到了国家的审讯,在这种特别的程序中,法官对证据的审查无疑更自由、更微妙;但是对于这种审判形式,我们几乎没有任何信息可循。这种审判形式很早就从我们的法律中消失了。

当《1260年法令》抑制了在公开的法庭上提出的正式证言(formal testimony)之后,证明的理论也因此改变了。法官需要权衡证词(deposition),但是旧的原则被保留了,据此,得出有罪判决需要两名目击证人对事实达成一致。法官的权力对于证明理论的发展有很大的影响。[2] 从一开始就有一个非常明显的趋势,即对于证明有很严格的要求。但是与此同时,司法实践会尽力发展出一些手段,组合使用推定性的证据。长久以来,我们过于忽视这一点了。推定是一个重要的主题。

某些古代的推定和证据已经失去效力了。就口供这种证据而言,这一失效的过程发生得非常快,只有口供,没有其他证据的支持,不再构成一个完整证明。这是因为,口供不是自由的和自发的,而是通过技术性的讯问强制获取的。除非口供是完全自愿的,否则构不成一个指控被告的完整证明,这是一个在法制史上几乎不允许有任何例外的规则。根据一位权威学者的观点,甚至在某个特定的时间段里,为了作出有罪判决,需要既有口供也有证言。作出这一断言的是《正义与怜悯之书》中的一个段落,这一

[1] *Beaumanoir*, XXXIX, 16 (Salmon, 1161), XXX, 13 (Salmon, 836). Livre des Droiz, § 331. 正是在这段时期,藐视法庭的行为会被定罪,不再被允许逍遥法外。

[2] *Beaumanoir*, XXXIX, 12, 13, 14 (Salmon, 1157, 1158, 1159).

段落除印证口供在各种证据方法中的效力在衰落外,没有说明更
254 多。[1] 藐视法庭罪中的有罪推定也衰落了,最终,法律规定,在这种情况下法官不得宣判有罪。在押犯的逃跑行为,不再被作为一个不利于他的不可反驳的推定。

然而,另外,有一些新的推定被确立,它们比旧的推定更牢固、更微妙。这些推定中的很少一部分,其性质是可以为定罪判决提供基础的。博曼努瓦将这部分推定分成两类:"某些推定能使事实非常清楚,它们使事实得以证明,而另外一些推定却颇受质疑,以至于它们本身不足以证明指控。"[2]关于第一类,他具体列举了几个效力仍未减弱的推定。例如,在指控杀人的案件中,两名证人看到被告逃离现场,且手里拿着一把出鞘、带血的剑,即可推定杀人的事实。[3] 但其他一些推定效力弱化了,例如,在实施犯罪之前会发出威胁这个推定。威胁的发出者,被认为是犯罪的实施者。"发出一个威胁之后,在这个威胁中所说的事情,就会被实施。"[4]很快,这变成了仅仅是一个"近因推定"(proximate

[1] § 644:"法律的规定是,如果一个人被任何一个法庭判处死刑,他或者代表他利益的某个亲属,可以向最高法院的法官上诉……法律规定了,如果他(被判有罪的人)不是根据口供和证人而被定罪,对他的判决就是无效的;如果有口供但没有证人,有证人但没有口供,或者两者都有但是不一致,判决就是不合法的。"

[2] *Beaumanoir*, XXXIX, 11(Salmon, 1156).

[3] "他们看到吉安离开了现场,拿着一把出鞘、带血的刀子,他们听到被杀之人喊道:'他杀了我。'在这个案件中,除非使用推定,否则不可能证明这个恶劣的罪行,因为没有人看到过杀人的过程;因此被告人吉安根据推定而被定罪和行刑。" XXXIX, 12(Salmon, 1157).

[4] *Beaumanoir*, XXXIX, 13, 14(Salmon, 1158, 1159). —"Ancieune coutume de Bourgogne," Art. 53:"同样地,如果我私下里威胁某个人,随后有损害发生于他,而我否认曾这么做过,但他却证明了我的威胁行为,那么法官应当认为我侵害他的事实已经得到了证明;如果我承认曾威胁过他,但我发誓没有侵害过他,那么,尽管我曾威胁他,但这些威胁行为不会导致法官作出于他有利的判决;如果在我发誓之后,他提出要证明有损害以威胁中所说的方式施于他,他不应通过证人或者审讯来证明之,而是应当诉诸决斗。" *Ch. Giraud*, "Essai sur l'histoire du droit français", II, p. 278.

presumption)。但是,强到足以引发定罪的推定,其数量是极为有限的;而其他的推定不管数量多大,其自身都不足以导致定罪判决。“对任何人都不能仅仅根据推定施以惩罚,除非这个推定非常清晰——正如我们曾讲到的,尽管如此,可能仍存在不少不利于被告的很可信的推定。”[1]

很可能,这种证明理论的特征就是,对定罪表现出过分的犹 255
豫。法官发现在自己作出有罪判决的道路上有越来越多的障碍,要么臣服于这些障碍,要么偶然地发现某种越过障碍的方法。这种方法,如前所述,就是刑讯。当仅有一名目击证人作证指控被告,或者当存在一个很有力、但根据法律并非不可反驳的推定时,法庭面临两个选择:要么让它认为有罪的被告逃脱,要么果断地使用刑讯方法,冒着风险完成证明。

法学家们认为,可以在《学说汇纂》和《查士丁尼法典》的文本中发现这些新的原则——在很大程度上也确实如此。在古罗马,当陪审员还继续担任法官的时候,没有产生非常精细的证明理论。当时的修辞学家只是区分了一些用于指引提出答辩和确保演说成功的规则而已。但是,当裁判的权力转交到永久任职的法律官员手中后,一种法定证据的理论开始诞生,与之相伴的还有任意性处罚(arbitrary punishments)的原则(法官依其自由裁量而判处的刑罚,不在制定法规定的刑罚范围内。——中译者注)以及上诉的途径。这一结果归因于司法实践,是当时的法律专家促成了这种理论的诞生——尽管它从未得到完全的发展。[2] 人们很快形成了以下合意:口供除非得到补强证据的支持,否则不构成一个

[1] *Beaumanior*,XXXIX,18(Salmon,1162).

[2] *Gelb*,“Gesehiehte der Rom. Criminalprozess bis auf Justinian”,p. 611 *et seq.*

完整证明。[1] 那些会导致证据舍弃的理由,被预先规定了,以此限制法官对证据的自由评定;我们甚至能发现对推定进行分类的迹象,以及书面证据(written proof)理论的雏形。如何使用刑讯,也受到既有规则的约束。这些规则要求:一方面,只有当其他所有的方法都失败之后,才能使用刑讯的方法;另一方面,必须找到一些强有力的推定之后,才允许刑讯。[2]

这些就是 15、16 世纪的作者曾详细阐述,并且使其发展和扩张的那些规则;这些作者从这些规则中建构了一套理论——实际上,该理论在罗马法中仅仅是"有所体现"(in gremio)而已。这种
256 理论主要归功于意大利的刑事法学作者,它扩展到所有的纠问式程序得以确立的地方。我们可以在鲍泰勒的论述中发现一些迹象,不少文件也体现了该理论,《1498 年法令》是其中很值得注意的一个。正如我们看到的,该法令规定:如果"特别的"或刑事的程序没法取得结果,就应该将当事人送到"普通的"诉讼中,即民事的诉讼形式。这个规定是可以理解的,因为在宣告死刑判决(这是刑事诉讼中通常的目标与结果)之前,需要满足非常特别的证明要求。

(2)在 16 世纪至 17 世纪,法定证据制度得以完全确立。只要《法令》中规定的那种刑事诉讼程序在持续,这种证据制度就会持续存在,也就是说,持续至 1789 年。我们会简要地描述该制度,我们的信息主要来自穆亚特·德·沃格兰。他的著作《刑法机构与犯罪法》(Institutes du droit criminel)的第六部分就是关于这个主题的,其中概括和分析了法学家或者至少是那些已经接受了法国司法实践之人的理论。

[1] Book 1, § § 17,27,D. 48,18.

[2] Book 8,pr. Book 1, § 1. Book 18, § 2. Book 20,D. 48,18.

该制度认可四种证明的方法:(1)证人;(2)口供,或者称作口头的证明(vocal proof);(3)书面文件,或者称作工具的证明(instrumental proof);(4)推定,或者称作推测的证明(conjectural proof)。[1] 当然,在所有的法律制度中,都存在这四种方法。但是,这四种方法可以形成许多法定证据制度所特有的组合。最终要获得的是一个完整证明,从而足以允许作出一项死刑判决。当时的刑法作者都持有一个假设,即认为死刑犯罪构成了刑法的基础。[2] 关于证明的严格规则,并不是为那些不太严重的罪名而设。[3] 这些作者们以非常合逻辑的方式继续论述说,为了能够 257
给被告定罪,需要证明两件事情:第一,发生了一个犯罪;第二,这个犯罪是被告实施的。

对第一件事情的证明,即确立"犯罪事实",旧的"习惯"法就已经要求这个初步的证明了;但那时还很粗糙,很形式化;有必要向法官展示伤口或者尸体。"我们都知道,在这种程序中,如果流血或罪行没有被展示给法庭,并且得到充分的确定,在会引发死

[1] 《1670年法令》含蓄地承认了这一点,Title XXV,Art. 5:"如果存在其他的充分证明,包括通过讯问被告,被鉴真的文件或被告人承认的文件,或者其他关于案件的推定与情况,那么即使没有证人提供的信息,对案件仍可以审理和下判决。"

[2] "法律绝不会允许惩处无辜之人,对于宣告死刑判决而言,完整证明是基本的要求,无论是针对什么罪行。而这样的证明只有遵循法律规定的形式才能获得……如果没有满足这一点,任何定罪判决都至少是草率的;在某种意义上,可以说,这样的判决是不公正的——即使被告确属有罪。"*Poullain du Parc*, vol. XI, pp. 112, 113.

[3] *Poullain du Parc*, vol. XI, p. 116:"在非死刑的案件中,很显然不要求这种很强的证明……但是当仅仅存在有力的推定事实的时候,它们的效力只能为金钱性惩罚提供基础,除非法官另择他路,即对该案做'进一步的调查'。"

刑或肢体刑的案件里,不应继续进行审判。"[1]如果有必要,法官会到访犯罪地,亲自查看,然后立即将所看到的记录在案。"在圣路易斯的时代,对攻击行为的证明,必须经由法官对流血或伤痕的查看,法官需亲眼看到。"[2]但是在很早的时候,这个粗糙的方法被职业人士的查看取代了。在《圣马丁刑案汇编》中,宣誓后的医生(mire juré)和宣誓后的护士长(matrone jurée)发挥了很大作用,作出了许多报告。

关于对"犯罪事实"的证明,区分了两类罪行。第一类是会留下物理痕迹的罪行,"罪行是永久的"(delicta facti permanentis),例如,杀人、纵火、抢劫等。在这些案件中,实施犯罪留下的物理痕迹可以被识别,确认这些痕迹是法官的首要职责。这可以通过治安官的记录完成证明,治安法官会到访犯罪地点。如果争议事实涉及专业知识,就通过内科医生、外科医生以及专家的报告完成证明。根据规则,其他的证明方法是不被允许的,[3]但在一些
258 无法采取上述方法的特殊案件中,也有例外。[4] 关于治安官记

[1] "Grand Coutumier de Normandie," ch. LXXV. 请比较以下抱怨的语气:"Livre de Jostice et de Plet," XIX,9, § 1:"并且公开地察看罪行。"——同上,XIX,2, § 2:"如果一个人控告另一个人谋杀了某人,而被杀之人未被找到,对此法律会怎么说? 答案是,不存在起诉的理由。除非谋杀实际上被看到,或者被杀之人的尸体实际上被看到,否则就未看到任何人被谋杀。我们可以很恰当地说,一个谋杀行为被证人看到了,尽管被杀之人被扔进了卢瓦尔河且尸体未被找到。"

[2] *Dupaty*,"Moyens de droit pour trois hommes condamnés à la roue," 1786, p. 117 *et seq.*

[3] *Muyart de Vouglans*,"Instit.," p. 308, 309:"这种证明是如此地基础,它不能通过证人的证言或者仅仅推定与推测来完成——不管这些证据本来具有什么价值——它甚至也不能通过被告的供述完成。"

[4] *Povllain du Parc*, vol. XI, p. 81:"这不意味着,在每一个无法确立犯罪事实的案件中,罪犯都应当逃脱惩罚。但是随后法官应当更加谨慎地调查和裁判,因为有可能犯罪是虚构的,正如皮瓦尔迪耶尔案件以及其他几个案件所表明的那样。"p. 109:"如果犯罪事实没有被找到,那么要有较为清晰的证据,其效力足以使我们可以说,犯罪一定被实施过。"

录和专家报告的使用,《1670 年法令》第四、五章有很详细的规定。说来奇怪的是,早期的司法实践承认了被告有要求第二次检查和报告的权利。“他有权要求由其他外科医生进行第二次检查,费用由他承担;他提出申请后,很容易获准,条件是他要在第一次检查后的几天内提出申请。”[1]第二类罪行不会留下固定的痕迹,“罪行是消弭的”(delicta facti transeuntes),例如诽谤。对于这类罪行,不可能将对“犯罪事实”的证明与对有罪的证明分离开。关于这样的案件,某些作者,例如朱塞,认为:“犯罪事实根本就无法被证明。”其他一些作者,包括穆亚特·德·沃格兰,认为:在此类案件中“除非通过被告的供述且辅之以推定、推测,否则无法完成对犯罪事实的证明”。不过,从根本上说,这些只是以不同的方式表达同样的意思而已。

关于第二点的证明,即证明被告有罪,我们这里所说的证明理论得到了最大限度的展现。全部的证明方法,根据它们的价值,被分成三个等级:完整证明(complete proofs)、近因推定、远因推定(remote presumptions)。这三个等级都包含了多种不同的方法。只有完整证明才是充分的,足以为一项死刑判决提供基础。“当法律规定的所有条件都满足了,证明就被视作合法的和完整的,对于宣告死刑判决而言这绝对是必要的。”[2]不过,要实现完整证明,有多种方法:第一,通过证言;第二,通过提出文件;第三,通过推定。口供构成一个完整证明,这并未得到普遍的承认。

第一,在刑事案件中,证言的证明自然地被认为是“最佳” 259

〔1〕 *Muyart de Vouglans*,“Lnst.,”p. 226,第一次检查经常是应诉请民事赔偿的一方的请求而做,此时法官还没有进行审理。被告人没有拿到法官的记录。*Poullain du Parc*, vol. XI,p. 90:“在布列塔尼,有一个不变的规则,即被告不应当被传唤至法官的记录或者专家的报告。”

〔2〕 Ibid.,“Inst. crim.,”p. 307.

(par excellence)的证明。“对于多数犯罪,不可能通过其他方式去证明”;但是这种证明方法要成为完整证明,还必须符合许多条件。一个绝对必要的条件是,要有两名证人针对同一事实作证;这是一个未受到质疑的传统。“一名证人,即无证人”(Testis unus,testis nullus),或者如洛塞尔(Loysel)所言,“一个人的声音,就是没有声音”。单一证人的证言不会被认为毫无价值,但其自身不能为一项死刑判决提供基础。[1] “一般说来,可以确定的是,证人的宣誓证词如果提供的是孤立的、不同的事实,就不能构成证明。”[2]另外,还要求两名证人都是目击证人,“即他们应当看到了被告实施犯罪”。传闻证人从来都无法提供完整证明,无论证人的数量有多少;同样无法提供完整证明的还包括:发誓说自己“曾听到被告的威胁和濒死亡人的哭喊的证人”(Testes ex auditu proprio)、声称被告向他供述罪行的人(Testes ex parte accusati)。更不用说仅有一名传闻证人(testes ex audite alieno)的情况了。

条件不止上面这些。证人必须给出果断的证词,并且阐述依据。如果证人在表达的时候使用了限制性的术语,比如“我相信……”“如果我没搞错的话……”“很可能……”“如果我记得没错的话……”这样的证人就被认为是“犹豫不决的”,其证词“不能在刑事案件中使用,这样的证据甚至构不成一个推定”。在证人所经过的三个检验程序中,即信息收集或初步调查程序、证明程序、对质程序,证词里的所有具体细节,必须保持一致。另外,

〔1〕 两名孤立证人的证言,即就不同的事实作证的证人证言,无法产生一个完整证明,除非在“通过重复的行为而实施的犯罪案件中,例如乱伦、通奸、亵渎神明、鸡奸、贪污、高利贷和盗窃等”。*Muyart de Vouglans.*

〔2〕 *Muyart de Vouglans*,“Inst. crim. ,”p. 322,323.

我们还知道,《1670年法令》采取了一些措施,以确保至少在对质程序中,不可能违反这些条件。最后,还有一个基本的要求,即证人要具备资格,而且不会被提出异议。尽管在这种程序规则中,行使异议权受到了很大的限制,但是司法实践对此进行了平衡,
增加了异议的理由:情感、恐惧、极大的敌意、年龄弱点和智力弱 260
点、恶行、个人利益、关系以及其他许多理由,都被司法实践认可。穆亚特·德·沃格兰所列出的会受到质疑的人员种类,始于亲属关系,终于乞讨者——在某些情况下,这类人的证词也可能被排除。如果符合完美证人的条件,就必然会导致定罪判决,因此法官受到约束。

第二,紧随证言的证明之后的,是书面文件的证明。这种证明在刑事案件中较为少见——非常少见,以至于某些法学作者坚持认为这种证明是不可能的。尽管这种观点是错误的,但假如我们记住以下这点它就是可理解的:在当时的法律制度中,必须找到关于实施犯罪的直接证据。[1] 经过仔细的审视后,人们发现,如果不使用书面文件,某些犯罪几乎无法被证明,“因为这些犯罪主要存在于思想或者书面内容中,例如散布异端邪说、欺诈、阴谋造反、高利盘剥、收买证人等”。在其他一些罪名中,“证言的证明与书写文件的证明并行使用”,例如伪造罪。承认书面文件能提供证明后,那么,它如何才能构成一个完整证明?首要的一点是,“它应当精确地表现犯罪的事实;也就是说,在证明侮辱、淫荡、收买或者密谋的时候,用于指控被告的文件必须明确地提到这些事实。因此,如果它仅仅是用于作出一个不利于被告的推论,它就不再被认为是完整证明,而是被归入推测性的证明(conjectural

〔1〕 穆雅尔认为,在很多案件中,证言性的证据完全排斥了工具性的证据,“例如在诽谤、亵渎、强奸或制造假币的案件中”。“Inst. crim.,”p. 327.

proofs)等级”。[1] 另外,很基本的一个要求是,文件应当被鉴真,或者如果这个文件是由被告签署的,被告应当承认。《1670 年法令》第二十四章第 5 条对此有所规定。对手写文件的查证(verification)从来都不能提供完整证明。穆雅尔说:“实际上,专家们总是用含糊的、不确定的方式解释自己的意见,他们使用诸如‘我们
261 相信’、‘我们认为’这样的表达方式。除此之外,人们都知道,他们的专业本身也存在大量的错误。”[2]“如果这是一份私人文件,而且需要通过司法人员的鉴识,才能用于指控被告,那么这个文件不再能够恰当地构成一个完整证明,因为它不再是一份自身即能证明事实的文件……它仅仅是一个推测和证言性的证明。”[3]这些限制条件是非常合理的,笔迹专家的技术不太确定,即使今天我们也经常这样认为。在 1670 年法国最高法院内讨论的草稿中,甚至包含了这么一个条款:“如果没有其他证据、补充性证明方法或者推定的支持,仅仅根据专家的宣誓证词,不得判处酷刑或有辱人格的刑罚。”[4]根据塔隆的观察,法官“在该问题上过于谨慎了,没有必要如此束缚手脚”。[5] 但该证明理论仍然保留了下来。在该制度中,被告亲笔书写的文件,即使他对此承认,也不能构成用于指控他的完整证明,因为文件中可能只是包含了一个司法程序外的(extra-judicial)供述,而且我们不久之后会看到,司

〔1〕 *Muyart de Vouglans*,“Inst. crim.,”p. 330:“基本的要求是,文件应当精确地包含和证明争议的事实,因为,如果其内容没有明确地包含争议的罪行或不端行为,而是仅仅用于作出推论,这种证据就不再被称作完整的书面证明;它只是一个推测性的和不完整证明。”*Rousseau de Lacombe*,“Matières eriminelles,”p. 371.

〔2〕 *Muyart de Vouglans*,“Inst. crim.,”p. 330.

〔3〕 *Rousseau de Laconibe*,“Matiferes criminelles,”p. 371,372. *Cf. Poullain du Parc*, vol. XI,p. 191 *et seq.*

〔4〕 Art. 15 of Title VIII.

〔5〕 “Procès-verbal,”p. 99.

法程序内的供述自身也不具有这种效果。[1]

第三,从推定中也可以得到完整证明,但需要明白,这必须满足以下条件,即从中得出推论的事实,本身已经得到充分的证明,例如被两名目击证人证明,或者通过书面文件证明。实际上,司法实践已经认可了某些此类的推论,使它们变得无可争议,我们在非常古老的法律中可以发现这些推定,它们被称作清楚且必要的(manifest and necessary)推定,而且经常被人们与民法中"合理合法的"(juris et de jure)推定相类比。以下即为一例:"如果在一起杀人案件中,两名未被提出异议的证人作证说,看到被告手里拿着出鞘、带血的剑离开某地——随后死者的尸体在此处被发现,尸体上有剑伤。"[2] 262

关于被告在法庭上的供述所具有的证明效力,研究者们的意见不统一。有一些非常著名的研究者,例如朱塞,坚持古老的观念,即认为口供是"最佳的"、最完整证明。"在刑事案件中能够提出的所有证据里,被告的口供是最有力、最确定的证据;因此由口供进行的证明是充分的……这样一个口供是我们所能希望的最完整证明。"[3]朱塞根据巴托罗斯(Bartolus)、保罗·德·卡斯特罗(Paul de Castro)、朱利叶斯·克拉鲁斯(Julius Clarus)等人的权威著作认为:"除非违背自然律,否则我们无法假定,一个人会冷血地控诉自己犯了一个他不曾实施过的罪行。"为了支持自己的观点,他还援引了《1670 年法令》中所规定的审讯程序,反问道:

〔1〕 *Muyart de Vouglans*,"Inst. crim.,"p. 336. 然而,《1670 年法令》(Tit. IV, Art. 2; Tit. XIV, Art. 10; Tit. II, Art. 9)规定了应当对被告人的文件进行清点登记。

〔2〕 *Muyart de Vouglans*,"Inst. crim.,"p. 346. 但请比较:*Poullain du Parc*, vol. XI, p. 118:"清楚的推定与'合理合法的'推定之间的类比,在我看来是不恰当的……很少会允许用证据反驳'合理合法的'推定,但在刑事案件中,可以用证据反驳清楚的推定。"普兰·杜·帕克所说的用于反驳的证据包括,正当事实、合法的正当防卫等。

〔3〕 *Jousse*,"Comm. sur l'Ordonn. de 1670,"on Art. 5, Tit. XXV, Nos. 1 and 2.

如果在获取口供时采取了如此这般的注意,难道这份口供还不能具有结论性的价值吗?[1] 实际上,这些审讯程序阻止了赋予口供自然力量。因此,朱塞的观点是一种少数派观点,对此我们是很明确的。在可能招致死刑的案件中,甚至在仅仅判处折磨刑的案件中,口供不足以为一项判决提供根据:"对于可能处死刑之人不得听取其证言"(Nemo auditur perire volens),有一个非常基本的要求,即口供应当被一些有力的推定或者一名合格证人的证词补强。这便是卢埃特(Louet)[2] 的观点,稍晚的多马特(Domat)[3]、杜普莱西斯(Duplessis)[4]也持该观点。18 世纪的
263 作者们对此仍然很明确。"口供就其性质而言,不能导致死刑判决;为了得出死刑判决,还必须满足其他几个条件;……必须有几个很强的推定或者一名合格证人的宣誓证词来辅助口供。"[5]被告自由、自愿的供述,不能构成一个指控自己的完整证明:"对于可能处死刑之人不得听取其证言。"[6]最后,塞尔皮隆非常尊敬地,同时也非常有力地质疑了朱塞的观点。[7] 反之,如果所审理的案件涉及一种轻微的刑罚,人们承认判决可以建立在当庭的口

[1] 但是,只有在"犯罪事实通过法官的察看或官方报告,或者通过证人的宣誓证词,而被不容置疑地、恰当地证明了之后",朱塞才承认口供可以作为完整证明。如果所审理的罪行属于那种"只能在思想中实施的罪行,例如异端罪,没有外在的行为显现……就不可能证明犯罪事实,被告人的供述不足以引致定罪判决"。*Jousse*, p. 434.

[2] Letter C, No. 34.

[3] "Le droit public," Book III, Title I, "Concerning crimes and misdemeanors":"尽管被告知道罪行(如果这是一件死刑案件)也不能放弃提出证据;因为,基于虚假的供述而判无辜者有罪,是不公正的。"

[4] "Répouse de Duplessis a Colbert sur le procès de la Voisin":"只有罪犯对其罪行的供述,不能作出定罪判决;但是,如果除了这份供述,还有一名证人,就充足了。同样地,如果在供述的基础上还添加了一些推定,不管是实在的推定还是从仅仅一名证人的证词中引出的推定,也足以进行定罪了。""Lettres, etc., de Colbert," vol. VI, App. p. 429.

[5] *Muyart de Vouglans*, "Inst. crim.," p. 339.

[6] *Rousseau de Lacombe*, "Matieres criminelles," p. 372.

[7] "Code criminal," p. 1012.

供之上，条件是“犯罪事实”得到了结论性的证明：“确实，有一些判决仅仅是根据被告的供述而定罪，但所判处的刑罚比被告应得的刑罚更轻。”〔1〕

《1670年法令》中的规定，与这种理论非常融洽。第二十五章第5条规定：“虽然没有其他的信息，但若能通过以下方式进行充分的证明，仍然可以调查和审判犯罪行为：通过讯问和使用文件，且该文件已被鉴真或经被告承认，以及使用关于犯罪行为的其他假定和情况。”从这个规定中我们能清楚地看到，如果不存在证人证言，罪犯的供述自身是不充分的，仍然有必要增加书面的证据或者推定。〔2〕第十四章第17条规定，发现被告后，进行其他程序之前，“应立即将审讯交给我们的或者领主的代理人，从而将法律适用于此，或者确保审讯行为是明智的”。所有的权威学者都认为，这个规定还意味着，如果所涉及的是一项会招致严重刑罚的罪行，那么即使有口供，也不得在审讯后立即作出裁决。“如果他（公诉人）认为罪行很严重，他会提议进行确证程序和对质程序；因为在这样的案件中，即使被告对于所有被控事项供认不讳，也仍然有必要根据刑事规范进行全面的调查。”〔3〕最后，第十四章第19条也完全吻合整个证明的理论。该条允许那些“不会被 264
判处折磨刑的”刑事被告，在讯问之后，可对其指控要求“启动法律”。这个权利有些类似于英格兰诉讼程序中的有罪答辩，它实际上有利于被告，因为被告可凭此免遭旷日持久的刑事审判。需要注意的是，只有存在口供的时候被告才有此权利，而仅有口供

〔1〕 *Serpillon*, *loc. cit.*

〔2〕 “这里所说的是实在的推定（real presumptions），即从事物本身自然地出现的推定，而不是从证言性证据引出的推定。”*Duplessis*（“Lettre a Colbert,” above cited）.

〔3〕 *Serpillon*, upon this article.

是不够的。一个必要的条件是,所涉及的罪行不会导致宣判折磨刑,否则应当自始至终遵循诉讼程序。尽管有些权威的研究者曾尝试以其他方式解释该规则,不过非常可信的一种解释是:即使被告承认了严重的罪行,该口供也绝不能构成一个完整证明。尽管如此,口供仍非常重要;若辅之以所谓的近因推定,就构成了真实、充分的证明,而这些近因推定要比完整证明更加频繁地出现。

近因推定也被称作半个证明(half-proofs)。这个术语并未被所有的法学家采用,[1]后来伏尔泰所谓的“常识”也对此质疑。尽管如此,它实际上在发挥效力,也并非不合理——若考虑它所属的制度之整体的话。近因推定自身不能为死刑判决提供正当理由。然而,某些近因推定非常有力,乃至看起来很难不判处有罪者遭受其应得的惩罚。如果已经得到了自愿的供述,就可以作出这样的判决了;如果没有自愿的供述,就需要得到被迫的供述,这需要通过刑讯来实现。因此,在严重的指控案件中,近因推定的主要效力是,允许使用刑讯手段。在 16 世纪、17 世纪和 18 世纪,这一点被表述得非常清楚。“如果没有完全的或完整的用于指控被告的证明,但是对于罪行已有半个证明——有一个声望显著而非身份卑微的证人就主要事实作证,且对该证人提不出任何
265 的异议或怀疑,或者,存在有力的推测与推定,且它们不弱于所说的半个证明——该证明没有被依照职权提出的、有利于被告的证据所驳倒或削弱,而且足以授权使用刑讯,那么(法官)应当裁决

〔1〕“有几位作者认为,半个证明就是一种将虚假当作真实的方法。”*Denisart*,“Half-proof”.“不存在‘半个证明’这种东西;有几位权威学者批评了这个术语。它是一个野蛮的、虚构的概念。这样说是因为,法律中的任何条文,都没有提到它。我们不可能揭示一半的真实;半个证明是不存在。……半个证明是不可能的。正如半个人是不可能的一样。”*Serpillon*,“Code criminel,”p. 1074.

使用刑讯。”[1]“很明确的是,每个足以授权使用刑讯的推定,都构成半个证明。”[2]“某些罪行就其性质而言,应惩处死刑。主要是对于这些罪行,一些推定可以为刑讯提供理由。”[3]因此这种证明理论,虽然明显有利于被告,但结果是使刑讯变得几乎不可避免;刑讯变成了这种证据制度的必然附属品。

另一种得到死刑判决的方式是汇总多个推定。有些法学学者认可了这种方式:“如果存在两个有力的推定,而且每一个推定又被两名证人所证明,那么这两个推定依其质量毫无疑问可以构成完整证明……如果这些推定的质量符合要求,即它们之间存在自然的关联、它们未被质疑、它们都属于有力的近因推定,我们就可以说它们互相证明了,而且对每一个事实的不完整证明累积在一起从而构成了一个完整证明,这足以作出定罪判决。”[4]但是通行的观点否定了这种组合的充分性。“半个证明充其量只等于半个真相;同样地,两个不确定不能构成一个确定,两份半个证明不能构成一份完整证明。”[5]

尽管近因推定不足以为死刑判决提供依据,但是如果法官认为这些推定足够有力,就可以据此判处“某些折磨刑、侮辱性的刑罚或财产刑”。[6] 不过,需要满足以下前提条件:“证据尽管很有

[1] “Pratique de Lizet”,1577,p. 28.

[2] *Duplessis*,“Lettre a Colbert,” cited above.

[3] *Muyart de Vouglans*,“Inst. crim. ,” p. 351.

[4] *Duplessis*,*loc. cit.*

[5] *Denisart*,“Half-proof”.

[6] *Muyart de Vouglans*,“Inst. crim.” pp. 346,351. 普兰·杜·帕克(vol. XI, p. 115)甚至还说明了,法官可以在这些案件中判处监禁刑:“证明保留之预备性刑讯,要比监禁刑更严重;既然它可以根据值得考虑的证据(尽管这样的证据不足以为死刑判决提供基础)而判处,那么必然就可以推出,不管罪行多恶劣,法官都可以根据值得考虑的证据而判处监禁——此时不足以为死刑判决提供依据。基于同样的原因,如果证据不太值得考虑,法官可以修改刑罚。”

266 力,但不足以支持一个死刑判决。如果因为这个理由,而判处一个与犯罪之性质不相称的刑罚,则在此之前法官必须穷尽了《1670 年法令》中指示的所有证明方法和完成了对犯罪的所有调查。"[1]

偶尔会有人试图论述,对于残暴的罪行来说,完整证明并非死刑判决的一个必要条件:"在对残暴罪行的审判中,仅仅推测就可以让法官和陪审员满足"。但是普兰·杜·帕克(Poullain du Parc)说:"这种野蛮、荒唐的观点,在法国从未被采纳。它是暴政与独裁的标志。罪行越严重,刑罚越严酷;相应地,用于指控被告的证据应当越清楚,从而与被控的罪行之严重性相称。"[2]什么样的事实能构成近因推定?《1670 年法令》对此也未予详细规定。它仅仅规定了:只有当审理的罪行是应判处死刑之罪,而且存在相当多的证据,但这些证据"还不够充分"的时候,才可以使用刑讯。[3] 这必然给法官留下宽泛的自由裁量空间。"《1670 年法令》没有在其条款中确定……各种推定和情况有何种性质的时候,就可以构成刑事案件中的证明。看上去,这就将该问题留给法官自由裁量了。"[4]"如果证人不能作证说看到了攻击的事实,他所陈述的只是推定性的事实,那么很可能某些推定会比其他推定更有分量和说服力,某些事实会比其他事实给法官留下更多印象……这个问题通常留待法官裁量。"[5]然而,先例设定了一些规则。

[1] *Poullain du Parc*, XI, p. 116.

[2] Ibid., XI, p. 110. *Cf.*, *Dupaty*, "Memoire" and "Moyens de droit pour trois homines condamnes a la roue," *passim.*

[3] Ordinance of 1670, Tit. XIX, art. 1.

[4] *Muyart de Vouglans*, "Inst. crim.," p. 347.

[5] *Duplessis*, "Lettre a Colbert," cited above.

在我们所找到的半个证明中，首先是言词性的证据，或者不完美的书面文件，包括一名目击证人的宣誓证词，或者专家核实过的私人书写件，也包括被告在法庭之外的供述——他否认该供述，但是该供述得到了“两名合格的证人”的证明，或者得到了他的“日记或者家中保存的文件”的证明。[1] 在这类近因推定性事实中，开始涌现出一大批推定。穆亚特·德·沃格兰将它们分成两类，即一般性的推定和针对特定犯罪的推定。在前一个类别 267
中，他列举了十六种推定，其中某些推定非常奇怪；我们可以在他列举的推定中发现以下内容：“控告者的身份，他是否一位有地位的人，或者户主，在关于其家奴实施的犯罪中”；“被告的身份，他是否一名流浪者，或者非本地的居民”。针对特定犯罪的推定被列举得很详细；对这些推定的命名可能会显得好笑，如果我们不了解它们背后的刑讯制度的话。因此，我们可以在巫术犯罪中发现以下近因推定：“如果在被告的家中发现与巫术有关的书或者工具，例如祭品、人的残肢、用针刺着的蜡像、树皮、骨头、钉子、人的头发、缠成圆圈或近似形状的羽毛、针、灰烬、在小孩床头发现的灰烬包裹……；第二，如果有人看到他将什么东西放在一个马厩里，随后那里的牲畜死了；第三，如果在他身上发现了一份文件，里面包含着与魔鬼的契约……第七，如果与被告住得很近的人们，在被告被逮捕后，立即搬离了住址……第八，如果他经常在嘴上念叨魔鬼的名字，以及如果他习惯于用这个名字称呼他的孩子或别人的孩子。”[2] 这是在18世纪写的。穆亚特·德·沃格兰补充道：确实，“根据权威学者的观点，所有这些推定都可以成为刑讯的理由，但是我们应当看到，在涉及此类犯罪时（巫术犯

〔1〕 *Muyart de Vouglans*, “Instit. crim. ,” pp. 336, 350.

〔2〕 *Muyart de Vouglans*, “Instit. crim. ,” p. 353.

罪),法官应当以这种微妙的方式尽到何种程度的谨慎,普通人的过度轻信则可能会导致堕落变成危险的迷信。”

作为一项规则,所有的近因推定都能成为动用刑讯的理由,假如这些推定自身得到了证明的话。为此,一名证人就足够。不过,对于许多半个证明来说,有必要增加至少一个远因推定,才能为刑讯提供正当理由。为此,出现了第三类推定,它们被称作补充性证明(adminicles);它们仅具有一种补强性的价值。[1] 这是一种非常微弱的保障,因为提出一个远因推定的要求是很低的。
268 穆亚特·德·沃格兰给出了以下关于远因推定的例子:“被告的陈述不稳定,声音颤抖,神情紧张,缄默不语……被告的住处与发生犯罪的地点很近……被告装聋作哑,或者面对问询时假装精神错乱或失忆……被告表现糟糕,或者有恶名。”[2] 远因推定应当被两名证人证明,或者被法官的记录证明。

然而,有一些权威学者对此持更严格的态度。“必须不断地强调,为了产生一个值得考虑的证明,要将几个推定结合在一起,就像《1670 年法令》中这个条款所要求的那样。[3] 大部分权威学者要求三个推定;但是有必要区分清楚近因推定与远因推定;前者可以产生从一个确定事实的必要推论……关于清楚的推定的一个例子是,两名合格的证人作证说看到被告离开刚刚发生谋杀的地方,手里拿着出鞘、带血的剑;这个推定看起来‘如光一样显明’。[4] 然而,对于酷刑判决来说,也需要其他的远因推定,例如先前的威胁、已证明的敌意等诸如此类的补充性证明——除非被

〔1〕 参见 *Muyart de Vouglans*,“Inst. crim. ,”pp. 346,350,351.

〔2〕 *Muyart de Vouglans*,“Instit. crim. ,”p. 350.

〔3〕 Art. 1,Tit. XIV. 具体规定了,为了能动用刑讯,需要满足什么样的条件。

〔4〕 “这里的分类,与穆亚特·德·沃格兰的分类相比,似乎将各种推定的效力降了一级。”*Cf. Poullain du Parc*, XI,p. 119.

告是一名流浪者或者有坏名声之人。"[1]杜普莱西斯持类似观点。"通常要区分三种推定,分别是:第一,一般的和远因推定,例如从被告的一般性的坏品行作出推定,假如他因为类似罪行而被逮捕的话;这种推定的效力,仅仅是引导法官进行调查,让他们有所怀疑而已;第二,更近的(nearer)推定,但是这种推定不直接与行为相连接,例如,在杀人案件中,被告是被杀之人的死敌,或者,被告曾威胁过死者或曾夸口说要杀死他;这种推定的效力稍微强一些,但它们绝不是结论性的,甚至也不能构成半个证明;第三,近因推定,与行为直接相连,例如,一个人在屋中或树林里被杀,在同一时间有人看到被告急匆匆地离开这个房屋或树林,手里还拿着出鞘的、带血的剑……这些事实提出了完全结论性的推定, 269
即被告实施了犯罪,但是它们仍不是绝对地不可反驳;这种推定被称作'完全的推定',它们通常构成半个证明。"[2]讲完所有内容后,有一点我们必须清楚:很难完全确定地指出,为了动用刑讯,需要取得什么样的证据。"难点是确定什么样的证据应当被认为是值得考虑的。这种证据要求,在被告是流浪者或具有坏品行之人时,与被告是本地居民或者良好品行之人时,应该会有所不同;因此没有什么是绝对的,我们难以完全确定。这取决于地点、时间、所涉及之人的身份以及许多其他条件。"[3]

远因推定如果得不到其他的支持,可以允许法官宣告金钱性的惩罚,或者允许法官"进一步的调查";法官也可以将案件送到民事诉讼程序中,如果有提请民事赔偿的主体的话。"如果在诉讼中既不存在完整证明,也不存在半个证明,而是只有一些推定

〔1〕 *Serpillon*, "Code criminel," p. 912.

〔2〕 *Duplessis*, *loc. cit.*

〔3〕 *Serpillon*, "Code crim.," p. 911.

或者猜测,它们低于所谓的半个证明,不足以动用刑讯,而且存在一种诉讼的可能性,即刑事原告可能会在一场民事诉讼中更充分地证明和核实他指控被告的罪行,在这种情况下,如果法官已经做了所有为结束刑事诉讼而能做和应做的事情,他就应当将当事人送到民事诉讼之中。"[1]"当仅仅存在一些有力的推定时,它们的效力只能导致金钱性的惩罚——如果法官不继续做进一步的调查的话。"[2]

尽管有诸多不确定和犹豫不决之处,但是有一点是很确定的,而且被所有人认可,即如果没有完整证明,是不可能判处死刑判决的;而要获得一个完整证明是极为困难的。除非已经获得了完整证明,否则就需要在一些有力的推定的基础上增加被告的供述。为了这个目的,两个有力的机制被建立了起来:一个是审问(interrogation)——微妙而秘密的审问——此时被告没有提出抗辩的机会,他有义务宣誓说出真相,借此获得了所谓的自愿供述;
270 另一个是刑讯,借此获得了强迫的供述。这是法定证据制度的目的和目标;维护和延续刑讯的真实理由,存在于口供被假定的必要性之中。穆亚特·德·沃格兰对此有非常清楚的表述:"有必要授权刑讯的理由,是基于以下事实,即经常无法得到对犯罪的完整证明,无论是通过证人的宣誓证词还是通过书面证据,或者是通过推定——推定很少能以恰当方式构成完整证明。很显然,若无完整证明,就不能得到定罪判决。释放被怀疑有罪的人,与给未被完全证明有罪的人定罪,是同样的不正义;更不用说人类的福祉要求不应让犯罪逃避惩罚。正是由于这个原因,在缺少其

〔1〕"Pratique de Lizet," p. 28.

〔2〕*Poullain du Parc*, vol. XI, p. 116.

他获得完整证明的方法时,我们就需要对被告的身体进行拷打刑讯。"[1]这种冷漠无情的论点出自穆亚特·德·沃格兰,一点也不令人奇怪,他总是置身于这个令人厌恶的程序的拥护者立场上,但是该论点表达了一种客观的逻辑上的必要性。"在法官陷入困惑之中时",普兰·杜·帕克说,"他们看到了不利于被告的有力推定,而所有的证明手段都已被穷尽,他们被促使动用预备性刑讯"。[2] 以下是塞尔皮隆所言——他本人那时已开始反对刑讯:"大约二十五年前,我们仍然被迫对被告奥里保进行预备性刑讯——这位臭名昭著的被告人来自内普罗恩斯教区,被指控实施了十几个罪行,其中大部分是在马路上谋杀。如果没有刑讯,其中任何一个罪行都不会被完全地证明。"[3]塞尔皮隆说的是被何所迫?他指的是法定证据理论。

不过,仍留给被告一个最后的机会。如果他能忍耐刑讯的痛苦,没有做出供述,指控就会被撤销,引发刑讯的有力推定也会完全消除。但是这个最后的希望可能被发现是徒劳的希望,存在所谓的证明保留之刑讯(torture under reservation of proofs)。因此,尽管被告凭着其忍耐力拒绝做出任何供述,但法官仍然可能根据
推定而判决他死刑之外的某种刑罚。证明保留之刑讯的应用由 271
来已久。英伯特以下述奇怪的言辞描述它。在说完有些罪犯"如此诡计多端和充满恶意,不管他们在刑讯中供述了什么,第二天被问讯时又会完全否认"之后,他补充道:"由于这个原因,当法官看到不存在充分的证据以证成肉刑,只能判处金钱性的惩罚时,为防止罪犯通过否认刑讯引出的所有内容,而逃避他本应承担的

[1] "Inst. crim.," p. 341.
[2] Volume XI, p. 114.
[3] "Code criminel," p. 909.

金钱性惩罚,法官会命令对罪犯进行刑讯,却不将先前程序中产生的推定因此消除。因为尽管死刑或其他严重的肉体刑罚不应根据推定判处,但几乎没有争议的是,金钱性的惩罚和某些轻微的肉体刑罚总是可以判处的。"[1]刑事法庭之门上的铭文岂不是应写为:"所有来此之人,莫要抱持希望"?

〔1〕"Pratique," Book III, ch. XIV (p. 739).

第四章 《1670年法令》对执法的影响 272

《1670 年法令》之目的在于改革，而非创新。法令认可的原则已经存在，其所界定的刑罚大多数在实务中也已适用，尽管表面看来是新的。然后，法令的影响颇为深远。一国颁行法典总具有重大意义。这既是一部法律，同时也实现了法律的统一性及其形式变化。尽管不同司法辖区之间的差异并未彻底消失，法令确实产生了不同程度的影响。通过法律的细微进步带来制度的改革，不再是遥不可及的理想；科学的解释能为法令的颁布铺平道路，有时还能通过阐释法律来促进法律的发展。《1670 年法令》是一部实实在在的法典，它的规定细致，措辞精确，这些都经历了长久的考验。它为未来七十年奠定了扎实的基础。

第一节 法令规定的程序

在路易十四命令起草法令时,法律的适用是不确定的。司法实践中的不同制度犹如杂草般丛生。各个方面都充斥着权力和程序的滥用:不遵守法定形式,彼时此乃对被告的唯一保障;下级官员及其代理人对法官施以灾难性的影响,使其怠于履行职责;日常庞大的开销之外还科以额外的不正常的花费,给司法成本带
273 来沉重负担。这些都呈现在我们分析的真实文档中。

《1670年法令》统一了刑事程序的形式。毫无疑问,法令也尊重一些特殊情形,尤其是涉及巴黎裁判所时,此乃这个大城市的中心,应享有一定的特权;但这些是极少数的情形。[1] 尽管未来确实出现了一些差异,但它们只涉及法令未予明确规定的部分;不可否认,法令有时特意就某些重要事项保持沉默。我们不能忘记,法令特意回避了两个重要问题:对于使用酷刑的态度以及是否可以向法官报告犯罪行为。不同法官群体中认可的、或由高等法院法令颁布的各种规章制度会给法律制度的日常运行带来质疑,[2]但仔细分析,这些质疑要么涉及任何法典都无法详细展开的内部规制问题,要么基于王室原因,特意采用不确定的措辞表达,以便为其恣意行为留有必要空间。

法令绝对禁止向法院的官员、公证人和书记员进行授权,因

〔1〕 参见 Tit. I, Art. 29; Tit. II, Art. 28; Tit. III, Art. 3; Tit. XIV, Art. 14; Tit. XXV, Art. 9。

〔2〕 在塞尔皮隆撰写的《刑法典》中,有232页之多(从第1229页至第1463页)。

为法令已经赋予他们重要的职责(指控和讯问)。[1] 在下级法院,平民可以成为法官。他们会受到国王代理人(国王检察官)的监督,以此保障他们有效履行职责。[2] 法令致力于降低诉讼成本,削减了一系列不必要的花销。[3] 法令在诸多条款中都以严格的刑罚来禁止一人身兼多项职责,防止其获得不当的利益。这些禁止条款不仅适用于监狱管理人员[4]和书记员,也适用于法官。[5]

法令的其他条款都有助于实现诉讼经济,其直接和主要的目的即是加速程序进程,使之摆脱烦琐的书面材料之束缚:"在此,我们取消下述命令:'听律'(hear law);传递酌情减轻的答辩、无效的理由和答辩、骗取答辩的回复和告知;提交民事案件的结论 274
等。我们也取消了有关提出民事动议、告知、编制财产清单、异议、无效的理由和答辩的习惯法,有关上诉、起诉和应诉的习惯法,以及有关在法院或书记官办公室提出或反对提出证据的命令或禁令。"[6]这一长串的清单显示出法令给诉讼带来了多大的救济。"这些古老的诉讼程式增加了当事人的成本并可能导致诉讼无限期的拖延,本法令皆予以废除,让刑事程序尽可能地简化。"[7]鉴于加速程序进程的要求,法令对要求答辩(逮捕的辩护)的错误命令予以限制,这同样值得关注。

法令对不同的文书设定了精确的程式要求。至此,法官可以遵循一套确定的方法论,而无须再援引习惯法的权威或法律的沉

〔1〕 Title III, Art. 2; Tit. XIV, Art. 2.
〔2〕 Title X, Art. 20.
〔3〕 Tit. VI, Arts. 9, 18; Tit. VII, Art. 7.
〔4〕 Title XII, Arts. 19, 22, 29, 30, 33.
〔5〕 Title XIV, Art. 16.
〔6〕 Title XXIII.
〔7〕 "Code criminel," p. 977.

默来论证他们的疏忽。为了更好执行法令之条款,立法者特别要求在绝大多数官方案件汇报中,必须说明是如何遵守上述程式要求的。这是每一个正式和书面程序都会提到的保障。诚然,当程序涉及秘密时,诉讼效率必然受损。法令有时对犯错误的法官科以严苛的惩罚。惩罚通常包括暂停履职、较重的罚金或由受损害的当事人提出赔偿之诉。这种制度非常严苛,作为治安法官制度的忠实支持者,拉穆瓦尼翁严重抗议这些条款,一如他在 1667 年法令起草之时的抗议。[1] 为确保书面文件的规范性和准确性,法令采取了些特别的措施。在每一个步骤中,法令都禁止在书面形式文件中书写或留有空白,在删减之处进行验真,并且要求司法官员和当事人签名。这些并不被认为是无足轻重的细节,相反,它们是具有重要意义的行为;在每一个以书面形式进行的程序中都必须贯彻这些要求。法令甚至要求,程序中涉及的每一类文书都必须分类归档。"为了防止混淆和出错,法令要求调查的裁定和命令都以书面形式记载或汇报,民事案件当事人为保存最
275 终证据的动议同样如此。每一次讯问都必须分别制作简报,对于证人和被告的确认也应如此;同样有必要依据对质的被告的人数来制作相应的简报。"[2]

我们可以确定,法令的这些条款是有益的。诉讼程序得以适当规制、加快进程,并避免高额的成本,不再有严重的滥用程序现象。另外,精确的法律使治安法官的某些懈怠不复存在,而那些对于辩护而言恰是可以着力的地方。因此,根据《1539 年法令》,法院得在"所有指控中委派律师",或如皮索尔所言,"在特定类型案件中",法院对委派律师的态度变得越发保守;一项严格的法律

[1] "Proès-verbal de 1'Ord. civile," p. 476 *et seq*.

[2] Serpillon, "Code criminel," p. 733.

竟禁止律师参与刑事审判。自此以降，治安法官再也不能模仿上帝的口吻，拒绝让被告宣誓，“因为他知道没有哪个法令会强迫法官从被告口中挤出誓言”。无论法官个人意见如何，他们都会在未来案件中将证人视为伪证，“只要证人在对质过程中就某些细节部分出现反复”。纵使司法实践中会出现这些极端情形，必须谨记的是，《1670 年法令》在表面上倾向于仁慈而非严刑峻法。它所废止的滥用程序问题不会得到自我纠正，它所制止的严刑峻法本身也没有法律的明确规定。

第二节　法令的实施情况

但现实中法令的实施情况如何？难以判断。如果要准确判断新的刑事诉讼法典的影响，可能需要 17 世纪和 18 世纪的所有数据，而那些我们无法获得。我们也并非完全没有文档。《路易十四时期的往来书函》（Correspondance administrative sous Louis XIV）一书中有一部分是关于司法的描述。另外，18 世纪的作家对彼时刑事司法也有所描绘，他们在解读法律文本的时候向我们传递出重要的信息。最后，那些在法国大革命前夕涉及某些犯罪行为的论战也会包括激烈的抨击观点。所有这些向我们提供了一定数量的事实。[1]

让我们首先关注刑事诉讼程序的统一性和规范性。法令编 276

〔1〕 弗朗索瓦 · 拉瓦松先生（M. Frangois Ravaisson）所著的“巴士底的轶闻，未出版的文档”同样具有研究价值。诚然，本书所记载的大部分情形发生于 1670 年之前。从片段和片段之间，我们能够发现日常的程序、讯问、酷刑的官方报告，以及信件和其他报告，这些都表明它们一直都以“信和邮件”的形式发挥作用。

纂者的一个首要目的(如不是唯一目的的话)即是要实现程序的统一性。总的来说,这一目的得以成功实现。在新法颁行后不久,杜普莱西斯在向科尔伯特提交的一份请愿书中说道,“很难在程序中再发现任何缺陷。有关刑事案件的程序相当简易;必要的步骤仅包括指控、讯问、确证和对质,所有的程序都由法令明确规定,难以再行出错”。[1] 这段话我们之前也引用过。然而这言过其实了。这种书面化的程序中充满着各种程式,表面看来都不复杂。我们可以看一下在地方司法实践中早已存在的不规范的操作。在 1687 年 6 月 17 日,蓬查特兰大法官(Chancellor of Pontchartrain)在给雷恩地区高等法院的信中写道:“我已经得知在你辖区内的法院和法庭出现了几起滥用程序的案件,我认为如果它们查证属实,当事人应当获得救济……有人主张王室法官和高等法院管辖内的领主在他们处理的所有犯罪行为中发布告诫书,无论是经指控或讯问被告获得了何种程度的证据,这样做的目的完全是避免高等法院撤销有缺陷的程序,而这种情形经常发生。这种司法惯例是非常有害且危险的;……除非经由其他方式仍无法查明真相,才会在此类极端情形中使用告诫书……被告可能会利用这种方式来让法院听取有利于他们的证人证言,以及其他他们认为是适当的事实……有人主张排除异议,并允许被告去证明证人证言是错误的,这种做法也是有害的。除了增加诉讼成本和延长
277 审判期限外,[2]这等于是审查被告的犯罪行为之前就采信了有利于其的事实,这被《1670 年法令》第二十八章第 1 条明文禁止。”[3]

蓬查特兰在 1710 年 9 月 28 日向弗尔讷(Furnes)市镇的治安

[1] “Lettres, etc. , de Colbert,” vol. VI, App. p. 422.

[2] *Cf. Poullain du Parc*, “Principes”, vol. XI, ch. XIV, p. 850 *et seq*。

[3] “Correspondance administrative sous Louis XIV”, vol. II, p. 450, 452.

法官提出了严重告诫。他指出,"直接当面宣告被告有罪而不事先聆讯,这不是我们一贯的做法,因为《1670年法令》第二十六章第5条和第15条明确要求,在此类情形中,被告首先应被带至初审法官面前,并且坐在审判场所的座位上接受讯问。法令并不要求利用所有不利于他的程序,因为根据新的讯问规则,审判可能会发现其他情节,从而让他无罪获释或判处更重、更轻的刑罚"。[1] 法院有时也会加重处罚。在1679年8月6日,大法官勒泰利埃(Le Tellier)向郎格多克(Languedoc)省的一位官员达格索(d'Aguesseau)信中写道,"如果一名证人在证言中说他看到了被告实施了犯罪行为并随后对此一再确认,但又在与被告对质时产生了怀疑,无法确定被告是不是他意图指控的那个人,这在程序上也有不妥之处"。[2] 此外,上述两位都激烈抨击了法令第十章第20条,该条要求国王律师每隔六个月向总检察长发送一份有关程序的监狱手册。塞尔皮隆指出,"这是法令中执行起来最糟糕的一个条款,尽管本条款非常重要,能够让高级司法官员熟悉那些被忽略或弃用的程序……但在任何时候都不存在规制该具体事项的命令"。[3]

达格索自己也对当地的习惯法提出了坚决反对意见,"就刑事案件而言,本省及其法院的习惯法不应违反法令之明确规定"。 278
在18世纪末,刑事司法实务中具体办案方式存在巨大差异,这一

〔1〕"Correspondance administrative", vol. II, p. 489. 此外,在图卢兹高等法院的使用情形,同上,p. 484。

〔2〕同上,vol. II, p. 215。信函在多处记载了一些奇怪的用法。拉穆瓦尼翁给司法大臣哈雷写道:"一直以来,我都明白高等法院不会在裁决中写理由;各省的高等法院会写理由。造成这种差异的原因很多,但有一个原因一直以来都存在;即其他高等法院的司法大臣愿意书写,因为他们离得很远;但巴黎高等法院离国王很近,当国王想要了解情况时,有职责进行口头报告。(p. 174)"

〔3〕"Code criminel," p. 574.

点使刑事司法声名狼藉。“我必须承认,我所反对的立法措辞的缺陷在巴黎高等法院或其他地区高等法院中是司法实务的常态。事实上,其他地区多数高等法院都严格遵守法令的措辞和精神;法令对于它们而言是绝对命令,是撰写司法文书的参照起点。”〔1〕“一些高等法院允许私人检察官的亲友作证,而其他地区则拒绝这样做;这导致证人证言像国家发行的硬币,具有双面性;有些证言在这里法院有效,但在另一个法院无效。”〔2〕普兰·杜·帕克在他关于刑事司法的多卷著作中,经常笔锋一转,来描述下布列塔尼地区高等法院的特殊实践。

刑事司法的地区差异更多是一种自然的、不可避免的现象。法令的编纂者已经致力于避免出现这种结果。皮索尔以其一贯清晰明了、铿锵有力的风格指出了弊端。“必须有一条最后的救济途径来防止法官攫取对法令的自由解释权。这是对王室权威的蚕食,王室权威和制定法律息息相关;只有王室权威才能解释法律。通常只有罗马皇帝才有权解释法律,地方法官遇有法律未预见或未有明确规定之情形,必须咨询罗马皇帝的意见。查士丁尼大帝编纂公布了朱利安大帝和艾德里安大帝(Emperors Julian and Adrian)时期的命令,对此提供了一项完美的论证理由。查士丁尼大帝认为,上帝赋予罗马皇帝管理世俗事务的权力,所以皇帝们有权改革缺陷的制度,并就第一次出现的情形或法律未有规
279 定之处设定限制性或具体性的规则。所有的法学家也一致认同这条规则,基于下述两点重要且充分的理由,执政官的法院(在这里王国与地方法院是一个意思)无权以任何合理托辞来解释法

〔1〕 Dupaty,“Mémoire pour trois hommes condamné à la roue,”1786,p. 116. 他在讨论从最后的讯问中得出的结论。

〔2〕 同上,p. 180;cf.“Moyens de droit”,同样的主题,p. 36。

律:其一,如果法院能够自行解释法律,那么将有损法律的权威,并将自己的身份与立法者混淆;其二,所有的判决将变得恣意,将会取决于法官个人的兴致、想象、情绪和利益,法律也就丧失了确定性。"[1]《1667 年法令》第二章第 7 条规定,"如果我们高等法院或其他法院的判决悬而未决,涉及执行法令、禁令、宣言、专利许可的任何条款,我们禁止法院解释法律;我们希望在此类情形中,法院延期审理并研究我们的立法意图"。然而这种禁令注定要失败。皮索尔致力于探索一种自然法——一种逻辑上的必要性——但他同样注定要失败。

第三节　司法中持续存在的缺陷:金钱问题、书面程序

有若干原因导致法令在多个方面效果不佳。首要问题即是金钱问题。从议员的请愿书中,我们可以得知法官薪酬占据的比例,即使是刑事案件,这也没有任何不同,[2]除非在少数例外情形中审判带来了一定的经济效益。但这只是一部分情况。在没有私人检察官的诉讼中,由司法辖区内的领主或王室辖区王室税收官来支付诉讼花销。但这两者之中,没人愿意从自己的口袋中掏钱。这就经常导致一个矛盾,想要省钱,就必须折损正义。1664 年波尔多高等法院的总检察长写信给科尔伯特:"我们不可能强迫税收官来为惩罚罪犯买单,更不可能负担上诉的费用。他 280

〔1〕 "Mélanges Clérambault," No. 613, p. 438(Mémoire de Pussort).

〔2〕 参见勒泰利埃在 1679 年 7 月 21 日给达拉狄(Daulede)的信,达拉狄仁是吉耶纳地区首选高等法院主席。他说,报告人直到在获得费用之后,才将裁决送交法院书记官的办公室。

们会说自己没钱,致使很多严重的犯罪尚未得到应有之惩罚。"[1]1879 年,在法国西南的吉耶纳,不能因为缺少金钱而放松追诉犯罪。[2] 1707 年,蓬查特兰大法官在写给勃艮第的代表(steward of Burgundy)的信中也描述了类似情形:"在勃格和布雷斯地区的监狱中有人受到了鞭打,因为税收官没有向第戎(Dijon)的行刑者支付 60 里弗。"[3]在君主制财政日益混乱的情况下这些丑闻没有结束的迹象。

金钱问题不仅阻碍了起诉,而且经常使起诉无效。金钱问题对被告的影响贯穿整个诉讼过程始终。该法令第十章第 14 条规定:"所有书记员,狱卒和在监狱中服刑时间最长的囚犯均不得以任何形式向囚犯索取或接受其金钱,酒或食物以帮助其在监狱内获得更好的待遇。"这(给予狱卒贿赂)被称为"进入权",这是一种恶劣的习俗,虽然该法令已禁止了该行为,但不愿意交纳这笔费用的囚犯会被殴打甚至是虐待,即使是现在也很难杜绝这种现象。1786 年,一位前监狱看守称这种对囚犯的剥削是很常见的事情:"为了避免与最恶劣的罪犯分到同一个监室内,他必须支付监室的租金、并获得其他日用品,否则监狱将会是一个比死亡本身更可怕的地方。"就此而言,法令的效力肯定是弱的;自上而下的繁冗机构和饱受病诟的财政体系是难以逾越的障碍。

法令的编纂者致力于向被告提供制度所允许的保障,即记录
281 的准确性和规范性,确保遵守这些程式要求。但他们发现这些在实务中是难以实现的。书面程序过于琐碎、复杂,尤其是在下级官员处理案件时,难以发现错误。在大革命前夕到处都有滥用程

[1] "Correspond. admin. sons Louis XIV," vol. II, p. 133.

[2] Ibid., vol. II, p. 214.

[3] Ibid., p. 448.

序的现象。尤其是在被告和证人回答问题的情形中，法院书记员所作的书面记录与实际所陈述的情形相差甚远。“我恳请，下级法院对被告的答复的翻译经常是不正确的。有一个当前的案件恰能予以例证。首席治安法官问斯迈尔(Simare)是否和布拉迪耶(Bradier)有任何关系。斯迈尔不知法官是何意，就回答说没有。然而，斯迈尔是布拉迪耶的姐夫。在回答下一个问题时，斯迈尔承认曾和布拉迪耶一起去过萨隆(Salon)。多么不幸的人们。他们不理解法官的问题，同样，法官也不明白他们的回答。他们的提问和答复被机械性地翻译了……啊！法官们独自复杂审讯、翻译并得出结论，他们肩负的职责多么复杂！”[1]这个缺陷是难以补救的。而且，书面记录经常不是当场完成的。书记员仅是做些笔记，随后才会完成记录工作。“在王国的多个法院，书记员在证人提供证言或被告当庭回答问题时仅仅做些笔记，随后在他们空闲时凭其所好地将记录补充完整。当我听到这些时，不禁瑟瑟发抖。”[2]法律当然禁止这些操作；但此时人性如此，而且，当被告和证人无法签名时，没有什么比这更容易的操作了。

治安法官不会读完所有书面文档就会作出判决。有一名法官会做汇报，其他法官也是相信他的。“我发现，如果要读完所有文档，至少要四个半小时，因为如果没有国王的总检察长在场，我估计不可能在四十五分钟内向法庭汇报完这个案件。”最后，移交给上诉法官的副本经常也是残缺的。“所有地区法院都是依据文档作出判决，然后由法院的一名书记员(通常是助理书记员)来移送文档副本。这就令人感到惊讶。我可以想到在多个案件中这

〔1〕 Dupaty, “Mémoire pour trois hommes condamnés à la roue,” p. 139.

〔2〕 Ibid., p. 66.

282 些副本存在错误。然而,我们仍要求对我们的刑事法令充满信心。"[1]

官方出错和违反法令之情形在下级领主和王室法院中最为严重。"毫无疑问,王室御前会议当然不会批准如此令人担忧的制度,由于松散的管理和毫无热情的工作,制度的问题持续恶化;但下级法官仍要继续工作,本已缩减的法官数量受严酷情形之影响更加减少,尽管表面看来都是合法的……几乎各方都对下级法院提出抱怨、丧失信任,在部分地区的抗议甚至被视为是煽动性的。不,它们绝不是煽动性的。如果它们至今保持沉默,那是因为当地的人们已经被禁言长达两个世纪。"[2]毫不夸张地说,有些审判恰恰揭露了"下级法院的神秘面纱"。[3]

第四节　法令的影响和财政对于执行法令严格规定的效果

如果《1670 年法令》中的仁慈条款都经常得不到尊重的话,法令中的严苛条款就更不会得到遵守了。此处要特别注意一点,法令使程序的秘密性成为一个不可侵犯的规则。被告从不会被告知对其的指控,也不会在讯问前获得律师帮助,偶尔能在讯问后见到律师。我们可以轻易发现,这些原则自然而然地凸显了两个因素——这两个因素的影响一直存在,在当时更甚,它们是官方影响和金钱。

〔1〕 Dupaty, "Mémoire," p. 232. See "Mémoire" for Catherine Estines against the officers of the royal bench of Riviere, by M. Lacroix, advocate, Toulouse, 1786.

〔2〕 Dupaty, "Moyens de droit," for Bradier, Simaxe, etc., Paris, 1786, p. 60.

〔3〕 "Mémoire" for Catherine Estines, p. 54.

偏袒或金钱可以实现文档流向被告或他们的朋友。那些管
理司法体制和解读法令的官员会援引法律中的禁令,但这通常是
徒劳的。在 1677 年 7 月 25 日,塞涅莱(Seignelay)的侯爵写信给
迪耶普海事法庭的司法行政副官,"我已经告知你,那些文档即是
信息,应当秘密保存,在未得国王明文的命令前,不得将之交予他
人"。[1] 这里还有一些从"巴士底狱档案馆"收集来的证言。
1695 年 5 月 22 日,一位法官在给塞涅莱的信中写道,"庞邦 283
(Pomponne)先生给萨伏依(Savoy)使节第一次讯问记录的副本。
使节随后代表科隆纳去询问了其他意见。他现在向我索要记载
剩余程序的副本。……我认为我有职责遵守法律规定,并拒绝了
他。庞邦先生出于好意写信告诉我,使节的要求是国王的意思,
我只得照做"。[2] 在另一封 1676 年 4 月 24 日的信中,代理人以
被告的利益写道,"我无法确定曼纽特(Mainrot)在监狱接受讯问
时说了什么,尽管我已经派人去与法院的书记员交涉。他不会让
我去看记录,并会说,如果有人要看记录,他有职责确保其秘密
性"。[3] 塞尔皮隆说,"法令规定必须秘密听取证人证言,第 15
条禁止书记员与人交流程序。然而,无论如何禁止,违反本条规
定的情形大量存在,大量的司法官员违背了他们的职责,将程序
信息透露给当事人,特别在是轻罪案件中,给人造成的印象是禁
令仅适用于重罪案件中,而法令本身对此未作区分规定。私人检
察官也会滥用程序,在确认身份和对质的时候收买证人;被告也
捏造事实,回答说他们知道证人的证言。这种情形下,不可能发

[1] "Corresp. admin. sous Louis XIV," vol. II, p. 206

[2] Vol. VI, p. 93.

[3] Vol. VI, p. 184.

现真相,不可能实现正义,也不可能惩罚犯罪”。[1] 朱塞就此也指出:“禁止违反程序秘密性的要求在实务中并未得到遵守,经常的情形是,违反禁令而没有受到制裁。”[2]

在18世纪末,言论自由逐步为世人所推崇,他们都在公开讨论司法裁判是怎样作出的。法院的书记员提供书面文档,律师在他们所作的辩护摘要中加以援引。然而,部分摘要也会遵守法定形式。拉克鲁瓦(Lacroix)律师在为凯瑟琳·埃斯蒂内斯(Catherine Estines)所作的辩护要旨中,经常严格遵循法定形式来援引证人提供的证言,“此类证人应当已经说过”。而且,这些秘密交流经常是不完整的。在1786年,总检察长塞吉埃在一次著名的演说中说道:“世人皆知,法学家们也都承认,刑事案件的摘要是针
284 对被告的一系列的事实和情况。律师经常要去验证摘要的准确性,但这几乎是不可能的。他们不得不依靠他们当事人所说的话。”[3]

在1790年国家法官会议上展开了有意思的争论,它显示出法令实施后的一段时间内,各地关于程序秘密性的执行情况并不一致。甚至有人开始讨论制定新法来取代法令。“此前”,雷伊先生说,“我们是在被告面前来确认证人的身份。治安法官依据法律的精神而非条文,甚至允许透露指控的信息。”弗雷泰亚(Fretea)先生说:“作为一名法官,我必须说情况并非如此。我在一起重罪指控案件中向当事人透露了信息,但有幸没有被巴黎高等法院科以制裁。不仅是因为被告没有这种权利,而且没有任何人性

[1] “Code criminel,” p. 483.

[2] “Comment. sur l’Ordonnance de 1670,” p. 165.

[3] “Réquisitoire de 1786,” against Dupaty’s memorial, p. 14. 在第26页,他指出请愿书的作者“似乎已经认识到了程序。”

的方式允许赋予被告知悉指控的特权,因此,请允许我代表所有的治安法官否定你们的想法,即你们委员会制定的草案比旧法令更为糟糕。”古皮尔(Goupil)先生说:“据我所知,在里昂高等法院,无论被告是否提出要求,都会得到一份指控的副本。在我办公室有各种各样的指控;我用斜体在案件摘要中加以援引。…… 285
《1670 年法令》并不完全禁止这类交流;它禁止的是在没有法官命令时候的信息交流。我们这些治安法官共同见证、基于相同法律精神起草的《1681 年海军法令》也未禁止法官告知当事人相关信息。”雷伊先生说:“在图卢兹高等法院辖区内告知当事人相关信息是一项习惯法。”[1]

被告可能会获得律师的帮助。18 世纪的浪漫文学作品向我们展示出被告可以与其律师交流,甚至在接受讯问之前。其他司法文书同样显示出,这类不符合规定的做法并不是没有先例。[2] 当法院批准延期审理,被告申请撤销或审查这个命令时,获得律师帮助似乎已经成为被告的一项权利。[3] 获得狱卒或其他监狱看守人员的同情或默许后,所有的困难都不再是问题。[4]

〔1〕 Sitting of 28th October, 1790; Moniteur of the 29th.

〔2〕 参见“Archives de la Bastille,” VI, p. 150。“当天,我立即去找高等法院辖区内最有名的刑事辩护律师,伯里先生,向他咨询科隆纳在接受讯问时所说的话是否可以用来证明诽谤……但在我说明来意前,我问了伯里先生是否已经就科隆纳的案件接受了咨询,他回答说是的,已经接受了利沃恩侯爵和另一位律师兰宾先生的咨询。”

〔3〕 *Dupaty*, “Mémoire,” p. 221. “抵达监狱后,我要求见那三位不幸的人。我在一个房间内等待。”——*Lecauchois*, “Mémoire” for the girl Salmon, p. 16:“在讯问这个女士的 50 到 60 个小时的过程中,我遇到了不小的障碍……根据我从其他地方得到的信息,在从这位被告人所说中得出什么样的结论,在众目睽睽之下,必须谨慎为之……此外,我不知道有相关法律禁止律师询问他的当事人,或规定只有在证人面前才能与当事人交流。”

〔4〕 在萨蒙女士案件中,监狱的管理人员莱卡德在被告人转移至其他地方后,收到了被告人的 6 封来信(“Mémoire” for M. Lecardé, p. 6–9, 12, 15)。参见“Archives de la Bastille,” VI, p. 159。“被告已经在本镇监狱关押了两年多,并由司法大臣亲自下令进行两次追诉和羁押,但就在前天,他去监狱外的一个酒吧喝酒,并灌醉了狱警后,脱逃了。”

所有这些都是进行游说和施加影响的问题,随意性很强,有时还能以金钱换取被告的自由。这在贫富之间划出了一道令人震惊的鸿沟,随后这将得到证明。“我们的刑事法令的适用是异常不一致的。就教化和准确性而言,它不值得信任;偏远的下级刑事法院中含混不清的操作也是不值得信任的,因此,它赋予被告就所有判决向高等法院上诉的救济途径;同时,剥夺了被告获得律师帮助的权利,也就剥夺了被告通过上诉获得救济的所有方式。——我的意思是什么?这些不幸的人们应当能够利用法令赋予他们的资源;他们甚至应当有一位律师。如何?通过什么方式?有必要在现在就实现吗?如果他们不是穷人。啊!是的。然而,正是因为贫穷,他们本可以像富人一样获得律师帮助;像富人一样提起上诉;像富人一样在庭审过程中突破程序秘密性的规定,或在法院书记官的办公室用金钱买信息;他们可以提出请愿;他们可以提交本方的案情摘要。而且,肖蒙(Chaumont)地区的法官决定在地牢中监禁三位富人三十个月,这可信吗?什么!法律本应当依据不幸之人遭受的痛苦来提供救济,但恰恰相反,法律
286 却成为压制不幸之人的工具!什么!贫穷可怜之人(我们甚至傲慢地称为国家的沉渣)有两千万之多,这些鲜活的个人不得不要面对残酷的现实,即他们的国王会派税收官来骚扰他们,他们眼中的治安法官代表着断头台,他们只有在死后才会得到上帝的救赎!”[1]“你是不是一位不满刑事司法的有影响力的人?你只需看一看两个多世纪以来刑事司法为你所做的一切,从波耶特的时代到皮索尔的时代。它剥夺了被告获得程序信息和辩护律师的所有机会,只留下对于广大民众的偏见,因为你是富人。它剥夺

〔1〕 *Dupaty*,“Mémoires,” p. 237.

了被告之程序公开的权利，而程序公开能够监督法院并让它们恪守职责；这对于广大民众来说是有害的，因为你的存在是如此重要，如此宝贵！我们已经大量削弱了被告自我辩护的能力，这对于人们来说是有害的；实际上，到底是谁敢让你自证有罪？最后，这违反了刑法的谦抑性和比例性要求，这对于广大民众来说是有害的，因为国王的司法机器有必要让民众获得司法正义！"[1]

第五节 对法令的评论

这里要指出《1670年法令》颁行的最后一点影响。在起草法令时，起草者为刑法奠定了坚实的基础。他们为博学的评论者提供了样本，未让他们失望。法令让科学研究刑事程序成为可能。自此以降，人们开始关注司法实务，不再是仅仅解释法律。法学家在工作中会偶尔涉及法令之文本，以支持他们的阐述，但法令本身不再构成研究的全部基础。例如，英伯特的论著足以证明这 287
点。此后，法律的阐述者会列举法令中的具体条款，并以此推断出所有的结果。法令评论逐步取代了关于司法实务的著述，或者至少评论占据首要位置。注释不仅只源于法令。一些著作的标题显示出它们的内容更加广泛——"刑事法典"，或者"刑事法的制度"。这使法国刑事诉讼法更加地清晰，同时，法令的严厉性在适用宽松法令的邻国中是闻所未闻的。

法令评论者的重要性不取决于皮索尔的好恶，尽管他是法令的首要起草者。他的意愿被彻底地反对，他也未表明自己在相关

[1] *Dupaty*, "Moyens de droit pour Bradier," etc., pp. 43, 44.

主题上的意见。他曾向国王建议"禁止任何对法令进行评论或注释,违反者可以被判处伪造罪,并罚处 1 万里弗和没收相应的文件;对于法令以及判决推理之注释虽然打着平等和重视裁判事项的旗号,但实际上仅会削弱法令和判决的权威性"。[1] 然而,皮索尔再次失算,难以逆转注释法令的趋势。

关于刑事司法的著述,特别是朱塞和穆亚特·德·沃格兰的著述很快就融入法令之中。它们和法律一样,得到法院的遵照执行。"朱塞所撰写的著述,即是法令的精神、论理,代表着法兰西王国的司法实践,对,他即代表法院的实践。法学家梅纳德(Meynard)在解决一个问题时不是说了:'法学家对此作出判定了吗?'他们确实已经作出判定,尤其是在刑事司法领域。在我们刑事立法出现疏漏、不一致,甚至支离破碎的地方,我必须说,是刑事法学家的著述填补了这些空白。"[2]"当然,不是下级法院要求或希望废除古老野蛮的刑事法原理,而是刑事法学者在其著述中不断予以推进。国王和统治者们曾利用刑事法律来不断增加自身的权力,并满足个人之好恶,但现在他们已经把刑事法律交给了法学家。"[3]

[1] "Mélanges Clérambault," No. 613, p. 453.

[2] *Dupaty*, "Mémoire," p. 156.

[3] Ibid., p. 227.

第二编 288

欧洲刑事诉讼概览

第一章　其他国家的刑事诉讼

第一节　引　言

刑事诉讼在法国的发展并非纯粹的国家制度产物，相反，它也是欧洲普通法的一部分。只要看看周边国家如意大利、西班牙、德国和荷兰，我们即可对此确信。在那些地方也发生了同样的演变，教会法带来了纠问方式，而罗马法也发挥着影响。书面的、秘密的审查取代了弹劾式的、公开的程序，精深的推定学说取代了封建时期粗放的证明方式。

然而因其独有特征，法国刑事程序与其他国家同类程序存在区别，不但其形式更完善，而且其规则被构建得更明确、坚实。就这一点而言，穆亚特·德·沃格兰的评论毫不夸张："可以骄傲地说，法国的刑事诉讼实践已经达到了完美的程度,使其卓然超群于其他文明国家。"[1]但与此同时,没有任何一个国家在执行刑事诉讼制度的严苛规则时像法国般强硬,并对被追诉人施以最严格的限制,整套制度得到了极致的执行,这既有正面效果也有负面影响。然而必须指出,刑讯是一个例外,相比法国,意大利和德国所实施的刑讯严酷程度更高。特别
289 是公诉人(检察官)制度,使法国的刑事诉讼制度显著区别于其他邻国。这并非因为该制度为法国所独有,而是因为其他国家要么是在法国的影响下建立该制度的,要么制度不够完善,没有像法国一样将其作为刑事诉讼机制的必要组成部分。[2]

而与法国截然不同的是,在英吉利海峡的另一端诞生了一个全新的司法世界。英格兰保留了弹劾式和公开审理程序,并给予被追诉人辩护自由。通过继续发展那些被其他欧洲国家曾经实行但最终放弃的司法要素,英格兰创造出了陪审员审判程序,这套看似有些怪异的制度终将注定强有力地影响整个欧洲。

在接下来的几页里,我们将介绍一些国家刑事诉讼的主要特点。

第二节 意大利

在伦巴第人的统治下,意大利开始逐渐熟悉日耳曼传统下的诉讼和刑法体系,如"和解费"制度(根据古日耳曼法,加害方可向被害方支付金钱补偿,以代替复仇。——中译者注)、私人控告制度、口头和公开审理制度、申明无罪宣誓和共誓人制度、神明裁判制度以

[1] "Lettre sur le livre des délits et des peines," p. 20.

[2] *Biener*, "Beiträge zu der Geschichte des Inquisitionsprozesses," p. 208 *et seq.*

及司法决斗制度。[1] 但是,意大利毕竟是古罗马的发源地,现代罗马也逐渐形成于此,因此它比其他任何国家都更容易受到罗马法和教会法的影响,对罗马法的研究被证实延续至今且从未间断。博洛尼亚学派并非罗马法的复兴,而是在罗马法这棵古树上萌发的新芽。罗马法这棵古树枝条虽纤细却生长不息,树皮下一直缓缓流淌着鲜嫩的汁液。

自 11 世纪上半叶起,始于罗马,而后拉韦纳(Ravenna)、帕维亚(Pavia)相继出现了自己的法学学派,维罗纳(Verona)同期也有法学学派诞生。到 12 世纪上半叶,博洛尼亚学派形成并达到了极高的标准,以至于"使之前所有的学派被人遗忘"。[2] 博洛尼亚学派的教授同时也是法律从业者。"博洛尼亚学派不仅是一项科学运动的发起者,也对法律实务产生了影响,因为注释法学 290
者将生活中的法律运用作为自己的研究课题。"[3] 如果他们在《国法大全》中看到占据主导地位的弹劾式制度,他们也会发现其中的刑讯内容。他们还在《国法大全》中发现了推定理论的萌芽并加以完善,并将其从意大利推广至整个欧洲。此外,教会法学者还完善了纠问式诉讼,最终得到罗马教廷的认可。

意大利也实行成文法,这些法律最初是由自由城市制定的市政成文法。"在罗马和基督教准则的鼓舞下,这些城市树立了高尚的理想,出于增进公共福祉之目的,给予违反法规之人相应处罚。在对这些法规不断修订的过程中,罗马法的影响也得到不断

[1] 参见 *Sclopis*, "Histoire de la législation Italienne," vol. I, p. 199 *et seq*。

[2] *M. Rivier*, "La science du droit dans la première moitié du Moyen-Age". (Nouvelle revue historique de droit français et étranger, 1877, p. 1 *et seq.*)

[3] *Pessina*, "Elementi di diritto penale" (3d edit. , p. 51); *cf. Pertile*, "Storia del diritto Italiano," § 168:"注释法学者及其继承者们甚至把刑法总论和刑法典当作现行通用的法律般进行注释和施行。"

增强。"[1]教会法也是如此,渐渐地,纠问式诉讼开始和弹劾式诉讼并行。不同城市的司法组织体系各不相同,但两类相继出现的公共性政府形态已可加以区分。最初这些城市都是由执政官统治的。[2] 这一职务的起源众说纷纭。佩尔蒂莱(M. Pertile)认为,执政官最初产生于教会会议,主教围坐一圈,讨论教区和世俗主权国家的管理事务。[3] 在不同的场合下,其中的两人或三人进行了民事和刑事审判,从而共同行使了强制性的司法权力。[4] 而且他们有一群法官或法律从业者组成的委员会从旁协助。[5] 后来,这些城市的政府出现了革命性的变化,将权力交由一人掌握,[6]此人既主持法庭审判,又主持其他行政部门工作,但司法权的形式几乎没有变化。"当政府试图将政治和民事形式更加紧密地结合在一起时,就需要从外界寻找'最高长官'(podesta)作为共和国最具权势的人,此人必须要有法官相伴,或为其提供顾问协助其工作。"[7]这些顾问大多都是博学的法律专家或享有盛名的教授。

291 在意大利众多的古老法律中,尤其应当关注撒丁岛的法律("Carta di Logu"法典),它确立了"诉讼的规则;弹劾式诉讼是法定规则,但在控告人不在场情况下,'纠问'的必要性也得到了认可"。[8] 在意大利南部则诞生了《西西里岛习惯法汇编》(Constitutiones Regni siculi),其在 1231 年与腓特烈二世颁布的一部法典

〔1〕 *Pertile, op. cit.*, § 168.

〔2〕 Ibid., vol. II, Part I, § 48.

〔3〕 Ibid., vol. II, Part I, p. 25.

〔4〕 Ibid., vol. II, Part I, p. 25.

〔5〕 Ibid., § 49.

〔6〕 Ibid., § 40.

〔7〕 *Sclopis, op. cit.*, vol. II, p. 293. Ibid., vol. II, p. 113 *et seq.*

〔8〕 *Sclopis, op.* vol. II, p. 113 *et seq.*

相合并。根据这些法律规范,封建法庭和教会法庭被废除,取而代之的是司法行政官、司法官和王国的高等法庭。[1] 特别是刑法,恢复了其罗马法渊源,私人争斗和司法决斗的暴力被废止。罗马法也在纠问式诉讼的引入过程中发挥了其影响。[2]

但真正引领刑事诉讼走向完善发展的是法律专家的实践和著作。"纠问式"诉讼很快取得领先地位,使古老的弹劾式诉讼退隐幕后。通过学术著作促成这场变革的法学家不胜枚举,[3] 我们仅列举其中几位声名最为显赫者。1271 年左右,古列尔穆斯 · 杜兰德斯(Gulielmus Durandus)出版了《法鉴》(Speculum juris)。[4] 作为一名教会法学者,他对"纠问"的描述主要基于教会法,但同时指出根据市民法,纠问也有其地位:"虽然涉及纠问的法律不完善,但依据教会法,纠问的形式和特征,以及何时以何种方式进行纠问,都很明确且可被适用。"大约逝世于 1300 年的阿尔伯图斯 · 高迪努斯(Albertus Gaudinus)认为,纠问式诉讼是习惯法的一项制度:"如今,有执政权力的市民法法官依据其职权,通过纠问的方式对任一违法行为进行审判。如此,法官还需考虑习惯,正如我所见,它通常会被人们顾及,尽管它违背市民法。"[5]

14 世纪初,巴尔多鲁(Bartolus)和巴尔杜斯对"纠问"进行了阐释。[6] 15 世纪,安格鲁斯 · 德 · 冈比里奥尼布斯 · 德 · 阿雷

〔1〕 *Sclopis, op.* vol. II, p. 254 *et seq.*

〔2〕 *Pessina*, "Elementi," pp. 46, 47.

〔3〕 *M. A. du Boys*, "Histoire du droit criminel de la France du XVIe au XIXe siècle, comparé avec cela de l'ltalie," etc., vol. I, p. 125 *et seq.* — *Biener*, "Beiträge," Chap. IV; "Glossatoren und italienische Praktiker," p. 78 *et seq.*

〔4〕 Upon Durand, see *M, Glasson*, Nouvelle Revue historique, 1881, pp. 417, 418.

〔5〕 *Biener, op. cit.*, p. 96.

〔6〕 *Biener, op. cit.*, p. 98 *et seq.*

肖(Angelus de Gambilionibus de Aretio)在《恶行论》(Tractatus de maleficüs)中详细解释了纠问式诉讼、刑讯以及推定理论。[1] 但意大利刑法执笔者大放异彩主要还是在 16 世纪。当时,意大利
292 似乎成了刑法的诞生地,说来也怪,类似的情况似乎在现如今再次出现。伊波利特·德·玛尔斯尔(此人名为 Hippolyte de Marsile,英译本译为 Hippolytus of Marseilles 系误译。——中译者注)、[2]尤利乌斯·克拉鲁斯(Julius Clarus)、[3]法利纳西乌斯(Farinacius)、[4]蒙洛修斯(Menochius)[5]等都是当时最负盛名的法学家,他们无疑创制了刑事诉讼原则和法律证明制度。伊波利特·德·玛尔斯尔对刑讯进行了专门研究,而蒙洛修斯专门研究了推定理论。

在"纠问"得到认可而且几乎不受限制的同时,弹劾式仍然是被认可的,但它处于次要地位而且作用有限。[6] 法官要么"依职权",要么"依当事人请求"才受理案件,在后一种情况中还会出现我们多次提到过的"推动纠问"(inquisitio cum promovente)。除了弹劾式,克拉鲁斯还仔细描述了"当事人控诉"(querela partis

[1] *Du Boys*, *op. cit.*, I, pp. 300, 311; *Biener*, *op. cit*, pp. 106, 110.

[2] "Practica causarum criminalium" (Lugduni, 1528). See *Biener*, *op*, *cit.* pp. 110, 112.

[3] "Sententiarum receptarum liber quintus" (Lyons, 1772).

[4] "Farinacñ opera" (DuaCi, 1618).

[5] "De præsumptionibus, conjecturis, signis et indiciis commentaria" (1628 ed.).

[6] *Jul. Clarus*, "Practica crim.," qu. 3, Nos. 6, 8, p. 416:"但当然,任何事物都可以依据普通法,然而所有这些也会因为当下的习惯而终止。实际上在如今的市民法上,任何一个案件都被允许依职权并通过纠问来进行……因此,亚历山大在对巴托鲁斯的批注中教导的那种实践现在看来也是多余的,也就是说,法官可以完全决定终止控方的控告,因此若当事人不进行控告,法官可以依据职权进行,尽管当事人之后又希望提出控告,也不能阻止同一个纠问法官的程序。"

offense),这和我们所说的民事诉讼非常类似。[1] 如果要对“有证据的犯罪行为”(delictum facti permanentis)进行审理,首先必须要确定犯罪事实,对此确定后法官根据“大纲”(informatio)进行诉讼流程,其目的在于使案件为众周知(diffamatio)。法官会秘密听取证人证言并以书面形式记录。诉讼第一阶段结束前,必须形成“纠问文书”(charta inquisitionis)或者“刑事控告书”(libellus criminalis),这是一种起诉书,是后续诉讼程序的基础。[2] 然后, 293
法官根据起诉书传唤或者逮捕被追诉人,后者必须回答起诉书中所列问题。如果被追诉人辩称无罪,证人将在被追诉人面前宣誓,然后法官重新听取证人证言。[3] 如认为有必要则对被追诉人施以刑讯,最后作出判决。这一书面程序以秘密方式进行。[4]

上述这些内容和我们之前描述的法国刑事诉讼程序非常类似。只是我们发现在意大利“刑事控告书”的重要性更强,而双方对质较少。[5] 我们还需记住的是,较之法国,在意大利辩护的自

〔1〕 Qu. 10, No. 1, p. 428:“这两种类型的起诉程序都是合法的,依职权来看,它们不仅不同,而且在某种程度上还互不相容,然而习惯允许法官立刻开始涉及当事人诉讼的纠问。但你知道,这种起诉(querela)与控告(accusatio)有很大不同……对于法官而言,如果不开放纠问,而仅通过诉讼的话,请你思考一下,那么告知(denunciatio)、为众周知和基于此的一些事情就无法事先进行……如果没有合法的必要,法官不应该进行涉及此类诉讼的程序。相反地,从习惯上看,大部分都是合法的……如果这种告发人(instigator)先提起诉讼,而法官针对他的起诉进行纠问,那他就具备了当事人的资格,因此就应该被传唤。”

〔2〕 *Jul. Clarus*, qu. 7, No. 1, p. 424:“在作出通知后,法官草拟与此相关的大纲和证言,并在此基础上形成控告书或进行纠问。在控告书中,法官的记录要与给出的通知相近……法官依职权进行诉讼,在实践中普遍如此。”

〔3〕 *Jul Clarus*, qu. 7, No. 1, p. 552:“如果被追诉人否认,他们便重新审问证人,他被传唤去观看他们的发誓过程,如果法官犯了严重的错误,那么便无法再次传唤证人,法官可能进行刑讯或者判刑。因此,被采纳的证人在争讼确认之前不能作出针对被追诉人的誓言。”

〔4〕 *Sclopis*, *op.* cit., I, p. 208 *et seq.*

〔5〕 当时对此并非不知,而是并无必要。

由更大,被追诉人受到的严厉对待程度也更弱。毫无疑问,被追诉人通常被要求在接受讯问时宣誓,[1]在证人作证时不能在场,甚至不能提交向证人求证的问题要点。[2] 但根据古老的原则,[3]被追诉人可以收到证人的书面证词,而且有权在辩护时要求证人旁听。只是他必须在回答完讯问后才能行使这些权利。[4] 特别值得关注的是,意大利允许辩护律师为被追诉人提供帮助,有时法官甚至会以官方名义为被追诉人指定辩护律师。[5] 虽然这些辩护律师在被追诉人接受讯问时不得提供协
294 助,[6]而且有时法庭并不情愿向其提供起诉书的副本,[7]但他们仍然能提供不少帮助。法利纳西乌斯的著作中,有一部分内容就来自其早年为被追诉人担任辩护律师时起草的辩护词。

意大利是否有公诉人制度?最初,意大利另一项制度承担了部分类似职能,但其不可与公诉人制度混淆。法官通常有一些下属职员,其职责就是告发了解到的犯罪行为。但这些下级官员仅

〔1〕 *Jul. Clarus*, qu. 45, No. 9, p. 551:"普遍的观点倾向于认为,被追诉人要发誓说真话。"

〔2〕 在这方面,他所受的待遇与自诉人类似。*Clarus*, qu. 23, No. 3, p. 457:"习惯认为,被纠问或被控诉之人不能询问为起诉作证的证人,控诉方也不得为了辩护而讯问作证者;但法官或者检察官可以就自己所见讯问他们。"

〔3〕 *Jul. Clarus*, qu. 49, No. 3, p. 580:"尽管通过纠问的方式来审理案件会与某些事相矛盾,比如证人的名字与将出席或将不出席的人不同,为了诉讼效果,同一证人所说的话应该(正确无误地)公布,以便他(被追诉人)可以为自己辩护。"

〔4〕 同上, qu. 45, No. 8, p. 551:"习惯保留了对立证言的所有内容,也就是说,被告会在给定的辩护和证言副本产生之前受到讯问和调查。"

〔5〕 同上, qu. 49, No. 11:"布兰科(Blanc.)说,依据每天的观察,法官会为监禁之人安排律师。"

〔6〕 同上, qu. 45, No. 11:"另外我问,何时审查讯问被告,辩护律师应该在场吗?回答:理论上似乎可以;但当然,法院在运行方式和实际适用上并不遵从它。"

〔7〕 *Jul. Clarus*, qu. 6, No. 23:"被追诉人对法官说,在进行下一个程序之前,给他一份由法官搜集总结的令案件为众周知的证言副本。安格鲁斯认为,谨慎的律师们会如此要求,以便他们可以攻击令案件为众周知的证人……我不认为应该把证言的副本交给提出申请的被追诉人。"

仅是官方指定的告发人。“阿尔伯图斯·高迪努斯、巴尔多鲁、安格鲁斯·阿雷蒂努斯(Angelus Aretinus)和伊波利特·德·玛尔斯尔认识到了这些人的存在,并称之为‘syndici’‘consules locorum et villarum’‘ministrales’‘officiales’。我发现,意大利数个城市颁布的法规中都提到了这类职员的存在。维罗纳的法规称其为‘jurati contratarum’和‘massarii villarum’;罗韦雷多(Roveredo)的法规称其为‘massarii’‘jurati’‘syndici villarum’和‘plebatuum’。”[1]

但是,上述作者还提到了一个关于当时所谓的“检察官”(procurator fiscalis)是不是公诉人的问题。[2]“大约在中世纪末期,威尼斯设立了一个具备公诉人所有特点的职位,和13世纪公社制度下的‘代理人’(avouerie)相同。”[3]但是,总体而言这项制度发展得并不完美,至少从知名作者的下列只言片语中可以看出:“在16世纪的意大利,我们能比过去更明显地看到‘检察官’参与纠问式诉讼的情况,尤其是在罗马、那不勒斯和米兰。但要真正了解‘检察官’如何参与其中,必须要有详尽的研究,然而官方性制度中常常缺乏类似内容,因为我们只发现了这样的地方性制度。在尤利乌斯·克拉鲁斯本人的著作中,他主要基于普通法

〔1〕 *Biener*,“Beiträge,”p. 92,93. 作者在一个脚注 Farinacius(Book I, tit. I, No. 17)中评论称“年长之人或者教区长可以依据法规指控他们所在的城市和教区中的犯罪行为”。但这可能是“教区会议证人”的遗留形式。

〔2〕 *Julius Clarus* 明确地将有权启动审讯的三级人员进行了区分。Qu. 10, No. 3, p. 428:“因此你要知道,他们被人们称为告发人或纠问推动者,共有三种类型。他们按照一些方式来工作,或是出于必要,或至少源于他们的职责,比如律师和公诉人或者是检察官,他们的主要工作是持续施压,让法官们调查讯问罪犯。而其他人则出于规定或者法官的委任来行事,法官们常常委任一些助手,他们或出于当事人或出于追诉的原因协助进行纠问……最后,他们自愿以某些方式来工作,准备法官所需的事物,提供针对被纠问被告的证据和证言。”

〔3〕 *Sclopis*, *op. cit.*, p. 260.

295 给出了米兰地区司法实践的大量信息,但对该地区的‘检察官’制度只是一笔带过,因为该制度并非普通法的一部分。简言之,我们必须承认,直到 15 世纪末,意大利的一些地区才引入了检察官制度,而引入的主要原因是受到法国和西班牙的影响。特别是在 16 世纪,我们发现萨伏依地区的刑事诉讼中,就有颇似法国形式的检察官存在,这肯定要归因于法国自 15 世纪末开始对该地区施加的影响。”[1]“我们看到的关于‘检察官’的描述,例如尤利乌斯·克拉鲁斯所提及的,并非真正意义上的公诉人;他们在法官开始处理告发信息或者正式开始诉讼程序之后,才参与支持起诉,而不会主动启动诉讼……”只有“当纠问程序开始后,‘检察官’才被准许作为类似自诉人或举报人,对推定进行辩论并出席审判”。[2] 这些论述很有道理,但它们可以更加准确一些。我们也必须认识到,尤利乌斯·克拉鲁斯在一些场合明确表示,“检察官”的确是刑事诉讼的当事人,[3]尽管“检察官”能做的主要是促使法官启动调查,而在法官作出结论之前不扮演任何积极的角色,这与 15、16 世纪法国关于公诉人权力的原则是完全一致的。[4]

[1] *Biener*, “Beiträge,” p. 213, 214.

[2] *Du Boys*, *op. cit.*, I, p. 322.

[3] *Jul. Clarus*, qu. 10, No. 4, p. 429:“我问,在纠问程序中,告发人或许应该被传唤?回答:律师或检察官毫无疑问应该被传唤。因为在任意一个依据职权来进行的审判中,当事人都有被起诉的缘由。”

[4] 同上, qu. 10, No. 6:“你知道,如今没人会起诉,起诉在有控告的情况下才会发生……在案件中,检察官应该提起诉讼或者控告,接着再由法官对此进行审理吗?回答:不是的,但在当下只进行到草拟大纲这一步。所有的法庭都普遍遵守这样的规则,他们一直声称要对起诉施加压力,以便启动针对罪犯的程序,尽管这种压力不会出现在诉讼中。但首先应该对法官开放纠问,而不是通过检察官的告发。”

第三节　西班牙

西班牙受到了罗马文化的全面影响,即使是在被入侵后,在诸多“蛮族法”(Leges barbarorum)之中,西班牙法律仍然带有最明显的罗马法印记。其他欧洲国家直到罗马法复兴之前并未采 296
用的一些做法,例如刑讯,也从未在西班牙消失过。《西哥特法典》(Forum judicum)就记载了刑讯制度,当然也确有一些限制。[1]《法律集》(Fuero-Juzgo)也认可告密者或告发者制度,甚至为其提供报酬,[2]但仍然将弹劾式诉讼制度作为原则。[3]

穆斯林征服和随之而来的斗争使西班牙在欧洲历史中占有特殊的一席,在这些动荡中,《西哥特法》(Code of the Visigoths)逐渐湮没在历史长河中。大多数人并不知道《法律集》的存在,而政府规则也均系参照国内其他地区的实践。法庭运行所依据的法律,仅仅是一些法律从业者的良好理念,以及对类似案件的判决先例。[4]“当时西班牙封建体系开始形成,刑事诉讼制度随之产生,在各地均由封建法庭负责,而司法决斗是主要的变通方式。”[5]

在王权的影响下,西班牙迈出了一大步,即“地方法”(Fueros)的确立。许多城镇都获得了许可,从而保障其某些特权并允

〔1〕 *Jul. Clarus*, qu. 10, No. 4, p. 109. *Cf.* “Historic del Derecho Español,” by *Don Juan Sempere*(Book II, chap. XIX, p. 95).

〔2〕 Book VII, tit. 1.

〔3〕 “无论伯爵还是法官在没有明显指向嫌疑人的证据时都不能依职权提起任何刑事诉讼程序。”(*Sempere*, *op. cit.*, p. 40)然而关于正式起诉参见上述,p. 97, note 2。

〔4〕 *Sempere*, “Historia,” p. 132.

〔5〕 Ibid., “Historia,” Book II, chaps. III to V.

许其组织成立法庭。很快,这种特权成为普遍的权利,[1]西班牙学者通常将其称为"地方政府"(gobierno foral)。[2] 这种"地方法"在 11 世纪、12 世纪和 13 世纪都存在。其中最负盛名的二者是,经阿方索五世同意发布的莱昂(Leon)的法规,以及卡斯蒂利亚(Castile)的《古法汇编》(Fuero Viejo)。总体而言,这两部法规
297 包含的刑事诉讼规则也是当时其他国家的城市所熟悉的,我们在其中发现了弹劾式诉讼、涤罪之誓(the oath of purgation)、烧红烙铁之酷刑,但我们也发现了诚实证人提供信息的制度。和法国的城市一样,我们会看到这里的刑事审讯或调查(pesquisa)中也开始出现正式起诉,我们将很快对此进行讨论。[3]

然而,特定环境决定了西班牙法律的走向。其中首先是教会和教会法在西班牙的影响力不断增强,用西班牙学者的话来说,导致了"新教皇至上法学"(nueva jurisprudencia ultramontane)。[4] 其次是对罗马法重新开始研究的热情被点燃。"12 世纪中叶,博洛尼亚和其他意大利城市创办法学院时,吸引了大量西班牙人前来学习。直到 1300 年莱里达大学成立前,阿拉贡地区所有有学问之人都是在意大利接受教育的……13 世纪初,瓦伦西亚大学成立,但它存在的时间不长;而后萨拉曼卡大学成立,这所大学里受到资助最多的是市民法和教会法讲席。值得注意的

〔1〕 *Sempere*,"国家权力和权威随着这些城镇法庭及其特权悄无声息地得以扩张"。

〔2〕 *Sempere*,"Historia,"Book II,ch. VII *et seq.* —*Don Francisco Martinez Marina*,"关于莱昂和卡斯蒂利亚的立法和主要法律机构的重要历史论文(第四册和第五册)——《西班牙民法立法历史和重引》,由律师阿马李昂 · 马里查拉 · 马克斯 · 德 · 蒙特萨(Amalio Marichalar marquez de Montesa)和卡耶塔诺 · 曼里克(Cayetano Manrique)合著"。1861-1876,in particular,vol. II,p. 162 *et seq.*

〔3〕 *Sempere*, p. 161. — *Alb. du Boys*,"Histoire du droit criminel en Espagne," pp. 54-130.

〔4〕 *Sempere*,"Historia,"Book II,ch. XVIII to XXII.

是,在教授法律时,每有一位市民法讲席教授,就有三位教会法讲席教授,这说明当时新教皇至上主义思想占据了优势……这些思想发展非常迅速,很快法律、'地方法'、国家习惯法都被遗忘和冷落,大家更青睐新的意大利法学。为了遏制这种滥用趋势,1251年,巴塞罗那法院(Cortès)规定绝对禁止在民事法庭使用市民法和教会法。"[1]

正是在这一时期,"智者"阿方索十世认为有必要对法律进行重新编纂。首先出现的是《王室法典》(Fuero real),又称《法令集》(Fuero de las leyes),这部法典"是一部集大成之作,简洁、清楚、条理清晰,包含了城市'地方法'中最重要的法律,又调整适应卡斯蒂利亚习惯法和《古法汇编》,并直接照抄了其中很多规则"。[2] 这部法典的第四卷(也是最后一卷)是关于刑法的,除形
成规则的弹劾式诉讼制度外,还存在作为"依职权"起诉方式的调 298
查或审讯,其形式与欧洲各地的相同。[3]

但是,国王考虑的是颁布一部应用范围更广、更具体的法典,《七章法典》(Septenario,又称 Siete partidas)由此诞生。[4] 这项工程从1256年开始,至1263年或1265年完成。时值西班牙经历诸多变革之际,这项编纂工作不免有些草率仓促。"这部法典集合了教会、世俗、封建、自治、王权等诸多立法内容,令人困惑,每一步都会发现不少矛盾之处。"[5]

刑事诉讼被规定在第三、七部分,并发挥着积极作用。法律

〔1〕 *Sempere*,"Historia,"pp. 160–162.

〔2〕 *Marina*,"Ensayo,"p. 277.

〔3〕 Book IV,Tit. XX:"Accusationes y pesquisas."—See *du Boys*,*op*,*cit.*, pp. 175–185.

〔4〕 "Los Codigos Españoles concordados y anotados"(Second edition,Madrid,1872–1873),vol. III.

〔5〕 *Sempere*,"Historia,"p. 276.

认可三种起诉方式,弹劾式仍然占据首要位置,而后是告发式和正式起诉。只有先进行调查或审讯才能启动正式起诉,从而参与到告发式案件中。[1]《七章法典》对此作了如下简要描述:"'调查'(pesquisa)在罗马语中的意思和'调查'在拉丁语中的意思相同,涉及许多内容(根据脚注中的西班牙文原文,发现英译本错将 many 印成 money。——中译者注)……'调查'可以有三种方式……第一,对一个大的区域,或者任何城市或城镇或其他地方进行整体'调查',这种'调查'可以针对其中的所有以及任何一名居住者[2]……第二……对被告发之人的行为,或对其他行为人尚不明确的行为进行的'调查';第三,当事人出现并恳求国王或其他有权作出裁判之人下令进行的'调查'。"[3]但像在法国一样,决
299 定进行"调查"的权力最初是主权下之特权。[4] 调查员,或称为"侦查员"(pesquesidores),总是被要求从国王或国王任命的地方长官(Merino major)处获得令状,如果是在城镇和城市进行侦查,需要获得此地的有裁决权之人的令状许可。在普通的教堂中,我

[1] 13 世纪的托尔托萨(Tortosa)习惯法中也指出了这三种方式。参见"Historia del Derecho en Cataluna Mallorca y Valencia, Codigo de las Costumbres de Tortosa," by Doctor *Bienvenido Olivier*, vol. III, p. 590 *et seq*。

[2] 此即教会法学者和法学家所指的"普遍调查"(inquisitio generalis)。

[3] "Partida III," Tit. 17, ley. 1:"罗马语中的调查(pesquisa)即拉丁文中的调查(inquisitio)涉及很多内容……'调查'可以有三种方式……第一,对一个大的区域,或者任何城市或城镇或其他地方进行整体'调查',这种'调查'可以针对其中的所有以及任何一名居住者……第二……对被告发之人的行为,或对其他行为人尚不明确的行为进行的'调查';第三,当事人出现并恳求国王或其他有权作出裁判之人下令进行的'调查'。"

[4] "Partida VII," Tit. 16, ley. 2:"如果国王正式地发出调查命令。" *Cf. ibid.*, law 3.——参考阿拉贡王国的审判权和调查权,参见 *Marichdlar and Manrique*, *op. cit.*, vol. VI, p. 332 *et seq*。

们也能发现调查员。[1]

原则上,只有在为查明可疑或被掩藏事项真相,且特定之人因此而被怀疑实施了犯罪受到告发时才能正式启动调查。[2] 调查必须由至少两名调查员实施,并配有一名书记员。[3] 他们必须是"敬畏上帝、有良好声誉之人,因为他们的调查工作可能会导致许多人被处死或遭受其他肉体刑罚"。[4]

调查是秘密进行的。调查员要求证人宣誓,"然后将证人分开,单独询问。询问结束,证人表示没有其他需要告知的信息后,调查员要求证人根据刚才的誓言不向其他任何人透露在调查中所说的内容"。[5] 在询问结束后,必须将证人交还给法官。[6]

然后,被追诉人被传唤或逮捕,并接受讯问;法官要求被追诉人发誓说真话,并要求书记员(或称为"greffier")将其回答以书面方式记录下来。[7] 刑讯被广泛使用,"古老的智者认为,通过对 300
人实施刑讯而获知真相是正当的"。[8] "根据《法律集》,法官只

[1] "地方领主有权对已获得在某地行使司法职权资格,且想要进行调查的调查者进行授权。调查者应当设立职位,以便在那些城市、城镇中进行调查。调查权应当授予在每个区域有权审判或行使司法权的、由地区元老院指定的优秀人员。""Partida III," Tit. 17, ley. 2. Gloss:"但根据普通法规定,市政官员可以担任证人的职务,或者可说是宗教法院证人的角色。"准确地说,那时候并没有调查员,有的只是官方告密者。

[2] "Partida III," Tit. 16, ley. 3:"召唤他们(证人)是因为他们知道存疑事情的真相,这些事实被故意隐藏,且其中有一些事实极不光彩。"

[3] Ibid., Tit. 17, ley. 4. ——Gloss:"我是尽职的,但需要预防别人是坏的!"

[4] Ibid., Tit. 17, ley. 4:"调查员必须是敬畏上帝、有良好声誉之人,因为他们的调查工作可能会导致许多人被处死或遭受其他肉体刑罚。"

[5] Ibid., Tit. 17, ley. 9.

[6] Ibid., Tit. 17, ley. 9.

[7] "Part. VII," Tit. 29:关于如何取得供述:"国王或(下令逮捕嫌犯的)法官必须令嫌犯发誓,宣誓其与被捕相关的犯罪事实皆如实供述。对于嫌犯在庭前供述的全部情况,必须记录在案。"——Gloss 也称:"嫌犯需要在调查等司法程序中发誓讲真话。"

[8] "Part. VII," Tit. 30,关于刑讯:"基于这个原因,古代贤人们确立了对人的刑讯制度,其目的是从被刑讯人那里获知事实。"

有在当事人要求的情况下才可以进行刑讯;《七章法典》认为这是治安法官的权力范畴,甚至有时候强制要求治安法官采取正式的刑讯。哥特法律规定刑讯只限适用于严重、重要的案件,而《七章法典》对此没有限制。"[1]但是,《七章法典》遵循罗马法确立的范例,将部分阶层人士排除在刑讯的适用范围之外。[2] 刑讯并非纠问式诉讼的必要组成部分,似乎要求被追诉人作出宣誓足矣。[3]

在调查之后的流程中,被追诉人能有哪些权利呢?理论上,被追诉人应该收到"调查"的证言和材料副本,使其面对在调查中宣誓过的证人时能够针对"所有不利于他的证人证言进行反驳",[4]但法律也补充道,如果国王或下令调查的国王代理人认为不妥,则不应向被追诉人提供证人的姓名或证言。[5] 而且文本表中也总结性地显示了这条规定的来源:"请看特殊案例,在这种案例中,人们不向调查者提供证人的证据及其名字的副本;因此,在'异教徒事因'(causa haeresis)中,出于对将来审判阻碍的担忧,证人的名字被隐去。"根据《七章法典》,在刑事诉讼中禁止
301 出现为被告提供协助的"辩护人"(personero)。被追诉人必须自

〔1〕 *Marina*,"Ensayo",p. 390.

〔2〕 "Partida VII,"Tit. 30,ley. 2;不得被刑讯之人:"不满十四岁的人、骑士、贵族、法学家或其他学科的大师,被王国、某些城邦或领地指定的官员和被豁免的人,孕妇。"

〔3〕 参见上引的 Gloss,note 8,p. 299。

〔4〕 "Part. III",Tit. 17,ley. 11:"调查按照规定的方式进行,国王或法官会将证人名字交给被调查人,以便其捍卫自己的权利,针对调查人陈述进行辩护,或针对其他证人进行对质。"

〔5〕 "但是,如果国王或其他下令调查的人认为不应将调查中证人姓名、证言透露给被调查人时,各当事方应保留以上信息。他们通过特定方式达成共识,即诉讼得以解决,且证人及证言不予透露。""Partida III",Tit. 17,ley. 11:最后这些词的出现,暗示着存在某种让人回想起接受了古老法国法审讯方式的实践;此观点参见 Gloss:"似乎在刑事案件中出现了该规则,但辩护人却不能提出抗辩。"

己进行辩护。[1]

《七章法典》中没有提到"检察官"。但在1566年腓力二世统治时期出现的《法律汇编》(Leyes de recopilacion),其中一章的标题就是"关于检察官"(de los procuradores fiscales)。[2] 1436年的若干法令规定,在没有其他控告人的情况下,由检察官在法庭上履责,并明确了其职责。在西班牙关于宗教异端的纠问程序中,我们也可以看到从一开始,即15世纪末起就有"起诉检察官"(promotor fiscal)的存在,而且其影响很深远。这个职务似乎是在15世纪上半叶开始在西班牙创建的,后来被引入到针对异端的纠问程序中,从而具备了国家制度的性质。[3] 在所有案件中,首先要有预审,检察官不能在犯罪事实和推定被告发或为公众周知之前进行控告。然后自诉人或检察官拿到"刑事控告书",接着按照弹劾式进行诉讼。[4]

《七章法典》尽管遭到了一些反对,但最终成为西班牙的一般法。在刑事案件中,随后颁布的《新法律汇编》(Nueva Recopilacion)和《最新法律汇编》(Novissima RecopiIacion)只不过是更详细地重复了《七章法典》所确立的原则。[5] 西班牙刑事诉讼的严

〔1〕 "Part. III",Tit. 5,ley. 12:"在可能导致死刑、肉刑或永久流放判决的诉讼中,不应有'辩护人'。在以上诉讼中被告应自己要求,或被要求为自己辩护,而非由'辩护人'辩护。"*Cf. Marina*,"Ensayo,"p. 367.

〔2〕 Book II,Tit. 13.

〔3〕 此处我们完全不考虑所谓的西班牙宗教裁判的情况。

〔4〕 *Biener*,"Beiträge,"pp. 208,209.

〔5〕 *Marina*,"Ensayo,"p. 434 *et seq. Sempere*,"Historia,"p. 457 *et seq.* 参见"Novissima recopilacion,"Book XII,Tit. 32:"关于刑事犯罪案由,审理方式及询问证人"(Los Codigos Españoles,vol. X)——腓力二世统治时期的"Neuva recopilacion de las leyes",第一版于1569年由Alnala de Honares著。参见*Marichdlar and Manrique*,*op. cit.*, vol. IX,p. 251 *et seq*。——1806年查理四世统治时期的"Novissima recopilacion"。参见*Marichalar and Manrique*,IX,p. 533 *et seq*。

谨性一直不如法国,但其特征鲜明易辨,即以书面和秘密方式进行之诉讼、受限制之辩护以及刑讯。[1]

302 ## 第四节 德国、荷兰

德国在其司法结构中长期保留了古老的日耳曼习俗。对于完全自由之人的司法管辖,我们仍然在 13 世纪和 14 世纪发现了在"州法院"(Landgerichte)名义之下古老的"合法之槌"(mallus legitimus)(州法院有管辖权。——中译者注)对于被认定为准奴隶(quasi-servile)之人的犯罪事由,则由十来个(Dizaine)或"百来个"(Zent)人审理。这些法庭很自然地保留了日耳曼程序的旧形式。原则上,它并不要求官方提起指控。在进行刑事审判之前,(私人)控告人必须出庭,没有(私人)控告人,就没有法官。[2] 控告只能由"他们的父母或亲属"以口头或公开的方式提出,证明则通过与"共誓人"宣誓、神明裁判,以及最为重要的司法决斗。就像我们过去由"正式当事人"提出的诉讼一样,控告人和被告都必须被监禁。[3] 但是在当时,正如我们中世纪习惯法的规定,现行犯制度具有非常重要的地位,起诉无须依赖检察官,也不承认神明裁判和涤罪之誓。人们大声呼喊"haro"(求救的呼喊声。——中译者注),辩称"谣言"(Gerüchte)与"传闻"(Gerüfte)。根据某些

〔1〕 正如在法国一样,这些严厉性被人们接受。但必须注意到 1592 年发生了一次针对法院施加于被追诉人的过度刑讯的抗议。参见 *Marichalar and Manrique*, *op. cit.*, IX, p. 318:"他们(向法院)大声疾呼……反对法官对被追诉人使用残酷或不寻常的刑讯,以防这些被告人因无法忍受酷刑而招供或错误地指供他人。"

〔2〕 *Haltaus*, "Glossarium Germanicum medii aevi." Anklaga.

〔3〕 *Zoepfl*, "Deutsche Buchtsgeschichte," vol. III, § 131. —*Biener*, "Beiträge," p. 134 et *seq.* —"Sachsenspiegel," Ⅰ, 63, § 2; III, 28. —"Schwabenspiegel," ch. 78, 79, 234.

习俗,出现了一种公开的控告,即“异议法庭”(Rügegerichte)。在司法集会中,某些日子,市长(Bauermeiste)(德国部分地区的乡村社区负责人。——中译者注)或纯粹的农民有义务告发他们所知道的严重罪行,这足以使被告发的人入罪。[1] 这种习俗无疑可以追溯到法国加洛林王朝时期的教会和非宗教机构,我们在上文已经对此做过描述。[2]

法官有时会自己担任检察官:“当他以自己的认知确信某人有罪时,在没有其他举证手段的情况下,他应以共誓人的宣誓为 303
依据宣告罪名成立。”[3]这与名为“七人委员会”(Besiebnen)的奇怪制度相似。霍尔特乌斯(Haltaus)即如此说:“依习惯,需交由我族自由民处理:事实上未抓获之犯事者须经七位地位平等的证人之参与,以确认其地位,检察官是否在场,在所不问。此即七人委员会制度。由于难以找到如此多之证人,并且伪誓风险巨大,犯事者常被无罪宣判。该机制虽有诸多优点,但仍需弥补其不足之处。故此,14 世纪及其后的世纪里,不少地区将如下机制作为一种特别权力加以行使:司法官通过宣誓程序(法庭宣誓),以多数决的形式确认某人为丧廉耻者。如此,该人之地位等同于被判决者。”[4]在此转换中,我们可以看到隐藏在旧形式和旧名称下“纠问”的最初痕迹。外国制度的这种伪装在德国不止一次出现。

该制度很快就被确定下来,不同城市的法官都有权起诉并对声名狼藉的人作出判决。例如,1258 年,我们发现科隆的大主教

[1] *Zoepfl*, *op. cit.*, vol. III, p. 432. —*Biener*, “Beiträge,” p. 135.

[2] 特别是向司法官公布、指明或揭发事实、依据可信的举报,将罪孽之人移交司法部门。宣誓乃审讯和定罪之基础。为此,司法官会作出处罚或惩罚。1457 年公证文书档案:Villani de Synodo 代理忠诚子民;同出处,向教会揭发违反神圣礼仪之罪孽事实。

[3] *Zoepfl*, *op. et loc. cit.*, p. 437.

[4] Voce“Fæm.”参见 *Haltaus* 引用的章节。

可以“控制公诉人和被告无罪审讯和宣判某人为丧廉耻者,而该人对此毫无怨言”。[1] 这就相当于教会法中的“纠问”。

15 世纪,一部伟大作品的酝酿,改变了旧有的状态。旧法院,“舍芬法庭”(Schöffengerichtes)(舍芬法庭即德国陪审法庭。——中译者注)与“州法院”,不再是司法机构。然而,民众厌倦了“提出诉状的义务”(pleading duty),他们欣然接受了法院提供的救济路径。司法机构的任务往往交由法学家和训练有素的人掌握。在享有盛名的地方法院,法官是由贵族任命的工作人员。在他们旁边坐着审判员(judger)、市政官(alderman),类似于我们在法国发现的从业者委员会,围坐在法官周围。16 世纪,《加洛林法典》中
304 再次提到这些。[2] 作为由意大利法学博士们制定、结合罗马法和教会法发展而来的成果,该程序得以迅速发展。15 世纪初,《克拉格箴言》(Klagspiegel)取得了巨大的成功,除弹劾式诉讼程序外,它还仔细地记叙了纠问式诉讼程序。若法官已经确认某人名声非常不好,只要涉及严重犯罪,他就可以正式提起诉讼。在有充分假设(Warzeichen)的情况下,允许使用酷刑。[3] “按照意大利的例子,使用酷刑的原因是,一方面,人们不再相信神明裁判和共同宣誓;另一方面,不希望仅凭推定就判刑,无论推定有多重要。”[4]在 15 世纪末,这些从意大利学说中借鉴而来的原则,在德国大获成功,并在几项专门的法律中得到了证实,例如 1498 年的“沃尔姆斯改革”(Wormser Reformation)和 1499 年的《蒂罗

〔1〕 *Haltaus*. Voce“Fæm.”—*Biener*,“Beiträge,” p. 138 *et seq.* ——有时,法官还正式任命检察官(被称为“依职权控告”),尤其是在涉及受害人是穷人的情况。参见 *Haltaus*, Voce“Elendig”;*Biener*,“Beiträge,”p. 140 *et seq*。

〔2〕 Ch. 1:“Von Richtern, urtheilern und gerichtspersonen.” *Stintzing*,“Geschichte der deutschen Rechtswissenschaft,” p. 61 *et seq.*

〔3〕 *Stintzing*, *op. cit.*, p. 43 *et seq.*; 609.

〔4〕 *Zoepfl*, *op. et loc. cit.*

勒·马里费佐规则》(Tiroler Malefizordnung)。[1]

但是,如果不遭到激烈的指责,这些改变是无法实现的。正如我们所看到的,这种具有复杂证明理论的程序,是一个微妙而又难以适用的工具。现在,德国法官和市政官所受的培训通常都包含本地实践中的经验教训。他们没有办法从所学的书籍中吸收必要的知识。最常见的是,他们无法合并和衡量推定的价值,因此感到非常困惑。由于担心没有收集到足够完整的证据,因此无论已经获得何种推定,他们都使用酷刑手段来获取口供。在15世纪末,人们普遍对德国实行的残酷和专断的司法提出抗议。[2] 1498年,根据"帝国枢密法院"(Reichs-Kammergericht)的一项决定,皇帝正式任命法学博士为各君主立法院(seignioral court)的院长。但是,针对这些障碍的最佳补救方法必然是制定成文的法律,该法律应简单、明确、详细,足以当作治安法官行为的可靠指南。因此,我们看到,朝着这个方向进行了重要的立法运动,主要代表人物是著名的约翰、弗赖海尔·冯·施瓦岑贝格(Johann, 305
Freiherrv Schwarzenberg)(德国改革家、法学家。——中译者注)。[3]

施瓦岑贝格并不是博学的人,但是一位才华横溢的政治家。在经历了风雨飘摇的青年时代之后,他在班贝格主教辖区服务,主要的工作是"宫廷顾问"(Hofmeister)。在这一职位上,他参与

〔1〕 *Stintzing*, *op. cit.*, p. 610.

〔2〕 同上,p. 610 *et seq*。特别参见 p. 611:"这是关于一般紧急防卫的表述,当时分庭法院于1496年向帝国国会递交了一份声明,声明提到,每天都有针对诸侯,帝国城市和其他当局的诉讼,他们可以让这些人在无罪责、毫无理由的情况下被判处死刑。"

〔3〕 施瓦岑贝格的生活,以及由于他或受他启发而制定的法律,一直是有趣的研究主题。*Weissel*,"Hanns Fr. v. Schwarzenberg,"1878. -*Gaterbock*, die Entstehungsgeschichte der Karolina,"1876. -*Brunnenmeister*,"die Quellen der Bambergensis,"Geschichte der deutschen Rechtswissenschaft"(ch. 14), 1880. *Stintzing* 总结了他前任的研究。最近,*Josef Kohler* 和他的同事们对查理五世时期的刑事法规的历史和影响进行了详尽的研究:"Carolina und ihre Vorgangerin",ed. *Kohler* and *Scheel*, 3 vols., 1902-1904。

了司法工作,并提出了改革刑事诉讼程序的构想。最终,他完成了一部条例汇编,即《班贝格领法院条例》(Bambergische Halsgerichtsordnung),乔治主教在 1507 年宣布该条例生效。通过与学识渊博且热心的同伴紧密合作,施瓦岑贝格成功完成了他的作品。以同样的方式,他还翻译并出版了《西塞罗》(Cicero),尽管他自己不懂拉丁语。[1] 该条例以实践手册的形式面世,并配有图表。

随后,施瓦岑贝格为伟大的卡西米尔(Casimir)和乔治·德·布兰德堡(George de Brandebourg)服务,对《班贝格条例》(Bamberg Ordinanee)进行了修改,命名为《勃兰登堡领法院条例》(Brandenburger Halsgerichtsordnung)。但是,如果想让一部刑法条例在整个帝国生效,仍然是一项非常庞大的工作。提案虽然已经制定,并且弗里堡(Fribourg)帝国议会(1497—1498 年)和奥格斯堡(Augsburg)帝国议会(1500 年)都接受了此项提案,但要为整个帝国制定一部单一的刑法条例并非易事,这项工作由帝国政府负责,由"帝国枢密法院"协助。然而,令人懊恼的事情是,直到 1521 年 1 月,查理五世召开沃尔姆斯(Worms)帝国议会,才采取了决定性的步骤。他任命了一个委员会起草该条例,委员会于 4 月提出了初稿。委员们自然而然地将著名的《班贝格条例》作为参考工具。[2] 1521 年授权给帝国政府,由帝国政府负责修订该
306 草案。[3] 但是,该草案仍然注定要沉寂一段时间。1524 年,一份新草案提交给纽伦堡(Nuremberg)帝国议会,但未进行讨论。1529 年,草案提交斯拜尔(Spires)帝国议会,最后于 1530 年在奥

〔1〕 *Stintzing*, *op. cit.*, pp. 613, 716 *et seq.*

〔2〕 *Stintzing*, *op. cit.*, pp. 621, 623.

〔3〕 施瓦岑贝格从 1521 年到 1524 年与帝国政府建立了联系。(*Stintzing*, *op. cit.*, p. 623)

格斯堡正式讨论。但是,由于某些领邦拒绝放弃领邦特殊的习惯法,最后这项新草案没有通过。最后,1532 年,在雷根斯堡(Regensbourg)帝国议会上,由于插入了一个名为"救世主式条款"(salvatorische clause)的草案,该草案获得了最终投票,该条款确保每个邻邦可拥有其良好和古老的习惯法。[1] 1532 年 6 月 22 日,即首次开展这项工作的 35 年后,各国向皇帝宣布法令完成。[2] 该法令于 1532 年 6 月 27 日由查理五世颁布为帝国法律,标题为"第五帝国和神圣罗马帝国的基瑟 · 查尔斯(Keyser Charles)刑事法庭规则"。它通常被称为《加洛林刑事宪法》(Constitutio criminalis Carolina),或称为《加洛林法典》。[3]

这些法律并不高深,其目的是为没有怎么受过教育的从业人员提供操作指南。他们把刑法和刑事诉讼程序混在一起,并且大部分的规定专门用于解释证明和推定的理论,即复杂的机制,特别是对于没有经验的知识分子而言,特别复杂。[4] 但是,这些法律是根据教会法和罗马法的统一安排而制定的。值得骄傲的事情是,它们在很多方面都包含了旧日耳曼习惯所遵循的外在形式。但是从某种意义上说,这些形式也只不过是布景,真正的戏

〔1〕 以下是该条款:"Doch wollen wir durch diess gnädige Erinnerung Kurfürsten, Fürsten und Ständen an ihren alten wohlhergebrachten rechtmässigen und billigen Gebräuchen nichts benommen haben."——"尽管如此",*Stintzing* 说,"颁布的《加洛林法典》是一部真正的帝国法典,其具有独立于这个国家的意志;但是'救世主条款'将其置于附属地位;它成为地方法规的附属品,尽管开展这项工作的目的是要建立一个完全相反的关系"。

〔2〕 *Stintzing*, *op. cit*, p. 621, 625.

〔3〕 它经常被引用为:"C. C. C.," the "Bambergensis," the "Brandenburgensis"。在以下版本中可以找到《加洛林法典》及其各种初稿:"Die peinliqhe Gerichtsordnung Kaiser Karl's V. nebst der-Bamberger und-Brandenburger Halsgerichtsordnung," *Heinrich Zoepfl* 主编,第二版,1876 年。并被上面引用的 *Josef Kohler* 的专著引用。

〔4〕 *Stintzing* 谈到《加洛林法典》:"这既是一本法典又是一本教科书,就像贾斯曼(Justiman)做的一样。" *Op. cit.*, p. 629.

剧发生在幕后。

《加洛林法典》作为这些同类法律的一种,仍然详细阐述了弹
307 劾式诉讼程序的规则。[1] 我们在其中发现,对原告要进行监禁,并根据旧原则,根据原告的举证才能给被告保释。另外,只有很少的条款提及公诉,但是在给从业者指导的条款中,涉及"公诉"的文章在顺序上排在第一位。[2] 而且,它显然具有其传统特征。无论是弹劾还是纠问,委员们都会以众所周知的审讯方式来听取证人的证言,并以书面形式记录下来。[3] 完整的证据只能由被告的自白或由"两个或三个能干且可靠的证人的证词"得出。[4] 如果缺少此类证据,必须诉诸酷刑,并应尽力详细地解释哪些推定足以导致施加酷刑。[5] 除此之外,似乎不能免除被告在酷刑之下的自白。因此,即使事实明显存在争议,也会利用酷刑,例如,在抓捕一名小偷的时候发现,该小偷拥有被盗财产,并且"对于这种公开和不可否认的事实,最终的判决和惩罚会以尽可能少的费用,提起诉讼"。根据《班贝格条例》第 80 条,即使有足够的证据,罪犯也应受到酷刑来作出自白,但《加洛林法典》中并未包含这一可怕的规定(第 69 条)。

对于司法程序的最后一环,即"最后的法律日"(entlich rechttag),《加洛林法典》保留了传统形式和庄严。[6] 旧文本说,在指
308 定日期,"根据每个地方的古代习俗,在习惯的时间,通常可以通

〔1〕 "Carolina," Art. 11 *et seq.*; "Bamb." Art. 17 *et seq.*

〔2〕 "Carolina," Arts. 6–10: "Annemen der angegeben übelthetter von der oberkeyt und ampts wegen." — "Bamb." Arts. 10–16.

〔3〕 Ibid., Art. 6.

〔4〕 Ibid., Arts. 70–87; "Bamberg." Arts. 81–90; "Carolina," Arts. 65–68; "Bamberg." Arts. 77–79.

〔5〕 Ibid., Arts. 19–45; "Bamberg." Arts. 27–55.

〔6〕 "Carolina," Art. 78 *et seq.*; "Bamb." Art. 91 *et seq.*

过敲响钟声的方式宣布刑事审判,法官和审判员应来到通常由法院管辖的司法场所,法官应告诉审判员自行就座,而他本人也应正襟危坐,他手里握着办公室职员的名册或者他的裸剑,直到一切结束"。[1] 法官和审判员应按照旧的规则裁判,确保所有的事情都符合规定。[2] 被告被带进来,原告(如果有的话)在场,发言人(avant-parlie[3] 或 Fürsprecher)被指定给双方当事人,既包括指控方,也包括辩护方。即使已经正式提起诉讼,发言人也会以主权国家的名义提出控告。[4] 被告的发言人作简短的发言,声称其委托人是无罪的。[5] 这非常类似于真实的言词诉讼。但这仅仅是形式的问题,法官已在审判日前做出了判决,判决书已经成文。"在最后开庭前,法官和审判员应阅读所有的引起他们注意的书面材料(程序)……然后,法官和审判员之间应协商,并决定作出何种判决;如果有疑问,应按照本法令的规定寻求法学家们的意见,并应使判决书以书面形式呈现……以便最后予以公开。"[6] 实际上,在适当的时候,法官要打开书面判决并大声宣读。[7]

整个过程异常艰难,但是我们在这些法律中发现了不那么刻板套用法律的痕迹。其中的格言是:"宁可判有罪的人无罪,也不能将无罪的人判处死刑。"[8]这肯定有对辩护的特定考量。在使用酷刑之前,法官应注意询问被告是否能提出正当理由,例如不

[1] "Carolina," Art. 82; "Bamb." Art. 95.

[2] Ibid., 84-85; "Bamb." 97.

[3] Ibid., Art. 88 *et seq.*; "Bamb." 101 *et seq.*

[4] Ibid., Art. 89: "Bitt des fürsprechen der von *ampts wegen* oder sunst klagt."—"Bamb." Art. 103.

[5] Ibid., Art. 90; "Bamb." 105.

[6] Carolina Art. 81; "Bamb." 94.

[7] Carolina, *Art.* 94; "*Bamb.*" 110.

[8] "Bamberg.," Art. 13: "让罪人逍遥法外,好过让无辜者被处死。"

309 在场证明,证明他无罪。有人指出,这种提示是必要的,“因为许多人尽管可能是无罪的,但出于无知或恐惧,没有足够的认识来为自己辩护”。[1]

用以专门规范德国刑事诉讼程序的不是法律,而是法学(法律科学)。但起初,这项科学运动并没有产生实际效果。相关作者的知识全部来源于意大利法学博士的作品中。他们对《加洛林法典》认识不多,因此司法实践必然变得有些模糊和不确定。[2] 1620 年,普鲁士的“州法”(Landrecht)借鉴了达姆豪德著作中的刑事诉讼程序,这个我们稍后再谈。[3] 但是,在 1635 年出现了一位伟大的法学家,即卡普佐夫,其作品《萨克森帝国的刑事新实践》(Practica nova imperialis Saxonica rerum Crimeium)流传甚广。他吸收了罗马法、教会法、撒克逊法和《加洛林法典》,成功地构建了一个完整且富有逻辑的体系。

在卡普佐夫看来,弹劾式诉讼程序仍然是通常使用的程序。[4] 但是在他的体系中,纠问式诉讼程序的地位最高。的确,他详细探究了纠问制这种形式是否具有法律依据。[5] 否定纠问的主张仅仅是一个学说,并不是一个严重的障碍。他只想证明,纠问式诉讼模式是基于罗马法的文本;最后,他承认纠问式诉讼确实是当时“通常的救济方式”(remedium ordinarium),然而,只适用于严重罪行。另外,他总结了纠问与弹劾这两种形式可能发

〔1〕 “Carolina,” Art. 47:“Und solcher erinnerung ist darumb not, das mancher auss eynfalt oder schrecken, nit fürschlagen weist, ob er gleich unschuldig ist, wie er sich des entschuldigen und ausfüren soll.”

〔2〕 *Biener*, “Beiträge,” p. 160, 161; *cf. Stintzing*, *op. cit.*, p. 630 *et seq.*

〔3〕 Ibid., “Beiträge,” p. 164, 165.

〔4〕 Quæstio 103, No. 17.

〔5〕 Quæstio 103, Nos. 23-30.

生组合和混合的情况。[1]

他将"调查"分为两部分,一是"一般调查",这就是我们的"指控","只有针对个人才能发现过失或进行刑事调查(只是犯罪事实发现和调查的准备程序)";二是"特别调查",指的是受到普通处罚和定罪(惩罚和判决的普通神圣程序)。[2] 证据的可接受规则与其他国家的规则非常相似。"特别调查"以被告出席庭审告终,官方以事先拟定的"审讯要点"调查被告,这是程序上重要的文件。然后出示证件,然而,人们怀疑证人是否应始终与被 310
告面对面。[3] 证明理论和酷刑理论在已知条件下介入进来。

但是卡普佐夫承认"辩护",他认为在法国,自由主义原则并不被承认,审讯、询问和驳回等均未被纳入程序,被告所有的证明机会均被剥夺。故此,须赋予被告反驳、举证等一切合法之辩护救济手段。与其否认审讯程序毋宁确认辩护乃一项自然权利。牲畜之"魔鬼"——更不妨说,人类之"魔鬼"——均需被驱散。[4] 他再次表述:"必须确保他在整个调查过程中都有权要求(提供辩护)……他是否愿意在犯罪证据和证人证言面前,证明自己的无辜,还是他是否愿意以后,甚至在酷刑之后证明自己是无辜的;他应该有被他人倾听的权利。"[5]尽管他在以下几点上对这一自由主义原则施加了一些限制,但在这里,我们与法国《1670 年法令》的"正当事实"相去甚远。

对于提出辩护的方式,卡普佐夫的理论同样是非常自由主义的:"依据萨克森的法庭习惯,程序以如下三个层次展开:(1)分别

〔1〕 Ibid. ,107,No. 37.
〔2〕 Ibid. ,107,No. 14.
〔3〕 Quæstio 114,Nos. 75,76.
〔4〕 Quæstio 115,No. 1.
〔5〕 Quæstio 115,Nos. 21-23.

向法官阐明控告事由和无罪理由。同时列明控告要点、请求证人接受质证。(2)向法官提示辩护要点,其中包括无罪辩护事由、同时提示将出庭之证人并请求证人接受质证。(3)若无证人出庭,当庭提出的或审讯阶段已被证明的辩护理由,则需以书面形式向法庭提出,以供知悉。无罪辩护程序终结,向法庭提交一份俗称为'辩护书'(Defension'Schrift)的文件。"[1]

卡普佐夫毫不犹豫地承认被告有权获得律师的帮助,而且他很赞同对于罗马法提出的反对意见,即反对被告人不能在刑事诉
311 讼程序中由律师代理行事。[2] 然而,他并不过度偏爱律师,也不会不加选择地承认所有律师:"但是,是否须引入律师,并非无关紧要。但是至少不能混淆诚实博学之人和刑事案件讼棍,也不能混淆夸夸其谈之徒和雄辩多才之人。有些律师近乎恶魔,他们以案件为生意,赚得盆丰钵满而掏空了当事人的口袋……为了利益最大化,在辩护程序中,极尽其能事而搜刮当事人之脂膏。在阅读审讯文件时,我发现上述现象屡见不鲜。这让人作呕和厌烦。"[3]但是最让他恼火的是那些敢于向法官宣战的律师:"他们竟敢挑战案件的法官,并依据《国法大全》《注释》以及他们的解释,向法官阐明该如何判决刑事案件,此乃以教师爷自居,好为人师是也。但这是不合时宜妥的、是荒谬可笑的,好比一个病人要给医生开处方。"[4]但是他对那些杰出的律师表示尊重:"故此,杰出律师远离此等诡计和病态,他们的光荣职责对于人类之助

〔1〕 Ibid.,115,No. 69.

〔2〕 Ibid.,115,Nos. 88-90:有疑问的是,律师得否介入以帮助被调查之人,以减轻其罪责、证明其无罪?我毫无疑问地认为,刑事程序不得代理,因为律师既不是案件当事人,也不能对其判决。辩护之人并不能成为案件当事人,而是在案件中为被告辩护,为被告提供建议。

〔3〕 Quæstio 115,Nos. 93-95.

〔4〕 Ibid.,115,No. 96. See Sentent. § ultim. qusest. 49,No. 2

益,不亚于军人。"[1]

在被告可以利用辩护权之前,被告必须了解对他的指控是什么。卡普佐夫认为,根据习惯法,应将这些副本提供给他,但是根据萨克森的惯例,将"行为"(acta)传达给辩护律师已足够。"控告副本是否需提供给被调查者,以助其举证和辩护,殊有疑问。根据朱利叶斯·克拉鲁斯(Julius Clarus)的论述,通说对此并无疑问和障碍:控告副本须提供给被告乃通行之观点。但是,萨克森教会法庭,则有微小差别。指控书、证言及其他控告文件,在侦查阶段,应远离被调查者及其律师。文书(liberum)及其他文件,若对法庭有益,则须从调查文件中取出销毁或密封…… 不提供控告副本。"[2]

在德国,公诉人这一制度最初并不存在。毫无疑问,我们在某些地区发现了"起诉检察官",但他们仅仅是弹劾式诉讼程序的 312
代理人,"无论是自诉人还是起诉检察官,都遵循相同的道路。1553 年,巴伐利亚的《州条例》(Landesordnung)规定建立刑事检察官这一机构。1726 年的《特雷夫斯刑事条例》(Criminal Ordinance for Treves)相当精确地规定了由起诉检察官提起正式起诉"。[3] 但是,在国家层面从来没有这样的机构。

如同在德国城市里发生的变化,荷兰也存在同样的进程。在荷兰的自治市镇,市政官员掌握刑法的适用。但是,这里也引入了秘密和书面的调查程序、法律证明理论和酷刑。16 世纪,转换完成。毫无疑问,由阿尔巴(Alba)公爵制定的 1570 年 7 月 5 日至 9 日的法令看来并不公正,"几乎是在自己身上引发了一场革命"。[4]

[1] Ibid. ,115,No. 97.

[2] Ibid. ,115,Nos. 99,101,102.

[3] *Biener*,"Beiträge,"pp. 142-144.

[4] *Allard*,"Histoire de la proédure criminelle au XVIe siècle,"§ 236.

不过,他们与公认的做法相吻合,尽管由于“根特的和平”(the peace of Ghent)被中止,但实际上其中的很多规定仍然得到了遵守。[1] 但是,该法令的其中一位编者,即布鲁日的乔多克·乌姆·达姆豪德(Jodoc us Damhouder)出版了《犯罪档案》(Praxis rerum criminalium,)一书,这部“恢宏巨制”在作者去世后,于 1601 年发行。[2] 我们可以认为,该书准确反映了荷兰弗拉芒的实践状况。

达姆豪德仍然将弹劾式诉讼放在首位,但是他为“调查”提供了更广阔的适用空间。[3] 他承认所有严重犯罪中的纠问式诉讼。“严重犯罪须适用相应的调查程序。非重大犯罪不得启动该程序。重大犯罪者,比如叛国、杀人、鸡奸(sodomiæ)、通奸、伪誓、乱伦、抢劫、盗窃等等。”[4] 但是,他以“调查”的名义理解“指控”,该指控必须正式发生,或者在告发之后,或者在起诉检察官的发起下进行。接下来是诉讼程序的其他部分,除确证和对质
313 外,[5] 即讯问、审判、诉讼的“巡视”(visite)和判决。法律证明和酷刑理论起着习惯性作用。达姆豪德甚至是提供了最多有关酷刑细节的作家之一。但是,他为酷刑的适用设定了一个准则,酷刑作为证明手段,必须符合一定条件:“形式上的对方当事人提供犯罪之明显证据或经一般质证程序,事实能被确认,则犯事者须被移交审讯。”[6] 另外,他承认,在法国,与辩护相关的特定权利还是未知的。首先要有律师的帮助。“无论涉及何种犯罪——死刑犯罪或其他犯罪在所不问——被告均被允许如同在民事案件

[1] *Allard*,“Histoire,”p. 425.

[2] Chap. V,1601 edition.

[3] Chap. VIII,No. 6.

[4] Chap. VIII,No. 19.

[5] Chap. VIII,No. 19.

[6] Chap. XXXV,No. 1.

一样，亲自或通过律师、代理人向法庭作出答辩，或提出任何有关延期、拒绝认罪、永久抗辩、回避等请求。关于核心事实，显然须被告亲自回答，须亲口确认或否认。"[1]至于文件的副本，达姆豪德承认通常应将其交给被告，特别是在因个人控告而提起诉讼的情况下："在强制被调查人回答前，法庭须向被调查人提供副本，尤其是调查的开展是基于当局对个人之紧急授权之情形。"但是，当控诉正式提出，法官予以裁判时，达姆豪德认为此时就不需要将文件的副本交给被告了："若仅基于法庭职责而展开调查，且无搜查事宜，则无须向被告提交质询副本。实践中，法兰德亚克议会的总检察长从未向当事人提供调查副本或质询副本。我们以为这是合理的。在法兰德亚克的其他地区，须向被告或被告发人提供证人之姓名，更不消说，所有调查和质询副本，只要当事人请求。"[2]

在17世纪的荷兰联合省中，有同样的原则予以适用。我们找到了可以证实该项观点的文献，来自乌特勒支的安东尼奥·马修斯(Antonius Mathaeus)教授，作为杰出的犯罪学家，他在研究了《敕令汇编》的第XLVII和XLVIII册后，在其著作《论犯罪》(De Criminibus)中评论了他所在城市的法规。他提到弹劾制度已经完全消失："在市政法律中，对控告人竟未提及；所有论述均 314
指向总司法官。原因并非出于忽略，而是彼时私人已不能指控。只有国家的检察官或总司法官方能承担此责。此外，根据高卢和比利时的习俗，私人可以告发犯罪、以民事诉讼寻求损害赔偿，但

[1] Chap. XXXII, Nos. 1, 2.

[2] Chap. VIII, Nos. 21-23. 从我们的各种引用中可以明显看出，*Damhouder*对公共检察官这个机构很熟悉，他注意到该机构已经在法兰德斯(Flanders)开始运作。它来自法国。参见*Biener*, "Beiträge," p. 211, 212。

不能提出指控。"[1]他非常清楚地区分控告及其后的法令,然后是讯问。他否认被告的宣誓:"为何伪誓者得作出法律宣誓?申言之,我们有什么理由希望:触犯神意的无耻之徒——他们或杀人或通奸而亵渎神灵、污染灵魂——在法律宣誓中,能忠于神灵?"[2]最后,他允许辩护律师介入诉讼:"在质问被告之后,其须就事实和法律问题而被调查,故不得拒绝律师之介入。"[3]但他认为,不得向被告传达"指控"。

第四节之一 德国刑事诉讼程序附录:15~18 世纪[4]

(1)教会法对德国刑事诉讼程序的影响

教会法[5]对德国刑事诉讼程序的发展产生了重大影响,因为其中内在的思想是,为了公共利益而将刑罚作为赎罪的手段。[6]这一思想最初只是在涉及教会的刑法中出现,但后来却得到了公众的接受,并且对于解释纠问式诉讼程序的起源非常重要。"福
315 音传教士"(denuntiatio evangelica)[7]也促进了纠问式诉讼程序

〔1〕 "De criminibus," 1715 edition(p. 627, 628).

〔2〕 Ibid., p. 632.

〔3〕 Ibid., p. 633.

〔4〕 本附录是 MITTER-MAIER 教授的《德国刑事诉讼程序的进展》(Progress of German Criminal Procedure)的第十四章和第十七章。有关作者和作品,请参阅序言。最好对德国的发展情况进行一次额外的调查,即使它涵盖了同一时期:首先,因为这里需要德国人的观点;其次,因为考虑了两个或三个其他主题。——英译者注

〔5〕 *Rocco*, "Jus canonic. ad civi. jurisprud. perficiundam quid attulerit"(Panormi 1839).

〔6〕 *Jarke*, "Handbuch des deutschen Strafrechts, I, p. 51. *Guizot*, Cours de l" histoire moderne, histoire général de la civlizat, pp. 12-17. *Abegg*, Lehrbuch des gemeinen deutschen Criminalprozesses, p. 24. *Otto Meier*, "de diversit. sumnor. poenal. princip. in jud. nom. et apud"(Goetting. 1843).

〔7〕 这是基于圣经中的一段。—Matthew, xviii, 15-17.

的发展,尽管基督教会最初对犯下的错误的谴责只是以教会的名义作出的,并且让犯错的人苦修。[1] 早些时候,教会有对其会众进行道德监管的权利,[2]因此对世人产生了某种教会的管辖权,对于某些罪行,教会放弃了对有错的人进行追诉的权力。随着教会权力的增加,[3]教会刑事管辖权的范围变得越来越大,随之,教会也受到世俗力量(政权。——中译者注)的惩罚,并且越来越严重。[4] 然而,这种扩张导致了德国(与欧洲其他地方一样)[5]的世俗力量宣布自己反对教会独占管辖权。[6]

(2)这种影响的特殊原因

特别重要的是建立"派出法庭"(Sendgerichte)制度。[7] 这些法院源于旧有的主教探视制度[8](通常以钦差使臣的身份,经常被施加[9]更严格的探视职责),由主教或其代表在一年中的某

〔1〕 *Jan. a Costa*, Cor. ad decretal, pp. 334-349. *Schilling*, "De origine jurisdict. eccles.," p. 66. *Biener*, Beiträge zur Geschichte des deutschen Strafrechts, p. 17.

〔2〕 *Walter*, "Lehrbuch des Kirchenrechts," No. 183. *Jarke*, I, p. 56. *Rosshirt*, "Geschichte and System des deutschen Strafrechts" (Stuttgart 1838), I, pp. 128-138; p. 172. *Hildenbrand*, "Die purgatio canome u. vug." (MUnchen 1841), p. 36.

〔3〕 关于中世纪的教会管辖权,参见 *Beaumanoir*, "*Coutumes* de Beauvoisis," chap. XI, and also *Beugnot*, in the preface to his edition (Paris1842, 2vols.), p. lii. *Hélie*, "Traité de l'instruction criminelle" (Paris 1845), I, p. 350. *Negroni*, "Della giurisdizione ecclesiastica nelle cose crim." (Novarra 1843). *Richter*, "Lehrbuch des Kirchenrechts," No. 191。

〔4〕 Constitut. Friederici II, de jurib. princip. eccles. 1220. "Schwabenspiegel," K, 100, 345. *Kopp*, "Nachrichten von den geistlichen und weltlichen Gerichten in Hessen," I, p. 152.

〔5〕 关于法国,参见 *Mignet*, "De la féodalité des institutions de St. Louis, et de la législat. de ce prince" (Paris 1822), p. 156。关于英国,参见 *Millar*, "Histor. Entwurf der englischen Staatsverfassung," Part I, p. 227; Part II, p. 94。

〔6〕 *Kopp*, I, pp. 150, 155-158.

〔7〕 *Boehmer*, "Jus eccles. Prot." Lib. III, Tit. 39. *Kopp*, Part I, pp. 118-143. *Walter*, "Lehrbuch," pp. 194-199. *Biener*, "Beiträge," p. 28. *Richter*, "Lehrbuch des Kirchenrechts," No. 185.

〔8〕 Capit. 742, No. 3. Capit. 769, No. 7. *Biener*, p. 30. *Eichhorn*, "Grunds. Des Kirchenrechts," II, p. 73. *de Kock*, "Diss. de potestat, civil. episcop." pp. 31-62. *Unger*, "Die altdeutsche Gerichtverfassung," p. 392.

〔9〕 *de Kock*, "Diss. Trajectin. in regno Francor. initiis." Trajecti 1838. p. 19.

些时候举行,通常是执事官,目的是调查教会的道德风俗并惩治
316 犯罪。他们要在教堂里[1]审查某些宣誓就职的主教见证人,涉及他们所知道的错误和罪行(其数目不断增加),[2]这一习俗奠定了轻易摧毁旧有弹劾式诉讼程序的基础。线人的陈述等同于一项指控(infamatio),并将被告带入下一步的程序。[3] 仅仅其中一名线人指控的影响是如此之大,以至于被告被视为"污名者",必须为自己辩护。[4] 尽管在城市中出现了很多反对意见,但这些"派出法庭"在中世纪一直运作良好。[5]

教会法之所以具有特殊的影响力,是因为在由法官主持的宗教法庭(the spiritual courts)中,也适用了司法程序(经常提到的罗马当局),他们试图通过制度性的方法来确定事实真相,从而带来了书面程序的发展。[6] 允许被告在法律问题上拥有一位代表,即"发言人"(Fürsprecher),而且广泛适用的上诉制度必须采取书面程序。由于其纠问制的基础以及与取证有关的观念,该程序逐渐演变为秘密程序。[7]

教会法之所以具有影响力,还因为它具有纯粹证明理论的明显优势,它很快就宣布自己反对日耳曼程序的某些特征;它也反对诉诸神明裁判(由祭司宣读),该制度[8]在许多国家中[9]长期

[1] L. 13. X. "de judic." *Rosshirt*, "Geschichte," I, p. 181.

[2] *Boehmer*, c. 1, pp. 34–37. Kopp, pp. 124, 136. *Biener*, p. 34.

[3] *Biener*, p. 34.

[4] *Hildenbrand*, p. 102.

[5] *Warnkoenig*, "Rechtsgeschichte von Flandern," I, p. 436. 持续到中世纪之后,参见 *de Kock*, "diss." p. 45。在法兰克福,直到 1370 年为止都有"派出法庭"。参见 *Thomas*, "der Oberhof zur Frankfurt," p. 205,还有其管辖权,p. 206。

[6] *Rosshirt*, "Geschichte," p. 129. *Hélie*, "Traité," I, p. 387.

[7] *Hélie*, "Traité," I, p. 491.

[8] 例如,德国就是这种情况。*Hildenbrand*, p. 117.

[9] 甚至在"派出法庭"中都适用这些形式。参见 *Hildenbrand*, p. 104, and p. 22,关于教会的早期观点。

存在,并且[1]通过决斗进行审判。[2] 鉴于这样的观点,它也带来了日耳曼程序的变化。

教会法也融入了许多纯粹起源于日耳曼的法律机构。[3] 这 317
里,它们首先被塑造成后来在我们的普通法程序中出现的形式。[4] 另外,将法院看作一个为调查异端[5]而发展成的组织体,后来被德国程序所继承,是错误的。[6] 在这些法院里所适用的诉讼程序不同于其他教会法院制定的程序,并且依赖[7]特殊的法律渊源。[8] 但是,毫无疑问,[9]在瑞士[10]和德国的某些地方

〔1〕 C. 1. 3. X. "de purgat. vulg." *Gonzalez de Tellez*, "Ad decretal, ad Lib. V. Tit. 35," vol. V, p. 497. 在较早时期,神明裁判就在宗教法庭中使用。c. 20. C. II, qu. 5. *Biener*, p. 34. 教会反对诉诸神明裁判的意见,参见 *Hildenbrand*, p. 118。*Rocco*, *loc. cit.*, p. 46.

〔2〕 在宗教法庭上也有通过决斗进行的司法审判。*Gonzalez de Tellez*, vol. V, p. 496. 但是在早期,禁止使用它。C. 22. qu. 5 C. 1. X. "de cleric. pugnant."

〔3〕 *Hommel*, "Do jure canon. ex german. leg." (Lips. 1755.)

〔4〕 例如,宣誓无罪(Reinigungeid)。后期看来,在《教会法》中,这种誓言得到了极大发展。*Hildenbrand*, p. 49.

〔5〕 为了了解这些异端法庭,主管调查官 *N. Eymenicus* 的书特别有用。

〔6〕 正确的观点,参见 *Biener*, "Beiträge," pp. 60, 151。异端法庭与调查程序的关系,请参见 *Biener*, "Über die neueren Vorschläge zur Verbesserung des Strafverfahren," p. 122。

〔7〕 在西班牙有特殊来源。*Biener*, p. 64.

〔8〕 包含在议会的法令中。

〔9〕 为了了解教会法院的组成和程序,一本与英国法院有关的书特别有用, *viz. Oughton*, "ordo judieior. sive method. procedendi in negotiis in foris eccl. Britan." (London 1778). 参见报告"Zeitschrift fur ausländ. Gesetzgebung," VII, p. 477, 与英国宗教法庭有关的陈述(1832 年和 1833 年)。为了了解宗教法庭的实践,中世纪的评论很重要。参见 *Tancredus* (1214) in *Bergmann*, "Pillii Taneredi Gratimæ" lib. de judic. ordin. (Goetting. 1842)。*Savigny*, "Geschichte des römischen Rechts," V, p. 107. *Rofredus* (Savigny, V, p. 164). Pope Innocence IV (*Biener*, "Beiträge," p. 84). *Durandus*, "Speculum juris cum Joann. Andr. Baldi et alor. not." (Patav. 1479) (*Biener*, p. 87. Savigny, V, p. 501)

〔10〕 例如,参见 1439 年的异端审判;1481 年,在瑞士的法属地区出现教会的"inquisitor hæreticæ pravitatis"之前,可以参考 *Matile*, "histoire des institutions judiciaires et législatives de la principauté de Neuchhâtel" (Neuchhâtel 1838), pp. 230–243。

的某些异端法庭,都可以发现针对异端者的特殊程序。[1]

(3)《加洛林法典》

甚至在 19 世纪初,《加洛林法典》还是德国习惯法的主要和最终的来源。这也是鉴于各国于 1498 年向帝国大厦发出的呼吁。[2]《班贝格条例》的出现为它做了先期准备。[3] 它由上文
318 提到的弗赖海尔·冯·施瓦岑贝格编写,并于 1532 年出版。[4] 毋庸置疑,在构成《加洛林法典》基础的《班贝格条例》中,[5]作者[6]考虑到了存在于整个帝国特定地区的某些法律书籍[7]。因此,毫无疑问,施瓦岑贝格将这些法律当作其作品的基础性文献。他作品的特别之处在于[8]主张基础性原则,科学地解释刑法。就刑事诉讼而言,以新近发展的形式和与更优秀的证据理论相协调的方式安排诉讼程序,以更好地保护无辜者。[9] 施瓦岑贝格的作品符合他那个时代的习惯法。[10] 然而,他还大量借鉴了中

[1] 自改革以来,人们认为民事法庭已对异端采取了措施。然而,参见 *Trummer*, "Vorträge uber Tortur," I, p. 111。

[2] *Malblank*, "Geschichte der peinlichen Gerichtsordnung," p. 174(Numb. 1783).

[3] Radolphzeller 和 Tyrolean 的《领法院条例》,下令取消宣传的重要性。See Neues Archiv des Climinalrechts (Halle), IX, p. 46. *Mittermaier*, in Archiv des Crim. Neue Folge(1836), p. 319. *Waechter*, "Ad histor. const. crim." (Lips. 1835). 与《加洛林法典》同时代的其他早期汇编和法律渊源的重要性,参见 *Birnbaum*, in Neues Archiv, XI, No. 14。

[4] *Rosshirt*, in "Neues Archiv," IX, No. 10.

[5] 参见重要的解释 *Zöpfl*, "Das alte Bamberger Stadtrecht als Quelle der Carolina" (Heidelberg 1838), p. 167。

[6] 关于"Tyrolensis"的影响, See v. *Wendt*, in the Baier. Annalen, 1834, Nos. 137–153. *Zopfl*, p. 159。

[7] 马克西米利安(Maximilian)为奥地利制定的《州法院规则》(1541 年),由维也纳的海因(*Heyn*)教授在《奥地利法学杂志》出版,尤其有价值。

[8] *Rosshirt*, "Geschichte und System des deutschen Strafrechts," I, p. 238.

[9] *Tittmann*, "Geschichte der deutschen Strafgesetzg" (Leipzig 1832), p. 266.

[10] *Zöpfl*, p. 170.《加洛林法典》与其缩影的关系,参见 *Zöpfl*, "Die peinl. Gerichtsordnung und Projekte" (Heidelberg 1841)。

世纪博学的法学家关于适用罗马法和教会法所提出的意见,[1]目的[2]是向未学过法律的法官提供准确的指示,纠正已适用的某些错误,并引入他认为必要的酷刑(为了获取自白),其中某些条件可以降低酷刑对无辜者造成的危险。[3] 弹劾和纠问,这两种形式都是合法的。假定前者是常规形式,[4]但由于增加了一 319
些有利于被告的规定,而对其中一些规定作了修改,[5]还允许使用酷刑并增加法官的活动。同样,在纠问式诉讼模式中[6]插入了一个"控告"要素,因为审判日[7]是在审判结束时确定的,因此只能对已进行的审判程序予以书面审查。这种形式上的不足似乎是旧宣传的残余。

在弹劾式诉讼模式下,正式的起诉由公诉人提出,[8]因为它在许多国家都在使用,因此得到认可。对于审理程序,显然只适

〔1〕 *Gerstacker* 的意见,在 Archiv, VII, 第 367、462 页,并且在"progr. num origo const. trim. bambergens. a Torquemadæ instruction ib. repeti possit"(Lips. 1837),他根据西班牙的宗教裁判所进行异端调查是没有根据的。*Biener*,"Beiträge zur Geschichte der Inquisitionsprocesses,"p. 151. *Frey*,"observat."p. 53. 第 XIV 章前的注释 26~30 的内容在此处适用。另见 *Biener*,"Über die neuern Vorschläge der Verbesserung des Strafverfahrens,"p. 123。

〔2〕 *Rosshirt*, in "Archly," IX? p. 616. *Rosshirt*, "Geschichte," I, p. 243. *Biener*, "Beiträge,"p. 151.

〔3〕 Art. 20,48-61,C. C. C.

〔4〕 Art. 11,99,181,0. 0. 0. *Leue*,"Der öffentl. mundliche Anklageprocess und der geheime schriftliche Untersuchungsprocess"(Aachen,1840).

〔5〕 Art. 47,C. C. C.

〔6〕 Art. 6,10,211,212,C. C. C. 可以确定的是,C. C. C. 并没有接受纠问制诉讼程序后期危险化的发展。*Maurer*,"Gesehichte des Gerichtsverfahrens,"p. 355.

〔7〕 "Rechttag."Art. 81,91,92,C. C. C. 与《班贝格条例》对比,第 94、107、123 条表明,该机构在《班贝格条例》中的构建并不像在 C. C. C 中那样明确。*Biener*, p. 156. 有关此时期"法律日"的性质, See *Maurer*, p. 357. *Leue*, p. 65。

〔8〕 Art. 88, 89, 188, 165, 201, *C. C. C. Biener*, p. 142. *Schweizer*, Vierteljahrschrift, 1842,4 Hft. ,p. 550,包含有关旧有的形式和官方指控延续的宝贵信息。

用于最严重的犯罪,甚至在没有控告人出庭的情况下,也能适用。[1] 这个程序要书面记录下来。[2]

总体而言,《加洛林法典》似乎已经考虑到了证据理论,[3] 当时的法律从业者认可并一直如此适用:在只有间接证据的情况下,无论证据是否充分,均不得施以刑罚,并允许适用酷刑(获得自白)。

(4)《加洛林法典》的影响

《加洛林法典》不可能立即在德国各地获得普遍认可,或者在
320 各地获得同等的认可。[4] 这取决于德国机构仍然坚持多少,特别是取决于《加洛林法典》与罗马法共同适用的程度。[5] 在任何

〔1〕《巴伐利亚纪事》(Baierischen Annalen)讲述了在勃兰登堡针对谋杀案提起的弹劾式诉讼程序,这具有极为宝贵的价值,1835,Nos. 37-39。(Wendt 的解释。)这里提到,弹劾式诉讼程序的适用范围广泛,甚至在当时,是否承认纠问制诉讼模式,都有一定困难。

〔2〕 Art. 73,92,181-203,C. C. C. 否则,旧的程序步骤非常简化并且时间短。还参见 *Leue*,p. 60。

〔3〕 Art. 32,69,0. 0. 0. 施瓦岑贝格认为沃尔姆斯(1495 年)的"改革"是确定无疑的。*Mittermaier*,Archiv,IX,p. 57.

〔4〕 根据 C. C. C. 所制定的刑事诉讼程序的方式非常有意思。在德国以外接受 C. C. C. 的国家/地区,例如:在吕蒂希(Lüttich)。相对而言,参见 *Sohet*,"Instituts de droit pour le pays de Liège,"Liv. V,Tit. 35。为了介绍当地的刑事诉讼程序,See *von Theilen*,"Forme et maniere de proceder en criminel."(Herve 1789)。*Birnbaum*, in the Krit. Zeitschrift für Rechtswissenschaft und Gesetzgebung des Auslandes,1. Thl. ,p. 198. *Wynants*,"Rep curim brab. decis."In the 2d part is an excellent chapter;"de publicis judicñs,"p. 257. 对于荷兰来说,菲利普二世(Philip II)(1570 年)的"犯罪原罪"(crimin. ordinantie)很重要。另见 von *Voorda*,"De crim. ordantien etc."(Leyden 1792)。荷兰刑事诉讼程序历史,参见 *Boscher Kemper*,"Wetboek van Strafverordering"(Amsterdam 1838),vol. 1,p. lxiv-cxxiii. C. C. C。在弗里斯兰(Friesland)被采纳。有关荷兰的刑事诉讼程序,另见 *van Linden*,"Regtsgeleerd practicanl,"p. 387 *et seq*。

〔5〕 在 C. C. C. 颁布之后不久,基尔的诉讼程序,参见 *Falks*,Staatburgerl. Magazin,IV. Bd. ,p. 209。当时刑事诉讼程序的简短,参见 *Dreyer*,"Nebenstunden,"p. 173。*Maurer*,p. 356. 关于 C. C. C. 之前,在德国许多地方都接受了诉讼期间。*Birnbaum*,in Arciv,XI,p. 422. 在汉堡,甚至在 16 世纪,都有一个公共的刑事控告人。直到 17 世纪,纠问制诉讼模式才开始盛行。*Trummer*,"Vorträge iiber Tortur"(Hamburg 1844).

地区,民事法院保留的时间越长,诉讼的弹劾式模式存在的时间就越长。[1] 16 世纪,涉及法院规章[2]的特别法令以及当时的公文书,[3]揭示了许多旧有机构的痕迹。[4] 在一些旧有的法院规章中规定,审判日[5]要有一名公诉人提出正式起诉,法官对此进行审判。[6] 刑事诉讼程序的发展是通过法院的充分利用以及公共人员来实现的,他们对公诉程序的发展产生了影响,并通过学习罗马法和教会法的部分篇章关联到《加洛林法典》。[7]

(5)德国程序的后期发展 321

由于新政治、新社会条件以及新意见的获胜,旧有的刑事诉讼

〔1〕 *Dittmer* 的举例,"Das Sassen und Holstenrecht"(Lubeck 1843)。

〔2〕 例如 1588 年的"Balandches Landrecht", Th. V; 1582 年的"Palzische Landrecht";尤其是 1539 年"Heuneberger Landesordn"。"Reformat. der brandenburger Halsgerichtsordn."of 1582.

〔3〕 *Tenglers*,"Laienspiegel,"Fol. 132-144. *Sawr*,"Strafbuch,"p. 447. *Brand*,"Klagspiegel",Fol. 103. *Alciat*,"Compend. processus civil",p. 285. 关于 *Perneder*,*Rauchdorn* 的作品,See *Waechter*,in Archiv(Neue Folge 1836),p. 115。*Rosshirt*,"Geschichte,"I, p. 287, 230.

〔4〕 1555 年,在弗莱堡的"马列西兹法院"(Malesizgericht),举行了一次非常著名的审判,*Schreiber*,"Fortgesetzte Beiträge zur Geschichte von Freiburg,"p. 35。

〔5〕 关于形式问题,可见有趣的"Henneberger Landesordn."of 1539, Buch VII, Tit. 3."Badisches Landrecht"of 1588,Buch V,Tit. VI。

〔6〕 "Badisches Landrecht"of 1588,Buch V,Tit. VI,No. 2. 随后的脉络,参见 *Maurer*,p. 357。

〔7〕 这里属于:*Carpzov*,"Pract rer. crimin.",(1635);*Brunemann*,"Tract. de inquis."(1674);*Kayser*,"Praxis crim."(1678);*Ludovici*,"Einleitung zum peinl. Proc."(1707)。参见 *Beiner*,"Beiträge,"p. 165。*Rosshirt*,"Geschichte,"I, p. 291. 特别参见 *Waechter*,"Gemeines Recht",p. 92,关于 *Carpzov*,p. 103。

程序逐渐淡化,最后完全消失了,[1]纠问式诉讼模式取代了弹劾式诉讼。[2] 由于将案件和诉讼移交给大学进行决策的习惯,以及由于无法律知识的"承审员"持有的特殊态度,这种裁判再也无法满足科学知识的要求,自行退出了法院。旧有的"承审员"[3]制度逐渐消失,审判日也在实践中通过法令废除。[4] 对公民自由渴求的丧失,警察积极职能的发展以及法院组织的性质,导致在德国诉讼程序中,秘密的书面纠问式诉讼程序的弊端越来越明显。

犯罪的威慑理论日渐盛行,造成刑事诉讼许多苛刻的特征。监禁被告受到欢迎,无罪释放和上诉受到限制,调查方法没有限
322 制。另外,在德国诉讼程序中,似乎只有在获得被告认罪的情况下,司法机构才会满意,因此,整个调查的目的就是司法机构通过巧妙的努力来获得被告的自白。因此,该诉讼过程也趋向于变得更加缓慢。

尽管德国诉讼程序通过各种合理的限制来确保被告的安全,

〔1〕 经常会发现旧形式还继续存在的痕迹。参见 *Oesterlei*,"Handbuch für das Verfahren in Straffallen für das Königreich Hannover"(Göttingen 1820),III. Thl. ,p. 104。注意,直到 1802 年,"Jork 刑事法院"才启动这项有趣的程序。到 1756 年,巴登(Baden)的旧刑事法院蜕变为一件日常生活中好笑的事情。See v. *Drais*,"Geschichte der Regierung von Baden unter Carl Friedrich,"Bd. I,p. 60. See also a Protocol of 1726 in *Duttlingers*,Archiv für die Rechtspflege in Baden,I. Bd. ,p. 547. 还有,旧形式的残留,*cf. Zentner*,"Das Geschwornengericht mit Oeffentlichkeit"(Freiberg 1830),pp. 147-176. For an interesting collection of statutes showing publicity,see Niederrheinischen Archiv,IV. Bd. ,pp. 200-236. 在瑞士的"原始州"(Urcantonen)中,可以发现新旧形式之间的明显融合(尽管不是为了保护无辜者)。参见 *Siegwart Muller*,"Das Strafrecht der Kantone Uri,Schwyz"(St. Gallen 1833),p. 112。Examples of"Blutgerichten"in Switzerland in 1634,in *Schauberg*,Zeitschrift far ungedr. schweizerische Rechtsquellen,I,pp. 142,147. See also *Reyscher*,in Zeitschrift für deutsches Recht,VI,p. 355.

〔2〕 1724 年 8 月 24 日的普鲁士法规完全废除了弹劾式诉讼。

〔3〕 *Jarke* in Archiv,IX,p. 84. *Maurer*,p. 353.

〔4〕 有趣的原因,See "baier. Malefizordnung"of 1616,Tit. VI,Art. 4。

例如,通过对非专业法官(承审员)的撤回制度、法定证据理论、增加法律救济途径,然而,对于这些手段而言,其考察基础太过错误,无法提供一种与时俱进并普遍尊重自由的诉讼程序。将案件转给大学院系寻求意见的习惯,仅倾向于诉讼程序的形式以及分类的发展。

18 世纪的法院规章,有《汉诺威刑事规则》(Hanoverian Criminal Instructions)、[1]《哥特程序规则》(Gothia Regulations of Procedure)、[2]《普鲁士刑事规则》(Prussian Criminal Regulations)[3]和《巴伐利亚规约》(Bavarian Statute Book)[4]对当时的习惯法程序作了描述。而《撒克逊法规》(Saxon statutes)[5]是为了满足特殊的当地要求。

〔1〕 1736 年 4 月 30 日的《汉诺威刑事规则》,印刷在"Churbraunschweig-luneb. Landesverordn."(Göttingen 1740),I. Thl. ,p. 796。特别参见 *Freudenheit*,in the supplement volume of the Archly,1838,p. 62,还参见 1748 年 12 月 6 日发布的《刑事规则》(Criminal-instruction),第 68 页。

〔2〕 1776 年第 3 卷的《哥特程序规则》。(通常与汉诺威语几乎是逐字对应。)

〔3〕 1717 年《普鲁士刑事规则》。相关内容,参见 *Beiner*,"Beiträge,"p. 183;*Abegg*,"Geschichte der preuss. Strafgesetzgebung"(Neustadt 1841),p. 81。

〔4〕 1751 年"Codex Maximil. bay. crim."。关于这个,参见 *B. v. Kreitmaier*。

〔5〕 "Generalverordnung wegen des Verfahrens in Untersuchungssachen," of October 27th,1770. "Instruction,die Abstellung der Marter" of December 2d,1770. "Generale wegen des Verfahrens in Untersuchungssachen" of April 30th,1783. 另见 *Pfotenhauer*,"Handbuch der neuesten in Sachsen erschienenen Criminal-Gesetze"(Leipzig 1811). 最佳的处理方法,参见 *Weiske*,"Handbuch der Strafgesetze des Königreichs Sachsen von 1572 his auf die neueste Zeit"(Leipzig 1833). *Volkmann*,"Lehrbuch des im Königreich Sachsen geltenden Criminalrechts"(Leipzig 1831). *Weiske*,"Handbuch des Criminal-proc. mit Rücksicht auf sächsisches Recht"(Leipzig 1840).

第五节 英格兰

323 在欧洲大陆任何地方,无论是法国还是其他国家,均确立了秘密、书面化的纠问式诉讼程序。由于纠问式诉讼是罗马法与教会法的衍生品,实行纠问式诉讼的欧陆国家自然也多多少少受到罗马法与教会法缺陷的影响。有一个欧洲民族,却成功抵制与避免了罗马法与教会法的影响,并且在很大程度上成为后来法国大革命时期法国立法的效仿典范,这个民族就是英格兰。在英格兰运用与发展那些同样存在于欧陆国家的法律制度,却未能有实效。相反,英格兰建构了自己的刑事诉讼程序,虽然其中难免有些缺陷,但其程序言词化、公开化并且为被告方提供实质性的保护。英格兰诉讼程序独树一帜,最主要原因有两点:陪审团制度与弹劾式诉讼原则。同时,也使英格兰审前预审转向实质审查,英格兰的庭前审查以严格、必须性为特征。

在英国,陪审制度在民事诉讼与刑事诉讼中均予以采用。在刑事案件中,在每次诉讼期间,陪审团被先后使用两次,即大陪审团(亦称起诉陪审团)与小陪审团(亦称审判陪审团)。虽然,我们所关注的仅仅是上述这两种类型的陪审团,但在讨论英国刑事陪审团制度之前,应该概述一下英国的陪审团制度,尤其是民事陪审制,这尤为必要。

1. 英国陪审制度的起源与演变[1]

学者布伦纳通过梳理历史事实发现:从历史起源及早期的显

[1] 标题为译者所加,下同。

现方式来看,法国诺曼底以及英格兰的陪审团制度,仅仅是加洛林王朝时代"纠问"制度的具体应用,以证明案件涉及国王利益,或者国王通过诉讼向他人追索债务。这些发现亦为后来的英文著作所确认。一方面,虽然都是证人作证制度,但是早期陪审员的作证功能与当代普通法的证人作证差异巨大。当代普通法的证人功能,仅仅是在例行法庭宣誓后叙述事实。另一方面,在"纠问"制度下,主持审讯的人有权从当地居民中挑选出最有声望、最可信任的一些人,在要求他们宣誓效忠后告知真相从而获取他们的证词。

"纠问"制度一直在法国法中被保留着,具体应用则因时因地 324
而异,尤其是在诺曼底地区长期存在。随着 11 世纪诺曼征服之后,"纠问"制度随之传到英格兰。与起源地相似,纠问制多用于政务与财务事宜。布伦纳还提到,《末日审判》(Domesday Book)的很多内容来源于欧陆宗教法庭的审讯程序。[1]

因此,陪审员最初脱胎于证人,并且以这样的显著特点在历史上持续了很长时间。但英国最初的陪审员一直是担当特定类型的证人,而并非当代法庭证人的角色。他们不仅与普通法的一般证人有所不同,而且从陪审制度的历史起源观察,他们是从居民群体中选任出来,并不总是被讯问到太多的问题,即使被讯问,通常也只是例行公事般回答,所给出的回答更像事先准备好的那样。塞耶认为,非常接近真相的是:陪审员是"被刻意挑选的人员",陪审员宣誓后回答被讯问的问题。[2] 塞耶还指出,在诺曼征服之后超过一个世纪的时间里,关于陪审员们是如何被"讯问"的问题,目前没有任何历史文献。"探寻英国史,我们不得不指

〔1〕 *Thayer*,"Evidence," p. 50. *Holdworth*, *op. cit.*, vol. I, p. 145.

〔2〕 *Thayer*, p. 48.

出,在超过一个世纪的时间里,清晰准确的历史资料其实是非常之少。对于早期英国陪审制度的起源问题,我们主要是从《末日审判》一本的零散记载以及编年史中获知一二。资料主要来源于比奇洛博士的《盎格鲁—诺曼底刑事诉讼》(Placita Anglo-Normannica)一书,比奇洛博士准确而认真地收集了相关历史资料。1194 年之前,有关英国司法的正式留存文献根本没有。第一部英国法的论著(格兰威尔所写)不早于 1187 年,现存最早的法律记载时间是 1292 年,即诺曼公爵征服英格兰的两百二十五年之后。"[1]

在格兰威尔的时代,陪审制度业已存在于民事案件和刑事案件,我们有必要探究陪审制度的发展演变。陪审制最早形成于法
325 国诺曼底地区的民事诉讼中的"识别程序"中,而不是形成于英格兰。我们现在应该明白,相比民事诉讼,陪审制在英格兰被引入刑事诉讼的时间更晚,遇到的困境也更大。此刻我想简要地阐述英格兰民事陪审制度大致的发展演变。

英格兰陪审制度的定型化进程相当缓慢,英国陪审制的某些特有内容是很久之后才形成。作为小陪审团组织特征之一的 12 人制,形成的历史时期则更晚。不仅大陪审团(起诉陪审团)由 24 人组成(现实中是 23 名,人数为单数,采用 12 票多数票表决制,以便实际运作),而且早期民事小陪审团制度的历史形成过程更是复杂多变。陪审员的组成,除了郡和百户邑中的骑士和守法良民之外,还包括与案件发生地相邻的四个城镇的男子。[2] 各

〔1〕 *Thayer*, p. 53-59.

〔2〕 *Thayer*, p. 53, 83. 在诉讼程序中四个"城镇"的出现似乎符合非常古老的观念。《萨克利法典》有关章节有男子人数的规定。新陪审团通过"处罚令"对前任陪审员的渎职行为提起诉讼时,通常也是由 24 名成员所组成。*Thayer*, p. 86.

种类型的人数组合均有,有时同一案件诉讼中会出现多种类型的陪审团。[1] 我们看到的小陪审团人数,并非固定不变的,通常是12名,但有时人数也会浮动为14名或16名,个别情形会是10名或11名[2]。大约在14世纪末,陪审团人数需要为12名才最终确立下来。虽然这是历史传统因素作用的结果,但产生实效的过程却相当缓慢。数字12及其倍数和约数有其内在的优点所在,亦毋庸置疑地在个案诉讼中发挥了作用。

英国陪审制度的另外一个重要特征是陪审团定罪必须要全体一致,这也是当代陪审团运作的基础保证,但陪审制产生伊始
时并非如此。陪审员根据普通人的初始秉性来断案,这再自然不 326
过。我们常能从古老的陪审员遴选方法上发现这一优点。但是,在英格兰陪审制运行的最早时期并非要求全体一致,而是由多数票决定。[3] 斯蒂芬引用布里顿的一段行文非常有见地且切中问题:"毕竟,让陪审员们对他们的事实陈述负责,之后在司法行政官的主持下共同商议案件事实……如果陪审员们无法达成一致意见,则让他们相互隔离并询问[4]为何无法达成一致。如果多数陪审员知晓事实而另一小部分不知道,则根据多数意见来判决。如果陪审员们宣誓后表示对案件真相一无所知,则召集其他知晓事实的陪审员到庭作证。"[5]直到19世纪末,陪审团全体一致表决的规则才出现。[6] 很显然,小陪审团由12名陪审员组成这一规则导致了全体一致同意规则的产生。12名陪审员一致宣

〔1〕 *Thayer*, p. 93.

〔2〕 *Thayer*, p. 93.

〔3〕 *Thayer*, p. 82.

〔4〕 此时,证人的角色明显与陪审员相同,让人联想起加洛林王朝时代"宗教裁判所"的审讯方式。

〔5〕 Britton, Nichol's Edition, p. 31. *Stephen*, *op. cit.*, I, p. 258.

〔6〕 *Thayer*, p. 88, 89.

告裁决结果,对于保证裁决的有效性是有必要的。而且,由于小陪审团只有 12 名陪审员(相对大陪审团人数较少),其作出裁决需要全体一致同意是有必要的。〔1〕

陪审员最早是作为特殊的证人身份存在而非法官,作证之初也不会向他们预告见到其他任何证人或出示其他任何证据。陪审员自己要充当证人,向法庭以某种方式提供证据。佛莱斯特在 1442 年至 1460 年担当王座法院的首席法官,撰有著作《英格兰法律颂》(De laudibus legum Angliae),他将英格兰的证明制度(尤其是民事案件)与欧洲大陆进行了比较,该著作可能完成于 1470 年之前。佛莱斯特法官写道:“考虑到资源贫乏与工业化程度不够,在所认识的所有男子之中,一个人找不到两个缺乏良知与诚信,会因为恐惧、偏袒或利益而说谎的人……〔2〕那些拥有财产的人或者类似的法律主体,却向那些可能伤害他们的人提供了帮助。
327 在法国那样的体制下,司法正义经常因为证人死亡或证词无效而落空。但是在英格兰,证人必须是 12 人,由高阶公职官员负责选任,作证前需要宣誓,陪审员从案件发生地的邻人之中挑选,从有财产的人之中挑选,与双方当事人无利害关系,在宣誓后陪审员被双方当事人质询。”〔3〕英国陪审员的挑选方法使早期的制度运作变得可行。陪审员并不是在整个郡中任意地挑选,陪审员必须是“来自邻近地区的”人。司法行政官总是从事件发生地的百户邑之中挑选陪审员,因此会对其他人产生决定性影响。陪审员是基于他们自己对事实的感知而作出决定,而不是仅仅依赖于例行

〔1〕 对于 23 人制的大陪审团,作出裁决由多数同意(12 名以上陪审员同意)即可。

〔2〕 在 15 世纪与 16 世纪早期,法国行贿与受贿的证人比比皆是。拉伯雷(Labelais)的作品中充斥着对证人行受贿行为的讽刺。改革在 1566 年随着《穆兰法令》而开始,在一些不太重要的民事案件中限制言词证据的使用。

〔3〕 *Thayer*, p. 130.

程序中法庭展示给他们的证据。在1499年的一个案件中,虽然法庭没有向陪审团提供任何证据,陪审团仍然作出了有罪裁决。[1]

陪审员有一定的途径能够私下获取案件信息。他们被允许造访案发地,有时他们自己询问案发地的证人。在开庭审理之前,案件的双方当事人也可以向陪审员进行陈述。“很久以后,在正式审理之前陪审团选定后,向陪审员‘陈述’成为当事人的一项权利。”[2]在1361年,监管陪审员的司法官员收到一个当事人转交陪审团的装有契约证据的箱子。[3]

但是,当事人在公开法庭上向陪审团作证或提交证物等诉讼证明方式,其实非常困难而且相当缓慢。最开始,陪审员只审查接受手写真迹证据,例如证书或者其他可信的文件。这样类型的证据甚至是证据“evidence”一词最初形成命名的起因(“evidence”一词最初仅指书面证据。——中译者注),之后的司法实践才拓展了证据的范围,一些非官方认可的文书也开始被允许作为证据。证人证言成为法庭证据的进展也相当缓慢,美国学者塞耶对此有值
得称道的研究。[4] 起初,英格兰因循古代法律,只接受书面证 328
词,证人作证后只是以书面方式呈交法庭。后来,言词证据才逐渐地被法庭自由采用。在14世纪上半叶,证人与陪审员有清晰的区分。但是在15世纪时期,只存在自愿出庭的证人,证人只能在法院的许可下出庭作证。[5] 证人根据事实提供证词并因此经常承担繁重的法律责任。在14世纪,当事人开始委托律师,律师

〔1〕 *Thayer*, p. 132, 133.
〔2〕 *Thayer*, p. 91, 92.
〔3〕 *Thayer*, p. 110.
〔4〕 *Thayer*, p. 105-133.
〔5〕 *Thayer*, p. 105-133.

的介入对英国司法产生了巨大影响,对陪审制度的演变发展起了重要作用。律师对当事人提起的诉讼进行阐释,律师的法律阐释发挥相当大的功用,在 15 世纪的英格兰甚至被视为某种证据。[1] 叙述与解释言词证据是英格兰律师的重要能力,听律师对证人证言的阐述与解释一定程度上是了解证人证言的补充方法。在 15 世纪时,律师对证人证言向法庭进行说明后,证人经常不用出庭。[2] 直到 16 世纪,证人出庭并在陪审员面前作证并接受质询的规则才普遍适用。[3]

但现在,证据被当面呈现给陪审团,因此陪审员必须担当法官的角色,即裁决事实的法官,不再担当证人。[4] 其中包括两种事项:陪审员担当法官并不得同时作为证人。合乎逻辑的是,所有的陪审员们停止扮演证人。如果同一案件出现两种类型的证人(陪审员与普通证人),其中的一类证人去裁断另一类证人,则会徒增困惑。虽然陪审员裁决事实的法官角色越来越占主导作用,但其演变历程却相当缓慢。1670 年布什尔一案,英国普通法院首席法官沃恩直率承认:陪审员可以依据其法庭外的"个人知识"进行事实裁判。"法官不可能知悉陪审员们所掌握的所有证据,相较法官在法庭上所知悉的,陪审员可能知晓更多的法庭之
329 外的事实。陪审员们从邻近地区而来,因为法律认定他们有能力断案,即使当事人未呈交任何证据。他们基于某些法官所不知道的个人知识,否决那些法庭之中看似有证据支持的诉求。"[5] 毫

〔1〕 *Thayer*, p. 112, 119.

〔2〕 *Thayer*, p. 119, 121–123.

〔3〕 *Thayer*, p. 102, 133. *Cf.* upon the whole history of witnesses, *Holdsworth*, *op. cit.*, Ⅰ, 158 *et seq*.

〔4〕 *Thayer*, p. 137.

〔5〕 *Thayer*, p. 167–168.

无疑问,基于“修补”原则,[1]设置陪审制度是为了抑制某一名陪审员滥用权力支配影响其他陪审员来偏袒一方当事人。但是,这一原则的存在并不否定,陪审员可以借助与运用他们的个人知识断案。

即使这样,这一原则也注定要式微。陪审员应当根据法庭上的证据独立断案,这是非常有必要的,但规则是被缓慢且逐步引入的。之前的公开审理中,法庭通过邀请那些具备个人知识的陪审员出庭,陪审员其实有时是像一名证人那样陈述作证。[2] 但规则最终确立,即陪审员不得依赖他们的个人知识阅历断案,而只能基于法庭上的证据而进行断案,陪审员不再是证人而只能以事实裁判者的角色出现于法庭。“让陪审员公开宣示他们断案根据的个人知识的实践,这样的实践举措是非常必要的。这一努力慢慢地获得收获。陪审员的传统职能(证人角色)太根深蒂固了,以致不能短时期内迅速改变。法官们长久以来向陪审团提出司法建议,让陪审员觉得公开告知他们所知道的一切是其道德义务。但是在 1670 年,陪审员基于他们的个人知识阅历断案的权力被强调确认,并且在下一个世纪的论著内持续记载,随着新型审判模式的实践展开以及在 17、18 世纪的成长发展,旧式的证人陪审团制度向当代裁判员陪审团转变。最终,法官为陪审员立法变得可能, 即要求陪审员不得根据他们的个人知识进行裁决。”[3]

通过这样的路径,欧洲大陆占统治地位的罗马法体制的内容之一即陪审制在英国被施行。法官必须根据事实与证据裁判

〔1〕 *Thayer*, p. 167-168.
〔2〕 *Holdsworth*, *Op. cit.*, I, 160.
〔3〕 *Thayer*, p. 170.

(secundum allegata et probata),法官必须依据事实而非个人经验来断案。

如上所述,如果让陪审员成为事实的裁判者,与司法证明相关的第二项要素也是必要的。一直公认的是,陪审员必须依据证
330 据与证词来断案。[1] 但其必须对两个场所开放。在第一个场所,陪审员定案可能被理解为"自由心证"(moral proof)制度的应用,这意味着,通常情况下陪审团的事实定论是评价证人证言及其他证据的唯一判准。毋庸置疑,这是首先应当被遵守的规则,亦是陪审员根据个人经验知识裁决事实这一规则的必然结果:"陪审员具备对事实的独立、原始的知识,而不仅仅是推断与理性的知识。只要这样的理论为真,且具实际上成为陪审团审判的主导特征,陪审员的证人的角色则需退居其次。证人并非在任何案件中都是必需的。当证人出庭时,陪审团可能不认可他们所陈述的证词。如果证人证词所述与陪审员们所知晓的相悖,则不应当采信证词。人们逐渐认识到:陪审团可能不拘泥受制于证人证词。然而,陪审员作为唯一的判断证人可信度的法律主体,他们有权相信某证人证词。"[2]

但是在早期,英国司法人员并不认可陪审员的完全独立。法庭(法官)必须指挥陪审员并采取一些控制措施,这总是被认为是理所当然的。主持庭审的法官总是有权"追究"问责陪审员,向陪审员提醒他们的职责义务并向陪审员明确指出其必须要面对与解决的问题。在英国历史上那些美好的时代,司法证明理论通常发生在民事诉讼中,注定要引领当代证据法的发展方向。[3] 证

〔1〕 *Thayer*, p. 162.

〔2〕 *Thayer*, p. 137-138.

〔3〕 *Thayer*, p. 179.

据是客观的,法官必须根据证据断案,陪审员不是也应当如此吗?法庭允许陪审团“背离法律与证据”来推翻法官的结论作出与事实证据相悖的判决吗?[1] 答案是否定的,相反,陪审员应当因擅断而受到惩罚。不过该规则也有一项例外:“首要问题是陪审员们是否根据他们面前的证据而作出裁判,如果是,则陪审员不得被惩罚。”[2]但是,如何判断陪审员们依此而为呢?“如果法庭上没有给陪审员们(充分的证据),为什么要因陪审员可能不知真相而惩罚他们呢?”[3]

古代英国法发展出“处罚令”(attaint)程序,如果陪审团作出一项不公正的裁决,受损害的当事人可以控告陪审员,陪审员可 331
能因此被判处重刑,原判决也可能被推翻。这种诉讼类型,虽然起初限于特定的假设情形,但后来开始变得普遍化(刑事案件除外)。被起诉的陪审员将被新组成的陪审团审判,新陪审团只依据原审中的证据进行判断。[4] 这种诉讼途径是低效率的,程序也相当复杂,并且“处罚令”程序的新陪审员也不愿反对原审程序的陪审员。因此,“处罚令”程序最终被废弃了。[5] 而后是另一种惩罚制度的出场,让被定罪的陪审员面临牢狱之灾。在此情形下,星座法院对陪审员提起了无数的指控,尤其是起诉对那些在政治性色彩浓厚的案件中作出无罪判决的陪审员。[6] 在星座法院被废除之后,如果违背法庭的指示,陪审员作出与法官相反的无理由的裁定,英国普通法院习惯性地判处陪审员监禁刑或罚

〔1〕 *Thayer*, p. 164, 167, 169, 181.
〔2〕 *Thayer*, p. 138.
〔3〕 *Thayer*, p. 138.
〔4〕 *Thayer*, p. 143.
〔5〕 *Thayer*, p. 149.
〔6〕 *Thayer*, p. 162, 163.

金。[1] 但法律在发生改变,在 1670 年的布什尔一案中,该问题被最终解决:既然陪审员是认定事实的法官,不得因为他们判决结果与法官不一致而责难他们。[2]

然而,法院想到了另外的程序来处理上述问题,其实以前这些程序机制业已存在,但英国法院将其扩张适用于新的案件类型,只是不再包括刑罚的运用。即法院宣告陪审团的裁决无效,并确保原告当事人重新获得一次新的审判。"当原审审理程序存在不当时,法院通过简单地扩张古老的重审程序对当事人进行救济。如果陪审员在庭外接受当事人的餐宴,或者接触法庭之外的文书证据,或者以后发现了陪审员的这些不当行为,法院将会拒绝裁判并且发出一项新的'陪审员召集令'(venire)。如果陪审员
332 明显违背法律,或者作出一项非理性、荒唐或错误的裁决,为什么法院要无所作为与陪审团裁决保持一致呢?"[3]英国的这项司法实践发端于 17 世纪的后半叶与 18 世纪,英国法官到了迫使陪审团接受法定证据证明体系的地步。这就是英国的刑事陪审团制度与法国产生了迥异的原因所在(尽管重新获得审判在英格兰未被承认为一项普遍原则)。[4] 法国陪审团则一直延宕甚至扩张"自由心证"制度。在某种意义上,英国法律的证明体系即证据法的内容更为宽泛:虽然各种类型证据原则上总是被接受,但是为了建构证据,呈交法庭的证据信息应当具备某些特质。例如,那些从传闻渠道获得事实信息的人证并不适格充当法庭证人。法官告知陪审团什么是证据什么不是证据,陪审团在民事诉讼案件

〔1〕 *Thayer*, p. 163, 164.

〔2〕 *Thayer*, p. 165, 168.

〔3〕 *Thayer*, p. 169.

〔4〕 关于新案件的增加,参见 *Holdsworth*, *op. cit*, I, p. 169 *et seq*。

中必须根据法官的指示作出裁决，即使裁决是违心的，陪审员也只能坐视案件交由上级法院处理。如此一来，法院给陪审团的指示显得极其重要，如果法官作出了错误或误导性指示，在现行法律体系之下应当启动新的审判。

2. 陪审团在特殊犯罪案件上的适用

看起来这是随着起诉陪审团或称大陪审团程序的出现而出现的。《1164 年克拉伦登敕令》(Clarendon Assize)已明确提及。[1] 有证据表明，起诉陪审团制度在法令汇编与教会程序中已经存在。陪审员有义务起诉他们所知的罪犯，交由官方来确定罪行。但陪审团的起诉决定未必均会导致提起刑事追诉的法律后果，将被告被交由法庭审理并非必需的。根据法律传统，通过神明裁判、找到为其宣誓作证的帮手等途径，被告可以合法地逃脱刑事审判。但是，《1164 年克拉伦登敕令》看似废弃了神明裁判制度转而支持另外一项举措：除非是可能的长期监禁刑案件，否则可以提起不明确的指控。

由陪审团进行审判存在已久，学者格兰威尔对此很清楚，将其描述为“国家审讯”(inquest by the country)，为国家审讯服务的那些人即指邻人“陪审员”。但是，陪审团的出现却伴随非常显著的特性，这也至少部分保留持续到 19 世纪。陪审团审判必须被被告明确地接受 。如果被告想要陪审团审理自己的案件，那么被告就不能仅仅宣称其是否承认有罪(在无后续诉讼程序的案件中)，也无论其是否诉称无辜(无论其认罪还是不认罪)[2]，而必须明确地宣告“将其交由国家处理”。甚至这已成为庭前“聆讯” 333
程序的一项固定规则。如果被告保持沉默或不明确表示需要陪

[1] *Thayer*, p. 57. —*Holdsworth*, Ⅰ, p. 147.

[2] 被告人认罪后，则可以直接量刑裁决，无须再开启正式的审判程序。

审团审理,无论他认罪供述还是不承认犯罪,均不会被审判。为了强迫被告接受陪审团审判,一种可怕的酷刑开始采用,"酷刑审讯"(peime forte et dure)渐渐开始盛行。[1] 这其实已广为我们所知,法国作家维克多·雨果(Victor Hugo)在其小说《笑面人》(L'homme qui rit)中对酷刑审讯有相关的描述。如果将被告的沉默行为与认罪供述等效,问题将迎刃而解。布拉克顿(Bracton)在13 世纪时已经提出这一解决方案,但是英国 1772 年才在大多数案件接受这样的解决方案,到 1827 年时全盘接受。[2]

上述解决方案必须被接受的主要成因为何?英国学者给出了各种解释理由。根据学者的一些研究,主要是起源于事实变化层面,即陪审团证明方式超越了古老守旧的证明方法,虽然旧的证明方法也一直未被废弃。旧的证明方法要求:被告同意是必要条件,以便于其后的程序可以顺利进行,运用旧的证明方法一定程度上需要被告放弃部分权利。其他学者则主张(这其实与前述观点在基本理念上是变相相同的)这仅仅是因为后来在民事案件中适用了陪审团,而其适用条件除了合乎法律规定,还包括当事人的一致同意。[3] 但是,看似另外一种起源也是可能的成因。在古代法国,国家的纠问审讯方式也必须被接受。现在,英国审判陪审团有相同的命名,从起源上看毫无疑问是法国制度的继受。正如我们所见,在法国诺曼底地区,当国家纠问审讯代替了刑事诉讼中的神明裁判方式后,即使用断绝食物饮水的监禁方式来迫使被告接受陪审团审判。

〔1〕 *Thayer*, "Evidence," p. 69 *et seq.*

〔2〕 *Holdsworth*, Ⅰ, p. 153, 154.

〔3〕 *Thayer*, " Evidence," p. 59 *et seq.* 69 *et seq.*

在格兰威尔的那个时代,刑事陪审团仍未被广泛使用。[1] 但是在 13 世纪,尤其 14 世纪时期,陪审制才确立下来。[2] 尽管如此,古老的决斗程序总是存在,直到 19 世纪才最终被废除。决斗程序最终失去了公众支持,这是真实可信的。在早期,允许被告申请陪审团审判,但是被告申请"人身释放令"可能上诉后被驳回。[3] 陪审团制度适用的常态化,最利于对神明裁判的压制。在 1219 年,欧洲教会拉特兰会议敕令废除神明裁判。[4] 334

姑且不论陪审团人数确定问题,小陪审团应当如何组建?大多数情形下,陪审员也从大陪审团中选任并同样以纠问审讯来裁决事实,这看似司空见惯。因此,经常发生的情况是:参加前面大陪审团预审程序中的同一陪审员再参加之后的对被告的定罪程序。但是变化也随之到来,人们认识到大陪审团与小陪审团成员的组成应当不同,而且从 14 世纪之初,被告可能向那些曾部分参与大陪审团审理程序的小陪审团陪审员提出回避要求。[5] 陪审员回避的机制在早期被有效地建构起来,这是陪审员与证人、法官迥然不同的因素。而且,陪审员的地位总是在持续提升,在 16 世纪时期,托马斯·史密斯称陪审员为"民众的代表"。[6]

如同民事陪审团,在无证人出庭作证的情况下,刑事陪审团可以在无证据情形下进行裁决。[7] 陪审员被认为可以自己选择提前进行质询调查。只有原告作为诉讼启动者才被允许解释案

〔1〕 *Thayer*," Evidence," p. 64.

〔2〕 Ibid. , p. 67.

〔3〕 *Thayer*," Evidence," p. 68.

〔4〕 Ibid. , p. 69. 我们在《诺曼人法律大全》看到了相同的表述。

〔5〕 *Thayer*,"Evidence," pp. 81-82; *Stephen*,"History of Criminal Law," vol. I, p. 253.

〔6〕 *Thomae Smithii Angli*,"De republica Anglorum libri tres," Lugduni Batavorum, 1630, Book III, ch. 26, p. 237.

〔7〕 *Stephen*,"History of Criminal Law of England," Vol. I, p. 255 *et seq*.

情。史蒂芬所援引的布雷顿的文字段落,我们亦经常使用,在这一方面补足充实了重要信息。“当某人被起诉犯罪而可能面临死刑、监禁且知晓调查取证结果可能对其不利时,想叙说某个陪审员被收买而判处被告刑罚时……法官应当谨慎仔细询问陪审员其是否有足够的理由认为这样的中伤诽谤真实。通常一项严格的对质质询是必需的,因为这类的案件质询调查,是用来查明陪
335 审员是如何凭借事实真相进行裁判。有时陪审团说他们是依据其中的一名陪审员而裁判,这名陪审员则说其是在小酒馆或其他地方从一些不可信的市井小厮口中听闻而来,或者那些出现于陪审团面前的证人们是受人之托,或者是被领主被告的敌人唆使以使被告被定罪,如果法官发现这些情形属实,法官会拘禁这些中伤诽谤者并且判处监禁刑或罚金刑。如果陪审员们对事实产生怀疑或者难以定案,这类案件的裁判将总是对被告有利。”[1]

刑事诉讼中证人在陪审团面前作证这一制度的发展与民事诉讼几近相同。少数特殊性的规则有所例外,这些例外将在下文再论及。尤其是由于陪审团背离证据而驳回起诉的情况经常出现,在整个 16 世纪以及 17 世纪的大多数时期内,英国各类法庭上法官会对陪审员们判处监禁或罚金刑。[2] 尽管这样,一些特殊的规则,在民事案件中阻却了这些惩罚制度的有效实施。“处罚令”程序更像是针对大陪审团而非小陪审团。[3] 这似乎也对规则适用产生了指引,即当双方当事人均明确接受陪审团审判时,“处罚令”则不再适用。[4] 最终,依据 16 世纪下半叶设定的法律

〔1〕 *Stephen*, "History of Criminal Law," Vol. I, p. 259.

〔2〕 *Thayer*, " Evidence," p. 62.

〔3〕 *Thayer*, " Evidence," p. 161.

〔4〕 *Thayer*, " Evidence," pp. 161-162.

规则,无论是有利于还是不利于国王的利益,不确保刑事重罪案件一定被重新审判(无论是被无罪开释还是被定罪)。不过,对于一些简单的轻罪案件,则偶尔被重审。[1] 在刑事案件中还有另外一种特别的陪审团,不过不是审判陪审团,而是起诉陪审团。对 18 世纪的英国人而言,这种陪审团尤为重要,即"验尸官"陪审团,而且在现在仍然存在。验尸官(coroner 或 coronator,王室代表的)的起源非常古老。史蒂芬从 1194 年就任履职,继任者是斯塔布斯。[2] 根据近期的文献研究,验尸官制度的起源应归功于英国伟大的历史古风。可能需要回溯到法国诺曼王时代的那些早期岁月,继受了盎格鲁—撒克逊风俗习惯。验尸官最初是负责保护皇室财政利益的官员。为了实现此目的,验尸官通过传召陪审 336
员进行行政调查。在多项职责之中,验尸官需要在谋杀案件或突发的、可疑的死亡案件发生时造访现场。其职责是调查死因并且在刑事案件中搜寻凶手。为此目的,一个 12 名陪审员以及 4~6 名来自每一个邻近城镇的人被召集到一起。在有尸体被发现的谋杀案中,四个城镇在盎格鲁—撒克逊法体系下已占有一席之地。验尸官调查被一直保持并受法律规制。验尸官有权强迫证人在庭审时出席并依法作证。当验尸官所召集的陪审团裁决结果对一个人或某些特定的人不利时,准许验尸官单独决定提起刑事追诉:"如果某人涉嫌谋杀、误杀(或者发现并隐匿无主财产),验尸官对其的调查无论在过去抑或现在都是一项正式的指控。一个人可能在没有其他指控的情况下,基于验尸官的调查而被审判。"[3]

〔1〕 *Thayer*," Evidence," pp. 163, 175-179.

〔2〕 *Stephen*,"History of the Criminal Law," Vol. I, p. 217.

〔3〕 *Stephen*,"History of the Criminal Law," Vol. I, pp. 218, 219.

3. 英国刑事诉讼程序的弹劾式本质与私诉化

英国刑事诉讼程序实质上是弹劾式诉讼,而且属于“私诉”(free accusation)制度。这意味着,无论某个公民对其追诉的犯罪行为是否存在私人的利害关系,起诉或控告的权利无差别地属于所有公民,即“公民中的任何一员”(cuivis ex polulo)。史蒂芬解释了其运作机制的主要特征:“据我所知,在英国及英属殖民地,起诉完全交由私人行使,或者由特定官员代表私人以私人名义提起控诉,但是公务官员不得逾越私人的法定起诉权限。当如今的检察官想对最严重的、对全国都有重大影响的犯罪提出追诉时,其拥有的权力也不比私人对仅影响其个人利益的诈骗行为提起追诉的权力大——或许更奇怪的是,相反的情形也成立。所有人均有权像总检察官或其他任何人那样选择起诉犯罪行为。私人
337 不仅仅可以追诉那些叛国或密谋推翻政府的人,即使案件不涉及 A 的任何利益,A 也可能起诉 B 诽谤 C,或者起诉 B 侵犯 D,或者起诉 B 欺诈 E。当然,C、D 与 E 也可能均向 B 提出相应的起诉。”[1]

这一古代历史上广为人知的制度,盛行于古罗马的“常设刑事法庭”,受理两种不同类型的起诉方式。

在第一种情形下,诉讼程序完全是弹劾式类型的,即“不告不理”,没有原告也就没有刑事起诉。在 16 世纪,这种弹劾式诉讼以一种正式化的程式来运作。在那个特定的时代下,即使某人已经经过大陪审团的审理,即使他已经在治安法官处供认有罪,如果无人愿意在小陪审团面前对其提起正式的指控或撰写正式的上诉状,被告仍然会被无罪开释。

[1] *Stephen*, “History of the Criminal Law,” Vol. I, pp. 493, 495.

如今,大陪审团总是自己作出起诉报告,或批准检察官提交的起诉书。虽然检察官的类型不同,但检察官总是存在。“必须有人负责行使起诉职能,有时是被伤害的被害人,有时是警察,有时是治安法官的助理。在英国的不同地域,各地的司法实践有相当多的不同。在一些城镇,由一名初级律师来负责起诉所有的案子。”[1]这一规定与法院有时能够强制特定的人去行使追诉职权或者没收保证金的权力有关。[2] 338

第二种情形:无论案件的类型如何,每个公民均有提起任何刑事起诉的权利。这是如何产生的?在起初时该制度并非就是当今这样。大陪审团产生时,最初是作为起诉陪审团使用的,如果在确信涉及犯罪事实的某人罪行证据确凿,大陪审团的成员有义务宣告其有罪。在18世纪,在没有制定正式法令的情况下,大陪审团仍旧主动自发地预审那些他们认定为有罪的嫌疑人。严格而论,这是一种“公诉”,对此种起诉方式,布莱克斯通据此进行了解释:“确切地说,这种公诉是大陪审团凭借其知识或观察而给出的布告,例如中伤、诽谤之类的公诉,都是打着英国国王的名义在没有制定起诉法令的情形下作出的。为此,法院官员必须在此之后重新拟定并撰写指控书,以便当事人面对指控时能够回应。”[3]综上,显而易见的是,在历史上,英国曾经试图努力在普通法中尽快地恢复“公诉”制度。

那么,英国是如何迎来弹劾式诉讼的呢?虽然英国学者乐于认为,之所以赋予所有人提起指控的权利,是为了利用社会力量

〔1〕 *Maitland*, “Justice and Police,” p. 138.
〔2〕 *Maitland*, “Justice and Police,” p. 138.
〔3〕 “Commentaries,” IV, c. 23, 301.

来实现公共安全[1],但是这一制度并不是通过人们预先设想或立法设定而形成。正如斯蒂芬所云:“我不认为现有的国家法律是精心设计而成,它的形成更多的是前述系列历史因素所导致的。原因之一无疑是上诉机制或者私诉传统。几乎在所有方面,英国诉讼模式很自然地以其民事诉讼程序为蓝本,并且像其他私人起诉模式那样运作。另一原因则是英国陪审团审理的历史传统。只要陪审团审判保持其最初的特质,即由正式的证人依据其自身阅历对事实进行作证,刑事审判就会以公开审讯方式进行,或者是建构在公开审讯的基础上给出结论,以查明被指控的犯罪是否属实。但是,当陪审团被设定其特殊功用之后,对于案件的审前准备活动而言,陪审员们探究真相无须依靠其自身能力,而
339 是依据面前收集而来的证据探寻事实真相。对此并没有制定过明确的条款,除非要求任命的治安法官来行使这项职能。在很大程度上,治安法官无疑要检验、洞察审视被告陈述以及所收集的不利于被告的证据,这广为所知,并且将之带入随后的诉讼程序。而且,多个世纪以来,治安法官一定程度上多多少少地卸责。但在其他一些国家,起诉职能完全交由检察官来完成。尽管如此,英国治安法官逐渐地变为预审法官,被治安法官最初卸下的起诉职责转而交由警察部门来行使,由于治安法官是为了卸责,因此治安法官们从来没有被任何特别的权力部门信任。因此,在设置新的司法行政官员方面,英国立法机构存有一系列的立法漏洞。随着早先的诉讼动作方式逐渐改变其特征,英国刑事审判最终失去了最初的公共调查的特点,转向以几乎等同于私人诉讼方式进行运作。或许,英国诉讼程序有长足发展的证明是验尸官处理诉

[1] *Stephen*,“History of the Criminal Law,”Vol. I,pp. 495,496.

讼事务的方式。验尸官制度是治安法官的前身,其职责一方面是受理受请裁决与私人控诉,另一方面则是在谋杀案件中基于维护公共利益对死因进行调查。调查组起初由地区司法官及来自特定数量城镇的4名男性而组成。现在则是由陪审团完成,陪审团可能会召集证人出庭作证,但是如果调查询问看起来有可能会导致提起某项刑事追诉,死因研讯实际上也会成为诉讼的组成部分。只要被起诉的犯罪嫌疑人的案件被正式审理,死者的朋友与犯罪嫌疑人委托代理人进行诉讼,代理人被授权质证与交叉询问证人。此时,验尸官与陪审团行使与法官、小陪审团相似的职能,这与人们为发现真相而召开调查研讯、各自独立展开调查的情形大相径庭。"[1]

不知是否允许我这个外籍人对此加以置评?古老的"诉请裁决"无疑是私人诉讼,但是,在我们古代法国法中,只有被害人或近亲属才有权利提起诉讼。[2] 因此,"公诉"(publica accusatio)原则并非以法国这样的方式引入英国。尽管如此,这一原则在古 340
代英国法中已存在,并且英国对叛国罪案件的"诉请裁决"审理方式即是证明,任何主体均可能根据叛国罪来起诉他人。不过,真实的情况是:在英王爱德华三世统治的时代,这一权力在实践中被废除。但是,其却可以轻而易举地转化为一项新的权力,即控诉权与鼓动指控权,这项权力得以传承并用来起诉重罪。大陪审团可以依据私人呈交的诉状(bill)决断,亦可以凭借其自身知识经验来裁决,我们可以想象到,引入这样省事的实践方法并未遇到任何阻力。

应该还有另外一个重要的缘由,其同样有助于促进"公诉"制

[1] *Stephen*,"History of the Criminal Law,"Vol. I,pp. 496–498.

[2] *Blackstone*,"Commentaries,"IV,c. 23,pp. 214,216.

度的接受认可。依据“皇室诉状”(pleas of the Crown)原则,起诉犯罪不是以私人名义而是以英国国王的名义,对犯罪总是以英王名义来追诉与起诉。[1] 正如布莱克斯通曾云:“英王不会自己起诉,但是却会出借王名与权力给私人起诉者。”[2]

4. 陪审制与弹劾制是英国迥异于欧洲大陆刑事司法体制的主要原因

英格兰避开蔓延整个欧洲大陆的刑事诉讼模式,主要归功于陪审团及弹劾式起诉制度。但是,历史上英格兰受到欧陆制度的影响,以罗马法与教会法为基础,并因此在一段时期内,因继受欧陆法而具有其中的一些缺陷。

在 16、17 世纪时,人们意识到英国法开始与欧陆法分道扬镳,在一些特殊的法庭尤为显著。从 1558 年开始,教会诉讼中的英国高等法院委员会强迫被告宣誓后回答质询书的问题。[3] 这亦引起了较长久的争斗,当柯克法官成为普通诉讼法院首席法官
341 后,这类的司法实践才慢慢地消失。[4] 但是,直到 1641 年,这也并未禁止:“1641 年 3 月,一项法案被提议,要像废除教会事务高等委员会法院那样废除星座法院(之后或之后很快)。同年 7 月 2 日至 5 日,两项提案均获得通过。而且,后一法案加入设立了永远禁止性条款,即任何教会法院,禁止司法行政官员要求犯罪嫌疑人宣誓回答可能让其面临刑罚的问题。”[5]英国星座法院在实践中采用了纠问式诉讼程序中最糟糕的内容,这其实很早就被认

[1] *Blackstone*, “Commentaries,” IV, c. 23, pp. 23, 314.

[2] 另一项有利之处是由起诉者承担程序的诉讼成本。*Stephen*, “History of the Criminal Law,” Vol. I, p. 498.

[3] *John H. Wigmore*, “The Privilege against Self-crimination,” chap. 78 § 2250 in “A Treatise on the System of Evidence in Trials at Common Law” (1905), Vol. IV, p. 3077.

[4] *Ibid.*, *loc. cit.*, p. 3079-3080.

[5] *Wigmore*, *loc. cit.*, p. 3082.

识到,布莱克斯通相当坦率地说过。但是,在我们当今的时代,依据研究者对星座法院诉讼程序所作的研究及出版论著,事实已经相当清晰。并不是说当代历史学者刻意攻击英国星座法院,他们其实是客观公平地对待星座法院的历史功用,不愿恢复星座法院而已。[1] 但可以肯定的是,星座法庭对刑事被告进行审讯时,被告被强迫宣誓。在那个时代下,刑讯逼供会被采用[2],在苏格兰被付诸实施。当然,“酷刑”不包括对被告施以死刑,但可以判处监禁刑、巨额罚金以及肢体肉刑。[3] 星座法院最终于 1641 年被废除,这标志该制度的运行从此结束。

尽管如此,在一些方面,实行陪审制的英国普通法院重复着星座法院相似的某些做法。在 16 世纪与 17 世纪,大量的案件中治安法官均严格地运行着预审程序,审判以向陪审团宣读官方事先制作好的公诉词决定开始:“显而易见,每一名被指控重罪的被告将会遭到治安法官的审讯,并且审讯结果在正式开庭后被主审法官全盘接受。诚如人们所见,直到 18 世纪中叶以前,这样的法庭审理程序没有受到任何异议。直到 19 世纪,英国也没有相关的立法来提示被告不被强迫回答问题。16 世纪与 17 世纪日常的审理程序,即是向陪审团宣读被告在被强迫之下所作的有罪供述,这也几乎是审判程序的第一步。”[4]

不仅于此,在庭审中,被告被法官审讯,公认的讯问是如此进 342
行:“随着审理程序的进行,在 1500—1620 年,被告被随意地讯问,法官怂恿被告回答问题。”被告宣誓后不得被强迫回答问题,

〔1〕 *Holdsworth*, I, p. 284 *et seq. Thayer*, “Evidence,” p. 162 *et seq.*

〔2〕 *Holdsworth*, Ⅰ, p. 280.

〔3〕 *Ibid.*, p. 279.

〔4〕 *Wigmore*, *loc. cit.*, pp. 3084-3085. “而且,这并不阻止被告人于开庭时认罪,即使被告人在庭前预审程序中已经作出供述。”

这是事实,但被告甚至无权这样(要求作证前进行宣誓),因为人们认为被告宣誓(尽管很有可能被他打破)后的法庭陈述将对案件结果产生更重要的影响力。[1] 我们也可以发现,这样的司法理念在当今的英国仍然存在。

在 18 世纪时期,宣读官方起诉书及侦讯记录的做法最终消失。但是被告长期不能自由行使两项权利。被告不得申请自己一方的证人出庭为被告作证,亦不得接受律师的援助。一方面,除非证据清楚确凿,否则不得对被告下判,对被告定罪需要证据"明确"(luce clariores);另一方面,相较辩护人而言,法官更关注被告的切身利益。以此方式,上述的两项限制因此被正当化了。

虽然这样,在 17 世纪的下半叶,法院实践中并非严格遵守这些规定。在死刑案件中,被告被允许申请证人出庭为其作证,但是这些证人是在没有正式宣誓的情形下当庭陈述。塞耶教授援引了 1640 年至 1685 年全部相关先例,[2] 发现允许被告申请证人法庭宣誓为其作证的法律最早出现于 1685 年的一起叛国案审理,之后又出现于 1707 年的重罪公诉案件。禁止被告聘请律师提供法律援助仍然是一项规则,并且布莱克斯通对其中缘由有公认的解释。直到 1836 年,被告申请律师法律援助也并未能成为一项法定的权利。在 18 世纪,英国法院仍然容忍被告聘请律师权利的存在,但是却施加了诸多实质性的限制。[3]

5. 英国刑事诉讼发展的简要回顾

让我们依据以下原则快速地浏览一下英国刑事诉讼的发展

〔1〕 *Ibid.*, p. 3085. "被告人不被允许进行宣誓,原因已如上所述,但是被告人被施压或强迫回答法官的问题。如前述,主要原因在于:人们认为被告人在法庭上宣誓后所作的陈述更具庄重性,并且被告人会因宣誓而处于非常有利的地位。"

〔2〕 *Thayer*, "Evidence," p. 158, note.

〔3〕 *Ibid.*, p. 161,注释部分。

历程。在16世纪早期,托马斯·史密斯描绘了一幅引人入胜的图景。他向我们展示了英国刑事诉讼公平、理性的特质,毋庸多言,其必定也是在证人与辩护律师缺席情况下而进行审判。最引起我们关注的是18世纪的诉讼程序,其亦作为典范程序而适用 343
于英国制宪会议。我们主要是从布莱克斯通处知悉更多信息。[1]

每一案件均要经过两级陪审团审理,即起诉陪审团与审判陪审团。从某种预审程序开始,时间短暂且相当初级化。检察官通过申请一份对被告的许可令状或传讯令开始工作,为此目标,通常检察官要向治安法官申请,治安法官其实也是当地司法警察的首席长官。治安法官根据检察官的指控对犯罪进行侦查讯问,可以要求检察官确认宣誓,如果理由正当,治安法官则签发逮捕令状或命令。[2] 令状执行官员的责任是将被拘捕的犯罪嫌疑人带到治安法官面前,再由治安法官讯问犯罪嫌疑人。"为此,依据2号法令,有专门人员记录被拘禁人的审讯笔录及提押人提供的相关信息。正如学者兰帕德对此的观察,在英国法上,第一份签发的令状就是为了重罪拘捕。因为在普通法传统上,任何人无坦白自己有罪之义务(nemo tenebatur prodere seipsum),不会主动叙述不利于己之事实。"[3]

对被告而言,在整个诉讼过程之中,唯一要接受的讯问由治安法官实施。在我们所记录的随后时期内,英国习惯法对此甚为

〔1〕 布莱克斯通之前撰写过英国诉讼程序规定的论文,并于1790年在巴黎发表研究死刑废除的论文。

〔2〕 Blackstone, Book IV, p. 290. "当事人申请令状时,或者法官要弄清楚是重罪还是其他普通的犯罪时,法官依据当事人的宣誓来进行审查是非常好的方法。如果没有宣誓,法官则不会批准司法令状。"

〔3〕 *Ibid.*, p. 296.

关注,甚至直接有明文立法规定:治安法官必须提示被告其有权不回答问题,但是他所说的一切陈述将用于后面的程序之中并可能对其不利。在审讯程序的开始阶段,审讯必须秘密进行。

治安法官之后作出判定。如果看似没有严重的罪行指控,其将会开释嫌犯并且放弃起诉;如果情况属实,治安法官则拘禁嫌疑犯,直至开庭之时。这些均是治安法官的职责义务。但是,习惯法与正式法律均规定,如果被告提供足够的保证,他必须被保释,被释放后等候正式开庭审理。尽管如此,在布莱克斯通所处的时代,虽然轻微罪案件中犯罪嫌疑人有权获得保释,但在死刑
344 案件中不允许保释。[1] 某些嫌疑犯被法官宣告不得保释。法律保护个人自由,因此当治安法官不公正地拒绝保释或者欺骗性强行索要过高的保释金时,可能因此被惩罚,并且根据英国“人身保护令”法案,上级高等法院有权释放被非法羁押的嫌疑犯。

当案件正处于羁押审查阶段时期,在进入下一个诉讼阶段之前,请求大陪审团作出决定是必需的。大陪审团由保有土地的人组成,由治安警察召集以决定是否提起犯罪指控,由高等法官在各郡县每年议会的会议期内主持进行。大陪审团人数至少 12 名至多 23 名,作出起诉决定至少需要 12 张的多数赞成票。在此之前,起诉书已经被拟撰好,起诉书是英国程序中最重要的司法文书之一,拟定撰写正式的起诉书是多少有些困难的差事。起诉书以国王的名义由国家官员来撰写,但也考虑被告的个人权利诉求。[2] 除了起诉书中已有的内容,陪审员听审证人证词,但其目

〔1〕 *Ibid.*, Book Ⅳ, ch. XXII, No. 1. “在大多数的不太严重的犯罪案件中,治安法官的羁押决定是为了安全起见,保释应当是要在保证安全的前得之下。在重罪或其他严重的罪案中,为了安全起见要羁押嫌犯,而保释不可能实现公共安全。”

〔2〕 *Ibid.*, p. 303.

的仅是“提起指控”。大陪审团最终决定某项指控证据是否充分以及是否有足够的理由起诉犯罪。在正式的案件处理上，大陪审团的陪审员会以起诉书页底上注明“准予起诉”（billa vera 或 true bill）。如果证据不充分或理由不足，则签上“不予起诉”（ignoramus 或 not found）。

对后面的程序进行而言，大陪审团签署的起诉决定是必需的要件。再回到古老的神明裁判时代已不可能，案件要交由审判陪审团来审理。开庭期与议会会期时间上一致，前面也已提到过，在此时期的开庭审理模式有两种类型。第一种类型被称为“听审及候审囚犯例行移交”式的开庭，每郡县每年举行两次，由威斯敏斯特高等法院的高级法官主持。〔1〕 法官需要对所有呈交的诉讼予以结案并且将所有牢狱中的候审嫌犯审理完毕，高级法官以此扬名立世。还有另外一种类型的开庭审案，也称为季度开庭，即由郡县治安法官每三个月举行一次，但是只审理轻罪微罪案件。郡县治安官从“相邻地域适格守法的居民”中来挑选陪审团，先召
集 48 人到来，再从中选出 12 人担任陪审员。 345

经过大陪审团表决后的起诉书，也视作被告应当且必须经过小陪审团审理的诉讼文书。如果被告不认罪，接受小陪审团审理是必需的程序。〔2〕 为此目的，待决囚犯被带到公开法庭上。“预审聆讯程序”如下进行：先用英语向被告宣读起诉书，法官之后讯问其是否认罪，如果坦白认罪，则不再需要陪审团审理，审理程序结束，直接进入量刑程序。我们可以观察到，被告开庭后的有罪供述在封建时期诉讼程序的所占分量。自然地，为除了获得有罪

〔1〕 有关大法官巡回审理案件的论述，可参见 Max Budinger, *op. cit.*, p. 153 *et seq.*, and Bigelow, *op. cit.*, ch. Ⅲ。

〔2〕 通过这样的程序，被告据说是将其交由国家来审理。

供述之外,在所有的程序运行过程中,见不到任何其他的侦查取证努力。尤为必要的是,如果被告不认罪,他应当接受(至少不拒绝)由国家审判。如果被告拒绝回答被讯问的问题,或者不认罪却不愿将其交由国家审判,诉讼程序的过程将会受阻,法庭审判不能再进行。这因此导致"刑讯逼供"方法的采用(17 世纪以前,对坚持不认罪的犯罪嫌疑人,沿袭法国的酷刑,英国刑事司法中也对犯罪嫌疑人施以酷刑,即"踏压"刑,用巨石重压在嫌疑人身体上,如果嫌疑人不能承受重压,有可能刑讯致死。——中译者注)。在 18 世纪,对待酷刑审讯问题上,英国法律上仍然如此。直到英王乔治三世时代之前的时期,所有的刑事案件中,才将被告对指控犯罪选择沉默的行为视同认罪,不再施以酷刑。[1]

不难理解,被告通常会接受陪审团审判,之后审判会顺利运行。[2] 陪审团通过抽签程序选定,当然被告可以对陪审员名单提出异议。被告可以总是提出有因回避,也可以提出 35 次无因回避。由此,12 名陪审员组建完毕,在陪审员宣誓后正式开庭。审理程序再简单不过了,不允许对被告进行任何审讯。宣读起诉书,之后是起诉,无论是以国王名义起诉或私人起诉,接下来是举证并申请证人出庭陈词。审判必须是言词审理的方式。[3]

346 仍有令人感觉奇怪的地方:在此制度之下,被告拥有的权利却不包括法庭上进行交叉询问质证,让人联想到英国仍然是在因循欧陆法传统中的两个特征。第一,在死刑案件中并不确保被告必定获得律师辩护。与《1670 年法令》的规定相同,英国法官与

〔1〕 *Blackstone*, Book Ⅳ, p. 355.

〔2〕 在预审后正式开庭之前,被告有权要求暂停一段时间,但是其通常会选择立即进行开庭审理程序。

〔3〕 *Blackstone*, p. 355.

法学家均认为正当,声称:“法官应是囚犯的律师”。[1] 第二,布莱克斯通提到“被告不得以申请证人出庭提供证词证明无罪”,这一普遍的司法实践源于欧陆法系并且在当今的法兰西王国仍然显现存在并被英国认可。[2] 尽管如此,证人为被告作证并在法庭听证的司法实践仍然缓慢地发展着,只是不得让证人宣誓。[3] 直到威廉三世及随后的安妮女王时代[4],不准证人宣誓的限制才消失。

审判结束后,由陪审团作出裁决。在法官的指示下,陪审团退庭谨慎合议并对疑难案件进行表决。无论是定罪还是裁决无罪,均需要全体一致,这是英国一项相当奇怪的规则,但看起来并没有被严格遵循。[5] 除此之外,对于陪审团决议,我们知晓英国法一些间接的限制方法。一旦陪审团裁决有罪,法官只能遵循,之后进行量刑。这归功于定罪问题与刑罚问题的区分以及将事实与法律问题进行区分。

依据普遍接受的原则,这样的裁决结果不易被推翻。不允许对陪审团的裁决提起上诉,除非作出裁决的陪审团没有管辖权限,如果陪审团的组成非法,除了以“令状错误”为由提起上诉之外并无其他的救济机制,这正如我们的立法将在以后所明确规定的那样。如果对陪审团裁决上诉,需要先交由低级别法院来审查,之后才是王室法院的审查,如果审查结果认定陪审团裁决不

〔1〕 *Blackstone*, Book Ⅳ, ch. XXVII. 作者补充说:“依据英国法,规则看起来对候审的囚犯没有任何的人性化举措”,这的确属实。

〔2〕 *Ibid.*, p. 359.

〔3〕 *Ibid.*, pp. 359-360.

〔4〕 威廉国王(1689—1702年)与安妮女王(1702—1714年)为姻亲关系,在17世纪末至18世纪初先后成为国王与女王,前者系后者的姐夫。——英译者注

〔5〕 See *Brunner*, *op. cit.*, pp. 363, 371; *cf. Blackstone*, Book III, ch. 23.

当,最后再交由英国上议院裁决。[1] 但是,只有案件出现法律上的错误才被允许上诉,例如量刑适用出现错误或者省略必要的程序。除此之外,不服判决的人只能请求英国国王赦免其罪。

347 最终,英国法固执地认可了一种更令人称奇的诉讼程序以处置财产争议与违法的被告,这样也延续了其封建时期的传统。

这些即英国刑事诉讼的主要特征,有时积累了相当多的引人入胜的细节(如神职人员的利益),虽然仍有诸多不完善的地方,但英国诉讼程序的发展趋势是形成一种符合人性的理性形序,而且被 18 世纪的哲学视为完美。虽然仍有不少弱点,尤其是预审程序与审讯程序,但英国依据其意愿曾模仿了法国的一些程序弱点,我们也洞察到法国的立法在早期曾带偏了英国,英国司法改革在找到其最佳平衡点之前曾反复波动很久。

6. 19 世纪之后的英国刑事诉讼

正如 18 世纪那样,在 19 世纪与 20 世纪,英国刑事诉讼保持着稳定。但是,有一些小的重要的变化发生,有必要对其略作审视。这并非指 1833 年因司法决斗程序所引发的"诉请裁决"程序的废除,那是立法废除所作的宣告而已。我暗指的是那些真实发生的改革。首先,弹劾式诉讼的采用是在抑制其若干不利的方式下进行的。1869 年,英国立法机构对所有案件给出指示,在私人同意接受司法机关管辖或者有其他特殊的情形下,私人起诉要先经由一定的司法预审。[2] 在此之前,私人起诉的案件,英国司法部门首席长官可以介入诉讼并有权中断诉讼。[3] 另有一事值得说明,1879 年英国设立公共起诉司法长官(Director of Public Pros-

[1] *Blackstone*, Book Ⅳ, ch. 30.

[2] *Maitland*, "Justice and Police," p. 138.

[3] *Stephen*, "History of Criminal Law," Vol. I, p. 96.

ecution),为实现公共起诉而新增设了一个重要机构。[1] 其次,我们也清楚,在必要时或紧急时,只要能有简单的调查方法可以运用,总是会有私人对犯罪提起诉讼。[2] 最后,法律允许法院免除私人起诉者的诉讼费用成本。[3]

但是,就抓捕嫌犯与搜索取得证据而言,最有成效的犯罪调查还是由警察机构来实现。由专门的机构积极调查几乎所有的案件,这已成为现实。英国仍然保持了其私诉模式的特质,但警察机构已成为必要的、固定不变的司法辅助力量。将权力移交国家司法部门并且让治安法官在预审程序进行讯问,英国与法国均完成了司法变革任务。确定无疑,最权威的英国作者已写明了这 348
些,警察官员没有特别的权力,他们与提起私诉的个人相同。史蒂芬写道:"不同级阶的警察无疑是法律上指定拘捕嫌犯的官员,但是警察以此目的而拥有的权力也同时被私诉者所拥有。事实上,一旦某人被人怀疑涉嫌犯重罪,警察被授权拘捕无辜者,无论事实上该犯罪嫌疑人是否犯有重罪。然而,只有重罪案件中,私人才拥有这项权力,即使出现这样的案件,私人并不负有法律义务去拘捕犯罪嫌疑人。但是在其他情形下,他们与私诉者享有完全相同的权力。警察申请法定的令状或者同一案件中在无令状情况下实施拘捕。当他人实施拘捕后,他们也同样负有相同的法律义务。警察的权力范围其实与私诉者相同,一名警察讯问嫌疑人时并不比普通私诉者有更多的权力,警察也不得强迫证人出席。总而言之,除了一些个别例外,警察被视为替代私诉担当职

[1] *Stephen*, "History of Criminal Law," Vol. I, p. 501.

[2] *Maitland*, "Justice and Police," p. 138.

[3] *Stephen*, "History of Criminal Law," Vol. I, pp. 498-499.

责义务,如果警察有心的话,他或许自愿实施。"[1]但是,史蒂芬这样的解释并不符合事实。当警察发现某人已经涉嫌犯罪时,警官拥有无令状拘捕的权力至关重要。并且,如果警察基于诚实善意而进行拘捕,即使事实上没有犯罪行为而错捕,警察也会对此免责。我们或许还应当注意到,警察很大程度上还有搜查的权力。虽然这样的案件中私诉者的权力或许已够充分,但是要决定实施时,他们必定会迟疑,因为他们会担心自己会因此承担法律责任。因此,一名警察处于拥有特殊权力的地位,而且拘捕被告、搜查证据、搜寻证人是警察的事务,这些都显而易见。属实的是警察不能试图从被拘捕者获取认罪供述,但是讯问嫌犯在英国诉讼程序中不再是问题了。为了获取合法的拘捕令,事实上警察必须将囚禁的犯罪嫌疑人尽力不迟延地带到治安法官面前。但是,恰恰是嫌犯出现于治安法官这样的司法实践,进而改变了英格兰的"预审审讯"制度。

349 前面我们已经了解预审审讯如何被治安法官正式采用。在治安法官面前,预审审讯总是可以实施。但是在一些重要的城市,是在地方治安官面前进行审讯,19 世纪,伦敦及其他一些城市开始设立"领薪治安官"(Stipendiary magistrates),其隶属于治安法院。[2] 治安法官通常是声名良好贤达人士,由其主持庭审,被拘捕的犯罪嫌疑人必须被带到法庭上,之后进行审讯,在新的司法背景下,预审形成了一项新的著名的审理方式。审讯方式现在司法化。法院无疑有权禁止公众在场旁听,但法官们极少利用这项权力,通常所有的审讯均公开进行。拘禁的犯罪嫌疑人被告知,不得强迫他向法庭陈述,但他自愿所说的所有陈述均可能被

〔1〕 *Stephen*, "History of Criminal Law," Vol. I, pp. 493–494.

〔2〕 *Maitland*, "Justice and Police," p. 101.

作为对其不利的定罪证据。警察与私诉者要求出庭的证人将被听审，起诉律师会对证人询问其是否自愿作证。被告也有权聘请律师，律师对出庭的证人进行交叉询问，并且可以如愿要求己方的证人出庭作证。这是真实的司法审判，学者梅特兰对此称为“预审”。[1] 证据被简略记录，但是依据规则，被删减的记录不得在陪审团面前宣读。[2] 审理结束，治安法官给出裁决。如果未发现严重的起诉罪行，治安法官开释被拘捕的被告人。相反，则交给巡回法庭处理，并决定继续监禁，除非被告成功申请到保释。

但是在细致的预审审讯之后，大陪审的起诉程序并不会省略，大陪审团必须介入。不过，大陪审团的实质构成却发生了改变。“实践中，在巡回法庭为国服务的大陪审团成员总是由郡县治安法官来组成，法庭官员从治安法官名单中召集直到满 23 名为止。尽管如此，治安法官在大陪审团审理案件中并没有特殊的法定权力或职责。”[3] 在此情形下，容易理解大陪审团通常只是修正预审治安法官的裁决。梅特兰说：“尽管如此，大陪审团成员的质询相当独立于预审法官。大陪审团制拯救了一定数量的无 350
辜者，避免其遭受人格羞辱与公开审判时公众的愤怒情绪。治安法官预审在所有案件的审理并非实质化，这样的情况由来已久时，大陪审团制显得有必要。但是，英国现在预审程序的实质化已经非常普遍，大陪审团无视治安法官起诉状的情形鲜有发生。”[4]

英国法在开庭审理期间废除了对被告的审讯，这常让被告沦

〔1〕 *Maitland*, “Justice and Police,” pp. 123–129.
〔2〕 *Maitland*, “Justice and Police,” p. 132.
〔3〕 *Stephen*, “History of Criminal Law,” Vol. I, p. 254.
〔4〕 *Maitland*, “Justice and Police,” p. 139.

为仅仅是诉讼程序的参与人,尤其是被告聘请了辩护律师后。[1] 这些情况显得奇怪并且造成诸多不利之处。事实上,如果被告愿意,法庭通常允许其当庭“陈述”。但是,依据预定的英国司法理念,被告所陈述的一切均是在无宣誓的情况下作出的,缺乏可信度。1898 年的《刑事证据法案》允许被告代表自己自愿作证。如果愿意,被告可以走到证人席,向法庭宣誓再作证。不得强迫被告如此,但是他不能再仅仅陈述而不宣誓,当然在法案通过之前是可以的。[2]

最后,最近重要的改革是由 1907 年 8 月 28 日生效的法案所完成,设立刑事上诉法院并且修改法律聚焦在刑事诉讼案件上。[3] 刑事上诉制度的改革是一项非常伟大的改革。就上诉制度而言,老旧的复审程序(以令状错误而重新审理)缺乏实效性。1908 年,霍尔兹沃思先生对这些继续进行了说明,他作了如下解释:“我们的刑事司法系统相当古怪,无论是陪审团错误地裁决了事实,还是一名法官违法审讯,居然没有一个特定的部门机构负责上诉事宜。”[4] 1907 年的法案使这两种理由的上诉均变得可能。从司法技术视角审视英国法是非常重要的,但这是我们难以进行的调查研究。我们或许只是叙述了,英国没有受限于任何传统理念,即在刑事案件中代表人民的陪审团的定罪结果不能被推翻。

[1] *Dickeng*, “The Old Curiosity Shop,” ch. 63.

[2] *Esmein*, “Le' Criminal Evidence Act' de 1898 et le serment des accuses en Angleterre,” in the Revue politique et parlementaire of November, 1898.

[3] “Annuaire de legislation etrangere,” published by the Societe de legislation compare, 1908, p. 14 *et seq*.

[4] *Stephen*, “History of Criminal Law,” Vol. I, p. 84.

第二章　17 世纪和 18 世纪的刑事诉讼与公众意见 351

第一节　17 世纪的刑事诉讼接受度

拉布吕耶尔(La Bruyère)、奥古斯丁·尼古拉斯(Augustin Nicolas)、迪斯佩斯(Despeiss-es)——在 17 世纪,公众绝不反对我们之前描述的纠问和秘密程序。在当时,这种程序被视为一种必要的严厉,如同国王的绝对权力和宗教对异教的不容忍一样,被人们毫无疑义地、本能地接受下来。那时,对心甘情愿顺从的需要占据着所有人的思维。事实表明,酷刑作为这一程序中最可憎的特征,仍能以玩笑而非讽刺的口吻摆到台面上讲。我们知道在《讼棍》(Plaideurs)中有一幕,昙丁(Dandin)向伊莎贝尔(Isabelle)提议:

D:"你从未见过对人实施酷刑吗?"

I:"是的,我想我一辈子也不会见到。"

D:“跟我来,我满足你的意愿。”

I:“噢,先生,我们怎能眼见不幸的人遭受折磨呢?”

D:“没关系! 只用一两个小时!”[1]

拉辛(Racine)无疑是让妇女采用了同情的口吻,但他也并未试图将昙丁塑造成怪物去激起观众的恐惧。同样,莫里哀(Molière)让钱箱被偷的阿巴贡(Harpagnon)说:“我将去找法官,严刑拷打我的管家、仆人、侍者、儿子、女儿,甚至是我自己。”[2]这并未使人感到震惊,并且阿巴贡的想法,对他的侍者来说,一直
352 以来无论在任何时候都是严峻的现实。家主的指控构成某种假定,足以引发对家仆的酷刑。塞维涅夫人(Madane de Sévigné)满不在乎地提到酷刑。[3] 在文学家中,拉布吕耶尔几乎是唯一反对酷刑的人。他的抗议是激烈的,可以和他那篇著名的关于农民的长篇大论相提并论。“酷刑是一种奇妙的发明,它可以用来毁灭体质虚弱的无辜者,也可以用来为天生强壮的罪人开脱。处罚罪犯对恶棍是一种警告;审判无辜者则事关所有诚实的人。就我自己而言,我几乎可以说,‘我不会成为一个小偷或杀人犯’,但如果我说,‘我将来不会受到这样的惩罚’,那就太大胆了。在认定犯罪的轻率程序中,清白之人的处境是可悲的。法官的情形又能好到哪里去?”[4]在其他地方:“我承认监禁和体罚是必要的,但在正义、法律和必要外,看到人们如何残忍地对待他们的伙伴,我

[1] “Les Plaideurs,” Act III, se. 4(1668).

[2] “L'Avare,” Act IV, sc. 7.

[3] “最后,一切都结束了,玛莉玛德莲·玛格莉特·德奥贝(亦称布兰维利耶侯爵夫人,17 世纪法国著名连环杀手)在空中飞翔;行刑后,她可怜的小身体被扔进一堆大火里,灰烬随风散落……他们威胁要严刑拷打她,但她说这没有必要,而且她会把一切都告诉他们……尽管她已招供,他们还是对她施加了普通和不寻常的酷刑,然而她也并没有招供更多。”Letter of 17th July, 1676, edited by Monmerque, vol. IV, pp. 528, 529.

[4] “Les caractbres,” De quelques usages.

总是感到奇怪。"[1]诚然,贝卡利亚(Becaria)和伏尔泰(Voltaire)也并未将情况说得更好,但如此雄辩的声音却是唯一的!

约 17 世纪末,伟大的法令颁布后 11 年,另一种声音冒了出来,响亮动人。那来自一个地方官,第戎议会主席奥古斯丁·尼古拉斯。他是皮埃尔·艾罗聪颖的后裔,是那些把科学和高尚心灵结合在一起的地方官之一。可以说,他是近几年才被拉布莱(MM. Laboulaye)和福斯汀·赫利(Fausitin Hélie)发现的。[2] 在此项历史考察中,他配得上拉穆瓦尼翁的地位。他上承艾罗,下接 18 世纪的公法学家,并且令人高兴的是,即使在法国刑事诉讼最为糟糕的时代,真理的火炬也从未熄灭,勇敢的人一个接一个地传递着神圣的火焰。

尼古拉斯的作品并非一部大部头。[3] 他并未涉及作为一个整体的刑事诉讼程序。他将所有的努力都集中在那个最令人深 353
恶痛绝的点上;他谈到酷刑,尤其是在针对巫术的程序中实施酷刑。然而,尼古拉斯并非反叛之人,因为对于一个 17 世纪的地方官来说,反叛是很奇怪的。他尊重一切权威并将著作献给国王。在序言中,按照当时的风格,他将国王比作赫拉克勒斯:"陛下,如果您打算保护目前的工作,并在论点的支持理由上加上您的权威,那么您只需付出更少努力就能在帮助无助和无辜者问题上取得与他(赫拉克勒斯。——中译者注)一样的功绩。陛下,只有像您这样强大的国王才能担起如此重任,在整个领土上纠正这些后世

[1] "Les caractbres," De l'homme.

[2] M. Laboulaye, Revue des eours litteraires, vol. II, p. 770.

[3] "Si la torture est un moyen sur A verifier les crimes secrets; dissertation morale et juridique, par laquelle il est amplement trait6 des abus, qui se commettent partout en l'instruction des procus criminels, et particulirement en la recherche du sortilage. A Amsterdam chez Abraham Wolfgang, pros de in Bourse. 1682."

从最腐败源头承接而来的弊端。这是需要法国君主运用他的绝对权力从其王国中予以消灭的,并通过崇高榜样的树立,促使其他基督教王公在自己的领土上纠正那些查明和惩罚罪行的错误方法。如此多可怜的无辜者在这些年里死于可怕的暴力折磨,如此多可怜的女人因被难以忍受的折磨逼迫忏悔,被不公正地判处巫术罪而殉难,(他们)向宇宙大领主宝座伸手祈求,正是后者将治理广大民众的重任委任于您!……陛下您已不是第一次煞费苦心地保护领土不受由不当程序带来的欺骗与掠夺恶果的侵害。如今法国在科学和文化上居世界各国之首,为您准备了大量伟大的天才,能够分担您肩上的重任。”尼古拉斯对自己所宣扬观点的重要性深信不疑,因此他对所有基督教国王说:“既然我认为自己的论述是在为基督教共和国尽最大的努力,我就不怕将其呈现在所有基督教王公们面前,也不怕恭恭敬敬地祈求他们认真阅读和研究此文。”[1]同样,涉及巫术,他向高级教士会议求助。[2]

354 他不仅尊重已有权威,而且尊重时代偏见。尽管他的整本书都显示出其对巫术的不信任,但他宣称“否认巫师的存在是无知的非常确定的标志”。[3] 他感到先入为主思想的强大力量对他不利。长期以来,他一直犹豫不决,“生怕把与日常生活格格不入的事情公布于众”。[4] 他知道反对将来自“那些试图通过抨击作者是巫师倡导者和有罪不罚保护者从而驳斥作者论点的人”。[5]

〔1〕 p. 188.

〔2〕 “我恳请第一次理事会合法召开会议,调查我针对这些问题给出的理由,我尊重他们的裁决。”

〔3〕 p. 153;但与 p. 154 对比:“认为巫师要为所有被认为是他们造成的灾难负责,这是一种疯狂的想法。”——p. 137:“无论德国医生怎样评价他们国家的巫师数量,那些巫师并不像他们想象的那么伟大。”

〔4〕 p. 7.

〔5〕 p. 52.

但他也感到自己有责任履行职责，他紧张地说道：“等君主自行解决问题是徒劳的。只要有学识的人和智者不敢发表对此类问题的看法，依赖其官员的王公们将永远无法得到任何关于此问题的权威信息。”[1]

在这本书中，可以说有两份才智，它们就像一块布里两条不同的线缠绕在一起。一条是针对其同时代人的争论，在我们看来，也许冗长、乏味、不堪一击，但那是对那个时代的人们所使用的论据，用他们理解的语言来表达。因此，尼古拉斯坚持认为酷刑是罗马异教的一种手段，他坦率地宣布这是魔鬼的发明。[2] 他非常努力地证明，摩西律法和基督教的温和律法中都没有它的踪迹，教会法也不允许这样做。[3] 特别是他对所有有关酷刑的罗马法文本以及其援引的西塞罗和亚里士多德的文章都进行了仔细检视，这就我们的目的而言太长了。但必须注意的是，他给出了具有足够准确的历史意义的证明。他深知“使用它的早期罗马人只敢对奴隶实行这种习俗”，并且是在“罗马共和国好的时代
中”存在这种情况。[4] 他清楚地展示，罗马法中的“对侵犯陛下 355
威严而进行的指控”(accusations de majesté)完全不同于法国法律中的叛国罪。[5]

除此之外，还有其他在他看来真正适当而真实的原因。在这里，他越过同时代人的眼光，向将来能够理解他的后代提出自己的见解。当他主张理性和理智的权利时，我们似乎在听一个 18

[1] p. 189.

[2] 其中有一段话，p. 33：“凡是反思酷刑的起源和始作俑者的人，都很难不同意这是魔鬼的发明，向异教徒和暴君们提出以压迫无数诚实的人。”

[3] p. 190 与 p. 81 等对比。

[4] p. 10.

[5] p. 66.

世纪末的人讲话:“尽管我和任何人一样都尊重人道法的权威,但当这种常识使人反感(在这种情况下)并且与自然理性相矛盾时,我就不能屈从于它。”[1]——“我们享受自然平等和共同权利的正义,这要求我们在危险最大的地方采取最充分谨慎的措施,以确保审判的可靠性。”[2]事实上,在很多方面,尼古拉斯并非他那个时代之人。他是宗教宽容的拥护者,[3]他重视观察的准确以及令人熟悉的和栩栩如生的细节,体现了当今之人的思维方式。[4] 他将自己的个性放在首位,并呼吁个人良知。“我首先考虑我自己的情况,坦率地说,我是一个宁愿迅速死亡而不愿忍受这种无法忍受痛苦(如酷刑)的人……而且毫无疑问,每个有道德的人只要不是斯多葛主义者或运动员,都会如此想。”[5]

从这种思维方式,我们可以推测尼古拉斯是如何看待酷刑的。他说:“没有人会否认,哪怕是半个小时的严刑拷打所带来的苦难,也比三次绞架或断头台的惩罚要多……肢解活人而将我们暴露在有可能发现他是无辜的可能性之下;如果一个人拥有好运或体质能够忍受痛苦,那无论他可能犯什么罪也能获得自由;惩罚已遭受酷刑苦难而受迫认罪的无辜者乃不公正之首,这些都有
356 存在的足够理由吗?但这难道不是每天都在发生?”[6]他列举了无数无辜者在酷刑下招供的例子,并惊人逼真地表现了法官面对

[1] p. 15.

[2] p. 26.

[3] “当不明智的热情使我们武装反对我们的兄弟叛逆,向他们报仇时,我们的基督教专业就不能免于这些可耻的狂热,就神的利益,以及任何可能损害到的对神的敬拜和信仰向他们报仇。”(p. 50)

[4] 巫术部分,参见 p. 105。

[5] p. 29.

[6] p. 18.

不肯招供的被告逐渐增加的恼怒。〔1〕 他拒绝描述折磨。“任何想要了解在这种屠杀中所使用器械的人,只需阅读涉及这一主题的意大利作家的著作……西班牙式(睡眠剥夺的折磨),迫使一个人在空中悬吊七个小时以免靠在磨尖的铁器上,后者会刺穿他的背而造成难以忍受的疼痛;马西勒(Marsile)或佛罗伦萨式,……半红的三脚凳上坐着一些被控施巫术的虚弱妇女,她们被关在可怕的监牢里受尽折磨,上面挂着镣铐和铁链,在阴森发臭的肮脏停尸房中腐烂,瘦骨嶙峋,半死不活,一个人的身体必须忍受这样糟糕透顶的折磨。”〔2〕

很明显,这种写作风格感人至深且色彩鲜明;但语言通常是温和的,是怜悯而非愤怒的结果;从中可以看出智者的洞察力。〔3〕 有时,他被作家们的语言激怒,后者以过去艺术大师的方式谈论酷刑,于是他将语气提高到强烈的讽刺程度。“宾斯菲尔德(Binsfeld)赞扬了马西勒的发明,后者发现了一种温和的方法,可以让各种各样的被告在不被打断胳膊或腿的情况下忏悔(通过睡眠剥夺)……这难道不是令人愉快的发现谎言和杀害无辜的方法吗?这难道不是奇怪的偏见力量,借用牧师和神学家的口吻,将其描述成微不足道的殉道者,或像马西勒所说,一种荒谬的折磨吗?〔4〕 这些人毫无保留无视理性地向权威低头,可悲的是,像吉恩·博丹(Jean Bodin)这样有学识的人,也任由自己沉迷于殉道野蛮和不人道的严酷中。这就包括土耳其人的酷刑,即在所有

〔1〕 p. 29:“有些刑事法官毫不留情地对每一个被告逼供,他们热衷于发明新的酷刑,在现有的酷刑基础上增加某种暴行,以便迫使被告枉顾一切危险而招供。”

〔2〕 p. 36.

〔3〕 散落在这里和那里的格言证明了这种宽广的胸襟。p. 134:“这是一个不变的规则,大多数争议表现出的是激情多于理性。”—— p. 70.“人们以自己的标准来衡量上帝,这是一个很常见的错误。”

〔4〕 p. 30.

受难者的手指和脚趾指甲和肉之间钉上铁钉,以及他称之为佛罗伦萨式的意大利酷刑方法,令人钦佩的各种折磨能使受难者说出
357 任何施暴者想听到的事……难道宾斯菲尔德不知道意大利人是全世界最善于使用酷刑的人吗,因为这本就是他们国家的发明?他说,马西勒让最顽强的人认罪,但他没有说,我们应当但太晚知道,对于许多法官来说,他们正在与罪犯打交道的信念制造了多少殉道者。"[1]

对于这一切,我们能说什么呢?尼古拉斯也预见到一个可能的反对意见。在我们已经描述过的法定证据制度中,酷刑似乎是其必要补充,是避免可耻的有罪不罚的唯一手段。这种反对意见并未阻止他;虽然他没有清楚地阐述自由心证的理论,但他至少暗示了这点,通过回归真相以找到真正的解决方案。"可以这么说,如果放弃刑讯逼供的供词会孕育有罪不罚,鉴于定罪并非总是那么容易,一些被认为有罪之人将因缺乏证据和供词而被迫释放。当正义把他们(法律界人士)限制在合法的定罪方法上,而非将判决的成功和公正押在用无法忍受的酷刑逼取的供词上时,已有足够的罪犯让他们忙活的了。宽恕无辜之人的鲜血,和让有罪之人流血一样,都能使上帝得到很好的侍奉。[2] 据说,对一个法官来说,满足于可能的确定性,并将他的良心寄托在法律和实践为他行为制定的规则上就足够了。但如果对他的良心来说,他立足于一个人生命而加以判断的证据是不确定的,我不知道在这样严重的问题面前,他怎样才能有足够的确信,在自己的头脑中放过此事。或者,他所依凭的公权力怎样才能负担在上帝或人面前

[1] p. 32.
[2] p. 43.

的足够正当性。”[1]最重要的是,尼古拉斯通过指出在秘密犯罪中即便是有异议的证人也被及时接纳,从而展示了无数预防措施的愚蠢。[2]

要知道,尼古拉斯的书没能说服任何人。然而,不能说它未被注意。在18世纪,我们可以看到卢梭(Rousseau)不吝以最高的赞美来引用它。

最后,我们记录下17世纪另外两个不太引人注目的反对刑 358
事诉讼程序的抗议。首先是勃艮第公爵的导师弗勒里(Fleury)神甫写的一篇短文《对勃艮第的路易斯、杜克利及王太子的建议》(Avis à Louis, duc de Bourgogne, puis dauphin):“我国源自纠问制的刑事诉讼制度改革,更倾向于发现和惩罚有罪之人,而非为无辜者辩护。”[3]另一种批评针对酷刑的使用,埋藏在迪斯佩斯所著《防范犯罪之司法命令的原因》(Traité des crimes et de l'ordre judiciaire observé ès causes criminelles)中。[4] “严刑拷打下所说的话不总是可信的……被告因不确定的事实而承受确定的惩罚。这种折磨的发明与其说是对真相的考验,不如说是对耐心的考验;能忍受(痛苦)的人隐藏了真相;同样不能忍受的人也隐藏了真相。折磨会像迫使我承认真实的事一样轻易迫使我说出不真实的事。如果一个人没有做他所被指控之事,他有足够的耐心来忍受这些折磨,那为什么做了这件事的人,当其生命作为丰厚报酬摆在他面前时,却不愿忍受呢?‘痛苦使无辜者说谎’(Etiam innocents cogit mentiri dolor)! 于是会发生这样的事:一个人被法

〔1〕 p. 55.

〔2〕 p. 17.

〔3〕 Quoted by *Poullain du Parc*, vol. XI, p. 5.

〔4〕 Part I, Title X(Lyons edition, 1750, p. 1713).

官施以严刑以防止无辜死亡,结果却无辜地死去并受到惩罚。成千上万的人已因错误认罪而使其灵魂承受重负。因尚存疑问的恶行而毁灭一个人是可怕的。在法官对事实无知的情况下他有什么权力?为避免无缘由地杀人,竟采取比杀人更恶劣的方式,用比体罚更痛苦的办法来审问他,难道不是很不公道吗?有些人对折磨麻木不仁,在折磨下可能永远也不会说出实话;而有些人宁愿死也不愿忍受折磨,他们会承认自己没有做过的事。"

但这些在孤立头脑中的思考并未向大众阐明。1750年,律师巴比尔发现了关于无辜者承受酷刑的绝佳案例:"沙朗通(Charenton)一个可怜的税吏,因被控公路抢劫,而被长期监禁,经受了常规和非常规的酷刑。真正的小偷被捕后认罪,才证明其无辜。这是法官在刑事事务中功能微妙的证据。"[1]

359 ## 第二节 18世纪的哲学运动

然而,旧的观念,旧的社会构想,注定要逐渐屈服于新思维方式的压力。18世纪的哲学出现了;它只承认两个原则来决定所有的社会问题,理性和对人类的同情,他们称为人性(humanity 或 human nature)。[2] 哲学家们的奋斗口号,根据他们的一个门徒的说法,是理性、宽容和人性。[3]

〔1〕 "Journal," IV, p. 446.

〔2〕 参见 Taine, "Les origines de la France contemporaine," vol. I, Book III, ch. III, pp. 266 *et seq.*; 276 *et seq.*; Book IV, p. 384 *et seq.*

〔3〕 *Condorcet*, "Tableau historique des progrès de l'esprit humain, 9eépoaue." Condorcet 定义了人性术语。"它是对折磨着人类的一切苦难的温情和积极的怜悯之情,是对一切在我们的公共机构、政府行为或私人行为中给所有有血有肉的人施加新苦难事物的恐惧。"

还有什么比这样一种刑事诉讼程序更不合理呢？在这种程序中，控方举足轻重，而辩方却无足轻重；法官一方面拥有可怕的力量，另一方面又感到自己被一种证据的理论所束缚，这种理论支配着他的决定，控制着他的个人信念。多么奇怪的绝对正确的想法啊，在术语上就是自相矛盾的！还有什么比长期监禁、秘密的、诱捕性的审讯，以及最终达至极致的酷刑更不人道的呢？"我听到大自然的声音在咆哮着反对我"，孟德斯鸠(Montesquieu)进而开始阐释酷刑。[1]

塞尔万(Servan)说："如果这些人有罪，他们仍值得同情；但如果他们是无辜的，哦，那就太可怕了！啊，真是可惜！听到这个想法，人类从心底发出一声可怕而同情的叫喊！"[2]贝卡利亚宣称战斗必须"用理性的武器"进行；他召唤时代"温和和人性胜过君主的力量"。在这些新权威面前，旧刑法再也无法长期立足。

这还不是全部。这些积极的知识分子寻求普遍改革，展开对过去和现在的广泛调查。他们调查了国外之前和现在的状态。其中，有两个国家的制度引起了他们的注意：罗马和英国。他们 360
发现，在罗马鼎盛时期和当时的英国，刑事诉讼程序——公开的审判、充分自由的辩护及陪审员审判，与法国完全不同。在此之前，人们对罗马人的刑事诉讼程序并非缺乏了解。老埃罗以科学的方式阐明了这一点，他的优秀著作据此成为经典，法德的评论至今仍在援引其著作。确实，他不断引用古人的例子来反对其所处时代的可憎做法，但并未受到重视。这些历史观念仍然存在，正如我们在英伯特书中所看到的那样。[3]　拉穆瓦尼翁在有关刑

[1] "Esprit des lois," Book XVI, ch. XVII.

[2] "Discours de Servan" (prefixed to *Serpillon's* "Code criminal," p. 14).

[3] "Pratique," Book III, chap. XIII, No. 3.

事法令的会议上称:“如果要把我们的刑事诉讼程序同罗马和其他国家的刑事诉讼程序作一比较,我们就会发现,他们的刑事诉讼程序决不像在法国那样严格。”[1]“在罗马”,穆亚特·德·沃格兰写道,“起诉是公开的,被告有机会知道原告是谁,以便能够贬低他;或者被告能够知道对方证人是谁,以便可以反驳他;最后,被告有机会知道自己被指控何罪,以便立刻提出抗辩,原告不得不立即或在短暂延迟后答复他;此外,被告还能得到律师的帮助”[2]。

这一切并未使法学专家感到不安,他们也没有对自己做法的正确性产生怀疑,但改革者们急切地拿起了这一武器。孟德斯鸠在刑事案件中常引罗马法。伏尔泰(Voltaire)写道:“在罗马人中,证人的证言当着被告的面公开听取,被告可以回答他们的问题,也可以亲自询问他们,或请辩护人来这样做。这一过程是高尚而坦率的,具有罗马人的宽宏大量。”[3]在制宪会议上,陪审团被称为“罗马人”。[4] 但他们尤其关注英格兰,这个国家知道如何维护自己的政治自由以及其他自由。法国哲学家常借英国人
361 之口说出其政治理论。[5] 刑事诉讼程序是英国人最完善的制度之一。孟德斯鸠经常引用它,甚至未经命名。[6] 伏尔泰经常引用来自海峡对岸传来的东西。“C. 在你看来,在所有的国家中,哪一个拥有最好的法律和最有利于大众福利和个人幸福的司法制度?——A. 毫无疑问是我们(英国)。事实证明了这一点,在我们

[1] “Procès-verbal,”p. 163.

[2] “Instit. crim. ,”Part III,ch. II,p. 69.

[3] “Commentaire sur le Traité des délits et des peines,”ch. XXII.

[4] *M. Mougin*,“依照罗马人以前使用的陪审员方法设立陪审员。”1790 年 10 月 27 日、29 日通报。

[5] Mably,“Des droits et des dovoirs du citoyen.”

[6] “Esprit des lois,”Book VI,chs. II and III;Book XII,ch. II.

所有的争论中,我们总是颂扬自己优秀的宪法,而在几乎所有的其他国家,他们都在叹息着要改变。我们的刑法是公平的,绝不是严厉的。我们废除了酷刑,大自然在其他国家反对酷刑但归于徒劳。这种摧毁软弱的无辜者,并为一个强壮的罪犯辩护的令人震惊的方法,在我们臭名昭著的大法官杰佛瑞斯的统治下结束了。他在詹姆斯二世统治期间利用了充满野蛮快乐的残暴习俗。我们不会因证人粗心大意的证言便认定其撒谎从而惩罚他,这样证人会退缩;我们不会让证人秘密作证,那会滋生告密者。诉讼是公开的,秘密审判是暴君的发明。"[1]——"幸运的是,在英格兰,没有任何审判是秘密的,因为追究罪行的目的是给人民上公开课,而不是私下复仇。质证大门敞开,所有具有利害关系的审判都在报纸上公布。"[2]——"轻微的不公正监禁将由下达命令的官员赔偿。"——"在英格兰,该岛以许多残酷罪行和如此多良好法律而闻名,陪审团本身就是被告的拥护者。从爱德华六世时代起,他们就帮助捍卫被告的弱点,并向其提出各种方法。在查理二世统治期间,每名被告得到两名律师协助,因为有人认为陪审团只是事实的法官,而律师更熟悉法律的陷阱且懂得如何规避。在法国,刑法似乎是为毁灭人民而故意设计的。在英国,这是他们的保障。"[3]

埃朗·德·洛美(Erelong De Lolme)一本虽不完善但很清晰的书提请人们注意陪审团的程序,就像注意其他英国机构一

[1] "L'A. B. C. ,ou Dialogues entre A,B,et C"(fifteenth conversation).

[2] "Histoire d'Elisabeth Canning et de Calas," "Comment. Des Délits et des peines," ch. XXXII.

[3] "Prix de la justice et de l'humanité," Art. 23(1777).

362 样;[1]布莱克斯通评注的翻译口口相传;[2]当革命实现了哲学家们的纲领之时,也正是英国为制宪会议提供刑法典范之日。

这就是我们提出要遵循的新原则和新模式。旧刑法和旧程序受到来自四面八方的抨击。1721 年,孟德斯鸠在《波斯人信札》(lettres persames)中,阐述了他关于惩罚的性质和效果的深刻公理。[3] 在《论法的精神》(Esprit des lois)第六卷和第十二卷中,他阐述了刑法和刑事诉讼程序的真正原则。之后是贝卡利亚,孟德斯鸠的弟子(1766 年)。卢梭最关注的是道德和政治问题,很少关注刑法,他在《社会契约论》(Contract Social)中只作了一个简短的描述。但他关于刑法的原则注定会在未来产生最大影响。伏尔泰在这些问题上是最伟大的使徒和传播者。他在无数作品中不断地谈论它:《卡拉的故事》(Mémoires pour les Calas)、《伊丽莎白·坎宁的故事》(Histoire d'Elisabeth Canning)、《记骑士拉巴雷之死》(Relation de la mort du chevalier de La Barre)、《阿拉斯法院的谬误》(La Méprise d'Arras)、《蒙贝利先生及其妻子的刑事诉讼》(Procés criminel du sieur Montbailly et de sa femme)、《犯罪与惩罚评注》(Commentaire sur le Traité des Délits et des peines)、《论宽容》(Traité de la tolérance)、《人性公正的奖赏》(Prix de la justice et de l'humanité)。这份名单很长,还不完整,只有些最响亮的声音。在大师的旁边,还有无数的弟子在讲话,我们无法详细地提到他们的作品。然而,分析哲学家中对刑法改革贡献最大的三个人的思想,我们认为是有用的:那就是孟

[1] "Constitution de l'Angleterre," by M. de Lolme(new edition, Geneva, vol. I, Book I, chs. XI and XII On criminal justice.

[2] "Recherches sur les cours et les procédures criminelles d'Angleterre, extradites des Commentaires de Blackstone," 1790.

[3] "Lettres persanes," Letter 78.

德斯鸠、贝卡利亚和伏尔泰。

第三节 孟德斯鸠、贝卡利亚和伏尔泰作品中的刑法

关于刑事诉讼程序,与刑法一样,孟德斯鸠坚持通说"政治自由",他说,"包含在安全,或至少我们享有安全的观点中。这种安全受到的最危险攻击,莫过于公共或私人的控诉。因此,主体的自由主要依靠优质的刑法……在一些国家已经获得或以后可能在其他国家获得的知识,即在刑事判决中能观察到的最安全规则,比世上任何事情都更令人感兴趣。自由只能建立在实践这种 363
知识的基础上;假设一个国家在这方面有最好的法律,在这个政府下审判的人,即使第二天被处以绞刑,也会比土耳其的总督拥有更多自由"[1]。这是卓越的公理。刑事诉讼不仅是犯罪人还是所有人自由的保障;正如罗西(Rossi)所言:"英国的陪审团和它的议会是同一座大厦的砥柱。"

但在什么情况下,刑法才是真正的保护者呢?有两点是必备的,特定的形式和防卫自由的可能性。"很明显,在共和政体中,至少需要和君主政体一样多的程式。在两种政府中,它们都同人民的荣誉、未来的自由和生命的价值成正比。温和政府中,即使最卑微臣民的生命也宝贵,非经长时间调查,任何人的荣誉和财产不被剥夺;非经国家之手,无人会失去生命,——如果国家没有留给个人尽一切可能为自己辩护的手段,国家的攻击将不被允

[1] "Esprit des lois,"Book XII,ch. II.

许。”[1]对固定法律的需要没能给法官留下自由裁量,[2]孟德斯鸠就此有过论述。正如我们所说,他没有谈及太多细节,只选定了两三个要点。关于起诉,他承认检察官制度,这是古代法律在短暂消失后的一个必要留存:“我们目前有一项令人钦佩的法律,即执行法律的王子在每个司法法庭任命一名官员,以王子名义起诉各种罪行;自此,我们就不了解控告人这个职业了,如果这个公共复仇者被怀疑滥用职权,他将很快归罪于他的创始人。”[3]孟德斯鸠给酷刑贴上了耻辱的烙印;[4]但奇怪的是,他认可了——如果不是整个法定证据制度——至少是一项规则,即必须有两名证人来证明有罪;[5]在这一点上,伏尔泰则更具远见。

364 贝卡利亚的《论犯罪与刑罚》(Treatise on Crimes and Penalties)在米兰以意大利文出版,[6]由莫雷特(Morellet)翻译的法语版则在 1766 年 2 月出现。[7] 该书在法国的巨大影响力甚至超过了意大利。

贝卡利亚探究细节。在用几章论述固定惩罚的必要性后,他抨击了滥用候审拘留(第六章)、秘密指控(第九章)、被告宣誓(第十一章)、诱导询问(第十章),及最终的酷刑。他要求判决和诉讼程序的公开性。“审判应当公开;犯罪的证据应当公开,公众舆论作为唯一的社会约束将抑制暴力和激情。”(第七章)

[1] “Esprit des lois,”Book VI, ch. II.

[2] Ibid., Book VI, ch. III.

[3] Ibid., Book VI, ch. VIII.

[4] Ibid., Book VI, ch. XVII.

[5] Ibid., Book XII, ch. III.

[6] 涉及法国哲学家对贝卡利亚的影响,参见 *M. Paul Janet*,“Histoire de la philosophie morale et politique,”vol. II, p. 412 *et seq.*

[7] 1766 年,莫雷特致贝卡利亚书信:“是马列谢贝斯先生,我有幸与他联系,他建议我把你的作品翻译成我们的语言。我的翻译是八天前出版的。”

至于证据制度,他显然是倾向于自由心证。他更喜欢“凭感情判决的无知”——“判决所必需的只是良好的感觉,这个指南比法官的学识更少误导人”。他还说:“在一个良好的法律体系中,重要的是要以精确的方式确定证人的可信程度以及构成犯罪所需证明的性质。”(第七章)

很明显,贝卡利亚要求的改革实际上并非特别大胆,并未大大超出拉穆瓦尼翁已经提出的要求。但这一切都是理性的主张,这使得该书引起的巨大轰动变得可以理解。此外,所谓的刑法原则在该书中也占有重要地位。“贝卡利亚”,孔多塞(Condorcet)说,“在意大利驳倒了法国法学的野蛮准则”。这本书的翻译莫雷特向贝卡利亚转达了所有法国哲学家的祝贺。“我特别高兴地向你转达狄德罗先生(M. Diderot)、爱尔维休先生(M. Helvetiuy)、布丰先生(M. de Bufon)的感谢和问候……我已经把你的书交给卢梭先生了……休谟先生(M. Hune)和我住了一段时间,他让我告诉你有关他的很多事……达朗贝尔先生要给你写信。”[1]

伏尔泰注释了《论犯罪与刑罚》,但对我们来说,他的刑法著作比贝卡利亚的书有更多的现实关注。事实上,伏尔泰对《1670 365
年法令》的批评是精确的、几乎技术性的,而非泛泛而谈和华丽的长篇大论。除准确信息外,他还给它带来了一个自己非常必要的品质,令人钦佩的具有良好意识的洞察力。

“刑事法令”,他说,“从好几个方面来看,似乎都只为消灭被告。这是整个王国唯一的统一法律。它给无辜者带来的欢欣难道不应该和给罪犯带来的恐惧一样多吗?[2] 自1670年以来,刑事程序更加严格;如果大多数委员都和拉穆瓦尼翁先生有同样的

〔1〕 莫雷特致贝卡利亚书信,1766年2月。

〔2〕 “Commentaire du Traité des délits et des peines,” ch. XXIII.

想法,情况就会温和得多"[1]。在伏尔泰的批判中,我们可以看到刑事程序的所有阶段。他对诉讼开始阶段的抱怨和谴责只字未提;事实上,幸存下来的都是些明智条款。[2] 及至控告,他发现自己面对着两个弊端:秘密和监视。"虽然在某些情况下,监视是必要的,但在其他许多情况下非常危险;它促使人民中的渣滓来控告他们总是嫉妒的上级……在宗教裁判所的法庭里,可能没有什么比这更为非法的了;而监视非法性的一个很好证明是,它们并非直接来自治安法官,而是来自教会权力。"[3]

他提到很多关于这个过程的秘密:"所有这些秘密程序,也许可以比作一根火柴,它在不知不觉中燃烧,却能点燃一颗炸弹。"——"秘密是为了正义吗? 秘密只属于犯罪。这是宗教裁判所的程序。"[4]——"在我们这里,一切都是秘密进行的。法官和他的书记员单独听审每一个证人。这一习俗由弗朗西斯一世确立,并由受雇于将路易十四《1670 年法令》融会贯通的委员们确
366 认,而确认完全源自一个错误。在阅读《证人》(de Testibus)时,他们想象,'证人进入法官办公室'(testes intrare judicis secretum)表明证人受到私下盘问,但'secretum'在这里的意思是法官办公室;'Intrare secretum'如果表示私下讯问,就是错误的拉丁文。因此,我们法律的这一部分是建立在错误的基础上。"[5]在这里,伏

[1] Ibid.

[2] 奇怪的是,过去由当事人进行指控的消失使他感到遗憾:"那些明智地规定所有指控者和被告都应被监禁的国家是幸福的! 那是所有法律中最公正的。""Prix de la justice et de l'humannité,"Art. XXII, § 3.

[3] "Relation de la mort du chevalier de La Barre." "There was no proof against my relatives," says Donat Calas in his "Mémoire," "and there could be none, so they had recourse to a monitory...The crime was suspected, so they demanded the disclosure of proofs?"

[4] "Prix de la justice," Art. XXII, § 5.

[5] "Comment. Sur le Traité des délits et des peines," ch. XXIII.

尔泰沉溺于奇闻轶事,这一癖好常使他从无关紧要的事实中寻找重大事件的起因;毫无疑问,在他所引用的博尼埃(Bornier)的书中我们发现,这个误解被认为是“这种习惯,或者更确切地说,秘密听取证人证词被滥用”〔1〕的原因,但我们也知道秘密程序是如何引入并保持的。然而,进入评论家网中的每样东西都是鱼。在伏尔泰看来,确证程序的缺陷并不比第一种作证少:“宣誓作证的人通常来自平民阶层,当与法官关在一起时,法官可以让他们说任何他想使其所说的话。第二次听取证人的证言,还是在私下。这就是所谓的确证程序。”〔2〕

被告怎样才能反驳这些证人呢?通过对质的方式;但“似乎是法律迫使法官以敌人而非审判者的身份对待被告,法官可以下令进行对质或不进行对质(法令称‘如有必要,进行对质’)。这方面习俗似乎与模棱两可的法律相悖。总有对质,但法官并不总让所有证人对质;他忽略了那些在他看来对控方不利的证人。但是,那些未在起诉中指证被告的证人却能够在对质时为他作证;证人可能之前忘记了某些对被告来说有利的情况。法官本人一开始可能也没有认识到这些情况的重要性,或者没有记录下来”〔3〕。

首先,这种对抗是虚幻的:“如果在确认之后,他们撤回了证词,或证词作出任何重大改变,他们将因伪证而受到惩罚。因此,如果一个单纯、诚实的人,回忆起他说得过多,误解了法官或法官误解了自己,从公正的原则上撤销供词,他将被当作不道德的人而受罚。这样,自然,人们会确认自己的虚假供词而非出于诚实而 367

〔1〕 Bornier, upon article 11, title VI of the Ordinance of 1670(vol. II, p. 82).

〔2〕 “Commentaire Sur le Traité des délits et des peines,” ch. XXIII.

〔3〕 “Commentaire des délits et des peines,” Art. XXIV.

将自己暴露在必然的惩罚中。”[1]

其次,被告被切断了与所有人的联系,而且没有律师:“把一个人扔进地牢;让他在那里成为幻想和绝望的牺牲品;只有当他因痛苦而失去记忆,整个身体紊乱时,才对他进行检查;这岂不是引诱一个旅客到贼窝里被杀吗? 不过,这是宗教裁判所的习俗。那一个字就给人以恐怖的印象。”[2]——“一个被怀疑犯罪的人,知道自己得不到律师的帮助,就逃离这个国家;这是受到任何一条法律格言鼓励的步骤……那么,你们的法律难道允许敲诈者或欺诈性破产者享有辩护特权,而拒绝将其给予可能是非常诚实和正直的人?”[3]

最后,是最残酷、最荒谬的酷刑:“既然还有基督徒,我该怎么说? 基督教牧师和基督教僧侣将酷刑用在支持其主要论点上,我们必须首先告诉他们的是,卡利古拉或尼禄,从来不敢将这样的残酷施加在一个罗马公民身上……在法国,我们在代替法典的书籍中,除了这些可怕的字眼什么也没发现:预备酷刑、普通酷刑、特别酷刑、有证据保留的酷刑、无证据保留的酷刑、在两名律师面前的酷刑、在医生和外科医生面前的酷刑、针对妇女和女孩的酷刑(如果没有孩子)。人们会认为所有的书都是刽子手写的。”[4]

后来,他引用达格索(D'Aguesseau)[亨利·弗朗索瓦·达格索(1668—1751),法国政治家、司法大臣。——中译者注]的一段话,后者说如果证据不完整,就不能下令施加酷刑或做进一步调查,他惊呼:“那么先例的力量是什么,杰出的裁判长? 什么! 你没有证

[1] “Commentaire des délits et des peines,” Art. XXIV.

[2] “Prix de la justice,” Art. XXXIII.

[3] “Commentaire des délits et des peines,” ch. XXIII.

[4] “Prix de la justice,” Art. XXIV.

据,两小时内你以一千次死亡来惩罚一个不幸的人,只为了给他判处持续一会的死亡……你是下令严刑拷打还是进一步调查呢,多可怕又荒唐的替代啊!”在这一点上,他非常熟悉司法实践:“不幸的是,我们对此还没有达成一致意见,那就是什么样的假设足 368
以促使法官开始用酷刑使其同胞的四肢脱臼。《1670 年法令》没有对那令人震惊的初始行动做出任何决定。假设不过是一种猜想。无论如何,在法国,在‘犯罪事实’成立之前,在任何案件中都不应下令实施酷刑。”[1]

伏尔泰对法定证据的攻击比其他任何人都要猛烈,也许没有太仔细考虑到它们在整个体系中的重要性:“正义之神!这些错误谋杀的例子每年都会出现在欧洲,几乎所有的法庭都是由特里波尼安编撰法典或古代封建习俗统治的。当我们反思法律本身所带来的恐惧时,我们的心会颤抖,手也会颤抖。那么,我们应该满足于希望所有的法律都被废除,除了法官的良知和良好的判断力之外,没有别的法律了吗?——谁能回答说,良知和判断不会误入歧途?”[2]其他地方:“图卢兹的议会有个非常奇怪的习惯,由证人提供证据。一半的证据被接受,这明显很荒谬,因为我们知道没有半真半假的真相。但在图卢兹,他们允许四分之一和八分之一的证据。比如,一个传闻可能被认为是四分之一证据,另一个比前一个更模糊的传闻则是八分之一证据。这样,八个传闻证据,虽然实际上是无根基的回声,却组成了一个完整的证据。正是基于这一原则,卡拉斯(Calas)被判入狱。罗马法律要求证

〔1〕 “La méprise d’Arras.”

〔2〕 “Prix de la justice,” Art. XXII, § 2.

据'比光还要明晰'(luce Meridiana clariores)。[1] 这样的程序谁不害怕?谁能确定不会成为受害者?噢,法官们,如果你不想让无辜的被告逃跑,那就为他的辩护提供便利吧!"

辩护的权利,这些话是人人都知道的。哪些对于确保这些神圣权利得到适当尊重是必要的呢?公开、辩护律师的帮助、废除酷刑、法律证明原则;目前评论家的主张仅限于这些方面;在这些方面,他们要求立法改革。伏尔泰说:"如果这种情况在法国发生,即人性的法律软化了我们的一些严格习俗且并未有利犯罪,
369 我们可能希望对法律程序进行改革,在那里我们的立法者似乎一直过于严厉。"[2]

但除此之外,哲学家们还期待着更高级、更公正的审判,即陪审团的审判:"在英国",孟德斯鸠表示,"陪审团会对他们所认定的事实是否被证明作出裁决;如果被证明,法官将宣布法律所施加的惩罚,为此,他只需睁开双眼"[3]。孟德斯鸠不仅赞扬陪审团,他还规定了指导陪审团行动的规则:"人民不是法学家;所有这些限制和仲裁方法都并非其力所能及;他们必须只有一个目标且只面对一个简单的事实;然后只需要看是应该定罪,宣告无罪,还是中止裁判。"[4]"这是一个非常明智的法则,"贝卡利亚说,"这个法则总能带来令人满意结果,它规定每个人都要受到同侪的审判;因为,当人们的命运和自由受到威胁时,所有导致不平等的情绪都应该被压制"[5]。在伏尔泰的"A、B、C"中,正如我们之

〔1〕 "Commentaire du délits et des peines," ch. XXII. In addition to the passages quoted, see another in which Voltaire summarizes his whole argument("Comment. "oh. XXIII).

〔2〕 "Commentaire du livre des délits et des peines," ch. XXII.

〔3〕 "Esprit des lois," Book VI, ch. III.

〔4〕 Ibid. , Book VI, ch. IV.

〔5〕 "Des délits et des peines," ch. VII.

前所见,其中一位发言者提到英国是拥有最好法律的国家:“每一个被指控的人都会受到同侪的审判;除非他们对事实达成一致意见,否则他就无罪。法律谴责他,不是因为法官的武断判决,而是因为证据所证明的罪行。”[1]——“不仅是自由人”,伏尔泰在别处写道,“而且陌生人,在他们的法律中也能找到平等的保障,因为他有权从12个审判他的人中挑选出6个。这项特权是全世界都能享有的”[2]。卢梭也称赞陪审团:“在英国,当一个人被指控犯罪时,12名陪审员被关在一个房间里,根据对诉讼程序的审查,就这些被告是否有罪发表意见;直到达成共识前,他们不能离开屋子,也吃不到东西,这样他们的判决就总是一致的,最终决定着被告的命运。”[3]

第四节 18世纪法学家的观点

我们已经看到哲学家们是如何以理性和人性之名,通过刑事诉讼程序来施加刑罚。那么,当法学家们在其著述中评论哲学家 370
的理论,或者将其运用到庭审之中时,他们是如何看待这些哲学理论的呢?此时场景发生了转换,而所呈现的景象亦时常黯淡。与我们上文已经探讨的内容相区别,法学家们所秉持的原则包含两项内容:一是保守主义的精神;二是对法的尊重。这两项内容就其自身而言是完美的,但如果推至极端则可能是致命的。总体

〔1〕 “L'A. B. C.”(fifteenth conversation).

〔2〕 “Prix de la justice,”Art. XXIII.

〔3〕 “Correspondance,”year 1761. Letter to M. d'Offreville, at Douai. —*Cf.* “Rousseau juge de Jean-Jacques,”Dialogue I.

来看,这两项内容并非与这个时期的主流精神相违背。即便以最顽固的方式去理解这两项内容,它们仍然是遵从于当时的神性、理性和人性的。穆亚特·德·沃格兰[1]在他批驳贝卡利亚的一本有趣的小册子中说道:“我像其他人一样为我的感性骄傲。”路易·塞吉耶则声称:“这项神圣的《1670 年法令》使得法的权威屹立不倒,并且理性并不丧失它的任何权利。”[2]然而,这种遵从是徒劳无功的。一些人绞尽脑汁,试图证明刑事诉讼并不违反哲学的原则;[3]而更多的人尽管承认该法令存在主要缺陷,但仍然匍匐于其面前。被如此庄严探讨的《1670 年法令》已经存在于世长达一个世纪,而它所包含的规则历史更为久远,使这些规则看起来是神圣不可违反的,以至于即便是那些吹毛求疵的批判者也不敢妄想去违背它。这种权威性禁锢了它自身所蕴含的改革精神。《1670 年法令》已如是说,因此法学家们如是说,并且予以顺从。有评论认为,“这些法学家们已经习惯了遵从现有法律;他们似与该法令缔结了契约一般尊重它,并且他们无须过度教化便自欺欺人,杞人忧天地认为一旦改变现状便会引发革命……法学家有其职能,他们扮演着保守一方的角色,坚守着过往的法律。但对于未来而言,主张变动的从来不是法学家,而是这个行业以外的人们”[4]。

在《1670 年法令》最狂热的辩护者中,穆亚特·德·沃格兰站在最前列。他恐怕是 18 世纪刑法学者中头脑最清晰的人。在

〔1〕 p. 4.

〔2〕 1786 年 8 月 11 日的巴黎法令,要求压制和焚毁杜帕蒂的辩护书。“Réquisitoire,”1786,p. 175.

〔3〕 “在认为二者永不可能真正相悖之外,也有观点谴责理性和法律”。*Séguier*, p. 175.

〔4〕 *M. Laboulaye*,Revue des Cours littéraires,1865,p. 745.

他的《刑法机构与犯罪法》(Institutes au droit cirminel)中,沃格兰已经十分"专业"地阐述了他对这一事项的观点。[1] 但最值得研究的是沃格兰对贝卡利亚的批判。对此我们感觉到沃格兰似乎 371
并不理解当时的情形,他认为自己在与一个"疯子"[2]或者罪犯打交道;在这个过程中,他似乎占据制高点,[3]并且(认为应当)由他来惩戒对方。他说:"就我们公共法律的这一事项,我交给那些牵涉其中的人们一项任务,即通过他们的谴责并动用他们所有可以动用的权威,来围剿这场瘟疫。"[4]让沃格兰震惊的既不是贝卡利亚的革命精神,也不是他对于政府、道德或宗教神圣格言的蔑视,[5]而是一本关于刑法的书竟然既不遵照也不认同制定法。"尊敬的读者,您毫无疑问像我一样,在'犯罪与刑罚'这样的标题之下,期待看到对于这一部门法及其原则的精确且具方法论意义的探讨,看到对相关问题的权威著述的引述,并特别期待看到对不同犯罪及其相应刑罚的列举,以及对实现定罪量刑及其证明的必要程序的详述。然而在这本书中,您会惊讶地发现您找不到上述任何内容。"[6]

沃格兰对于实在法有着绝对的忠诚,这种信仰不掺杂一丝怀

〔1〕 p. 69.

〔2〕 "在那些闪烁着可耻之光的人的眼睛里,像梭伦(Solons)、吕库古(Lycurgus-es)、伯比尼安(Papinians)、居雅斯(Cujas)这样的希腊、意大利和法国哲学先贤无非是诡辩者,而奥古斯都和路易十四的时代充满错误和黑暗。" "Lettre contenant la réfutation de quelques principes hasardés dans le Traité des délits et des peines," Geneva 1767, p. 22.

〔3〕 "毫无疑问,我不像现代犯罪分子那样易于激动,因为我还没有经历过他们所说的令人兴奋的颤抖。阅读本书几页之后,让我最受震动的情感至少是惊讶。" p. 4.

〔4〕 p. 17.

〔5〕 p. 5.

〔6〕 p. 25.

疑。[1] 秉持着公众的义愤情绪,[2]沃格兰试图从贝卡利亚的书中抽出一系列命题,其中绝大多数被视为是当时刑法理性和公理所揭示的真理。面对刑罚平等原则和消除刑事指控中的神圣报复的思想,沃格兰极为震动。他说:"作者主张犯罪被害人不应当继续影响刑罚的适用,而他给出的理由仅仅是每个人都首先依存于他自己所属的社会群体。基于相同的理由,作者还希望不分贵
372 贱地施加刑罚。这一思想的危险性和荒诞性是不言自明的……依照该理论体系,作者甚至提出了更甚的主张,认为对神的亵渎不应当被纳入到罪行轻重的判断中去。"[3]最后,沃格兰毫不迟疑地为旧体系的各种暴虐进行辩护,其中又以被告宣誓和刑讯为甚。对于这部分观点应当全文引述。"作者大声疾呼以反对被告宣誓这种强制性的操作,却没意识到他自己连最华而不实的反对理由都没有给出,尽管该理由已经使德国和其他一些国家放弃了这种操作。这个理由就是,一个人如果有能力犯罪,那么他也有作伪证以掩盖罪行的能力。作者给出了两方面的(反对)理由:一是要求被告自我指控是反天性的;二是经验证明宣誓从来不能确保一个有罪的人说真话。但是,如果因为自我指控违反天性而废除宣誓,那么也可以基于相同理由废除讯问,尽管作者也认为讯问是关键程序。至于经验证明,尽管不断有人尝试去废除该制度,[4]但它如作者所言已经在我国和其他国家长期存在。如果作者(的观点)使人信服,那么刑讯作为一种一度是残忍、不公正、无用且危险的程序,其废除同样是有必要的。当我们看到这位作

〔1〕"可以说,法国的法律体系已经发展到一个完善的阶段,它在文明国家之中居于独特地位,不少国家甚至以其为模板来制定自己的刑事法律。"p. 20. *cf.* p. 50.

〔2〕pp. 6-17.

〔3〕pp. 102-104,106.

〔4〕pp. 70-72;*cf.* "Institutes du droit criminel," p. 358.

者只是重复了其他作者谩骂的话语,却无法阻止这种制度保留至
今,那么从一开始我们便可以反驳这位作者就这一事项所说的每
一个字。加之,这些作者的著述都形成于《1670 年法令》之前,这
些早期攻击的失败更使这位作者的观点站不住脚。鉴于《1670 年
法令》建立起的严格的事前预防机制,其大部分内容已经足以弥
补那些作者热衷关注的缺陷。在应用这些程序时,我们已经说明
了这些预防机制的本质,并表明可能被施加刑讯的人应当是那些
大致确定实施了犯罪的人。因此就将无罪之人错误定罪的风险
而言,我们的担忧相比于《1670 年法令》通过之前要少得多。我
们可以确信地说,如果现有程序使一个世纪中有一个无罪的人遭 373
受刑讯的虐待,那么上千个例证可以证明,如果没有这项程序,多
数谋杀、纵火、拦路抢劫等严重犯罪将逃脱惩罚;那些狡猾的无赖
将使众多无辜民众成为被害人,这比刑讯的危险要大得多。……
如果刑讯的功效未能通过其他理由得以充分证实,我们还可以基
于经验举出其他例证,来证明刑讯的有效性:即刑讯可以避免法
官基于私人原因行使权力以使被告逃避死刑;迄今为止,我们也
未看到其他同样有效但危害更小的替代性措施。最后一个支持
刑讯的理由是,这项措施已经长期并广泛地存在;它可以追溯到
世界的初期,并且据我们所知,每一个国家都采用了刑讯。就连
罗马也有刑讯,尽管早期仅针对奴隶,但之后也扩展到自由
民。……此外,一两个废除刑讯的例证恰恰能反证这项规则的普
遍性。但是最后,假如这是一个由先例决定的问题,那么相对于
作者根据其母国或帝国继承国的做法所形成的表述,作者描述自
己的实际观察可能更显得可靠和值得尊重。作者反对刑讯的观
点毫无基础,上述观察可以在《查理五世法令》(Ordinance of
Cherles Ⅴ)第 54 条和第 61 条中看到,这些条文通常称为《加洛林

法典》。”[1]

在发表了惊人的抨击之后,穆亚特·德·沃格兰平静下来,并将他的想法留给了后人。“除了以那些久经考验的不可变更的原则来做总结,我们不可能做得更好。任何源于矛盾和创新精神的体系如果与这些原则相违背,必将走向失败。”[2]难以想象这些观点本该于 1767 年撰写和发表。

374 在法国大革命前夕,我们发现了另一位《1670 年法令》的辩护者,他尽管不那么歇斯底里,但其坚定的态度不逊前人。这位辩护者是总检察长路易·塞吉耶。1786 年 8 月 7 日、8 日和 10 日,塞吉耶在巴黎高等法院发表了长篇演说,要求抵制一篇名为《三个被实施轮刑的人的辩护书》(Mémoire pour trois hommes condamnés à la roue)。文章的作者是杜帕蒂,他通过这篇文章使刑事诉讼程序成为众矢之的。塞吉耶的演说仿佛是旧法的临终绝响。塞吉耶并没有必要探讨刑讯的正当性。正如我们即将论证的那样,在当时,最值得谴责的审前刑讯已经被废止,对此这位总检察长完全可以引以为傲。[3] 但是在塞吉耶看来,“经历数代的演变,我们的法律已经达到了人类立法可以达到的完善程度。”[4]而那些攻击《1670 年法令》的意见使他忿忿不平。“这项经由最深刻、最有经验和最谨慎的智者的合作而建构起来的法律,以如此明智的论理和如此庄重的权威为基础,在执行过程中如此不可侵犯,却像提比留斯(Tiberius)法院和审讯官的监狱传出的那样,竟在高贵的君主面前被不知廉耻地指责为试图颠覆自

[1] pp. 73-81.

[2] p. 118.

[3] “Réquisitoire,” p. 48.

[4] “Réquisitoire,” p. 221.

然法,仿佛《1670 年法令》正合克劳狄(Claudius)或卡里古拉(Caligula)的心意。如果杰出的拉穆瓦尼翁和达格索(d'Aguesseau),以及杰出的摩尔(Mole)和塔隆听说这部法律是基于人类智慧的黑暗时代所创制的准则而制定,他们该有多震惊。路易十四的时代可与奥古斯都(Augustus)的时代比肩,而它竟被指责是一个黑暗和野蛮的时代！我们的政府难道要对如此下流的指控保持沉默?"[1]针对当时公众的抗议情绪,塞吉耶毫不犹豫地论证了《1670 年法令》各种严苛制度的正当性。在他看来,"监狱看守的职权有明显的效用,"[2]要求被告人宣誓是完全合法的。[3] 他认为,在审判程序之前,除非法官同意,否则被告人不应当被允许陈述他自己的事实或进行证明。[4] 对他而言,"保密性是法律不可变动的基石,它有助于避免恶意的圈套,并防止因阴谋而作伪证。保密性之所以被推崇,在于检察长是唯一的控方,在任何情况下都不应当怀疑他的指控是基于仇恨或报复"[5]。最后,塞吉耶对辩方不设律师的制度大加赞扬。"在重 375
要的刑事诉讼中,律师能有什么作用?经验告诉我们,如果允许律师参与,那么案件的证明将陷入烦琐程序的迷雾,以至于无法做出判决。证人明确地知道自己看到或听到了什么,难道被告不是一样明确地知道自己做了什么?在一个犯罪案件中,往往只有一个主要事实,在查明这一简单事实的过程中,律师毫无作用。律师所做的准备工作表明他们只是想扭曲事实而非尊重事

〔1〕 pp. 245,246.
〔2〕 p. 26.
〔3〕 p. 162.
〔4〕 p. 171 *et seq.*
〔5〕 p. 246.

实。"[1]这一看似可信的新颖观点让人疑惑。

尽管如此,塞吉耶也意识到,那些排斥律师和要求程序保密的法律在法国并非总是适用。[2] 但在他看来,引入这些严苛规定带来了诸多积极效果。塞吉耶知道在罗马,程序原本是弹劾式的、公开的和充满对抗的。[3] 但是他对于这种"民众或半民众国家"的传统习俗毫无敬意。[4] 在大革命前夕,塞吉耶在演讲时尽管没有点明出处,但他一字不落地重复了艾罗的观点。[5] 然而,塞吉耶对于扰动这位古老法学家内心的情绪却全然不知。塞吉耶也很熟悉英国诉讼程序,但他对该程序抱有怀疑态度。"双重检验(double examination)的适用并未被罗马共和国的废墟所掩埋。它仍然存在于英国当前的庭审中。根据英国人的宪法性法律之一,所有被告都应当受到其他公民的公开审判。这种形式之所以仍然存在,在于审判程序被类比于国家的构成,即国家经由其代表行使立法权并控制各个政府部门……换言之,国家代表共享公共权力。在普通犯罪中,法官听取控方意见,被告陈述辩方意见,证人被讯问、反驳、公开对质;在这个过程中,如果法官允许保释,则被告是自由的。陪审团决定并且仅仅决定事实问题;决定刑罚的只有法律……英国法身上印有它的那些建构者的天才与习惯。一些思虑不周和躁动不安的人想要将这种程序引入我们的法律中。法国的那些亲英分子声称推崇英国的诉讼程序,但他们真的充分理解这种程序吗?面对 12 位名为陪审员的裁判者,他们之中谁不会担心自己的案子落入这些人的自由裁量中

[1] p. 247.

[2] p. 230 *et seq.*

[3] pp. 217, 218.

[4] p. 220.

[5] p. 229.

去？他们之中有谁除了‘认罪’与‘不认罪’提不出别的观点？这 376
些法官来自被告的阶层，他们在形成一致意见之前一直被封闭在一起。在这种秘密会议中，那些生性强硬的人在必要时会强迫其他人赞成他的观点，从而作出有罪或无罪的决定；这意味着一个陪审员就可以决定罪犯或无辜者的命运。多么奇怪的法律！”[1]

塞吉耶憎恶“那些对法国邻邦抱有崇羡之情的法国公民和身处法国的外国人，以及那些以自然法为借口、致力于推翻我们法律的改革者”[2]。他不遗余力地告诫和作出不详的预言。“智慧的先人给我们留下了这些原则，面对那些支持相反原则的人，我们心中充满义愤。一些狂热分子认为某些人将取代公众意见。[3] 面对一部历经数个世纪的法典，谁有胆量去否认保留它的这份谨慎？对于现行法律的缺陷我们已然知晓；但是对于那些改革建议中的替代法律，特别是当其基于与旧法相反的原则来运行时，我们只有通过经验才能知晓其缺陷。生硬且意外的改变可能会动摇政治体制，而新法有时会成为革命的起源。”[4]法国大革命事实上即将爆发，但它的确并非因改革的积累而导致。

塞吉耶怪异的言论把我们的讨论带得超前了一些。让我们回到稍微早期的法学家那里。普兰·杜·帕克在他著作的头两卷专门将刑事诉讼作为一个整体进行探讨。他认为，“刑事诉讼的形式与民事诉讼的形式截然不同。一些人对这些不同背后的成因不加审视，就大声反对刑事诉讼法律的严苛规定。这些规定在一定程度上触及被告的荣誉和生命；被告在被定罪之前被推定

〔1〕 p. 218, 219.

〔2〕 p. 13.

〔3〕 p. 255.

〔4〕 p. 224.

为无罪,这项规定对被告而言是一个骗局,使得他只能在审查结
377 束之后才能证明他自己的无辜。有人会说,自这些程序建立以来,无辜者绝少遭受到适用于有罪者的刑罚,并且尽管法律的规定严苛,但仍然有不少重罪罪犯因证据不足而逃脱刑罚,这些观点足以证成法律的正当性并反驳针对其的指责。但是,进一步的思考将使人意识到《1670 年法令》不同条文背后的精神,并由此证成这部法律的卓越。自公诉提出的那一刻起,唯一的目标即在于发现被告及其共犯所犯罪行。基于公共安全的考量,这一目标需要及时达成。如果像民事诉讼中原被告那样,在刑事诉讼程序伊始就允许控方和辩方之间相互对抗,那么这一目标就无法实现。但是尽管法律要求审查要严格且快捷,它同时也采取了各种措施以避免被告遭受污蔑"[1]。

我们的作者接着简要描述了刑事诉讼的各种法律文件,并继续说道:"这就是这部法的一般精神。……当明智的阿贝·弗勒里用几句话对我们的刑事诉讼程序进行最激烈的抨击时,我同样感到讶异。他是这么说的:'需要对源于宗教裁判所的刑事诉讼程序进行改革。现有制度着重于发现和惩罚有罪的人,而不是使无罪的人脱罪。'这种对程序源头的评价不仅错误而且令人厌恶。案件的所有知情人,包括罪犯、妓女、近亲属、对抗父亲的儿子、对抗彼此的兄弟、对抗彼此的夫妇,即便不与被告当面对质,宗教裁判所也将其视为适格的证人。被告被迫去猜测并承认针对他的指控,无论他真的犯罪抑或只是有嫌疑。最隐秘的思想被评判,而裁判者为了证实被告有罪,会持续对其进行诱供;他们看起来是在不遗余力地避免和摧毁那些可能证明被告无罪的东西。这

〔1〕 "Principes de droit francais suivant les maximes du Parlement de Bretagne," Rennes 1771, vol. XI, pp. 2, 3.

些是该审判程序的首要缺陷,它们是在同时面对人民的自由和他们统治者的权力而建立起来的。令人惊讶的是,在这些观点产生了一些早期破坏性影响之后,原先任何打算将这一可恶程序与法国宗教裁判所程序作比较的人最终都自然而然地归于沉寂,原因似乎仅在于它自身的宪法和程序存在固有缺陷。"[1]

和塞吉耶一样,普兰 · 杜 · 帕克同样对将英国程序引入法国 378
的想法感到不满。"一些作者在谴责我们的刑事诉讼程序时,赞扬了英国的刑事诉讼程序,因为在英国,包括证人作证在内的整个审查程序都是在被告在场的情况下进行。在底层民众自认为独立于上层民众的国家,我对这种制度的弊端尚不知晓。但是在法国,社会从属关系存在于一个人生命的各个阶段。在针对社会上层被告的程序中,这种从属关系足以对出庭作证的证人形成恐吓。英法两国的特征和秉性是如此不同,以至于不可能仅仅通过比较各自程序而得出结论。"[2]

然而,帕克并非仇视所有改革;他提出了以下建议。"在我们的刑事诉讼程序中,唯一过于严苛的制度设计在于对质之时。当指控的所有细节向被告披露以后,为什么不赋予他就刑事诉讼程序进行全面陈述的权利?如果有这种权利,被告就可以将各类信息收集起来,以证明其无罪、证言自相矛盾或虚假、形式事项无效、审查不充分,或法官在彻底查明事实时忽视的手段。无论审查程序如何简单,即便是最细心的被告都不可能记住对抗中他注意到的所有要点。因此,可以说,法律的意图是将被告的辩护权转移给法官,因为它将所有合法抗辩的手段从被告那里取走,并且仅在极少数事项中允许他聘请律师。这种严苛性是否符合所

〔1〕 Vol. XI, pp. 5, 6.

〔2〕 Vol. XI, p. 7.

有法律的共同目标,即利用一切可能的手段来维护无辜人民的荣誉和生命?"[1]

其他犯罪学家没有直接和整体地审视立法问题。但是,必须承认的是,尽管他们经常指出该条例的严苛性,但并没有要求进行任何改革。以下是对基本原则的一些意见。首先,塞尔皮隆在会议中就对被告的宣誓进行的辩论提供了分析,并补充道:"这些观察结果……首次催生了一项精确的法律以明确宣誓的必要性。
379 然而众所周知的是,针对这种情形,宣誓后的伪证与不宣誓时几乎一样多,而被告并不会因为这种虚假保证而受到处罚。"[2]波蒂埃(Pothier)评论道:"在关于《1670 年法令》的官方报告中,有一段令人钦佩的表述,提及了对宣誓的反对。"[3]"在罗马人中",塞尔皮隆说,"甚至在法国,即使在最严重的犯罪案件中,被告也可能得到律师的辩护;但经验表明,强迫指控人在没有任何简短的或提示性的协助的情况下自行辩护更为合适"[4]。卢梭·德·拉·孔布(Rousseau de La Combe)回忆道:"以前被告可能通过辩护人进行辩护,而不是通过自行答辩的方式进行;指控通常根据一项答辩作出。"[5]波蒂埃提到,"在死刑案件中,《1670 年法令》禁止被告聘请辩护人,这种禁止甚至延续到审判结束之后。在这方面,我们的司法实践比欧洲任何其他国家都要严苛"[6]。

这些评论中主导性的表述无非是对这种现象感到遗憾。塞尔皮隆对要求被告不经阅读证词而提出异议的规定提出批评。

[1] Vol. XI, pp. 6, 7.
[2] "Code criminel," p. 659.
[3] "Procédure criminelle" (Bugnet edition).
[4] "Code criminel," p. 662.
[5] "Code criminel," p. 341.
[6] "Procédure criminelle" (Bugnet edition), p. 341.

他认为,"对审判而言,《1670 年法令》无疑是严苛的……艾罗在他的《司法法庭》(pratique judiciaire)中也反对《1670 年法令》在这方面的规定。而在现实中,即使在今天,如果被告对证人提出强烈反对,并陈述了臭名昭著的事实,很少有法官不会因此受到影响,尽管这些事实可能无法通过书证得以证实"[1]。他在谈及规范证明辩方事实的规定时采用了类似的表述:"被告多是文盲,并且被羁押在地牢之中,这种羁押有时长达一年。而《1670 年法令》要求被告立即提出他的证人,甚至不允许法官准予他延迟,这项规定可以说是严苛的。"[2]

针对刑讯的批评则更为严厉。正如我们所知,波蒂埃以相当个性化的方式提出了抗议:"当他们预见到可能采取刑讯时,由于被告可能无法忍受痛苦的景象,他们避免对该被告采取任何诉讼措施。被告对刑讯的忍受度更多地受到个人生理敏感性的影响, 380
而非基于道德感的影响。"[3]尽管他的拥护者已经对此进行了解释,我们应当忠实评议这位伟大法学家的这一感受。塞尔皮隆写道,"公众对于刑讯的谴责由来已久。当庭审涉及这一事项时,他们甚至进行了抗议……没有什么比审前刑讯更残忍或不公正的了。罗马人对奴隶采取这种措施,但那是因为他们只把奴隶当作家畜。他们从来没有将刑讯适用于公民,而基督徒和基督教众有更充分的理由放弃刑讯……刑讯的弊端使许多国家已经废除这种措施。普鲁士在 15 年前就废除了刑讯,他们的君王不希望无辜者与罪犯一样受到折磨。根据迪斯佩斯(Despeisses)的论述,英国已经不再使用刑讯,他同时强烈反对法国使用这一措施。许

[1] "Code criminel," p. 730.
[2] *Ibid.*, p. 1212.
[3] "Éloge de Pothier." "œuvres" (Bugnet edition), vol. II, p. 54.

多无辜者死于刑讯：这一事实如此臭名昭著，无须进一步证实”[1]。卢梭·德·拉·孔布认为，“被告几乎不会供认任何事情，因此仅仅准备采取刑讯通常是无效的。被告遭受酷刑的折磨而不供认任何事情；如果他们开口说话，通常只是否认一切指控……我们冒昧地向治安法官提出，对被告施加审前刑讯是一个非常微妙的问题……即便最终判决否认了所有指控，被告也经常落得终身残疾。曾经一位犯罪学家曾说，刑讯与其说是对真理的审判，实际上只是对耐心的考验……许多学者反对刑讯。贝桑康高等法院主席尼古拉先生在一本专著中，收集了所有证明刑讯无效的观点……然而无论如何反对，必须承认的是，至少对于发现共犯而言，审前和后期的刑讯往往非常有效”[2]。

381

第五节 达格索的改革

无论法学家们持何种意见，他们不再是社会聆听的对象。这个时代真正的统治者是愤怒的公众。鉴于这种演变的历史被记录下来，我们可以逐步追踪其过程。[3]

我们将从特定的视角来审视公众愤怒情绪的胜利。改革的精神长期以来仅限于书本之中，如今即将在现实中正式发扬。它将得到法院的庄严审视和社会科学协会的承认，甚至进入立法之中。在路易十五治下，在我们即将提到的方向上没有进行任何改

[1] “Code criminel,” p. 907. 此外，关于欧顿主席团(Autun presidial)实施刑讯的论述，他说：“在这些意外发生之后，我们认为它是如此的残酷，因此拒绝对任何人预备性地施加刑讯。”

[2] “Mat. Crim.” pp. 424-426.

[3] “L’esprit révolutionnaire avant la Révolution,” by *M. Félix Rocquain*, 1878.

革。但是,达格索接受了改良法国法律的想法,并对这些想法进行了编纂。[1] 他基本上延续了路易十四时代的司法改革路线,呼吁提交请愿书,咨询高等法院中的主要成员,[2]并将所有问题交由一个高级委员会修订,该委员会承担着作为他的私人委员会的职责,成员包括乔利·德·弗勒里(Joly de Fleury)、马乔·德阿努维尔(Machault d'Arnouville)、司法大臣(Chancellor)的两位长子达根森(d'Argenson)和福蒂亚(Fortia),有时也包括翁尼森(Ormesson)和特鲁丹(Trudaine)。[3] 这项工作当然涉及刑事诉讼程序。《1670年法令》必须被再次审视,但看起来这些审视似乎只是从技术上完善了该法令;至少可以通过对整体中某些独立部分的检视来推测,这些部分在其余部分之前就已经准备就绪了。

司法大臣曾有一次向他的一位朋友写道:"有关伪造文书罪(forgery)的请愿书将立即交由御前会议审查,显然,除了最后的修饰外,几乎没有什么可做的了。接下来最紧迫的问题是法官的管辖权和命令,以及违约和抗命的事项。"[4]这些事项构成了路易十五时期各种宣言或法令的内容。首先是1730年6月颁布的关于刑事诉讼程序的名为《1730年法令》宣言。该宣言旨在"对《1670年法令》第十七章第2、3、7、9条进行解释和补充",并仅对细节事项进行规定。[5] 1736年制定了关于司法官与审席法官管辖犯罪(prévôtal and présidial crimes)的宣言,对此我们在前文已

[1] *Francis Monnier*, "Le Chancelier d'Aguesseau," 2d edition, 1863, p. 286.

[2] Ibid., pp. 288, 290, 293.

[3] Ibid., p. 288.

[4] Francis Monnier, "Le Chancelier d'Aguesseau", 2d edition, 1863, p. 339.

[5] "这些条文涉及违约和抗命,在实践中在找到被告和发出传票的方面遇到了许多困难。" *Sallé*, "Esprit des Ordonnances, édits et Déclarations de Louis XV" (vol. III, pp. 155, 156).

经有所涉及。在这方面,立法的目的也仅在于规制。序言部分回顾说,《1670 年法令》的主要规制对象之一是划定普通法官和宪
382 兵司令之间的界限……经验表明,立法中的一些要点仍然时常会引起普通法院和军事法官之间的争执。这些是立法试图应对的挑战。

最后,1737 年针对伪造文书罪的法令是达格索的主要成果之一。这部法律的技术精确性堪称完美。序言部分甚至似乎透露了整体修订《1670 年法令》的想法,但这种修订并非改变其一般特征。它仅指出,“意见的多样性和对各种规定的不同解释使得一些法院的实践多种多样,对某些法院来说似乎是常规的和充分的程序,却被其他法院认为是无效的和有缺陷的”。人们认为,“与其满足于弥补当前程序的缺陷,倒不如通过制定新法来根除这些缺陷,这将立即形成对先前条例的补充和解释,无疑是更为便利的方式。但是,如此庞大的工作需要通过分工进行,我们得出的结论是,我们的全部注意力应当首先关注于对《1670 年法令》中刑事诉讼程序部分的修订。并且我们进一步认为,应当首先关注《1670 年法令》中关于文字或签名的认可以及主要或附带的伪造文书罪的规定,并对此开展有用的工作”。

在路易十六的统治时期,我们即将进入真正的改革时代。然而,在三级高等法院召开之前提出的那些改革措施是不充分的。我们注意到,当时只有 1780 年 8 月 24 日的一项宣言涉及刑讯。该宣言没有完全废除刑讯,但废除了最受谴责的预备性刑讯。国王后来说,“我们认为刑讯在证明犯罪方面总体上是不公正的,但对于揭露共犯而言则可能是必要的”[1]。

[1] Preamble of the Edict of 1st May, 1788.

第六节　改革精神的进步

这种新的改革精神取得了迅速的进展。它赢得了广大公民的支持,融入组成国家的不同社会团体之中,而王室对其也表现得很友善。1775 年,一个在法院任职的人将他的书献给国王,而国王也接受了这份馈赠。在书中,他说道:[1]“毫无疑问您某天 383
会质疑,我们最古老的刑事法律在打击凶猛且野蛮的行为时,是否更多地考虑的是定罪而非为罪犯辩护;那种在被告不知情的情况下进行的令人生畏而又秘密的审判,是否未能像引起无辜之人内心惊恐一样,在罪犯内心引起恐惧;是否有任何起诉,在拒绝为被告提供辩护律师帮助时,同时又能是公正的;如果在程序伊始,向允许指控方证明有罪那样,赋予被告充分证明自己无罪的自由,这种做法是否与人道主义精神更不相符;在不利于被告的证据已经积累到足以影响裁判的地步之后,才允许他陈述己方事实,这么做是否是正确的……陛下,事实上我们的刑事法律看起来是将被告视为已经被定罪的罪犯;时至今日,尽管罪犯的确难以逃脱他应受的刑罚,但那些诚实的人、被错误指控的人,以及因私怨被逮捕的人也极易因程序的压制而成为痛苦或愤怒的受害者。在法国几乎没有发生过被捕罪犯逃脱刑罚的情况;然而无辜

〔1〕“君王的职责沦为单一原则,或者,关于正义的演讲。”由莫罗(Moreau)献给国王。参见 *Didot's*“Nouvelle biographie generale,” vol. XXXVI, p. 480. “莫罗受法院委托起草了几部作品,其中包括总理莫普(Chancellor Maupeou)的序言,并因其热情被国王兄弟的第一任律师,玛丽·安托瓦内特王后(Queen Marie-Antoinette)图书馆馆长,同时也是法国历史学家的官员所奖励。”此处被引用的作品最初是为路易十六的教育而编写的。参见其序言,pp. 10,11。

者在受刑之后才被洗冤的案件却发生了不止一次。即便是最明智和最公正的法院有时也曾因一个残忍的错误而不寒而栗,而这个错误是由常规程序所导致的。在这种情况下,法律没有什么可以责备他们的,但正义可能会归咎于其程序的不完善。"[1]

尽管有一部分治安法官反对,但改革的精神在法院的"重启演说"(Discours de Rentrée)中得到了肯定。1766 年,塞尔万发表了一篇庆祝性演说,他在这场演说中向拘留待审秘密讯问、酷刑和法定证据学说宣战。他质疑死刑的合法性,并要求制定稳定且准确的法律。很难想象从一名治安法官那里听到更大胆的观点。他对他的同事说,"睁开双眼,像面对头顶的上帝那样看待无辜的
384 被告";"抬起你的眼睛",他对同事说,"在你的头上看到你的上帝的像,他是一个无辜的被告;你作为一个人,应当人道;你作为一名法官,应当理性;你作为一名基督徒,应当仁慈。无论你是人、法官抑或基督徒,都应当尊重不幸"[2]。最后,他大声呼吁修订《1670 年法令》。

无独有偶,塞尔万有其效仿者。例如在 1786 年,总检察长赫罗·德·塞切雷斯(Herault de Sechelles)预言了在不久的将来将通过新法律。[3] 在这个时期发挥着巨大影响力的社会团体,热切地竞相提出刑事立法中的各项问题。"18 世纪涌现出诸多博学的社会团体和学会,协助地方各省采纳这种新精神,而各省则以巴黎为榜样,致力于应对自身刑事改革中的问题。改革成为一种时尚。……1777 年,伯尔尼的'经济学会'(Société Economique)

〔1〕 *Op. cit.*,pp. 436-438.

〔2〕 参见"Discours"prefaced to Serpillon's"Code criminal,"p. 26。

〔3〕 参见"Réhabilitation de deux accusés et justification de trois autres," by *M. Godard*, advocate, Paris, 1787, p. 113。"根据一位年轻而雄辩的地方法官的庄严讲话,我们可以预测到新法律即将通过,这将使得我们的国家更为幸福。"

向符合项目要求的最佳请愿书的作者提供一千二百法郎的奖金：‘请从以下三个角度制定一套完整而详细的刑事立法计划：第一，犯罪和以及与之成比例的刑罚；第二，证据和推定的性质和权重；第三，相应的刑事诉讼程序，以便使审判和惩罚的温和性与迅速且具有示范性的惩罚的确定性相协调，并最大限度保障社会的自由和人性的安全。’当伏尔泰看到这个项目时（他曾被怀疑是项目发起人），他对此充满热情，又增加了 50 法郎的奖金，并且他自己也对这些问题进行了回复。他的著作获得了‘正义与人道奖’（Prix de la justice et de l'humanité）……参赛者来自四面八方。伯尔尼学会（The Society of Berne）在休会之后，于 1782 年将奖项授予了两名德国人，冯·格洛比格（Von Globig）和赫尔斯特（Hulster）。他们的书是用德语印刷的，但是在德国似乎没有收到任何重视。”

“在竞争者中，有两个人注定要在革命中扮演重要角色，他们在那个时期竞争正义和人道奖。一个是吉伦特派（Girondists）的 385
宣传者布里索（Brissot），另一个是受到较少关注的马拉（Marat）。后者的作品于 1781 年交付印刷，并于 1790 年在巴黎出版。……该作品非常平庸。……而布里索的书则更为成功。该书题为‘犯罪理论’（Théorie des lois criminelles）。由于该书已经出版，伯尔尼学会没有允许其参加竞赛。”[1]

1780 年，法国的马恩河畔沙隆学会（Academy of Châlons-sur-Marne）决定举办一场竞赛，它设定了以下主题：“在不损害公共安全的前提下，减轻法国刑法严苛性的方法。”[2]该学会在公布项

〔1〕 *M. Laboulaye*, Revue des Cours littéraires, vol. II, 1864–1865, pp. 782, 783.

〔2〕 “Discours couronné par l'Académie de Châlons-sur-Marne en 1780”，紧随其后的是第二佳的作品，以及给学院其他几处请愿书的摘录。Châlons-sur-Marne 1780.

目要求时宣称,“该竞赛无意矫正作者们的观点,而是对他们作品中展现的才能、人性与有用的想法予以认可。就所建议的主题的本质而言,其体现了使哲学和政治经济学焕发新光的渴望。但是,在反对旧偏见的热情经常退化为更危险的创新之时,该竞赛认为应该宣布以下已制定的规则,即将任何未对宗教和政府给予应有尊重的请愿书排除在竞赛之外”。

学会至少收到了 20 份呈文,其中,布里索·德·沃维尔(Brissot de Warville)和艾克斯区议员贝尔纳迪(Bernardi)的两份作品获胜。他们都提出了多项主张,这些主张逐渐形成共同方案,并被记录在 1789 年的改革请愿书(Cahiers de doléances)(1789 年改革请愿书,是由路易十六在 1789 年 3~4 月发起,由法国三级会议各阶层分别起草的请愿清单。——中译者注)之中。他们要求公开诉讼程序、[1]废止被告宣誓[2]和酷刑[3]、完全的辩护自由,[4]以及自由心证制度。[5] 此外,他们还要求恢复陪审团这一古老的国家机制。[6] 他们以 18 世纪那种夸张的措施呼吁尽早进行改革:
386 “人民们! 哦,你们在锁链的重压下呻吟了这么久,——最终你们开始呼吸;舒展你的眉头;流泪的时代已经过去,你的不幸将接近尾声……让理智的火炬燃烧得更久一些,宇宙将不再悲观。”[7]——“幸福的统治正在笼罩欧洲。哦! 朋友们和兄弟们,

〔1〕 *Brissot*, p. 94; *Bernardi*, pp. 176, 177.

〔2〕 *Brissot*, p. 95; *Bernardi*, p. 162.

〔3〕 *Brissot*, p. 103; *Bernardi*, pp. 164-166.

〔4〕 *Brissot*, pp. 96-98; *Bernardi*, pp. 178-182.

〔5〕 *Brissot*, p. 101 *et seq.*; *Bernardi*, p. 145 *et seq.*

〔6〕 *Bernardi*, p. 202. “让我们记住,每个人都由其同伴审判的用法起初在法国;是法学家的引入和罗马法导致其废除;而它仍然存在于英格兰和北方的某些地区的原因是,他们比我们更了解如何保存其祖先的明智和公平原则。”

〔7〕 *Brissot*, p. 111.

让这事业向你证明我减轻你痛苦的愿望!"[1]

这些诉求、祈祷和呼吁最终需要向法官来提出。法官们不会在法律诉状中表达自己的意见,因为在刑事案件中没有这种诉状。然而,有些话虽不能说,但可能会被记录下来,在革命之前的几年内,对无辜者遭受不公正刑罚的"辩护书"(Mémoires justificatifs)继续成倍增长。最后救济手段中的上诉途径被使用,对此,我们已经解释过该制度的引入。通过上诉,王室命令被用于暂停行刑和对案件进行审查。这些被公众热切阅读的辩护书的作者多为律师,也有一些是地方法官,他们成为了时下的英雄。[2] 每份辩护书都是面向人民而非被告,旨在呼吁进行必要的改革。让我们简要介绍其中的一些案件。

1785年,有一个名为凯瑟琳·埃斯蒂因斯(Catherine Estines)的不幸女孩,因杀人罪被里维耶尔(Riviere)法官判处火刑。图卢兹高等法院早已发现该程序中存在造假。被告的辩护律师拉克鲁瓦先生针对里维耶尔官员的造假行为提出了申诉和辩护书。[3] 作者在总结时,让他的委托人说道:"当我的不幸被提交给国王时,它能否与其他许多类似案件一起,加速我们的刑法改革,而这些改革是所有诚实的人热切盼望的!哦!如果真能如此我该如何感恩过去和现在遭受的折磨和痛苦!适当的刑法体系是君主可以给人民最好的礼物。法国恭敬地等待这样的礼物,这 387
是她和她的国王值得拥有的……我们的刑事条例载有如此多明

[1] *Bernardi*, p. 218.

[2] 起诉者能够自由沟通。通常,"温柔"的囚犯会很重视防守的便利。"他们给了我应允的信息",勒科舒瓦(M. Lecauchois)在纪念女孩萨尔蒙(Salmon)时说:"是大约有250页的小手工对开本。"——鲁昂监狱(the prisons of Rouen)的管理人,法院书记莱卡德(Lecardé)见证了他对女孩萨尔蒙的救助:"公众将会了解到,监狱的维持与善良和人性是不相容的……我已经收集到了大量的重要信息,以备诉讼。"

[3] "Mémoire pour Catherine Estinès," Toulouse, 1786.

智的条文,而修改那些不太明智的条文的成本又是如此之小。"[1]

1780 年,有 5 个人因通过威胁方式夜间入室盗窃而被第戎高等法院判刑,其中 1 人被判绞刑,1 人死于苦役;1 人遭受审前刑讯。然而他们都是无辜的,真正的罪犯随后被发现和判刑。随后该案收到了复审书,巴黎律师协会的戈达尔(M. Godard)律师撰写了辩护书。[2] 辩护书附有多人签名,包括:塔尔热(Target)、泰迪翁(Thétion)、桑松(Sanson)、马蒂诺(Martinau)、德拉克鲁瓦(de La Croix)、布隆德(Blonde)、阿尔杜安·德拉雷内里(Hardoin de la Reynerie)、富尔内尔(Fournel)、博诺姆·德科梅拉(Bonhome de Comeyras)、亨利(Henry)、拉克雷泰勒(Lacretelle)、德塞兹(de Sèze)和博内(Bonnet)。辩护书的作者认为,"这个巨大的错误将五个不幸之人的使命转变为国家的使命,它迫使人们反思自己的案件,而各个阶层的人们都将参与其中。毫无疑问,它将启动我们长期以来盼望的对刑事法的改革……它将成为拉穆瓦尼翁的继任者……它将继承他的美德、见识和名誉,在一百多年后,传承前人的不朽思想。它将从善意公正的君主那里获得一部新的法典,法典的第一个目标将是达至这个帝国的幸福,并且它也将启发其他国家,正如最近有两位欧洲君王的法典启发了我们那样"[3]。

在 1786 年还有另一个相关的事件,该事件涉及一个名为玛丽-弗朗索瓦-维克托瓦尔·萨尔蒙(Marie-Françoise-Victoire

[1] "Mémoire pour Catherine Estinès," p. 54.

[2] "Réhabilitation de la mémoire de deux accusés et justification de trois autres," Paris, 1787.

[3] pp. 112,113.

Salmon)的贫穷女仆。[1] 1772 年 5 月 17 日,该女孩被鲁昂高等法院判处火刑,该案引起了监狱的看守和某些神职人员的关注:刑罚被终止执行,案件得到重新审查。这次她被判处无限期进一步调查和拘留。这项新判决最终被提交御前会议进行审查。来自鲁昂的辩护律师勒科舒瓦先生(M. Lecauchois)为萨尔蒙起草了两份辩护书,其中第二份附有巴黎知名律师富尔内尔(Fournel) 388
的意见。[2] 该案件引发了公众热议。"她的守护者激发了公众同情,慈善捐款通过各种方式转交给了身处监狱中的女孩。"[3] 辩护书获得巨大成功。最后,巴黎高等法院于 1786 年 5 月 23 日就女孩的上诉作出决定,发布命令撤销关于她的所有指控;所有巴黎人为这个不幸的女孩和她的辩护人送上掌声。[4]

最著名的是后来被称为"三轮"(Trois Roués)的案件。该案中,布拉迪耶(Bradier)、拉德瓦斯(Lardoise)和西马雷(Simare)这三个不幸的男人因涉嫌夜间抢劫,被肖蒙地区判处苦役。巴黎高等法院将该刑罚提升至轮刑。之后,刑罚被终止执行,申请撤销原判的上诉被提出,很快一份辩护书被起草出来,并附有一份简短的由勒格朗 · 德 · 勒留(Legrand de Laleu)签署的意见。[5] 辩护书是匿名的,但人人都知道其作者是身为地方法官、哲学家、文学家和波尔多高等法院主席的杜帕蒂。继辩护书之后,紧接着又

〔1〕 参见"Mémoire justificatif,"by *M. Lecauchois*(Paris,printed by Cailleaux,1786)。

〔2〕 "Consultation pour une jeune fille condamné à être brûlée vive,"Paris,1786.

〔3〕 "Mémoire pour le sieur Lecardé,"keeper of the prisons of Rouen,p. 28.

〔4〕 参见莱卡德的谴责,他渴望自己的那一份荣耀:"从那天起,他已经将她拖到各种剧场,如弗朗索瓦兰剧院(the Théâtre Francois),利特莱尔喜剧院(the Comédie Itarlienne),朗毕可米克剧院(Ambigué-comique)、沃克斯-哈尔斯(Vaux-Hals)、鲁杰利(Ruggieri)、缪斯(Musée)、布尔瓦(Boulvard),等等——在她旁边摇摇晃晃,像演戏一样炫耀自己。"(p. 25)

〔5〕 "Three Men broken on the Wheel" "Mémoire justificatif pour trois hommes condamnés à la roue,"1786,Paris.

出现另一份文件,名为《为布拉迪耶、西马雷和拉德瓦斯的法律申诉》。[1] 这些都是值得注意和充满热情的作品,其内容远远超出了案件自身的内容。其中,辩护书尤其是一份有力且热情洋溢的卓越的文件,它以一种热烈的风格表达了长期以来推动新法的主张。辩护书中,对正义和仁慈的重要且激烈的诉求相辅相成:"不,我不会对我们刑事法律中的缺陷和严苛保持沉默,现在法国
389 和人性可以向路易十六表达诉求……[2]法官们,在你们的法律中有一项规定,授权——更确切地说应当是命令,向每一个'聋哑'被告提供律师……请拓展这一规定,将其适用于贫穷的人们。这当然与穷人们有关……因苦难遭受残疾至少应当与自然残疾那样得到同等待遇。不,他们应当得到更多。穷人本身就是聋哑人,这不仅是由于语言和听力器官的不可挽回的损失,而且是由于无知剥夺了他们用以理解的智力以及用以释明的理性。"[3]

"啊! 陛下,从您宝座的高处,在那将您的智慧和荣耀传播整个宇宙的嘹亮合唱声中,请您屈尊片刻,为卡拉斯(Calas)、蒙拜里(Montbailly)、朗格拉德(Langlade)、卡于扎克(Cahusac)、巴罗(Barreau)及其同伴们流淌的血液,以及那三个不幸男人即将流失的无辜的血液伸出援手。所有在绞刑架和车轮中流淌的无辜的血液,一直在哀怜地向您呼喊:哦,陛下,人民的朋友,不要不屈尊聆听我们就离开您的王座! ……不要离开您的宝座而不屈尊援助我们! ……屈尊,从您高高在上的王位屈尊,瞟一眼我们刑法的所有血腥暗礁,在那里我们已死,而无辜的人每天都在死

[1] Printed at Paris by Philippe-Denys Pierre, 1786.

[2] "Mémoire," p. 233.

[3] "Mémoire," pp. 237, 238; *cf.* p. 57; *cf.* "Moyens de droit," pp. 43, 44.

亡……[1]陛下,有人可能告诉您法律尽管严苛,但是它们已经历经数个世纪,维持法律不变是必要的。请您不要相信他们。——陛下,理性和人性是永恒的;有人告诉您法律体系应该在帝国中保持稳定,以便帝国本身可以保持其稳定性,那些关于个人、社区和人类的法律不应像凡人那样卷入革命之中。请您不要相信他们。——有人告诉您,通过公开批评来减少对法律的尊重是危险的,就好像除了掩盖野蛮的霉菌或无辜的鲜血之外,有其他更能使法律蒙羞的事情。请您不要相信他们。——最后,有人告诉您制定新的刑事法律是一项艰巨的工作,需要时间和沉思才能成熟,就好像这不是立即着手制定新法的额外原因。请您不要相信他们!"[2]……"陛下,我们渴望从您那里得到的法律还没有出现。它应当被起草、制定和铭刻。上帝已将它刻在您的心里,除了让您的司法长官立即将其记录下来之外,您无须做其他任何事情。司法长官不会觉得难以理解,并且很容易能向您的帝国和全 390
世界举出例证!"[3]——"哦,陛下,正义、真理和人民的朋友,请加快脚步……因为也许在您帝国的一些偏远地区,您的刑法,特别是您的犯罪学家们的法律,此时此刻正在将人们送上绞刑架,这些人像布拉迪耶、拉德瓦斯和西马雷一样被剥夺了律师辩护的权利,在监狱中苦苦挣扎,像他们一样多年来成为不公和失职的低级法官们的娱乐项目,并且像他们一样是无辜的。您是国王……"[4]

杜帕蒂的辩护书产生了巨大的效果。它与作者和勒格朗·

[1] "Mémoire," p. 240.
[2] "Mémoire", I, pp. 243-245.
[3] "Menoire," I, p. 248.
[4] "Ménoire," I, p. 249.

德·勒留的肖像一起被广泛购买。路易·塞吉耶提出了压制这份文件的议案,而他本人见证了该议案激起的民众的激烈情感,我们已经对此进行了分析。“这份辩护书已经传播到整个首都、整个国家,甚至整个欧洲。表面上,它是为了三个被定罪的人的利益而出售,以进一步唤起公众的同情……这种通过盈利方式进行的传播前所未见,而它形成了最为激烈的发酵效果;三名罪犯的案件现在几乎变成了每个公民的案件……伴随事件的发酵,反对刑事《1670 年法令》的呼声日高。”[1] 总检察长认为这种热情会逐渐消退。“我们的政府应该为控方辩护,安抚那些容易被误导的头脑,确认那些不为各个阶层多数民众所知的真正原则,为法律正名并解释其真正含义;应当通过沉着的反思来反抗想象的移植,通过公共福祉来反抗对空虚名誉的渴望,从而重建法律的权威;应当让每一个国家都意识到,这只不过是经由作者文字诱导下的对改革的狂热。”[2]

塞吉耶认为的过境风暴,实际上是叱咤时代风云的法国大革命。

〔1〕 “Mémoire,” I, pp. 3–5.

〔2〕 同上, I, p. 5.

第三部分 391

法国大革命后的刑事诉讼史

第一编 393

法国大革命时期的法律

第一章　《1670 年法令》的修改

第一节　《1788 年法令》

日益增长的来自民众的舆论压力必然导致路易十六统治时期的改革，尤其是在三级会议召集之前。但是，在这方面，与其他事项一样，这一时期法律的修改也是片面的和摇摆不定的。这些修改基本没有受到三级会议召开的影响。在 1788 年，法国的刑事诉讼法向前迈了一步。

1788 年 5 月 8 日，在著名的国王行法会（Bed of Justice）上产生了一部新的法令，这也可以被看作旧君主制最后一搏的表现之一。政府已经意识到了刑事诉讼程序全面改革的必要性。这一法令的序言部分仍然表达了对《1670 年法令》的遵从，但同时也宣示了改革的必要性。"我们不会掩饰需要修改这一点，但同时尽量保留法令的规定，我们可以对其中一些主要条款进行有益的修改而不是直接废除。我们已经将如何给混乱的刑事法学引入秩序纳入考量的范围,委员们也不能为每一个特殊情况提供解决的办法。会议的官方报告显示,委员们经常在重要问题上存在分歧;他们的决定也并不总是站在最明智的意见这一边;制定法令以来知识的进步本身就足以帮助我们对条文进行细致的修改,以调和公众意见并适应我们调整法律的水平……以古代立法者为例,他们的智慧将他们所制定法典的权威限于几百
394 年的时间,我们已经注意到,这一时期并未结束。我们需要做的是,将这一部经历了一整个世纪考验的刑事法令进行整体性的修改。"[1]掌玺大臣在国王行法会前的演讲更为精确。"对刑事法令和刑法典改革的必要性已经得到了广泛的认可。整个国家都要求国王进行这项重要的立法工作,国王陛下也已经在御前会议中表示将要满足他的人民的意愿。"[2]但这种整体性的改革被认为是一种长期规划的结果。被提到的纠问式方法值得关注。"为了动用必要的命令与智慧来完成这一重要的工作,我们建议,将我们自己沉浸在神授王权所能收集的所有智慧之中。我们所有人都有权参与这一计划的执行,通过向我们的掌玺大臣展示有助于启发我们的观察和记忆。因此,对于经过成熟和深入调查检验的公众意见,我们需要将其纳入法律之中。"[3]

在全面展开整体性修改前,《1788 年法令》(The Edict of 1788)在这正当补救之时先废除了几项被滥用的行为措施。

第一,囚犯专座(prisoner's seat)的使用被废除。"我们宣布,在我们的法庭和司法管辖区的栅栏后面应该放置一把木质的椅

〔1〕 *Isambert*, "Anc. lois," t. XXVIII, p. 727.

〔2〕 *Buchez* and *Roux*, "Histoire parlementaire", vol. I, p. 239.

〔3〕 Preamble of the Edict. *Isambert*, t. XXVIII, p. 527.

子或者凳子，其高度应该使被告能够被所有的法官看到。被告可以自行决定是坐着还是站着；法院院长和司法管辖区内主持庭审的法官将告知被告他们所享有的权利”（第1条）。

第二，未依据证据作出的判决被禁止。“无论是我们的法官，还是我们的法院，都无权对经诉讼程序确认的犯罪宣告刑罚；我们的希望是，所有的法令和判决列明并明确说明被告被定罪的罪名与罪行……我们反对仅仅确认一审法官所判处的刑罚，即使这些犯罪与罪行在法令中被明确规定；前提是法院应当在裁决的引言部分抄录第一审判决法官的裁决，否则所有判决无效”（第3 395
条）。这是一个非常明智的改革，需要长期进行。“判决的尊严建立在对罪行的明确陈述之上”，掌玺大臣说，“什么样的法庭会希望获得不根据法令给出理由而判处死刑的特权呢？——国王因此认为，先生们，对犯罪的每一个严正谴责，也就是犯罪之后的相应惩罚，应当一并展现刑罚与罪行。”[1]

第三，废除预备性刑讯被确认，审前刑讯被废止（第8条）。“一些新的思考向我们呈现了此类证据的欺骗性与不足之处，并且永远无法导向发现确实真相，而是通常无效地延长了对被定罪者的惩罚，往往误导而不是启发法官。”（审前刑讯）由法官委任的专员的最后讯问取而代之。如果有需要，这一程序在行刑当天以当面的形式进行确认（第9~12条）。这种讯问以道德约束取代了身体的刑讯，被定罪者被要求按照保留下来的一般规则的要求，如同在其他程序里一样进行宣誓。这是“一种更为温和的方法，但在迫使犯罪者说出他们的同案犯方面同样有效。我们认为，法律已经将社会的最大利益托付给对誓言的信念，因为它使

〔1〕 *Buchez* and *Roux*, “Histoire parlementaire”, vol. I, p. 239.

人类的生命依赖于它。在有罪之人的最后声明中,可能会将其作为维护公共安全的保障。我们决定至少要暂时性地使用这一方法,虽然很遗憾,如果在若干年的经验后,法官的报告显示我们绝对有必要时,我们保留重新使用审前刑讯这一措施的权力"[1]。

第四,两票多数已经不再足以判处死刑,三票是必需的(第 4 条)。最终形成了两个条文,这对立法机关来说也是法令中最重要的内容,而在现实中也确实非常重要。

第五,正如所言:"除了针对煽动叛乱罪的判决应当在宣判的当天执行以外,包括安乐死(natural death)在内的所有刑罚都应当在判决作出一个月之后始能执行。"为什么《1670 年法令》不允
396 许这种刑罚的延缓执行呢?是为了给被定罪者施加可怕的悬而未决的痛苦吗?并不是。尽管这方面的缺点看上去纳入了考虑,但其意图却是高尚的。[2] 国王是为了确保所有的被定罪者有足够的时间来祈求他的仁慈和确定他最终的决定吗?这是一项非常人道的措施,伏尔泰大声疾呼。"在绝大多数欧洲开明的国家,死刑判决必须得到君主的批准,这一方面众所周知",掌玺大臣说。为了更好地确保这一保障措施,《1788 年法令》规定,总检察长应当将死刑裁判以及相应必要的信息移交掌玺大臣(第 5 条)。这一规定在中间时期(intermediary period)的法律中并不存在,但被认为即使在刑法改革之后仍然有继续予以保留的必要性。在这方面很好理解,赦免权不再存在,申请撤销已经在刑事事项上产生了延缓的效果。随后,虽然赦免权得以重新确立,《重罪审理法典》复制了共和四年《布鲁梅尔法典》(Code of Brumaire,也称

〔1〕 *Isambert*, t. XXVIII, p. 528.

〔2〕 Speech of the keeper of the seals. *Buchez* and *Roux*, "Histoire parlementaire," vol. I, p. 240.

《雾月法典》),在第375条规定,死刑裁判在最终确定后立刻执行。《1670年法令》的规定也具有同样的效果。[1] 然而这一规定并未得到适用,1830年9月27日掌玺大臣的通函(circular)甚至还要求总检察长递交每一个死刑裁判的请愿书。在相关事项被赦免理事会(directorship of pardons)慎重考虑后,掌玺大臣还向国家元首提交了一份报告指出"可以基于公正和人道的要求予以赦免"。很明显,这确实是《1688年法令》(the Edict of 1688)的规定,而这一规定在我们当今时代的法律中也已经复兴。

第六,最后值得注意的是,被告被宣告无罪后有权获得名誉性的赔偿。"我可以这样说",掌玺大臣指出,"国王陛下非常惊讶地发现,他所统治下的国家竟然没有基于被宣告无罪的被告的利益而制定的法律条文,而且如果没有自诉人因为耗费印刷与发布无罪判决这些资源可以追偿的话,无罪者甚至也无法获得小额的赔偿"[2]。第7条因此作出如下规定:"我们的法院和法官应当 397
下令,每一项不得已而为之的有关无罪判决的裁决或者判决,或者未经上诉的此类判决,如果有自诉人的话,都应当由私人起诉者承担印刷和发布的费用,而不是由国库来承担这笔费用。"[3]

这就是《1788年法令》,它使《1670年法令》仍然保持完整,但在某些方面却被证明比后来的一些法律更为自由。我们知道它在高等法院中激起了什么样的反对意见。这是一份有意思的历史性文件,但事实上却不是一项真正得到适用的法律。这也是王权最后一次在刑事法律事项上行使古代法国(ancient France)承认的绝对、独立的立法权。1788年7月5日,有关召集三级会议

[1] Title XXV, Art. 21.

[2] *Buchez* and *Roux*, "Histoire parlementaire," vol. I, p. 242.

[3] 由国家规定的具体份数在一百份到两百份之间,取决于司法管辖区的重要性。

的法令发布。[1] 在此之后，共和国（the nation）掌握了立法权。在观察三级会议代表们将如何诠释共和国的意愿之前，我们很容易在一些著名的"请愿书"[2]中发现选民是如何将意愿传递给他们的代表们的。[3]

第二节 《1789年请愿书》

在刑事立法方面，《1789年请愿书》（The Cahiers of 1789）如实地体现了公众的意愿。在这里，我们将再次谈及绝大多数已经被宣传家所主张的改革要求，其中一些人所追寻的改革路径后来则被制宪会议（Constituent Assembly）忠实追随。三个等级在其中一些重要方面几乎总是一致的。

程序的公开性是第一项要求。"在几乎所有开明国家所有时期的实践中都得以确立的程序公开性，之前曾经在法国得以确立，应当得到再次的确立，因此侦查应当公开进行并接受公众的检验。"[4]——"首先，需要让程序的公开性得到重新确
398 立。"[5]——"至于刑事法典的改革，神职人员希望刑事诉讼程序的侦查公开进行，——包括讯问、获得证人证言、确证与对质。"[6]

〔1〕 *Isambert*, t. XXVIII, p. 601.

〔2〕 "Cahiers"或者"Portfolios"是选民给当选的三级会议代表的书面陈述。这些书面指示里包含了一份记载了有关选区统一的将要进行的立法改革的看法和希望的报告。——原译者注

〔3〕 我们主要参考普鲁多姆（*Prudhomme*）的"Résumé des Cahiers,"3 vols. ,1789。

〔4〕 "Cahier du Tiers," City of Paris, *Prudhomme*, III, p. 159. 关于第三等级（Third Estate）和贵族等级在法律这一方面的一致性，参见 *Prudhomme*, III, p. 588; II, p. 387。

〔5〕 "Noblesse," City of Paris, II, p. 145.

〔6〕 "Clergé,"Mantes and Meulan.

被指控者有权获得法律帮助。在这方面,三个等级各自的请愿书保持了一致。[1] 某些请愿书还要求为被告提供免费的律师;这在未来将是一种官方的倡导。[2] 有的时候还希望被告从刑事诉讼的一开始就有律师的帮助。"在任何案件刑事诉讼的一开始,被告都能委托律师,让律师在任何他认为必要时可以与被告进行沟通。"[3]——"刑事侦查的一开始就应该给被告委派辩护人。"[4]其他人则希望辩护律师在讯问被告之后才介入刑事诉讼程序。"让被告在第一次被讯问之后再委托辩护律师。"[5]——"让被告在对质程序以及后续的程序中有辩护律师。"[6]

要求被告宣誓的做法应当被废除。[7] "取消让被告宣誓或者更准确地说是废止追究被告的伪证责任"[8]——"要求被告宣誓显然违背了每个人都有的自我保护的自然观念,不过是对人性施加一种暴力,无助于发现真相,仅能削弱伪证罪的恐怖。"[9]关于取消对被告宣誓的要求,教士们与第三等级一样迫切。"要求被告宣誓的做法应当得到限制,这强迫被告自陷伪证罪的风险。"[10]——"让刑事法律的改革也同步进行起来,使被告确保获

〔1〕 法律中有关 bailiwicks 的一致性,参见"Clergé," *Prudhomme*, I, p. 335; "Noblesse," II, 377; "Tiers," III, p. 548。

〔2〕 Vannes, "Cahier du Tiers," III, 161.

〔3〕 La Rochelle, "Cahier du Tiers," III, 161.

〔4〕 City of Paris, "Cahier du Clergé," I, 159.

〔5〕 Lyons, "Cahier du Tiers," III, 163.

〔6〕 Ibid., "Cahier de la Noblesse," II, 146.

〔7〕 Prudhomme 指出第三等级的请愿书和91个教区教士请愿书在这一方面的一致性。Cahiers of the Third(III, 348), Cahiers of the Clergy of ninety-one bailiwicks(I, 335).

〔8〕 Vames, "Cahier du Tiers," III, 161

〔9〕 City of Paris, "Cahier du Tiers," III, 162.

〔10〕 Douay, "Cahier du Clergé," I, 162.

得辩护所需的相应手段,而几乎总是使被告构成伪证罪的选择则应当被废除。”[1]

399 从刑事诉讼的最开始,被告就应该获得与控方平等的地位,围绕他的无罪来提出主张和证明事实;正当性事实也不应当再被置于刑事程序不为人所关注的角落。这一方面在很多请愿书中都得到了明确的表述。“我们要为被告争取立即提出主张和相应理据的权利,或者在被告被第一次讯问后立即进行询问。”[2]——“在第一次讯问之后为被告委派一个免费的律师,这个律师可以了解刑事程序的每一项文书材料,也可以在任何时间联系被告,还可以在案件处理的任何阶段,基于被告的利益进行答辩以及使用免费的文件进行正当理由的答辩。”[3]——“使被告有权获得迅速的律师帮助,有权在刑事诉讼的最初到最终的整个过程中提出证据,所有的法官不得拒绝允许被告通过或者帮助来伸张正义。”[4]

有必要限制预审法官(examining judge)所拥有的巨大权力。正如我们所知道的,预审法官可以单独裁定采取“特别诉讼”并发布裁决,单独对证据进行确证和对质,并将决定采取行动的书面文件汇总在一起。“在第一时间听取证人陈述并收集证人证言的法官通常并未受过良好的教育并且有时带有偏见。由于上诉法院仅仅走一个程序并依赖于一审法官所获得的证言,被告实际上已经被判处死刑,没有任何脱罪的希望。”[5]我们发现很多请愿书主张应当由两位或者三位法官审理案件,或者应当由整个法庭

〔1〕 Auxerre, “Cahier du Clergé,” I, 162.

〔2〕 Saintes, “Cahier du Tiers,” III, p. 159.

〔3〕 Vannes, “Cahier du Tiers,” III, p. 162.

〔4〕 Dourdan, “Cahier de la Noblesse,” II, p. 146.

〔5〕 Blois, “Cahier de la Noblesse.”

在提起公诉和进行讯问或者发布裁决之前介入。[1] “应当不再允许独任的法官进行讯问和进行其他侦查的步骤,除非他得到其他两位法官的协助;应当禁止独任法官自行签发逮捕令或者个人到案令(personal citation),除非得到两名法官的建议。”[2]——“公诉不能仅仅向一位法官提起,而是要向两位法官提起,讯问则应当在整个负有审理职责的群体前进行。”[3]——“提起公诉和 400
第一次讯问应当在三个法官在场的情况下进行。”[4]——“任何一项与刑事事项相关的裁决都必须由在这一管辖区内所有的被召集起来的法官集体作出。”[5]

其他的改革需求则受到短暂存在的《1788 年法令》的影响。包括最高等级法院所作出的裁决,应当精确地建立在证据的基础之上。[6] 刑讯应当被永远废止,囚犯专座也应当被禁止。[7] 特别法庭也被希望废除。“应当取消首席治安法官的管辖权,这样能使每个被告受益于两步管辖。”[8]有关刑事事项特设的委员会注定要失败。

公民个人的自由应当得到有效保护。对被抓获的人的讯问应当在抓获后的 24 小时内进行。[9] 在不涉及严重犯罪时,犯罪

〔1〕 根据 *Prudhomme*(II,399),贵族阶层的请愿书在要求独任法官不应当有权单独决定签发逮捕令这一方面具有一致性。

〔2〕 La Rochelle,“Cahier du Tiers,”III,p. 160.

〔3〕 Toul,“Cahier du Tiers,”III,p. 160.

〔4〕 Lyons,“Cahier du Tiers,”III,p. 162.

〔5〕 Nivernois,“Cahier du Tiers,”III,p. 163.

〔6〕 三个等级的请愿书在这方面保持了一致:教士等级,I,351;*cf.* p. 153;贵族等级,II,p. 399;*cf.* p. 147;第三等级,III,p. 573;*cf.* p. 172.

〔7〕 请愿书在这一方面具有一致性:教士等级,Ⅰ,161;贵族等级,II,149;第三等级,III,165。

〔8〕 Alengon,“Cahiers de la Noblesse,”II,p. 145;在这一方面,43 个教区的贵族,II,p. 400.

〔9〕 I,122;352.

嫌疑人应当有被保释的自由。“在第一次讯问后，犯罪嫌疑人应当有权获得有条件的保释，除非其因涉及身体伤害犯罪而被抓获。”[1]

实际操作的人员（经常负责起草第三等级的请愿书）并没有忘记《1670 年法令》中有关将在对质中改变之前证言的证人作为虚假证人处罚的条款。“同样追求在对质中改变证言的证人的自由，这些证人不再面临因伪造证据而被处罚的风险，至少在改变证据不是故意欺诈的情形下。”[2]

有些奇怪的是，教士阶层单独要求禁止监视措施的适用，“除了在更为严重的案件中。”[3]第三等级则要求取消教会法庭在刑事诉讼中的位置。“我们要求取消由官员和刑事警察联合进行的侦查，这是一项危险的传统，使成本翻倍，并增加了撤销案件（quashing）的可能性。赋予普通法官审理神职人员作为被告的特权案件的权限，并不会影响为维护教会纪律而单独提起的诉
401 讼。”[4]这里，1789 年的公民同样在呼吁路易十四的特派专员在 1670 年所提出的改革措施。宣传家们则已经花了 50 年宣讲这些改革措施了。现在的愿望就是立刻实施这些改革措施。但请愿书显示，公众的意愿已经超过了这些。公众在重构刑事司法方面希望以英格兰为模板，并将其作为政治自由的基石。[5] 首先，有

[1] Alengon, Labour; “Cahiers de la Noblesse,” II, p. 145；在这一方面，59 个教区的贵族，II, 391。

[2] III, 159，在这一方面，32 个教区的第三等级，III, p. 594。

[3] I, pp. 154 and 168.

[4] III, p. 122，在这一方面，第三等级的请愿书具有一致性，III, p. 560。

[5] “在下一次三级会议一开始的时候就应该组织一个由最开明的人组成的委员会，来处理诸如刑事法典改革这一类重大事项。这个委员会不应该仅仅由法官和法学顾问组成。最开明这一美德也不足以摆脱偏见的困扰。不同行业、不同等级的公民，尤其是那些曾经有机会学习英格兰刑事法律的人必须被纳入其中。”—— Blois, “Calder de la Noblesse,” II, 142.

必要制止对旧刑事司法系统的滥用,然后再引入陪审团审理以及以言词为中心的程序。

其次,58 个地区的第三等级公民要求区分审理事实的法官和适用法律的法官。[1] “在刑事事项方面,决定案件事实通常都应当与决定法律的适用分隔开。用于决定案件事实的陪审团制度看上去更有利于人身安全和公共自由,三级会议应当寻找适当的方法使陪审团制度能够适合我国的法律。”[2]还有一些则指出,“12 个宣誓就任的普通人单独并排他性地就事实问题进行宣判,他们在事实问题上的一致性对谴责犯罪至关重要”[3]。这就是英格兰陪审团制度的特征。[4] 另外一些请愿书则指出,旧的法国习惯法被错误地解释了。“除非法官在刑事程序的每一步都获得一个或更多与被告同等级的公民的协助,否则就不能对任何公民启动刑事追诉。所有公民都与神职人员一样享有同样的权利和特权。这些都符合古老的法国习惯。”[5]

最后,请愿书要求废止司法保留和权力的绝对行使,这些一直以来都在司法领域造成很多困难。“监禁令”(监禁令是由法兰西 402
国王签署,并由国务大臣副署批准将某人监禁的指令。这种指令的签发不必说明理由,而且一经发出,便可立即执行。被用这种指令判刑的人无权上诉。被判刑的人是否可被释放往往要随国王的意见决定。参见《元照英美法词典》的解释。——中译者注)也应当被取消。[6] 它们已经被令

[1] III,574.

[2] City of Paris,“Cahier du Tiers,”III,163.

[3] II,144.

[4] 91 份来自贵族的请愿书要求“宣誓就任的普通人达成一致对被判处死刑的被告人的定罪是必要的”,II,387。

[5] Vermandois,“Cahier de la Noblesse,”II,144.

[6] 请愿书在这一方面的一致性:教士,I,352;第三等级,III,576 and 58;贵族,II,56 *et seq*。

后的法国大革命第一代言人污名化了。而赦免书则不能再介入刑事诉讼程序直至判决的作出。“他无权获得赦免书,除非经由最终的裁决并且别无他法。”[1]——“国王有权将所有已经被宣布的刑罚以正当的方式改为相对较轻的刑罚,除非是叛国、盗用国家款物(peculation)和敲诈勒索(extortion)案件。但无论如何,国王都不能阻止宣告判决。”[2]作为一种宏观的概览,上述这些内容将成为制宪会议拟推动实施的改革措施。

第三节 受制宪会议影响的第一次改革·1789年10月8日至9日法令

制宪会议通过了两项有关刑事诉讼的法律,这两项法律都是最为重要的。一项是1789年10月8日至9日法令,另一项是1791年9月16日至29日法令。看上去似乎有些奇怪,这些法律怎么能如此迅速地相继通过,而制宪会议又这么快就认为需要对他们通过的法律进行再修改。但对这种奇怪状况的解释却很简单。两项法律中的第一项推出了针对严重权力滥用的改革措施,这些改革本就时不我待;但正如本书序言所谈及的,这一法律仅仅建构了一种临时性的状态。[3] 第二项法律则采用了陪审团的程序和以一种更为普遍的方式采用了英国的刑事程序,而这种程序已经被列入法国最为重要的制度之一。

[1] Meaux,“Cahier du Tiers,”III,174;在这一方面,88个教区的第三阶层III,570。

[2] Tourraine,“Cahier de la Noblesse,”II,152.

[3] 尽管整个改革的实施需要从容且成熟的深刻反思,但是仍然有可能使国家受益于各种不同的规定,这些规定在不破坏目前程序顺序的情况下能够保障无辜并有助于被告人开展辩护。

1789 年的法令并没有摧毁截至当时正在适用的刑事程序的前后顺序。《1670 年法令》仍然全面有效。“除非另有正式规定,《1670 年法令》《1788 年法令》和与刑事事项相关的规则中与本法令相一致的内容应当继续得到执行(第 28 条)。”我们仍然可以发 403
现相同的书面性和复杂程序。提起公诉、裁决、讯问、裁决为特别诉讼、确证与对质、刑事程序报告和最终的讯问——所有这些程序在新的法令中都能找到它们的位置(与此同时,管辖权方面没有变化)。但一些新的元素则被添加到旧的程序之中。其中包括允许并保障辩护,以及广泛的程序公开性。在这些方面,这部法令提供了一些随后将会消失的保障措施。这些背景性的知识帮助我们更好的理解,为什么在起草《重罪审理法典》时,有些观点希望简单纯粹地回到受到法国大革命影响的第一次改革这一起点。

《1789 年法令》(the Decrce of 1789)赋予被告的这些保障措施主要包括刑事程序的公开性和律师帮助。然而,立法的目的并不在于让阳光普照进逮捕和侦查过程的最初阶段。只要易于被隐藏的证据仍在收集过程之中,所有利害关系方保持警惕就非常不方便。控告和告发是秘密进行的:“裁决之前的起诉继续秘密进行(第 6 条)。”但是,另一项保障措施却发源于此,以替代刑事诉讼的早期阶段因存在危险性而不能公开。自治城市或者社区任命一些“伴随”公民(“adjoints”citizens)与法官共同工作。他们的存在尽可能代替了公众的意见;而且与此同时可以避免相应的风险,因为“他们向社区宣誓(由市政官员或者机构管理)……忠实履行职责,并且严格保守与控告和其他刑事程序文件内容相关的秘密(第 2 条)”[1]。在某种程度上,这些公民代表着公众,而且还代替了律师。事实证明,这就是这些公民的作用,而当程序
404 的公开性得以确立和律师得以介入后,他们就功成身退了。当被告到案后,“侦查的所有步骤都应当着被告的面公开进行,进行相应侦查工作的房间的门也应当打开;从那时起,‘伴随’公民所提供的帮助就应当停止了(第 11 条)”。这就是推动这一立法的总体思路。让我们快速详细研究一下。

1789 年的法律的适用范围覆盖刑事诉讼的开端,即法官接受私人起诉或者公诉人起诉的时候。如果通过控告的方式启动刑事诉讼,“控告人只有在通知两名证人到场的情况下,这一案件才会被提交给法官……证人到场的事实以及证人的名字将会按照他们在控告书上签名的顺序提交给法官,否则控告无效(第 3 条)。”在提起公诉的情况下,“伴随”公民在场,国王的检察官应当陈述他是否有告密者(informer)以及告密者是谁。这样,“法官以及‘伴随’公民就可以在刑事诉讼开始之前的提起公诉阶段就了解告密者的情况(第 4 条)”“在撰写官方报告(当场拟定的)以确定‘犯罪事实’时,两位‘伴随’公民也需要在场”“他们有权发表任何他们希望表达的观点,这些观点将被记录下来。他们也将在官方报告上签名,否则官方报告无效(第 5 条)”。两位“伴随”公民在提起公诉和询问证人时在场(第 6 条)。他们“有义务基于内心与良心向法官表达就控辩双方的一些观察意见,例如,证人证言有必要进行解释或者需要证明的案件事实有待厘清(第 7 条)”。

[1] 这些著名人士需要年满 25 周岁,并从具备良好道德准则并被公认为正直可信的公民中进行挑选。在紧急和现行犯的情况下,也可以“在主要居民中选择 2 位未曾作为本案证人并愿意立刻在预审法官之前宣誓就任的居民担任”。(第 8 条)另一种情况下(有必要前往距离主要管辖地很远的地点),也可以由预审法官挑选当地市政厅成员担任。

起诉的程序终结于此，之后仍然需要签发令状。在这一点上，《1789 年法令》完全满足了对公众意见的需求，正如请愿书所记录的那样。“除非是涉及身体伤害的案件，不得对居民签发逮捕令”，而且，“除非由三个以上的法官或者一个法官和两个学士(graduates)决定，不得签发要求到案的令状或者逮捕的令状(第 9 条)”[1]。

如果被告遵从令状或者被逮捕，刑事程序立刻进入公开的阶段，他将从第一次被讯问时获得律师的帮助。如果他自己不能聘请一位律师，法官将代表国家为他委任一位，否则刑事诉讼的进行无效(第 10 条和第 12 条)。当被告出现在法官面前时，法官首 405
先“命人将控告书、告发者的名字(如果有的话)、官方报告和提起公诉的报告宣读给被告人听，”然后“应当询问被告他是否已经选任了一位律师或者打算选任一位律师，或者他希望由国家为其委任一位律师。”“如果被告希望由国家为其委任一位律师，法官应当委任一位律师，讯问则不应当早于第二天进行(第 13 条)。”这里，我们没有一部尊重辩护权甚至到夸张程度的法律吗？时至今日，英国法律要求治安法官告诫被带至其面前的囚犯他们没有义务回答，“他不应该服从任何恐惧或屈服于任何希望”。这样的规定事实上更不那么自由。[2]

必须认识到，被告有几乎一整天和一个晚上来准备这一讯问，而且不需要他宣誓。然而，在一类案件中被告仍然需要宣誓，即“当被告人希望质疑证人的作证能力时”[3]。但在这类案件

〔1〕“然而，法官可以下令对现行犯或者在反抗执法的情况下迅速逮捕。”

〔2〕*Stephen*, “Commentaries on the Laws of England,” vol. IV, p. 347(1873 edition).

〔3〕第 12 条。“被告不需要对这一次讯问或者任何其他讯问宣誓，在整个侦查过程中他都不需要宣誓，除非他要质疑证人的作证能力。”

中,宣誓是一种“不诽谤誓言”(juramentum calumniae)。

讯问结束之后,“如果被告提出要求,由法庭的书记官签名的刑事程序所涉及的所有材料的副本应当立即交予被告,不需要任何费用并提供免费的纸张”[1]。被告的律师在任何时间都有权“查阅记录”(minutes)(第14条)。自此以后的刑事诉讼都公开进行,如果有对起诉的延续或者补充,都应当在被告在场的情况下公开进行(第15条)。被告可以在证人作证完毕后对其提问,但“在这个早期阶段证人的自认、证言的改变或者撤回都不会使证人构成伪证(第16条)”。

起诉程序终结后,和之前一样,裁决为“特别诉讼”可能发生。但是法令规定:“除非由三个以上的法官决定,刑事诉讼不能被裁决为特别(第17条)。”对证人证言的确认与对质紧随其后。所有这些程序都公开进行。被告人自确认证人证言时就可以在场,他的律师也可以在场,但“无权为被告人的利益发言或者建议被告人哪些他应该说或者回答,除非有任何新的调查(visite)或者报告
406 需要被告人发表意见,并且需要记录在官方报告中(第18条)”。

辩护的自由得到保障。“对证人作证能力的质疑可以在刑事诉讼的任何阶段提出和予以证明,包括确认起诉前或者确认起诉后。被告应当被允许来证明这种质疑,只要法官认为这种质疑是相关的和可采的(第17条)。”正如请愿书所要求的,被告还可以“在案件的任何阶段对案件事实和减轻罪责的事实进行辩护,甚至包括精神错乱的事实,即使这些事实没有在对他的讯问和其他刑事程序的文件中提出来。被告想要提出的证人也应当公开听取他们的证言。被告提出的证人不需要一次性地列出他们的名

[1] 第14条。这一规定复制了之前的法律,但限于刑事案件,而且提供材料副本的时间被推迟了。

字,而是可以与起诉者提出的证人在继续或者补充起诉书时一起询问(第19条)”。辩方证人不是必须被起诉者传召。被告可以选择“自行传召这些证人,或者向起诉者指出这些证人以使起诉者可以传召他们”。但被告应该在“允许举证的裁决下达后三天内完成上述活动(第20条)”。

此外,正如我们之前所指出的,刑事诉讼程序仍然保留了书面程序的特征。我们之前描述的在预审法官面前开展的多项步骤需要被记录在刑事诉讼的文件材料之中,这扩大了文件记录的内容。当案件推进到由法官来作出判决的时候,报告的形式仍然是必须的。“刑事诉讼的报告应当由其中一位法官来制作,之后检察官根据不同的理由立即提出动议。进行最后的讯问,宣布裁决,所有的都在公开的法庭里中进行(第21条)。”除了对程序公开性的引入,《1789年法令》看上去似乎没有对司法程序有所改变。即使“除对他的讯问外,被告人可以在听审程序中不到场,此后,如果他被确定为罪犯,他应当再次被羁押(第21条)”。

然而,另一个重要的变化也被引入。被告即使在缺席的情况下,可以由他的律师代表。律师可以发言,并可以提出辩护请求。“律师有权在整个开庭过程中在场,并在报告完成、动议提出和最终讯问完成后为被告辩护。”刑事律师又一次将在法庭中发出自己的声音,而他们的声音已经很久没有回荡在法庭中了。 407

随后法官被要求退庭进行评议。在此之后,他们恢复庭审,进入“公开宣判的环节(第21条)”。无论是第一审程序还是终审程序,每一项定罪后使用折磨刑(afflictive punishment)或者耻辱刑(degrading punishment)都必须说明理由(第22条)。除非获得三分之二的票数,不得使用折磨刑和耻辱刑,最终判处死刑的则必须获得五分之四的票数(第25条)。刑讯逼供和囚犯专座则被永久废除(第 24 条)。

这些就是《1789 年法令》在旧程序下所呈现的新特点。尽管这一法令的起草者并不追求这部法令能够长时间的存在,但仍然把旧程序与新特点和谐地融合在一起。事实上,这部法令酝酿了很长时间。可以这么认为,这部法令所引入的并被期待已久的改革措施已经被公众意见所消化吸收了。事实证明,在包括起诉、讯问、签发令状等环节的刑事诉讼的前半段,这部法令较之于后续出台的法律更为自由。在现代人看来,后续的法律则通过用新的程序替代刑事诉讼的剩余部分来提供保障措施,即布莱克斯通所说的保障英国人自由权利的双重屏障——大陪审团和小陪审团。

有必要指出的一点是,《1789 年法令》在法定证明原则方面没有作出规定。这是故意的疏忽吗?难道没有必要用一部法律来废止这样一种没有任何法律规定而仅仅源自法学理论创造的证明制度吗?

除了《1789 年法令》和 1790 年 4 月 22~25 日法令(the Decree of 22-25,April,1790),在完成法国刑事诉讼程序的最终构建之前,制宪会议制定了若干临时性的条款来解释和完成这方面的改革。1790 年 10 月 12~19 日法令(the Decree of 12-19,October,1790)暂时委托地区法庭(district tribunals)审理刑事案件。在此之前,司法官辖下法庭(prévôtalcourt)的程序和审理已经被暂停。

1791 年 9 月颁布了一项在全新基础上组织刑事诉讼程序的法律。《1670 年法令》自此被废止而失效。《1670 年法令》作为一项生效法律存在了 120 年,此后其规定内容仅仅作为历史事件存在了。然而,其影响虽然一度被抹除,但在后来仍可以清楚地被感受到。

第二章　中间时期的法典 408

第一节　陪审程序起源:1791年9月16日和29日的法律

《1789年请愿书》推荐学习英格兰的制度,要求在刑事案件中采用陪审制度。在英格兰,每一个被告都需接受12位公民的审判,法国已将其目光投向这个国家至少长达50年。这些愿望即将由法国制宪会议变为现实。在这个过程中,英格兰将会成为模板;为了完全效仿,一些带有法国"天赋"的最精巧的制度设计将会被舍弃。孟德斯鸠充分诠释了其优点的检察官制度,将要在我们的司法组织结构中暂时消失。英格兰法律将在辩论过程中频繁"登场"。"显而易见",柏加士先生(M. Bergasse)在1789年8月17日说道,"这里所探讨的都是一些改革方案,这些方案都受到了英格兰和自由美国所采纳的起诉和刑罚方面法律体系的影响。除此内容外,别无其他。实际上,曾在我们自己国家适用过的陪审制度,是唯一人道的实践制度。尽管在一些细节上仍需完善,但尽快采纳陪审制度是最好的选择"[1]。稍后,在关于 1791 年的法律(The Law of 1791)的辩论中,图雷特作了如下陈述:"我们与几位顶级的英格兰法学家召开了会议,且从中受益匪浅,他们在巴黎度过了一段时光。"[2]

409 然而,将英格兰刑事诉讼程序引入法国是一项艰难的任务。尽管现在"公开"已成为法国程序法的一部分,并且被告有权获得辩护律师帮助,这是一项连英格兰法还在犹豫是否赋予被告的特权,但是两国法律体系在多数细节上仍是截然相反的。在法国,起诉犯罪的权力可以说完全掌握在检察官手中;私人当事方仅在针对民事赔偿时方可进行追诉。在英格兰,尽管所有重罪(felonies)均依国王之请求移送至大陪审团,但只有非政府官员的自诉人出现在起诉程序的"台前";而总检察长几乎很少亲自作为控诉人出庭。庭审前的预审程序在英格兰所占的分量不多;预审程序几乎完全由治安法官负责进行,它只是整个诉讼程序中微不足道的一个元素。而在那个时代的法国,由预审法官主持的预审程序占据了整个程序中的最大一部分;预审程序是整个"诉讼大厦"的基石。在英格兰,诉讼程序完全是口头式的,法律甚至不允许在陪审团面前宣读书面证言(written depositions)。但在法国,即使在 1789 年改革之后,书面材料仍扮演着主导性角色;诉讼裁判主要基于书面材料(written documents)作出。尽管我们只是注意到一些最为显著的点,但上述情况足以表明法英两国制度间明显的对立性。将英格兰制度整体引入法国,这可能吗?它能够在未伴

[1] *Buchez* and *Roux*, "Hist. parlement," vol. Ⅱ, p. 257.

[2] Sitting of 28th December, 1790; Moniteur of the 29th.

随其产生和逐渐发展的异域惯例和习惯之中存活下来吗？另外，1790年3月30日的会议对大小陪审团进行了口头表决，两者应该成为由宪法保障的基本“安全措施”。一旦保留了旧的法国制度，大小陪审团将如何与其融合？

实际上，在新计划的制定者的头脑中几乎没有迟疑。他们为了引入英格兰诉讼程序的原则，牺牲自己的传统制度。——“从一开始，委员会就认为这种新制度（陪审制度）在任何方面都与我们的‘法令’及现行调查的形式相左。为了形成一个完整而和谐的系统，重组一切似乎是必要的。”[1]然而实际上，英格兰法的原则与法国大革命的精神特别相符。在制宪会议议员们的眼中，治 410
安法官在诉讼开始阶段的主导性权力、法律让渡给公民的较多的发动刑事追诉的权利，这些都将足以限制检察制度。在模仿英格兰制度体系时，不去刻意逢迎是能够做到的；有很多细节需要本土化的改造。这些改造在一份法案中得到了完成。这份法案几乎未加修改，最终成为1791年9月16日的法律。

代表传统的一方不会轻易投降。一场激烈而漫长的争论开始了，这场争论并非针对改革计划的细节，而是围绕着两三个最为基本的原则。无论有没有陪审制度，许多制宪会议议员都渴望保留去其糟粕后的古老诉讼程序。他们反对一些源自域外移植的大胆创新。守旧的“法令党”（Ordinance party），如果允许这么称呼的话，在当时完败。而且，他们的多数要求都是被一种错误的保守主义所驱使。然而事后证明，他们一部分诉求是对的。在

〔1〕 迪波尔先生（M. Duport）代表立法和刑事司法委员会（the committees on Legislation and Criminal Jurisprudence）的发言。Sitting of 26th December, 1790; Moniteur of 27th. 柏加士先生在1789年8月17日时就已表明：“罪犯不应被带到除治安法官外的任何法官面前。”（*Buchez* and *Roux*, *op. cit.*, vol. Ⅱ, p. 294）

“法令党”当时希望挽救的制度中,有一部分没过多久就获得了重生机会。后来在起草《重罪审理法典》时,“法令党”实现了完全的“复仇”。

1790年12月26日,迪波尔先生代表立法和刑事司法委员会在制宪会议上介绍了陪审程序的相关法律草案。其最主要的特点可简述如下:县(canton)里司法警察(the officer of judicial police)简要的调查;区(district)里大陪审团的审查;最后由省(department)里刑事法院开庭审理并作出裁判。这就是整个诉讼所要经历的三个阶段。

治安法官主要是负有侦查职能(detective police)、保障社会安全(sureté)的最佳司法官员。[1] 通过签发“拘传令”(a warrant for production 或 mandat d'amener),他可以让重罪或轻罪案件的被告来到其面前。这种令状与治安法官签发的其他令状相似,在
411 需要时,由公权机关保障其执行力。[2] 治安法官开启刑事指控的第一步,[3]即听取证人证言以及起草官方报告(official reports)。在讯问被告人之后,如果治安法官认为缺乏刑事追诉依据,他将释放被告;反之,他将签发“逮捕令”(a warrant of arrest)羁押被告人。[4]

治安法官依法律规定或个人请求而采取行动。在被告已被逮捕的案件中,[5]或者在出现死因未知或存疑的命案时,治安法

[1] Tit. I, Art. 1.

[2] Tit. I, Arts. 2-4.

[3] Tit. V, Art. 8; Tits. III and IV; Tit. IV, Art. 3.

[4] Tit. VIII, Arts. 5-7.

[5] Tit. IV.

官须依法主动采取行动。在后一种情况中,治安法官须勘查现场。[1] ——通过控告或市民的举报,私人主体可将治安法官置于刑事诉讼活动之中。控告是被害一方的行为。[2] 在细节上,古代法中的术语得到了保留;但私人主体的分量比以前重得多了。治安法官有义务记录控告人所提供证人的证言;[3] 在必要时,基于控告人的请求,还应起草官方报告。在此类依控告而产生的案件中,治安法官当然没有签发逮捕令或拘传令的义务;毫无疑问,他可以拒绝传唤被告,或者即使传唤了被告,也可将其释放。但是,控告人可以要求治安法官出具相应的"拒绝文书"(a document showing refusal);[4] 并且控告人有权直接将案件提交给大陪审团。作为一种公民责任,案外人的举报催生了"举报公民"(dénunciation civique)这个称谓。如果举报者签字确认其举报行为,治安法官就有义务像被害方控告时那样对案件展开调查,并且举报者享有与控告人相同的救济权利。[5] 如果举报者拒绝签署确认,治安法官就没有义务采取任何行动;但是当治安法官认为有必要且恰当时,他有权主动依法律规定启动追诉。——宪兵(the officers of gendarmery)可同时行使司法警察和治安法官的职能,但在同时拥有若干位治安法官的城市里除外。[6]

然后,案件流程从县里走到区里。大陪审团该登场了,看守

[1] 同时,法律要求治安法官应确保两名"积极公民"(active citizens)在场。Tit. III, Arts. 2 and 3. 这是受到了《1789年法令》中"伴随"公民的启发;同时也是在英国验尸官面前的程序要求。

[2] Tit. V, Art. 1.

[3] Tit. V, Art. 6.

[4] Tit. V, Art. 20.

[5] Tit. VI, Art. 3.

[6] Tit. I.

所(jail)设置在区里。还有一位被称作“陪审团团长”(director of the jury)[在“陪审团团长”这一称谓中,尽管原英文译者此处使用的是“陪审团”(the jury),但实则是指大陪审团。如无特殊需要,下文不再作此说明。——中译者注]的司法官员,他是由区法院法官轮流担任的,
412 每六个月轮换一次。在该诉讼阶段,由他来负责案件的处理。他从治安法官那里收到诉讼文书等案卷材料,对其进行审查,并且甚至会去看守所对被羁押人进行讯问。[1] 如果主管认为案件不符合起诉条件,他会在24小时内将案件提交给区法院;区法院会在听取国王代理人(the king's commissary)意见后作出裁断。如果主管认为案件有起诉依据,或者尽管他认为无依据,但区法院却意见相反时,他均应起草起诉书(act d'accusation)并呈递给大陪审团,类似于英格兰程序法中的大陪审团起诉书。[2] 与此同时,他仍然可以继续推进调查的进行。[3] 如果最终的可能刑罚只是耻辱刑,并且被羁押人已缴纳充足的保释金,陪审团团长可将其暂时释放。[4]

在有举报者或控告人的案件中,上述规则会有实质性的变

〔1〕 参见“Instruction du 21 Octobre,1791”,关于解决陪审程序法令的执行。“在24小时之内听取被告人意见的程序是强制性的,了解其是否被遵守也是十分重要的。同时,陪审团团长应当起草一个官方报告,其中应包括被告人的陈述与回答。遵守旧的讯问规则或者让被告人宣誓说实话已经没有必要;稍有理智就能明白这种宣誓是没有作用且不公正的,这种宣誓会将被告人置于伪证罪与刑事惩罚之间……陪审团团长不会允许自己去问任何令被告人进退两难的问题;他应当听取被告人基于自由意志的陈述。”

〔2〕 Part II,Tit. I.

〔3〕 Part II,Tit. I,Art. 16.“尚未在警察面前做出陈述的证人应当在陪审团团长面前陈述。在证人接受大陪审团口头询问前,这些陈述应以书面方式记录下来保存。”这里同样需要注意的是,这种询问方式与以前的规定大有不同。Instructions as to the jury of 21st October:“如果有新的还未被询问的证人,陪审团团长会秘密地获取他们的书面证词,这些证词是由法庭书记员记录下来的。记录的方式和形式不再遵从旧的询问制度,而是按照起诉书对相关陈述的专门要求来做。”

〔4〕 Part II,Tit. I,Arts. 30,31.

化。如果他们在两天之内出现,陪审团团长的行为将会受到一定牵制。如果他认为案件符合起诉条件,他必须与控告方(举报者或控告人)合作起草大陪审团的起诉书;假如双方有分歧,则分别制作各自的起诉书,大陪审团随后会从中二选一。相反,如果主管认为案件不符合起诉条件,则他不再需要像上文中那样将案件移交给区法院;但是控告方仍可单独起草自己的起诉书。[1] 还需说明的是,在上一诉讼阶段中如果治安法官拒绝采取相关行动,对于控告人或已签署确认书的举报者而言,他们可基于治安 413
法官"已阐明的拒绝"(refusal stated)而分别"直接向大陪审团提出告诉"[2]。但是,所有起诉书都须提交到国王代理人手中,由他作最终的批示(visa):"法律批准"(the law authories)、"否决"(veto)或"法律禁止"(the law forbids)。对于后两种情况,若有争议,最终由区法院裁断。[3]

控诉陪审团由8名陪审员组成,[4]由陪审团团长承担主持工作及具体指导职能;诉讼卷宗"以及符合例外规定的那部分证人书面证言"(按照当时的法律,证人口头作证或接受询问是原则,制作

〔1〕 Part II, Tit. I, Art. 12.

〔2〕 Part II, Tit. I, Art. 12.

〔3〕 Part II, Tit. I, Art. 13. 国王检察官(king's procurator)的调查只能针对已获证明的犯罪的刑罚适用问题(适用肉刑还是耻辱刑)。参见 Instructions as to the jury, of 21st October:"如果陪审团团长与国王代理人(king's commissioner)意见相同,那么国王代理人的反对就可阻止起诉书移送到大陪审团。在此种情况下,控告方对指控行为的性质可以有自己的独立判断。但是法律最后将问题交给区法院来决定,控告方、国王代理人或者陪审团团长都有可能向法院提出意见……由法院来决定指控行为是否构成犯罪;"在法院作出否定性判断时,"起诉书无效,同时宣告释放被羁押者"。

〔4〕 关于组成控诉陪审团的方法,参见 Part II, Tit. X. "每隔三个月,每个区的检察官代表(syndic procurator)会在该区拥有选民资格的公民中选出30人,形成一个名单……在陪审团集合日(the day of the Assembly)前8天,陪审团团长公示(causes)名单上30位公民的名字,将其放入一个花瓶中。在公众和国王代理人在场下,主管在法庭中央抽选出8位公民的名字并公示。"——Instructions as to the jury.

书面证词是例外。——中译者注)都会被送到陪审团团长手中。——"首先,卷宗材料要被宣读;然后,证人需口头作证;如果控告人或举报者在场,他们也需接受口头询问。"[1]所有这些都是闭门进行的,不对外公开。在此之后,陪审员们会被陪审团团长单独安排在某个不受打扰的地方,其中年纪最长的陪审员担任大陪审团的主席(foreman),然后对案件进行讨论、商议并作出多数决。主席在起诉书底部签署"有依据"(there are grounds)或"无依据"(there are no grounds),与英格兰起诉书中的"准予起诉"或"不予起诉"同义。若大陪审团准许起诉,"如果此时被告未被逮捕,陪审团团长将立即签发逮捕令;以此为据,无论被告在何地,他都将被捕并带到刑事法院"[2]。若被告在此阶段仍未被保释,刑事法庭(criminal tribunal)视情况可作出允许保释决定,给予被告自由。[3]

414 接下来,案件进入刑事法庭审判阶段。刑事法庭配置在每一个省,由三位法官和一位庭长(president)组成,他们的职责是决定所适用的刑罚,而陪审团则负责判断事实问题。附属于该法庭的,还有一位公诉人(public accuser)和一名国王代理人。前者是一名由选举产生的政府官员(functionary),[4]负责"起诉大陪审团已批准的案件"[5]。他负责提出控方证人,[6]代表控方发声,对案件进行阐释;[7]实际上,他是一名检察官。控告人也拥有提

〔1〕 Part II, Tit. I, Art. 20.

〔2〕 Part II, Tit. I, Art. 29.

〔3〕 如果控诉陪审团认为案件不符合起诉条件,若被告人已被逮捕,他将立即获得释放。

〔4〕 Part II, Tit. II, Art. 5.

〔5〕 Part II, Tit. IV, Art. 1.

〔6〕 Part II, Tit. VI, Art. 12; Tit. VII, Art. 3.

〔7〕 Part II, Tit. VII, Art. 3, Art. 18.

请证人出庭支持控诉的权利。——国王代理人是一名司法官员，负责法律的执行并确保其适用。[1] 在作出有罪判决的案件中，要求适用刑罚的角色就是他。[2]

庭长应在被告到达法庭后24小时之内对其进行讯问，[3]该过程需公诉人在场，且会被记录下来。此外，庭长也可以采取通常的方式继续询问有关证人，听取公诉人、自诉人甚至被追诉方提交的新证据。[4] 但是，书面证词只能用作起诉书材料，不得向陪审团宣读或提交。[5]

在陪审团组成方面，法国并未遵循英格兰传统，最终获得的是一个在某种程度上不那么令人满意的制度。每一个区的秘书官(secretary-clerk)将每一位有投票权的公民登记在册(第二编，第十一章，第2条)。这些登记册即为陪审团的总名单，它会被递交给省里的检察长代表(attorney-general-syndic)。每隔三个月，检察长代表就会从中选取200个名字，在经省长(director of the department)同意后，这些人就组成了开庭期的名单(session lists)(第6条)。在每月1日，为了本月15日的开庭，刑事法庭的庭长会提请确定陪审团的组成名单。为了产生最终的陪审员，庭长在 415
国王代理人和两位市政官员(都已宣誓保密)在场情况下将200人大名单呈现给公诉人，公诉人有权从中剔除20人而无需阐明理由。剩下的人名将会被放入一个盒子中，最终的12位陪审员

〔1〕 Part II, Tit. V, Art. 1："他必须熟悉诉讼案卷和流程，且须在侦查和作出判决时在场。" Art. 2："在获得政府许可后，国王代理人有权向法官们提出他认为恰当的一些要求。"

〔2〕 Part II, Tit. VIII, Art. 5.

〔3〕 Part II, Tit. VI, Art. 10.

〔4〕 Part II, Tit. VI, Art. 12.

〔5〕 Part II, Tit. VI, Art. 10, Art. 12；"这些新获得的书面证词被放在庭长处，仅仅作为起诉书材料使用。旧的书面证词亦然。"

从中抽签产生。被告同样享有要求陪审员回避的权利。12 人的名单也会展示给他,自此 24 小时内,他可以提出异议,受异议的陪审员将会通过抽签方式被替换掉(第 10 条)。在此过程中,被告有权主张 20 次无因回避(peremptory challenges)。当这些特权用尽后,他仍可无限期地提出异议,但必须阐明理由。毫无疑问,这种允许连续地、"非当庭"(out of presence)地要求回避的奇异制度,从一开始就成为妨碍陪审团制度运转的错误之一。

最终,被告出现在一个由上文已提及的司法官员和 12 位陪审员组成的刑事法庭面前。接着将会进行一个口头的、公开的以及非常简单的程序,它被规定在了 1791 年的法律第二编第六章至第八章之中,这些章节以一种明确的方式将陪审团审判的程序规则固定了下来。《犯罪与刑罚法典》将这些规则作了扩展和更为精确的陈述,《重罪审理法典》则作了简化,但上述规则的总体特点在这两部法律中都得到了保留,均可追溯到 1791 年。其实我们没有必要一直关注这些规则的细节,在将来关于刑事诉讼程序的现代条约中,这些细节都能见到。然而必须要注意到的是,诉讼程序的直接言词特征是最值得认真、反复地详细说明的。"对证人的询问必须口头进行,且无须制作书面证词。"〔1〕陪审员唯一可能收到的书面材料只有起诉书和官方报告。〔2〕与此同时,立法机关清楚地表明了拒绝法定证据制度、只遵从陪审员个
416 人内心确信的意愿。这在陪审员的宣誓词中即有体现。"你宣

〔1〕 Part II,Tit. VII,Art. 3. 另可参见 Tit. V,Art. 16:"即使相关人员未被传唤或一开始以书面方式宣誓作证,他们也可以作为证人出庭接受询问。""在庭审调查期间,陪审团和法官可以记录下来他们认为重要的内容,庭审辩论不会因此而被打断。"(Tit. VII,Art. 16)

〔2〕 Instructions as to the jury:"他们应当对书证进行调查,但仅限于起诉书、官方报告以及其他类似书证,证人书面证词不在其列,它不应被呈递在陪审团面前。"

誓……根据控辩双方意见作出裁决，遵循你的良心和个人确信，秉持一个自由人的中立和坚定。”[1]还有其他表达方式：“被告应有权提出证人来证实自己是一个品德高尚、正直诚实、行为无可指摘的人；陪审员们应对相关证言给予理性斟酌。”[2]

在一个重要细节上，法国抛弃了英格兰的传统。在英格兰，法官对陪审员施加的影响非常大，在总结法庭辩论时，法官要重新表述需解决的争点。法国立法机关当然也作了这种规定，[3]但其走得更远；法国法从一开始就规定，庭审争点以书面方式交给陪审员们，以便他们仅作出“是”或“否”的答复。这是一个富有想象力的主意；一个最为精巧的机制由此产生。经过长期完善该机制运行的努力，毫无疑问，它达致了一种令人满意的精度，并且这种精度日益增长。首批原则于1790年设立。孟德斯鸠的想法在实践中得到执行，尤其是“一次只能交给陪审员判断一个事实”。此外，庭长在陈述争点时没有义务倾向于起诉书中的内容。所提炼出的争点也许会有瑕疵，“或者会因辩方辩解及所提证据之影响而发生改变”。——“还需明确的是，将陪审员严格限制在起诉书内容上而纵容不公正是不可能的。因此法律规定，当陪审团发现指控行为构成犯罪且认为被告有罪时，他们应针对事实的特定情况公正地作出第三项裁断，即要去判断犯罪行为是故意实施的还是被迫实施，或者有没有伤害他人的意图，或对犯罪的减

〔1〕 Part II, Tit. VII, Art. 24.

〔2〕 Part II, Tit. VII, Art. 14.

〔3〕 从一开始人们就提出了明智的建议。对陪审员的指示：“庭长对案件做一个陈述，将其归纳为最简明的要点。他需向陪审员详细解释对被告有利及不利的证据。该陈述旨在引导陪审团集中注意力并作出判断，但是这种陈述不得限制陪审团的自由。陪审团应当尊重法官……但他们却无需因此而放弃自己的观点，他们只需对自己的良心负责。”

轻情节发表意见。”[1]然而,这些罪行的程度如何去把握?难道陪审团必须把自己置身于诸如在故意杀人与合法杀人之间进行
417 抉择的问题“海洋”之中?那将给争点的陈述过程带来一种无效的、不合理的复杂性……因此,掌控整个程序,主持、引导诉讼流程推进的职责在于法官,他将会认真归类与所指控行为性质有关的犯罪意图方面的争点,从而将其明示给陪审团并引导其据此进行评议。在以提出问题的方式表达了法庭观点之后,法官会在民众、被告、律师和陪审员在场情况下,以书面方式提交给陪审团,让其按一定顺序进行评议、表决。[2]

要求陪审团基于一致投票作出裁判的英格兰传统规则亦未得到坚持。“在支持被追诉方主张、认为案件事实不清抑或表决支持庭长提出的犯罪意图相关问题时,有 3 位陪审员意见一致足矣。”[3]那个时代的戏剧精神也充分表现在陪审员表达观点的过程之中。庭长指定的其中一位法官、国王代理人以及陪审团主席齐聚会议厅。在那里,“在所有陪审员均在场情况下”,“每位陪审员把手放于胸前”,从陪审团主席开始依次给出各自的判决。然后,每位陪审员把一个黑球或白球放入对应颜色的盒子里,每一种颜色代表一种判决,以备检查。盒子会在已集合的陪审员们的面前打开,计算选票,然后陪审团主席在公开法庭上宣布最终判决。[4] 而后,法官们会宣布刑罚的期限,从最年轻的法官开始宣布,以庭长为结束。[5]

对陪审团的判决不得上诉。这似乎是刑事案件陪审团的一

〔1〕 Instruction as to the jury.

〔2〕 Instruction as to the jury. Law, Part II, Tit. VII, Arts. 20 and 21.

〔3〕 Part II, Tit. VII, Art. 28.

〔4〕 Arts. 23, 29, 30, 32, 33.

〔5〕 Tit. VII, Art. 9.

个普遍特点。“陪审员的裁断永远不会遭到上诉。然而,如果法庭一直认为陪审员裁判错误,法庭将会命令3位陪审员加入到原先的12人之中,按4/5多数决再次作出一个判决。”[1]唯独上诉到最高法院(Court of Cassation)的情况是可能的,上诉由已被定罪的人提起,或者由国王代理人以法律的名义提起。上诉必须在3天内提起;在宣告无罪的案件中,国王代理人需在24小时内提 418
起。提起上诉的唯一理由是对违反即无效这种类型错误的疏忽,或者存在法律适用错误。在前一种情况引起的上诉审中,一次全新的审判要在一个完全不同的刑事法庭面前开始;在仅有法律适用错误时,无须组成新的审判组织,且陪审团的第一次判决维持有效。[2]

我们发现,古老的相关制度实际上没有一个得以保留。其中一个主要事实就是,检察制度遭遇了彻底的“毁灭”。不仅国王检察官以前履行的职责被国王代理人和公诉人“瓜分”,这种做法似乎没有益处,[3]而且起诉犯罪的职责实际上也根本不属于公诉人。毫无疑问,法律授权公诉人“监督省里所有的警察,他可以对警察的失职行为给予警告,甚至可以将其带到刑事法庭进行训诫”[4];但在控诉被宣布成立之前,公诉人无权以个人名义介入

[1] Part II, Tit. VIII, Art. 27.

[2] Part II, Tit. VIII, Art. 14 *et seq.*

[3] 此外,这是基于错误观念而对一种一般制度(general system)的应用:“在英格兰,国王本身就是唯一的行政权力(executive power)。议会一旦制定某项法律,执行法律的权力只归于国王,国王进而任命执行官员(executive officers)、法官、行政人员(administrators)、财政官员……但在法国,国王只是行政权力的最高领导人:他不为国家内政任命执行官员,他只是利用这些官员的服务;是国家为国王选择了这些官员,受国王雇佣,为国王服务……我们政府的基本准则是王权的‘手臂’永远不得伸向个人,除非在必要时由民选的代理人(agents)作为媒介去实现。而现在,如果国王代理人可以起诉公民的话,将与上述原则相抵触。”Duport, sitting of 26th December, 1790; Moniteur of the 27th.

[4] Part II, Tit. IV, Art. 5.

案件。——在诉讼开始后，他也只是以与律师相同的方式出现。只有当司法警察涉嫌渎职(breach of office)时，公诉人才可以对其提起诉讼；〔1〕在其他任何情况下，公诉人在收到相关举报后都必须将其移交给治安法官处理。〔2〕然而，法案的报告人迪波尔先生却为上述结果感到自豪。“被告现在是由与他一样的公民(fellow-citizens)来决定是否起诉。社会将行使其权力和以其名义提起诉讼的职责委托给一位公职人员。这位官员，也就是将来的公诉人，不应是已参加到诉讼中的诸多人员里的一位……这样一个人比法律本身更会受到尊重和敬畏……他将会监督、指挥所有的司法警察；但法律不会授权他以任何方式代替行使司法警察的职责。”〔3〕

419 少数的私人个体享有一部分控诉犯罪的权利。被害方报案、公民举报比以前旧制度有效得多。当治安法官不签发相关令状时，上述私人控告方式可对其产生限制，至少会获得接受询问、提供证词的机会。随后，他们有权请求大陪审团对案件进行审查。在这些案件中，他们均有权参与起诉书的起草过程。此外，无论是在犯罪嫌疑人已被逮捕或出现可疑命案时，还是基于未被核实的举报而启动诉讼程序，依法律规定运行的治安法官权力都是将原本应当分离的两种权力集于一身：检察官的权力和预审法官的权力。

之前几乎占据整个诉讼的预审(preparatory examination)已被缩减为一件“小事”。现在，它只包括警察的简要调查，陪审团

〔1〕 Part II, Tit. IV, Art. 7.

〔2〕 Part II, Tit. IV, Art. 2.

〔3〕 Sitting of 26th December, 1790; Moniteur of 27th. 能够肯定的是，公诉人这一民选的角色、刑事控诉的掌控者，会是一种令人敬畏的权力。

团长可能对证人证言的听取，以及刑事法庭庭长对被告的讯问。这些由不同人经手的碎片化的询问可能既不真实也不完整。最后，程序的言词性特征是完全的。书面证词当然是在不同的负责预审的司法官员面前形成，但它们只能服务于起诉书，不得被提交给大小陪审团。公诉人以及庭长可以获知书面证词的内容，但他们不得与被告及其委托律师或庭长在讯问时为其指定的律师交流这些信息。陪审团只能根据诉讼各方在其面前所说的内容作出判决，在前面诉讼阶段中记录下来的言词证据不得成为陪审团的裁判依据。

第二节 制宪会议对法案的讨论：新旧原则间的争斗

正如我们所言，若无顽强反抗，这种激进的改革就是不完满的。前述对 1791 年的法律的分析本身就说明了反对方的完败。重新回顾讨论过程中的一些重要插曲依然有趣。在这些反对创新的人中，尽管占多数的是满脑充斥着旧法律的基层司法官员，有时也会有令我们感到意外的坚定支持者。

在那些法案反对者中，首先就是那些对传统的热衷守护者， 420
他们毫不犹豫地认为，改善后的旧程序以及修改后的《1670 年法令》就是最理想的方案。穆然先生（M. Mougin）说："迪波尔先生从一个哲学家的角度观察所有问题，却完全忽视了基层司法官员的观点。首先，我要追问所有熟悉刑法原则的人，经历过多次修改后，规制刑事追诉和控告程序的《1670 年法令》难道没在其规定的原则中展现出一种清晰的愿景吗？在保护无辜和发现犯罪方面，这部法令希望能够打消整个社会的疑虑。况且你们已将那些旨在完善‘法令’的修正案付诸实施。仁慈的朋友们已经激动地见证了‘法令’所获得的那些理性和正义所要求的成就。被告将会获得律师的帮助,这是国内法(civil law)无权拒绝的一个事项,因为这是自然法所承认的。你们将公开作为一种保护性机制,它只可能会对不知情(ignorance)和恶意(bad faith)的情况不利。你们废除了刑事被告不体面的坐席,使用该坐席给被告带来的羞辱淹没了当时设立时的怜悯。另外,作为那个残暴年代的残余,残忍的酷刑制度已经不复存在。在所有遵从自然和人道要求的改革措施中,设立几个陪审员这种罗马人曾经的做法是其中之一;你们已经做到了公正和人权所可能要求的一切。”[1]雷伊先生(M. Rey)在1790年12月28日会议上作了类似的发言;阿贝·默兰(Abbé Maury)提醒他的听众,《1670年法令》在法国施行已长达一个多世纪,保留一些难以改变的传统是合适的。但是这些提议都被扼杀在萌芽之中。制宪会议的多数议员与多数国民一样,热切期盼着陪审团这种伴随英式自由的生长而一起成长的制度。那个时代的人们隐约觉得,陪审团是一个自由国家的真正标志。

在某些细节上,法案反对者受到了更多的鼓舞。在12月28日的会议上,普吕仰先生(M. Prugnon)提到了检察官的消失以及因此而留下的巨大空白。“以后还会有代表公共利益的一方负责
421 追诉犯罪吗?对我而言,检察制度是这整个体系中最为重要的一部分,你们应当考虑到这位检察官的作用,他在整个旧刑事诉讼制度中扮演着最为基本的角色,但现在该制度却遭到了贵委员会

〔1〕 Sitting of 27th December, 1790; Moniteur of the 29th. 这是发言人对古罗马陪审团的理解:“并不是每一个刑事案件都可以选择适用陪审团审理。每年会有10或12位公民被委任为陪审员来履行相关职责。任期为1年。”

的废止。当然,你们不会宣称议案中的公诉人能够取代以前检察官的地位,他们将会承担一些毫无用处的职能。此外,贵委员会提议民众公开举报他们的同胞,但你们必须要去判断是否有必要号召他们这么做。"[1]

警察制度的选择也遭到了来自多方的批评。正如我们所知,前述所谓"警察"包括治安法官和宪兵。普吕仰先生对前者进行了"炮轰"。"法律将无须前置程序即可逮捕市民的权力赋予治安法官",他对此感到愤怒。同时,他认为"将超过五十里弗(livres)的案件审判权交给治安法官亦不可取"。他进一步说明,作为参考原型的英格兰治安法官的角色类型与法国有着天壤之别。"英格兰治安法官与我们的不同;他们这一岗位没有薪水,他们的管辖权更广泛,他们是从最有见识的公民中选拔,而且他们要有 100 英镑的收入。"[2]——此外,普吕仰先生还讨论了宪兵。法律希望"将两种最恐怖的专权即司法权和军事权,放在同一个人手里,或者说集于一位官员身上"。穆然先生质疑,"将签发逮捕令或者属于一回事的拘传令的恐怖权力赋予一位实权军官(marshalcy trooper)或治安法官是否明智"[3]。最后,罗伯斯庇尔(Robespierre)也发表了反对意见:"我不知道旧制度在哪些方面不如新制度。'司法官辖下法庭'十分令人遗憾,尽管不是那么让人憎恶,但这个角色看起来像一个十足的政治怪物,准确地来说,是因为一种国家基层司法权力(civil magistracy)和军事权力被同时握在一个人手中。"[4]尽管有上述反对声音,法案中关于安全警察(the

[1] Moniteur of 29th December, 1790.

[2] Sitting of 28th December, 1790.

[3] Moniteur of 29th December, 1790.

[4] Ibid.

police of safety)的那部分内容被保留了下来。弄清楚这些职能到底授权于谁,成为一段时期内最先被提及的问题。随后,这些争议条款原封不动地被保留下来。

422 然而,最激烈的争论和冲突集中在两个极为重要的点上。这一次,法案的敌手们似乎首次占了上风。通过一种表面上的优秀组合,他们希望把新原则的成效加持到旧做法上。书面证言的获取仍然是允许的,这些材料可以呈递给陪审员,但他们只能听取证人们的口头证言;准确的书面材料能够帮助陪审员的记忆,遗忘有时是难以避免的。这种程序设计允许陪审员对诉讼过程有一个简单的回顾;阿贝·默兰在辩论中大声呼喊,他提到了一个著名案例:"如果我们没有书面程序,卡拉斯(Calas)就得不到平反。"[1]雷伊先生陈述了一个不争的事实:书面程序能让辩方律师的任务变得更加容易,使其对被告的帮助更加有效。[2] 法律需决定哪些证据是为作出有罪判决而必须提出的;但无论是什么指控,法官决不能违背自己的内心确信而判定被告有罪。

站在制宪会议的对立面,法案反对者们围绕着他们的观点和提议出色地展开辩论。穆然先生说,"贵委员会放弃了书面证据;所有事情都是口头完成;仅有判决是书面作出的,证据不会被写明……也就是说,被告最终获得的判决是基于猜测和粗略的估计而作出的。如果陪审员和法官出错,被告将没有希望,也无处求援"[3]。——"只是用记忆来替代书面证词,就像在水上写字……委员会希望把我们重新带回文字发明之前的年代……立法者们一定是从'医院'出来以后就一直在胡言乱语。"——"若

[1] Sitting of 17th January,1791;Moniteur of the 19th.

[2] Sitting of 28th December,1790;Moniteur of the 29th.

[3] Sitting of 27th December,1790;Moniteur of 29th.

法定证据不再是确证被告有罪之必要，那么任何事情都会变成臆测，公民们的生命与荣誉都将被置于一个臆测的法庭前面……证据存在于每一个陪审员的个人认知之中。”普吕仰先生在1791年1月3日会议上也表达了相同观点。[1] 次日，雷伊先生、古皮尔先生和罗伯斯庇尔继续表明他们的类似观点。罗伯斯庇尔说，“法律已经规定了一些关于证据调查、证据准入的规则，若这些规则未得到遵守，无论法官的内心确信如何，法官均无权定罪…… 423
毋庸置疑，我们有必要确定一点，上述规则已得到遵守，并且是以书面材料作为支撑……法定证据制度所能带来的这种信心必须与法官内心确信相结合”。他进而提出以下动议：“第一，证词的获取仅限于书面方式；第二，若案件中没有法定证据存在，被告不得被宣告有罪；第三，如果法定证据与法官的个人知识和内心确信相违背，被告不得依法定证据定罪。”[2]

沿着上述同样方向提出建议的还有图雷，他是最权威的人物。在1月5日会议上，尽管并未提及法定证据的相关理论，但他坚称书面程序与口头式证人问询程序相结合具有优势。他适度地发表了自己观点，有时引用一些异乎寻常的轶事。在总结时，他提出了以下修改建议：“制宪会议应规定刑事询问和其他程序应在法官和陪审员在场时公开进行；法庭应做好书面记录，并将其马上呈递给陪审员，以便其深思熟虑，获得一个公道合理的裁判。”图雷的这次发言对制宪会议产生了较大影响，尽管会议投票赞成刊印法案，但为了让相关会议代表能够认真思考上述诸多难题，会议辩论延期了数天。

法案的支持者们是如何击退这些攻击和质疑的呢？他们是

〔1〕 Moniteur of 4th January.

〔2〕 Sitting of 4th January, 1791; Moniteur of the 5th.

如何拒绝接受书面程序和法定证据制度的呢？迄今来看，这些都是明显只有益处没有害处的。这样的行为也许看起来会令人费解；然而，必须要承认的是，尽管这些人在论证逻辑上就可以回应反对者们，但他们的有力武器是事实方面的逻辑。法案支持者们有时发现他们的观念难以被理解，但是他们能够感觉到新旧审判方法之间非常明显的不兼容性。他们认为两种制度无法融合，打着完善新制度的旗号将复杂的书面程序和艰深的法定证据理论引入陪审团审判中，最终反而会损害这种优秀制度；这是一种年轻树木所无法承受的移植。迪波尔、夏布鲁(Chabroud)、[1]博梅斯(Baumetz)[2]以及佩蒂翁(Pétion)[3]也均坚持这种观点。"陪审团制度"，迪波尔说，"是一种原始的制度，受到了自然和本能的
424 充分滋养，还带有其粗糙原型的痕迹。我们并未激情地去诉说或表达我们的爱，但只有拥有一颗强大、健康的心才能体会出新制度所有的美丽，或者才能去真正地使用它……在建立陪审团制度的过程中，令人愉悦的是每一个条文的确定都来自诚实、善意的力量，都是一种让人感觉更加舒适的简约和简练，而非那些毫无用处的、令人沮丧的大量的精妙设计和形式要求，或者说是现在所谓的一种正义"[4]。后来，在一次更为精细的辩论中，迪波尔论证了书面程序是如何无法与口头式诉讼结合。以书面方式收集所有证词会无限延长诉讼时间；疲惫的陪审员会对诉讼失去兴趣进而无法再跟上节奏；当他们回到商议室后，他们会迷失在冗长的程序中，而无法保持一个足够清晰的印象来支配自己的裁

〔1〕 Sitting of 3d January; Moniteur of the 4th.

〔2〕 Sitting of 4th January; Moniteur of the 5th.

〔3〕 Sitting of 17th January; Moniteur of the 19th.

〔4〕 Sitting of the 26th December; Moniteur of the 27th.

判,这超出了陪审员的能力范围。“一些人认为将书面证据与口头证据相结合将会非常有利,能够同时享有两种制度的益处;但实际上这是不可能的……到达商议室后,陪审团如同都尔奈勒刑事法庭的法官们一样,阅读、衡量、对比书面证词,结果就是,如我所言,坏法官替代了好陪审员。”[1]

迪波尔对陪审团制度与法定证据制度之间的不兼容有着同样的判断,即使他站在有利于被告的角度去理解。这方面的情况并非那么明朗。毫无疑问,从传统司法实践中所阐释出来的细微而复杂的法定证据理论并未在法律中获得一席之地,这种制度对于陪审员来说是一种过于精密的工具以致他们根本无法掌握。然而,对于某些简单规则,事情却又变得不同,例如定罪需两名目击证人。在英格兰的某些案件中,陪审团审判必须遵守这一规则。直至今天,证据理论在英格兰陪审团审判中仍发挥着重要作用。[2] 但是,仍有可能的理由“完全”拒绝这种制度。在英格兰,刑事案件中的证据规则实际上只相当于一系列从司法实践中总结出来的有弹性的格言(maxims),巡回法庭的庭长依其强大的权威将这些规则适用于陪审员身上。通过法律确定下来定罪所必需的证据就要克服这样一种可能的困惑。法律不要求陪审团阐 425
述其作出裁判的依据,这使其能够逃避一定的责任;首先可能面临的一个弊端就是,这为陪审员作出不公正的无罪判决提供了便利的借口。

当 1791 年 1 月 17 日制宪会议重启辩论时,议员的头脑中已经发生了一些变化。默兰为书面程序辩护的激烈发言,毫无疑问

[1] Sitting of 4th January; Moniteur of the 5th.

[2] *Blackstone*, Book IV, chap. 27; *Mittermaier*, “Traité de la procédure criminelle en Angleterre,” *Chauffard's* translation, § 20.

地引起了议员们的注意。在攻击那些“亲英格兰狂”时,他主张英格兰诉讼程序采用口头方式的原因是,在13世纪陪审团制度建立时没有人会写字。然而特朗舍(Tronchet)代表着折中精神,提出了一条中间道路——比“图雷方案”稍显隐晦的一种制度。“诉讼程序应当采取口头方式,但控辩双方有权要求获得一份概括的官方诉讼报告。”至此,迪波尔及其支持者们也许实现了他们的目标;但因特朗舍的动议确实与当时的议题没有关系,最终被拒绝。毫无疑问,法案以最初呈递至制宪会议时的模样被采纳。

这就是制宪会议在刑事诉讼方面所做的工作。要对其作出评价,我们认为要分两部分来看。对于陪审团审判程序,明确的规则得以被制定。制宪会议永远赋予了法国这种伟大的制度,自此陪审团作为一种代表性制度传遍欧洲。这是我们必须永存感激的最伟大的制度之一。但对于逮捕和预审这些在严重案件中的“必需品”而言,制宪会议依靠法国人的智慧瓦解了旧有制度,用一种不完美或者说不够好的机制取而代之,它可能永远都无法以一种令人满意的方式运行。新制度将刑事诉讼(public action)与民事诉讼(civil action)混合了起来,推翻了古代法长期进化而来的公正的区分。历经了长期的犹豫,检察制度再度被采用。制宪会议留下了一个悬而未决的难题:离不开书面材料的预审制度如何与必然采取口头方式的陪审程序相结合?

正如我们所描述的那样,1791年的法律看起来好像完全抛弃了旧的诉讼程序。但我们仍能找到《1670年法令》留下的痕迹。从细节来看,由警察接受被害人报案的条款(第五章,第2条至第5条)几乎一字不差地复制了《1670年法令》第三章。第九章藐视法庭罪(Contumacy)借鉴了《1670年法令》的一部分,特别是藐视
426 法庭罪成立时的相关程序以及量刑的可分性(resolvable character

of the sentence)。[1] 再者，从下列条款的真正意思来看，尽管程序并非口头式的，但陪审团却在这里出现了："相关人员应向陪审员阅读证人书面证词，陪审员应抽签产生。"伪造罪的相关条款更像是《达格索法令》(Ordinance of d'Aguesseau)的"回响"。最后，1790年的法律的第十三章重复了《1670年法令》中的某些规范。[2] 这都只是些少量的残余，但我们还是注意到了。尽管只有一些断裂的联系，但我们稍后将会发现链条上的重要碎片。

9月29日的法律(The Law of 29th September)并不是由制宪会议通过的刑事诉讼专门法律；1791年7月19日至22日的法律已经建立了市镇治安法庭和轻罪法庭(municipal and correctional police)制度，此项制度乃基于德茂尼尔(Desmeuniers)的报告，制宪会议几乎未经讨论就将其采纳。[3] 这部法律在规定了公民可主动发起追诉的同时，也确立了一种由检察官启动的诉讼。"第44条：这些犯罪的起诉应由市镇(commune)检察官负责，或者由其副职(如果有的话)提起诉讼，再或者由市政当局授权的律师负责。"然而，在轻罪法庭似乎没人拥有直接传唤被告的权力；相关公民须向治安法官提出控诉，治安法官签发拘传令让被告人到庭，若存在法定条件，进而可将其还押["还押"(remand)，是指让被告在某处继续保持羁押或取保候审的状态，以等待审判或其他有关机关的审查。——中译者注]候审(第45条、第57条)。调查发生在公开法庭(第58条)；法庭书记员会起草简要的官方诉讼报告；向区法院提出上诉是允许的。[4] 对于市镇治安法庭管辖的案件，起诉基

〔1〕 与《1670年法令》相关条款不同的是，在法庭藐视罪的诉讼程序中，1791年的法律首次将逃跑的被告与从未被逮捕的逃跑者一视同仁(Art. 14)。

〔2〕 参见 Tit. XIII of the Law of 1791, Arts. 4, 5; and Tit. XIII, Ord. 1670, Arts. 6, 25。

〔3〕 Moniteur of 6, 7, 8, 9, 13, 14, and 21 July, 1791.

〔4〕 Law of 16th August, 1790, Tit. XI, Arts. 2 and 6.

于市镇检察官或私人个体的请求而发生；法庭以这些人的名义直接传唤被告人到庭而进行诉讼活动（第35条）。

第三节 共和四年雾月三日《犯罪与刑罚法典》

1791年法律注定未“存活”多久，比1789年法律时间还短。它很快被共和四年雾月三日（3d Brumaire, year Ⅳ）［1795年10月25日。——中译者注］的《犯罪与刑罚法典》取而代之，不得不为其
427 让路。在施行该法典的时期内，其并未得到始终如一的遵守。此处不宜谈及革命法庭（revolutionary tribunals）及其程序，伴随同时期普通法的发展，它却试着建立起一套恐怖的特殊法律制度；毫无疑问，诸多不合法内容悄然进入了原来的程序法中。[1] 1791年的法律建立起来的诉讼形式在当时被视为一套完整的制度，国民公会（the Convention）接管了制宪会议的相关工作，但不是要摧毁这套已有的制度，而是要继续完善它。

编纂新法典的特定目标在于立刻拥有一部不同于之前法律的综合的、详细的新“作品”。它将包括关于轻罪（misdemeanors）、违警罪（contraventions）和重罪（crime）的诉讼程序。共和二年花月三日（1794年4月22日。——中译者注），国民公会委任坎巴赛累斯（Cambacérès）和默兰（Merlin）负责准备初稿，并将立法作为一个整体性工作推进。默兰尤其将自己全身心地投入刑事立

〔1〕 参见 the Law of 22d Vendémiaire, year IV，其禁止任何警察以刑法中未规定的情形为由将任何公民带到陪审团团长面前，并将基于此种行为的起诉书认定为无效。另可参见 *Taine*, “Les origines de la France contemporaine.” The Revolution. Vol. II, pp. 184, 251, 255, and 329。

法,在经历了将近十八个月后,他将一部《犯罪与刑罚法典》呈递给了国民公会。尽管还未完成,但包括了646个条文,前598条和第646条均与刑事诉讼有关。在解散前夜,制宪会议基于信任,毫无争议地通过了该法典。但一些前期准备工作是有所缺失的。相关立法背景资料仅限于莫林的这一简短报告之中:"通过果月二十三日(1794年9月9日。——中译者注)的一个'法令',你们要求一个十一人委员会递交《治安法庭和轻罪法庭法典》(Code of police of safety and correctional police)的草案,且使其与宪法相匹配,并与目前的司法组织相一致。在努力着手提出该法令的过程中,贵十一人委员会认为应当扩大工作范围,将大革命爆发以来通过的法律全部重新改写,以规制和指导针对各种犯罪行为的起诉和惩罚,从而更好地满足你们的愿望。你们已经认识到,如此操作将会带来无数的好处。维护法国人民拥戴的共和国宪法是你们的愿望,更是责任。实现这一目标的最重要的步骤就是压制无政府状态,建立起法律的统治(the reign of law),彻底有效地保
障个人安全和财产;换句话说,就是要赋予警察和法院所有必要 428
的权力和裁量权,唯一途径就是以一种清晰、有条理的方式去简化和整理那些浩如烟海的用以指导基层司法官员发现和打击犯罪的各种规则。一个政府最差的状态就是其司法官员不知道或者不完全知道他们的职责是什么;但这恰恰就是我们目前负责打击犯罪的司法官员所处的状态,原因在于我们刑法的繁杂以及因此带来的各种困惑。但是你们可以很轻松地移除这些障碍。所需做的就是给国民一部足够好的《犯罪与刑罚法典》,而现在我们交予审查的就是它的初稿。上述'法令'要求对之前三次代表会议公布的法律进行归类和修改。开始于18个月之前,依照这个'法令'的要求,该草案确实需要大量的长期研究以及耗时费力的

工作,但最终的完整度跟预期还是有差距。"〔1〕

共和四年《雾月法典》,即《犯罪与刑罚法典》,是默兰的作品,对于一个人来说,这是一项伟大的工作。该法典展现出与其原型高度相符的特征。很难再找到一部更加和谐、完整的作品。我们认为,议会委员会的支持和补充对此并无贡献,而是一位法律专家的智慧成就了这部综合性法律。没有法律能比该法典更加一丝不苟;它强化了对辩护的保障,一步一步地遵循着它应去的方向;但与此同时,该法典增加了过多的保护性条款,使司法官员们在各种以无效为后果的制裁性条款中间畏手畏脚、处处受阻。在此之前,从未有法律如此有逻辑地规定了陪审团的相关问题,《雾月法典》这一部分的精妙程度与巧妙、精深的罗马法"程式诉讼"(Roman Formulæ)不相上下。然而陪审员一定会迷失在这个有些"过火"的制度面前,法典这一部分内容的简化反而让问题
429 变得复杂了起来。〔2〕 我们知道这种理论层面的杰作在实践中会暴露出极多破绽;这种理想的机制在构思时并未将一些不可避免的争议考虑在内。但我们不是要从这个角度来学习《雾月法典》;我们首先要探寻的是这部法典是否继承了1791年的法律的风格,或者说是否同样程度地抛弃旧的法国法。该法典总体特征并未改变;但在一些细节上有了重要变化。1791年的法律中确立起来的一些过度的原则在这部法典中得到了某种程度上的缓和,往传统方向的部分回归值得关注。

我们在《雾月法典》的总则部分发现了一个显著的变化:一条

〔1〕 Sitting of 30th Vendémiaire(Journal des Débats,No. 1124,pp. 458-459).

〔2〕 参见 Arts. 373-379。正如我们所知,这是一个把特定问题带向极端的制度。《雾月法典》实际上在这方面的创新有限。蕴含在1791年10月21日关于陪审团"指令"中的相关规则被这部新法律所吸收。我们刻意忽略了这些细节,这些细节今后都出现在了所有跟刑事诉讼有关的条约当中。

被1791年的法律废弃的古代法中的基本格言重新回归,其阐释了刑事诉讼和民事诉讼之间的区别。——"第5条:刑事诉讼的目标在于惩治那些给社会秩序带来的损害。这是人民的一项基本职能。指定的国家机关将以人民的名义行使该职能。——第6条:民事诉讼的目标在于赔偿因犯罪造成的损失。该项权利属于遭受损失的人。——第8条:民事诉讼可以在负责刑事诉讼的法官面前同时提起,单独提起亦可。"几乎一字不差,这些条款的内容同样也出现在由"法令"指导制定的《重罪审理法典》第1条和第3条中;《刑事司法理念》(Idée de la justice criminelle)这本书中也有相同内容,例如,朱塞在前言中使用同样的措辞对刑事诉讼与民事诉讼的区别作了评论。[1] 从那时起,1791年的法律所规定的"主流"追诉方式事实上已经消失。毫无疑问,私人主体的权利在刑事追诉中依然重要。公民控告在《雾月法典》中得到保留(第87~93条)。举报者和控告人无疑仍会参与起诉书的制作(第224~227条);[2]然而他们仅有权为获得赔偿而发动诉讼(第430条);这条重要的原则被很清晰地确立下来,即追求刑罚
报应的权力归于人民及其选择的政府机关。尽管该原则在实际 430
运用中还是有些模糊,但随后成效明显;一颗重新构建检察制度的种子就此萌发。

《雾月法典》保留了1791年设立的司法警察、治安法官及宪兵;但也增加了警察代理人(police commissaries)和林田看守人(wardens of fields and forests)。在某些案件中,陪审团团长首次

〔1〕 第23页:"在我们的司法实践中,两类人在惩罚犯罪方面是相互合作的:第一,自诉人,他可对其遭受的侵害以及损失主张赔偿;第二,公诉人,他应为了惩罚犯罪以及使其获得应有刑罚而提起追诉。"

〔2〕 但是,稍后我们将会提到,自诉案件将不再适用控诉陪审团,自诉人需自己处理之前陪审团团长所涉及的相关问题。

拥有了起诉犯罪和直接审理案件的权力(第 21、140、142 条);而在此之前,他只是承担第二个诉讼阶段中的预审法官角色。该法在警察代理人和林田看守人中建立起了一定的等级体系(第 2 条、第 5~47 条)。这两个新角色仍然将起诉和调查相混淆;他们"基于官员告发、公民举报、控告或依法律规定"采取相关诉讼行为。举报者在签署相关文书并确认自己非因任何个人利益后,甚至可以强行要求警察签署拘传令(第 90 条),但他无权直接要求大陪审团审查此类案件。对于控告人而言,该法典要求治安法官承担询问被害方证人的义务,但仅此而已。治安法官可以拒绝进一步推动案件进行,在此情况下,控告人无权再像以前那样直接向大陪审团提出控诉并要求其作出判断。他只能向陪审团团长提出上诉(第 98、147 条)。这个条款再次唤起了一个古代法的原则:法官不受控告人约束(the judge is not bound by the complaint)。

治安法官一直是司法警察的首脑。在预审环节,他起到最重要的作用;因为他所得出的结论接下来将会对陪审团团长起到约束作用。[1] 1791 年法律对预审的规定过于简练;相反,《犯罪与刑罚法典》的相关规定则特别细致。《雾月法典》中与此有关的第 102 条至第 131 条,分别规定在"官方报告"、"听取证人证言"和"用于定罪的书证"这三项标题之下。其中的很多内容稍加修改,被《重罪审理法典》承继下来。不可思议的是,《雾月法典》中与官方报告、听取证人证言有关的规则是对《1670 年法令》第四章
431 至第六章的一种经过完善后的模仿。与以前一样,证人证言只能

[1] Art. 242:"刑事犯罪依其本质需接受肉刑或耻辱刑的惩罚。在一个由司法警察推进的刑事程序中,陪审团团长无权调查相关情节或证据是否满足起诉的条件;而且他不能以此为借口拒绝起草起诉书。"

以书面方式记录在一个单独的报告中。听取证人证言需分别进行,但新法增加规定,若被告已被逮捕,记录证人证言时须被告在场(第115条);如果他始终未被逮捕,治安法官在对其进行讯问之前,应允许其翻阅书面证词,但其无权获得副本(第116条)。这些谨慎的规定表明,书面形式将在未来发挥比以前更加重要的作用。

“令状”是第36条至第80条的主题。1791年的法律只认可了两种令状:拘传令和拘禁令(the writ of attachment)。该法未设立类似于民事诉讼中的那种单纯的传票,其比《1670年法令》更加严苛:《1670年法令》不仅规定了传票,而且还有传讯令(decree of summons to be heard),同时还有逮捕令(decree of arrest)。《雾月法典》采用了一种新令状,本质上就是一种简单的传票,要求被告出庭应诉;但其使用相当严格。首先签发的一直都是拘传令;在被告遵守该令状后,如果其被指控的行为可能被判处“相当于3天劳动数额以上的罚金,治安法官会命令被告在特定日期出现在大陪审团的主管面前”。

案件如以前一样从治安法官来到陪审团团长手中;后者是在区法院法官中每隔三个月轮流产生(第171、211条),他同时也是轻罪法庭(correctional court)的负责人。陪审团团长负责这一阶段的调查工作。自被告到达省监狱(departmental prison)时起算,陪审团团长须在24小时内对其进行讯问,且须简要记录被告的回答。该司法官员亦可听取新的证人证言,但无须在被告在场时进行。《雾月法典》规定,陪审团团长“应秘密听取新的证人证言,书记员负责记录”(第225条)。在结束上述行为后,他会声明相关程序乃依法进行,随后他会签发移送命令(de renvoi),将被告还押至轻罪法庭或大陪审团(第219、220条)。所有这些决定均

需在政府代理人(commissary of the executive power)同意后才可
432 作出,否则即为无效;并且在3日内,陪审团团长需将上述各种决定的摘要送至公诉人处。如我们所知,当司法警察将案件移交至陪审团团长时,后者不得以指控不充分为由作出“不予起诉”的否定性决定。[1] 对于上述各种命令或决定,目前暂时没有救济途径。

另外,陪审团团长也必须对被告的保释请求作出裁断。根据1791年的法律订立的原则,《雾月法典》规定最终可能判处耻辱刑或矫正处罚的被告有权获得暂时的自由,条件是由具有偿付能力的保证人提供3000里弗的保释金(第222条)。如果可能判处肉刑,则禁止保释。可见,是否能够获得暂时的自由就是一个是否享有保释权利的问题。以上就是陪审团团长的所有职责,《雾月法典》对其作了详细规定。预审法官已经选任完毕,他将是一个不同于陪审团团长的角色。这些新计划的很多特征都借鉴自旧法;例如,秘密听取证人证言以及在作出各种命令前需获得政府代表同意。

在作出移送案件的命令后,陪审团团长起草起诉书并将被告送到大陪审团面前。跟以前一样,自诉人(控告人或举报者)可参与到起诉书起草过程中来(第226条至第230条);他会立即与政府代表沟通,以获得其批准(第230条)。与前法相比,《雾月法典》规定的大陪审团相关程序并没有变化。陪审团团长向陪审员们解释他们的职责,并宣读一段很长的指导性材料,该文本内容被《重罪审理法典》继承了下来。而后,政府代表宣读相关诉讼文

〔1〕 毫无疑问,作为例外,当陪审团团长处理控告人因治安法官拒绝启动追诉而上诉的案件时(Art. 98),或者当陪审团团长主动依职权启动该案件追诉时,他有权作出“无起诉依据”(no ground of prosecution)的决定。

书,但书面证词和讯问记录除外;证人和自诉人也将作证或发表相关意见。

如果大陪审团决定起诉被告,陪审团团长会签发逮捕令(除非被告人已被批准保释[1]);据此,被告被移交给刑事法庭。被告会被告知逮捕令和起诉书的有关情况(第 259 条)。然后,诉讼 433
进入刑事法庭审理阶段。法庭人员组成方面几乎没有变化。"法庭包括:1 位庭长、1 名公诉人、4 名普通刑事法院(civil court)法官、1 名政府代表;法庭附属人员包括:1 位按值班名录分派的为法庭提供服务的助理(deputy)、1 名书记员(第 226 条)。"跟过去一样,只有在法庭采取聆讯行为之后,公诉人才介入案件(第 278 条);尽管公诉人有权监督各种类型的司法警察,但他并无直接发动追诉的权力(第 283 条)。然而,他却可以接受来自各种权力机关或公民的举报和控告(第 281 条):"他可以将这些举报或控告移交给司法警察并确保其对案件的跟进。"这是一种国王检察官有权接受控告的制度残存吗?政府代表依然保留着检察官的其他职能;他依据法律可以提出一些请求(第 433 条)。

被告到达刑事法庭后 24 小时内,庭长必须对其进行讯问,并且讯问的正式报告"要归入诉讼案卷当中"(第 315 条)。公诉人、自诉人和被告均有权参加针对新证人的听证。与 1791 年的法律不同,直到《雾月法典》时期,程序合法性问题才得到严肃的审核。国王代理人在起诉书上写明"法律批准"或"法律禁止";庭长必须在 24 小时内召集法庭成员"在庭上决定逮捕令、预审是否合法"(第 326 条)。若发现无效行为(nullity),法庭应要求有关机

[1] 在此种情况下,陪审团团长会签发命令,让被告人在诉讼各个环节随传随到,且该命令效力具有持续性(Art. 257)。法院的聆讯行为不会终止被告人保释状态下的临时自由。

关回溯到最早作出该无效文书之时,重新作出该事项或行为。

《雾月法典》非常精细地规定了陪审团审判程序。该法典未从陪审团的法律系统中借鉴任何东西,它为陪审团制度带来了前所未有的发展,使该制度变得精准和正规。在最后一个诉讼阶段即审判阶段,该法典是如何对待书面程序的呢?1791 年的法律走向了一个极端,它是如此担心书面材料会对陪审员产生暗示作
434 用。尽管新法仍然坚定维护直接言词原则,但对书面材料不完全排斥。书面材料不仅在预审程序中的重要性在增加,而且其出示和使用在审判程序中也占有一席之地。在此之前,只有公诉人有权查阅这些材料,从而收集案件相关信息;然而从现在开始,被告亦有此权利,从而使其在辩护律师帮助下可将各个辩护要点整合清楚;从此,被告获得一个辩护方案成为同样的可能。相关条款文本内容对此说明得更加清楚。关于庭长获取的书面证词,第 319 条有如下规定:"法庭应将书面证词提供给公诉人和被告查阅,否则后续程序无效。"第 320 条补充道:"被告在接受法庭讯问后,会以同样方式收到其他书面材料的副本,违反本条的制裁方式与第 319 条相同。书记员将把上述副本免费邮寄给被告。"在此之前,被告已经了解到了一部分书面证词的内容;治安法官已将其获取的证词向被告人宣读;但他不了解陪审团团长秘密获取的那些证词的上下文(contexts)。这种书面程序,在某种程度上,成为庭审的重要组成部分。第 365 条:"未出庭的证人的书面证词不得向陪审员宣读。"第 366 条:"关于出庭证人已经做出的书面证词,以及司法警察、陪审团团长、庭长获得的被告讯问记录,仅当有必要审查证人或被告在陪审员面前的陈述是否较以前存在变化、矛盾和区别时,这些书面材料在庭审时才可向陪审员宣读。"最后,依据第 382 条,庭长将"整个诉讼过程中的书面材料出

示给陪审员,但证人的书面陈述和被告的讯问记录除外”。这是默兰所作的一种融合,他想在口头式程序中充分利用好预审的功效。这是一种十分明智的妥协,事实证明这些规则几乎是完美的;这些条款稍加修改后,成为《重罪审理法典》的内容。

自由心证理论得到了比以往更加坚定的坚持。法律要求庭长向陪审员宣读一个很长的说明,并将其张贴在法庭中;该说明主要是为提醒陪审员而设计。陪审团的组成方法,请求回避制度的设计(第502条至第512条),作出判决时所需达到的人数以及 435
最后要求撤销裁判的上诉,这些几乎都保留了1791年的法律的规定。

在被告拒绝出庭应诉的诉讼程序中,《犯罪与刑罚法典》像1791年的法律一样,在某种程度上借鉴了旧法的有关规定。尽管有陪审员,但证人无须出庭作证;他们的书面证词将在庭上宣读(第471条)。罪犯在20年的法定期间内出现会直接导致原判决依事实自始无效,审判按正常形式恢复进行。这属于下列原则的例外情况,即“禁止向陪审团宣读未到庭证人的书面证词”。第477条:“陪审员可以听取拒绝出庭者缺席期间死亡的证人的书证证词,这利于陪审员作出合理判断。但需注意的是,陪审员不得只依据书面证据作出裁判,书面证据仅被用作一种有用的信息。”

根据《雾月法典》,轻罪法庭“由陪审团团长(负责主持工作)以及2位治安法官组成”。轻罪法庭开始履职的依据是:陪审团团长在预审完毕后签发“移送令”(the order of renvoi),或者被害方直接发出的传票——被害方获得的一项新权利。该传票在发出之前必须获得陪审团团长的支持,前提是陪审团团长必须确信该轻罪成立(第180条至第182条)。上诉依旧是被允许的(第198条)。被认定有罪的人、民事当事人(the civil party)、政府代表和省级公诉人有权上诉。上述规则中的大多数以及一审、二审中的相关程序规则均被《重罪审理法典》所继受。市镇治安法庭(municipal police court)由1名治安法官和2名陪审员(assessors)组成(第151条);追诉基于附属于市镇委员会(municipal commission)的政府代表或被害方的请求而发起。相关审理活动在公开法庭中进行;案件不可上诉。

《犯罪与刑罚法典》对1791年的法律所设立规则的改变其实
436 并不多。一种无可非议的趋势在该法典中继续:秘密化的、书面化的预审程序成为陪审团审判前的重要序曲。更大的变化注定即将发生。法国,一个满身疮痍、疲惫不堪的国家,已对令其有此遭遇的自由主义(liberty)失去了兴趣。通过一系列剧烈的反应,她又重新回到了"职权原则"(principle of authority)的怀抱。法国重新将她的目光投向了古老的君主政体下的制度;让《1670年法令》重新回到我们法律体系中的老位置几乎不费吹灰之力,正如1789年的那些立法者对其进行修改一样。

第三章　共和九年的法律

第一节　共和九年雨月七日的法律：侦查法官·公诉人制度的再造·预审制度的变化

根据共和四年(1795 年 9 月 23 日至 1796 年 9 月 21 日。——中译者注)《雾月法典》建立的刑事诉讼程序注定很快就会被彻底改变。实践表明,其在打击(犯罪)方面效果不佳。虽然这一结果可部分归咎于公诉和预审职能的衰弱,但首先应归咎于陪审团制度运行的环境问题。由于无力应对席卷全法国的盗匪问题,在政治激情的扭曲之下,在这场当时震荡全法国的危机中,这样的刑事诉讼程序注定要走向消亡。摆脱困境的渴望全面压倒了其他需求,眼下的困难相当于宣告过去的胜利。

共和八年霜月二十二日(1799 年 12 月 13 日。——中译者注)的宪法对刑事诉讼法进行了初步的修改,它将公诉人与行政机关派驻刑事法院之代理人的职责合并,从而将那些通过选举获得其职位者踢出局。[1] 过去的检察官办公室全面参与刑事法院的听审程序,但更为重要的是对其进行全面重构,并将起诉权移交给它,这就是共和九年雨月七日(1801 年 1 月 27 日。——中译者注)的法律(the of 7th Pluviôse of Year Ⅸ)要完成的任务。

不止于此,与此同时,这部法律以与旧程序高度相似的模式
438 重构了预审程序,从而从根本上改变了大陪审团审查起诉之前的程序。保民院(Tribunate)主席蒂塞(Thiesse)指出"该法案的主旨,是公诉人与预审法官各司其职"。[2] 这部法律创制了每个郡都有一个由第一执政官(First Consul)任命与撤销的政府代理人——真正的国家检察官(true state's attorneys)制度(第 24 条);他们是政府的代理人,就跟过去国王的律师一直是检察总长的代理人一样。

他们不仅负责侦查,还负责对所有矫正性违警罪(correctional police offense)和犯罪的起诉(第 1 条)。此后,其职责就是接受告发和控告(complaint)(第 3 条)。治安法官和县警察局的警察仍然保有接受这些告发和控告的权力,但是他们必须听从这些代理人的命令,因此变成公诉人的助手(第 4 条),这一角色一直保留至今。

逮捕权是新法案的重要内容。治安法官和县警察局的警察

〔1〕 霜月二十二日(12 月 13 日)宪法第 63 条、风月二十七日(3 月 18 日)的法律第 35 条规定,在政府认为利大于弊的乡镇,可以任命政府行政长官的代表。

〔2〕 Sitting of the Tribunate of 27th Ventôse, year Ⅸ("Archives parlementaires de 1800 à 1860,"Vol. Ⅱ, Part I, p. 94);请比较"事由":目前这一部法案设立了真正的公诉人,他超越于一切地方影响与顾忌之上,能够很好地展示其职责要求的热忱与活力……我们把刑事诉讼程序分成裁判与公诉,由此呈现一个规则且完整的双重等级体系。

们对下列三种被控告者有逮捕的权力：现行犯、被舆论指控者(accusation by public rumor)(第4条)，以及有充分的证据可以推定其实施了应受折磨刑(afflictive punishment，法国16世纪至大革命期间的刑罚。包括残害肢体的肉刑，如割舌或穿舌、割唇、割鼻、剁手或用火将手烧掉等；非残害肢体的肉刑，如烙刑、鞭笞、戴颈手枷等；非肉刑的酷刑，如长期服苦役、长期关押、放逐等。参见薛波主编：《元照英美法词典》，法律出版社2003年版，第49页。——中译者注)惩罚的犯罪者。[1] 但是下令逮捕者必须尽可能毫不迟延地将被逮捕者移送给检察官。然后由检察官签发针对被控告者的拘押令(warrant of commitment)，将其关押在省监狱(departmental prison)之内(第9条)。此外，检察官还要接收控告和由其助手——警察整理或者起草的正式报告。

这是一项势必给检察官带来前所未有的权力的新举措，曾经被认为存在于预审与起诉之间的障碍被削弱。所有的诉讼文书通过各自的途径传递到其手中，然后由其作出拘押待审的决定。但是，作为对这一权力的制衡，该法对拘押期限进行了限制。检 439
察官在签发拘押令后的24小时之内，有责任对负责"案件审理并毫不迟延地将程序往前推进"的陪审团团长进行指导(第8条)。从那时候起，预审程序的进行几乎与过去的做法完全一样。检察官和预审法官协力，前者负责指控，后者负责作出决定和预审(第12、13条)。和过去一样，证人由检察官和民事诉讼当事人提出。[2] 最重要的是，秘密程序重现。对证人的询问应当"单独并且在被告不在场的情况下进行"。这一规定完全推翻了1789年

[1] 针对前两者，市长、"副市长"(adjoint)以及警察局长具有相同的权力。

[2] Art. 9: "The witnesses pointed out by the deputy and by the party complainant shall be summoned by citation of the director of the jury." Cf. "Ordonnance de 1670," Tit. V, Art. 1.

以来生效实施的规则。与此同时,审讯相关的规则也发生了变化。法官一开始不会给被告任何与其受到的指控相关的信息。但也有一些规定仍然保留了先前法律所具有的自由主义精神。在审讯之后,陪审团团长有义务保障被告能够阅读相关证词,而且被告可以要求重新审讯(第 10 条)。

预审的结论将由陪审团团长移交给检察官,后者必须在 3 天之内提出书面的控告;[1] 接着预审法官会签发一份让人想起旧时那些裁决的,要求提起"特别诉讼"的命令。"根据案件的不同情形和对证据性质及数量的考虑,"检察官(在没有证据的情况下)或者将被控告者释放,或者将其移送给违警法庭(治安法庭),或者轻罪法庭(矫治法庭),或者大陪审团(第 15 条)。根据还押候审命令,检察官或者给予被告暂时的人身自由,如果根据旧规则这是合适的,或者通过拘禁令的方式使羁押候审合法化。

但是,根据检察官的提议,对预审法官的决定可以进行修正。只要预审法官的决定与检察官的要求不符,问题就必须提交给地方法院,由其在听取检察官和陪审团团长的意见后作出裁决(第 16 条)。如果其认为合适的话,检察官可立即将这些文件移送给驻刑事法院代理人,后者将就此提起第三审程序(第 17、18
440 条)。[2] 最后,驻刑事法院代理人可以对刑事法院的裁决上诉至最高法院(Court of Cassation)。但法律从头到尾都没提到被告的上诉权问题。

这部新法,一部完整的预审程序法典,以书面审理程序代替了言词审理程序,从而根本改变了大陪审团之前的程序。第 20

[1] *Cf.* "Ordonnance de 1670," Tit. XVI, Art. 17 *et seq*.

[2] 他"不仅可以基于管辖权问题或者对犯罪行为性质适用法律错误,还可以基于预审或其程序中的瑕疵提起上诉"(第 18 条)。

条规定,“起诉书由驻刑事法院的副代理人(deputy commissary)起草,大陪审团起诉的理由,以及与本案相关的所有文书,都必须在被告在场的情况下向陪审团宣读。”——第21条补充规定,“控告方不会被传唤至大陪审团面前接受询问,证人也不会被传唤至大陪审团面前;他们的证词将和被告的口供以及其他所有支持起诉的书证一起被提交给大陪审团。”

很显然,雨月七日的法律是法国刑事诉讼程序明显倒退的标志。该法恢复了为1791年和共和四年的相关法律所抛弃的全部秘密预审程序。其带来的改变主要有以下几点:第一,创设了公诉人和预审法官制度;第二,引入了拘押令制度;第三,在被告不在场的情况下询问证人的制度;第四,在大陪审团审查起诉程序中以书面证据代替言词审理。看到在保民院的辩论过程中委员们对这些改变的高度赞同,无疑是件很有意思的事情。

检察官制度的创设得到了广泛的认同。考斯特(Costé)[1]、布特维尔(Boutteville)[2]、古皮尔-普利芬(Goupil-Prefeln)[3]、查兰(Challan)[4]、凯里梅尔(Caillemer)[5]、查伯特·德·阿利埃尔(Chabot de l'Allier)[6]、吉列特(Gillet)[7]等人相继表示了他们对这一制度合法性和必要性的支持。但是,对1791年的立法者们所偏好的制度之废止也并非毫无异议。加尼尔(Ganilh)是1791年立法的热情拥趸。他回忆了1790年那场令人难忘的辩论:那些参与了这场辩论的著名演说者们从此名声大噪,一些人

〔1〕 Pluviôse,“Arch. Parl.,” *loc. cit.*, p. 119.

〔2〕 1 Pluviôse,“Arch. parl.,” p. 141.

〔3〕 2 Pluviôse,“Arch. parl.,” p. 145.

〔4〕 1 Pluviôse,“Arch. parl.,” p. 123.

〔5〕 3 Pluviôse,“Arch. parl.,” p. 139.

〔6〕 Pluviôse,“Arch. parl.,” p. 149.

〔7〕 Ibid.

因此在他们智慧的声誉之上增添了殉难者的荣光(glory of martyrdom)。接着,他指出将公诉权委托给政府代表的危险,[1]从而
441 唤起了人们对恐怖时代(Terror)的记忆。但对这个问题的回应并不缺乏。回应给出的最好理由是加强起诉力度的必要性。"法国对形影不离的动乱有过致命的体验,首先是各级政府缺位,其次是社会组织太过脆弱无法逃脱消亡或者避免被篡夺的命运。"[2]查伯特在反驳这些借用自制宪会议的精巧假说时指出,当时建立的这一组织已经完全消失了。"难道这个建立在法兰西土地上的政府不是法国唯一的行政权力吗?既然如此,执行这些法律是这个政府的专属权力,那么,查明事实并对这些违反法律的行为进行起诉也就是政府的职责。"[3]最后,吉列特以一种貌似很有道理的方式指出了人们渴望引进的公众指控制度(popular accusation)的危险。"我们担心今后将起诉犯罪及其启动的权力委托给三百名公务人员,然而,我们现在思想上还未警觉到的是,这一启动的权力(power of instigation)目前掌控在三百万人的手中。"值得注意的是,这两个演讲者将检察官制度的重构归功于孟德斯鸠的影响。这位《论法的精神》一书的作者在乱世时期(troubled times)被削弱的权威,如今比以往任何时候都更为隆盛。[4]

拘押令制度遭到了最为强烈的反对。这是新创设的,至今尚

〔1〕 Sitting of 2 Pluviôse, "Arch. parl.," pp. 133, 134.

〔2〕 *Goupil-Prejeln*, 3 Pluviôse, "Arch. parl.," p. 145.

〔3〕 Sitting of 3 Pluviôse, p. 146; *cf. Goupil-Prefeln*, p. 145:"我要问的是,如果将法官启动预审程序之前的调查和起诉的权力都移交给独立于政府之外的公务人员的话,那么,将被告人带到审判陪审团面前的权力对于政府而言又有什么意义。"

〔4〕 *Caillemer*; sitting of 2 Pluviôse(p. 138). Gillet; sitting of 3 Pluviôse. 令人奇怪的是,我们注意到查伯特呼吁应当赋予法官直接采取审判行动的权力,就跟从前一样(控审不分):"我对这部法案又进行了一次全面的审查,发现在政府官员疏忽或者拒绝对犯罪进行调查或者起诉时,这部法案没有赋予司法机关对犯罪进行调查和起诉的权力"。(p. 148)

不知道为何的一项制度。几个演讲者除了表示不信任外,对这一制度也没有说什么,诚然,如果我们想想这一刚刚诞生不久的刑事诉讼令状所经历的幸运历程的话,应该承认他们的担心还是有根据的。法律至少要对这一新令状的形式进行确切的定义。〔1〕事实上,吉列特为这一法案进行了非常巧妙的辩护:"拘押令""是刑事法典中的一个新词,但其本身并不是什么新事物。介于扣留被控告者与签发拘禁令这段时间之间的预审程序通常不会那么 442
简单,也无法在呼吸之间立即完成……那么,在这段时间内,让被控告者逍遥法外也许比轻率地将其扣留更为糟糕……因此,同一个警察对被控告者总共行使三种截然不同的权力:第一,签发将该被控告者带到法院的令状;第二,命令被控告者在预审期间暂时待在其指定位置,这也许可以称为拘押令;第三,签发拘禁令。这些被分散在各个乡镇,没有自己的监狱的警察局经常不得不将被告人羁押在警卫室、旅馆、旧的领主监狱(seigniorial prison),有时甚至是乡村钟楼里……根据第7条的规定,被告只能关在省监狱里,而不能关在其他地方,因此,从这个角度来看,拘押令赋予检察官的这一权力,不用多说,已经比治安法官的临时性拘押命令更不规范,也更令人恐慌。"〔2〕因此,在立法者看来,拘押令制度只不过是对此前非法,但不可避免的实践合法化的一种方式。无论如何,其实质上都只是一种临时性的,暂时的权宜之计,因此,不难理解,为什么本法将这一权力交到了检察官手中,而不是像拘禁令一样,要求必须说明逮捕的理由。〔3〕

秘密预审程序的引入遭到了人们的极力反对。人们觉得这

〔1〕 *Coste*,1 Pluviôse,p. 120;*Chabot*,3 Pluviôse,p. 148.

〔2〕 Sitting of 3 Pluviôse,pp. 156,157.

〔3〕 但是,根据查兰的观点,必须遵守这一法律程序(sitting of 1st Pluviôse,p. 124)。

是个严肃的问题,事实上我们今天仍然受到当时作出的这一决定的威胁。加尼尔是众多反对者中最为积极的一个。其明确指出,就这一意义上而言,不仅1791年的法律和《雾月法典》所确立的规则,而且1789年的法律所确立的那些相关规则都被废止了。“今天要审议的这部法律,不仅规定要将证人证言记录下来,而且还规定要秘密地将它们记录下来,即使被告已经被逮捕并可以在场。今天要审议的这部法律要重建部分秘密程序,这一可憎的程序,其所禁止的正是所有司法管辖区的请愿书所要求的,而根据所有司法管辖区请愿书的要求,每起控告都必须在两名贵族联名
443 附议的情况下在控诉陪审团面前提起。这部法律还拟将这一秘密的、危险的程序作为大陪审团控告决定的基础,从而将大革命最伟大的恩典之一——刑事诉讼程序,感染上君主制下刑事诉讼程序的最大缺陷——秘密司法!绝不能制造这样一种肮脏的混合物;其本身就有不可克服的障碍。君主制下的种种压制性制度与共和制下的保护性制度之间不可能共存。它们在性质上完全不同,不可能产生相同的结果。”[1]这些话令人震动。就这部法律的体系而言,显然是某种复辟。在对被告审讯之后提出指控的方式有一点重要的差异,但这种差异在未来的数年中注定要消失。非常确定的是,人们尝试借鉴预审条例和管辖权裁判前的中间程序的相关法律规定,构建一个混合式体系。无论加尼尔说什么,这一混合体系完全可能,因为经验已经充分证明了这一点。

蒂塞主席在为新规辩护时是这样说的:“现有的方法毫无疑问更倾向于个人自由,但其能更好地带领我们查明事实真相吗?这不是你们立法委员会的意见。在被告在场的情况下,证人面临

〔1〕 Sitting of 2 Pluviôse, p. 137.

的形势首先是痛苦,在就其所知的一切作证时,对证人来说,需要的是平静和信心,这一切应该在治安法官面前秘密进行才有可能;真正的审判随后进行。然后,证人和被告都将就对后者定罪,或者表面无罪(manifestation of innocence)作出一切必要的解释,届时的陈述,和审讯一样,可以由治安法官主持进行。因此,无辜者不会损失任何东西,真相才会是胜利者。同样的评价应该也适用于第10条,该条规定要求被告在获悉指控罪名之后作出答辩,负责审讯的治安法官不仅要在审讯之后熟悉答辩的内容,还要掌握其在后续指控中所需的答辩内容。因此,第一次审讯可以用来证明案件的事实真相,第二次审讯则可用来纠正意外导致的各种错误。"[1]吉利特提出了类似的观点。"最经常发生的情况是,证 444
人在警察面前作证时,被告并不在场,对此最好的解释是,控告先于拘传令(warrant of production)出现,以及证人出现之时,被告尚未出现。但是,如果被告恰好在场,而且从指控提出开始其目睹、亲耳聆听了证人所说的一切,案件的事实真相可能就会被歪曲。证人可能会被威胁,因此削弱其作证的信心和坦诚……在这种情形下,证人很容易根据每起指控的需要进行适当的调整,从而作出不真实的反应……因此,在新的规定之下,被告通常而且必然在逮捕令签发之前就会知道对其指控的内容,每一项相关的制度设计都使其可以对指控进行反驳。"[2]1789年之后,这一观点发生了变化,对起诉利益的重视程度超过了对被告权利的保护。

对新法带来的这些变化争议最大的是,将大陪审团审查起诉由口头辩论程序改为了书面审查程序。初看起来,这也许会令人惊讶,因为对今天的人们来说,这似乎非常不严肃。从那个时候

[1] Sitting of 24 Ventôse, p. 94.

[2] Sitting of 2 Pluviôse, p. 158.

起,大陪审团审查起诉制度就被从我们的法律中剔除出去了,也没有人要求将这一制度重新恢复。甚至这一制度的发源地——英格兰,其存续的力量更多的也是源于传统,而不是公众的认同。但是,如果我们认为这是对1791年建立的证明制度的第一击的话,这一观点也就可以理解了。查伯特认为,"没有口头的证人证言""实际上,在只有书面证言的情况下,也就没有审查起诉大陪审团了。我们敢说,对陪审员而言,书面证据也许就足够了,但显然这会再次引起关于法定证据与自由心证之间的论战。由此引发的问题是,陪审程序是否更适合于《1670年法令》下的制度,或者简单地说,这一令人赞美的陪审制度是应该保留还是废止"。他还根据自己作为一个治安法官的个人经验认为,"作为陪审团长领导下的一个代表,我出席了三年的大陪审团会议,我可以证明,我经常在对案件的是非曲直还没形成确切意见的情况下就不得不作出结论,如果我必须仅基于对书面材料的熟读来充分履行一个陪审员的职责的话,我表示强烈的怀疑。……在为其他陪审员就案件的主要争点提供更佳信息方面,我很难做得比过去更
445 好"。[1] 另一名发言人说,"综观所有实行陪审团审判的国家,也就是说,所有的自由的国家(因为自由和那些神圣的制度总是相伴而生的),让我们问问英国、美国,甚至实行陪审制时期的古罗马帝国,问问这些国家他们是如何看待书面证言的"。[2]

但是,支持这一法律的重要理由之一,是被告没有直面起诉大陪审团。排除口头证言可以使控辩双方处于更为平等的位置

〔1〕 Sitting of 3 Pluviôse, p. 152.

〔2〕 *Boutteville*; sitting of 2 Pluviôse, p. 145.

之上。这一观点是由查兰[1]、凯莱默(Caillemer)[2]、吉列特等人提出来的,他们认为这一制度还具有重要的实际价值……“(对被告而言)直面不利于其的证言并不明智,正如已经指出的那样,口头证言在陪审团的感觉知觉之下更富于表现力,而有利于其的证言却只是呈现在书面文件之中……而人类固有且不可治愈的痼疾促使人们总是希望突破限制,扩张自己的权力;尽管负责对起诉陪审员进行指导的治安法官已经非常细致,但起诉陪审员们还是受到无视自己内在意识的诱惑,试图取代审判陪审团的位置,实际上,他们在决定是否起诉时与审判陪审团面对的是同样的案件和理由,似乎他们不得不就本案做出判决。本法拟规定的方法给起诉陪审员们留下一个这个制度使他们更不会犯错的错觉……刑事案件中证人的功能,在目前的情况下,已经变成一个非常沉重的负担,因为其要求开三次庭,如果起诉被宣告无效的话,甚至要开五次庭……我们应该感到庆幸的是,废止这一制度,在减轻了公共财政负担的同时,也减轻了普通公民的负担。”[3]

在立法机关内部,政府和保民院双方的发言人之间发生了分歧。法律最后以226票赞成、48票反对的结果得以通过。我们已经对雨月七日通过的这部法律进行了详细的介绍,但是,我们认为这并不为过。事实上,这非常重要,因为其形成了中间时期的法律(Codes of the intermediary period)和《重罪审理法典》之间自然而且必然的过渡。它是一般社会思想潮流变革发生的时间标志。该法重拾了在《1670年法令》中确立但却被大革命所抛弃的 446
一些原则。重新引入的这一要素将与已被审判程序恒久认可的

〔1〕 Pluviôse, p. 125.

〔2〕 Pluviôse, p. 140.

〔3〕 Sitting of 3 Pluviôse, p. 159.

言词审理、程序公开等原则相结合,并将形成现代法律的雏形。

共和九年(1800 年 9 月 23 日~1801 年 9 月 22 日。——中译者注)见证了另一部法律的出现,虽然仅仅是一部过渡性法律,但基于该部法律的内容,其重要性仍然不容忽视。它回应了其时压倒一切的安全需要,而且在很大程度上,该法借鉴了旧法的一些传统。在保民院前就雨月七日的法律之辩论进行结案陈词中,蒂塞明确援引了这部法律,其宣称"由于未能对犯罪侦查和起诉给予必要的重视,我们经常依赖于那些极端,同时也是非常危险的制度"。

第二节 审判陪审团:政治激情·盗匪

可怖的政治激情洪流主宰了其时的一切,在这股洪流之中,陪审团制度也被席卷而去。在共和九年进行的关于特别法庭法案的辩论中,最为清楚地证明了这一点。"陪审团",让·德布里(Jean Debry)说,"是一个统治性团体,他们作出的裁判都带有自身的宗教色彩。这不是一个事实问题,而是一个从其受误导的良心出发说话者的个人意见问题。也许要很长的时间才能使其具备公正性,从而激发人们对其的尊重,并确保无辜者不受惩罚"。[1] ——"到今天为止",查扎尔(Chazal)说,"各色人等都可以成为陪审员,陪审制度的功能已经被革命的激情所渗透。直至今天,陪审团的裁判既不是上帝的意旨、人民的意志,也不是自由的'守护神'(palladium),经常都只是一些无知者(ignoramuses)的判断,在这场宗派斗争中,我们见证了可耻的不公,那些宗派主

〔1〕 Sitting of 5 Pluviôse, p. 190.

义者无耻地将他们的同谋无罪开释,无论这些人是多么的邪恶,对他们的对手是多么的无情”。[1] ——“在对暗杀犯罪的纵容方面,共和二年的临时性陪审团所发挥的作用并不比大革命特别法庭下的常设陪审团小。将其同谋九月大屠杀者(Septembrist)无罪开释的陪审团的组成完全合法。那些反动的陪审团也是合法组成的,在他们的保护下,共和党人一直被屠杀,而凶手却被免予追究。那些来自法国西部和南部行政区的陪审团同样是合法组 447
成的,但他们却将所有的罪犯,甚至是那些被当场抓住的现行犯无罪开释……一旦这些起诉和辩护被假定具有政治性,然后诉诸政治的激情,陪审员就变成了无辜者的恶魔,抢劫犯的保护神。”[2]政治激情这一令人悲伤的影响在帝国议会(State's Council of the Empire)进行的《重罪审理法典》[3]辩论中再次出现;但就其本身而言,并不足以导致一个国家永久的不安定状态。[4]如果陪审团不曾不得不与盗匪这一祸害作斗争的话——就其性质而言,陪审团也无力与其斗争——也许很快就可以恢复其合适的立场。

这些盗匪滋生于旧时的专制政体之下,并迅猛发展。最近一些研究向我们揭示了这些盗匪、盗猎者、走私犯和流浪汉是如何地公然作乱扰乱社会秩序;[5]而且,后来的官方文件显示,至少

〔1〕 Sitting of 6 Pluviôse, p. 204. Cf. 13 Pluviôse, p. 277.

〔2〕 Berenger, 14 Pluviôse, p. 301.

〔3〕 Sitting of 30 January, 1808 (Locré, vol. XXIV, pp. 578–580). Sitting of 8 Brumaire, year VII (Locré, vol. XXIV, p. 439. See also vol. XXV, p. 580).

〔4〕 “在我们看来,自大革命以来,除了对普通犯罪,如谋杀、盗窃、纵火等的打击外——每每在面对这些案件时,陪审团就会变得冷酷无情,陪审团制度并未完全达到人们对它的期待。”*Delpierre*, in the Tribunate, 7 Pluviôse, p. 216.

〔5〕 *Taine*, “Les origines de la France contemporaine,” I. “The Old Régime,” p. 498 *et seq*.

在一些地区,这些祸害绝非最近才冒出来的东西。让我们来看看共和九年受第一执政官派遣前往南部一个州进行调查的专员对该地情况是怎么说的吧:“将过去十年间这些不幸地区的所有犯罪都归咎于大革命也许并不公正。只能说有些因素对各类乱象非常有利,在各个政府交接的空白期内,公共权力缺席或者弱化使得一些在其他时期较少出现,或者受到限制的恶行得以呈现更为普遍和广泛的特点。”[1]在说到这些的时候,他的口气非常坚决。旧组织的破坏,新权力的不确定性和软弱性,混乱、狂热的政治激情,所有这一切都为这些致命的祸害提供了一个非常适合生长的环境。长期的国内外战争为这支盗匪大军提供了新鲜而又
448 可怖的兵源。逃兵们去哪里找一个更好的庇护所?在那些以政治信念之名而参军的人当中,又有多少同样受到劫掠之心的诱惑,而且,国内战争一旦结束,还有多少人会因为自己的原因继续这场运动?有人认为,“(滨海阿尔卑斯山脉地区,Maritime Alps)盗匪的出现应归咎于几个被称作水猎犬(Barbet)连队的军团解散。盗匪数量的增加大致可归因于两个方面:一是漂泊者(travellers)数量的增加,特别是前往意大利的法国人数量的增加;二是军队对当地居民人身或财产的侵扰”。[2] 在布列塔尼,“除了朱安党(Chouan party)之外,还有几乎与之无法区分的大量盗匪;在这两群人中都可以发现奥地利的逃兵”。[3] ——“一些老旺代省(Vendean)叛军的领导人将自己化身为这些地区贱民(worthless characters),例如逃兵、失业工匠的首领,对途经的旅客进行劫

〔1〕 “Rapport de Français de Nantes, chargé de l'inspection de la 8e division militaire.”— *F. Rocquain*, “L'etat de la France au 18 brumaire,” p. 4.

〔2〕 “Rapport de Français de Nantes.”— Felix Rocquain, “L'état de la France,” p. 14.

〔3〕 “Rapport de Maillçe-Marboise,” of 13 Nivôse, year Ⅸ, upon the state of the thirteenth military division. F. Rocquain, op. cit., p. 121.

掠……这些都是国内战争和内部骚乱的残余；大革命的残渣。”[1]在中部地区，根据拉库埃(Lacuee)的观点，盗匪产生的原因是，“矫正、逃兵、征兵等机构的组织缺陷，交通要道上都没有警察，流浪汉、乞讨者，以及持枪者遍布全法国。”[2]蒂尔斯(Thiers)说道：“来自各支陆军部队的残余和内战中被解散的军队人员形成了这些盗匪的种子，”——“那些在内战结束后失业的朱安党人和旺代省人，以及那些和平不能使其满足的人，开始在布列塔尼、诺曼底等地的公路上，以及巴黎的郊区等地进行劫掠；性格乖张的应征入伍者，以及大量从利古里亚(Liguria)军队而来的士兵，牢骚满腹之下当了逃兵，在法国中部和南部地区的公路上犯下了与盗匪们同样的恶行。”[3]这一庞大的群体正在威胁着制度的改革。最后，生活的极度赤贫，在很大程度上加剧了这场混乱。“这些地区的经济困境非常可怕(共和九年的‘痛苦’之一就是谈论布列塔尼)，海员们失业或者没有工资，工匠们和修理船帆的工人们 449
都因为开工不足，或者昂贵的面包价格，以及荞麦(ble noir)供应不足而不再允许散工雇佣而停下了工作。这些因素，持续了很长一段时间，为这些盗匪头目们提供了维持其团伙力量的一条途径。”[4]

灾害持续加剧，迫切需要特别措施来应对；这些事关生命的紧急情形已经超出了常规法律的范围。首先，共和五年花月(Floreal)二十六日(1797年5月15日。——中译者注)的法律对《1791年刑法典》(Criminal Code of 1791)第2、3条(第二部分，Tit. Ⅱ，§

〔1〕 “Rapport de Fourcroy,” of 13 Nivôse, year Ⅸ, upon the 12th military division. —*F. Rocquain*, *op. cit.*, p. 146.

〔2〕 “Rapport sur la première division militaire.” — *F. Rocquain*, *op. cit.*, p. 253.

〔3〕 “Histoire du Consulat et de l'Empire,” vol. Ⅱ, p. 161.

〔4〕 “Rapport de Barbé-Marbois.” — Rocquain, *op. cit.*, p. 122.

2)的盗窃罪处刑进行了修改,规定对有下列情形之一的盗窃犯罪处以死刑——“第一,犯罪分子使用武器暴力入室;第二,入室后对室内人员动用了武器;第三,动用武力导致室内人员受到枪伤、烧伤或者擦伤”。这部法律完全是针对“蒸汽机车司机们”(chauffeurs)[1](在19世纪至20世纪的法文中,“chauffeur”一词最早指的是为蒸汽机车烧锅炉者,后来衍生为蒸汽机车司机。——中译者注)的恶行制定的,正如执行首长(executive Directory)在共和五年霜月十一日(1796年12月1日。——中译者注)为这一措施竭力呼吁的时候所解释的那样:“以‘蒸汽机车司机’之名而闻名的盗贼们遍布一些地区,对城市和乡村进行骚扰。他们并不是孤立的坏人……而是聚集成群的强盗,有组织领导,在首要分子的指挥下行动。简言之,在我们社会体系的心脏之处形成了类似于军队一样的帮派,其目标就是彻底破坏社会秩序。”[2]卢梭在长老会(Council of the Elders)上提出这一法律建议时,在证明立法的显见必要性问题上,遭遇了极大的困难。穆拉雷(Muraire)甚至宣布延期投票表决,但是该法还是在花月二十六日(1797年5月15日。——中译者注)通过。然而,这只是一项并不完全充分的措施。正如孟德斯鸠所说的那样,惩罚的预防效果并不在于其严厉性,而在于一次又一次验证之后的确定性。

看看该法为起诉和审判这些盗匪们任命了什么样的治安法官!治安法官和陪审员们,胆小的公职人员和羞怯的市民。陪审团敌不过这些盗匪,这是个事实,今天的意大利已经承认了这一
450 点。让我们看看共和九年立法辩论和报告中的那些有趣证言。

〔1〕 蒸汽机车司机这一叫法来自这些盗匪们经常通过向被害人脚底板喷射火焰的方式强迫后者交出隐匿起来的财物的做法。——英译者注

〔2〕 “Journal des Débats,” No. 566.

"南部地区的治安法官非常糟糕，四个地区的审查起诉大陪审团和审判陪审团由于其无知而受到了投诉。"[1]——"对将那些不断攻击公共交通工具、谋杀士兵和市民的盗匪们适用普通程序，实际上即意味着或者因为那些仍然妨碍陪审制度运行的缺陷，或者因为对这些四处游荡的强盗们的恐惧而确保其不受处罚，对此，你能假装视而不见吗？"[2]——"你能要求陪审员、普通法庭做什么吗？保民官们(tribunes)对法国一些地区进行了调查。你会发现，一方面胆大妄为的盗匪们仍然沾染着被害人的鲜血，侮辱法官、威胁证人、蔑视陪审团，无惧断头台的存在。你会发现，证人变得神智不清、沉默、一动不动；陪审员们更为关心的是如何才能安全回家，而不是对那些无足轻重的诉讼进行听审，从而将自己置于要么将真凶无罪开释，要么直面共犯报复的两难之中。让我们看一下另外一个地区，在这个地区，陪审团完全由那些长期生活在一个城镇内的市民组成。在这一地区的其他任何地方都不可能将他们召集在一起。陪审员们和证人们一样，宁愿自己被处罚金，也不愿意有一天在公路上可能面对盗匪们对其金钱，或者生命的猛烈报复。这不是当前事态的唯一结果。因为国家宪兵对这些盗匪帮派已经无能为力，在与这些盗匪的战斗中，他们冒着生命的危险，流血牺牲，对他们的国家满怀期待，然而，这些无能的陪审员们却将他们抓住的盗匪们无罪开释。"[3]在共和九年霜月十八日(1800年12月9日。——中译者注)，警察总长(minister of general police)写信给第一执政官道："虽然针对公共马车

〔1〕 *F. Rocquain*, *op. cit.*, p. 25. "Rapport de Français de Nantes."

〔2〕 *Trouvé*, at the Tribunate, 7 Pluviôse, year Ⅸ, "Arch, parlement," vol. Ⅱ, Part Ⅰ, p. 130.

〔3〕 *Roujoux*, at the Tribunate, 14 Pluviôse, "Arch, parlement," p. 300; *cf. Carret*, 13 Pluviôse, p. 277; *Garat*, 13 Pluviôse, p. 296; *Delpierre*, p. 216.

的盗匪仍未灭绝,对公共财产的劫掠犯罪仍在继续,但这些问题并不能归咎于警察局。警察局的监狱内已经关满了盗匪,几乎每
451 一起犯罪中都有犯罪人死亡或者被逮捕。这些混乱一直没能结束,可以肯定地说,是许多法院和陪审员们没有尽到他们的责任。那些手中持有武器的恶棍们被法庭宣告无罪开释。"[1]

建立特别法庭的必要性无可争议,但已经采取的这些措施还不够。共和三年牧月(Prairial)三十日(1795年6月18日。——中译者注)的法律已经授权军事法庭审理朱安党人、巴贝特(Barbets),以及其他一些人等的犯罪案件。共和四年葡月(Vendémiaire)一日(1795年9月23日。——中译者注)的另一部法律规定,"这些叛军,以朱安党人最为有名,或者也有其他名字,以及牧月三十日(1796年6月18日。——中译者注)的法律第3条所规定的全部犯罪案件都交由根据第二补偿日(the second complemental day)的法律建立的军事委员会(military councils)审判"。[2] 也就是说,交由军事法庭审判。这些相当模糊的规定专门用来处理叛乱问题,后来被《犯罪与刑罚法典》所确认。[3]

共和四年还发生了其他一些事情:人们希望建立完整的特别法庭,明确其管辖与程序。新法规定了构成盗匪犯罪和涉及死刑的犯罪类型(第1~6条);该法规定,这此犯罪以普通法院管辖为原则,但如果系由二人以上共同实施,所有被告,包括共犯、从犯,以及教唆犯都应由军事法庭审判。将被告送交军事法庭审判的令状可以由陪审团长、治安法官、警察机关的代理人(police com-

〔1〕 Speech by *Honore Duveyrier*, speaker for the Tribunate in the Legislative Assembly, 17 Pluviôse, year Ⅸ, "Arch, parlement," p. 308.

〔2〕 参见 the Report of *Dubois-Dubay*, "Journal des Débats," Vendemiaire, year Ⅳ, No. 1093, p. 5。

〔3〕 Art. 598.

missary)、市政府的代理人(municipal agent)或者人口在5000人以下的行政区副市长,或者由县警察局的官员在所有公职人员的同意下签发(第9条)。[1] 为更好地确定军事法庭的管辖权,有一个类似于以前的"司法官辖下法庭"的规定,即由民事治安法官(civil magistrate),陪审团长作出裁定的规则(第11条,请比较第12~16条);该治安法官负责所有案件的预审程序。[2]

这一法律由五百人议事会(Council of Five Hundred)的罗默斯(Roemers)提出,法律的数个条款受到了其他人的攻击,"军事委员会的名字本身就是恐怖的来源,"有人即这么认为。"你会害怕将民事法院的管辖权交给军事法庭,害怕回忆起那个令人憎恨的制度,所有与之类似的东西都应该避免。"[3]然而,该法还是在共和六年风月(Ventôse)十九日(1798年3月9日。——中译者注)的五百人议事会会议上得以通过,并于雪月(Nivôse)二十九日(1月18日。——中译者注)得到了元老院(Ancients)的批准。该法在共和七年的雾月(1798年10月22日~11月20日。——中译者注),而不是八年(1799年9月23日~1800年9月22日。——中译者注)被修正。审判盗匪的军事委员会并未因此消失。根据共和三年牧月三十日(1795年6月18日。——中译者注)的法律,得以继续存在。[4] 452

但是,即使在武力的协助之下,军事法庭对盗匪犯罪的打击效果也较为有限,也确有必要开展一场针对这些盗匪的战争。机动纵队的远征实属必要。与此同时,事情已经落入了需要对公共

[1] 另可参见 Art. 10。

[2] 此外,这些措施只是临时性的。"第22条的有效期自'《法律公报》'(The Bulletin des lois,法律公报是法国大革命期间于共和二年霜月十四日,即1793年12月4日创立的,刊载政府法律、命令和规定选集的刊物,译者注)发布之日期只有一年,到期之后'自然'废止,如果立法机关未能对其进行延期的话。"

[3] "Journal des Débats,"Floreal,year Ⅵ,No. 240,p. 154.

[4] *Savoye-Rollin* at the Tribunate,13 Pluviôse,year Ⅸ("Arch,parlement.,"p. 284).

运输人员进行武装,为他们提供士兵护送的境地,但军队的数量却远远不足。“这些盗匪们选择了几乎所有军队都在境外而无法为国内市民公共安全提供必要的安保力量时在全国范围内扩张。”〔1〕共和八年(1799年9月23日~1800年9月22日。——中译者注),盗匪犯罪到达了高峰,正如一份官方文件清楚地显示的那样:“整个行政区都成了盗匪们大肆破坏和暴行的受害者……所有这些地区都请求迅速的援助,人员、武器和弹药。这些请求虽然通常都能够得到回应,但远远不能满足现实的需要。”〔2〕

第一执政官的愿望是成为法国人民长期以来一直呼唤的、其时正在祈求的,盗匪的毁灭者,并成为人们日后以神话典故一般来颂扬的人物。〔3〕 数个军事纵队穿越盗匪骚扰地区,随后军事法庭专员(military commissioners)审判了被捕获的盗匪,“第一执
453 政官在追捕盗匪的机动纵队中成立了特别军事法庭……这些军事法庭在共和九年雨月已经取得了良好的效果。这些身着军装的法官们,组成军事法庭,并不害怕那些被告(盗匪);他们使证人安心作证,这些证人经常就是逮捕了手持武器的盗匪们的士兵”。〔4〕

但是,必须承认的是,这场异常迅速的镇压盗匪运动存在某种不合规之处。弗朗西斯·南特(Francais de Nantes)在其报告中举例说:“从霜月二十九日(1800年12月20日。——中译者注)的法

〔1〕 *Thiers*,“Le Consulat et l'Empire,”vol. Ⅲ,p. 287.

〔2〕 “Résumé des comptes rendus au Ministere de l'Intérieur par les commissaires du Direetoire exécutif près les administrations centrales des départements,” published by *Rocquain*, *op. cil.* ,p. 377.

〔3〕 “希腊人民为那些将他们从强盗手中解救出来的英雄们建起了祭坛”(共和六年元老院辩论会上的发言)——“没有什么比现代大力士的强大之手更能帮助我们消灭强盗和防止社会大厦的坍塌”(“Éxposé des motifs du livre Tit. Ⅱ,”of the Code of Criminal Examination, *Locré*, vol. XXⅧ, p. 52)。

〔4〕 *Thiers*,“Le Consulat et l'Empire,”vol. Ⅲ,p. 339.

令(决定在瓦尔省和罗讷河口省建立特别军事法庭)到次年芽月三十日(1801年4月20日。——中译者注),大概四个月的时间内,特别军事法庭的成效是直接开枪击毙了23名盗匪,对160名盗匪在预审和审判之后予以枪决,释放了58名,由普通法院赦免了7名,50名因为在军队总指挥面前表现令人怀疑,后者要求授权对这些人判处终身流放后被赦免。2名女性因为收受被盗赃物和作为盗匪的共犯被判处死刑。"[1]接着,其强烈反对"武装部队剿匪的方式。侦察纵队在盗匪劫掠犯罪实施完毕之前从来不会出现。它们的领导人除了捞钱之外似乎就没有其他结果……一些人被作为巴贝特分子逮捕,未经审判就被枪毙,或者是因为个人怨恨,或者是因为索要的金钱数量未能得到满足……在这些地区,这些事实大都众所周知"。[2] 在布列塔尼和巴贝·马博伊斯(Barbé-Marbois)还要求对"宪兵们朝正在被追捕的逃犯开枪,对被抓获者以及被逮捕者处以死刑的强烈意愿进行控制,即使这些逃犯的罪行臭名昭著。有一些这类处决的例子,但应该说数量不多。但这种情形一个都不能允许,特别军事法庭制度不能成为他们的借口。"[3]

第三节　共和九年雨月十八日的法律:特别法庭·"重罪"法庭的复辟

实际上,政府早就打算建立特别法庭。这是地方行政长官的

[1] *Rocquain*, op. cit., p. 69.
[2] Ibid., p. 15; *cf.* pp. 5, 6.
[3] Ibid., p. 126.

普遍要求;[1]即使解决盗匪问题需要特别管辖权,至少也必须符合法律的规定。因此,这一议案看起来似乎是在一个非常合适的
454 情形下提出来的。在制度改良问题上,当时法国的情形远不能让人满意。我们试图描绘的,盗匪横行法国的各种细节特征,主要根据的是共和九年派往全国各地的议员完成的调查报告,以及保民院同年进行的相关法律审议辩论记录。[2]

共和九年雪月(Nivôse)十七日(1801 年 1 月 7 日。——中译者注),关于建立特别刑事法庭(special criminal tribunal)的法案,以及由波塔利斯(Portalis)起草的立法理由解释被提交给了保民院。[3] 根据法案的相关规定,在政府认为必要的地区,政府有权建立特别刑事法庭(第 1 条)。这些特别刑事法庭由庭长、两名刑事法院法官、三名军衔不低于上尉的军人,以及两名具备法官资格的市民组成。这五人都必须由第一执政官任命(第 2 条)。这看起来有点像宪兵司令及其顾问制的复活。这些特别法庭的管辖权极容易让我们回想起过去的"司法官辖下法庭"(亦译作"重罪法庭")。我们从共和九年的法律中可以看到 1731 年 2 月 5 日宣言(Declaration of 5th February,1731)抨击的所有恶行。首先,基于被告身份的重罪(cases prévôtal on account of the status of the accused),也就是由那些流浪者、没有谋生手段者,以及尚未矫正者(not rehabilitated)(第 6、7 条),所谓的乞讨者以及逃犯所实施的犯罪(第 7 条)。其次,基于犯罪性质的重罪(cases prévôtal from the nature of the crime),如在公路上实施的非暴力盗窃犯

〔1〕 *Rocquain*, pp. 5, 19.

〔2〕 *Rocquain*, *op. cit.*, pp. 5, 69, 70, 146, 147, 170, 252, 253, 262, 263; and the debate on the Law of Pluviôse ("Arch, parlement.," *loc. cit.*, pp. 308, 309; 105, 106; 222; 299).

〔3〕 "Arch. Parlement," II, Part I, p. 70.

罪,或者基于犯罪的手段或者环境而性质加重的犯罪(第8条),如在乡村和住宅中,以及通过破门入室的方式在乡村建筑物(bâtiment)中……或者持械盗窃既遂或者至少两人以上共同盗窃犯罪(第9条);制造假币犯罪(第11条);在煽动性聚集中导致参与者受袭击的犯罪(第12条);通过武装组织实施谋杀、引诱他人犯罪、预谋由普通市民在军队之外贿赂士兵、征兵人员,或者应征入伍者的犯罪(第11条)。前述规定基本上是一字不差地抄自1731年2月5日宣言,同时增加了新政府要求严厉镇压的一些行为:纵火和对国家财产的接收者(因为接收这些财产)进行威胁、 455
越轨行为,以及攻击等行为(第11条);最后,特别法庭还与普通法院对预谋杀人犯罪有共有管辖权(第10条)。[1]

这些犯罪由政府代表依法起诉,不需个人提起告诉(第3条和第15条)。所有国家宪兵和警察都有权签发"传票"(d'amener)(第17条)。所需草拟的官方报告细节、提交的材料清单、审讯,以及预审程序中对证人的询问等规定都是来自《1670年法令》和1731年2月5日宣言。

特别法庭一收到控告、附加文件、审讯和供述记录、指控,和听取了政府代理人的意见后就开始运作,其首先要确定的是对案件的管辖权,并且不得上诉(第24条)。这完全是旧制度的残余。首席治安法官把自己的管辖权交给审席法官(presidials)决定,后

[1] 如果预审程序是因为这些犯罪行为而启动,被告人却被控普通犯罪的话,"特别法庭""将对这些案件进行预审并作出裁判,无论这些犯罪行为的性质是什么"(第13条)。该条规定自然意味着特别法庭将获得一种附带管辖权;而这正是旧法所规定的(Ord. of 1670, Tit. Ⅱ, Art. 23;"Déclaration de 1731," Art. 18)。对此,泰斯给出了另外一种解释:"也就是说,本法并不会因为特别法庭对某些犯罪无管辖权而剥夺其对那些被提交到其面前的犯罪案件进行预审和裁判的权力"("Arch, parl.," *loc. cit.*, p. 112);但请参见本杰明·康斯坦顿的回应(p. 321)。

者在审理重罪案件(prévôtal causes)的时候自己决定有无管辖权。[1] 这一决定必须在24小时内告知被告人,同时通知司法部长(the minister of justice)将此提交最高法院,后者有义务受理并决定中止其他任何问题(第25、26条)。然而,这一既不会暂停审讯,也不会暂停裁判,只是暂停执行程序的规定(第27条)则是借鉴自共和六年雪月二十九日的法律规定。"司法官辖下法庭"最为突出的特征,也是特别法庭的特征是,对案件是非曲直的决定不允许任何形式的上诉,既不允许通过上诉(appeal)也不允许复审(review)后将之撤销(第29条)。

但是,从其他方面来看,共和九年的法律也与《1670年法令》
456 存在一些实质性差异。与新法的原则一致,保证公开审理,言词审理和自由心证的优点,以及获得律师帮助的权利;对政府代理人提出的起诉书可以进行详细审查(第28条)。该法最后一条规定,"特别法庭可以在恢复和平两年之后视情撤销(第31条)"。[2]

看来在这一艰难时期,这个法案的通过应该没有任何问题。

[1] Ord. 1670, Tit. II, Art. 15; Tit. I, Art. 17. See Chazal, at the Tribunate ("Arch, parl.," *loc. cit.*, p. 208).

[2] 下表比较清楚地显示了这部法律复制旧法与"重罪法庭"相关规定的情况:

《雨月法律》	《1731年宣言》
第6、7条	第1、2条
第8、9、10条	第2、5条
第3条,最后有效期限	第2条
《雨月法律》	《1670年法令》第二编
第14条	第23条
第21条	第9条
第22条	第10条
第23条	第12条
第24条	第25条

共和三年以及共和六年的那些法律引起的异议很少,本法将为公共安全带来保障,而不只是新的严苛。然而,本法却引起了人们的强烈反对。在保民院里,对本法的争议持续了很长一段时间,一直从雪月十七日(1801 年 1 月 7 日。——中译者注)持续到了雨月十六日(1801 年 2 月 5 日。——中译者注)。其间有 20 多名委员发表了各自的意见,在这些人中,我们发现有本杰明·康斯坦特(Benjamin Constant)、道努(Daunou)、伊斯纳德(Isnard)、查扎尔以及切尼尔(Chénier)。

这些反对意见来自何处?共和八年(1799 年)的宪法与其之前的那些法律一样,保证所有与犯罪相关的事宜都需由陪审团裁判(第 62 条)。但该法第 92 条又规定,在武装叛乱或者威胁国内安全的案件中,根据本法可以决定在特定的时间、区域范围内暂停这一宪法原则的实施。当然,有人说,这还不算走得太远,毕竟宪法只是部分而非完全暂停实施。另外,还有人认为同样的宪法性难题还存在,甚至情形更为严重,只是还未爆发出来,还需要从其他地方来探寻反对派的真正动机是什么。[1] 457

有人认为,这不只是一项临时性措施,而有变成永久性制度的倾向。该法试图建立两种刑事审判体系,一种是普通法下的,另一种是特别法下的刑事审判;一些案件由陪审团审判,一些案件由特别法庭审判。保民院主席杜维里埃(Duveyrier)并未回避这一点。"你希望捍卫陪审制中这些微弱但残存的价值吗?那么从现在起,摒弃那些使其日益弱化和变异的做法。我们的目的是区别那些在混乱时期严重威胁社会秩序的罪行,以及在相对和平

〔1〕"无论是这些(军事)委员会的建立,及其权力的细节,还是我本人报告的这部雪月二十九日的法律,在两院代表和民众中都没有引起,在今天看来本应有的不安"。Jean Debry in the Tribunate,5 Pluvi6se,"Arch,parl.," *loc. cit.* ,p. 190.

时期妨碍社会运行的罕见错误之间的巨大差异。换句话说,让陪审团审判成为那些偶然越轨但并不以犯罪为生之人、伤害他人但不对现行政权发动战争之人的特权;让一个陪审团审判的案件成为即使未能遵循无罪推定的原则,也至少不会带有配不上这一仁慈的制度的错误品性。简单地说,让它为它所属的人而存在,虽不完美,但总可以通过智慧和经验来改进。"[1]

虽然这一元、二元刑事审判体系只是作为一种临时性方案提出来的,但事实上,那些临时性方案通常总会变成永久性方案。当时政府并不承认这一点,但后来却在《重罪审理法典》第二编第六章的"理由说明"(Exposé des motifs)中宣称要将特别法庭作为一个永久性机构。雷阿尔先生(M. Real)说道:"该法以永久性地统一适用的观点得到了迅速认可。决定其存在必要性的经验也决定了其永久性和统一适用性;而奥尔良、穆兰,以及布卢瓦等地的条例,实际上是全国性的,已经规定永久性地在全境范围内建立特别法庭。起草《1670 年法令》的政府代表对于建立一套与常规性法律并行的特别法有着充分的理由……12 年的滥权已经将舆论拉低到这样一种程度,即一旦我们回归原则,一个消息灵通、强大有力,但唯审慎与确信为指导的,温和、审慎的政府却不得不
458 向公共舆论妥协。虽然政府可以将共和九年雨月十八日的法律统一适用于全国各地,但该法仍然受到了适用期限的限制,即其必须在法国实现和平两年之后废止。但是,尽管对于一个改良中的政府而言,在经过短期试验证明有效之后再寻求将之作为一项永久性制度确立才是明智的,可这样又会被指责缺乏先见之明和残暴,如果今天……这预示着在一个兵荒马乱的时代,在一个临

〔1〕 Sitting of 29 Nivôse, "Arch, parl.," *loc. cit.*, p. 107. *Delpierre*, 7 Pluviôse, p. 219: "坦诚地说,必须承认的是,特别法庭的建立即相当于意味着对陪审团审判程序的中止"。

时性制度之下，公共安全将会被再次寄托于强盗的仁慈之上。”[1]在这一点上，共和九年的先见之明并未被误解。这一制度注定会被整合进《重罪审理法典》之中。特别法庭随后于1815年被一个临时性机构——“重罪法庭”所取代，这就是事实，[2]但根据1830年宪章第54条之规定，意味着永远也不可能回复到过去的状态。

因此，旧政权下最为可憎的制度之一得到了复活。雷阿尔先生随后的报告非常直白地谈到了这一点，其将这一链条上的各个环节串在了一起。这一点在共和九年并未得到承认，但这个问题过于明显，大家都看得出来。本杰明·康斯坦特说道：“如果拟议中的法律不是这样地含糊不清，赋予特别法庭的权力不是比旧政权下‘重罪法庭’还要大的话，我也不会出来发声。”[3]德雷诺德斯(Desrenaudes)回应道：“针对这些可怖的委员们的反对意见，我该说些什么？那些受人尊敬的先贤们发出这样的声音一个多世纪了，人们不禁要问，是不是孟德斯鸠、贝卡里亚、卢梭、杜帕蒂、塞万斯(Servans)，以及其他众多伟大先贤们的真知灼见就要在一天之内被摧毁，或者被贬到只适用于一些模糊不清的犯罪(obscure crimes)和卑鄙罪行(mean offenses)的有限范围之内。”[4]——加拉(Garalt)说道：“政府发言人可以从《1670年法令》中找到这些原则，但这并不是那些我们应该遵从或者本应建议我们遵从的先例。”[5]查扎尔的阐述最为全面，他说“政府要求你们建立特别法庭，而这个特别法庭是以《1670年法令》所确立

[1] Locré, vol. XXVIII, pp. 54, 55.

[2] Law of 20th December, 1815.

[3] In the Tribunate, 5 Pluviôse, “Arch, parl.,” *loc. cit.*, p. 187.

[4] 6 Pluviôse, “Arch, parl.,” *loc. cit.*, p. 193.

[5] 13 Pluviôse, “Arch, parl.,” p. 294.

的旧‘重罪法庭’为模板型构出来的。”[1]接着，他把该法案的各项规定与《1670年法令》及《1731年宣言》的各项规定一一进行对
459 比，向人们展示了它们之间的相同之处；进而揭示出，就某种程度上而言，旧法的严厉性在该法案中被进一步加剧；同时，他也遗憾地表示，在该法案中没有发现被告在管辖权裁定、“特别诉讼”裁决，以及正式对质时的听审权。

很明显，政府发言人将来在支持这一法案时不应误读其渊源，他们有义务不加比较，坚持新法的临时性质。“我们不可能将一个在我们的政治体制中实质上属于临时性的制度，与专制政体下固有的并与其刑事立法整体协调的法院制度进行比较。”[2]波塔利斯（Portalis）在代表保民院就立法团（Corps Legislatif）问题发言时说道：“旧政体下的首席治安法官，就像特别法庭一样，是社会失序和盗匪横行的产物。他们不是由路易十四设立的，他们的起源更早，他们得到了法国议会审议之后的认可。但是，首席治安法官是永久性的，而特别法庭只是临时性的。”[3]一些人甚至试图对“重罪法庭”进行细微的改良。“无论‘重罪法庭’的价值是什么，就其与现行政体的兼容性而言，已经得到了雪月二十九日（1798年1月18日。——中译者注）的法律认可并融合，因此得以改良。针对该法案最为致命的攻击是，认为其是以路易十四时期最为专横的制度为模板型构而成的。‘重罪法庭’并非源自路易十四，而是可以上溯自更早时期，就像现在一样，法国正面临着被一些肆无忌惮者毁灭的危险，需要一支正义的武装来对这些人发

〔1〕 6 Pluviôse, “Arch, parl.,” p. 204 *et seq.*

〔2〕 *Laussat*, sitting of 12 Pluviôse, “Arch, parl.,” *loc. cit.*, p. 258; *cf. Trouvé*, p. 231; *Carret*, p. 279.

〔3〕 1 Pluviôse, p. 332.

起反击。'重罪法庭'本身并不坏,只是存在旧刑事司法程序固有的缺陷,而新法案中没有这些缺陷。新法案所规定的刑事司法程序是公开进行的,被告可以在公开进行的刑事司法程序中为自己辩护。和普通程序一样,审判是公开进行的。那些任人唯亲的首席治安法官们辖下的'重罪法庭',已经以一种更令人放心的方式得到了控制。"[1]

但是该法在保民院投票时,仅以 49 票赞成、41 票反对的微弱优势通过,而在立法院,该法获得了 192 票赞成,88 票反对的成 460
绩。这是被纳入《1670 年法令》的一个部分,这也是我们不厌其烦地介绍我们立法史上这令人讶异的一页的原因。许多人声称,在其投票同意建立特别法庭制度时的初衷是拯救陪审制度,否则后者将因其长期以来的无力而被永久性地毁灭。记住这些言语非常重要,因为我们稍后还会用到这些话。这就是其中一些言论。保民院主席杜维里埃尔说道:"陪审制度是所有自由国家的优点与自由的保障,它与我们同在,在大革命的全部馈赠中,在革命的风暴中它是只有奇迹才能拯救的存在。但是,我们都承认,其一开始并不完美,而且有瑕疵,因被粗暴地运用于那些谴责这一制度的最为残暴的专制者们,而未能获得民意的信任,此后,其发展亦受制于抽象形式与形而上学结合在一起的复杂性,艰难发展至今,每一步都意味着其不足以对抗每个时代的极端罪恶,也很难充分地展现其在某一天可能实现的美好前景。——你希望加快并完成其毁灭吗?那么,就让它与那些其无法克服的障碍作斗争吧……在其无效和无力的日常证明中毁灭,最多只能是在那些最为热情的拥护者眼中变成一种在我们的时代和社会条件下

[1] 17 Pluviôse, "Arch, parl. ," *loc. at.* , p. 316.

无论如何都无法运用的,不可能实践的精美哲学理念。相反,如果你想保护其充满瑕疵但无比珍贵的残余,那么,从现在开始,脱去继续削弱和歪曲这一制度的实践外衣吧。"[1]图维(Trouve)说道:"当然,即使是在最短的时期内,要放弃这一最为伟大的制度为人们所带来的利益,就如为公民自由的'守护神'罩上一层面纱,也是令人痛苦的。但是,假设这层面纱是这一制度最终得以保留的手段;假设这一短暂的中止对这个国家的安全而言必不可少的话!"[2]——卡耶梅说道:"陪审制度的完善!这一完善似乎并不需要激进,因此可以渐进地完成;此外,这一完善似乎可以带
461 来所有的革命激情消失之前人们对其所期待的效果,完成德性的重建。"[3]——拉杰克斯(Roujoux)说道:"十年的平静期也许还不足以使我们回想起陪审制的崇高感。人们对其代表着无力的印象也不是那么容易消除。如果你想维护这一制度的优越性的话,那么,请将保民官制度、陪审制度从周遭环境的暴行中拯救出来吧。"[4]——贝伦格(Berenger)说道:"西部和南部地区的陪审团将所有的犯罪分子,甚至是在犯罪现场被当场抓获的现行犯都无罪释放了……陪审制度之所以值得守护不是因为其形式,而是因为陪审员不仅在那些普通刑事案件中,也体现在其在革命时期表现出的公正性,使其能够对盗窃或者谋杀犯罪案件的被告作出(公正的)裁判,即使这些罪行被单列出来。但是,对这些案件的起诉或者辩护随之被赋予了某种政治特性,各自都把注意力集中到政治激情之上,陪审员变成了无辜者的噩梦,盗匪的保护

[1] 29 Nivôse, "Arch, parl. ," *loc. cit.* , p. 107.
[2] 7 Pluviôse, p. 230.
[3] 8 Pluviôse, "Arch, parl. ," *loc. cit.* , p. 243.
[4] 14 Pluviôse, "Arch, parl," p. 300.

神。将它留在欢迎它的时代和地方，不要强行拿它进行比较，这可能使它令人讨厌。那么多的罪恶一直存在，那么多的犯罪没有受到惩罚激起了人们对陪审制的反对，我们要做的是让这些舆论平息下来，通过这部法案，将这一自由的制度从大革命的残骸中拯救出来。"[1]

大家都认为陪审制没有带来人们期待的结果，即使是其最为热情的拥护者也承认，在其组织形式上有必要进行彻底的改革。"在我看来"，道努说道，"(陪审制)与其说是一种特权，不如说是一种附带形式，它只是我们司法制度的一个重要部分，毫无疑问，陪审团的组织仍然还有缺陷，但对之加以改进而不是中止也许更有价值。宪法只限于承认它的存在，却不能阻止它的改进，这项工作，至少经过十年的试验和观察才启动，相较于这些漫长而可悲的例外和法案起草者向我们提出的这些情况而言，[2]这更配得上现在为我们起草法律的开明人士，更配得上他们的才华及其所信奉的原则的智慧"。

〔1〕 16 Pluviôse, "Arch, parl. ," pp. 301, 302; *cf. Delpierre*, 7 Pluviôse, p. 216.

〔2〕 7 Pluviôse, "Arch, parl. ," loc. cit. , p. 224; *cf. Chazal*, p. 204; *Garat*, p. 296.

第二编 462

法国1808年《重罪审理法典》

第一章 《刑法典》的起草

第一节 《刑法典》的起草·陪审团与《1670年法令》

帝国取代执政官并没有给上文所论的制度带来任何改变。只是一些名称被更换而已;刑事法院更名为“刑事司法法院”(Courts of Criminal Justice);隶属上诉法院的政府雇员改称为“检察长”。隶属于其他法院的政府雇员则被称为“帝国律师”(imperial attorneys)。检察官则保留了旧时的头衔。[1] 只成立了一个新机构——帝国高等法院(Imperial High Court),该法院根据《共和十二年花月元老院法令》(Senatus-Consultum of 28th Floréal in the year Ⅻ)(第101条至第133条)组建而来。但自那时起,刑

[1] 代理人是法兰西共和九年第七个雨月法律创设的,但在刑法典起草时(草案中)仍被称作治安法官。

事法律的重塑便已在准备之中。这是必然之事,而且注定会在彼时法国将修订的几部新法典中占据重要地位。《刑法典》自 1791 年才开始修订,法典实践已经暴露出诸多缺陷。另外,刑事程序已经被共和九年(1800 年 9 月 23 日~1801 年 9 月 22 日。——中译者注)颁布的多部法律彻底改变;《犯罪与刑罚法典》需要全面重塑。最重要的是,有关陪审团组建的规则必须要修改完善。[1]

463 准备工作在共和九年就开启了;同年芽月七日(1801 年 3 月 28 日。——中译者注)颁布的执政官政令认命了一个由维拉德(vieillard)、塔格特(Target)、奥达特(Oudart)、特雷哈德(Treilhard)以及布隆代尔(Blondel)等人组成的委员会,该委员会的职责是起草《刑法典》,并在司法部大法官议会(Grand Judge Minister of Justice)中会晤,同年获月相关工作准备就绪。

该委员会确实草拟了一个囊括刑法和刑事程序,并含 1169 个条文的庞大计划。第二部分专注刑事程序,也正是我们感兴趣的部分,委员会对大部分条文作了细致修改,但保留了彼时生效但仍现存的制度及组织。委员会并不想要废除陪审团审判:1791 年 9 月 16 日的法律为我们引入了陪审团审判,如果立法机构并没有被诸如革命式暴力、旧习之阻力等拽向相反的方向,此举将是 18 世纪最伟大的成果之一。陪审团审判掌握在最适格且明智的那部分公民手中,它从来都不是压迫性的,也不是无政府主义的。奥达特在前述草案第二部分的评注中如此写道。[2]

(草案)建议创设名为“保民官”的治安法官,该职应当相继

〔1〕 另外,法国大革命期间陪审团组建发生了巨大改变。1791 年法律创设的包括选民在内的普通陪审团名单,遭到来自选举法所作修改的重创;之后相继被《共和二年雪月二日的法律》、《共和八年芽月六日的法律》、《共和十年热月十六的法律》、元老院决议等多部法律所修改。

〔2〕 “Projet de Code criminel”, p. xxxiv.

在多省之间主持巡回审判。[1] 他们受助于另一名治安法官或“裁判官”(proprætor),组建刑事法庭,“让正义统辖四方各地,把热情投向法律治理”。这是效仿英格兰制度的回潮;保民官只是英格兰的首席法官,且旨在给陪审团会议蒙上英格兰巡回法庭式的庄重感。裁判官承担原本由陪审团团长享有的职能。“根据现行法之规定,陪审团团长行使为期三到六个月的刑事职能,并在更能妥当履行该职能的情况下卸除职责;故此,被认为是最不胜 464
任的法官便被列入团长名单之中。在我们的草案中,裁判官与其他法官一样是终身任命的,刑事司法行政副官和巡回法官亦如此。”[2]

陪审员遴选方式也发生了重要变革:“自共和二年的雪月(自1793年12月21日。——中译者注)始”,奥达特先生称,“特殊审判陪审员名单应当是30名,而由于有数千名居民,普通陪审员名单应当包含尽可能多的公民……根据这种划分,巴黎每三个月就要成立由665名陪审员组成的小组,一年则要召集2700~2800名普通以及特殊陪审员。由于法律规定应当立即召集大量公民,结果产生了越来越多的不当筛选,而政府却无法让任何人证明其实施了本质恶劣的行为”。书记官们撰列这些名单时所面临的顾虑几乎无处不在,他们索性复制人口登记记录。职业窃贼、已故之人、长期离居之人、罹患不治疾病之人,以及不能读写的文盲都被登记造册。因此,要尽力获得一个更好的选择,最重要的是要求陪审员具备某项统计资格。自此,4份式名单在法庭上必须要面临

〔1〕《共和八年风月九日的法律》对此作出正式规定:“自本法起,首位执政官(First Consul)从每个省(departments)上诉法院法官中选出,并指派他们到刑事法院担任为期一年的主事。”“Observations”,*M. Oudart*,p. xxxviii.

〔2〕“Observations”,*Locré*,Vol. XXV,p. 17.

质疑。奥达特先生写道："我们最后可以把在法庭上提出挑战的宝贵权利——一种在英格兰履行的具有宗教意义的仪式，交由当事人行使。"[1]草案曾经试图简化向陪审团提问的制度，但第869、870条对此则允许陪审员自行讨论，也允许陪审员与法官召开会议，此举带来严重缺陷。最后，草案建议审判陪审员裁决遵循英格兰法的全体一致规则。这个制度本身就不合逻辑，也很难被法国理念所接受，我们从来不认可其能够用于出罪；就定罪而言，1791年的法律以及共和四年的法律均要求10/12的投票比例；共和五年果月十九日(1797年9月5日。——中译者注)的法律以及共和六年霜月十八日(1797年12月8日。——中译者注)的法律原则上均要求全体一致表决，但当经过一整天的徒劳也无法获得一致投票时，投票的分歧采有利于被告(的认定)，而就定罪而言，简单多数就足够了。草案(第864条)规定无罪表决要与有罪表决一样遵循全体一致规则，并且没有对陪审团评议规定时间限
465 制。[2] 我们很快将再次提起这部初版草案的多个重要特征。我们分析了一些条款后发现，委员会成员所建议的改革原则借鉴自英格兰，而非早期法国立法。

然而，向过去回潮的趋势出现了，这一趋势非常强有力并且在持续增强。国家厌倦了政治自由，而统治机关——最主要是治安法官，将懊悔的目光转向法令中的刑事程序。在他们看来，陪审团是一个野蛮且危险的机构。他们无法理解，为何易逝的口头证言应当优于永久的书面记录、无知应当强于知识、犹豫不决应当胜过经验和对义务的专业见解。评价一个果实不需要考虑结出它的树木吗？不需要回到旧程序吗？——当然并非回归到那

〔1〕 *Locré*, vol. XXV, p. 25.

〔2〕 *M. Oudart*(*Locré*, vol. XXV, pp. 41, 42.).

已被《1670年法令》规定的隐秘又无情的旧程序，而是回归到如那被1789年第一次改革洗涤的程序。很多人对此发表了见解，但功劳并不归于他们。正是他们在开启草拟刑法典的大调查中声音最洪亮。

第二节 最高法院与上诉法院的"观察意见"

确实有令开展一项广泛调查，旨在收集裁判庭对委员工作的观察意见。最高法院与大法官、上诉法院与刑事法院依次表达了各自意见。最高法院与大法官被要求以郑重的方式表达见解。由于要在共和十年风月五日（1802年2月24日。——中译者注）作出裁决，[1]最高法院必须在每年的果月（8月18日~9月16日，或8月19日~9月17日。——中译者注）派出12人的代表团去会见执政官、国家议会以及部长，指出本年实践中表现出来的缺陷，并提出符合法律要求的改革与完善。在该会议上，司法部长要阐释其对相同主题所作的观察意见。如今，在共和十一年的第三个补充日（1803年9月20日。——中译者注），与前述方式一样，首席部长穆拉雷先生[2]就陪审团制度所遭非难发表见解。"违反公共道德、危 466
害社会的严重犯罪逃脱处罚这一悲惨后果几乎招致如下质疑：尽管陪审团制度理论上如此精妙，但如今其危害比效益更严重。很快第二个质疑接踵而来，即当下有必要借助经验调查制宪会议所

〔1〕 *Sirey*, "Lois ammotées", I. p. 572.

〔2〕 还有Muraire，以及包括Maleville, Cochard, Lassaussade, Bailly, Zangiacomi, Cassaigne, Brillat-Savarin, Baris, Schwendt, Minier, Lachèse以及政府代表Merlin等人在内的代表团。

做的决定，但在某种程度上是推测性的；或许可以考察一下，在一个既没有阶级歧视也没有封建制度和特权的国家，陪审团制度是否能带来真正的益处；陪审团制度是否可以与国民性格完美适应；陪审团制度是否可以与一些人过于不寻常的慷慨与放纵情绪，另一些人过于不寻常的怯懦与草率情绪适当地联系起来，这总会让人怜悯那些不坚持惯于尝试的人，那些只顾及眼前要抗争的、社会在其眼中只是抽象无形物的人。"[1]

大法官支持上述观点，并认为："根据精确报告，主题的复杂性、讨论的敏锐性以及无知与厌倦一直困扰并时常压制着由男性陌生人组成的以履行审判为职责的陪审团，考虑到这一点，并出于对审判结果的关心，许多睿智的学者和开明的治安法官曾认为，仅仅保留大陪审团很可能更合适，竭力修补促使陪审员作出最佳判断的必要路径。在这个体制中，我们要求法院既要开展程序调查，还要对已被宣告有罪之人作出判决；我们既维持调查的公开性，也允许被告与其律师的文件交流；我们还赋予他们就指控事实作出答辩以及提出正当性答辩的必要自由。阶级歧视的不平等已经被废除，没有理由再恐惧某个阶层或某个法令（带来）的偏见或者压迫。法官和陪审员一样是被告的真正同侪，此外他们还拥有陪审团没有的研究、知识和办案经验。"[2]然而，大法官却并不敢倡导废除陪审团。"尽管我们经历过失败，但正如许多
467 其他人一样，陪审团程序的支持者们并不认为该制度不能适应法国；支持者们不管如何表达，仍坚持认为陪审团制度与国民的天赋与性格非常兼容，并认为如果该制度在当前遭遇障碍，必定主要归因于法国大革命带来的无数异议，而这些异议一定会随时间

〔1〕 "Projet de Code criminel", p. 192; *Locré*, vol. I, p. 207.

〔2〕 "Projet de Code criminel", p. 212.

转瞬消失，除了很难克服的微小障碍仍将存在之外，陪审团制度的发展与成功将不会再遭到阻碍。现在！不要拒绝一个额外的审判，第三次试验在支持者与反对者中做决定吧。”[1]

上诉法院的观察意见非常有趣。[2] 艾克斯、亚眠、布尔日、科尔马、杜艾、梅茨、南希、尼姆、奥尔良、波城、里奥姆、都灵等地12个法院提出了反对陪审团程序的决议；5个法院并没有对这个重要的问题给出意见；波尔多、布鲁塞尔、特鲁维斯等地法院仅就计划提供了观察意见的细节；阿雅克西奥和蒙彼利埃两地法院提交了模糊的谴责意见。[3] 上诉法院对陪审团制度充满敌意，比最高法院和大法官更果断地明确要求抵制；然而，有些法院则谨慎地表达意见：“大法官意见不明确地建议陪审团制度中的第三次试验。该权宜之计无疑是好的，但是本院却从中看到严重缺陷，既加剧了对陪审团的滥用，又阻滞了刑事程序的最后改革。”[4]梅斯（Metz）却主张当前要废除大陪审团：“大陪审员依然比审判陪审员面临更多的恳求与引诱，因为他们更易于被当事人双方接触。”[5]奥尔良主张要废除审判陪审团，但是一项制度并不能绝对消除那些“并未足够普遍地显现出来，更重要的是尚未足够普遍地被认识到的缺陷。”[6]但是大多数法院均持赞同主张：“任何拥有智力与经验的人都会反对陪审团。一个新实验有什么好处呢？没有什么比无用又危险的实验更能给权威机构招 468

〔1〕 大陪审团被称为“第三次试验”，因为陪审团已经先后在1791年的法律与法兰西《雾月法典》中被两度创建。

〔2〕 “Observations des cours d'appel sur le projet de Code criminel”, Paris, year XIII, 2 volumes. Imprimerie impériale.

〔3〕 Ajaccio, “Observ.”, p. 1; Montpellier, p. 2.

〔4〕 Amiens, “Observ.”, p. 2.

〔5〕 Metz, “Observ.”, p. 21.

〔6〕 Orléans, p. 16; *cf.* Aix, p. 2; Colmar, p. 4.

致蔑视的了。”[1]——“反对陪审团制度是一个几乎普遍的呼声,本法院中的多数人均对此持公开意见。”[2]——“人们已经普遍感知并广泛认识到陪审团制度的缺陷,刑事程序的最佳形式是把权力交给普通法院。”[3]——“陪审团制度并不适合法国;开展这项新试验将是危险的。”[4]——“经验表明,陪审团程序给犯罪提供太多有利机会了。”[5]——“这个在实践中如此精巧而有诱惑力的投机行为最初带来的除了最坏结果之外毫无益处。”[6]——“在我们看来,尝试新试验的时刻还没有到来,当我们的后代已将法国的诸多革命仅作为历史事实的时候,有必要把这个新试验保留给这个幸福时刻。”[7]然而,这些法院对陪审团提出的反对意见在 1791 年那场争论中就已经被提出来过,并且每当争论再起,这些反对意见总会被重提:陪审员们的无知与无经验、他们的忧虑、犹豫与冲动;公民对成为陪审员的反感以及编制陪审员名单的难度;书面程序的优先价值与陪审团相悖,书面程序对辩方的优势甚至也被提了出来;前述所有观点均被提出过。还有人指出,陪审团的其中一个特征与治安法官相抵触,即用一个持续更新和不断变动的机构来建立传统与稳定的实践。[8]

这是英格兰在法国宣传陪审团制度的例子;英格兰程序是 1791 年的法律编纂者们所参照的模范,在重要改革中也被新法案

[1] Bourges, p. 3.

[2] Douai, p. 22.

[3] Nancy, p. 6.

[4] Nîmes, p. 9.

[5] Pau, p. 16.

[6] Riom, p. 11.

[7] Turin, p. 3.

[8] Bourges, p. 4:“陪审团最大的缺陷是他们总是由一群不同的人组成。在这个意义上,这个抛弃经验之光的奇怪制度是什么呢?”

的起草者们借鉴。有些法院指出,这一切只是一种对模仿的狂热,这种狂热让人烦恼;该观点在那时可能受到强烈的赞同。英格兰已经成为法国的宿敌,自 1789 年起两国便争端不断。“我们并不羡慕英格兰的经验、习惯以及他们对本国法律的热情;我们 469
反对在我们所处时代最伟大的治安法官之一对经验和意见的口若悬河,[1]这样的人我们还可以找到无数个。”[2]——“英格兰有陪审团,法国也必须要有陪审团;英格兰有大陪审团,法国也必须要有大陪审团。但是英格兰人比我们更智慧、得到更好治理,或者比我们更幸福吗?如果这些制度在法国并不存在,原因定是因为它们已经陈腐。”[3]“让被政府压迫的英格兰人在幻想中自我麻痹吧;法国人渴望自由的制度和那些能够满足他们要求的制度;无数经验表明,希望被移植到法国的英格兰制度都没有在法国本土繁荣发展,更遑论英格兰的治安法官。”[4]——“陪审团审判从英格兰移植到法国,但却清晰地表明,法国特征并不适合该制度,而且我国路径与其不同……那么就让英格兰人和我们各走各路吧。”[5]“英格兰人用暗杀和瘟疫(祸患)击退敌人,这个敌人被迫违反两国有效签署的正式条约,英格兰有关罪刑的变动图景并不能诱使我们适用他们的刑事程序制度。陪审团并没有让英格兰人变更好;回想旅人们告诉我们的,英格兰的窃贼,尤其是高速路上的窃贼,比欧洲任何国家都常见且更有组织性。”[6]

如果我们跟随英格兰的脚步走错了路,那么必须要重提国家

〔1〕 *Séguier*,在其 1786 年演说中对此作出分析。

〔2〕 Aix, pp. 10, 11.

〔3〕 Bourges, p. 5.

〔4〕 Douai, p. 25.

〔5〕 Nancy, p, 5.

〔6〕 Nîmes, p. 7.

传统;有必要回到国家传统被抛弃的地方。几乎如 1789 年所作改革那般,上诉法院把视线转向《1670 年法令》。“我们坚定无疑地认为,《1670 年法令》,后经《1789 年法令》修改,为安全规定了更多的保障措施与真实事由……(之后)被修改的《1670 年法令》规定,被告有权获得律师的帮助以及公开的审判,对此我们毫不迟疑地重申这一点:这很可能是近乎完美的。”[1]——“刑事法院遭到很多批评,尽管在《1670 年法令》之后的 120 年内它们带来的损害要比陪审团创建后较短时间内造成的损害少一些。”[2]——“《1670 年法令》创设的程序遭到如下主要异议:缺乏公开性以及
470 被告缺少抗辩能力。无论这些不足被认为如何严重,多年经验表明,仍可以如此轻而易举地予以弥补。制宪会议宣布改革上述弊端;此外,制宪会议还赋予被告申请一名或两名法官无因回避的权利……我国法已是至今现存最完善的,很轻易便可为其提供有价值的改善,为何还要在我们的邻居中找寻一个看似触手可及却又常常消失不见的易逝完善(举措)呢?”[3]“毫无疑问,不可否认,作为路易十四时期最著名法学家的思想成果,《1670 年法令》的刑事立法在很多方面并不完善,而且,尽管其因存在一些缺陷而遭到批判,但在所有人类杰作中,该法令在某种程度上自始便表现出对人性的敬意。”[4]——“《1670 年法令》创设的程序受到如下两方面的公允批判:其一,调查是秘密的;其二,被告没有获得律师帮助。大革命后的制度并没有改变这些有缺陷的规则,却适用了一个与我们的习惯毫无关联的制度。”[5]

〔1〕 Aix, pp. 2 and 12.

〔2〕 Bourges, p. 3.

〔3〕 Metz, p. 17.

〔4〕 Orléans, p. 16.

〔5〕 Pau, p. 107.

最后,南锡法院略述了法国程序的广泛特征。该郡(arrondissement)法院至少拥有5名法官,受理可能判处残忍且有辱人格处罚的所有罪刑的初审;雨月法律创设的治安法官得以保留。隶属于每个普通法院的专员(commissioner)行使原属刑事司法行政副官的职权;该专员听取被告与证人的陈述并将其制作成笔录,但要在一名本院法官的帮助之下进行。之后便是检察官的羁押申请和由整个法庭主导的调查程序,用来决定是否存在指控的诉因。"证人没有被以书面方式听审的,应当由对方在会议室中适用上述程序予以确认并对质,法官行使刑事司法行政副官的职能,在起诉程序中协助专员的法官、获得律师帮助的被告以及治安法官均在场……这个阶段的程序调查并不允许公众在场。证 471
人由于先前已经对质过,可以豁免出席听证会……治安法官行使检察官的职权;书记员(reporter)受指派宣读所有文件,被告由其正式律师代理,程序所涉所有案卷均已提前披露给律师。报告与判决都是公开的;上诉属权利问题。"[1]这是书面程序的复苏。然而,一些谴责陪审团的法院却要求保留口头和公开程序:"调查程序和判决程序要保持口头性和公开性;由庭长来监督审判,让法官像审判陪审团一样秘密评议,且庭长回避……让法官像陪审团一样公开宣布意见,并不对除他们个人定罪情况之外的任何说明,让庭长加入法官们,作为一个法庭,参与应对有罪一方判处何种刑罚的评议。"[2]

那些支持建立陪审团程序的法院意见如何呢?它们回顾了陪审团制度的早期时光及其真正裨益;指出,暂时的失败仅仅是由于环境和组织上的缺陷:"不要用在特定环境之下、针对某些人

[1] Nancy, pp. 10 and 11.
[2] Colmar, p. 5.

有益的(因素)来影响一般性立法……建立特别法院还没有实现这个目标吗?它们足以应对我们所说的特别案件。只要社会利益需要就保留它们吧,向上天祈祷希望今后不再有这种激进的改革方式,让我们和子孙后代的幸福所仰赖的普通制度保持纯洁"[1]"这个改良性制度,与其受到批判的缺陷无关,是困境与政治冲突时代的后果,它仍然可以适合于我们的现有方式,且随着思维冷静下来并因受到良好治理而自我鼓励而深深地扎根。"[2]——"人类对陪审团制度期待已久,它彰显了我们现代立法的早期成果,法国在这个时代只有一个愿望,即对良制与良法的期待。人们也广泛认可了这项刑事哲学的新制度,并普遍感受
472 到其益处。但是不久,从真实视角观之,这个完美的平衡就被打破了;各方观点被党派之见(party spirit)所占据;人们毫不迟疑地去找寻曾经是益处的弊端;不仅如此,他们试图批判陪审团制度,为摧毁它无所不用其极。在诞生于法国大革命的最佳制度被毁灭之后,人们将发现,陪审团程序不被信任的真正原因在于党派之见。"[3]治安法院在这个时代使用如此尖锐的措辞需要一定的勇气。

第三节 刑事法院的"观察意见"

25个刑事法院提出的观察意见也通过政府命令公布出

[1] Agen, p. 4.
[2] Angers, p. 7.
[3] Caen, p. 2; *cf.* Toulouse, p. 3.

来,[1]我们认为它们可作如下归类。较多法院——23个,只对细节问题提出意见,既未明确支持草案法典所保留的陪审团,亦不反对;[2]26个法院明确反对陪审团制度,[3]一些则声音微弱地表示赞同;26个法院要求维持该制度。[4]

还有许多观点要求回到没有陪审团参与的书面程序;所依理由同前文上诉法院观察意见所论,表述方式有时相当夸张。他们强调的主要是国民性格:"在所有的指引中,经验无疑是最佳的,但是当受制于经验的民众变得成熟时,他们考虑的主要是自己的而非外国民众的经验;本土经验表明,《1670年法令》给良序提供 473
了一个比陪审团和治安法官制度更完善的安全保障以及更切实的安全事由。"[5]——"我们与英格兰在礼仪、习惯、国民性格上的差异何等之大!无需细致充分地考察这个主题……足以把莎士比亚戏剧以及英格兰其他悲剧作家同高乃依(Corneille),拉辛(Racine)和伏尔泰举例比较。简言之,尽管陪审团制度经历了诸多变革,但我国的失败经历表明,其与国民习俗与性格不和,与促使法国人心向怜悯的宽容感和天生同情感相违背。"[6]——"剧

[1] "Observations des tribunaux criminels sur le projet de Code criminel," 6 vols. Imprim. impériale, year XII.

[2] 下列各省的刑事法院: Aisne, Basses-Alpes, Hautes-Alpes, Alpes-Maritimes, Aube, Charente-Inférieure, Corrèze, Gers, Gironde, Léman, Jemmapes, Indre-et-Loire, Loire-Inférieure, Meuse, Montblane, Morbihan, Oise, Pas-de-Calais, Pô-et-Doire, Rhin-et-Moselle, Sarthe, Yonne。

[3] Ain, Allier, Ardèche, Ariège, Aude, Aveyron, Bouches-du-Rhône, Dyle, Doubs, Dordogne, Haute-Garonne, Forêts, Eure-et-Loir, Hérault, Isère, Lot, Meurthe, Lys, Lozère, Orne, Basses-Pyrénées, Var, Vaucluse, Haute-Vienne.

[4] Cantal, Excaut, Gard, Indre, Indre-et-Loire(只有总检察长), Haute-Loire, Loire, Marne, Manehe, Maine-et-Loire, Lot-et-Garonne, Moselle, Nièvre, Puy-de-Dôme, Hautes-Pyréngées, Pyrédnées-Orien-tales, Bas-Rhin, Haut-Rhin, Roer, Saône-et-Loire, Sarre, Seine-et-Oise, Stura-et-Tanaro, Vosges.

[5] Ariège, vol. I, p. 1.

[6] Aveyron, vol. I, pp. 15, 16.

院中的英格兰人只关心鬼怪、疯人、可怖的罪犯、频发的谋杀；他举行斗兽表演，或许会为角斗士感到遗憾；谁晓得他不是为了观赏一个等待死亡的罪犯良心挣扎的愉悦而履行陪审职责呢？相反，法国人的感知比较脆弱；对于任何可能不适地触动其感知的东西，他都急切地逃避；他怎会觉得挥舞血淋淋的正义之剑赏心悦目呢？"[1]——"法兰西帝国位于欧洲的中心，而欧洲只存在没有陪审团的法庭。法国大革命只是拓展并强化了国民性格，并没有改变它。法国人永远不会抛弃他们固有的性格：勇敢、雄辩、睿智、轻佻。陪审团制度与英格兰宪法相似的原因很可能在于，他们只以宪法为基础建立了陪审团制度。这是对君主特权、阶级分化、特权以及他们希望保留的封建制度的关键制衡。同理，在三阶（three orders）与封建制度被废除之前，陪审团是必要的，但在法国却很可能毫无用途，因为法律面前人人平等。"[2]"我们联合起来一致要求废除陪审团制度，并对曾经拯救法国的天才及其请教过的所有慷慨而明智的公民们说，曾经，公民自由本应允许陪
474 审团制度在我国的运行，但如今我们已经来到了另一个时代：因同样的公民自由之利益要废除陪审团。"[3]——"我们认为，陪审团制度是英格兰人送给我们的最不愿接受的礼物，而且该制度不仅带来失败经验，而且有悖明理哲学（sound philosophy）的多项原则。"[4]

支持陪审团制度的法院态度总是不够坚定；最常见的是，他

〔1〕 Doubs, vol. II, pp. 7, 8.

〔2〕 Bouches-du-Rhône, vol. I, p. 75; *cf.* Dordogne, vol. II, p. 25; Eure-et-Loir, vol. II, pp. 9, 10; Haute-Garonne, vol. II, p. 41.

〔3〕 Nord, vol. V, pp. 6, 7.

〔4〕 Vaucluse, vol. VI, p. 9.

们抓住大法官所表述的观点,即有必要对此开展新的试验。[1]然而,一些法院则大胆地指出:“尽管陪审团审判有让其黯然失色的污名、让其受损的缺陷,但对我们而言,它仍然是法国人从政治革新中获得的最好且最自由的制度。”[2]——“陪审团制度仍然存在一些诋毁者。他们尤其常常从制度缺陷入手来评判陪审团制度,而不是通过集聚该制度所能实现的益处来评判。如果我们考察陪审团自创设以来的司法记录,我们找不到一个无辜者被定罪的例子。诚然,有罪之人经常逃脱处罚,但是一百个有罪之人逃脱法律制裁比一个无辜者遭到惩罚更坏吗?另外,考察旧刑事立法的编年史,无辜者以法律之名遭到迫害的数量如此众多!仍然远远高于未被判处刑罚的罪犯的人数!这种比较足以让人对陪审团制度的智慧产生敬意,也会让人因保留陪审团的必要性而信服。曼恩-卢瓦尔刑事法院合并了共和九年雨月十八日(1801年2月7日。——中译者注)与共和十年花月二十五日(1802年5月15日。——中译者注)(设立的)两个特别法庭。对于陪审团制度或仅由法官审理事实与法律这两种路径究竟哪个更适宜这个问题,该院曾经并且依然很容易评判。它坚定地适用刑法典草案并且保留陪审团制度。”[3]——“我们可以想象民众必须全部由哲学家和法学家组成吗?我们要寻找拥有亚略巴古(Areopagus)那般智慧的陪审团吗?没有人心智足够成熟到可以满足挑剔之人的 475
要求。我们到处都能发现一些哲学家和许多乌合之众。在这两类极端之间,大多数人都是理智的、单纯诚实之人……据称,我们

〔1〕 常常能发现如下表述:“治安法官已经做出支持保留陪审团的意见,出于对其智慧的尊重,我们表示赞同。”(Sarre, vol. VI, p. 6.)

〔2〕 Loire, vol. III, p. 2.

〔3〕 Maine-et-Loire, vol. IV, pp. 22, 23.

并不如古人；我们甚至还不如英格兰人；对此我并不清楚……这并不能判断这个问题。陪审员的功能是裁决被告对被指控的罪行是否有罪。那么，解决这个问题需要什么品质呢？必须要关注证据，要有充分的智力理解它，还要有善意地表达出其通过证据所得印象的足够正洁。说法国人并不配适用陪审团制度，是说他们不够专注，缺少一定的智识与忠诚。”[1]——“在没有表明对陪审团审判的强烈愿望的情况下，我们不能得出结论。我们完全相信它是公民自由的守护神……我们完全认识到有必要为无辜的被告提供最完善的保障。唯一的恶并非来自陪审团制度自身，而是源自有缺陷的陪审团组织。”[2]——“废除陪审团，把认定被告名誉与性命的职责重新且终身分配给一些法学家，我甚至认为应从最正直英明的人中选出这些法学家，并且他们不久就会明确强烈地认为，我们称为有罪的内在良心这一表达是有缺陷的。他们会求助于（我们必须相信这一点，因为大多数律师以及许多法官现在都如此认为）与证据相关的古老法律规则……如不这么做，他们将更经常出错，而且会以比陪审团更让人遗憾的方式出错。”[3]

必须要指出，观察意见在任何时候都不总是绝对的。有人坚持保留审判陪审团但要求废除大陪审团；相反，另外一些人则只希望保留大陪审团。“经验表明，大陪审团是陪审团制度中最为重要的部分。大陪审团是刑事庇护所的大门；如果它正像如今所遭受的那般经常受到妨碍，那么必须一并废除它，一个只有弊端

〔1〕 Manehe, vol. IV, pp. 56, 57.

〔2〕 Pyrédnées-Orientales, vol. IV, p. 13.

〔3〕 Sambre-et-Meuse, vol. VI, pp. 18, 19.

而没有益处的制度应当被摒弃。"[1]——"有研究表明,民众被传召来行使这些骇人的职责,但却从来没有彻底地理解陪审团制度的目标。他们无法理解自己并不是被诉罪行的法官,这个职责由其他陪审员承担。"[2]——"我认为,大陪审团制度是无用的,甚至带来了消极后果。我并不想受到要利用攻击一个已经创设的制度来实现改革这样的指责,我敢说,主张设立新刑事程序体系的立法成员们并未对模仿的内核保持充分的警惕,而这已然导致那些在英格兰体系中得到良好适用但却无法与本土兼容的程序被引入(立法成员们的)计划之中。"[3]——"大陪审团并不是我们观察的主题。该制度自身缺少关键要素。陪审员不再审查判断口头证言;他们在某种程度上成为书面诉讼的法官(judges of the written action)。"[4]——反对观点认为:"洛特省刑事法院的成员们认为,借助陪审员作出更好选择,只有大陪审团应当被保留,并且剩下的调查和判决都应当向法院披露。"[5]——"我们并不认为,大陪审团会像审判陪审团那样给社会带来诸多危险。经验已经表明,相较于定罪,陪审员更愿意决定起诉……该制度的适用可以在保留陪审团制度的意见与全部废除的意见之间达成折中。"[6]——"大法官在其报告中探讨了陪审团组成,似乎还希望废除该制度。在第214、215页,这个事实似乎明显与仅仅保留大陪审团的观点更相关,这是个明智的见解,如果大陪审团制度被妥善贯彻,这将很有可能是解决所有制度难题的最佳方 476

〔1〕 Aisne, vol. I, p. 8.

〔2〕 Loir-et-Cher, vol. III, p. 24.

〔3〕 Manehe, vol. IV, p. 13.

〔4〕 Eure-et-Loir, vol. II, p. 8.

〔5〕 Lot, vol. IV, p. 12.

〔6〕 Orne, vol. V, pp. 8, 9.

式。"[1]可能会有人问起,那些希望保留大陪审团的人是否只是真诚地相信,该制度可以在丧失环境支持的情况下长期存在。我们认为,把调查的主要数据记录下来很重要;奇怪的是,一边是感知到预言然后指出来,而另一边,时间如今已经给出了解答。[2]

477 ## 第四节 陪审团与公法学家

除了官方调查之外,还有另外一项向所有被召集的成员公开进行的调查;这些调查由成员们依托书籍和文献自主展开。所有论者都集中在与陪审团有关的重大问题上;学会像以前一样,针对刑事立法问题设立奖项。[3] 支持和反对陪审团的文献数量大增。[4] 但远远没有那么光彩和愉快,却让人隐约地回想起引领法国大革命的那些思想的涌动。我们已经来到幻灭的时代;怀疑论精神取代了早期的慷慨;双方阵营均不再援引本性的呼声,而是转向经验的教训。我们来说说勃艮第(Bourguignon)先生和加奇(Gach)先生吧,他们的著作后来引起关注。在共和十年,学会

〔1〕 Basses-Pyrédnées, vol. V, p. 15.

〔2〕 我们可以认为,大多数刑事法院支持保留陪审团。我们甚至可以认为下述观点是正确的:那些没有表态的法庭遵从了似乎来自大法官和最高法院的建议。

〔3〕 "Mémoire qui a remporté le prix en l'an X sur cette question proposée par l'Institut national: Quels sont les moyens de perfectionner en France l'institution du jury," by Bourguignon (Paris, year X). –"Moyens de perfectionner le jury," *by F. Canard*, crowned work (Moulins 1802).

〔4〕 参见 *Bourguignon*, "Deuxième et troisième mémoire sur le jury." – "De l'excellence de l'institution du jury et du système des lois pénales adoptées par l'Assemblée constituante," *by Porcher* (Orléans 1804). –"Des vices de l'institution du jury en France," by *M. Gach* (Paris 1804). –"Résultat de l'expérience contre le jury français," by M... (Paris 1808). –*Cf.* "Développement des lois criminelles par La comparaison de plusieurs législations anciennes et modernes," by *Scipion Bexon* (Paris year X).

提出一个竞赛题目,“在法国完善陪审团制度的方法是什么?”这明确显示,保留陪审团程序是毫无疑问的,而获奖的勃艮第先生在其请愿书开篇亦如此认为。“这个主题的重要性见证了陪审团制度的创建者们的伟大智慧,见证了政府普遍而自由的意愿,表示了改善陪审团制度最坚定的意愿。”〔1〕

这一请愿书为陪审团制度积极地辩护。作者一开始将法国现有陪审团与雅典、罗马和英格兰的陪审团作了一个简要比较。“经验教训比抽象理论更有价值。”〔2〕作者之后研究了决定编制陪审员名单的原则,认为只允许具有一定数量财产的公民成为陪审员,并且陪审员是被选择的,而不是抽签决定的。作者进一步 478
认为,“经验表明,比起将名单组成披露给治安法官所带来的危险,将其披露给行政官员更加不利……然而,行政机构和司法机构在陪审团选择上可以达成一致意见。”〔3〕他主张改变回避(陪审团决议)的方法,〔4〕简单多数的表决就足以定罪。“的确如此,”他写道,“根据我们古老的刑事法律,有两票即可判处最严重的刑罚。这个诡异条款适用的目的无疑是用作对法典受其影响的野蛮方式的纠正与缓解;但这并不是完善陪审团的方法。”〔5〕对于如何向陪审团展示应提出的问题,作者作出了非常睿智的观

〔1〕 “Deuxième et troisième mémoire sur le jury,”p. 2. 作者增加了一条注释:“委员会依政府令创建,由拥有至上美德的治安法官组成,他们被专门雇来准备关于这一重要主题的法案。”

〔2〕 “Deuxième et troisième mémoire sur le jury,”p. 7.

〔3〕 “Deuxième et troisième mémoire sur le jury”,p. 34.

〔4〕 Ibid. ,p. 42.

〔5〕 Ibid. ,p. 90.

察,其中一些至今仍然有益。[1] 所有这些观点以及该书提出的其他观点,都颇有创见,并且能为立法者提出用来反思的有趣主题。

加奇先生的论著似乎给同时代论者留下相当引人注目的印象;在议会讨论中,他的论著也被频繁引用。它猛烈抨击了陪审团制度,"这位法国大革命的长子,18 世纪对先前几个世纪的智慧的辉煌征服;"[2]但是,这一文献实际上并无创见,只是重复地提出那些我们经常听到的抱怨,以及那些我们应该经常听到的抱怨;国民性格中的轻率,陪审员们的无知。加奇先生写道,"从陪审团制度自身考察,它是人类的最好构想之一;但是经验教导我们,在公民与政治立法问题上要质疑那些最精妙的理论,我证明,陪审团制度只是一个我们无法实现的哲学美梦。在其他方面,法
479 国土壤上硕果累累,有诸多杰出的值得尊敬的人才和伟绩,但这片土壤永远不会培养出好的陪审员;障碍在于品格、习惯、堕落,甚至国民品德。你想从古代和现代国家的例子中借鉴什么优点呢?罗马或雅典的法庭与法国陪审团存在任何相似之处吗?希腊罗马人的习惯及其所处的时代与我们有什么相同点呢?英格兰人的例子微不足道;欧洲除了我国之外没有任何国家在这一点上效仿英格兰人;认为在这个问题上只有英格兰比欧洲其他国家都深思熟虑,也是不合理的。"作者还写道:"大多数陪审员都是来自除行政职员之外各个阶层的公民,这些陪审员恰恰总是缺少智识。可以断言,欧洲最有才智最优雅最和蔼的国家很可能是最没

〔1〕 pp. 50-96:"第一种方式是发布《刑法典》的立法资料,应当包括如下内容:每项罪名的抽象与详细的定义,每项罪名的法律定义均列入每份起诉书中,以及让承担证据整合职责的治安法官向陪审团解释某个罪名特征如何适用于事实……我不禁发现,缺少对罪名的法律定义是我们《刑法典》的重要缺陷。"(p. 79)

〔2〕 *Gach*,"Des vices du jury en France".

有学问的……没有哪个国家的民众对法律与公共管理相关的一切事务一无所知。法国人惰于学习、过于无知甚至感受不到教育的价值和必要性,他们普遍不阅读,不观察,不反思。”此外,准确考察了彼时所建陪审团的运作之后,这一论调才有所缓和。

然而,勃艮第又提笔撰写并发表了两篇关于陪审团的请愿书。第二篇[1]的主题是回应对诞生于裁判庭的审判陪审团的抨击。“我听说,杰出的法律专家和治安法官质疑该程序的优先性……他们称,该制度自在法国被审视起便失败了,这恰好证明,尽管该制度是好的,但却并不能适应我们的习惯。”[2]在第二篇请愿书中,作者驳斥了加奇先生的观点,并称,这位颇有才华的作者在其论著里堆砌了诸多批判观点并作出强有力的解释。[3] 在这两部作品里,这位勇敢而慷慨的治安法官并没有为这项争论增 480
加任何新内容,但他却热烈而明晰地罗列了保留陪审团的充足理由。然而,作者提供了一些更具价值的数据。在第二篇请愿书中,他比较了共和十年(1801 年 9 月 23 日~1802 年 9 月 22 日。——中译者注)、十一年(1802 年 9 月 23 日~1803 年 9 月 23 日。——中译者注)巴黎陪审团与特别法庭作出的裁判结果。788 名被告在陪审团前出席,其中 519 名被告被定罪,209 名被无罪释放。在特别法庭上,193 名被告到庭受审;其中 127 名被定罪,66 名被无罪释放。[4] 在第三篇请愿书中,他把信息补充完整。“在共和九年与十年,由陪审团审判的被告中,只有四分之一被无罪释放,尽管该

〔1〕 “Deuxième mémoire sur l'institution du jury,”公布于共和十三年雪月一日立法院的一般会议。

〔2〕 “Deuxième mémoire”, p. 3.

〔3〕 “Troisième mémoire sur le jury,” by *M. Bourguignon*, 帝国高等法院“座前”的一名治安法官在巴黎刑事司法法院任职(Paris 1808), p. 52。

〔4〕 “Deuxième mémoire”, pp. 70, 71.

法院在特别审判且没有陪审团的被告中,仅有多于三分之一被无罪释放。通过同一法院于共和十一、十二、十三、十四年及其后作出的判决的对比概要,已经显示出几乎相同的结果。”[1]

但我们那时完全认为,这个重要问题的解决取决于哪些人掌握着法国——这一疲惫且伤痕累累的国家的命运。勃艮第在第二篇中作出论述,他详细地援引了陪审团制度的著名信徒们以及反对者们。前者有:索伦(Solon)、伯利克里(Pericles)、亚里士多德(Aristotle)、德摩斯梯尼(Demosthenes)、利西阿斯(Lysias)、科尼利厄斯之子(the sons of Cornelius)、赛维利乌斯·凯皮欧(Servilius Cæpio)、普罗提乌斯(Plautius)、西尔瓦诺斯(Silvanus)、马吕斯(Marius)、塞拉(Sylla)、西塞罗(Cicero)、彭佩(Pompey)、恺撒(Cæsar);英格兰的艾尔弗雷德大帝(Alfred the Great),约翰一世(John Ⅰ)、亨利三世(Henry Ⅲ)、爱德华一世(Edward Ⅰ);后者有:三十僭主,英格兰的亨利四世、亨利七世、亨利八世、詹姆斯一世、查尔斯二世。[2] 在结尾,他援引了奥古斯都——一个丧失勇气与尊严的通俗典故:“奥古斯都用他的全能来平息宇宙,并为罗马人带来和平和安全;但不幸的是,他把这一切移交给一位用最可耻的方式摧毁这一切的继任者。后代们却没有权利因此而苛责他:恺撒,你自认为绝对权力摧毁了我们的制度,颠覆了我们祖先的建制;什么能替代伟大罗马的根基呢?权力法(lex regia),即绝对而专断的独裁……恺撒,你的短视让它(权力法)成为所有
481 暴政(tyranny)行为的始作俑者,他们(你的继任者们)用暴政玷污了帝国的历史。”[3]在第三篇请愿书的序言结尾处,作者向其

[1] “Troisième mémoire”, p. 92.
[2] “Deuxième mémoire”, pp. 59, 60.
[3] “Deuxième mémoire”, p. 60.

全能的造物主献上祷告:“当前围绕陪审团开展的论战式讨论将很快结束……我相信,这个改良式制度带来的益处并不会让决定帝国命运的天才巨人被遗忘,我认为,如果这篇最终论述无法消除一个反对秘密程序的社会里散布于不同阶层中的偏见,那么它无疑会毫无用处。”〔1〕

〔1〕 “Troisième mémoire”, preface, p. 2.

第二章 议会对陪审团的质疑

第一节 议会关于刑法典草案的第一次讨论·讨论工作的中断

刑法典草案和质询结果已经交予议会立法部门,该部门由比戈-普勒阿默纳(M. Bigot-Préameneu)主持,成员包括伯利尔(MM. Berlier)、加利、雷阿尔、西缅(Siméon)和特雷哈德。[1] 议会前期工作的首要重点是讨论刑法典,以前刑法典也称为《1670 年法令》,但直到共和十二年牧月二日(1804 年 5 月 21 日),该讨论工作才开始。首次会议的官方报告非常简短:"陛下,作为议会会议的主持人,授权立法部门在 15 日内提出刑法典草案内涉及的根本问题。"[2] 在牧月九日时,拿破仑重申了这个请

〔1〕 *Locré*, vol. Ⅰ, p. 205. 上诉法院的意见仅在第 12 年间进行汇总;意见所属日期一般在该年的芽月、花月、获月和热月。

〔2〕 *Locré*, vol. XXIV, p. 8.

求,他进一步声明强调,这个阶段的决定应当是非终局性的,“议会仍然可以随意改变他们的前期决议。”[1]他还决定,负责制定刑法典草案的委员们应当出席议会会议,而非立法部门的会议,因为这些人已经是立法部门会议的大多数成员。至此,一切准备就绪,讨论工作于共和十三年霜月二十九日(1804 年 12 月 20 日。——中译者注)正式开始。随后,讨论工作经历了一段较长的暂停期,直到 1808 年 1 月 23 日才重新恢复,该讨论工作直至立法机关宣告通过《重罪审理法典》结束。

导致议会讨论工作长期延迟的一个主要问题是:是选择保留 483
陪审团程序还是恢复旧时期法国的传统程序?事实上,自 1789 年起,刑事立法的相关讨论就经常涉及这个问题。司法警察、起诉、预审中也会遇到诸多难题,但《雨月法律》的颁布已经解决了这些问题。过渡时期的法律已经确立了这些我们提及的、审判管辖之前的程序的基本特征。

在共和十二年牧月十六日(1804 年 6 月 5 日。——中译者注)的会议上,应皇帝的命令,提出了一般原则问题的清单,这些问题中的前 8 个问题均与陪审团有关。[2] 由此,讨论工作开始了。尽管有很多人反对陪审团制度,但也有很多人支持,勒尼奥·圣让·昂格利(M. Regnaud de Saint-Jean d'Angély)甚至建议采取双重立场,主张建立两个相互竞争的委员会。[3] 西缅、杜普伊(Dupuy)、

〔1〕 Locré, vol. XXIV, p. 9.

〔2〕 以下是完整的问题清单:“1. 陪审团制度应该保留吗? 2. 应该设立大陪审团和审判陪审团吗? 3. 应当怎么任命陪审员? 从哪些人中选任? 他们由谁任命? 4. 如果有质疑,应当怎么办? 5. 审查应当是纯口头的还是应当是半口头、半书面的? 6. 每个问题都应该由陪审团决定吗,还是陪审团只决定被告人是否有罪这一个问题? 7. 陪审团的裁决是一致作出的,还是只需要一定的票数就可以? 8. 在某些地区的刑事法庭,法官是否有权进行巡回审判?” Locré, vol. XXIV, pp. 11, 12.

〔3〕 *Locré*, vol. XXIV, p. 22.

波塔利斯和比戈-普勒阿默纳为非主要发言人,他们在发言时主张回归旧式程序,对其进行修订以降低其严厉程度。在此之前,我们已经可以从上诉法院和刑事法院的意见中了解他们的观点:“自法国大革命开始,刑事程序经历了一些有实际意义的改革,包括在指控中引入负责监督预审法官的‘伴随公民’、公开控辩对抗的过程、为被告安排辩护人、向被告开示所有文件。‘追求最好’这种思维在法国大革命时期就已经给我们带来了很多损害,现在又导致了适用陪审团的提议。”〔1〕“程序和审判的公开性是个人自由的真正保障。在考虑公开性的前提下,具有职业审判职能、学
484 习过专业知识的人能比一般普通人审理得更好、更公正。”〔2〕——“我们可以从英国这个实施了陪审团制度的国家了解陪审团的实际效果,它已经是治安和个人安全情况最差的国家了。”〔3〕——“波塔利斯认为陪审团制度应当被废除……最好的法律顾问(英国)也没有对陪审团留下什么好印象。在英国,正是陪审团制度引起了很多混乱现象。”〔4〕——“民众普遍认可的新制度的唯一共同特征就是审查的公开性……被告和社会都不能在陪审团制度中获得足够的安全保障。”〔5〕

这些人的主张独特而绝对,其他人的发言虽然不这么直接,但也得出了相同的结论。“陪审团制度的缺点比优点多,但现在或许不应该突然对其予以限制,因为我们已经习惯了它的存在。”〔6〕议长虽然没有绝对否认陪审团制度,但也为书面程序辩

〔1〕 *M. Siméon*, *Locré*, vol. XXIV, pp. 3, 14.

〔2〕 *M. Siméon*, *Locré*, vol. XXIV, p. 21.

〔3〕 *M. Dupuy*, *Locré*, vol. XXIV, p. 29.

〔4〕 *Locré*, vol. XXIV, pp. 34-36.

〔5〕 *M. Bigot-Préameneu*, *Locré*, vol. XXIV, p. 40.

〔6〕 *M. Boulay*, *Locré*, vol. XXXIV, p. 22.

护："花费巨额资金去建立一个无迹可寻的程序，这太奢侈了……很显然，法律对治安法官和大陪审团负责人的审查影响甚微，更不要说能影响陪审团了。另外，我们看看书面程序是如何建立的。治安法官作出的审查可能成为对被告的指控，以及固定证据的证明力；虽然这些证据是非书面的，但被告人在该审查中的供词和证人证言的变化都记录在他们签署的正式报告中。"[1]康巴塞雷斯(Cambacérès)也是《1670年法令》的支持者，他说："我们应当可以借鉴一些《1670年法令》项下规定的一些条款内容……我们自然不应当恢复传统的禁止辩护人辩护、在讯问椅上进行讯问的规则；但是，可以重新确立证人可以纠正自己的错误、被告可以基于对证人作证能力的否认而质疑其立场的规则。只需经过一些调整，《1670年法令》中有关规定就可以为我们的新立法所
借鉴。"[2]然而，所有人都一致地反对法定证据制度。替代陪审 485
团的法官作出有罪裁判时，"依据的不再是传统的法定证明，而应当采用与陪审团作出裁决时同样的方法、同样的材料，并根据证据"。[3] 波塔利斯甚至试图证明，法定证据制度只在有利于被告人的情形下才可以适用："当两个证人就同一事实达成一致意见时，法定证据制度要求法官作出有罪判决，但这样的假设是错误的。该规制的适用应限制在，当没有两个或多个此类证人的情况下，法官不能定罪。"[4]

但是，依然有部分议员不愿意放弃法国大革命的原则，因为在某些情况下，革命的原则使他们脱离了阴暗和社会底层，使他

［1］ *Locré*, vol. XXIV, p. 27.

［2］ *Locré*, vol. XXXIV, p. 28.

［3］ *M. Siméon*, *Locré*, vol. XXXIV, p. 19.

［4］ *Locré*, vol. XXXIV, p. 53.

们享有荣誉和权力。这些有才干且善辩的人是陪审团制度的捍卫者：伯利尔、特雷哈德、德费蒙（Defermon）、克里特（Cretet）、贝伦格、弗罗科特（Frochot）和议长勒尼奥·圣让·昂格利（M. Regnaud de Saint-Jean d'Angély）均表示他们支持保留陪审团制度。他们强调陪审团的程序具有公平和保护性特征；他们首先证明，直至当时，陪审团制度都未能在法国国内稳定的情况下运行过："过于谨慎是创新和审判的敌人，如果我们一直生活在《1789 年法律》的统治之下，它会使我们停滞不前。即使我们已经开始了改变的步伐，过于谨慎也同样会妨碍我们获得预期进展。"[1]——"为什么英国人仍然如此热忱地守卫陪审团制度？这是因为，他们有理由相信：没有什么是比赋予少数人可以决定其他所有人的生死权更糟糕的了。"[2]——"今天，当立法机关可以采纳议会有才之士的建议、重新确立纯粹的陪审团制度，这个国家将见证一个惊喜，这个摆脱刑法典束缚的自由制度，将在众所周知的、拥有强烈自由主义情怀的领导人的带领下运作。"[3]——"尽管陪审团造成了几次无罪释放的丑闻，但是，这个国家应该坚持采行陪审团制度，因为它至少有一项优势，即从来不会将被告置于个人的怜悯情绪之中。"[4]——"只要陪审团
486 制度没有被否决，它就只会带来有利的结果"[5]——宫廷长官声称："总是听人们说，陪审团制度是法国大革命带来的主要益处之一，因为它是最为保障自由的制度之一。"[6]——勒尼奥·圣

〔1〕 *M. Berlier*, *Locré*, vol. XXIV, p. 25.

〔2〕 *M. Cretet*, *Locré*, vol. XXIV, p. 30.

〔3〕 *M. Treilhard*, *Locré*, vol. XXIV, p. 33.

〔4〕 *M. Frochot*, *Locré*, vol. XXIV, p. 44.

〔5〕 *M. Defermon*, *Locré*, vol. XXIV, p. 37.

〔6〕 *M. Defermon*, *Locré*, vol. XXIV, p. 44.

让·昂格利声称:“禁用陪审团制度会带来很多不便……在1789年至1791年,人们对《1670年法令》所确立的程序形式进行了许多修改的尝试,而陪审团制度是唯一被接纳的修改。当时的修改尝试是不容易的。随后,陪审团制度被确立并获得了广泛认可。”[1]

陪审团制度的捍卫者获得了胜利,特别是当他们指出,陪审团制度能够与民众所普遍认可的自由心证制度相一致:“法律没有明确要求刑事法官们将他们的道德判断置于法定证明之下,尽管法定证明或许经常占上风。”[2]——“要求法官们仅依据自己的意见和良心对案件事实作出裁判,这将赋予法官们过大的权力。若不重新确立法定证据制度,就不能要求法官们对案件的事实作出裁判;但是,法定证据制度体系是公认有害的,因此,结论是没有必要建立常任陪审员,而必须重新建立陪审团制度。”[3]——“每个法庭都依据具体情况创立自己的原则、自己的规则体系以作为无罪或有罪裁判的依据,不会导致这种情况吗?”[4]

另外,陪审团制度的支持者们都同意,针对非常危险的犯罪设立特别法庭,无论这种法庭是临时的还是常设的:“若临时限制有益于应对特殊情况,那为什么要破坏这种原则、剥夺我们的子孙后代依据此制度而获益的权利?”[5]——“被陪审团审判是一种公民权利,因此流浪汉和游民不能享受这种权利。我们不反对为他们设立‘司法官辖下法庭’,与旧式的法庭相比,其更好组织

〔1〕 *M. Defermon*, *Locré*, vol. XXIV, p. 38.

〔2〕 *M. Berlier*, *Locré*, vol. XXIV, p. 25.

〔3〕 *M. Bérenger*, *Locré*, vol. XXIV, p. 43.

〔4〕 *M. Cretet*, *Locré*, vol. XXIV, p. 31.

〔5〕 *M. Berlier*, *Locré*, vol. XXIV, p. 24.

且很少发生变化。伪造文书罪也应该交由这些法院审理。”[1]

487 这次讨论是重要的,也应是决定性的,尽管后来又重新讨论过,当时所有人都聚精会神地听着主持会议的议长的讲述。拿破仑在讨论中插了几次话,他对于西缅所提出的制度感到吃惊:“陛下说,没有人对于西缅的以下主张作出回应:法官在没有被强制要求按照法定证据制度作出决定的情况下,他们基本就是陪审员,但是他们比一般陪审员更具有优势,因为他们受过更好的训练、更好地被选任;若选任陪审员的话,也应该选择具备法官综合素质的公民,即便他们未就任法官职务。”[2]但是,最后的讨论变得越来越倾向于保留陪审团制度。“伯利尔说,随着讨论的深入,我越来越相信陪审团制度是一项充分的制度,只是需要略加完善。”[3]此时,皇帝认为应当结束讨论;但是他以一种谨慎的态度说道:“他不认为此次决议具有约束议会的效力,在组织确立陪审体系的过程中,如果遇到了意想不到的阻碍,议会有权重新考虑他们最初的观点。”[4]他借机陈述自己的观点:“支持和反对陪审团制度的双方都提出了强有力的理由。但不可否认的是,对于一个专制政府而言,陪审团比法官更能带来好处,因为法官更加不受政府控制,而且他们总是激进地反对政府。那些最糟糕的法庭不都是由陪审团组成的吗?如果它们可以由法官组成,那么习俗和惯例将成为反对不公、专断定罪的基本依据。无须担心法官发挥这些功能会造成严重的损害,因为程序是公开透明的,有辩护人和辩论。但陛下不反对陪审团制度,如果能够确保陪审团的组

〔1〕 *M. Regnaud*, *Locré*, vol. XXIV, p. 39.

〔2〕 *Locré*, vol. XXIV, p. 33.

〔3〕 *Locré*, vol. XXIV, p. 45.

〔4〕 *Locré*, vol. XXIV, p. 46.

成恰当……同时,他认为也有必要建立特别法庭,管辖非公民的犯罪或那些团体犯罪。”[1]从那时起(至少在当时),对该问题形成的结论是:“议会采取了保留陪审团制度的原则。”[2]随后,迅速讨论了第二个问题:“应该设立大陪审团和审判陪审团吗?”在 488
特雷哈德和比戈-普勒阿默纳的简短声明后,该问题的答案是肯定的。[3]

陪审员的选任是议会关注的下一个重点;虽然“陪审员的选任”事宜很有趣,但我们选择略过;其中一项争论偶然引发了关于一些旧论点的讨论。拿破仑提问,议会是否认为律师可以做辩护人;[4]那些不利于自由辩护的意见显而易见。“迈厄特(M. Miot)说,在英国,被告选择辩护人不是一项权利。在所有案件中,被告的代理律师都不承担辩护责任,因为担心此类人会掩盖事实。律师坐在被告旁边,为他们提供建议,但他们只有在获得许可的情况下才可以提出请求。”[5]勒尼奥·圣让·昂格利进一步认为:“在民事审判当中,律师的代理是必要的,因为争议点往往与法律相关,没有法律专业知识的人无法参与讨论;但是刑事审判不同,其唯一的关键点就在于发现事实真相。在这种情况下,被告自己就可以对指控内容作出解释和澄清指控;没有必要为他安排辩护人。但是,确实有些人因为无知或胆小不能解释清楚,因而有必要对这些情况作出例外规定。将由法庭庭长来判断是否属于例外情形、是否需要给这样的被告安排辩护人。”事实上,

〔1〕 *Locré*, vol. XXIV, p. 47.

〔2〕 *Locré*, vol. XXIV, p. 48.

〔3〕 *Locré*, vol. XXIV, p. 48.

〔4〕 在几分钟前,他说:“有必要为不熟悉法庭规则的被告人安排辩护律师。” *Locré*, vol. XXIV, p. 52.

〔5〕 *Locré*, vol. XXIV, p. 52.

这个问题在论证法令正当性的时候已经正式讨论过了。

拉穆瓦尼翁先前就反对过上述主张,虽然反对意见没有被采纳。这次又有人反对此主张:“贝伦格说,永远不可能找到一种完美的组织或形式,使法官确信其从未将任何一个无辜人士定罪。有些时候,被告因为困惑和害怕不能对指控解释清楚,这使他们看起来是有罪的。因此,非常有必要为被告安排辩护人以始终协助他们解释。另外,如果不是去援引一些与我们刑事诉讼程序无关的且臭名昭著的法律,就不应拒绝此类辩护人援助。特雷哈德
489 说,若拒绝了被告对于辩护人的申请,那么也就损害了被告的权利。迈厄特所说的英国规则只是其法律的一部分,但事实上,被告对辩护人的申请从未遭到拒绝。”[1]不难看出,排除辩护人的规则毫无根据,辩护人的援助是正当的且通常也是必要的。[2]“最好是赋予庭长裁量权,让其有权要求那些没有在正当范围内进行辩护的辩护人保持沉默,在必要情况下,甚至有权要求他们离开法庭。”[3]

在同一会议上,议会对于书面程序相关问题作出了决定,改革的趋势似乎刻不容缓。康巴塞雷斯对先前讨论过的建议加以延伸:“在目前情况下,审查几乎完全是口头的;书面文字只是对庭审流程的信息记录……首先是治安法官记录的信息……接下来,由陪审团负责人继续记录、确定证人……所有的程序记录将一并移送给刑事法院和被告人,被告有权在监狱中会见其辩护

〔1〕 *Locré*, vol. XXIV, pp. 53, 54.

〔2〕 “西缅说,应当回避所有会排除被告人拥护者的规则;因为拥护者是辩护请求权利的一部分。[这是雅典时期的“标志”之一]另外,我们应该知道,刑事法庭的召集是在执政官们面前完成的,这些人没有文凭,但也会担任辩护人,他们迅速学会了律师那种规避法律的艺术。”

〔3〕 *M. Bérenger*, *Locré*, vol. XXIV, p. 54.

人。审判以宣读治安法官和陪审团负责人采取的程序记录开始。证人将被传唤;被告,在坐在其旁边的辩护人的帮助下,有权马上否认证人的作证能力并驳斥他们的证词。正式报告将不包含证据的细节,但总检察长和被告有权要求获得这些陈述的记录。所有的完整文件将移交给陪审团。"——"陛下采纳了将治安法官和陪审团负责人记录的信息备份后交给陪审团的建议。但他认为,不应将警方做的记录交给陪审团;因为警方记录是从发现犯罪罪魁祸首和所有相关情况的角度做的记录,这些应当属于秘密工作。但是,预审法官的记录信息与之相反,其唯一目的是发现案件事实。"——"陛下采纳了议长向其提出的建议,但也对该建议 490
进行了修改,即警方的审查记录不会呈交给陪审团。"[1]这是一个非常重要的决定;这否认了制宪会议的智慧结晶,将书面程序和陪审团程序相融合。这可能会破坏那些已经决定保留的制度;但庆幸的是,如我们所知,这个决定没有实际实施。

在牧月二十三日至三十日(1804年6月12日~6月19日。——中译者注)的会议当中,相关的讨论仍在继续进行。其他的原则问题都已经决定了,其中大多数问题均与刑法相关。上诉法院和刑事法院的大多数人强烈反对保民官制度,形成的决定是,刑事法院应当是固定的。[2] 立法部门依据讨论形成了相应条款(这是第一个关于采纳刑事程序的部分),这些条款的说明是共和十二年果月的十七日、二十一日、二十四日和二十八日(1804年9月4日、8日、11日、15日。——中译者注)举行的会议以及共和十三年葡月的三日、十日、十四日、二十一日和二十四日(1804年9月25日,

〔1〕 *Locré*, vol. XXIV, pp. 56, 57.

〔2〕 *Locré*, vol. XXIV, p. 99.

10月2日、6日、13日、16日。——中译者注)的会议的主要内容。[1]

所有事情似乎都进展得很顺利,直到陪审团制度再次受到质疑。共和十三年雾月一日(1804年10月23日。——中译者注),在拿破仑主持的会议上,比戈-普勒阿默纳汇报了立法部门"关于刑事法院和民事法院合并的情况"的表决。与这种合并相反,大革命的思想是完全分割两种法院,使得刑事法院独立于民事法院。但是,新的提案似乎仅是简化了程序并提高了治安法官的地位。法院的合并在共和四年风月二十七日(1796年3月17日。——中译者注)关于轻罪法庭的法案中已经被确定;此后的相关判决都是由一审法院作出的;除了一个微小的、已经消失的例外裁决,法院的组织注定要与普通的治安法院保持一致。

接下来讨论的是处理刑事案件的有关程序问题。[2] 被告先
491 被预审法官带到一审法庭(其发挥大陪审团的功能),法庭由6名法官组成,外加预审法官。刑事司法法院合并于上诉法院之中,并以帝国法院命名。这些法院内部设立一个类似旧时高等法院中"都尔奈勒"一样的部门,并逐年更新;其不光受理轻罪法庭的上诉,也受理已决定传讯的刑事案件。保留陪审团提案的第19条规定:"刑事案件的判决应当根据陪审团的裁决作出。"

由此,陪审团的工作迎来了翻天覆地的变化。此时,法院各个部门中陪审团的合并已经成为一项原则和惯例。要求由法庭庭长审查所有其管辖范围内的刑事事项的规定使得陪审团在履行职能中会遇到很多困难,甚至无法履行职能。这也意味着,在不久的将来,以书面程序服务于口头程序的制度,即将证人带到

[1] *Locré*, vol. XXIV, pp. 108–419.

[2] 共和十三年雾月八日(1804年10月30日)的会议讨论了此事项的提案(*Locré*, vol. XXIV, p. 428 *et seq.*)。

法庭庭长面前,变得太困难且过于消耗资源了。这是一种以新实践的运作重建旧程序的间接方式。最初就可以预见这一切;陪审团制度的支持者和反对者都明白这一问题。布莱(M. Boulay)说:“确实,刑事和民事法院的合并意味着陪审团的消亡。可以肯定的是,当公众一方面看到开明的法官,而另一方面却看到无知、缺乏经验的陪审员时,这种并行现象对后者没有益处;如果我们决定合并法院,那么应当同时坦率地决定废除陪审团。”[1]特雷哈德怀着新的热情,为受威胁的制度辩护。他说:“陪审团自身已经比过去进步了很多;未来它也会变得越来越好……但是,如何在不花费巨额费用和造成延迟的情况下将被告、证人及7或8个陪审员送到上诉法院所在地?……可以不听取未到庭证人的证言吗?那同样意味着对被告权利的损害。”最后,他向皇帝阐述了个人论点,其具有轻浮和讽刺意味,但实际上也包含了真相,他告诉皇帝:“若人们认为您支持陪审团制度的确立,那么陪审团制度就会应运而生。”[2]拿破仑希望能够减轻该法案带来的不利影响 492
并消除不利后果,他插话道:“这不是关于陪审团制度的问题”[3],并继续说道:“如果是想要重新讨论是否保留陪审团的问题,那么应当直接地提出,但那个问题已经明确了。陛下采纳了那些支持保留陪审团制度的人的观点。另外,现行程序似乎已经非常完备了,未被公众一致否认,这足以让陛下采纳。”埃雷隆(Erelong)进行了一段很长的讲话,竭力地驳斥了特雷哈德的反对观点。不久,事实真相再次呈现了。议长说:“也许可以否认该体系与陪审团程序不相容的观点;陛下不支持该制度,他认为该制

〔1〕 *Locré*, vol. XXIV, p. 416.
〔2〕 *Locré*, vol. XXIV, pp. 420-422.
〔3〕 *Locré*, vol. XXIV, p. 420.

度也得不到公众舆论的支持。”[1]

在接下来的会议中，这个问题被直接提出，有提案建议废除大陪审团。特雷哈德认为这一动议是违宪的，因为共和八年的宪法（1799年宪法。——中译者注）确立了两类陪审团。有论者诡辩说这并不是建议真正废除大陪审团，只是建议“使法官成为陪审员”[2]。但拿破仑本人宣布：“由于宪法过于绝对地宣布，提起指控应当经由陪审员认可，以至于将这一权力转移给法官必须通过元老院法令。”[3]这个问题不是根本性的重要问题。特雷哈德和伯利尔重申了讨论的重点，该提案是为了使审判陪审团早日被废除的；因为：“当废除一个制度的想法根深蒂固且继续生根发芽时，仅仅在纸面上维持其存在是毫无意义的。”[4]他们迫切地要求解决这个问题，随后他们的观点轻易地被认可了。“陛下允许
493 回归到讨论是否应当保留陪审团制度的问题。”但讨论很短暂。福尔克拉（Fourcroy）和蒙塔利韦（Montalivet）表示支持保留陪审团制度，而且轻而易举地得出了结论“议会坚持在牧月十六日（1804年6月14日。——中译者注）会议上作出的决议，保留陪审团制度。”但是，论战尚未取得最终胜利：刑事法院的组织结构仍然存在漏洞。

随后，伯利尔提出了一个值得讨论的观点。在采纳合并两种法院的原则前提下，他想出了一种可以使其与陪审团常规工作兼

〔1〕 *Locré*, vol. XXIV, p. 439. 拿破仑也说他支持建立更大的司法机构，“因为当检察官怠于行使职权时，刑事法庭应该有权通知并命令他提起诉讼，这是很必要的。”特雷哈德回答道：“任何时候，检察官都应该与法官相分离，因为法律不允许让同一个人即是法官又是诉讼方。”“陛下说，他不是认为应当由法院直接起诉犯罪，而是他希望法院能够有权要求起诉。”（pp. 418, 419）

〔2〕 *M. Siméon*, *Locré*, vol. XXIV, p. 437.

〔3〕 *Locré*, vol. XXIV, p. 439.

〔4〕 *Locré*, vol. XXIV, p. 443.

容的方法:“我们首先使两个司法系统的法官结合成一个团体,从这个团体中产生后续负责刑事问题的法官,这些法官定期在每个部门所在地巡回。当他们到达上诉法院时,他们将在那里处理及审判同胞公民的民事纠纷。”〔1〕很显然,这是个注定要成功的制度,其经验也得到了一致认可——必须说,这是一项制宪会议更赞成的制度,因为巡回法官的主席必须具有一定的行政职位且必须谨慎选任。特雷哈德也公开支持了他。但是,这个提议被议长反对。他宣称:“承认陪审团只会迎合一些高贵之人的想法,但他认同应建立一个更庞大的组织机构,从而建立一个严格和有力的司法制度。”〔2〕最终,议会确认了一个原则,“将由同一法院处理民事和刑事案件;这些法院必须为常设法院,但在一些必要的情况下,刑事部门可以到其所在地以外的地方巡回工作”。〔3〕 这是针对伯利尔的观点作出了一个虚假的妥协;废除的根源仍然存在,并将持续发展甚至造成毁坏性影响。

在共和十三年雾月十五日(1804年11月6日。——中译者注)的会议上,陪审团的支持者们获得了另一个优势,即使这个优势不 494
能长久存在:“议会采纳了一个原则,即陪审团将继续有权对是否具有起诉依据作出裁决。”〔4〕

共和十三年雾月二十二日、二十九日和霜月二十日(1804年11月13日、20日和12月11日。——中译者注)的会议继续了关于合并两种法院的法案讨论,总共提出并讨论了三项草案。但是,正在进行的讨论突然发生了中断。继而变成了“由被召集参加加冕

〔1〕 *Locré*, vol. XXIV, p. 445.
〔2〕 *Locré*, vol. XXIV, p. 447.
〔3〕 *Locré*, vol. XXIV, p. 452.
〔4〕 *Locré*, vol. XXIV, p. 454.

礼的治安法官向陛下报告意见”。通过商议两个司法系统的合并问题,首席大法官宣称,“刑事法院的院长和检察长没有对这个系统本身进行批判,但是他们有一个共同的担忧,即陪审员和证人的召集不能与这个系统相协调。然而,治安法官们非常确定,陪审团审查在某些时候大有裨益。犯罪的增长率明显降低了”。[1]议长“意外地发现了更多的治安法官支持保留陪审团审判制度,只是需要对此项制度进行调整。即使是那些在某些场合对陪审团制度的发展抱怨最多的人,也持同样观点。他们认为,陪审团制度有所改进,滥用的情况有改善。对于法院合并的问题,他们认为这个制度是好的,但是其实施遭到陪审团制度的干扰。”——特雷哈德说:“观点是一致的,如果刑事司法和民事司法合并,那么就不可能保留陪审团制度。”[2]伯利尔主张:“据之前他偶然交谈过的治安法官所言,如果执行近期会议已经决定的合并计划,则废除陪审团制度将是必要且直接的结果。但是,这不是本法案带来的唯一风险;它也威胁了言词审理和审判的公开性。现在,尽管对于陪审团的问题没有统一观点,但是,所有人都认同废除审判中的言词审理会带来一场公众的灾难;然而,若法案通过,这个现象很快就会发生……没人敢建议应像旧政权的实践那样,只提交简单的证言副本就可以了,所以,当代的法院必须是一个有益于实施公开审判的组织。”[3]——“德费蒙先生(M. Defermon)
495 说,通常认为法院合并将会损害陪审团制度,至少在其实施了一段时间之后就会这样;但是,非常有必要声明,要确认是否可以在

〔1〕 *Locré*, vol. XXIV, p. 509;他随后补充道:“在听取法官们的意见之前,他认为陪审团制度也许能够与两种司法系统相协调;但是,现在他认为这不可能了。”(p. 516)

〔2〕 *Locré*, vol. XXIV, p. 510.

〔3〕 *Locré*, vol. XXIV, p. 510.

不损害公开审判的前提下废除陪审团制度,因为公开审判是被告的必要保障。"[1]

随后,皇帝要求法庭表态是否"对于陪审团制度持支持态度。"[2]首席大法官回答得非常清楚:"大多数法官反对所有不能与陪审团制度相协调的制度";[3]议长也说:"发现法官们比他想象中更加支持陪审团制度"。公众的想法非常清楚地被传达了;拿破仑表明了他自己真实的想法,他宣布:"既然大家对陪审团制度有诸多疑问,那么废除陪审团制度也不会是一个多么令人后悔的决定。"[4]然而,议会决定:"刑事和民事司法将继续由不同的法院进行审理。"

至此,一切相关讨论似乎已经结束;只剩下讨论刑法典草案的具体条款了。该讨论在共和十三年霜月二十二日、二十七日和二十九日(1804年12月13日、18日、20日。——中译者注)的会议中有效地进行了,审查了新草案前90条规定。随后,讨论工作突然中断了3年之久,直至1808年。如何解释这次讨论工作的中断?[5] 可能是皇帝决定废除陪审团制度,但是当时的时机并不适合,所以他必须等待,想着这些年的时间或许能够消除人们对陪审团制度的认可?所以,讨论工作延迟、处于未完状态。"故事悬而未决!"

〔1〕 *Locré*, vol. XXIV, p. 512.

〔2〕 *Locré*, vol. XXIV, p. 516.

〔3〕 *Locré*, vol. XXIV, p. 517.

〔4〕 *Locré*, vol. XXIV, p. 519.

〔5〕 拿破仑之前就说,非常有必要产生如下质疑:"刑法典起草延迟不会带来任何好处;明年也会是一样的情况。时间不会使观点一致化,时间也不会消除质疑或产生新想法。"*Locré*, vol. XXIV, p. 440.

第二节　讨论工作的恢复：大陪审团的废除及小陪审团的保留

1808 年，讨论工作恢复，并再次发生了巨大的争论。1808 年 1 月 23 日，以特雷哈德的报告开启了第一次会议："他汇报了共和十二年内相关讨论工作的变化趋势，认为可以提出几项事宜简述核心问题，这些问题的解决方案应当能根本性地满足修正法案的需要；议会已针对此类问题中的个别问题作出了明确决议，但其余都是悬而未决的。"他如此表述这些问题，第一个问题是："陪审
496 团制度应该保留吗？"这个大问题本身仍然存在，与刑事、民事法院的合并密切相关，拿破仑对于这个问题也紧抓不放。在第一次会议中，发生了与共和十二年、共和十三年情况相似的辩论，有陪审团制度的反对方与支持方。皇帝三次询问关于这三年间陪审团运行的实际情况。首席大法官以非常模糊的语言回答："一般情况下，陪审员们的履职效率非常低，他们无罪开释的决定助长了犯罪。"[1]但是，尽管知道在这个时候可以不谈陪审团的现状，但特雷哈德仍宣称："总体而言，违法的数量减少了。尽管特别法庭在防止混乱方面贡献良多，但大多数的犯罪案件仍是由陪审团审理的。"[2]贝伦格先生说："强调两个事实：一个是违法数量正在显著减少；另一个事实是，没有发生过任何一个被舆论谴责的不公平定罪案件。"[3]康巴塞雷斯再次断言陪审团制度是"与国

[1] *Locré*, vol. XXIV, p. 579.
[2] *Locré*, vol. XXIV, p. 581.
[3] *Locré*, vol. XXIV, p. 591.

家性质不符的"[1],乔伯特先生(M. Jaubert)说:"法国的大多数地区都拒绝了陪审团制度。"但是,拿破仑总是富有个人激情地打断讨论;他与特雷哈德之间甚至形成了某种争论:"特雷哈德先生认为,至少在事实上,该法案具有损害审判公开性的弊端,而审判公开性是最好的保障,是通过书面审查绝不可能实现的;秘密程序就是最大的灾难。陛下说,这不是关于重建秘密程序的问题。特雷哈德先生回答,但是那是实际情况下不可避免的后果。陛下问,那么司法合并难道就没有带来任何好处吗。特雷哈德回答,那会形成更强有力的组织,但他不认为这样会使法官受到更多的尊重。陛下说,这会使民事诉讼向刑事诉讼的转化更为便利。特雷哈德先生表示反对,因为这种转化实际很少发生。[2] 陛下说,但是如果一个公民被两个法院连续审判两次,是异常的,是不符合公民利益的。考虑公民的荣誉和生命,他应当只被司法管辖一次。特雷哈德先生说,但在刑事诉讼程序中,也有两个阶段,因为 497
被告既要被大陪审团审查,又要被审判陪审团审查。陛下说,但那不构成两个阶段。"[3]最终,议会再次"决定保留陪审团制度,但是一些犯罪的认定需要由特别法庭作出。"

可以认为,这个问题已经完全解决,不会再出现了。但事实并非如此;1808 年 2 月 2 日,议会又对其进行了讨论。陪审团最坚定的反对者之一,乔伯特先生是第一个发言人,他的第一句话就厘清了当前的情况:"不可否认,议会似乎已形成统一意见,决定保留陪审团制度,但是陛下仍然以他的天才和权威抗衡已经确

[1] *Locré*, vol. XXIV, p. 591.
[2] *Locré*, vol. XXIV, p. 587.
[3] *Locré*, vol. XXIV, p. 588.

定的投票结果。”[1]乔伯特先生强调说,他坚持“旧制度比现代制度更有优势”,其结论是要求:“废除陪审团,并构建能够同时运行刑事和民事两种司法形式的伟大机构,通过程序的设计保障司法行为的公开性和律师能够参与辩护。”[2]

此后,讨论再次开始。宗教大臣质疑了事实与法律问题区分的可能性;他说,在英国,陪审团被视为“令人后悔的制度”;[3]并且“尽管这几个世纪以来,欧洲大陆文明取得了巨大进步,但也没有国家采取陪审团审判。”伯利尔先生再次为他一直以来全力支持的崇高理由做辩护:“陪审团制度已经通过了全面的测试;它目前形态下的运作就已经为社会提供了很好的服务,经过改良的它将在未来更好地发挥作用。”[4]皇帝自己这次也似乎作出了决定:“陛下说,与由同一群法官们作为陪审员作出决定的制度相比,他更倾向于旧法的规定;习惯会使这些法官们变得冷酷无情,被告也不再像以往一样得到良好保障。陪审员的职能必须被发挥,但是不应总是由同一人发挥。”议会决定:“重申采用陪审员审判。”

498 这已经是第四次作出该决定了,这个问题不应该再讨论了。然而,陪审团制度并非完全不受反方攻击的影响;大陪审团被废除了。乔伯特先生宣称“大陪审团在,社会就不会有保障;”拿破仑强烈地声明,认为大陪审团已不适合履行先前的职能了。“议会决定,废除大陪审团。”[5]

剩下的重要问题是,刑事法院的组成和两种司法系统的合并

[1] *Locré*, vol. XXIV, p. 603.
[2] *Locré*, vol. XXIV, p. 607.
[3] *Locré*, vol. XXIV, p. 613.
[4] *Locré*, vol. XXIV, p. 618.
[5] *Locré*, vol. XXIV, p. 622.

问题。在1月23日的会议上，拿破仑先生提出了一个方案。[1] 2月2日，他又提出了一个新方案。[2] 立法部门开始着手处理这些提案。在2月6日的会议上，特雷哈德先生提出了另一个草案；[3]他说立法部门将两个方案整合了，主要遵循了第二个方案："另外，他对于陛下的观点和他自己顾问班子的观点进行了说明，但是没有说明这些观点的根本依据。"随后，相关讨论开始，讨论的结果是立法部门准备了7个新条款，这些新条款将在2月16日的会议上被讨论。[4] 第5个、第6个、第7个草案相继提交。最终，在这些提案被动摇后，决定像伯利尔提议的那样，刑事法院与民事法院应当被合并，但是刑、民事法院的陪审团应各自在自己的部门工作。由上诉法院的法官和陪审员组成巡回刑事法院，这些陪审员是从上诉法院陪审员中挑选出来的，或者是从一审法院中挑选出来的。由这种巡回刑事法庭替代永久性的刑事法庭，就能够使两种规则协调共存。问题的解决方式找到了。

对于这种安排，仍然存在一些疑虑。特雷哈德先生说，"议会最初安排一审法院负责对起诉的审查；随后，该权力委托给了帝国法院。为了与这种体系相融合，议会进行了一个具有风险性的 499
尝试，就是将这个事项交由帝国检察官和预审法官审理。"[5]如果这两个官员都审查通过了，则巡回法院必须审理被告的相关事宜。如果他们两个持不同的观点，则案件将会交由帝国法院裁决。这是一个不寻常的程序；1808年2月7日提出的新草案为这个解决方法提供了支持。新草案设立了一个由3个法官组成的

〔1〕 *Locré*, vol. XXIV, p. 582.
〔2〕 *Locré*, vol. XXIV, p. 591 el seq.
〔3〕 *Locré*, vol. XXIV, p. 601.
〔4〕 *Locré*, vol. XXIV, p. 624 et seq.
〔5〕 *Locré*, vol. XXIV, p. 656.

审议庭,这些法官中包括负责给公诉方传达审查事项结论的司法官员。若涉及犯罪,只需要一票表决就能将文件提交至最终决定案件安排的刑事法院,对于该决定,可以上诉至最高法院。然后,只能由总检察长提起诉讼。

决定由审议庭作出;这与旧法中对于"特别诉讼"的规定相同,但是,不同之处在于决定是由 3 个法官作出的,而不是只有 1 个法官,《1789 年请愿书》就是这样要求的。雷尼奥先生(M. Reynand)说:"之前,起诉状是由一个刑事法官单独作出的;制宪会议决定任命陪审员与法官共同裁决,这在当时是值得赞扬的。议会投票废除了大陪审团,因为他们实际上是支持保留那些维护秩序的法律规定的。"〔1〕上诉法院的分支机构实际上就成为大陪审团,大陪审团的职能由少数几个法官履行。这个新的系统将旧法和新规则结合。刚开始,大家以为"元老院法令"(Senatus-consultum)必将会对这些陪审团程序的巨大改变进行制裁,1808 年 5 月 5 日也确实出现了一个以其为目的的议案。〔2〕但特雷哈德先生在那个时候认为,每一个反对陪审团制度的提议都是在反对宪法,尽管对立观点仍然存在,这时已经确定了保留审判陪审团的决定。他说,"依据宪法规定,必须保留大陪审团,但是宪法没有禁止将其职能交由一个法庭机构施行";〔3〕之后,他们就结束了这个问题的讨论,并开始讨论其他事项了。

〔1〕 *Locré*, vol. XXIV, p. 666.

〔2〕 *Locré*, vol. XXIV, p. 667 et seq.

〔3〕 *Locré*, vol. XXIV, p. 692.

第三章　《1670 年法令》与《重罪审理法典》中的革命性条款 500

第一节　检察官和预审法官的分权

在建立陪审制与《1670 年法令》之间旷日持久的激烈斗争中，前者取得了决定性胜利。后世应当铭记那些敢于违抗君主恣意的帝国议会的先贤们，其大无畏精神体现在对陪审制的捍卫上。尽管旧的诉讼制度最终在陪审制上让步，但却在法律的其他部分残留了印迹，有的问题上还占了上风，尤其是预审更是深深打上了旧制度的烙印。

当议会分别于共和十二年雾月、共和十三年葡月[1]对《刑法典》草案的条款进行第一次审议时，这些议员们就预审程序提出了一个相

〔1〕 *Locré*, vol. XXIV, pp. 408, 409.

当古怪的方案。该法律保留了每个区中的治安法官和预审法官,但他们的职权却与最终确定下来的相去甚远。治安法官既启动诉讼,也进行讯问,共和九年的法律做了一些改进。[1] 治安法官受理报案和控告(第 39 条至第 42 条、第 44 条至第 52 条),在普通案件中询问证人;被冠以询问证人编的第 64 条至第 79 条后来几乎原封不动地写入《重罪审理法典》,而这些规定源于《1670 年法
501 令》。草案审议过程中还特别提到了这点。[2] 有权搜查住宅和进行抓捕的是治安法官(第 80 条至第 86 条规定了"关于有罪认定的书面证据与文书")。其也有权签发将被告带至庭前、移送被告人的令状,及让被告人出庭的传票;此外,还有权讯问被告人(第 87 条至第 92 条)。必须注意的是"拘押令"是一种根据"对被告仅暂予抓捕"[3]而作的命令。治安法官必须在 24 小时内将拘留证、出庭令以及其他有关自己权限内的最后程序的材料清点完备并告知预审法官他所做的一切之后,移送给有管辖权的轻罪法庭书记员。预审法官直到此时才介入(第 103 条至第 106 条);[4]他将完成程序。如有必要,他将重启程序,同时,他得立即把有关情况告知治安法官。预审法官的职责是重新讯问被告,与共和九年(1800 年 9 月 23 日~1801 年 9 月 22 日。——中译者注)的

[1] "Projet primitif"第 480 条:"治安官作为司法警察,负责:第一,受理控告和检举……第二,通过官方报告确定犯罪的痕迹;第三,收集做出推定的事实和针对被告的现有证据;第四,把他们带到事主面前。"

[2] 第 72 条规定,15 岁以下的未成年人可以以宣誓书(affirmation)的形式不宣誓而作证。议长要求:"为了毫无疑问地使法院可以对本条所述的誓词加以使用,应在法令中添加以下法令中的表述:'除非被认为是合理的,否则'。"塔吉特先生说,法令中的这些表述被认为过于含糊。*Locré*, vol. XXIV, pp. 167, 168.

[3] 第 80 条。

[4] 第 103 条:"他负责完成司法治安法官开始的预审,当他认为适当时,他甚至有权全部或部分重新预审。"

法律一致,后者此时才知悉指控,[1]如有必要,预审法官将发布拘禁令;最终,他将作出撤销案件或不起诉(公诉没有根据)的裁决。但如果不采纳公诉意见,有关的事实和法律问题将被移送给审议庭(council chamber)裁决。最高法院总检察长可在 24 小时内对作出的裁决上诉。这些条款首次提交审议,议员们就一致通过。 502

但当这些条款于共和十三年霜月二十二日、二十七日、二十九日(1804 年 12 月 13 日、18 日、20 日。——中译者注)的会议上再次提交审议时,遭到反对。这项新的草案提出赋予帝国检察官以治安法官的权力,当他们不在时,由他们的副手代行此职(这一点在当时实际并未审议)。如前所述,这项职权被一直保留下来了。议长认识到"以前法官专属的这些职能被转移给检察官,而在现行体制下治安法官本身就具有公诉和审讯的双重职能,就此而言,实为换汤不换药;但旧制度也有推动两个职能履行的好处,因为,若分离,任何一个机关的不作为都无法阻碍司法运作"。德弗蒙先生也说道:"旧制度实际上给了被告人更多的安全保障,因为由公诉人指控、法官宣告的制度下,避免权力集中于一人之手。这可以避免同一名官员过分集权:受理控诉、告发、询问证人,以及处置被告的自由,集权于一身。"[2]然而,这有违必要的程序迅捷性以及治安法官采取措施的临时性。此外,问题在于对拿破仑提出的另一个更大的问题缺乏考量:"治安法官与检察官(préfets)之间究竟是何种关系?"

[1] "预审法官应在讯问被告后告知其对其的指控。在讯问之后,他应将其读给被告人,如果他要求,应立即重新接受讯问。"仅通过宣读来告知,便在一定程度上沿袭了法令的程序。

[2] *Locré*, vol. XXIV, p. 552.

当审议于1808年重新进行时,各方争论异常激烈,同年的6月4日、7日、11日的三次会议一直争论不休。[1] 旧制度的支持者与那些坚持适用过渡时期法律的人几度针锋相对,但前者占理并获胜。宗教大臣和大法官很激动地说:"从机构的性质上来讲,公诉人是一方当事人,他的头衔决定了应由其控诉,但也正因为这个原因,允许公诉人进行预审便与司法原则相悖了。[2] 由此,帝国检察官将会成为能使整个城市为之胆战心惊的土皇帝。所
503 有的市民若是见到同一名官员既享有控诉自己的权力,又享有收集证据支持该控诉的权力时,都会不寒而栗"。[3] 乔伯特先生又补充道:"给不幸的被告以公正的对待要花相当的时间,这受到关注。帝国检察官负责起草官方报告,他独立完成……他可以听审证人,甚至可以将任何处于其控制之下的人拘押,而该人无权获得其他国家权力的帮助。这样一种可怕的权力究竟应该赋予谁呢?是赋予一名可以被解职,通常服从检察长命令的人吗?在这方面,这项遭到如此强烈抨击的旧制度严重危及法国人民的安全。"[4]

如我们所见,我们的传统是与该草案格格不入的,"在阅读法典草案时会很明显发现它的许多条文源自《1670年法令》。其中包括对'特别诉讼'相关规定的关注。同时,也要注意的是,在《1670年法令》中,这两项职能是分开的,因为将其合二为一的危害早已被预见到"。[5] 以前,检察长对于控诉享有最广泛权力,法院也不能阻止他行使该权力……但法令依旧将检察长定位于

〔1〕 *Locré*, vol. XXV, p. 123 *el seq.*
〔2〕 *Locré*, vol. XXV, p. 124。
〔3〕 *Locré*, vol. XXV, pp. 129-131。
〔4〕 *Locré*, vol. XXV, p. 136。
〔5〕 *Cambaeres*, *Locré*, vol. XXV, p. 130.

控诉一方。这一定位的保留很重要。[1]

然而,特雷哈德、梅林、勒尼奥·圣让·昂格利却支持该草案,他们认为:为了提起控诉,检察官有必要知悉有关事实;此外,这也是由《雨月法律》创设的制度。他们坚持认为,旧原则不能再适用;并声明当公诉人在完成了首次审查(authentications)后,有义务在 24 小时之内把案件移交给预审法官。但他们似是而非的理由却是诉讼需要迅速进行,如果迫使律师向法官申请则必将导致延误的危险。大法官考虑了其说法,作出如下反驳:他承认,如果涉及需要当场抓捕的重罪案件,帝国检察官应有权紧急讯问。"在现行犯罪中,由谁来认定事实无关紧要,也并无不利。比如,如检察官证明发现了一具尸体,这并无不当,但除非需要抓捕现 504
行犯,授予该权力势必非常危险……看到一名官员既拥有审讯权,又闯入自己的住宅,谁能不心惊肉跳呢?"[2]这是令人满意的,必须认识到"把案件分为是否需要当场抓捕,这对于所讨论权力的配置非常合理"。这样,公众的安全感就有了保障。[3] 伯利尔先生还问道:"在房长或房主的要求下,是否允许采取与在现行犯罪中被捕一样的逮捕或调查形式?"

因此,法官与检察官之间的职能划分,以及起诉和预审之间的区分通过修正被接受。上述论争表明了这一制度是如何在《重罪审理法典》中占据了重要位置。现行犯抓捕除了在原有制度中占有一席之地外,在其余地方并无提及。除了所谓现行犯外,出于同样的原因,该法还规定了一些特殊性质的案件。在 1808 年 6 月 18 日至 21 日的会议上,提出了第四章和第五章的新草案。证

〔1〕 *Locré*, vol. XXV, p. 146.

〔2〕 *Locré*, vol. XXV, pp. 147, 148.

〔3〕 *M. Berlier*, *Locré*, vol. XXV, pp. 130, 131.

人的听证、书面证据的调查以及令状签发权授予了预审法官。然而,原来草案中的一些做法也保留下来。“检察官履职的方法”这一节规定了有关现行犯的预审案卷记录的制作规则。与旧法在逻辑上和传统上相同,草案规定,能启动法院程序的控诉,原则上应向预审法官提出(第 63 条),告发向检察官提出(第 31 条);但控告也可以向检察官提出,然后由他将这些控诉连同指控书(requisitions)移交给预审法官(第 64 条)。

有关两个职能分立原则战胜了的旧法的传统原则。这是当然是值得庆贺的。但是,与此同时,旧法的传统原则注定会再次出现在其他问题上,导致了预审的形式刻板而缺乏自由。这种状况在很大程度上一直保留到现在。

505 ## 第二节 预审中的文书与形式

重罪案件必须进行预审,轻罪案件则选择适用,而且预审程序具有秘密性和书面性。预审基本原则是无对质和不进行审前羁押,极少例外。《重罪审理法典》中的预审源于《1670 年法令》中的“特别诉讼”。首先,听审证人是秘密进行的,尽管预审时被羁押,被追诉人也无权获得(律师)帮助。每个证人都是分别在仅有法官及其助理在场时作证。第 71 条至第 86 条对听审证人的专门规定几乎原封不动地照搬了《1670 年法令》第六章的有关规定。然而,应当指出的一个相当重要的差别:《1670 年法令》(第六章,第 1 条)规定,证人由我们的检察官或领主的检察官提供,也可由民事当事人提供。这使预审法官无法听审被告希望传唤的证人;《重罪审理法典》则规定:预审法官可以(作为证人)传唤在告发、控诉和以其他各种形式中提到的人。后面概括性表述实际上允许法官听审由被告提供的证人,但这纯粹属于法官的自由裁量权,被告不能直接要求传唤自己的证人,也不能强迫法官听审证人。

这些条文几乎没怎么讨论就通过了。[1] 由此来看,立法机构的遵规守法无关紧要。[2]《葡月法律》便是这些主张得以接受的前奏。由特雷哈德先生制作的该委员会的报告简洁地称:"先生们,你们会发现:规定预审法官的这一章详细规定了控告、自诉、听审证人的方式,证人宣誓内容,以及证人们受传唤时的到庭义务,如果他们不到庭可以采取的强制措施,以及当证人们无法到庭时,由法官听审。我仅仅间接提到这些规定,它们不容易遇到任何困难,而且,也绝不是新规定。"[3] 506

就搜查和扣押而言,法律中涉及了一些保护性措施。如果被告人已经被逮捕,采取这些措施需其在场(第 39 条至第 89 条)。而且,被告人有权作出一些解释,确认被扣的物品,并签章。这些规定不是源于法令,而是来自《犯罪与刑罚法典》(第 125 条至第 135 条)。被追诉人无权对医学、法律或其他方面的报告进行对质;《犯罪与刑罚》第 46 条对这一点的规定显得相当重要。它规定,专家应宣誓。辩方无权对法官选任的专家提出异议;也不能以更充分理由来获得另一名专家来进行反驳。由此,可以肯定地说,《犯罪与刑罚法典》的自由度较之法令更低(共和四年《雾月法典》第 103 条;《1670 年法令》第五章)。

〔1〕 Sittings of 21st June, 1808, *Locré*, vol. XXV, p. 168 *et seq.*; 26th August, *Ibid.*, p. 192 *et seq.*; 4th October, *Ibid.*, p. 214.

〔2〕 *Locré*, vol. XXV, p. 215 *et seq.*

〔3〕 *Locré*, vol. XXV, p. 243.

预审最重要的意义可能表现在：被告的出庭和讯问、审前羁押，以及可能的保释（暂时释放）。尽管大多数的表述都源于过渡时期的规定，但实际上却是旧法规定的翻版。

由 1791 年、共和四年、九年相继创设的四种令状全都保留下来，几乎原封不动。传唤令和拘禁令只能由预审法官签发；拘传令也大体如此；然而，现行犯案件中则可以由检察官签发（第 40 条）。通常情况下，预审程序从传唤被告人的令状开始，只有当被告所犯的是轻罪且有固定居所时，法官可以同样首先签发传票（第 91 条）。传票的这项新功能是应立法机构的要求而引入的。据说是因为："经验证明，当地的居民被控一时冲动干了违法之事，如果得到证实，最多处以 15 日或 1 个月的监禁，而这样就将其逮捕并由警察公开带走会带来诸多不便。这些考虑让我们看到，对于被控犯有违警罪的人，赋予预审法官以是否只签发出庭传票的自由裁量权有好处。我们要记住《1670 年法令》第十章所设立
507 的条款的明智之处。它规定：'根据犯罪行为的性质、证据和涉案人员情况，应传唤当事人来听审，对其拘传或逮捕。'"[1] 逮捕令能导致审前羁押，它也要求有公诉人的初步结论，并载明有关事实、所指控事项，以及将该行为定性为轻罪或重罪的相关法律（第 96 条）。"拘押令"得以保留下来，但有临时性；如果检察官传唤令发出后，被告超过规定期限两天以上不到庭，而又在签发该令状的检察官的所在地区外，且距检察官住所 15 千米以上，那么该检察官就可以发布上述令状（第 100 条）。[2] 拘押令在 1808 年

〔1〕 *Locré*, vol. XXV, pp. 228, 229. M. Dhaubersart 的报告也表明出庭令是传唤令的新形式。

〔2〕 共和四年的雾月法律（第 74 条）规定：在这种情况下"被告不逃匿或者被临时逮捕。"

《重罪审理法典》中只有符合特殊条件的两类案件才能适用。[1]

《重罪审理法典》除了限定了必须开展第一次讯问的期间外，对讯问再未涉及(第93条)。而在此对被告的唯一保护就是遵守该期间。一直以来，讯问都是秘密进行的，只有预审法官在场，除了法官认为可以告知的内容外，被告直到被讯问时都不知道自己被指控的内容。所有自1789年以来赋予辩方的保障都逐渐消亡。在1789年，讯问被告之前，法官所汇集的控诉和全部文书都要念给被告听。从那时起，被告便可拥有一名辩护人，并且可以在回答讯问之前与之商谈。1791年的法律还规定，如果被告人已经被逮捕，则听审证人时他应当在场(第十编第15条)。

《犯罪与刑罚法典》对此做了相同规定(第115条)。同时，该 508
法还规定：如果在被追诉人被逮捕，或在出庭之前对证人进行了听审，那么证人的陈述必须首先念给被告听，而不提供副本(第116条)。共和九年的法律的自由度降低，它规定：听审和讯问被告时，不得告知对其的指控；但事后他应知悉并可以作出答辩。然而，即使像这样的规定在新法典中也被删掉了。在整个预审中，被告对于程序的进展一无所知。被追诉人无权反对预审法官的裁决，因为1808年《重罪审理法典》规定仅当被告对预审法官的管辖权有异议，而法官不接受其拒绝认罪(declinatory plea)时，他才有权就法官的决定提出反对(第539条)。法官当然可以口头告知被告对其的指控，也可以让他们相互对质或与证人对质，但这完全属于法官的自由裁量权；这些规定又回到了《1670年法

〔1〕 第一，第193条：处理的是对作为违警罪的伪造犯罪的起诉，可处刑罚为折磨或羞辱刑。“违警罪法庭可以立即签署拘押令或扣押令，可以将该案移送有管辖权的预审法官。”第二，如果为从违警罪法庭上诉(第214条)：“如果判决无效，因为该罪行的可处刑罚为折磨或羞辱，法院或法庭将签发适当的拘押令，甚至扣押令。”

令》。除了增加一些书面手续,旧制度下的刑事办案人员会有一如既往的感觉。

保释是大革命的胜利果实之一,而旧法根本没有承认该制度,之所以这样说,是因为当时认为没有必要做这样的特别规定。共和四年的《雾月法典》建立了一套简洁的制度,排除了所有任意性。它只规定了两种情况:犯人有权或无权获得暂时自由。有权获得的情况适用于最终刑罚为矫正或者耻辱刑。无权获得则适用于人身性刑罚(第222条)。《刑法典》草案重申了该区别,但附加了其他后果。它规定,如果被告可能被处人身性刑罚,那么就不能释放;若对被告的处罚仅是矫正或羞辱性的,则法官便享有自由裁量权。这些规定迥异于之前立法。看来,现行法律已被抛诸脑后。这就像特雷哈德宣称的那样:本节沿用了制宪会议的制度。[1] 而草案的规定被认为太宽大了。康巴塞雷斯、乔伯特、勒尼奥·圣让·昂格利和首席大法官要求,酌定释放应该限于违警
509 罪案件。[2] 他们的观点被接受。伯利尔先生注意到,"既然保释仅适用于违警罪,那预审法官就没有理由反对守法的被告获得该好处"。所以,他竭力主张在这方面赋予辩护方一项绝对权利。议长说:"违警罪可能判处监禁刑,由此,对于此种被告不能不交保就随意释放;当然,这个权力由法官行使即可。"[3]

因此,《重罪审理法典》并未赋予轻罪被告暂时释放的权利。在重罪(第113条),以及轻罪案件,或若被告是流浪汉,或有前科,则更绝对禁止这样做(第115条)。保释金一律要求500法郎

〔1〕 *Locré*, vol. XXV, p. 184.

〔2〕 该机构甚至遭到严厉抨击:"雷格纳德先生说,制宪议会只是建立了模仿英国的临时自由(provisional liberty)制度,即使可处以最严厉刑罚的罪行中,被追诉人也可以保释。但问题是这种理论是否符合我们的习惯。"*Locré*, vol. XXV, p. 186.

〔3〕 *Locré*, vol. XXV, p. 191.

以上。是否准许取保释放由审议庭决定,除被控犯轻罪者外,帝国检察官和自诉人均可对该决定提出异议(第 135 条)。

我们分析的所有条款中除了有关暂时释放的规定外,都在议会一致通过。对于第 10 条有关赋予地方行政长官(prefect)的某些司法警察权力之规定的考量花费时间最长,而这得到拿破仑本人的支持。[1]

如果预审结束,预审法官便立即把预审结果提交给审议庭,然后就由该庭来处理有关事项。在刑事案件中,这种控制是有名无实的,因为仅凭预审法官的意见就足以影响提交给检察长的文书并启动聆讯。[2] 在聆讯庭(arraignment branch)进行的活动,比如初次指控或调查等都是秘密的;法官既不见被告,也见不到自诉人,当然也见不到任何一方的证人。检察长在宣读完文书,并在陈述笔录上签字后即退庭。帝国法院在处理递交上来的所有刑事案件中都是如此极端秘密进行的。[3] 510

自从《共和九年雨月七日法律》实施以来,在大陪审团之前的程序都适用同样的规定。新法仅仅是简单地把陪审团的权力交给了聆讯庭。调整该职能之条款的一部分被原封不动地写进了共和四年《雾月法典》中。然而,该法的这种改编和合并有时显得仓促而拙劣。[4] 但从一点上来看,新管辖区获得了一种老管辖区没有权力。大陪审团无权"调查起诉书中规定的行为是否应受到人身或者羞辱刑罚"(《雾月法典》第 241 条)。相反,控诉审查

〔1〕 *Locré*, vol. XXV, p. 205 et seq.

〔2〕 "Expose des motifs," by *Treilhard*, vol. XXV, pp. 246, 247.

〔3〕 "Expose des motifs," by *M. Faure*, vol. XXV, p. 566.

〔4〕 例如,第 225 条:"法官之间应进行合议,无须分散,也无须与任何人进行沟通。"这是《雾月法典》第 238 条的最后一款。但是,尽管它非常适合陪审团,但正如议会所指出的那样,它几乎不适用于治安法官。*Locré*, vol. XXV, pp. 431, 432.

庭(Chamber of Accusation)则有权对行为进行定性(Inst. Crim. 第231条);应由法官而不是陪审团来决定有关法律问题,这是符合逻辑的。

若控诉审查庭将案件转移到重罪法庭(Court of Assizes),则由检察长起草起诉书,该起诉书原先是在聆讯之前,并作为聆讯的基础。[1] 在福雷先生(M. Faure)的"注解备忘录"(Exposé des motifs)和里布先生(M. Riboud)的报告中,[2]认为这种变化是可喜的,但实际上,该起诉书不过是对被"移审"(renvoi)的指控书进行复制并添加一些细节而已。无疑,此起诉书与原指控书一样也应当向陪审团宣读,而这不过是走过场。实践中,这种宣读非常快,陪审团对此几乎不加注意;陪审员们要听审证人和被告,并且亲自观看这出真实的表演。

第三节　审前程序:自由心证

当预审程序完结之后,我们再来看一看庭审程序,这样,对比才是圆满的。我们从黑暗走向光明。审判前程序是秘密、书面的,总是对控方有利,甚至不赋予辩方对质权;然而,庭审程序却要进行公开、口头审理,允许自由辩护和全面辩论。一方面,这里有《1670年法令》的传统;另一方面,也有由选举委员会提出并在

〔1〕 *Locré*, vol. XXIV, p. 507.

〔2〕 *Locré*, vol. XXIV, p. 589.

过渡时期法律中适用的原则。[1] 无论提交给法庭的是什么，审判都应公开，否则无效（第153、190、309条）。辩护方享有与控方同等的权利，他们可以传唤己方的证人，而且，正如辩护人和被告在法庭上有最后陈述权一样，这些证人的听审放在最后。被告自始至终都有辩护律师的帮助，对所有被告，法律正式安排了一名辩护人。 511

在这样两种极端对立的做法之间，有无这样一个过渡阶段，让辩护方可以开始做准备并熟悉书面程序呢？该程序集中了所有证据，而控方一直掌握着这些证据并从中拿出其武器。在重罪案件中，必须进行预审，立法创设了一个中间阶段、过渡时期。当“移审”令作出，起诉书提出之后，这些文件立即披露给被告，（第242条）在24小时之内必须将其带到法庭。在被告到庭后的24小时之内须接受重罪法庭庭长或该案预审法官的讯问（第294条）。由此，被告可以由高级别法官听审自己的案件。但这并非全部；庭长必须告知他有权到重罪法庭去对移审令的有效性提出异议，并且要问他是否已选定了律师为其辩护，同时，如果需要，可由官方为其指派一名（第294条）。这是法国法中最为崇高的规定之一，大革命的改革者将法兰西民族的高贵品质写进了法律。这并非源于英国，英国对此种自由法律闻所未闻。

从那时起，辩护人就能自由地与被告交谈，审查所有的诉讼

[1] 最近，在一份正式文件中承认了这一真相：“1808年《法典》的编撰者采用了和解制度。他们努力满足所涉及的双方利益，并将我们各历史时期提出的不同要素结合到一起。从封建时代继承了听证会、陪审团、口头作证和上诉权；从君主制时代吸收了检察制度、法官的终身制和诉讼程序的书面记录。他们为被告人提供了足够保证，以确保他获得公正法官、辩护律师的协助以及审判的公开性。在预审即将结束时，如果他的无罪可以得到证明，他将无罪。”以法兰西共和国总统朱尔斯·格拉维先生的名义提出的“改革刑事预审制度的计划方案”，载1880年1月14日《官方公报》（Journal Official）第302页，第2栏和第3栏。

512 文书(第302条),并取得其副本(第305条)。甚至官方报告和证人的书面证词的副本也会无偿地交付给被追诉人。该规定载于《犯罪与刑罚法典》(第320条);据此,提供该诉讼程序的所有文书副本,虽然《重罪审理法典》采用的措辞从无偿副本中排除了对被告人的讯问笔录,但是,这些衡平性规定仅适用于重罪案件。该法不适用于因犯有轻罪而进行预审的案件。在轻罪预审中,没有正式指定辩护人,也没有阅卷权。与辩护人的沟通通常是在办案中进行的,但这有利于检察院的开明让步。在重要的违警罪办案中,这是令人遗憾的疏漏。可以想见,规范违警罪法庭、轻罪法庭或重罪法庭管辖权的条文是从《犯罪与刑罚法典》中借用的。只要浏览一下两部法典,对此便可一目了然。

陪审团的运作略有不同;经验证明了这种变通确有必要。陪审团名单的构成大变。第382条规定了陪审团人员的人选条件。这些人首先是议员,都是由共和十年热月十六日(1802年8月4日。——中译者注)的"元老院法令"(第14、15、18、19条)规定的。也就是说,是第二等级的议员。[1] 另外增加的300人;其后的四个条款(alinéas)对陪审团产生了影响,扩充了陪审团的容量。最后,第387条允许不属于这些类别的人申请"被授予陪审职务的荣誉",该地方行政长官如果获悉这些人员"品行良好",并经内政大臣同意,可以将其列入名单。地方行政长官可以拟定"由60名公民组成"的名单。第387条规定:"地方行政长官应重罪法庭庭长请求可以提出陪审员的名单。此项要求应在开庭前至少十五
513 日提出。"

〔1〕 他们是由州议会任命的,"由州内所有居民组成,这些居民都包括在该区的社区名单(communal list)中"。该地区的选举团最多有200人,至少有120人。该部门的选举团最多300人,最少200人。他们终身任职。

显然,陪审员在革命时期表现不佳,故陪审适用被限制在狭窄的范围内。宽松的遴选旧制变得极端严苛。陪审团的组成完全掌握在地方行政长官手中,因为他们可以根据自己的喜好选择陪审员,而选定日期恰好在重罪法庭开庭前夕。除陪审团的组成事项外,抽签不起作用。法庭上的回避得到了规范;陪审团指定的原因不再作为回避理由(第 399 条)。[1]

对陪审团发问的制度被简化。这里制度大变,从一极跳到另一极。一个简单的问题就构成了犯罪的客观和主观要件,从而构成了起诉书的全部内容;也就是说,起诉书不仅表述了主要事实,而且表述了可能伴随的任何严重情节(第 338 条)。最终,这迫使陪审员作出区分,并进行分析(第 365 条),以前的法律曾明智地省去了这些内容。此问题依然无解。

在另一点上,他们受到了更好的启发。第 387 条宣称:"陪审团的决定应以多数票认定被告有罪或无罪,否则无效。在票数相等的情况下,应以有利于被告的意见为准。"英国的一致原则被摒弃,过渡时期出现波动后,《重罪审理法典》确定了这一非常符合逻辑、理性的简单多数规则。但它注定要再次被废止,在我们当代又恢复。但是 1808 年的立法机关不敢绝对宣布这一原则,而是保留但予以限制,但限制不切实际。于是,诞生了一种华而不实的制度。它规定,如果对被告不利的票数达到简单多数,则陪审团应对此作出有罪判决(第 341 条)。然后,法庭本身由五人组 514
成的合议庭裁决有罪与否。法庭的投票与陪审团的投票相结合的方式如下:第 351 条规定,"如果多数法官采纳了多数陪审员的

〔1〕 人们认为有必要规定严厉手段来强迫公民被任命为陪审员。一如当前,不仅对违反者处以罚款,而且,依据第 392 条宣告那些无故忽略邮寄给他们的担任陪审员的通知书之人丧失担任司法和行政职务的资格。

意见,以这样的方式裁决:该票数之和大于多数陪审员和少数法官意见相加之和时,做有利于被告之判决。"

开庭与否;用何种证明理论——革命法律与旧惯例迥然不同。《重罪审理法典》如何决定两个重要的问题呢? 首先,保持开庭审判特征;但是《重罪审理法典》对书面审的不信任程度减弱。在陪审团审理中,《雾月法典》非常强调利用这些信息的目的,审判没有书面记录的踪影。第 365 条规定:"陪审团不能宣读没有出庭之证人的书面证词。"第 366 条规定:"关于在场的证人的书面陈述和被告在治安法官、陪审团团长和刑事法庭庭长面前所受讯问的供述笔录,除了需要向证人或被告提醒以下内容所必要外,任何内容不得在庭审中宣读:他们在陪审团面前所说的与以前所说的内容之间发生变化,存在矛盾与差异。"第 382 条规定:"他(庭长)要将诉讼中的所有诉讼材料提交陪审团,但证人的书面证词和被告的供述笔录除外。"这三个条文中第一条已消失。这一事实很重要。因为,尽管《重罪审理法典》的制定者并不打算在这点上从先前的法律中退缩,[1]但我们还是要从这一疏漏中
515 得出司法实践的推论。至于其他两项规定则被保留;但以某种形式扩大了书面材料的作用。第 318 条规定:"庭长应让书记员记下证人的证词及其与先前陈述之间可能存在的增加、更改或变化。检察长和被告可要求庭长记下这些更改、添加和变化。"[2]第 341 条:"庭长在陪审团团长在场的情况下将书面问题提交陪

[1] 这源于题为"抗传"(Contumaces)的条文。第 477 条规定,为处理抗传行为(contumacy)时应进行对席性审判,其表述如下:"在前条所规定的情况下,如果由于任何原因不能在审判中让证人出庭,其书面证词和被指控犯有相同罪行的其他人的书面答复应在法庭上宣读;如果庭长认为其性质可能有助于阐明该罪行和罪责,所有其他书面材料也应适用该程序。"如果根据普通法可以做到这一点,那么就不会被写入该条。

[2] 参见第 372 条:"法院书记员应草拟正式的报告以证明已遵守规定程式。正式报告中不得提及被告的答复或证词的内容,而这始终不影响第 318 条的适用。"

审团;他在其中加上起诉书,证明罪行的官方报告以及诉讼的书面文件,但书面证词除外。”此后,提交的文件包含对被告的讯问笔录。

在有一点上,书面程序得到了明显改善。如果发生冲突,《雾月法典》规定,陪审团应如同对质程序那样进行干预(第462条至第482条)。相反,《重罪审理法典》则规定:陪审团不应干预。法院本身在确定程序的规范性后裁决案件的实体问题(第470条)。实际上,这是合乎逻辑的,并且这种改革是有用的。正如伯利尔先生的“原因说明”中很好地表明的那样:“由于一切都被简化为宣读书面材料,研究书面程序以及如果对诉讼中或多或少已经完全确定的案情进行冷静的分析,它将推翻所有不让法官去决定这个问题的想法。而且,要重新确立该权利,就要将抗传审查从无用的繁文缛节中剔出来。”[1]在这种诉讼中,没有辩护律师,没有口头审判;这是法官而不是陪审团的事务。此外,有关藐视法庭的规定在很大程度上沿袭了旧法,也被保留在《重罪审理法典》中。

在轻罪程序中,不存在“禁止法官查询书面材料的问题,如果有;尽管口头和公开审判应始终是该判决的主要依据,但这必然会影响他们的决定。”在轻罪法庭,与普通的治安案件一样,《重罪 516
审理法典》因循《雾月法典》而规定:即使不是整个审判,至少其要点应以书面形式记录。[2] 规范违警法庭的第155条(经第189条适用于轻罪法庭)宣布“该证人应当在审理时宣誓,说出全部真相,只说真相,法院的书记员应记录他们的姓名、年龄、职业、住所

[1] *Locré*, vol. XXVII, p. 159; *cf.* Report of M. Cholet, *Ibid.*, p. 72.

[2] 《雾月法典》第155条:“他们(证人)的名字、年龄和职业应写入判决中。法院书记员记下他们的主要陈述概要,以及被告的辩护所做的主要答辩”。

及其主要陈述”。希望通过这种方式来降低上诉程序的成本。这是注定将在未来得到发展的一个因素。

立法机关维持了自由心证制度。这是18世纪最激进的改革之一,是一项(对旧制度的)决定性,也是最后的征服。在陪审团面前,这一原则保持着绝对影响力:无论提供什么证据,陪审团都可以判决无罪,并且可以以相同的方式作出有罪裁决,而不论证据如何薄弱。像《雾月法典》一样,《重罪审理法典》在陪审团面前放了一个很长的警告,使他们想起这一戒律。第342条规定:“法律没有要求陪审团说明他们确信的方式。法律也没有规定他们特别根据证据的完备性和充分性来裁决。它要求他们拷问自己并深思,并寻求他们的良心诚意,探寻被告及其辩护证据所给他们的理性所留下的印象。”法律并未对他们说:“您应证明这一事实为真,因为有这么多证据”;法律也不对他们说:“您不应将任何由这样的正式报告,此类文件,此类推定构成的证据视为充分确定的证明”;它只问他们一个问题,依据对其职责的全面考量:“您是否完全确信?”

在其他法庭上,同样的原则仍然盛行;但它允许几个限定。有时,尽管很少见,法官不能根据证据作出判决;法律为他专门列出了几种情况。通奸罪就属于这种情况(《刑法典》第338条)。同样,某些逃犯和难以确定的犯罪行为,除非得到常规性官方报
517 告,否则无法证明;至少,这是司法实践中对于共和六年雾月十七日(1797年11月7日。——中译者注)的法律(有关金银的犯罪)的解释,以及共和十二年雪月九日(1803年12月31日。——中译者注)有关海关的规定。共和十二年牧月一日(1804年5月21日。——中译者注)的法令(第34条)有关海关的规定。相反,在某些情况下,无论法官的意见是什么,都要求出示某些证据;官方报告就其陈

述的实质性事实而言是真实的(《重罪审理法典》第154条);有些证据甚至支持伪造指控,甚至在伪造指控未成功提出的情况下也构成证据。他们对法官具有约束力;其他的直到出现矛盾证明都是有效证明,但必须提供并出示这样的证据才能取消这类证据的证明力。

《重罪审理法典》对上诉方法体系几乎没有改动。上诉被保留,并且在轻罪案件中始终被接受;仅针对违警罪案件,它才有一定灵活性。向上诉法院的上诉,除了细节改动外,一如中间时期法律的规定。

第四节 特别法庭

特别法庭仅属于普通法程序。此外,在刑事案件中也存在一种特殊程序,在"特别法庭"(《重罪审理法典》第553条至第599条)规定出台之前即已存在。这些法庭是共和九年雨月十八日(1801年2月7日。——中译者注)的法律及共和二年花月二十二日(1794年5月11日。——中译者注)的法律所设的特殊审判庭的延续,但是被赋予了新的名称。特别法庭是由重罪法庭的5名治安法官组成,其中3名是军官且军衔至少是上尉及以上(第556条)。特别法庭对流浪汉、游民实施的所有犯罪,可能被施以人身性刑罚或耻辱刑的犯罪,武装叛乱、武装走私、伪造钱币,以及暴民和集会民众所引起的谋杀罪均享有管辖权(第553条至第554条)。这类案件的审前调查与小陪审团案件的程序相同,此后将提交给控诉审查庭,由其决定在适当的情形下移交给特别法庭审理(第566条至第567条)。此种确定案件管辖的移送命令会正

式地提交给最高法院(第568条至第570条)。与重罪法庭一样,
518 特别法庭的审判程序是口头和公开的,被告可以自由辩护(第573条至第579条)。裁判结果由大多数意见决定,一个意见分歧的法庭将会使被告获得有利的判决(第582条)。它是具有终审权法院所作出的裁决,故不能被提起上诉(第597条)。

这些法律条款较之雨月十八日法律而言获得了实质性的改善;从小陪审团程序中分流给特别法庭的案件减少了,在后来的议会讨论[1]中,经由特别法庭审判的案件也被允许上诉。在现实中,这些改变使法律制度变得确定的感觉越发强烈,特别法庭不再是应对紧急情况的权宜之计,而是一个规范而长久的机构。旧法受到同样精神的激励,创设和发展了"司法官辖下法庭",在这个意义上,《1670年法令》赢得了胜利。从我们引用的吕亚尔先生(M. Réal)撰写的委员会报告的相关段落,可以很明显地看到,该法令获得了公开的承认。旧王朝确立的秘密程序被废止了。"之前根据《1670年法令》确立的预审程序已经非常严格,那时是由司法官及其辅佐人进行。于是,特别法官,即军队法官,从一开始便独立地控制被告,在预审程序中也不离其左右;而辅佐人则是该案的书记官……从而致使这个程序极其'特别',形式严格,存在两种不同的刑讯逼供,并且借鉴了《1670年法令》的'普通'程序中永久保密的规定……我们在法律规定,可能由特别法庭管辖的被追诉人仍由普通法官运用普通的形式进行审查,因为最初的秘密而迅速的审查程序对两类案件都可适用……需要提及的是,管辖权的裁定不再如1670年时由下级法院宣布,也不是如同后来法律规定的由小陪审团的陪审团长宣布,亦不是像共和

〔1〕 Sitting of 9th August, 1808, *Locré*, vol. XXVII, p. 19.

九年雨月的法律规定的那样由特别法庭自己决定,而是由最富有经验和最开明的治安法官所组成的帝国法庭决定。”[1]此外,这样的审查被宣称“在每一个方面,都比旧王朝的‘司法官辖下法庭’更为优越”;但实际上它所承继的正是过去的传统。在这个意义上,吕亚尔先生极具才华的报告着实有趣。它一开始便追忆称,该制度“是 16 世纪的议会首次确认和倡导”,《1670 年法令》仅仅收集和吸收了散落在旧法令中的各个条款。他在后来又回 519
忆称,这些法庭并没有受到 1789 年早期改革的影响,直到 1790 年的第一个月,宪兵司令的职位一直存在。“但是在 3 月 6 日傍晚的会议期间,巴黎市政当局对利穆赞地区的一位享有元帅军衔的司法官提起了控诉,该人也属于议会的一员,由此引发了一个提议,‘司法官辖下法庭’应当自此废止。的确,该废止提议被搁置下来了,但一项临时性法令规定,由司法官启动的程序应该予以停止。这个奇特的临时性法令作出了符合是非曲直的决定,在实际效果上等同于终止了司法官管辖制度,而自此之后,这项制度未曾被提及……”奇特之至!司法官似乎比流浪汉更为可怕;看上去“司法官辖下法庭”在 1789 年 8 月 4 日——这个值得纪念的夜晚,已经和其他特权一并被摧毁,因而整个国家自然应该声明放弃这一荣耀的特权,以便与罪恶的源泉划清界限。[2] 因此,看到作者解释称,中间时期的法典没有为特别法庭的设立留下余地,也就不足为奇了:“在制定新的刑事法典之时,禀赋出众的天才们所确立的严峻而简单的优美艺术风格,已经成了为大众所接受的理念;与此同时,平等原则被迅速提升至过分夸大的地步。立法者不太可能完全从这样的双重影响中抽离,因此在刑事制度

〔1〕 *Locré*, vol. XXVII, pp. 68, 70.

〔2〕 *Locré*, vol. XXVIII, pp. 48, 49.

的构建中,他们常常为实现法律的规则性而牺牲稳固。在修复古老的制度大厦的过程中,作为大厦的支柱——这种特殊的管辖权无论是在力度还是重要性上都算不上神圣绝妙——被推翻了,因为它可能多少与制度建构的细节均衡与整体统一存在抵触。"[1]据此,真的像是大卫及其艺术流派是导致默兰没有将"司法官辖下法庭"纳入《犯罪与刑罚法典》的原因呢!

吕亚尔先生的确也提出了更为严肃的论证。他回顾了大革命时期的特征:轻率的热情,变革的热望,对现有政权的不信任,这些与普通法中剥夺罪犯利益的延续不变的传统形成对照。"正
520 是在那个时刻,一个更文明,符合当时需要,也迎合了整个国家和时代的潮流,因而也更为温和和人性化的法典,必将取代《1670 年法令》。保留过去制度遗留下的特殊管辖权是必要的,可以控制减少匪帮强盗。较之 1670 年政权,取而代之的是一个更为温和与人性化的政权。在 1670 年政权之下仅仅是必要的特殊管辖权制度,在新政权之下将会成为绝对必要而不可替代,对此,立法者怎么会没有想到呢?"[2]作者最后又回顾了肆虐法国的匪帮与共和四年法典的美好结局:"不久人们意识到,法律应当是永久和具有普适性的……应对时事的法律、临时性法律都不再适合这个国家;不适合天才们赋予其生命的世俗制度,不适合英雄所创建的帝国和王朝。在其逐渐发展出宏伟的观念之后,英雄将它们镌刻在青铜上,赋予了它们确定的性质——如同罗马的创建者在其不朽的建筑上刻下他们的法律,这样的做法流传至今。"[3]相较之下,卢韦先生(M. Louvet)的报告并不是如此文采飞扬,但仍然重

〔1〕 *Locré*, vol. XXVIII, p. 49.
〔2〕 *Locré*, vol. XXVII, p. 51.
〔3〕 *Locré*, vol. XXVIII, pp. 55, 56.

复了上述部分考虑。对上述言之凿凿的事实,发言者自己内心可能并不是完全确信,因为他宣称,“如果整个国家的文明状况出现了进步,认为是时候作出改变了,那就有必要把修改甚至废除这个制度的事情留给时间”。[1]

对于议会的法案没有人提出反对;但有趣的是,对大家没有关注的事项,一些发言者注意到某些条款会带来毫无必要的后果。[2] 在共和十二年(1804 年)对《刑法典》的草案进行讨论时,一些疑虑仍然存在,但应该说,它们很快就尘埃落定了。让我们看看特雷哈德先生在共和十二年牧月三十日(1804 年 6 月 19 日。——中译者注)所述:“特雷哈德先生认为,该章节致力于建立 521
特殊法院(exceptional courts);对他而言,这样的制度看上去是危险的,因为总能找到这样的情形,可以使任何公民受到特殊法院的审判。要避免权力的滥用,只能根据罪名的性质而不能根据人们的身份授予这些法院管辖权。例如,再次犯罪的罪犯可以移送给它们。此外,在特别法庭中这样的情形已经存在了,它审判的案件不是建议移送给特殊法院的犯罪——在实现和平之后,特别法庭应当保留两年时间。该章节因此认为,从现在开始到陪审团能够肩负其被寄予的期望的这段期间,特殊法院或许是可有可无的;倘若相反的情形发生,即由陪审团进行的新审判不能令人满

〔1〕 *Locré*, vol. XXVIII, p. 78.

〔2〕 关于法案第 372 条的讨论如下:该条的效果是,法庭作出的判决应由多数作出,否则无效。“缪若瑞伯爵(Count Muraire)声称,无效是一种虚幻的结果,因为判决不再受到审查。因此,只要规定判决应当由多数作出的规则就足够了。——伯利尔伯爵(Count Berlier)则说,正如缪若瑞伯爵所评论的,法律没有允许对判决的审查,由于没有救济可循,法律不应该提到无效。因此,该条的最后几个字应该删除;但是,如果发生了多数表决机制在法令中没有被遵守(几乎纯属想象的假设!)的严重错误,如果判决没有被仔细地确立,毫无疑问应当允许当事人对法官提起要求赔偿的诉讼。”

意,它们可以被叫停。"[1]但是,拿破仑对此并不满意:"陛下认为,支持保留陪审制的大多数人是因为相信特殊法院还会存在而被打动……陛下的意见是,对宪兵提起的诉讼应当由这些法院进行审理,同时也应包括对那些屡次作恶的人再次犯下的违法和犯罪。"[2]康巴塞雷斯对该评论表示支持,但其支持的理由相当奇特:"我们不应该认为,建立特殊的法院就会削弱陪审团;移送到这些法院面前的,只是那些没有权利要求陪审团审判的人。获得陪审团审判,实际是由该人的同侪进行审判;如果要将这样的特权赋予那些流浪汉或游民,那么我们就该让其他的流浪汉或游民来审判他们了。"[3]从那时起,该事项就这么决定了;其后有几次又在国会提起,但再没有反对意见提出。[4] 如果从共和九年雨月十八日的法律投票后的大辩论开始,将此后出现的各种意见综
522 合起来考虑,我们就能洞悉人们头脑中想法的变化。对另外两个重要的事项作出简短评论后,我们将结束对《重罪审理法典》草案的讨论。

第五节 一事不再理、保留的司法权、恢复与修正

旧的司法惯例很少体现对"一事不再理"(Res judicata)的尊重。那个时期,赦免被告的宽缓判决几乎没有作出过,而案件证

[1] *Locré*, vol. XXVII, p. 106.

[2] *Locré*, vol. XXVII, p. 106, 107.

[3] *Locré*, vol. XXVII, p. 107. 特雷哈德先生曾经问到,在为此目的起草法案之前,是否有必要等待"向审判法庭询问的观察结论……拿破仑陛下说,在等待的同时,该章节的起草可以继续,审判法庭的观察结论将在讨论的时候进行考虑"。

[4] 具体请参见1808年1月23日(*Locré*, vol. XXVII, p. 591)和2月6日的记录。

据不足时,“继续调查”是普遍的规则。这是公众意见抨击最为激烈的法律之一,在《1791年宪法》中,陪审团作出的无罪判决的开释效力和最终效力得到了规定。共和四年(1795年)《布鲁梅尔法典》即《雾月法典》两次适用了一事不再理原则:一次是大陪审团,另一次是小陪审团。两个完全相反的制度就这样相遇。

旧法律的传统是否会回潮并最终恢复?在某一刻,可能会有这样的担心。在共和十二年牧月三十日的议会会议上,帝国议长作出如下发言:“目前,刑事法庭的庭长并未享有足够的手段去控制被告、辩护律师和公众。对那些扰乱听审的人,他甚至没有当场将其拘禁的权力。我们应该赋予他这样的裁量权吗?让他可以解散辜负其信任的陪审员;让他不只是对陪审团作出有利判决的被告简单地宣告一句判决无罪,而是有权使被告在警察的监督之下受到‘继续调查’?”〔1〕但这样的观点没有获得任何赞同,在讨论的过程中,再没有被人提起;《重罪审理法典》抄录了前文提及的共和四年《布鲁梅尔法典》的两处条款,在议会审查之时毫无争议地讨论通过了。无罪判决的开释效力甚至还得到了加强。因此,对重罪法庭作出的无罪判决,不能随意地向最高法院提起上诉,除非是为了法律的利益,或者审理的程序存在问题。重罪 523
法庭享有使陪审团的裁决无效的权力,并曾在一个案件中行使过这项权力,但该情形是被告被判决有罪,法院认为陪审团受到了蒙蔽或误导,因此对其被告的定罪是不公正的。

我们还没有忘记,在旧刑事诉讼程序中,司法与赦免的文书(letters)扮演了重要的角色。这样的文书在王室消亡之前就消失了。它们毫无疑问地属于司法保留的适用;从1789年开始,所有

〔1〕 *Locré*, vol. XXVII, p. 98.

的司法权都源于国家而不是国王,此点已达成了共识。对于那些试图妨碍法庭公正判决,阻止追诉或者强制要求法官作出无罪判决的文书,最终都会遭受被摒弃的命运。在政府的组织形式是君主制或帝王制的时期,尽管政府首脑从那时开始就享有特赦的权力,但这并不是古老文书的死灰复燃,因为后者是非常个人化的行为。减免刑罚和赦免的文书在过去发挥的功能是,对那些实施了正当防卫的人作出谋杀罪无罪的判决。它们成了一个令人迷惑的制度,因为现在不再存在这样的理由(raison d'être)。[1] 但是,还有一些文书回应了现实的需要:赦免、恢复、重新审理的文书。在中间时期,立法者有时尝试创设一些新制度去满足实践的需要;有时,这些文书又被认为是不合法的,或者被视为对立法机关的干预。

关于赦免权,制宪会议认为它和新的原则是互不相容的。[2] 它被视为是对司法权下辖的法院所作决定的一种攻击,孟德斯鸠早已宣告,该权力仅仅在纯粹君主制的国家才是可以接受的。另外,在陪审团有罪判决的基础之上作出的量刑裁决,似乎提供了这样的保障,即任何对它的干涉都是徒劳的。然而,赦免权回应了所有国家和政府共同的一种需求:缓和严酷的刑罚,矫正司法错误,对罪犯所作的努力给予肯定并促使其行善。因此,赦免权作为一项执政府的权利开始出现;共和十年获月十六日(1802 年 7
524 月 5 日。——中译者注)的"元老院法令"将赦免权授予给了"第一执政官"。[3] 在帝国时期,享有赐予赦免文书的绝对权利掌握在帝王手中,可以解释为是对古老原则的回归;根据共和十二年花

〔1〕 参见"the Exposé des motifs" of Title Ⅶ, Book Ⅱ of the Code of Criminal Examination(*Locré*, vol. XXVIII, p. 164)。

〔2〕 参见 the Penal Code of 1791, Part Ⅰ, Title Ⅶ, Art. 13。

〔3〕 第 86 条规定:"第一领事享有赦免权。他应当在参加由大法官、两位总理、两位参议员、三位议会议员和最高法院的两名法官进行的不公开商议之后行使该项权力。"

月二十八日(1804年5月18日。——中译者注)的"元老院法令",司法是以帝王之名行使的。

与赦免权不同,在大革命时期,恢复权并没有从法律中删除。对于那些已经从刑罚中尝到苦头的罪犯而言,它甚至已经成为令其回归正途的一项权力;但是,新的观念是,恢复权不能从行政权中产生。时代的精神不仅体现在慎重选择履行矫正罪犯职责的有权机关,还体现在恢复权实施时公开展示的形式。[1] 享有决定权的机关是市镇的一般委员会(general council of the commune)(第3条至第5条)。[2] 在决定作出一个月之后举行的投票中,如果罪犯获得了多数票的赞同,"两名身着官方领巾的市政官员……应当将罪犯引到他目前居住地区的刑事法院面前……他们应带他至法庭,出现在法官和公众面前。在宣读其有罪判决之后,他们应当大声地宣布:'这样的人已经通过服满刑罚之役而赎罪;此时,他的行为已经无可指责;我们以其国家之名义宣告,他所犯下罪行的污名已经消除'"(第6条)。法院院长随即登场,但其仅是登记该决定,并按程式作出宣告(第7条)。"无需审议,法院院长应当作如下宣告:'在你的国家的见证和要求之下,法律和法庭消除你所犯下罪行的污名。'"

上述方式形象地表明,恢复权意图消除犯罪留下的痕迹,但实际上它很少以这种方式行使。在当时,《刑法典》草案正在讨论之中,恢复权制度的使用并不普遍。[3] 是否应当保留恢复权,是 525

〔1〕 参见1791年《刑法典》(第一部分,第七章)。

〔2〕 必须满足的条件是,刑罚执行完毕后经过了10年期间,且该人已在相同的社区连续居住两年以上(第1条和第2条)。

〔3〕 共和七年九月三十日的会议上,"雷诺先生称,在旧法律之下,恢复权是由国王签发文书而生效;制宪会议采取了一个不同的办法,但是这样的情形不太容许它的使用。该办法也有其劣势,它不加选择地将这些受过刑罚惩罚的人都遣送回了社会"。(*Locré*, vol. XXVII, p. 104)

一开始就应该从诸多争议中加以明确并解决的问题。时下主流的观点是,应当从我们的法律中废除该制度,但当时还有一种思潮,即应当回归到旧王朝时期最为简单、纯粹的恢复文书。“议长观察到,制宪会议对恢复权作出的决议所依据的情形是很不利的,我们认为并非如此:在那个时期,赦免文书被禁止,君主不得干涉司法,也不得签发恢复文书或者对判决进行修正。恢复权是授予所有罪犯的,而地方政府会不加区别地作出宣告,也不会实施调查。此时,可以采取另外一种方式,使恢复权成为一种有益的制度。恢复权不应授予一般委员会或地方政府,而只应由王子签发文书,告知决定的理由并作出其他适宜的改进。”〔1〕然而,这种简单地恢复旧王朝传统的意见并没有被接受,制宪会议最终采纳了一个混合的制度,烙上了之前生效法律制度的鲜明印记。罪犯(倘若不是累犯)在法律规定的假释期间届满之前,应当对上诉法院提交其申请,并附其连续居住地的社区委员会的证明。上诉法院可以不同意其请求,也可以同意。即使法院同意其申请,程序也并没有结束;恢复权只有在取得行政机关主管的“文书”才得以生效,行政机关主管有权拒绝给予。“恢复权,”议长称,“只有在依据法院的判决,有明确的理由,经由罪犯请求,获得当地证明,并由检察官申请才可以授予。法院应该享有暂停授予的权力。在获取王子签发的文书之前,法院判决的效力是待定的”。〔2〕这样的混合式制度,在经历了与旧制度支持者的论辩之后,才最终获得通过。雷尼奥先生声称,“他认为应当首先由王子签发文书,然后再履行相应的批准程序。”〔3〕但是,伯尔尼先生回

〔1〕 *Locré*, vol. XXIV, p. 105.

〔2〕 *Locré*, vol. XXVIII, p. 123.

〔3〕 *Locré*, vol. XXVIII, p. 124.

应称,“主权国家的行为将由法院任意决定,此种由最高法院享有 526
的古老而危险特权不应重获启用”。实际上,新的混合制度并不仅仅是对先前操作顺序的颠倒。吕亚尔先生在其《注解备忘录》(Exposé des motifs)中提及:“既然,”他写道,“这不再是单纯地关于赦免权及其运用的问题,既然它关涉对一项既得权利的承认,法院再也不能对这样的审查程序一无所知了。因此,由其混合的性质所决定,判决是必要的。它可以表明,在诉诸王子的行政路径的同时,法院对此也是允许的”。[1]

重新审理权的目的一直是纠正司法错误。制宪会议不允许这样做,认为国家赋予被告获得自由的辩护和判决的权利已经足够;而该事项反映了人们对旧王朝频繁运用重新审理令(letters of revision)的做法的抵制。然而,国民公会(Convention)提出了重新审理权,但仅在一个案件中使用。由于存在两个互相抵触的有罪判决,最高法院将重新审理权作为一种解决办法运用。《重罪审理法典》亦承认它,并且相似地,在三个案件中用作有利于被判处刑罚的罪犯的目的。在此意义上,《1670年法令》中的旧制并没有重现。

关于“监禁令”,它至少构成一项权利,这应是毋庸置疑的。但是,在议会的讨论中也有关于它们的影射。《刑法典》草案中包含了一个奇怪的制度,即“家事陪审团”(family jury):它用于裁判特定的简单轻罪或违规行为,如“儿子没有成婚或未能在事业上有所成就,或是已婚妇女没有与其丈夫分床而眠”,这些都是发生在家庭内部,既没有生人的共犯,生人也不能提出民事赔偿的请求。家事陪审团在治安法官的主持下对被告的罪责和刑罚作出

[1] *Locré*, vol. XXVIII, p. 165.

裁判,该裁判只有在上诉法院的批准之下才得生效,且上诉法院有权减轻量刑。这样的制度设计很好地回应了 18 世纪的风靡一时的观念,最初很受欢迎。一些刑事法院甚至在评论中对其大加
527 颂扬。[1] 但是在 1808 年对其进行讨论时,实用主义的精神占据了上风,议会没有接受该改革建议。不过,它却引发了一场严肃的讨论,因为人们想起,在过去,“监禁令”常常承担着类似于家事陪审团被期望肩负的功能。“勒尼奥·圣让伯爵(Count Regnaud de Saint-Jean)担心该制度会带来恣意妄为。他承认,在‘监禁令’流行的时期,存在着很多恣意行事的现象;但‘监禁令’并没有签发多少。”[2]在 1808 年 8 月 23 日的会议期间,特雷哈德先生仍然对家事陪审团表示支持:“他说,他不认为这项制度是必要的,但它可以用来防止‘监禁令’卷土重来;如果法律没有赋予人们处理家务纷争的手段,强大而具有影响力的人们终会利用国家的权威来解决家务纷争。”[3]但是该制度仍未获得生命;还未及看到明日的曙光,“监禁令”就再没有重现过了。

[1] Tribunal of Loir-et-Cher, p. 36 (“Observations,” vol. III); Tribunal of Hérault, p. 66 (*ibid.*).

[2] *Locré*, vol. XXVIII, p. 107.

[3] *Ibid.*, vol. XXVIII, p. 107.

第四章　法国1808年《重罪审理法典》后的刑事诉讼 528

第一节　立法与司法裁判

我们的任务似乎已近结束。我们的研究自纠问式、秘密的程序在我们的法律中初露端倪的时期开始。而后，随着时间的流逝，我们看到了这一程序的扩张，它变得势在必行并且更加精细，进而最终在大法令(《1670年法令》。——中译者注)僵化的限制中得以确立。18世纪下半叶，开始孕育出荡涤刑事诉讼以及一切旧的法国社会制度体系的一种新精神。不久，自由的气息弥漫法国。借鉴自英国法的“法律大革命”为法国人民创立了陪审团制度、言词和公开的程序，以及被告的自由辩护。但是，古代法律中一些最明智的制度安排被不必要地牺牲了。而在恶劣的实施环境中，新程序也并未显现出效果。采取一系列强有力的举措以寻求《1670年法令》的复兴成为一种急切需要。然而,经过大量的论争,陪审制得以保留,而我们也目睹了《重罪审理法典》缓慢的拟定过程,作为一个兼收并蓄、折中妥协的产物,它既借鉴了“革命法律”中几乎所有关于审理与裁决的规则,又吸收了《1670 年法令》中几乎所有的预审规则。似乎我们的解释应该到此结束,因为这部《重罪审理法典》目前依然有效。但最后一章还是需要我们去写。如今,《重罪审理法典》已然成为一部古老的法律。它已经有 100 多年的历史,并且自发布以来历经数次修改,其中一些修改又非常重要,尽管涉及的只是细节问题。两种趋势之间的冲突一直在持续,而 1808 年的立法者期望在这两种趋势之间建立持久的妥协
529 和确定的平衡。尽管旧有的程序毫无疑问要面临新的挑战,尽管它赖以生存的基础显然已经丧失,但自由辩护的精神必定会渗入那些它在 1808 年尚无法渗透之处。事实上,此后,新闻界、议会以及著作和演讲中一直在进行相关的讨论。这时已截然不同于 18 世纪的情形,犯罪时有发生。他们因而以最为响亮的声音支持人道和明智的自由。在这方面,只需提及广为人知并受人尊敬的福斯汀 · 海莉(Faustin Hélie)和迪 · 奥托兰(d'Ortolan)的大名就足够了。

但是,必须说,除了某些与知名案件审判之影响紧密相关的特定改革(如“有利于死者的改判”)以外,这些要求并未激起公众舆论的热情。政府提议并采取改进和改革措施,只是屈从于科学推演,而不是出于迫切的民意。我们认为,很容易解释这种内心的平静,这绝不是冷漠。我们让陪审团审理严重犯罪。对他们所有人来说,程序都是公开的和口头的,而辩护也是完全自由的。因此,可以肯定的是,在审理结束时,法律上和事实上的无辜者面对审判权都可以轻易取得胜利。无论审判的严厉程度如何,都不

影响最终程序带来的安全感。我们无须描述在议会辩论、新闻界和书籍中出现的思想运动;这就是我们生活的环境;我们只简要指出 1808 年至今的立法工作。我们还将注意到司法实践的趋势和结果,而它们是由一般性认识而非官方的详尽解释所推动。司法实践无处不在,并且始终是促成国家法律发展的最强大的因素之一。

第二节　审判程序的变革

正如我们所看到的,《重罪审理法典》由两个截然不同的部分组成:与裁判有关的规则和调整审理的规则。前者应该比后者更稳定;它们几乎都不是从过去的制度中衍生的。然而,还是有一笔汲取自旧政体下最不幸的灵感。作为旧的军事裁判机构衍生 530
物的特别法庭,构成了《重罪审理法典》的一个污点。它们没有与帝国一起消失。1814 年 6 月 14 日的《宪章》将其保留为常设机构。其第 62 条规定:"任何人都不能被剥夺接受自然法官审判的权利。"其第 63 条又规定:"禁止建立委员会和特别法庭。但司法官辖下法庭不包括在内,如果认为有重建之必要的话。"1815 年 12 月 20 日的法律有效成立了由首席法官、四名普通法官及首席治安法官组成的司法官法庭,首席法官与普通法官选自地区法院,而首席治安法官则选自军队或海军中已满 30 岁且达到上校级别的军官(第 2~4 条)。它们享有法典赋予特别法庭的所有犯罪管辖权,除此之外,它们的管辖权还涵盖了许多政治犯罪(第

8~14 条),而这个新的管辖权才是该类机构存在的真正意义。[1] 这些司法官法庭所作出的判决不接受任何审查;管辖权问题则提交上诉法庭并由其最终决定,而不能向最高法院提起上诉(第 45 条和第 39 条)。基于同样的原因,《重罪审理法典》中的特别法庭不复存在了,而新的司法官法庭也注定难以长存。《1815 年法律》第 55 条和最后一条规定:"如果在上述会议期间未进行续签,则现行法律将不再有效。"后来,它真的未被续签。1817 年 11 月 5 日,在会议的一开始,路易十八就宣布不再考虑保留司法官法庭。而 1830 年的宪章则永远禁止重建这类法庭。其第 53 条规定:"任何人都不能被剥夺接受自然法官审判的权利"。第 54 条规定:"不能以任何名称或名义成立特别委员会或特别法庭。"在这一点上,《1670 年法令》再次成为陈迹;自此以后,司法官辖下法庭也成为历史。但一般法律管辖体系依然存在:重罪法院、轻罪法院和违警罪法院。

对于重罪法院适用的程序而言,1808 年时较之 1791 年及共
531 和四年时并没有任何改进。的确,后来所做的更改仅仅是细节上的完善,但有几个非常重要的地方作了调整。关于向陪审团提出问题的规则被更改:未沿用《犯罪与刑罚法典》复杂的简化进路,而是要求根据《重罪审理法典》之规定,围绕构成要件提出问题,以便使得指控明晰。[2] 在这方面,重罪法院院长的做法先于法律,并启发了立法者。

另一项改革确保了陪审员表决时的独立性。我们已经知道,根据 1791 年的法律和《雾月法典》,陪审员如何逐一大声发表意

〔1〕 *Sirey*,"Lois annotées," Ⅰ,p. 931.

〔2〕 Law of 9th. September, 1835 (New Art. 345 of the Code of Criminal Examination); Law of 13th. May, 1836.

见。《重罪审理法典》没有保留这些引人注目的形式,但保留了口头裁决的原则;它甚至没有像以前那样将陪审员彼此隔离。当他们退庭进入陪审室时,讨论结束了,陪审团团长向他们一个接一个地发问,并记下他们的答复(第 345 条)。这种方法经常会束缚胆怯者,甚至导致弄虚作假。1835 年 9 月 9 日的法律对它进行了修改:确立了无记名的方式。对此,掌玺大臣在委员会报告中提及:“有人问,当我们可以通过无记名投票在我们中间解决所有事情时,为什么不允许重罪法院以这样的程序表达陪审员的个人看法,而这一程序已经在选举的各个阶段以及立法中使用。”1836 年 5 月 13 日的法律对这种新的投票方法进行了确认和细化。

1832 年,陪审团获得了一项新的权力,即可将有利于被告的减轻情节纳入评议范围(第 341 条)。这项极其重要的改革更为关注的是刑法而非刑事诉讼程序。但是,应当指出,这部分降低了本来希望提高的屏障,即事实交给陪审团、刑罚问题留给法官。陪审团作出被告具备减轻情节的认定时,会受到刑罚严酷性的左右:这是无可避免的趋势。另外,掌玺大臣在提交委员会报告时一定程度上承认了此类裁判的合法性。“无疑,”他指出,“陪审团的意见有时会受到刑罚严酷性的影响;但是,这种评议中的影响 532
是无法完全避免的。赋予陪审团一定的量刑自由裁量权,总比看到被告完全逃脱惩处要好,也比容许危险的任施刑罚的无上权力要好。”[1]量刑情节的效力使立法最初的既定理念受挫。

在另外两个问题上也发生了许多变化,立法机关在两种相反的方向之间摇摆不定。这两个问题一个是陪审团的组成,另一个是陪审团作出有罪裁决时的多数要求。可以这么说,每次政府发

〔1〕 *Sirey*, “Lois annotées,” Ⅱ, p. 126.

生重大变革时，都会制定新法来改变陪审团的组成。于是，在这方面相继出现了 1827 年 5 月 2 日的法律、1848 年 8 月 7 日的法令、1853 年 6 月 4 日的法律、1870 年 10 月 14 日的法令〔1〕以及 1872 年 11 月 21 日的法律。这些由当时的政治和改革后果所带来的频繁调整不应该让我们感到惊讶。罗马历史上在“常设刑事法庭”时代也曾出现同样的景象：元老和骑士们对担任刑事陪审员的权利争论不休；陪审员的选择所带来的变化是其中一方的胜利；而相关法律在短时间内相继颁行，并且都带有政治色彩。〔2〕这方面的细节问题不再讨论。我们只能说，自 1827 年的法律颁布以来，在运行中至少又有这么一个催生小陪审团的阶段。该法实际上创建了一个年度陪审团名册，无须再从该份名册中挑选陪审会议名单，而是开庭 15 日前以抽签方式确定。这是一个可喜的创新。自那时开始这种方式就一直存在，甚至在最近的法律中，它还导致了总名册因为不再有用而被取消。而发生变化并且无疑将再生变化的是每年负责确定这份名单的当局的选择。

1808 年的立法采用了简单多数作为陪审团裁决的原则，但并未公开宣布这个原则；它构成了一个无法维系的不合逻辑的复杂制度。1831 年 3 月 4 日的法律废除了这种非常举措。它不再规
533 定“职业法官应当参与事实的宣告”；但是它规定，除非有 7 票以上的多数票，否则陪审团不能裁决被告有罪。这是对 1791 年法律及《雾月法典》原则的部分恢复；它给予了被告危险的恩宠。因此，很快就产生了反应，1835 年 3 月 9 日的法律重新确立了简单多数的规则：“有人质疑”，掌玺大臣谈道，“为何在多数派的政体

〔1〕 它废除了 1853 年的法律，并再次实施了 1848 年的法令。

〔2〕 参见 *Geib*，“Geschichte des römischen Criminalprocesses，” p. 195 *et seq*。*Zumpt*，“Das Criminalrecht der römischen Republik”；Zweiter Band：“Die Schwurgerichte”。

中决定公民生命和财产的权力却掌握在少数人手上。”[1] 1848年，钟摆又开始向相反的方向摆动；在这一问题上同一年甚至通过了两项法律。1848年3月6日颁布的第一个法令旨在废除1835年9月的法律，其在第4条中规定：“定罪须以九票的多数票通过；陪审团的决定要想有效，必须载明以下表述：‘是的，超过八票以上的多数人认为，被告是有罪的’。”其序言宣称：“陪审团以简单多数的原则定罪，无论在哲学层面还是人道层面，这项规定都会即刻遭到反对，而且它也直接有悖于不同时期的国民大会制定的所有原则”。但是，10月18日，制宪议会根据克雷米约（Crémieux）先生的报告通过了另一项法令，将陪审团定罪所必需的多数票减为8票。最后，1853年6月10日法律再次修改了《重罪审理法典》第347条，重新确立了简单多数原则，其第352条中允许法院“将相信陪审团裁定存在司法错误的案件交付下一次审判”。[2] 这样一个在被告与控告他的社会之间保持平衡的明智规则在将来被摒弃的可能性不大；长期以来，它一直受到经验的认可，并且可以说它已经渗入了我们的习俗。

要结束陪审团所经历的立法修正方面的讨论，还应当谈一下 534
最新的1881年6月19日的法律；[3] 该法禁止重罪法院的审判长

[1] 的确，1835年的法律引入了较为微小的限制。在有罪裁决的情况下，修正后的《重罪审理法典》第352条允许法官们在一致认为陪审团案情判断错误时将案件推迟至下一届陪审会议。其还规定：“当被告仅被以多数票宣告有罪（陪审团必须宣布）时，只要多数法官认为应中止该判决并将案件延后至下届陪审会议就足够了，以便法院下令进行此项调整。”

[2] 该法的解释性备忘录指出：“这看似是一个创新其实并不是。陪审团在我国已经存在的六十年中，除十四年来，它都没有对陪审团的有罪裁决提出特定多数的要求。陪审团已经按简单多数原则运行了四十六年。” *Sirey*, “Lois annotées,” 1853, p. 67.

[3] 修正后的《重罪审理法典》第346条规定：“审判长，在审理终结时，不能概括起诉和辩护的理由，否则将导致程序无效。”在比利时，这类总结早已被1831年7月4日的法令废止。

在案件审理终结时进行总结。这项改革迎合了长期以来就存在的强大舆论潮流。这种总结,本应该忠实地反映案件,但事实上却并不总是能够恰当地概括起诉和辩护。无论是出于无意识的集体荣誉感,还是出于图纳内勒时期法官业已形成的敌视被告的职业情绪(图纳内勒系法国旧时代的高等刑事法院所在地,初创于16世纪中后期,旧址位于今日的法国布列尼塔大区上诉法院内。法国最初的轮换制职业刑事法官就是在那一时期被培养出来的。——中译者注),无论审判长多么强烈地希望证明自己不偏不倚,最终却往往成为检察长的助手。审判长的总结有时是对检察官要求的放大。在陪审员的脑海中出现艰难决定之前的摇摆时,一旦审判长将他的权威置于天平一端,控诉和辩护可能就很难有平等的地位。此外,与之相反,可以说陪审员现在已经习惯于他们的职责,在审判终结就有了自己的决定;他们不耐烦地去听审判长的总结,这拖延了陪审会期,也延迟了裁决作出和宣布的决定性时刻。

如果现在被问及,重罪法院的程序规则在司法实践中应用情况如何,我们首先发现它最严格地贯彻了陪审团在程序上的重要要求:诉讼形式是其中主要的保障措施之一。最高法院本着正义精神扩大了诉讼无效的范围,宣布对辩方确实具有实质意义的任何形式的遗漏都是错误的,即使法律未将其列入诉讼无效制裁的范围。但是,另外,司法实践中,重罪法院已经在相当大的程度上使用书面证词。我们已经看到,1791年及共和四年的立法是多么小心地把在预审中的书面证词从陪审团的视线中移开;不仅禁止将这些文档提交给他们,而且,除了某些例外,也禁止向他们宣读。如上所述,1808年《重罪审理法典》虽然不够精确和严格,但
535 也没有反对这一传统。相反,司法实践中,审判长凭借其自由裁

量权,总是可以让陪审团对书面证言进行细读。这项早期确立[1]的法院规则,得以延续。最初,这些决定的措辞似乎将其限制在证人因“不可抗力”而不能传讯或出庭的情况下,但是随着时间的推移,同一原则也适用于证人本可传讯但未被传讯的情况;无论证人在场还是缺席,审判长都可以命令宣读他的证词。[2]这是当今比较普遍的一种做法,没有引起什么争议;它为辩方提供了与控方相同的保障。此外,尽管以前曾经如此严格地禁止在陪审团面前使用书面文件,但仍然存在一种隐忧,即这样操作会促使法定证据主义自发演化(以另一种形式存在)。显然,这种担忧是没有根据的。因为公众舆论对自由心证制度的拥护,超过了法律规定。

在轻罪法院的诉讼程序中,书面证据有更为坚实的存在基础,甚至有法律的明文规定作为依据。在1808年,轻罪案件上诉审的组织方式是毫无逻辑和离经叛道的;这只能以当时存在的交通与通信困难来说明。只有部分(审判庭在上诉法院的所在地的)上诉案件由上诉法院受理;其余的上诉案件则由审判庭的首席法官受理;还有的上诉案件由临近审判庭的首席法官受理。这既没有一致性也没有真正的层级性,而无论从历史层面还是从逻辑层面上讲,明智地构造的审级制度都是上诉的自然条件之一。1856年6月13日的法律废除了这些非常举措。根据《重罪审理法典》第201条(新)的规定,应当始终将上诉提交至法院。然而,尽管在沟通手段上已经有了长足的发展,证人在上诉法院的出庭

〔1〕 参见 *Cass.*,10th January,1817;*Cass.*,9th April,1818(*Sirey*,“Collect. nouv.,” vol. Ⅰ,p. 463)。

〔2〕 但是,该法则保留了以程序的言词进行为主要特征的规则;因此,当证人在陪审团面前出现并作证时,不能在他口头陈述之前宣读他的书面证言。*Cass.*,12th September,1867(*Sirey*,68,Ⅰ,319).

536 还是相当困难且成本很高。在以前，他们通常只是出现在初审法院，而上诉法官则根据初审法院书记员依据《重罪审理法典》第156条和第189条所作的审判记录决定。1856年，法律专员诺金·圣洛朗(Nogent Saint-Laurent)先生曾向立法机构陈述这一事实："在初审法庭上常见证人出庭，但在负责上诉的裁判官面前，证人出庭在实践中只是例外。"[1]自此以后，这种做法不再被肯定。但又能怎么办？只有接受这种必然性和事实，并且，由于法官通常是根据审判笔录来进行判断，所以要确保这些笔录是完整的和忠实的。但这很难做到，对法院书记员而言记录是个麻烦的任务："他们如何才能做出足够、完整的记录呢？只有速记才能跟上证词的节奏。任何其他方法都彻底落后了。进入法庭，观察法庭书记员；他专心致志；全神贯注；他看了一眼证人，又看了看自己桌上的记录纸。证词几乎还没传到他耳中，他就拼命地写了起来……然而，审判仍在进行中，没有任何人关注这个书记员。没有任何人来帮助他。他有很多事要做。……审理结束时，他的摘要记录中充斥着空白，缺漏和缩写。摘要记录无论如何都应呈现言词作证的所有重要方面，但它们很少能够做到。但是，在这项法案之下，以前在法庭上很少见的言词作证将变得更加罕见。其后果是显而易见的；证据的笔录将变得更加重要；因此，必须对它们加以改进。"[2]为此，我们是这样做的。修订后的第189条纳入了以下规定："法院书记员会记录证人的证词和被告的答复。书记员的笔录将由审判长在判决作出后的三天以内认可。"因此，不再是主要陈述(第155条)，而是证人以及被告的所有陈述，书记员都必须记录下来，而且，审判长的认可保证了这些记录的真

[1] *Sirey*, "Lois annotées," 1856, p. 58.

[2] Report of *M. Nogent Saint-Laurent*; *Sirey*, "Lois annotées," 1856, p. 59.

实性。皮卡德(Picard)先生曾提出了一项修正建议,要求将审判笔录交辩方阅读,辩方有权对其进行审查,并在必要时提出异议,但议会并未考虑。

在司法援助方面,1851年1月30日的一项先前的法律使被告在轻罪法庭上的辩护更容易一些。按照其第29条规定:"当被告人提出请求,且可以根据本法第10条列举的文件或其他文件认定其贫困时,轻罪法庭的审判长应当为被检察官提起公诉或已被待审羁押的被告指定一名正式的辩护人。"而该法的下一条使得贫穷的被告在辩护中申请证人出庭作证成为可能,即使他们无法承担传讯证人的费用。直到那时,贫穷的被告才有一种办法,即请求怀有善意的检察官,使被告指出的证人得到传讯(第321条)。[1] 在刑事和惩教事项上的两种救济方法也被扩大或简化了。1868年6月29日的法律修改了《重罪审理法典》第443条及相关条款,规定在三种法定情形下,可以在被定罪者死亡后上诉申请改判,以恢复他的声誉;被判处监禁或者完全或部分剥夺民事权、公民权、家事权的惩教性处罚的人,也可以采用上述救济方法。最近,1877年6月28日和30日的法律,修改了《重罪审理法典》第420条和第421条,对于被判处剥夺自由的刑罚且刑期不超过6个月而向最高法院提出上诉的人,免除了他们的审前准备程序;在相同情况下,也免除了"被判处惩教或违警处罚以剥夺自 537

〔1〕"重罪法院和轻罪法院的院长甚至可以在开庭审理日之前,命令传讯贫穷的被告人声请的证人,只要他认为这些证人的证言对于查清事实有用。同样也可以就文件的所有出示和认证工作发出官方命令。"

由"的任何人的罚金支付。其必要性通常由审前准备程序决定[1],这也是旧法律的一个传统。

538 我们在上面已经看到,1808 年法典以最明确的方式保留了既判力原则,以及重罪法院无罪判决的释放效果。在此有必要指出法院一般是如何解释《重罪审理法典》第 360 条的。根据《雾月法典》的规定,无罪释放的效果是立即消除全部有事实影响力的刑罚限制,甚至包括那些通过清除或修改其某些要素而将其转变为简单轻罪的限制。的确,另外,《犯罪与刑罚法典》要求审判长将审判中产生的可能会改变指控严重性的问题提交陪审团。[2] 在《重罪审理法典》中,是遵循这一传统,还是恰恰相反,在重罪法院宣告无罪释放后,被告可能会因同一行为以不同的罪名或者转换为一个轻罪而被起诉到轻罪法院?这个问题不久就出现在最高法院面前。1812 年 8 月 27 日,图卢兹法院作出一项维持先前裁决的裁定,"考虑到新的《重罪审理法典》并未对'一事不再理'这一准则作任何改变;它只是以一个起诉庭替代了大陪审团,而且没有什么能够阻止重罪法院的审判长提交在审判过程中产生的问题"。[3] 但是,默兰在 1812 年 10 月 29 日的刑事庭会议上对这一理论提出了强烈质疑,而且,根据他的动议,1812 年 10 月 29 日的决议采纳了相反的理论:"应当理解,根据《犯罪与刑罚法典》第

[1] 至少在惩罚导致剥夺任何时间长度的自由的任何时候(旧的第 421 条)如此。站在这些自由主义者的视角,一个看似严苛的法律可能会被提及,即 1835 年 9 月 9 日的法律,其允许将被告人驱逐出法庭,只要被告人"通过大喊大叫或者任何其他可能引起混乱的方式妨碍审判进程",而且,该法还规定,这些被告人将以与拒绝出庭的被告人相同的方式进行对抗式审判。乍一看,这会让人联想到古代法律针对自愿沉默的诉讼程序,但这种比较是不恰当的。1835 年的法律仅适用于对法庭持公开和暴力对抗状态的被告人,此时通过采取多种预防措施迫使这些被告人遵循诉讼程序。

[2] 参见 *Cass.* ,5th February,1808;*Sirey*,"Collect. nouv. ," Ⅱ,p,484。

[3] *Merlin*,"Répertoire,additions. Nobis in idem,No. Ⅴbis."

374条和第379条，提交陪审团的问题不仅必须涉及起诉的事实，而且还必须涉及根据审判或被告的辩护可能改变罪行严重性的所有情况，即使它们改变了它的性质；在该法此种方式的规定下，对被告的无罪宣告，必须使他完全免予一切刑事起诉，无论这些起诉是基于被指控的行为，还是被指控行为的变型，抑或对该行 539
为有影响的所有犯罪特征。但是《重罪审理法典》通过建立其他规则，已对该原则进行了必要的限制。”[1]该决议在这一点上确立了司法规则，此后一直没有改变。这种解决办法可能存在缺憾，并且难以与第360条广义和绝对的表述相协调；但必须承认，它建立在强有力的法律推理之上；[2]并且，如果法律要将其废除，[3]在逻辑上该法律必须同时将向陪审团提交审判中产生的附属问题设置为审判长的法定义务。

第三节　预审的变革

预审是《重罪审理法典》中最容易受到批评的部分；在这方面，已经进行了重要的改革，而且，还有其他更加重要的改革正在准备之中。但是，在具体描述这些改革和审视这些改革方案之前，让我们先看一下司法规则是否以任何方式修改了1808年立法机关建立的制度。法院只能做一件事：在法律没有明确授权但又没有绝对否定的情况下，允许被告针对审议庭的命令或预审法

〔1〕 *Merlin*, “Répertoire,” *loc. cit.*

〔2〕 默兰说：“如果重罪法院的审判长本来不应该就这一点询问陪审团，那么很明显，也就不能认为被告人已在陪审团面前接受了这一点的审判。”

〔3〕 为此目的，一项法案已提交给众议院。

官的命令向控诉审查庭求助。实际上,它也采取了类似的措施来支持检察官。法典不允许检察官和民事当事人针对审议庭的命令提起上诉,但除了一种情况,即当该命令是将被告释放。[1] 但是,法院毫不迟疑地扩展了这一规定,赋予了检察官在每一种情形下提出上诉的权利;[2]他们所依据的原则是,在刑事案件中上
540 诉是一种权利。"这是否有必要?"默兰在他的动议中谈到,"《重罪审理法典》明确列出易于引发上诉的命令的类别?当然没有。只要它不设置例外就足够了。为什么?因为这种质疑一审法院审议庭所有行为的权力是一般法律问题。"他以前曾说过:"准确地说,这不是上诉。这是出于与上诉相同的目的而采取的一种方法。"[3]"但是,如果是这样的话,难道不应该给予被告相同的上诉权吗?""可以肯定地说",默兰在谈到出现了这一问题的另一件事情时宣称,"《重罪审理法典》中没有任何条款允许被告向法官质疑此种性质的决定,虽然也没有任何条款禁止被告,阻止其适用这种救济方式,然而这种救济方式却可以为其对造采用,这完全破坏了其与对造之间的平等性……此外,针对初审法官的命令求助于上级法官是一项法律的一般规定赋予的权利,而且,去年10月29日通过的决议也是基于这一原则,这决定了,即使第135条对此不作规定,在第130条规定的情况下发给惩教警官的命令是可以上诉的。"然而,这位著名的法学家找到了一个拒绝认可被

〔1〕 旧法第135条规定:"当根据以上第128条、第129条和第131条需要命令释放时,检察官或公民起诉人有权对释放提出异议。"

〔2〕 参见 *Cass.*, 25th October, 1811 (*Sirey*, "Collect. nouv.," Ⅲ, Ⅰ, p. 414); *Cass.*, 20th June, 1812 ("Collect. nouv.," Ⅳ, Ⅰ, p. 128); *Cass.*, 19th March, 1813 ("Collect. nouv.," Ⅳ, Ⅰ, p. 308); *Cass.*, 29th October, 1813 ("Collect. nouv.," Ⅳ, Ⅰ, p. 308); *Cass.*, 29th October, 1813 ("Collect. nouv.," Ⅳ, Ⅰ, p. 454).

〔3〕 *Merlin*, "Répert, addit." Appeal from an Ordinance of the Council Chamber, No. Ⅱ.

告上诉权的理由:"在法律的一般规定中",他接着说道,"不可对预审裁决上诉。因此,依照一般规定,被告没有权利对将其发送惩教警官的命令提出异议"。[1] 也许,从逻辑上讲,这同样有可能成为否定检察官上诉的理由;然而,尽管如此,默兰的主张还是占了上风,最高法院也裁定:"被告不能针对将其移送轻罪法庭的命令提起上诉,这项权利仅属于检察官和民事当事人"。[2] 而基于一个更有力的理由,被告不能对预审法官的(除涉及管辖事项 541
以外的)决定提起上诉。[3]

1832年我们对《刑法典》的修订在其他方面都是相当充实的,但在这些问题上几乎没有什么新的变化。但是在第二帝国时期,我们发现了一系列非常重要的改革,尽管涉及的都是一些孤立的问题。1856年7月17日的法律废除了看起来令《重罪审理法典》的编纂者最满意的机构之一,审议庭。它将它的权力移交给了预审法官个人;他将有责任作出结束预审的最终法令,并决定预审的结果(第127条及以下)。在1808年的立法者眼中,这似乎是一件非常重要的事情;这让他们想起那个由一个法官对"特别诉讼"作出的裁决,一次遭到1789年的著述强烈抗议的权力滥用。但实践表明,预审法官对于审议庭产生了压倒性的影响。在法律上,如果涉及犯罪,而且,实际上,在所有情况下,预审法官都很容易获得移交命令;只有他一人对程序了如指掌,并且,可以按照他自己的见解提出诉讼。通过给予他独立的决定权,诉

〔1〕 *Merlin*, "Répert, addit." Appeal from an Ordinance of the Council Chamber, No. Ⅸ.

〔2〕 *Cass.*, 20th December, 1813 (*Sirey*, "Collect. nouv.," Ⅳ, Ⅰ, p. 497);—*Cass.*, 7th November, 1816 ("Collect. nouv.," Ⅴ, Ⅰ, p. 244);—Grenoble, 29th March, 1834 (*Sirey*, 34, 2, 441);—Lyons, 31st January, 1834 (*Sirey*, 34, 2, 381).

〔3〕 Paris, 17th April, 1833 (*Sirey*, 33, 2, 289).

讼进程更加迅速,程序得以简化;每个人都认为决定的责任应给予那些通常会作出决定的人。如果我们考虑一下 1856 年所说的为新法律辩护的话,必须承认这些观察是公正的。另外,必须指出,那些借鉴了我国《重罪审理法典》的国家,例如比利时和意大利,保留了审议庭;并且通过赋予它新的权力,使其成为一般机制中最有用的部分之一。我们还看到,在法国也有人提议以该模式对审议庭进行重构。对于针对预审令状的抗议,这一我们已经看到已由司法规则解决的问题,1856 年 7 月 17 日的法律仍然对此作出了规定;它采纳了最高法院认可的大多数解决方案。新的第 135 条事实上宣告:“在任何情况下,检察官都可以就预审法官的命令提出上诉。民事当事人则可以就对本法典第 114、128、129、131、539 条规定的案件所发布的命令以及损害其民事利益的任何
542 一项命令提出上诉。”至于被告出于维护被告利益的考量,新法所做的显然要比司法规则多。根据新法,被告不仅可以就第 539 条规定的情形提出上诉,即当他反对法官的管辖权,而该法官则被宣布有管辖资格(这一点从未受到质疑)时,而且,他还可以针对依据第 114 条签发的命令提出上诉。第 114 条适用于法官针对保释申请所做的裁定。但与此同时,第 135 条以其非常明确的措辞以及向立法会作出的解释,有效地阻止了所有旨在扩大被告异议权的司法裁决。

我们在第 135 条和第 114 条中遇到的未决羁押和保释问题,是第二帝国的立法者在预审问题上的首要考虑。在 1855 年,他们第一次试图处理这一问题。根据第 94 条的原有规定,预审法官在审问后,发现当该行为需要人身性刑罚或耻辱刑或惩戒性的监禁时,应签发拘禁令;但他因而也受制于这一权力,无权自发地撤回该令状。1855 年 4 月 4 日的法律对第 94 条进行了修改,该

条规定,在审问之后,法官除签发拘押令外不得发出任何其他命令,并且在预审过程中,无论指控的性质如何,他都可以根据检察官的动议,撤回每一个拘押令,只要被告在诉讼的所有阶段均有代理人,并且可以在被要求时立即执行判决。这是为了使拘押令保持一种临时措施的性质,而这正是它一贯的特点;尽管在这里临时措施很容易变成绝对措施,但这种扩展还是利大于弊;它甚至允许预审法官可以无视禁止保释的规定,只要涉及犯罪。但这导致了颇为严重的权力滥用。随后,1865年7月14日的一项法律重新修订了第94条,允许法官撤销拘禁令,如撤销拘押令一样,而且,它还准许法官在审讯后可以选择签发拘押令或拘禁令;借此,它认可了这一当今已获得广泛认可的做法,即两种命令在功能和效果上是相同的,尽管拘押令远没有为被告提供与拘禁令 543
相同的保障。[1]

1865年7月14日的法律彻底改变了逮捕、未决羁押和保释问题。本着一种真正的自由主义精神,它允许法官,不管指控的严重性如何,一开始仅对被告签发一份简单的出庭传票;根据旧的第91条,当涉及犯罪时,对被告签发拘传令是必不可少的。然后,新的第113条取消了以前存在的所有障碍和禁令,规定:"在任何情况下,预审法官均可应被告的要求和检察官的动议,命令暂时释放被告,条件是被告需在诉讼的各个阶段均有代表参与,并且可以在被要求时立即执行判决"。这是自1789年以来首次在刑事案件中允许临时释放。此外,法官可以随时免除被告的保释金(第114条)。诚然,这项规定的重要性并没有想象中那么重要:1848年第23d号和第24号决议取消了最低保释金。这些条

〔1〕 Arts. 61 and 96, Inst. Crim.

款赋予了法官极大的释放权;他们赋予了他极大的权力,但并未强迫他使用这些权力。

然而,1865 年的法律则更进一步,规定在某些情况下,临时释放应是一个权利问题,而在这方面,其并不像 1791 年的法律及《犯罪与刑罚法典》那样宽泛。第 113 条(新)规定:"在轻罪事项上,对于有住所的人,如果法律规定的最高刑罚为两年以下监禁,在审问后五天内,有权利获得释放。"上述规定既不适用于已被定罪的囚犯,也不适用于已被判处一年以上监禁的囚犯。作为最后的关照,在这种情况下,法官不能要求被告提供保释金。第 114 条规定:"当未明确规定享有临时释放的权利时,获得临时释放须
544 承担提供保释金的义务。"[1]我们知道,被告可以将预审法官裁决其请求的命令提交上诉庭(第 135、115、113 条;参见第 119 条)。

1865 年 7 月 14 日的法律从另一个角度处理了未决羁押问题。它限制了,或更确切地说,是规制了预审法官宣布"隔离性羁押"或禁止与被告通信的权力。一些严重的事件已经引起公众对这些权力实践滥用现象的注意。1865 年重新修改后的第 613 条规定,"如果预审法官认为对被告采取禁止通信的措施是适当的,他只能通过签发一项应记入监狱登记册的命令来进行。这项禁令的期限不得超过十天;可以随时延长。该禁令应向总检察长报告。"[2]

〔1〕 1865 年 7 月 14 日的法律重新拟定了第 113~126 条,其中包含了关于临时释放和保释的重要细节,但这些细节我们在此只能省略。我们只强调,不只是在预审期间,才能要求临时释放。第 116 条规定:"在案件的每个阶段都可以要求临时释放。"然而,基于第 126 条稍显严格的规定,通行的做法是,不能在重罪法院提出释放要求。

〔2〕 自 1875 年以来,禁止通信的目的无他——要防止被告与外界的沟通,那些羁押候审的人必须遵守单独隔离的规则。

1865年7月14日的法律,无论其在其他方面的重要性如何,仅触及了法典构建的预审程序的一个方面。另一部稍早的法律,即1863年5月20日至6月1日的法律,取消了一整类犯罪行为的预审。这类行为就是“现行轻罪”,即实施轻罪行为时被当场抓获。该法在其某些规定中也涉及未决羁押问题。一直到那时,未决羁押和预审都是两件密不可分的事,只有预审法官才能签发拘押令或拘禁令。[1] 这有时会带来很大的不便。当某人被当场抓获,触犯的是一个仅仅受到惩教性处罚的轻罪(这是一个非常常见的事情,特别是在大城市里),并由抓获他的警官将其带到检察官面前时,后者只有两个选项,但这两个选项都有些不尽如人意。如果他不想让被告逍遥法外,而使其直接被传唤到轻罪法庭(《重罪审理法典》第182、184条),这将有悖常理——要对被告进行常规化的监禁,他则必须要求预审法官签发拘押令或拘禁令;但这会启动预审,其需要特定的步骤,会不可避免地导致拖延。这种 545
法律在其他问题上没有强制要求的审查,对于这样一个简单的案件来说是完全没有用的。证据已被全部收集;证人也已经明晰,通常就是抓获他们的官员。因此,为了避免这些困难,新法第1条规定,在这种情况下,检察官有权签发拘押令:“凡当场被抓获的被告,如果其罪行只能判处惩戒性处罚,则其应立即被带到检察官面前,由检察官审问他。……在这种情况下,检察官可以向被告发出拘押令。”而且,该种情况下检察官签发的拘押令基本上是临时性的。

的确,1863年的法律并不满足于取消对该现行轻罪的预审;它从根本上加速并简化了判决。如果在抓获当天,轻罪法院正在

[1] 必须要理解的是,我们撇开了《重罪审理法典》第100条中非常特殊的假设。

审理案件,则检察官可以立即将被告带到那里(第 1 条)。随后,证人“由任何司法警察官员或公共力量负责人口头传唤。他们必须出庭,否则可能招致《重罪审理法典》第 157 条规定的刑罚。(第 3 条)”因此,这一简单的程序得以毫无拖延且几乎没有任何缛节地把问题解决了。这一程序是 1863 年立法者模仿自伦敦违警罪法院的做法,该做法已在伦敦取得了巨大的成功。如果在抓获的当天轻罪法院没有审理案件,那么,检察官就必须令被告参加次日的审理。如有需要,法庭可特别召集(第 2 条)。而被告则可以拒绝,或者更准确地说,可以拖延这种快处程序。第 4 条规定:“如果被告要求,法院将至少准许延迟三天以准备他的辩护。”1863 年的法律产生了极好的效果,尽管在实践中,除了在大城市之外,其规定并没有完全得到遵守,但起草者在立法机关面前已预见到这一结果。在下级法院,每周举行一次听证会,专门处理这些轻罪事项,而不会如第 2 条规定的那样,在抓获的次日特别召集法庭;法院并不是按照第 2 条的规定在逮捕后的第二天专门召集法庭;因此,基于检察官签发的拘押令,当场抓获的被告可能被羁押几乎整整一个星期。

546　第四节　改革计划

自从 1808 年及 1810 年以来,第三共和国时期的刑事立法活动和进展比前一个时期更为活跃和广泛。诚然,它们并没有带来新的编纂成果,尽管已经将修订《刑法典》以及对《重罪审理法典》进行部分修订列入计划。但是,该时期还是制定了许多有用的修正法律。它们是如此重要,以至于极大地影响了《刑法典》和

《重罪审理法典》(原本只是部分插入之处)文本之间的协调性,一个三十年前学习过法国刑事法的人如果未保持对新立法的接触,他所掌握的不过是一部与当前的实际情况大不相同的旧法律。

这些新法律中有很多只涉及所谓的刑法;其中最主要的是:1891 年 3 月 26 日关于减轻和加重刑罚的法律;1885 年 4 月 14 日、1885 年 5 月 27 日和 1891 年 3 月 20 日关于驱逐罪犯的法律;1885 年 8 月 14 日关于附条件释放罪犯的法律;1887 年 8 月 16 日和 1898 年 3 月 10 日关于司法前科消灭的法律;以及 1899 年 8 月 5 日和 1900 年 7 月 11 日关于法定前科消灭的法律,在法律规定的延迟期满后,且在此期间没有新的定罪时,该法将依法定程序运行。而最后提到的 1899 年 8 月 5 日和 1900 年 7 月 11 日的法律也规定了重要的司法记录制度(casier)。这些法律中有好几部在这方面都同时涉及刑事诉讼程序,它们增强了法官在此类问题上的权力。这就是 1885 年的法律和 1898 年的《司法恢复法》;1891 年 3 月 26 日的法律[与我的杰出同事贝伦格先生的名字有关],因为它允许法官出于某些罪犯的利益而暂停执行监禁和罚款;它还提供了法律修复的第一个例子,如果判决后的 5 年内没有被判处监禁或更重处罚的新的定罪,就将被视为没有判处过刑罚。关于驱逐罪犯的法律也赋予了法院以前没有的权力。这也是 1888 年 10 月 28 日法律的直接目标,该法律允许法院在认可轻罪事项中的可减轻处罚的情节,并因此希望以罚金代替法律要求的监禁时,对被告判处 1000~3000 法郎的罚金。 547

但是,除了这些只是偶然涉及刑事诉讼的刑事法之外,在这些新的法律中,也有一些是直接针对刑事诉讼程序的,旨在对其进行改革。它们主要与三个方面有关。其中第一组旨在改革预审制度,这是本研究的主要对象;第二组涉及陪审团及陪审团审理程序;第三组则改革了再审程序。我将按这个顺序对它们作简要介绍。在开始之前,我要说的是,对于1881年7月29日的法律所规定的新闻犯罪程序的一些特殊之处,将不再赘述,我已经在其他地方解释了这些规定的原理。[1]

第五节 最近的立法

最近的立法——1808年《重罪审理法典》规定的预审制度存在缺陷,一直被人诟病,待共和国最终建立并由共和党人执政后,对预审制度进行改革就成了一项迫在眉睫的任务。因此,一项旨在改革《重罪审理法典》的法案顺势而出,并刊登在1880年1月14日出版的官方杂志上。"面对如此切实的情况陈述,政府不可能无动于衷。"事实上,早在1870年,一个临时组建的议会委员会就负责对1808年《重罪审理法典》的改革方案开展调查研究工作,但随后发生的诸多不利事件阻碍了改革的进程。1878年10月,根据掌玺大臣杜弗尔先生(M. Dufaure)的倡议,在司法部部长的主持下成立了一个委员会,该委员会由法学家、著名犯罪学家以及几名议员组成,旨在针对理论和实践的发展所需出台并践行相应的改良措施。得益于成员们的积极行动,该委员会在短短几个月内起草了第一份法案,包含了《重罪审理法典》第一卷涉及的主题。[2] 该法案于1879年11月27日提交参议院进行审议,具

〔1〕 Esmein, "Eléments de droit constitutionel," 5th edition, p. 1050 *et seq.*

〔2〕 Bill for the reformation of the Code of Criminal Examination. Exposé des motifs. Journal official of 14th January, 1880, p. 301, col. 3; 302, col. 1.

有举足轻重的意义，它重塑了《重罪审理法典》第一卷的全部内容，并涵盖了大量条款（第8~221条），《重罪审理法典》前所未有 548
地纲举目张、条分缕析，尤其值得我们关注的是其对预审制度所做的根本性变革。该委员会报告指出，法案的每一页都渗透了改革精神，呼吁进行彻底的制度改革。

该报告首先指出了1808年规定的预审制度的由来："《重罪审理法典》规定的制度与《1670年法令》所规定的制度并无本质区别，只是在形式上相对柔和一些"，因而必须在概念上焕然一新。[1] 然而，他们认为要建立英国纯粹的弹劾式制度并非就得废止预审制度。该报告高度评价了公诉机关的积极作用，并有力地指出了任何公民在进行个人控诉时需要承担的风险。[2] 预审不仅得以保留，而且该程序继续以秘密形式进行。"我们的民族性格对公开制度比较反感，更不用说公开制度可能致使预审阶段的犯罪行为人因获知消息而逃逸或隐匿'犯罪事实'成为必然，因而对侦查罪犯尤其是侦查那些仍然逍遥法外的共犯造成阻碍。在交叉询问时，英国的辩护律师对证人提出彰显其能力的棘手问题就能轻易从其口中获得对己有利的陈述，这是否可信呢？在法国，即使是在审判过程中，律师也很难让证人将其秘密告诉预审法官时那样坦诚地提供证词。乡村地区的居民在控告那些可能会怒火中烧的邻居时表现得胆小怕事，当面对辩护律师的恶意批评时却敢于在被告以及亲朋好友面前慷慨陈词，这又是否可信呢？我们再补充一点，依照我们的民族性格，如果实行公开审理，则极有可能在某种程度上形成有利于或者不利于被告的意见，而

〔1〕 Journal officiel of 14th. January, 1880, p. 302, col. 3.

〔2〕 *Ibid.*, p. 303, col. 1.

这种意见对法庭或者陪审团的判决具有预先指示性。"[1]

他们满怀希望并认为具有可行性的是,在诉讼的第一阶段就赋予程序对抗性,并广泛地进行辩护。"尽管我们因英国制度不
549 可行而抛弃了它,但可以思考一下,是否可以汲取控辩双方对抗中的精粹并予以保留?"[2]

我们认为,新法案为实现这一结果而采取了权宜之计,提出以下三个逻辑关系密切的要点:第一,被告有权获得一名辩护人,且有权接触到与诉讼程序有关的所有文件;第二,辩护方不仅仅是被动参与的角色,其有权向法官提出请求或者直接采取对发现事实真相至关重要的措施;第三,辩护方可以针对预审法官的重要裁判采取一系列的上诉方式。

一、"从起诉伊始,就必须为犯人(通常是认知能力低下者和文盲)提供辩护人的帮助,但在现有制度中只能在公开审判前夕才能获得辩护人帮助"[3](见法案第127条[4])。作为一般性规则,律师必须在讯问时在场。第119条指出,如果犯人配备有律师,除非情况紧急,在律师不在场的情况下或者犯人没有被依法传唤的情况下,法官不可以对其进行讯问。对犯人的第一次讯问会受到较大的限制:"预审法官确定犯人的身份,使其知悉受指控的事实,同时在告知其享有拒绝作答的权利后聆听其陈述——"[5]预审法官应当告知犯人有权选择辩护律师,在其没有选择律师的情况下,法官应其请求会为他指定一名辩护律师。这一条款势必使人回想起1789年法律的规定。当然,随后的条款

[1] Journal official of 14th. January, 1880, p. 303, col. 1.

[2] Ibid。

[3] Ibid., p. 303, col. 2.

[4] Ibid., p. 333.

[5] Art. 85. This is almost identical with the English law.

也补充提到："然而，如果出现证人面临死亡或者证据面临毁坏等紧急情况，预审法官也可以立即进行审讯和对质。"[1]

从犯人向法官、书记员或监狱长宣称他已选择辩护律师之时起(第 127 条)，"除紧急情况外，在每次讯问犯人或对质时，预审 550
法官必须提前 24 小时发出预付信函或者以公共管理法规规定的其他形式的通知书来传唤其律师到场。"[2]——"无论被告处于监禁还是自由状态，每次传唤被告时，律师都可以与其一起进入法官的审讯室。未经预审法官的许可，律师不得发言。如果法官不予许可，应记录在案。"[3]——"共和国检察官(The State's attorney)和民事当事人的律师都有权参加讯问。"[4]——"检察官与辩护律师享有同样的权利参加审理，预审法官居中作出裁决。"[5]犯人与其律师之间的自由交流受以下规定的约束："根据第 130 条，如果被告在押，其可以在首次出庭以后与其律师自由沟通。"——"根据第 131 条，如果法官认为有必要，也可禁止被告与其律师沟通"。从首次出庭起算，禁令的有效期为十天。如有必要，经预审法官汇报，审议庭可再次延长禁令，但禁令自首次出庭起计算不得超过 20 天。此后，辩护律师有权参加诉讼全过程，也有权获悉重要文件。

综上所述，证人作证是秘密的。按规定，即便是被告或其律师也不能出席听证会。只有法官可以对上述人员或者公诉人代表发出许可。然而，预审法官的这项权力并未得到充分运用。该法案还就审查被告或其律师的书面证言做了相关规定。"第 64

〔1〕 Art. 86.

〔2〕 Art. 128.

〔3〕 Art. 129.

〔4〕 Art. 119.

〔5〕 "Exposé des motifs."

条规定：可在公诉人、民事当事人、被告及其律师在场或不在场的情况下听取证人证词。如果是不在场的情况，法官应尽快于审理结束之前允许被告人或其律师核实他们缺席时所听取的证词。”

551 此外，根据第133条的规定，在审理过程中，“如果预审法官认为此种工作成果（production）符合审查的必要性，辩护律师可以审查该过程。[1] 在任何情况下，如果辩护律师提出要求，必须及时向其提供法官作出的所有可上诉裁决”。最后，在存有异议（view）的场合，律师有权知晓情况，并参加调查活动。第47条规定：“如有必要，为了起草正式报告以确定犯罪事实和犯罪现场的情况，同时听取证人的证词，预审法官在通知共和国检察官和辩护律师后可视察现场。”

二、正如前文所述，辩护方不仅扮演被动的角色，有时也会主动出击。该法案就此提出了一项一般性规定。根据第37条，“公诉人、民事当事人和被告可以要求预审法官采取他们认为发现真相所必需的所有措施”。

该法案首次明确赋予被告让证人作证的权利，一些条款体现了该原则的适用。第124条以及随后有关对质的条款规定如下：第124条规定：“被告有权向预审法官提出请求，让在其缺席的情况下出庭作证的证人与其进行对质。法官可以根据案件的具体情况准许或者拒绝被告的对质请求。”——第125条规定：“如果法官拒绝了被告的对质请求，则不得使用在其缺席的情况下出庭作证的证人的证词，除非被告明确声明要求使用该证词。如果证人已经死亡，则不适用该项禁令。”第126条规定：“在案件审查结束之前，如果被告提出要求，他可以与其同案被告进行对质。”这

〔1〕 第132条规定，公诉人可以要求他提供在诉讼程序所有阶段的工作成果。

些规定让人感到疑惑,因为它们采用了《1670 年法令》中的旧规定。随着法庭审判中口头原则的引入和公开审判的实施,旧有的对质形式已被废止。有人建议恢复那些被遗弃的规则,正如以前那样,被告可以传唤(called)没有进行对质的证人,但该证人不能作出不利于被告的证词。正如我们所说,这确实表明了书面审查程序正在死灰复燃,因为法庭审判中经常使用书面证词。因此,希望采纳以前的一些措施来重新保障书面证词的证据资格(al- 552
lowed them to constitute proof)。

辩方有权就专业问题提出主张,这与专家证人密切相关。上诉法院每年根据法学院(Faculties)、学术机构、法庭和商会的意见拟定下一年的专家名单,预审法官从该名册中挑选专家。[1] 根据第 49 条的规定,“检察官、民事当事人和被告可以从上述名单中挑选一名专家,有权参加所有诉讼活动,并有权向预审法官选定的专家提出诉讼请求,其言论应当记录在正式报告的末尾或报告后的文件中。”第 51 条规定:“专家鉴定过程中出现的所有附带事项由预审法官作出裁判,可以向审议庭就该裁判提出上诉”,“必须在提交专家报告后 48 小时内将鉴定报告交给当事人。”[2]“如果在提起诉讼(mise en cause)之前[3]或逮捕被告之前已经完成专家鉴定,被告有权在阅读鉴定报告后从年度名单中选择一名专家对指定专家的工作进行审查并提出意见。”

三、根据该法案,预审法官保留了相当大的权力;预审法官享有批准或拒绝辩方请求的广泛权力。至关重要的是,不得赋予预

〔1〕 第 54 条补充:“审议庭在有需要的情形时可以授权指定不在年度名单上的专家。”

〔2〕 Art. 52.

〔3〕 将第三方引入诉讼的行为。——英译者注

审法官的裁判终局性,或应在预审法官之上设置被告可以上诉的法庭。基于此目的,该法案使审议庭重现活力。第 136 条规定:“审议庭由三名法官和书记员组成,预审过该案件的法官绝对无权参加评议。”审议庭的职能不同于以往在预审结束时决定预审结果,预审法官保留签发结案令的权力。审议庭负责审查在起诉过程中预审法官对当事方所提异议的审理决定。从对有争议的
553 问题作出决定之时起,预审法官就无法在最后诉诸他面前的问题上继续充当法官;因此,有必要授予他的上级部门(superior jurisdiction)在所有出现分歧的案件中最终决定如何处理的权力,预审法官有必要就某些问题径行裁判,而这意味着预审法官将肩负过于沉重的责任。基于此目的,该法案重新设立了审议庭,审议庭曾被 1856 年的法律当作冗余的制度而废止,但其又将在现行司法组织中扮演必要的角色。〔1〕 第 137 条指出何人在何种情况下向审议庭提出动议,〔2〕但我们主要关心的是被告可以诉诸的方法。第 37 条在很大程度上允许被告主动提出上诉。正如我们所说,本条赋予被告以及诉讼中的其他各方有权“要求预审法官采取他们认为发现真相所必需的一切措施”;“在遭到拒绝时,他有权依法就案件诉诸审议庭”。各种条款都贯彻了这一原则:当被告要求与证人对质时,预审法官只有在具有法定理由的情况下才能作出拒绝对质的裁决,被告也可据此向审议庭提出上诉。〔3〕“预审法官就专家鉴定过程中出现的所有附带事项作出裁定,该

〔1〕 “Expose des motifs.”Journal offieiel of 14th. January,1880,p. 303,col. 3.

〔2〕 第 137 条:预审法官(第 99、104、131 条)、公诉人(第 54、107 条)、自诉人或被告(第 104、107、124、153 条)在法定情形下可以诉诸审议庭。根据第 44 条规定,主张事项涉及的任何权利人可以向审议庭提出动议;根据第 56 条规定,被判处罚金的证人也可以向审议庭提出动议。

〔3〕 Art. 124.

裁定可以向审议庭提出上诉。”[1]审议庭有权禁止被告与辩护律师的交流时间超过十天(第 133 条);就法官禁止与其他人交流超过十天的这项禁令而言,也可以在审议庭提出异议(第 104 条)。最后,“如果预审法官未准予保释,则可向审议庭提出保释请求(第 107 条)。对审议庭的裁判通常不得提出异议”。第 142 条:“除关于临时释放(provisional liberation)的请求外,不得就审议庭的裁判提出上诉;不得就任何裁判向最高法院提出上诉。”就法官 554
结束案件审理的裁判而言,被告在一些案件中有权向聆讯庭提起上诉。第 152 条:被告在如下情况可以对旧法第 539 条规定的裁判提起上诉:(1)没有司法管辖权;(2)法律并未规定该行为具有可罚性;(3)“公诉”(action publique)被撤销;[2](4)审理无效。

该法案还包含有关先行羁押(detention pending trial)的重要规定。关于临时释放的规定总体保留了 1865 年设立的规则,[3]但实质上改变了令状制度。法案以出庭传票(summons to appear)取代了出庭令状(the warrant for appearance)(第 73 条至第 75 条);至于所保留的其他三项令状,此前的法律只有在拘禁令中规定了一项保障措施:“第 77 条:每份令状都载有关于行为的陈述,并援引将该行为列为重罪或轻罪的《重罪审理法典》条文。”拘押令回归了它的制度本色,其显著特征很好地诠释了其名称具有临时性意味的理由:“第 93 条:在被告首次出庭后,预审法官可根据临时拘押令将被告羁押五天。”——第 94 条:“拘押令不能续签。”——“第 95 条:在 拘押令期满前 24 小时,监狱长(chief

〔1〕 Art. 51.

〔2〕 “Action publique”是指对因个人过错而引起的民事损害赔偿诉讼(“民事诉讼”),由公诉人提起有利于受害方的诉讼。——英译者注

〔3〕 第 107 条明确允许重罪法院给予临时自由。

warden)必须将被告依法应当获释的日期通知签署拘押令的预审法官,在第六天伊始应释放被告。”

该法案还谨慎地限制了拘禁令的有效期,在适用拘押令之后继而可能会适用拘禁令。毫无疑问,在5天拘押令期满之后,被告仍然有可能被继续羁押待审,但审议庭必须就此作出裁决。“第96条:拘禁令是预审法官可据此将被告拘留30天的裁
555 决。”——除非拘押令期限届满,否则不能对在案的被告签发拘禁令。——对于脱逃的被告,也可以签发拘禁令。——“第99条:如果法官认为第96条规定的30天期限应予延长,其应当上报审议庭,审议庭可据其报告裁决将拘禁令的有效期延长30天。——也可以以同样的方式裁决继续延长拘禁令期限。”

尽管参议院对1880年的法案进行了多次修正和讨论,但最终依旧收效甚微。实际上,要完成这项任务需要花费大量时间,即便是对法典进行部分修正也任务艰巨。但可以说,它不仅为未尽的改革奠定了基础,还成为改革的出发点。1897年12月8日的法律就深受其影响,该法律旨在修改某些重罪和轻罪案件的预审规则。这在很大程度上要归功于前法学院研究员康斯坦斯(Constans)参议员,这位杰出的参议员深受实用主义思想的启发。1879年针对《重罪审理法典》第一卷提出的彻底改革在很长一段时间内不可能实现。鉴于此,希望在不改变该制度的基本原则和一般规则的情况下,为实现个人自由提供实质性的制度保障,即便没有完全公开但能悄然保障辩护自由。

该法律首先保证每个因重罪或轻罪被临时羁押的人在24小时内被带到预审法官面前,如有违反,法律将对监狱长和公共部门官员施加惩罚。被告可以随时与指派的律师进行自由交流,直到被告选定律师或为其指派律师后,对案件具体事实(merits)的

审讯方可开始。审问前一天应将案件相关文件送达律师,法庭书记员应立即协助律师获悉法官作出的裁决。在律师在场的情况下方可进行审讯和对质;后者确实如此(第9条),“在得到治安法官允许之前,律师不得在法庭上发言”,但“如果治安法官不允许律师发言,则应在笔录中载明。”另一部法律禁止重罪法院审判长向陪审团总结证据,因其向陪审团总结证据通常并无他物,只是 556
再次重复控方发言。

但是自由立法并未就此止步。1909年3月2日,参议院二读程序通过了一项关于保障个人自由的法案[1],这是一系列提案(text)催生的结果。其中一个提案是由前掌玺大臣莫尼斯先生(M. Monis)提交的。克莱门梭先生(M. Clemenceau)在进入内政部(Minister of the Interior)之前曾提出过一项议案,成为内政部部长之后他又提出了另一项议案。参议院通过的内容首先废除了《重罪审理法典》第10条,上述内容还涉及以下主题:第一,在不解除法院权力的情况下,扩大自大革命以来一直与法国实际情形不相适应的临时释放被告的范围。[2] 与此同时,其中一项规定旨在确保对行为人进行临时拘留或先行羁押时应严格遵守法定令状的要求:“针对不遵守规定的行为,对法院书记员处以至少50法郎的罚款,如有必要,还应对预审法官和共和国检察官施加禁令,甚至对其不履行义务的行为提起损害赔偿之诉(prise a partie)。”第二,首次对在被告住所或在第三方住所进行的人身搜查

[1] Journal official of 3d March, Senate, p. 153 *et seq*.

[2] 里博特先生(M. Ribolt)在1905年2月9日一读时说(Journal officiel of the 10th, Senate, p. 90):“临时释放的数量占先行羁押的比例太小。在英国,这一比例为22%;在法国,除塞纳河以外的所有省比例为3%,而巴黎的比例为18%……临时释放应当与巨大的逮捕数量相比较。仅巴黎一案就有28000人被先行羁押,而整个法国则有88000人被先行羁押。”

和住所搜查进行了严格规定。主席莫尼斯说,“原则上住宅是绝对不受侵犯的;搜查需要具有司法上的必要性,只有在审理已经启动的情况下才具有正当性”。对住所搜查的频繁滥用往往导致在仅有怀疑的情况下便采取这种司法措施;他们来到住所进行彻底搜查,并带走能在住所找到的所有文件,通过这种侦查措施可能会发现一些罪证。[1] 表决后的法案如下:“对住所的搜查和对
557 个人的搜查都是预审行为;除非审理已经开始,且拟被搜查住所的人被认为是犯罪行为的实施者或者共犯,或者至少推定其住宅内存在与犯罪有关的物品,否则不得进行搜查。如果没有上述情形,进行住所搜查的预审法官实施的随意行为可能招致损害赔偿诉讼。”法案还规定:“有两项例外:一是在抓获现行犯的情形下由预审法官本人进行搜查;二是所谓的委托调查(commissions of inquiry)。”——最后,针对司法官提起诉讼,在法律允许的情况下,由私人主体对治安法官滥用权力的行为提起损害赔偿诉讼更为容易:“没有审判长(上诉法院)事先授权,任何治安法官不得因滥用权力而被提起损害赔偿诉讼,审判长(上诉法院)应在征求总检察长的意见后作出裁决。如果起诉被驳回,驳回应以证据为依据,原告有权上报最高法院的控诉庭(the Chamber of Requests)。原告有权得到律师的帮助,并免交罚款。控诉庭应在听取原告律师的陈述和公诉人的动议后,依照普通程序在公开的法庭上作出裁决。”

但是这项法案在众议院没有通过。1911 年 3 月,莫尼斯内阁在其提案中加入了这一内容:“我们请求议院颁布法案废除《重罪审理法典》第 10 条,并制定保障个人自由的措施。”但因众议院过

〔1〕 Journal official of 19th. February, 1909, Senate, p. 89.

于专注其他措施,第10条仍然有效。然而,在1906年8月4日,一份致所有省长的部级通知宣布,第10条是“危险的过时制度”,责令在适用该条时保持谨慎并仅仅将其作为例外,且适用时必须事先向部长提出申请。

在一读的讨论中还提及一个问题,在预审中引入一项非常重要的保障措施,即公开听证会。里博特先生是第一个谈及该问题的人,他回顾说,如今,由于报社记者的工作和新闻界的轻率行为,预审法官办公室的秘密将可能对所有人公开:“如果我们处于这样的处境,我们不知道从谁那里获知秘密,也许是从证人或律师那里,或许是通过书面证词。除了在法官办公室构建的事实之 558
外,我们还可以通过报纸构建事实。我想问问,现在审查这个问题是否更加不明智,更加不勇敢,比1897年走得更远是否没有必要,在整个审理过程中进行对质是否必要。如果你接受对质原则,除了允许法官在某些案件中单独听取证人的证词——而且这是例外——如果你同时接受公开对质,这对所有人来说都是最切实的保障……主席说:“这就是解决办法。”里博特先生说:“是的,这将是解决的办法,我相信这也将是近期内的解决办法。虽然这不在法案之中,但我长期以来一直持有这种观点。”[1]

这实际上就是以两个特点著称的英国制度。一方面,所有的初步调查都不是由治安法官进行的,而是由警察进行的。另一方面,初步调查可以追踪可能的犯罪行为人,经常导致犯罪行为人被逮捕。因此,英国侦探的能力众所周知。

警察在当今拥有非常广泛的逮捕权。犯人被逮捕后应当尽量不迟延地被带到法官面前:法官在公开法庭上听取警察和警察

[1] Journal official of 10th February, 1909, Senate, p. 91.

提供的证人的证词,在每次出庭时应当公开作出是否释放或还押犯罪嫌疑人的裁决。我们可以在伦敦违警罪法院感知到这种审理的确定性和保障措施。[1]

在1909年2月9日的这场辩论中,掌玺大臣布赖恩德(Briand)显示出对英国制度的支持,但他又因职务原因谨慎地补充道:"我应该说,鉴于我们司法机构的总体原因,这一制度在法国的实施过程中必将面临某些困难,也正因为到目前为止我还未找到解决之道,所以我不敢向参议院郑重承诺。但我再次重申,这个问题值得研究。"不仅是我们司法机构的原因,与法国人民的性情、举止和习惯也有关系,所有这些因素汇聚成一道现实难题,正是由于这些原因,1879年的法案在公开方面未能推进。然而,我
559 和里博特先生同样认为公开是未来的解决方案。

1897年12月8日颁布的法律弥补了轻罪法院在组织方面的明显缺陷。《重罪审理法典》第257条的规定旨在实现以下效果:"参与聆讯进行表决的帝国法院(Imperial Court)成员,不得参与同一案件的审理,也不得主持庭审(assizes),不得协助审判长处理无效案件(pain of nullity)。"这一规定同样适用于预审法官。这种做法具有公正性,因为这些预审法官已经对案件情况有所了解,在预审阶段已然对案件形成了自己的意见,并且有理由认为公开的诉讼程序不会使其改变意见。但恰恰相反,没有任何法律条文禁止预审法官以轻罪法院审判法官的身份审理其预审过的案件,而这些案件正是他以预审法官的身份下令将囚犯移送至轻罪法院的。实际上,由于初审法院的组织构成问题以及初审法院的法官人数稀少,预审法官几乎总是以审判法官的身份出庭。预

[1] See an excellent resume of this system in *Maitland*, "Justice and Police."

审法官不仅已经形成了自己的意见，而且对案件了如指掌，几乎总能对法院的其他审判人员产生决定性的影响。1897年12月8日的法律第1条规定了上述做法不合法，即"预审法官不能参与他所审查过的案件的判决"，实践中的操作方式是违法的。

刑事陪审团的运作和所遵循的程序通常是保持不变的。然而，1897年颁布的法律修正案对该程序进行了独具特色的修改。1872年12月21日至24日关于陪审团构成方面的法律规定仍然有效，该法律是国民议会1871年至1876年颁布的优秀法律之一。通常来说，所有选民都有资格成为陪审员，普选制国家陪审员的来源范围较为广泛，但在有充分理由的情况下也存在例外情形。根据第1条的规定，"具有下列情形时，任何人都不能担任陪审员，且其作出的有罪裁决无效：不满三十岁的；不享有政治权利、民事权利和家庭权利的；或者处于下述两条法律所规定的无行为能力或丧失能力的状态。"第4条增加了"家仆或雇工（以及那些不能用法语读写的人）"。这些规定中的第1条源于大革命时期，这在当时的法律中属于不具备选举能力的典型情形；现在的法律在选举事务中没有保留此种规定，但在遴选陪审员时采用了该规 560
定；第2条从受教育程度方面规定了陪审员的最低文化水平。

1872年的法律并未要求在每个省制定永久性的陪审员名单，而是通过两次选拔产生一个年度名单，年度名单中的陪审员数量有最大限额和最小限额。每个县由一个治安法官及其副手和该区各市市长组成的委员会共同拟定一份名单，该名单中陪审员的人数是该县陪审员法定配额的2倍。每个大区的委员会（由初审法院院长主持）有权就区委员会制定的名单进行补充，大区的委员会由该区所有的治安法官和普通法官组成。大区委员会将各区名单上的陪审员人数缩减至大区确定的数量，该委员会还可以在原来的基础上增加三分之一的人选，同时草拟一份重罪法院所在地的候补陪审员名单。这样产生的每个大区的名单都是最终名单,省年度名单只需将所有大区的名单合并即可。在各大区的陪审团中,每个案件的陪审团都是通过抽签方式产生,省民事法院院长在法院公开主持抽签。通过抽签与回避相结合的方式最终从名单中产生出小陪审团。

《重罪审理法典》规定,审判长应当在庭审结束时向陪审团总结案情。第 336 条规定:“审判长应当总结案情,并提请陪审团注意对被告有利或不利的主要证据。”众所周知,这是采用了英国的做法,而在英国法中审判长的案情总结非常重要。英国法律针对法官在该环节可能出现的错误备有矫正方案——因法官指示的误导致使的错误允许重新审判。但是对我们而言,法官在法庭中具有最高权力,因此审判长的案情总结被认为是其宣布诉讼的最终判决,没有人能够反驳,这实际上是受到纠问式诉讼的影响,即使在重罪法院的审判中也能感受到它的存在。但必须补充的是,审判长的案情总结常常证明指控的正当性。因此,1881 年 6 月 19 日颁布的法律废除了审判长的案情总结这一环节。新的法律第
561 336 条规定:“庭审结束后,审判长不能以无效为由总结控辩双方的理由。”该措施让英国人觉得难以接受,他们无法理解在没有法官指示裁判规则的情况下陪审团如何作出裁决。诚然,他们的证据理论(证据法)确保了这种情况不可能发生,但英国最开明、最自由的群体则认为,法官可能会利用自己的权威,让陪审团感知到对被告不利的证据的证明力和重要性。[1]

〔1〕 “The letters of Charles Dickens”, *Tauchnitz* edition, vol. III, p. 51[对法院的审判长说(Chief-Baron)]:“在最近的一起案件中,一位最好的法官使一个最迟钝的陪审团改变想法,该案表现出的威严、理智和精神,使我感到由衷地钦佩。”——第 57 页[对塞尔加特先生说(M. de Cergat)]:“单独来看一些情节对案件的证明作用有限,很难设想出如何让双方进行攻防,但聪明的法官会指示陪审团注意犯罪情节,并将各种情节串联起来。”

最近的一部法律在制定时也遵循了同样的理念。一般来说，陪审员一旦进入评议室(chamber of deliberation)之后，在没有作出裁判之前不能离开，也不能与任何人沟通。第343条规定："除非审判长以书面形式提出申请，否则不得以任何理由在陪审团评议期间进入评议室。"从后面几句话中可以看出，司法实践中审判长本人可在陪审团召唤他时进入评议室。陪审团可能希望审判长对某些要点作出解释，或者正如法国的理论界和实务界所认为的那样，陪审团会考虑其裁决对刑罚的影响，辩护律师甚至可以向其指出判决可能产生的后果，陪审员也可能就此问题询问审判长，甚至从审判长那里得到某种保证。但就这方面而言，这个秘密会议存在一定的风险。1908年12月10日的法律对第343条作了如下修改："只有当陪审团主席传唤并且在被告律师、公诉人和法庭书记员陪同下，审判长才可以进入评议室。"这虽然依旧是法庭外的晤面，但是控辩双方当事人都参与其中，而且晤面所谈论的内容都会有官方报告。

审判长讯问被告是重罪法院程序的特征之一，但这点至今仍饱受批评。为确定被告身份而进行的简单讯问是不可避免的，也 562
是无危害性的，这本身不是问题，我们必须予以理解。我指的是为了逼供或致使被告产生自相矛盾的供述而进行长时间的讯问，这是一个由来已久的问题。《重罪审理法典》并没有规定这一点，但由于深受职权主义诉讼程序的影响，法官的讯问技能非常娴熟，正如英国律师在询问和交叉询问方面的娴熟技巧体现了英国法院控诉式诉讼程序的精髓一样。《重罪审理法典》第310条及其后条款的内容都被编写到题为"对判决和执行的审查"(De l'examen du jugement et de l'execution)的第四章节中，但是几位作者一致认为，"审查"(examen)和"讯问被告"(interrogatoire de

l'accusé)绝不是同义词。

审判长与被告之间有时会贯穿多个阶段进行角逐(duel),当然此种情况下双方是不平等的。举世瞩目的斯坦海尔(Steinheil)事件在这方面也引起人们的极大关注。内阁大臣已向重罪法院院长下发通知函,建议量刑适度和谨慎,并且制定了一项修正性法律,该法律应该会产生一定效果。

与其他国家一样,法国在陪审员宣誓的问题上也面临困难,但这不全是刑事诉讼程序的原因。[1]

陪审团似乎得到了立法者的青睐和充分信任。然而,一场以新闻界为主要阵地的反对陪审团的舆论运动如火如荼地开展起来。虽然我认为这很肤浅,但一直未有减弱之势。[2] 这股风潮首先是由许多明显违反法律规定和法律真实的无罪释放案件引起的,这些无罪释放案件不仅发生在新闻案件(press prosecutions)中,也发生在政治犯罪中,还发生在与罢工有关的普通法犯罪中。其次还有一些在法律上没有正当理由的无罪释放,被称为激情犯罪,甚至还有一些不具有特殊性的犯罪。法国陪审团在这方面与英国陪审团明显不同,它独立性强,较为敏感并且崇尚绝
563 对的权力。这主要是由以下几种原因造成的:首先,由于习惯于纠问式诉讼,主持审判的审判长从未能获得对陪审团的真正权威,无法对陪审团作出有效指示。一方面,也是最重要的一个方面,在一套自由心证的桎梏下,陪审员满脑子都是天真烂漫的法式逻辑,他们愈加相信,在裁决是否有罪时不仅要坚持自己的处事原则,还必须遵循自己的内心感受,以及借助个人在某个特定

〔1〕 *Esmein*, "Elements du droit constitutionel," 5th edition, pp. 1075, 1076.

〔2〕 See the literature upon this point in *Garraud*, "Précis de droit criminel," 10th. edition, 1909, p. 789, note 2.

案件中对罪行和犯罪的一般性问题的认识。尤其在裁决如何适用刑罚时更是如此。我们在上述文段中已经看到了有关这方面的事实,鉴于这种现象显而易见,掌玺大臣布莱恩德先生制定了一项法案,以此使这一不可阻挡的趋势合法化:他允许陪审团在某些情况下,就刑罚的适用与重罪法院法官共同评议和表决。另一方面,在那些与政治学不沾边的科学人士和文学人士看来,公民是否有罪竟然由一群没有受过专业教育甚至通识教育或缺乏专业性知识的人来裁判,这是不合理的,也是不科学的。

然而,我相信陪审团在刑事案件中的角色举足轻重。尽管陪审团制度存在不足,我坚信陪审团制度具有持久性,未来作用可期,存在的一些缺陷也可以弥补。实际上,某些制度是十分有利的历史环境催生的产物,是对人类文明迫切需求的回应,陪审团就是这些制度中的一种。陪审团制度诞生于英国,法国大革命时期被法国采纳,伴随现代文明的发展,陪审团制度在逐渐传播。一个伟大的文明国家如果摒弃了陪审团,将会无法忝列于文明国家之林。可以说,陪审团制度的确立是一种伟大的征服,一旦达成,即是永恒。陪审团制度如同普选制度一样,无论对这两种制度持有何种意见,都不能将其废除。我们目睹了在合法地位得到正式确立之前的20年里陪审团是如何成功地击溃拿破仑的竭力阻挠的。陪审团制度迄今已经延续了120年,它坚不可摧。事实上,刑事案件中的陪审团满足了两个深层次需求,并纠正了孟德斯鸠所说的“在人类之中如此可怕的惩罚的权利”。在定罪问题 564
上,陪审团向被告保证绝对独立于政治权力。这12名公民暂时脱离国家的权力,肩负着这项繁重的责任。他们也许是无知、缺乏纪律、充满偏见的,但他们并不依赖于任何权威。当公民的自由或生命悬而未决时,如果陪审团缺乏独立性,那么公民的自由和生命就得不到切实的保障。

其次,恰恰是因为其自身缺陷,陪审团在刑事诉讼中的必要干预才使得诉讼程序体现了人道主义。我的意思是,从广义上来说,它使刑法的适用、惩罚权力的行使符合社会的普遍良心和公众的良知。考虑到仅仅一个肯定的判决(affirmative verdict)可能使被告招致过分严厉的惩罚,陪审团拒绝认定违法的被告有罪,或者恕佑本不应得到宽恕的被告,这样就使刑事司法与公众所感知的正义观念相一致,并使之易于理解且能被其他具有相同的心智水平的公民所接受。这是我们甘心顺从于现代社会的压制(repression)的必要条件。陪审团制度毫无疑问也是这种流行的司法制度,虽然这是一种遗憾,但也不可避免。这样的制度当然也有削弱压制的风险,但是,在此种风险愈演愈烈之前,12 名公民必须对此了然于心,同时坚定地遵循自己的判决。最重要的是,负责追诉犯罪的公诉人应行动积极,表达清晰。为避免被告被判无罪,他应毫不犹豫地提出必要的、堪称范例的起诉,并坚定而冷静地向陪审团解释惩罚的必要性,这样就有利于 12 名陪审员理解并采纳其观点。

我曾说过,英国陪审团和我们的陪审团存在较大差异。英国陪审团也有其不足之处,尤其因在民事案件中作用过大而备受批判,但是英国人不会摒弃该制度:陪审团制度的缺陷显而易见。他们是 12 个普通人——一个大到足以消解个人责任的群体。他们无须就其判决阐明理由。陪审团作出的判决本身不可上
565 诉,[1]在政治动荡时期,陪审团最有可能反映出当时普遍存在的

[1] 这是 1903 年写的,但从那以后,针对刑事案件中陪审团做出的裁决与量刑均可提起上诉。1907 年 8 月 28 日法案制定了《刑事上诉法典》,并且修改了刑事上诉相关法律。"Annuaire de la Société législation comparée," 1908, p. 14 *et seq*.

偏见。经验表明,陪审团很有可能会被胁迫。当诉讼当事人是一个漂亮的女人或一家铁路公司时,陪审团总是对其抱有偏见。虽然一个优秀的特设陪审团被公认是非常称职的法庭成员,但普通陪审团可能由既没有意愿也没有能力在权衡证据后对讼争事实得出结论的人组成。尽管存在这些明显的缺陷,但与陪审团共事多年的那些杰出法官们都对陪审团制赞不绝口。福特斯库(Fortescue)、库克(Coke)、黑尔(Hale)、布莱克斯通和斯蒂芬(Stephen)都是陪审制的见证者,他们的观点令人信服。此外,查尔默斯法官(Judge Chalmers)也赞成陪审团制度,他在新县(the new countycourts)法院的工作经验使其得出了相同的结论。[1] 这篇文章的作者提出了简单而有说服力的理由:"诉讼当事人得到了拥有常识的普通人对案件事实进行裁判。"[2]他回顾了黑尔对刑事审判中陪审团相当深刻的评论:"如果法官必须冒着风险承担判决被告有罪或无罪的责任,这对法官来说是最令人不快的事情。"[3]

有人提出了在轻罪案件中引入陪审团的不同路径。从逻辑上讲,这似乎是公正的,理由与重罪案件适用陪审团审判相同。但这似乎是不可能的,因为陪审团的责任已经很重了,倘若在轻罪案件中也引入陪审团制度,对公民来说这份责任将沉重得无法忍受。

《重罪审理法典》允许对法律错误的定罪进行再审(review),但适用范围非常有限。它仅允许适用于重罪案件,而且只适用于第443条专门严格规定的案件:"(1)在对杀人案件定罪后,应正

〔1〕 Holdsworth, "A History of English Law," vol. I, pp. 166, 167.

〔2〕 Ibid., vol. I, p. 167.

〔3〕 Ibid., vol. I, p. 169.

式提交文件以充分证明杀人案中受害人的存在；(2)在对一项重罪或轻罪定罪后，如有新判决就同一行为认定另一被告有罪，且两项定罪相互抵触时，可以以此判定先前被判有罪的被告中的一
566 位无罪；(3)在被告被定罪之后，原裁判中对被告不利的证人因作伪证而被起诉和定罪。”

然而，迫于舆论压力，这种再审权力一直在不断扩大。法国人对被定罪的无辜者怀有天然的怜悯之心。这种情况在路易十六统治时期第一次出现，而在我们这个时代这种怜悯表现得更加频繁而强烈。再审权在第二帝国(the Second Empire)的最后几年首次扩围，确切地说是在1867年。当时的问题并不是再一次引入再审，而是允许在被定罪人死后进行再审。最引人关注的是莱苏尔克(Lesurques)案，被告因袭击和谋杀里昂的信使而被定罪和处决；但针对同样的罪行，另一个案件的判决结果却似乎与该案的定罪大相径庭。莱苏尔克家族是一个极具威望的家族，他们不断向政府和议会递交请愿书，公众对该案件的兴趣愈加浓厚；人们普遍认为对莱苏尔克的定罪毋庸置疑是个司法错误。此后，该案被改编成戏剧《里昂信使》(The Courier of Lyons)，赚足了几代人的眼球。1868年6月29日的法律于7月9日颁布，修订了《重罪审理法典》第443条以及部分后续内容。该法还从另一个角度扩大了法律内容。在不以新案形式进行再审的情况下，无论是在重罪案件还是在轻罪案件中被定罪的人均可援引该法。该法还使程序更加精确，并改进了本条草案。然而，基于私人利益而进行的修改并未使私人利益得到任何满足。莱苏尔克一案于1868年提出上诉，但结果却是最高法院于1868年12月17日驳回了上诉请求(Dalloz,1869s,41)。最高法院裁定，针对这一罪行分别对两人定罪并不矛盾。1895年迈出了决定性的步伐，虽然仍然存在

几乎可以确定的司法错误,但是这些错误不属于再审的范围,因为这些错误在当时就已经得到了解决。布尔拉斯和沃克斯(Bourras and Vaux)案为公共舆论注入了新的动力。[1] 由议会倡议的许多提案纷至沓来,这一运动直接促使了1895年6月8日法 567
律的颁布。[2] 在该法律提出的众多改革中有一项最重要的条款:它列出了一个新的上诉理由,是一种大胆的构想。新法第443条补充了提出上诉的第四项理由:"(4)在定罪后,发现了新的事实,或者提交了审判时不曾了解的材料,足以证明被定罪人无辜。"[3]此外,针对这种新情形产生了一项防止再审过度扩张的保障措施。但另一种假定则是,再审的权利不仅属于司法部长(the Minister of Justice),而且也属于被定罪的人,在被定罪的人死后,该权利便属于法律指定的继承人。在第四种情形下,经过新法第444条所规定的讨论和评议后,申请再审的权利只属于司法部长,他决定是否提出再审之诉。1895年的法律(新法第445条)还授权最高法院:"就证据可采性(admissibility)而言,如果案件尚未定案(in shape),则可以直接或通过调查委员会调查案情,可以采用对质、身份检查、讯问等方法查明案件事实。"

1895年的法律使最高法院对案件事实进行裁断和重审的数量有所增加。立法机关的初衷是,最高法院受理再审请求后,应简单地撤销原判,并将案件发回与原审法院级别相同的另一法院重新审判。只有在杀人案的被告被定罪,而被认定已被杀害的人仍然存活的情况下,才不必发回重审。但是,如果被定罪者死亡,

〔1〕 *Garraud* "Précis de droit criminel" 10th edition, p. 947, note 2.

〔2〕 "Annuaire de lgislation francaise," published by the Society of Comparative Law, 19th year, 1896, p. 105 *et seq*.

〔3〕 "Annuaire de législation francaise" above cited, p. 112.

则无法实施新的审判,重审更是无从谈起。1895 年的法律在保留重新审判原则的同时进一步规定,在第四种情形下,即仅涉及一个被定罪的人的案件中,如果审理后不存在应处罚的犯罪行为,最高法院应管辖该案并根据案情自行裁判。

568 德雷福斯(Dreyfus)案在法国引起长久的轰动,使再审程序两度招致责难。然而,该案并没有在再审问题上催生新的立法改革,但确实起到了一定的推动作用。《重罪审理法典》以及随后的 1868 年和 1895 年法律赋予最高法院刑事部门(the criminal branch)对再审请求的管辖权。当该刑事部门在德雷福斯案中第一次获得再审权时,1899 年 3 月 1 日颁布的《剥夺管辖法》(the law of Divestiture)将该部门的再审管辖权移交给了最高法院(包括所有部门)。虽然这部法律的框架是笼统的,但它适用于未来的案件,也适用于当前的案件,因此得以通过。这确实是一部立足于现实的法律。尽管前文提及的德雷福斯案中为无辜被定罪者的声讨和呼吁之声确实具有强大的影响力,但政治利益和情感的走向却事与愿违。从那时起,1909 年 3 月 5 日的法律废除了 1899 年 3 月 1 日的法律,并将其管辖权又交还给了刑事部门。对德雷福斯案的第二次审查促使最高法院依照总检察长博杜安(Baudouin)的动议,对 1895 年 6 月 8 日的法律作出了最宽泛的解释。[1]

1895 年 6 月颁布的法律还实施了另一项开明的重要改革,即对司法错误的受害人予以补偿。补偿分为两种:一种是恢复名誉,包括向公众公开再审结果(新法第 446 条结尾),关于被定罪人无罪的再审裁判应在下列地方公告刊登:(1)其被宣判有罪的

[1] "Cassation, chambres réunies," 1st June, 1906. *Sirey*, 1907, I, 49; Journal des Parquets, 1906.

城镇和再审管辖地的城镇；(2)重罪或轻罪发生地的社区；(3)再审申请人的住所地；(4)司法错误的受害者的最后住所地(如果其已死亡)。此外，还应正式刊登在官方的报纸上(Journal Officiel)上，如果索赔人提出要求，应在其选定的五份报纸上刊登，且上述刊载的费用由财政部(Treasury)承担。另一种是经济赔偿，包括给予司法错误的受害者或其代理人损害赔偿。法国古代法律中 569
早已存在这种赔偿原则，该原则适用于那些经过缺乏事实根据的起诉后最终被判定为无罪释放的案件。但赔偿费用由法官或地方检察官或国王律师承担。该赔偿与官方起诉一起提出，《布列塔尼亚习惯法》对其进行了精确而缜密的适用。[1] 如果起诉是在控告的情况下提出的，责任就落在控告人身上，即使他不是民事当事人。[2] 法官不能通过揭露控告人而豁免其责任。这些原则在我国古代与公诉人有关的法律中一直有所体现。倘若是在没有告发或举报的情况下正式起诉，制宪会议则沿袭了关于治安法官的规则。[3]

然而，我们的法律并没有沿袭这些原则。而且，除针对法官提起诉讼外，法官不承担责任。根据 1895 年法律，给予司法错误受害者的损害赔偿不是由检察官承担，而是由国家承担。这是对 1789 年《人权宣言》中的原则的恢复。1895 年法律规定(新法第 446 条)："如果再审裁判认定被判刑人无罪，可应被判刑人的要求就其因判决造成的损害给予赔偿。——如果司法错误的受害

〔1〕 When there is torture or "joux" (*Planiol* edition, c. 101, p. 145 *et seq*).

〔2〕 "Très ancien Coutume de Bretagne" (*Planiol* edition, c. 103, p. 146).

〔3〕 1791 年 9 月 6 日至 29 日颁布了关于刑警和安全警察的法令。其中，第六章第 8 条规定："如果控告人拒绝签署和确认他提供的指控，警察就无需考虑这一指控；但警察可以自行了解案件事实，听取证人证词，签发命令将被告送交法院，并在适当情况下发出扣押令，但是如果事实证明警察的行为有恶意伤害的意图，他就必须承担个人责任。"

者已死亡，在同等条件下，要求损害赔偿的权利就属于其妻子及其直系血亲。这项权利不应属于其他亲属，除非他们能够证明其因错误定罪遭受了实质性的伤害。——该项请求在再审程序的每一阶段均应予以受理。所获得的损害赔偿应由国家承担，但可向民事当事人、控告人或虚假做证人追偿。这些费用应作为刑事司法费用支付。这是对国家机关以国家名义行事造成损害而无须承担责任这一一般原则的遏制，而且是一种完全合理的遏制。”

第三编 570

1800 年后其他国家的刑事诉讼[1]

〔1〕 此部分参阅加罗(Garraud)教授的《法国刑事程序》第九部分。——编者注

第一节　比较法的重要性：两大法系

(1)结合纠问制与弹劾制；

(2)源于英国法的弹劾制

对任何法律制度进行孤立的研究都是难以想象的，尚需关注其渊源、演变，并与其他国家的法律制度进行比较研究。大约在中世纪初期，每一个被罗马人称为蛮族的欧洲国家，在实体刑法方面都有自己独特的习惯，但在程序方面有许多共性。弹劾制度运行之地，该制度本身亦趋于统一。众所周知，镇压型法律(Repressive laws)不可避免地依赖于政治架构。由此，封建城邦制度在整个欧洲的盛行导致了几乎所有城邦司法制度呈现相似的面貌。继而，当君主专制开始取代城邦制度时，它依靠罗马帝国的法律来削弱封建城邦制度。而罗马法的影响对各种法律体系的调和产生了实质性助益。在某些欧洲国家，甚至在日耳曼法统治的鼎盛时期，罗马法的影响也从未完全消失。程序的变革之路是必然的，但是不同的国家的改革速度各异。然而，除了英国外，所有国家都放弃了弹劾制,而以纠问制取而代之。法国大革命通过其法律体系,对镇压型组织和程序产生了影响,引领了欧洲立法史上的独特时期。法国1808年《重罪审理法典》是两种诉讼模式的折中,为许多国家提供了一种类型或范式。它的影响延续至今,比(拿破仑的)征战更为持久。在考虑适当领域应当关注的细节差异时,试图区分支配欧陆各国程序法原则之人,发现了构筑其特征的基本一致性。检察官的设立甚为普遍。诉讼程序被划分为两个阶段:第一阶段为预审阶段,其沿用纠问制的相关规则;第二阶段为审判阶段,其引入了弹劾制的相关程序保障。陪审团制度在国外的法律制度中逐渐占据一席之地。诸如西班牙和奥地利等国家,曾经试图遏制它的发展,但民意将陪审团制度视作民主的真正保障,故不得不重新予以建构。与此形成鲜明对比的是,这个被动建构的团体,在法国1808年《重罪审理法典》中,其组织模型和框架被视为盎格鲁—撒克逊体系下的自治团体,其服从于同样的灵感和同样的精神。它们一如既往地成为欧美弹劾制的守护者。在英国没有公诉人,起诉由私人发起。控方和辩方之间对抗的平等性受到一系列制度的保护。得益于民族智慧,这些制度的运行没有过多地危及社会福利。在盎格鲁—撒克逊体系下,陪审团既是审判的保障,也是起诉的保障。

我们将概述最重要国家的刑事诉讼的立法渊源和程序规则,并尝试区分其一般和典型特征,即所谓的“支配性特征”(dominants)。

第二节　域外各国的立法[1] 572

Ⅰ.德国[2]

(a)改革需求。刑事诉讼中技术侦查的应用使基于酷刑的不公正定罪逐渐浮出水面。[3] 德国刑事诉讼中法律本身固有的缺陷,加之实践的恶化,越发彰显。许多国家在法律上禁止酷刑[4],使刑事诉讼丧失了一项主要的基本要素。很显然,诸多的司法调查规定功效的发挥依赖于酷刑,德国的证据理论中的诸多观点的立足根基不复存在。德国各州的立法不能再对渐长的改革需求无动于衷。[5]

尽管如此,德国保留了秘密侦查的基础,也致力于获取被告的供述,以及建立在法定证据理论基础上的德国刑事诉讼程序。酷刑以及与之相关的机构应予以废除。《加洛林法典》中的证据原则应予扩大适用,并修正已出现的弊端。 573

〔1〕 我们不应当把国家分组,例如,第一组,英美组;第二组,罗马法组,北部和南部;第三组,德意志组;第四组,其他国家。那就等于承认法律体系之间存在种族关系,但事实并非如此。因此,我们罗列各个国家。关于此点,参见 Franz von Liszt,"Le droit criminel des peuples europfens"(Berlin and Paris 1894),Introduction,pp. xv and xvi。

〔2〕 关于德国立法的 a、b、c、d 部分,参阅了密特迈尔(Mittermaier)教授的"Progress of German Criminal Procedure"。就该文作者和作品,请参阅编者前言。——编者注

〔3〕 *Gockinga*,"De doctrinæjuris. crim. incrementis inde a seculo duodevigesimo media jam parte elapso"(Groningen 1826).

〔4〕 *Feuerbach*,"Themis oder Beiträge zur Gesetzgebung,"No. V.

〔5〕 1786年11月30日的托斯卡纳(Tuscany)立法,涉及刑法,系当时刑法改进的观点集成的重要阐释。参见 *Carmignani*,in the"Zeitschrift für ausl. Gesetzgebung und Rechtswissenschaft,"II Thl. ,No. 20。

(b)早期立法。上述需求引发了与犯罪与刑罚相关[1]的1803年《奥地利法典》[2],以及1805[3]年《普鲁士刑事规
574 定》[4],系统的法院组织规则的引入亦为普鲁士刑事规定做了相

〔1〕 以"Gesetzbuch über Verbrechen"为篇名,于1803年9月3日颁布。对此的评论有:*Jenull*,"das oesterreich. Crimialrechts"(see *ante*),IV vol.(vol. I in new edition,1820)。*Hannamann*,"Das rechtl. Verfahren der Criminalgerichte über Verbrechen,nach dem Gesetzbuche in Beispielen dargestellt,"3d Thle.(Vienna 1806). *Luzac*,"Versuch einer Anwendung der Gesetze über Verbrechen."(Vienna 1806). *v. Wagersbach*,"Handbuch für Criminalrichter und Bezirksobrigkeiten"(Gratz 1812),3 vols. 法令(statutes)的例证及对此的讨论参见 *Zeillers*,"Jahrlichen Beitrlge zur Gesetzkunde und Rechtspflege,"1800-1811,IV vol. *Pratobevera*,"Materialien für Gesetzkunde und Rechtspflege in Oesterreich."VIII vol.(Vienna 1816-1824). *Wagner*,"Zeitschrift für österr. Rechtsgelehr. und Gesetzkunde"(Vienna 1825-1831,and since 1833,continued by *Dollinger* and *Kudler*,yearly,12 vols.,later continued by Stubenrauch). *v. Wildner*,Zeitschrift,"Der Jurist."(Vienna,since 1839,yearly,4 vols.) A collection of all the laws enacted for the Austrian Code,and instructions,in Waser,"Das Strafgesetz über Verbrechen sammt den dazu gehörigen Verordnungen"(Vienna 1839),and in fuller detail in *Mauscher*,"Syst. Handbuch"(Vienna 1844)。

〔2〕 关于奥地利法律的历史,参见 *Mittermaier*,"Handbuch,"I,p. 116. *Graff*,"Vers. einer Gesch. der Criminalgesetzgebung in Steyermark."(Gratz 1817) Jenull,"Das österreich. Criminalrecht nach seinen Grunden und Geist."(Gratz 1803-1813),I Bnd.,p. 74. *Maucher*,"Syst. Handbuch des oesterr. Strafgesetzes."(Wien 1844)I,p. 12。

〔3〕 关于其构成,参见 *Mathis*,"Jurist. Monatsschrift,"IV,p. 232。

〔4〕《刑事规定》(Criminalordnung)于1805年12月11日颁布。对其的补充规定,参见 *Hofmann*,"Repertor. der in Crim. Untersuchungssachen nahern Bestimmungen"(Zulichau 1817). *Berger*,"Rep. des preuss. Criminalrechts."(Zeiz 1819) v. *Strombeck*,in v. *Kamptz*,"Jahrbuch,"XIII Hft.,p. 35. *Paalzow*,"Comment. für die Criminalordnung"(Berlin 1817),2 vols. Comments and illustrations in Kleins,"Annalen der Gesetzkunde und Rechtsgelehrsamheit"(Berlin since 1788),26 vols. v. Kamptz,"Jahrbücher für die preuss. Gesetzgebung und Rechtswissenschaft"(since 1813),127 vols. to date. Hitzig,"Zeitschrift für die Criminalrechtspflege in den preuss. Staaten"(Berlin 1825),迄今共出版了48卷(含副刊)。另见 Abegg,"Grundriss zu Vorlesungen über den gemeinen und preuss. Strafprocess."(Königsberg 1825)。*Abegg*,"Lehrbuch des gemeinen deutschen Criminalproc"(1833),p. 36. *Richter*,"Handbuch des Strafverfahrens in den preuss. Staaten"(Königsberg 1830),4 vols. *Temme*,"Comment. über Paragraphen der preuss. Criminalordnung"(Berlin 1838). *Alker*,"Handbuch des preuss. Criminalprocessverfahren"(Berlin 1842). 与《刑事规定》(Criminalordnung)相关的后期法令,参见 For the later ordinances passed relative to the,see,preferably,*Mannkopf*,"Preuss. Criminalordnung in einer zusammenstellung mit der ergänzenden Verordnungen"(Berlin 1839)。1844年8月5日,普鲁士出台了一项重要的法令,涉及法院简易程序的快速审查。关于普鲁士立法的进展情况,另见 *Temme*,in v. *Jagemanns*,"Zeitschrift,"new edition,p. 307。

应准备。[1] 鉴于没有区分初步侦查(preliminary investigation)和主侦查(investigations in chief),承认非常规刑罚和对藐视的刑罚(punishments for contempt),且对无罪释放有诸多限制,后者(《普鲁士刑事规定》。——中译者注)不能满足合法性要求。[2]《巴伐利亚刑事法规》[3]倡导立法的科学性,似乎最好地回应了时代的要求。它具备完整的条文规范,倡导无罪释放和辩护,尤其是倡导对德国纠问程序进行改进并修正了滥用之处。 575

(c)早期立法的缺陷。尽管所有这些法典在当时颇有效用,但是也仅包含了一半的措施。[4] 它们缺乏适当的基础,而且鉴于旧法院系统的固有缺陷,不能使被告免受专断裁决。这些法典保留了纠问程序的缺点;对无罪判决施加不适当的限制;并且承认对藐视法庭罪的刑罚从而孕育危险因素。此外,它们没有确保

〔1〕 关于普鲁士法律的早期历史,参见 *Mittermaier*,"Handbuch,"I,p. 120。1804年9月16日总纲,参见 *Kleins*,"Annalen der Gesetzkunde,"XXIII,p. 213. 关于某些评论对普鲁士程序的影响,参见 *Biener*,"Beiträge zur Geschichte des Inquisitionsprocesses,"pp. 164,182。尤其参见 *Abegg*,"Geschichte des preuss. Strafrechts,"in *Hitzig*'s"Zeitschrift,"1st Supplementband(1835)。

〔2〕 对此的批判,参见 *Kleins*,"Annalen,"Bd. 24,No. 2;and"Glossen zum preuss. Criminalrechts"(Breslau 1818). *Temme*,"Commentar über die wichtigeren Paragraphen des preuss. Criminalordnung"(Berlin 1838)。

〔3〕 早期历史,参见 *Mittermaier*,"Handbuch,"I,p. 109.《刑事规定》(Criminalordnung)构成了1813年《刑法典》第二部分。其补充规定("Novellen")收录于"Sammlung der wichtigsten k. Rescripte in Beziehung auf das Strafgesetzbuch von 1813";and *Doppelmair*,"Sammlung der Erläuterungen und Rescripte"(1824),and also the single supplements("Novellen"),given by *v. Wendt*,"Grundzüge des deutschen und besonders baier. Criminalprocesses"(Erlangen 1826)。另见 *v. Gonner* and *Schmidtlein*,"Jahrbücher der Gesetzgebung und Rechtsk. in Baiern."(Erlangen 1818-1820),3 vols. *Zurhein*,"Zeitschrift für Theorie und Praxis des baier. Rechts"(München 1835),2 vols. *Seuffert*,"Blätter für Rechtsanwend. in Baiern."(Auspach,from 1836)。

〔4〕 *Mittermaier*,in"Archiv des Criminalrechts"(Halle),XI,Nos. 7,12,15,20.

法官能够获得公正裁决所需的完整(证据)材料[1],而且由于试
576 图提出一种法定证明的理论,往往使罪犯获释。[2] 立法者希望通过大量的一般性规则来指导程序的进程[3],但不幸的是,它们往往超出了必要的范围,从而限制了必要的自由裁量权。[4] 此外,他们对规则做了太多的例外规定,最终这些规则亦变得无足重轻。[5]

政治的变革,对德国诉讼程序没有满足合理的需求的意识渐长,对公民自由的尊重,以及刑事诉讼程序对权利的必要保护的意识,引发了之后针对德国诉讼程序定期立法修改的科学调查以及谨慎审议(如通过立法议会)。对法国诉讼程序的认知渐长,在德国许多地区已成为法律,以及不时出现的是否保留法国诉讼程

〔1〕 *Mittermaier*, in"Archiv"(Neue Folge, Halle 1837), p. 6. *Cf. Rosshirt*, "Zwei criminalist. Abhändl."pp. 3–88. 关于德国诉讼程序的缺陷,参见 *Mittermaier*, in"Archiv"(1842), pp. 71–93, 103。

〔2〕 关于德国诉讼程序缺陷的应对,参见 *Biener*, "Über die neueren Vorschläge zur Verbesserung des Criminalverfahrens in Deutschland"(Berlin 1844)。Also *Puchta*, "Der Inquisitionsprocess mit Ruchsicht auf zeitgemässe Reform"(Erlangen 1844). 在此基础上, *Martin* 为德国诉讼程序辩护,参见 Richter's"Krit. Jahrbuch"(1843), p. 110。

〔3〕 值得注意费尔巴哈(*Feuerbach*)在其著作中的论述,另见"Betrachtungen über Oeffentlichkeit und Mündlichkeit"(Giessen 1824), I Thl., p. 415, and in the description of crimes, II, p. 191, note。

〔4〕 例如,关于证据的审查, *Gmelin*, "Über die peinliche Rechtspflege in Kleinstaaten"(Tübingen 1831), p. 126。

〔5〕 例如,关于逮捕和入室搜查。

序的问题,引发了争议,[1]激发了兴趣,并使外国立法广为人知。由此,相关的旨在改革刑事诉讼程序的科学著作渐增。此类著作也往往由编纂法典的讨论引发,亦旨在比较研究国外立法以及其 577
原则,该类原则与普通的德国程序有所不同。[2] 即便如此,立法

[1] 诸如 *v. Sandt* and. *zum Bach*,"Niederrheimisches Archiv für Gesetzgebung und Rechtswissenschaft"(Köln 1817-1820),4 vols. 刊载于 *v. Kamptz*,"Jahrbücher"的文章,特别是第23卷,第91~202页。*Hadamar*,"Die Vorzüge der öffentleh-mündlichen Rechtspflege"(Mainz 1815). "Grunde für und wider die mündliche Rechtspflege"(Mainz 1816). *Schramm*,"Freimuthige Bemerkungen über öffentl. mündli. Vefahren"(Elberfeld 1817). *Tritterman*,"Nachtheile des öffentichen Verfahrens"(Düsseldorf 1817). *Mosqua*,"Prüfung der neuern Gründe für öffentliches Vefahren"(Berlin 1818). 另见 *Mittermaier*,"Die öffentlich-mündliche Strafrechtspflege und die Geschwornenheit in Vergleichung mit dem deutschen Strafverfahren"(Landhut 1819)。特别具有价值的是科隆应急委员会("Immediatcommission"in Köln)的总结:"Über das öffentl. münd. Verfahren in Untersuchungssachen, über das öffentl. Ministerium, über das Geschwornengericht"(Berlin 1818). 与此相关的,另见 *Gravell*,"Prüfung der Gutachten der Immediatcommission"(Leipzig 1819),2 vols. *Rebmann*,"Andeutung einiger Forderungen an eine gute Strafrechtspflege"(Wiesbaden 1819)。"Bemerk über Einf. der Oeffentlichkeit des ger. Verf. und der Gesehwornengerichte in Bayern"(München 1819). *v. Feuerbach*,"Ueber Oeffentliehkeit und Mündlichkeit"(Giessen 1821-1825),2 vols.

[2] *Abegg*,"Beiträge zur Strafprocessgesetzgebung"(Neustadt 1841). *Leue*,"Der mündliche öffentliche Anklageprocess und der geheime schriftliche Untersuchungsprocess"(Aachen 1840). *Hepp*,"Anklageschaft Oeffentlichkeit und Mündlichkeit des Strafverfahrens"(Tübingen 1842). *Leman*,"Über Oeffentlichkeit und Mündlichkeit des Strafverfahrens"(Berlin 1842). *Molitor* in *v. Jagemanns* and *Nollners*,"Zeitschrift für Strafverfahren," III. Bd., No. 1. Folir,"Über Mündlichkeit und Oeffentlichkeit des Gerichtsverfahrens"(Carlsruhe 1843); and *Geib*, in his reference to Folir in Richter's Krit. -Jahrbüchern(1844, Feb., p. 20). *Biener*,"Über die neueren Vorschläge zur Verbesserung des Criminalverf. "(Berlin 1844). 此外尚有 *Schirach* 关于改善石勒苏益格—荷尔斯泰因的刑事诉讼程序的法律著作:"Über die von holsteinischen Standen beantriigte Reform des Strafverfahrens"(Kiel 1843). The articles by *Falk*, *Hermann*, *Graba*, in the new Kieler Blätter, 1843, III Bd., p. 75; VI, p. 209; VII, p. 258. *Brinkmann*,"Über Schwurgerichte in Strafsachen"(Kiel 1843). *Esmarch*,"Über Reform des Gerichtverfahrens in Schleswig"(1844)。*Cartheuser*, in the"Jurist. Zeitschrift des schlesw. Advokatenvereins,"I Annual, 2. Hft., p. 269. 关于程序的改进,特别参见 *Puchta*,"Der Inquisitionsprocess mit Rucksicht auf eine zeitgemässe Reform"(Erlangen 1844). *Rintel*,"Von der Jury"(Münster 1844). *Hopfner*,"Über den Anklageprocess und den Geschwornengericht"(Hamburg 1844). *Mittermaier*, in"Arehiv,"1842, Nos. 2, 8, 15。

者无法摆脱的缺点便是对威慑理论的偏好以及对口供的追求。[1]

(d)19世纪早期的立法。除了前文已提及的国家的刑法典,大多数德国邦国关于刑事诉讼程序的立法或通过新的法典,或通过旧法典的修订,或通过制定特别法规来规定特定问题。绝大多数的法律基础是德国普通的诉讼程序,其经常通过立法修正案的方式作出修改(但并不总是正向完善)。在有些国家,对刑事诉讼程序的个别问题制定了具体的单行立法,但绝大部分保留了德国普通的诉讼程序。例如,巴登(Baden)[2]、萨克森王国(the Kingdom of Saxony)[3]、布伦瑞克(Braunschweig)[4]、荷尔斯泰因和

〔1〕 *Hepp*,"Darstellung der deutschen Strafrechtssysteme,"2d Abthl. ,pp. 383-392.

〔2〕 Strafedict of 1803,with the supplements and examples of 1812,edited by *Rhenaus* (Mannheim 1823). 另见 *Donsbach*,"Verfassung und Processverfahren der Untergerichte" (Karlsruhe 1822). *v. Hohnhorst*,"Jahrbücher des badischen Oberhofgerichts zu Mannheim" (1823-1831,6 vols.)。*Duttinger*,Ketternaser and *v. Weiler*,"Archiv für die Gesetzgeb. und Rechtspflege in Baden"(Freiburg 1830,4 vols.)。后期有关刑法的法令中,11月25日法令涉及废除藐视的刑罚(punishments for contempt)以及1837年8月3日法令涉及刑事案件重审尤为重要。

〔3〕 参见 *ante*,Chapter XVII,特别是1838年3月30日法令。刑事程序中特殊特征的变化,亦可以参见撒克逊刑事程序相关规定,就此可以参阅优秀文献"Zeitschrift Criminalist. Jahrbücher für das Knigr. Sachsen,"by *Watzdorf* and *Siebdrat*(Zwickau 1837-1841,and "Neue Jahrbücher"since 1842)。一份新的草案于1843年提交高等法院,并引发了多篇相关文章对此探讨。鉴于没有就基本原则达成一致意见,该草案被政府撤回。就修改建议参见 *Mittermaier*,in"Archiv des Criminalrechts"(Halle 1842),p. 424。

〔4〕 1814年1月15日、1814年2月3日、1823年3月20日法规(Verordnung);1832年法令以及1837年2月23日法令。*Scholz*,"Abriss der Gerichtsverfassung und des Verfahrens in Strafsachen in Braunschweig"(Altenburg 1841).

石勒苏益格(Holstein and Schleswig)[1]、汉诺威(Hanover)[2]、梅克伦堡(Mecklenburg)[3]、安哈尔特德绍(Anhalt-Dessau)[4]、魏玛(Weimar)[5]、奥尔滕堡(Altenburg)[6]、施瓦茨堡(Schwarzburg)[7]、黑塞大公国(the Grand Duchy of Hesse)[8]以及奥尔登堡(Oldenburg)。[9]

在德国的其他邦国,存在秘密的书面审理程序。其本质为纠 578

[1] *Esmarch*,"Prakt. Darstellung der Strafverfahrens in Schleswig,"1840,以及1843年增订。

[2] *Puffendorf*,"Introd. in proc. crim"(Luneburg 1732). *Oesterlei*,"Handbuch über das Verf. in Straffallen für das Königreich Hannover"(as vol. III of the"bürgerl. und peinl. hannov. Proc.")(Göttingen 1820). 1823年3月15日法令涉及废除酷刑;1829年6月,提出针对刑事诉讼程序的修法动议。("Archiv des Criminalrechts,"X,No. 1)*Gans*,"Entwurf der Criminalprocessordn. für Hannover"(Göttingen 1836). 委员会的法案参见"Archiv," Neue Folge,1837,p. 20。1840年9月8日法令涉及刑事案件的司法程序;1840年11月19日法令涉及治安法官管辖罪行。*v. Bothmer*"Erörterung und Abhändlung aus dem Gebiete des hannov. Criminalrechts und Criminalprocesses"(Hannover 1843).

[3] Criminalgerichtsordnung of January 31st,1817;see"Neues Archiv,"I Bd. ,No. 28. 梅克伦堡的刑诉程序参见 *Richter*,"Handbuch des Meklenb. Criminalproc."(Gustrow 1830). 以及 *Kammerer*,"Das Rechtsmittel der Revision in Criminalproc"(Restock 1833)。1838年1月12日法令中的"Criminalcollegium"(刑事庭)的管辖权,甚为重要。此外,1838年1月13日法令中的"Niedergerichte"(地方法院);1838年1月15日法令中的刑事调查中的发言顺序;以及1841年1月12日法令中的证据。

[4] 1822年7月10日《安哈尔特法规》(Anhalt Landesordnung)若干篇章的解释、修改和补充(第141、150页涉及刑事诉讼程序)。

[5] 1810年10月5日魏玛刑事法院法规(Weimar Criminalgerichtsordnung);1819年5月7日魏玛条例(Weimar Verordnung)中的废除酷刑、藐视罪的可罚性以及间接证据;1839年4月7日和9日法令。

[6] 奥尔滕堡,关于间接证据的1837年4月15日法令,以及关于连续上诉的1837年1月27日法令。

[7] 1837年2月2日关于法律救济的法令。

[8] *Ruhl*,in *Bopp*,"Materialien,"I, p. 33. *Bopp*,"Nachträge zur hessen-darmstädt. Civilprocessordn. und peinl. Gerichtsordnung"(Darmstadt 1838). 1841年9月17日新刑法引入时通过的法令对程序产生了影响。

[9] 后来引入了巴伐利亚刑法,并进行了诸多改讲。参见"Archiv,"IV, p. 471. 1821年10月11日通过颁布法律解释进行了重要补充。1837年的新版法典包含了1836年以前所有的补充规定。

问审理模式,伴以某种公开和口头的答辩方式。因此,在程序结束时,似乎存在公开的审结。这种审理方式在瑞士各州尤为常见,例如苏黎世(Zurich)[1]、卢塞恩(Lucern)[2]、伯尔尼(Bern)[3]、图尔高(Thurgau)[4]、格拉鲁斯(Glarus)[5]和弗赖堡(Freiburg)。[6] 此类也属于符腾堡[7]的刑事法规[8](Criminal Regulations of Würtemburg),其在严重犯罪的情况下保留有限度的审结公开[9]和一定程度上的对抗机制。[10] 也可以看到,《普鲁士修正案》存在类似的审结公开(public conclusion)。[11]

其他立法选择了法国程序作为基础,但限制了陪审员审理,

〔1〕 1831年6月10日法令。

〔2〕 卢塞恩.1836年6月17日刑事诉讼法规。

〔3〕 1834年3月7日以及12月15日法令("Archiv,"Neue Folge,1837,p. 194).

〔4〕 关于司法行政管理(the administration of justice)的1834年6月19日和1837年11月19日法令。

〔5〕 1837年格拉鲁斯刑事诉讼法规。

〔6〕 1839年5月27日法令。

〔7〕 关于刑诉新规定之前的法令,参见Ordinance of November 18th,1811;关于犯罪形式和制度,参见IV Organisationsedict of December 31st,1818,Nos. 193-226,and the edict of July 17th。另见*Hofacker*,"Systematische Uebersicht des gemeinen und würtemburg. Strafprocesses"(Tübingen 1820).以及*Hofacker*,"Jahrbücher der Gesetzgebung und Rechtspflege in Würtemburg"(Stuttgart 1824-1830)。1830年大会提议对刑事法律进行修订。参见criticism of the administration of justice,in *Gmelin*,"über die peinliäche(中译者注:英译本拼写有误,当为peinliche)Rechtspflege in Kleinstaaten mit bes. Beziehung auf Würtemburg"(Tübingen 1831)。诸多关于巴登符腾堡刑事诉讼法的文章参见*Sarwey*,"Monatsschrift für die Justizpflege in Würtemburg"(Ludwigsburg,1837 to 1844,yearly,4 vols.)。

〔8〕 Of June 22d, 1843. *Holzinger*,"Commentar über die Strafprocessordnung für Würtemburg"(Ellwangen 1844). Also *Knapp*,"Die Strafprocessordnung von Würtemburg mit Anmerk."(Stuttgart 1843.)

〔9〕 这种公开程度还不够,参见*Mittermaier* in"Archiv,"1842,88-278页(关于大会程序见270页)。*Folir*,"Über Mündlichkeit und Oeffentlichkeit der Gerichtsverfahrens"(Carlsruhe 1843),p. 27.

〔10〕 *Hepp*,"Darstellung des deutschen Strafrechtssysteme,"II Abth.,p. 384.

〔11〕 *Mittermaier*,in"Archiv,"1842,p. 293. *Folir*,p. 28. *Temme*,in the Zeitschrift of *Jagemann*(New edition),I,p. 311.

致力于深入进行初步侦查,并扩大了审判长的自由裁量权范围。 579
诸如荷兰[1]和瑞士沃州的法律汇编(codifications)[2]、《巴登刑事法规》[3]和《匈牙利法典》。[4]

(e)帝国时期的立法。自从帝国宣告成立,统一立法这一任务一直是德国政治思想的永恒主题。从这一视角,1877年是这个国家历史上一个重要的日子。该年颁布了四部重量级法典,即《司法组织法》(Code of the Judicial Organization)、《刑事诉讼法》(Code of Criminal Procedure)、《民事诉讼法》(Code of Civil Procedure)和《破产法》(Bankruptcy Code)。在此我们仅讨论前两部法典。

(Ⅰ)在整个德意志帝国,司法组织法[5]用同一套民事和刑事审判体系取代了不同的地方司法。由地方法庭(amt tribunals)、州法院(district courts)、州高等法院(district courts)和帝国法院(tribunal of the Empire)进行司法活动。司法组织的建构遵

〔1〕 最后一部法典"Wetboek van Strafverordering"于1836年生效。与此相关的,参见 *Asser*, in the"Zeitschrift für ausländ. Gesetzgebung,"X Bd., Nos. 11,20。关于1828年法律修订具有价值的评论,参见 *Rappard*,"het Ontwerp van een Wetboek van Strafverordering"(Zutphen, 4 vols.). 另见 den Tex and van Hall,"Anmerkingen over het Ontwerp"(Amsterdam 1829, 4 vols.). 关于1828年之前的修订,参见 *Mittermaier*, in the"Zeitschrift,"Bd. I, No. 20; II, No. 6。关于该法令具有价值的观点,参见"Geschiednis en beginselen der nederlandsche Wetboeken"(Utrecht 1839), 2 vols. *Bosch-Kemper*,"Wetboek van Strafordering"(Amsterdam, vol. I–II, 1840). *Lipmann*,"Wetboek van Strafordering"(Amsterdam 1842)。

〔2〕 "Code de procédure pénale du Canton de Vaud,"*Lausanne*, 1836. (See"Archiv," Neue Folge, 1837, p. 171.)

〔3〕 更早的一次修订是在1835年,参见"Archiv,"1842, p. 80。该法典于1845年3月6日颁布。

〔4〕 "Entwurf einer Strafgesetzgeb. für das Königr. Ungarn,"2 Thl. (Leipzig 1843).

〔5〕 1877年1月27日法典。"Code d'organisation judiciaire allemande,"(Paris, 2 vols., 8vo, 1885)由 *Dubarle* 引入并翻译。该法典是司法部外国立法委员会监督出版的外国主要法典汇编中的一部分。另见"Annuaire de législation étrangerè,"7, p. 77。*Laband*,"Le droit public de l'Empire allemand,"translated by *Gaudillion*(6 vols., 8vo, 1900–1904, Paris),在司法组织方面可做一般参考。

循民事和刑事司法统一的原则,其具有双重性质。在最初级的司法辖区,即 amt(与法国的行政区非常相似),有两个法庭,一个处理民事案件,即"amt"法院(Amtsgericht);另一个处理惩戒矫正事项(correctional),即参审法庭(Schoeffengericht)。地方法官("amt"judge)同时审理两种案件:前者单独审理,后者由非职业法官协助。再高一等级的司法辖区,巡回审判定期在州法院举行,其审理不属于参审法庭或帝国最高法庭审理范围内的刑事案件。德国巡回法庭的组织形式与法国巡回法庭相同。要么由一名主审法官和两名法官组成,要么由 12 名陪审员组成。

580 (Ⅱ)德国《刑事诉讼法典》是对法国《重罪审理法典》的直接借鉴。[1] 就程序内容而言,它们之间的差异值得关注,但并不足以构成一个明确的类型。在统一立法之前,德国各邦的法律体系可能作如下归纳:某些邦国,特别是两个梅克伦堡邦和两个利普邦,遵循德国普通法,基本上借鉴了德国的纠问模式。吕贝克和萨克斯-阿尔滕堡公国则采用了对抗模式,但没有引入陪审团或陪审员。最后,在绝大多数邦国,通过纳入陪审员或陪审员参与审判,至少在审判程序中保留了对抗模式。[2] 1877 年的立法者在最后一组中寻找范式,并采取了该模式。其认可了德国(以及和欧陆大多数国家)历经的连续三个阶段的刑事诉讼程序的演

〔1〕 *Fernand Daguin*,"Code de procédure allemand"(1st February, 1877),翻译并注释(Paris 1884)。引言部分值得特别关注。

〔2〕 关于德国程序的历史,参见 *Daguin*,"Introduction," p. vii *et seq.*; *Feuerbach*,"Lehrbuch des gemeinen in Deutschland gültigen peinlichen Rechts," edited by *Mittermaier* (14th ed., 8vo, Giessen, 1847); *Ch. Lévita*,"Précis de l'histoire du droit pénal allemand depuis la Caroline jusqu'à nos jours",由 *Bourneville de Marsangy*(Extract from the"Revue crit. de législation,"34 pages, 8vo, Paris, Cotillon, 1862)翻译并注释。关于最早时期的古代法律,参见 *J. J. Thonissen*,"L'organisation judiciaire, le droit pénal et la procédure pénal le la loi salique"(2d ed. 8vo., Paris, Chevalier-Maresq, 1882). 关于德国刑法的书目,参见"Le droit criminel des États européens," Germany, appendix, p. 363。

变:对抗模式阶段、纠问模式阶段以及混合模式阶段。最后一种制度模式总结了德国程序的现有特点,在该模式下,聆讯作为诉讼的起点,被规定为特定的官方行为。侦查再现了纠问程序的形式。但在进入审判领域后,一切都在公开的法庭审理和双方对质中进行。证明行为不再是形式化的,而是道德的,法官仅凭职业良知引导他判断事实和罪责。

旨在修正《司法组织法》和《刑事诉讼法》的1898年5月27日法律[1],一方面旨在司法机关与新的德国民法典的契合,另一方面修正了司法实践中呈现的缺陷。[2] 581

Ⅱ.奥匈帝国等

奥匈帝国系各国家、民族和法律制度的复合体。

(a)《奥地利刑事诉讼法》的颁布日期为1873年5月23日,是自19世纪初以来在奥地利颁布的第四个法令。事实上,这个国家曾由1803年、1850年和1853年的法典监管;现在则由1873年法典监管。[3] 1803年的《刑法典》既是一部刑事实体法典,也是一部程序法典。[4] 在程序方面,它只是重建和发展了纯粹的纠问制度的规则。1850年的法典是以法国法典为蓝本制定的;它

[1] 审阅、分析和翻译见"Ann. de 1égislation étrangère,"1899,38,pp. 142-150。

[2] 关于德国刑法的系统解释,参见"Encyclopaedie der Rechtswissenschaft"of Franz von Holtzendorff(6th ed.),II.其中有三篇文章介绍刑法。*M. Wachenfeld* 的文章是关于一般刑法的内容,*M. Beling* 的文章说明了一般刑事诉讼程序,*M. Weiffenbach* 特别说明了军事刑法和刑事诉讼程序方面的内容。另见 *Ernst Henrich Rosenfeld*,"Der Reichs-Strafprozess"(Berlin,Gutentag,1903)。

[3] 该法典名为"Oesterreichische Saf process-Ordnung vom 23 mai 1873."曾被 *MM. Edu. Bertrand* 及 *Ch. Lyon-Caen* 翻译为法语"Code d'instruction criminelle annoté"("Collection des Codes étrangerè,"imprimerie national,1875),但此标题并不准确。引言部分涉及以下三个方面:1803年、1850年和1853年法典之后的奥地利刑事诉讼程序,1873年5月23日法典的编纂历史以及新法典的概述。

[4] 该法典已被翻译成法文,收录于 *M. Victor Foucher* 监督出版的现代国家民事和刑事法律汇编第一卷(the collection of civil and criminal laws of modern nations)。

引入了言辞和公开程序、对抗原则和陪审团制度。但它很快被1851年爆发的反动思潮否决。1851年12月31日法令宣布,应当为整个帝国制定一部刑事诉讼法。该法即为1853年7月29日的法典,其效力一直持续至1874年1月1日。该法典禁止陪审团,只允许有限度的公开审理,不允许在侦查结束之前进行辩护,并保留了法定证据制度。

1860年和1861年爆发的自由运动和宪法改革引起了人们对刑事诉讼缺陷的关注。许多改革计划被陆续展开。1872年,作为几个改革委员会的主席、时任司法部长格拉泽(Glaser)在初步工
582 作中作出了卓绝的贡献。他提交了一份草案,该草案后来成为1873年法典。

遵照日耳曼传统,这项法律被称为刑事诉讼条例(Ordnung)[1],但它实际上是一部法典。在欧洲大陆的程序立法中,这部法典可以被看作在之前立法基础上的显著发展。该发展基于奥地利立法的前身,以及构建奥地利的各民族种族、传统和风俗的多样性。1867年12月21日的宪法已经确定了它的基本原则,即本质上的言词审理以及适宜情形下的公开审理,对抗式审判以及对严重的犯罪、政治犯罪和言论犯罪的陪审团审理。对最后一种类型(言论犯罪。——中译者注),根据1869年3月9日的法律,陪审团审理相应适用。

1873年的奥地利法典得到了犯罪学家的一致赞同。毫无疑问,它受法国《重罪审理法典》的启发,复制了其模式,但是亦进行了大幅度的修正和改进!格拉泽的科学头脑深深地印刻在了程序法,使其在适应实际生活层面相应调整。1873年法典对当代刑

〔1〕 而不是由 *MM. Bertrand* 及 *Ch. Lyon-Caen* 翻译的刑事审查(“d'instruetion criminelle”)。

事诉讼发展方向的影响也是值得关注的事实。自1808年法国《重罪审理法典》以来,尚未有任何一项国家特有的立法被其他地方更广泛地引用和模仿。

(b)匈牙利的刑事诉讼史系一个世纪以来纠问制和弹劾制之间博弈的历史。1896年12月22日的《刑事诉讼法典》适用于该国,将之前多样化的法律体系统一起来,并引入了陪审团,不仅对言论犯罪,而且对较严重的轻罪亦适用陪审团。它建构了由公诉人进行起诉的控告程序。[1]

(c)1891年1月30日法典适用于波斯尼亚-黑塞哥维那(Bosnia and Herzegovina),该法典于1892年1月1日生效。[2]

(d)克罗地亚-斯拉沃尼亚(Croatia-Slavonia)有自己的法典,即1875年5月17日的条例。该条例以1873年奥地利法典为蓝本,但未设立陪审团。

Ⅲ. 比利时

比利时保留了法国的法典,特别是1808年的《重罪审理法典》。1831年的宪法规定了立法应当"毫不拖延地进行相应修 583
改"(第139条)。但是,这项伟大的工作只完成了一部分。一方面,新《刑事诉讼法典》的试行篇章于1878年4月17日公布[3],该章优先原《重罪审理法典》予以适用。另一方面,新法第三篇中的第九章取代了原《重罪审理法典》第443、444、446、447条。换

〔1〕 关于这部法典的评论,参见 *Meyer* in "Ann. de législation étrangère",1897,pp. 397-409。

〔2〕 评论参见 *Meyer*,Bull. soc. lég. comp. 1891-1892,vol. 21,p. 398。

〔3〕 "Annuaire de législation étrangère,"1879,第443-457页,*Georges Louis* 撰写了相关的文本、评论和注释。所有与新法典导言标题有关的议会文件均由 *Nypels* 进行了"全部"的转载复制并进行了编纂,标题"Commentaire du Code de procédure pénale"(Brussels 1878)。

言之,修改了上诉的规则。[1]

比利时的刑事诉讼史分为三个时期,这三个时期与其同时代的历史时期相对应。[2] 从1795年到1814年,比利时是法国的领土。在其统治之下,先后通过了(第四年)11月3日的《犯罪与刑罚法典》,以及法国1808年《重罪审理法典》。正如其他邦国,比利时作为新尼德兰王国的一部分生活在拿破仑立法的统治下。但是1808年《重罪审理法典》在两个重要的问题上几乎立即作了修正:其一,陪审团被废除;其二,在起诉之前被禁止公开刑事和矫正事务(1814年11月6日决议)。1830年以后,比利时成了一个自治王国。其再次采用法国的法律体系,但是对这一体系已经为一系列的条款所修正。这些条款分别被与这些条款相关的机构进行了特别审查。

Ⅳ.摩纳哥公国

《摩纳哥公国刑事诉讼法典》(The Code of Criminal Examination of the Principality of Monaco),于1873年12月31日颁布。[3] 可以被认为主要照搬了法国1808年《重罪审理法典》。然而,在
584 许多方面亦存在差异,特别是在所处理事项的次序方面。摩纳哥

〔1〕 该部法律于1894年6月18日颁布,载"Annuaire de législation étrangère"(1895年,第24卷,第505~514页。由*A. le Poittevin*审阅并注释。关于比利时法典的大体改革计划,参见*S. Mayer*,"Das Strafprozessrecht Belgiens,"in"Archiv für Strafrecht"(1886);*Vacca*,"Le reforme del codice di procedura penale nel Belgie,"in"Rivista penale,"30,p. 109 et seq。

〔2〕 参考书目:*Haus*,"Principes généraux de droit pénal belge,"vol. 2,book IV;*Thonessen*,"Travaux préparatoires du Code de procédure pénale,""Reports made to the Chamber of Representatives";*Lindotte*,"Le Code de procédure pénale appliqué et annoté";"Revue critique de droit criminel"(Criminal procedure);. *Ferdinand Thiry*,"Cours de droit criminel"(2d ed., 1895), Second part,"Procédure pénale";"Pandectes belges," *passim*; *Nypels*,"Législation criminelle de la Belgique,"3 vols.,8vo。

〔3〕 官方版本,Nice,Cauvia & Co.,1874。

公国诉讼程序的主要特点是将陪审团排除在刑事诉讼之外。[1]

V. 卢森堡大公国

卢森堡大公国的刑事立法不具有独创性的优点。1879 年 6 月 18 日颁布的《卢森堡刑法典》照搬了 1867 年的《比利时刑法典》。大公国的程序法仍然由 1808 年的《重罪审理法典》规定,但同时亦作出了重要的修改。[2]

VI. 西班牙

《西班牙刑事诉讼法》(The Spanish Code of Criminal Procedure)于 1882 年 9 月 14 日颁布。[3] 该法的主要改革是以言辞审判取代书面程序。西班牙人民"已经接受了几个世纪的书面、秘密和纠问程序的教育";他们已放弃了该制度而采用弹劾制。"该弹劾制的影响甚至辐射至预审阶段。立法机关赋予了囚犯权利保障,据此秘密侦查仅被有限度地使用,即为了防止预设的案件事实消失。这一权利保障在之前的法律中未曾实现。[4]

陪审团审判在 1875 年被废除,1888 年 4 月 20 日的法案重新建立[5],并赋予陪审团审理较严重轻罪案件的审判权。西班牙检察官的起源看似非常古老,但现行的组织可以追溯到 1812 年

[1] 1888 年 8 月 16 日的主权法令对《刑事诉讼法典》第 76、355、358、444 条进行了修改,1891 年 5 月 22 日的法令对第 467 条进行了修改。此外,正在起草整体修订法典的草案。该草案参见 *De Rolland*,"Projet de Code de procédure pénale"(3 vols. ,8vo,1899-1903)。该草案即将被通过。参见"Code de procédure pénale de la principauté de Monaco"(8vo,1905)。

[2] 参见 *Jacques Delahaye*,"Bull. de l'Union intern. de droit pénal,"1903,p. 63。

[3] 参见 *Gabriel Verdier* 及 *Joseph Depeiges* 翻译的外国法典合集(Paris,Imprimerie national,1898). 另见 *Thouralt*,"Notice sur le Code de procédure criminelle du 14 Septembre,1882"("Annuaire,"t. XII,p. 693). 关于历史,参见 *Du Boys*,"Histoire du droit criminel de l'Espagne"(1 vol. ,8vo,1870)。

[4] 司法部长(Minister of Pardons and Justice)的报告。

[5] *Verdier* 及 *Depeiges* 已将该法案翻译在法典的附录中。

的法律。其成员也被称为“财政部长代表”(representantes del ministerio fiscal),在镇压型程序(repressive procedure)中拥有与法
585 国相同的权力。他们在所有案件中都采取公诉,但在法律另作规定的除外,对此类案件仅能由受害方提出起诉申请。

Ⅶ. 意大利

在统一的意大利,目前的组织性镇压型法律由两组主要权力代表:其一,《王国基本法》(the fundamental statute of the kingdom)和《宪法和政治秩序法》(the laws of constitutional and political order);其二,《刑事诉讼法典》(Code of Criminal Procedure)和《司法组织法》(the laws on the judicial organization)。

(a)“王室规约”(The royal statute)载有关个人自由的若干声明和宪法规定(第 26 条);家庭的不可侵犯性(第 27 条);禁止特别法庭(第 71 条);公开听审(第 72 条);参议员的豁免(第 37 条);代表的政治保障(the political guarantee of deputies)(第 15 条);设立高等法院(High Court of Justice)(第 36 条)。其他涉及司法组织或程序问题的具有宪法或政治性质的法律,如 1871 年 5 月 13 日关于君主教宗特权的法令或者 1848 年 3 月 26 日关于言论的法令或法律等。

(b)《意大利刑事诉讼法典》(The Italian Code of Criminal Procedure)可以追溯到 1985 年。[1] 它经过后续的补充修正,比如 1865 年 12 月 6 日的《司法组织法》,该法自身被其后的 12 月 14 日规定补充,以及不胜枚举地涉及治安官及其功能的其他法

〔1〕 *Marcy*,“Code de procédure pénale du royaume d'Italie”(2 vols. ,8vo,1881,Paris). 针对该法典两条主要的评论参见 *Borsari and Casorati* “Codice di procedura penale commentato”(5vols. , Milan 1885); *Saluto*,“Commenti al Codice di procedura penale”(8 vols. ,8vo,3d ed. ,Turin 1884).

律。但是,其中必须提及的是1888年12月6日决议[1],该决议赋予罗马最高法院(Court of Cassation of Rome)对王国所有刑事事务的专属管辖权,并制约了其他6个最高法院的刑事审判部门。意大利的司法组织与法国的组织非常相似。治安官(prætors,类似于法国治安法官)是司法等级中最低的一级。巡回法庭(Assize courts)负责刑事案件的审判,其组织结构类似于法国法院的重罪法院。[2] 检察官办公室对应同等级的法院相应设置。

(c)《意大利刑事诉讼法》的改革计划繁多,各不相同。这里无法对那些由议会提出的改革进行展开讨论。但是,我将按时间 586
顺序列举以政府的名义发起的计划:1866年4月19日的法尔科(Falco)计划、1868年的菲利波(Filippo)计划、1880年3月9日的维拉(Villa)计划、1885年11月25日的泰阿尼(Taiani)计划等等。最后,通过1898年10月1日的法令,掌玺大臣阿普里乐(Aprile)设立了一个委员会,该委员会负责研究和提出《刑事诉讼法》(Code of Criminal Procedure)的修正案,从而更有效地保护个人自由,并促进刑事惩治的及时迅捷。[3] 委员会的会议记录已经公布。[4] 委员会于1904年6月完成了工作。在不改变刑事诉讼根基的前提下,对涉及犯罪行为各阶段的细节问题进行了一系

[1] “Annuaire de législation étrangère,” vol. 17, p. 512.

[2] 1874年6月8日的法律(“Annuaire de législation étrangère,” vol. 4, p. 357)和1886年12月16日的法律对其进行了修正(Annuaire, vol. 16, p. 395)。

[3] 参见 *Lucchini*, “Giustizia per tuti,” “Revista penale” (“Justice for All,” “Penal Review”), vol. 54, p. 489。

[4] “Lavori preparatori del Codice di procedura penale pel regno d’ Italia” (“Preliminary Proceedings for a Code of Criminal Procedure in the kingdom of Italy”), 3 vols., 4to, Rome. 前两卷包含了委员会的会议记录。第三卷记载了针对刑事诉讼主要问题的报告。意大利政府谦恭且慷慨将这些书提供给外国刑事学者。

列改革。[1]

[（d）该法草案最终于1912年6月20日颁布，在许多方面代表了当时欧陆刑事诉讼程序中最先进的观点。[2]]

Ⅷ. 瑞士

瑞士各州的《刑事诉讼法典》可依族群分为三类：其一，德裔瑞士各州；其二，法裔瑞士各州；其三，意大利裔的提契诺州。

（a）德裔瑞士的各州，阿尔戈维（Argovie）、圣格尔（Saint-Gall）、巴塞尔（Basle）、巴塞尔–坎帕涅（Basle-Campagne）、卢塞恩（Lucerne）、沙夫豪森（Schaffhausen）、苏黎世、图尔高（Thurgau）、格拉森（Grisons）、索莱（Soleure）、阿彭策尔（Appenzell）、昂特瓦尔登（Unterwalden）、伯尔尼、格拉努斯（Glarus）、施维茨（Schwyz）和祖格（Zug），都有《刑事诉讼法典》，这些法典的规定在细节上各不相同，但大体上重塑了混合式的诉讼制度。只要列举诉讼法中最原始的法律就足以说明此点，即1880年4月25日阿彭策尔州的程序法。[3]

（b）瑞士西部的法律几乎都受到了法国《重罪审理法典》的
587 影响。瑞士法语区的人民长期生活在这些法典的规制下，无法完全、彻底地清除他们从法国借鉴来的传统和思维方式。例如，在日内瓦州，1808年《重罪审理法典》的效力持续至1884年。现行法典于1884年10月25日颁布，1885年1月4日生效。[4]《弗赖堡刑事诉讼法典》于1873年5月24日颁布，1874年1月1日生

[1] the résumé of the discussions of the commission in the "Scuola positiva" (1904), p. 441.

[2] *V. Manzini*, "Trattato di Procedura Penale secondo il nuovo Codice di Procedura Penale Italiano" (1913, Boica, Turin).

[3] "Annuaire de législation étrangère," vol. 10(1881), p. 447. 对此进行了分析。

[4] *Lefort*, "Annuaire de législation étrangère," vol. 14(1885), p. 571.

效。1848年11月24日颁布的《瓦莱州刑事诉讼法典》于1849年7月1日生效。最后提到的法典(较其他法典)早颁布100年,并提供了诸如18世纪诉讼程序的奇特的立法例。它保留了法定证据制度。它仍然提到了半个证明(half proof),必须有两个诚实可靠的证人统一的口供才能确定事实(一个完整的证明)。鉴于各方当事人在法庭前进行辩护,当然也存在口头审判。但是法庭不听取证人的口头证言,法官只根据诉讼程序的案卷进行书面审判。在沃州(Vaud),1850年2月1日颁布的《刑事诉讼法》于1850年7月1日生效。1893年9月25日颁布的纳沙泰尔州(Neuchâtel)《刑事诉讼法典》是最新颁布且最先进的一部法典,于1894年3月12日生效。[1] 这些不同的法典彼此差异甚大,因此很难对它们进行有益的比较。[2]

(c)在提契诺州(Tessin)[3],1894年11月8日的宪法法令(constitutional Decree)规定了一个新的刑事司法组织法。根据该法令颁布的1895年5月4日《司法组织法》(Act of Judicial Organization),治安法官对最高可处以100瑞士法郎罚金或7天监禁的罪行有管辖权;区巡回法庭(district assizes)对违法行为可处以100瑞士法郎以上的罚金或7天监禁(imprisonment)或拘留(detention);州巡回法庭(cantonal assizes)管辖超过前述刑罚的严重的犯罪行为。一个重要的创新是,巡回法庭(assize courts)由法官和陪审员组成,并共同负责对事实问题、法律问题以及量刑

〔1〕 更早的一部法典于1875年4月7日颁布("Annuaire de législation étrangère," vol. 5, p. 762 *et seq.*)。

〔2〕 该项工作已由*A. Gautie*完成,并且完成得很好,不过仅就比较不同法典涉及刑事侦查程序的部分。参见"La réforme de l'instruction préparatoire"("Revue pénale suisse," 1904, p. 253-273)。至于审判过程,我们必须经常援引已设立惩戒陪审团制度的日内瓦法典。

〔3〕 "Annuaire de législation étrangère"(1896, vol. 25, p. 560).

588 的审判。该法共计36条,同日又颁布了共计344条的《刑事诉讼法典》(Code of Criminal Procedure)。

Ⅸ.荷兰(The Netherlands)

荷兰(Holland)有一部《刑事诉讼法典》,同该国其他法律一样,其特点是简明扼要(共计仅49条)。其项下分为22个标题,标题顺序与法国法典的条文内容非常相似。作为法定证据制度中某种意义下有利于辩方的安排,陪审团的缺位值得关注。1886年1月15日的法案对法典作出部分修改(但一般原则保持不变),使其与1881年的《刑法典》协调。[1] 除告发方式外,私人通常不得参与提起刑事诉讼(第11条)。刑事诉讼和民事诉讼是截然不同的。该法典绝对禁止在刑事管辖前提起民事诉讼。但是当主张的数额低于某一数额(而应属于民事诉讼管辖范围内的。——中译者注),迫使当事人提起第二次诉讼行为将对各方当事人不利的,才在惩教和警察管辖范围(correctional and police jurisdictions)内保留管辖权(不另行提起民事诉讼。——中译者注)(第231、233条)。

Ⅹ.大不列颠(Great Britain)

我们必须对英格兰、苏格兰和爱尔兰的程序进行区分。

(a)在英国,刑事诉讼程序未法典化。苏格兰和爱尔兰亦然。即使是詹姆斯·斯蒂芬爵士(Sir James Stephen)在1878年和1879年所做的努力,试图从英国议会获得法典编撰计划,但该计划仅限于刑法。这三个国家,诉讼程序部分基于普通法(common

〔1〕 参见 *Van Swinderen*,“Esquisse du droit pénal actuel dans les PaysBas et à l'étranger,”5 vols.,4to,1891-1903.最后两卷是补编。*Tripels* 已将荷兰法典进行了翻译。如正文所述,1886年1月15日的法案对《刑事诉讼法典》进行了修改(“Annuaire de législation étrangére,”1886,p.111)。

law),部分基于成文法(statute law)。普通法是包含在法庭裁决中的习惯法(customary law),或由法官通过类似的适用现行条款而再造的法律。[1] 成文法就是纯粹地通过立法机关制定的法律。

英国诉讼程序的特点是:第一,个人控告自由制度;第二,法官不进行预审;第三,双重陪审团制度,即大陪审团和小陪审团;第四,在部分城镇,公职人员、警察和法官,他们有权对轻微的违法行为进行简易审判,并将严重的案件移交上级司法管辖;第五,陪审团全体一致意见确定有罪的必要性;第六,被告在诉讼程序各阶段都有律师帮助;第七,逮捕根据惯例而为,但是加大(审前)羁押难度且在例外情形下适用;第八,由双方当事人(原告、被告)的律师,通过交叉询问的方式对证人进行询问和质证。 589

类似法国,在英国犯罪分为三类(叛国罪、重罪和轻罪)。但这种分类与司法机构设置并不一致。陪审团是普通法的法官。唯一涉及管辖性质的划分是将案件分为简易罪(summary)和可诉罪(indictable)。前者在初级(inferior)或者简易司法管辖范围内,即治安法官、即决法庭(courts of petty session)和违警罪法院。

[1] 关于英国司法组织和程序,参见 *de Franqueville*,"Les institutions politiques, judiciaires et administratives de l'Angleterre"(2d ed., 1864, 1 vol., 8vo); *de Franqueville*,"Le systéme judiciaire dela Grande-Bretagne"(2 vols., 8vo,. 1893); *Glasson*,"Histoire du droit et des institutions politiques, civiles et administratives de l'Angleterre"(6 vols., 8vo, 1881–1883); *Mittermaier*,"Traité de la procedure criminelle en Angleterre, en Ecosse et dans l'Amerique du Nord," translated into French by *Chauffard* (1 vol., 8vo, 1868); *A. Prins*,"Etude comparative sur la procédure pénale D Londres et en Belgique"(Brussels 1879); *du Boys*,"Histoire du droit eriminel de l'Angleterre," volume 3 of the history of criminal law of modern nations(Paris 1860); *Halton*,"Etude sur la procedure criminelle en Angleterre et en France"(doctorate thesis, Paris 1898); *Seymour Harris*,"Principii di diritto e procedura penale inglese," translated by *Bertola* (Verona 1898).[and now the report of *Edwin R. Keedy* and *John D. Lawson* on"Criminal Procedure in England," American Journal of Criminal Law and Criminology, 1910, vol. I, p. 607. ——编者注]

后者的管辖起始于这些初级司法管辖，但案件可以递交给上级司法管辖区，由陪审团裁决。[1]

(b)苏格兰刑事诉讼程序[2]介于大陆法系和普通法系这两大历史潮流之间。在某些方面，它采取了严格的纠问模式，[3]在其他方面，则显现明显的对抗模式。例如，刑事诉讼由特定公职人员提起诉讼，其负责人是检察总长(Lord Advocate)，为议会成
590 员；但在官方起诉之外，受害人的附带起诉(subsidiary accusation)亦被允许。[4] 为了保持检察总长的绝对中立，其诉讼行为仅向议会负责。因此，当公众舆论一致反对时，其诉讼行为将不再具有效力。

(c)爱尔兰的诉讼程序部分借鉴了混合制度，没有任何特别值得提及之处。[5]

(d)在英国诸殖民地，当地的法律和习俗得以重视。

1898年3月22日颁布的《东印度群岛刑事诉讼法典》取代了相继出台的1861年、1871年以及1882年的法典。[6]

〔1〕 *Glasson*, *op. cit.*, vol. 6, p. 569.

〔2〕 阿伯丁大学(University of Aberdeen)教授 *J. Dove Wilson*, "De la procédure criminelle on Ecosse," "Bull. de l'Un. int. de droit pénal," vol. 11, 1903, pp. 71 to 82. See generally, *J. H. A. Macdonald*, "A practical treatise on the criminal laws of Scotland" (2d ed., 1877), pp. 246-550 [and now *Edwin R. Keedy*, "Criminal Procedure in Scotland," American Journal of Criminal Law and Criminology, 1913, vol. III, p. 728. ——编者注]

〔3〕 一般认为，初步程序是以16世纪的法国制度为蓝本的，然而，最初的苏格兰制度制定得比现在的更相似。

〔4〕 然而，私人起诉(private action)已被废止。参见 *Mittermaier*, *op. cit.*, pp. 214, 215; *Glasson*, "Histoire du droit et des institutions politiques, civiles et judiciaires de l'Angleterre," t. 7, p. 732。

〔5〕 和苏格兰的情况一样，废止了私人起诉。

〔6〕 评论以及分析参见"Annuaire de législation étrangère," 1899, vol. 28, pp. 968-976.

Ⅺ. 俄国

俄国伟大的社会改革，标志着亚历山大二世统治的开端，诸如1863年农奴的解放以及同期省级政府“自治区(Zemstvo)”的重建，系1864年立法的前奏。[1] 1864年11月20日，现在俄国仍然有效的《刑事诉讼法》开始生效。新的司法组织的原则基于行政权和司法权的分离、法官终身任职，以及人民通过设立陪审团以及治安法官的选任参与司法。书面和秘密程序被口头和公开程序所取代，法定证明理论被基于道德良知的自由心证理论所取代。造成上诉程序无限拖延的步骤被限制，当事人上诉取代了官方的上诉。最后，受参议院指导并对其负责的最高法院的设立，确保了法律在所有领域的正确适用。该法典以法国制度为基础，但又适应了俄国的方式和传统。这是一部本土立法，而不仅是外国法典的照搬。[2]

标志着亚历山大二世统治结束的政治和社会事件，以及1881 591
年3月1日的恐怖罪行之后，颠覆自由制度的举措陆续启动。1889年法案尤其表明了该颠覆历程，该法案废止了治安法官的选举，并再次将司法和行政权力合并，且前者服从于后者。然而，1864年11月20日的程序法对俄国司法的影响却是最大的。在刑法改革接近尾声的同时，一项类似的司法法律改革正在进行中。[3] 委员会的工作于1899年结束。该改革计划已经发表，并

[1] 参见由 *Kapnitz* 翻译并注释的“Code d'organisation judiciaire de l'Empire de Russie,”1883-1890年版，8vo，1893。

[2] 在俄罗斯有关刑事诉讼的著作中，最重要的是这些著作 *Foinitski*，“Cours de procédure pénale”(1885)；*Tollberg*，“Cours de procédure pénale”(1890)；*Ishebyshev-Dmitriev*，“La procédure pénale russe”(1875)；*Sloutshevski*，“Cours de procédure pénale”(1890-1892). 这些作品还未从俄语翻译成法语。

[3] *Margoline*，“Apergu critique du nouveau Code pénale russe”(Paris，1905)，with *Garraud's* preface.

提交给了帝国议会(Council of the Empire)。它的主要创新在于侦查初始阶段就采取对抗原则。[1]

并入俄国的芬兰大公国拥有特殊的自治法律体系。芬兰的实体法与瑞典的实体法有着相同的渊源,两国的法律历史也经历了相同的历程,直到芬兰和瑞典政治上的分离,使两国的法律朝着各自民族方向发展。现行的芬兰刑法典于 1889 年 12 月 19 日颁布,1891 年 1 月 1 日生效。[2] 刑事诉讼程序尚未法典化。后来的许多法律涉及刑事诉讼,特别是 1868 年 4 月 27 日,1873 年 2 月 24 日和 3 月 3 日的法律等,其亦涉及民事诉讼。[3]

Ⅻ. 巴尔干国家

我们将保加利亚、塞尔维亚和罗马尼亚列入此组。

592 (a)在保加利亚,自俄国占领时期以来,临时条例规定了各种不同的程序,该条例主要受俄国法典影响。这些条例已被新的法律所取代。(这些条例中)仅与刑事诉讼相关的法律仍然有效。其被 1897 年法典所取代。[4] 该法典分为五篇:第一篇涉及司法管辖权;第二篇涉及预审;第三篇涉及各部门法庭审理(由治安法

〔1〕 这些改革受到前司法部长 *Mouraiëw* 的启发,他竭力为所有涉及刑事司法管理的问题寻求一个自由且强有力的方向。*Kapnitz*, Documents relatifs à la revision des Codes d'organisation judiciaire et de procédure civile et criminelle enterprise par ordre de S. M. l'empereur Alexander III, du 7 Avril, 1894.

〔2〕 芬兰刑法典已由南锡法学院教授 *Ludovic Beauchet* 译成法语(Paris 1890)。关于此体系有趣的评论,参见 *Henri Joly*, "A travers l'Europe" (Paris, Lecoffre, 1898), In Finland, pp. 6–44. 关于芬兰法律的评论,参见 *K. Montgomery* ("Annuaire de législation étrangère," vol. 9, 1880, pp. 727–756)。

〔3〕 关于司法组织参见"Répertoire général alph. de droit français," Finland, t. 22, p. 256. 3。

〔4〕 Review and analysis in "Annuaire de législation étrangère" (1898, vol. 27, pp. 809–817).

官审理的程序由 1880 年 6 月 3 日的特别法律规定[1]);第四篇涉及对判决的救济途径;第五篇涉及刑罚的执行。1900 年 1 月 17 日、1901 年 1 月 26 日和 1902 年 1 月 20 日的法律修正并完善了该《刑事诉讼法典》。[2]

(b)《塞尔维亚刑事诉讼法典》于 1865 年 6 月 16 日颁布。其以 1853 年《奥地利法典》为范本,堪称忠实的副本。建立公国时制定的临时司法条例已被新的法律所取代,并且 1865 年法典在 1880 年作了很大修改。

(c)受法国立法启发,1864 年颁布了《罗马尼亚刑事诉讼法典》。该国的司法组织和诉讼程序与法国非常相似。

XIII. 斯堪的那维亚

此组涵盖丹麦、瑞典和挪威。

(a)丹麦的刑事诉讼程序散见于各项法律规定,其中最重要的法律可追溯至 1845 年。[3] 由国家检察官提起诉讼。但是 1866 年丹麦《刑法典》规定,对于某些罪行,如诽谤和轻微的暴力罪行,被害人可以以民事诉讼的形式提起诉讼(第 116、200、212、215、222、226、233 条)。对另外一些罪行,则仅由被害人才能提起诉讼,例如,通奸、侮辱、小额盗窃等(第 159、174、235、236、254、278 条)。没有陪审团。1845 年 2 月 28 日和 1879 年 5 月 24 日的 593
法律规定了最低一级的刑事和警察法庭,其位于哥本哈根,由 11 名成员组成,包括 1 名主席和 10 名法官。他们由国王任命,不得

〔1〕 1896 年的法律修改了由治安法官审理的程序("Annuaire de législation étrangére,"1896, p. 778)。

〔2〕 对此的分析,参见"Bulletin de l'Union internationale de droit pénal," vol. 12, p. 108。

〔3〕 *C. Goos*,"Der danske Straffesproces"(Danish criminal procedure)(Copenhagen, 1880). 在丹麦,涉及刑法方面最重要的工作还应归功于 *C. Goos*。

被罢免。[1] 每个案子都必须由5名治安法官审理。无论罪行的严重性如何,法庭负责审理所有刑事案件,且没有陪审员或陪审团的参与。但是,超过20克朗(crowns)罚金的刑罚,可以上诉到最高法院。

(b)瑞典仍然受1734年法典(民法、刑法和商法)的管辖。该法典通过一系列的法规使其适应现有的制度和条件。[2]

(c)1887年7月1日的《挪威刑事诉讼法典》于1890年1月1日生效。它的主要创新在于引进了此前在挪威不为人所知的陪审团制度,并对程序进行调整以适应此新制度。[3]

XIV. 土耳其和埃及

《土耳其刑事诉讼法典》于1879年6月25日颁布,共计487条。埃及的法典于1883年11月3日颁布,并于1899年修订。[4] 它们与作为其范式的法国法典之间鲜有差异。《苏丹刑事诉讼法典》于1899年10月2日颁布。[5]

XV. 北美

美利坚合众国是一个联邦共和国。诸如其审判组织设置,其包含两种法律体系:联邦法和各州的特别法。《宪法》包含以下条

〔1〕 *P. Dareste*, "Annuaire de législation étrangère," vol. 9, p. 660; *Beauchet*, "Etude sur l'organisation judiciaire dano-norvégienne," "Bull. soc. legisl. comp.," 1884, vol. 13, p. 128.

〔2〕 参见 *Grasserie* 翻译并注释的"Les Codes suédois de 1734," (1 vol., 8vo., 1895). 该书翻译了1734年法典和随后颁布的一系列法规。

〔3〕 *P. Dareste*, "Annuaire de 1égislation étrangère," vol. 17, p. 711. *Brusa* 将法典翻译成意大利语"Codice di procedura penale norvegese" (Traduzione, note e ragionamento, Turin 1900). 这部著作对挪威刑事诉讼的历史和新法典的主要特点,作了非常精彩的介绍。

〔4〕 由 *Vidal-Bey* 审阅,"Annuaire de léigislation étrangère," 1884, p. 782. 1899年修订,"Annuaire de législation étrangère," 1900, vol. 29, p. 534. 1905年在柏林出版的"Bulletin de l'Union internationale de droit pénal"的补编《外国法律汇编》中,土耳其刑法被翻译成德语。

〔5〕 评论及分析见"Annuaire de 1égislation étrangère," 1900, vol. 29, pp. 572-675。

款:“[联邦]宪法未授予合众国或未禁止授予各州的权力,分别为各州保留。”根据本条款,联邦法院(包含美国联邦最高法院、联邦上诉(巡回)法院以及联邦地区法院)对某些罪行具有专属管辖权,比如,针对联邦共和国的叛国罪以及在联邦领土内犯下的罪行等。对某些特定罪行,由联邦和各州共同管辖,比如,伪造及交易伪造物罪(counterfeiting and uttering)。美国的法律从英国的法律体系中借鉴了普通法和古代成文法。由此,和英国一样,在很长一段时间内,美国法律完全由经修改的特殊成文法、完善的习惯法条款组成。在过去几年里,绝大多数州都开始了法典化编纂,现在许多州要么具备某一部门法的成文法典,要么完成了跨多部门的法典。通过这种方式,刑事诉讼程序在纽约州的编纂尤其值得关注。[1] 其1881年法典,充分地重现了美国制度的普遍做法,可以被视为该国刑事诉讼制度的典范。从这一视角,美国的法律与英国的法律存在如下不同:其一,在所有联邦州和联邦司法管辖区,都有一名检察官负责起诉重罪和轻罪。[2] 仅在下级法院(没有记录的法院),检察官的起诉是选择性的。其二,两国的大陪审团和小陪审团的组成不同,相较而言,美国的陪审团更民主。在美国大部分州,陪审员是由公职人员和地方法官(functionaries and magistrates.)组成的委员会拟定的候选名单中抽签选出的。在英国,仍然由司法长官负责遴选陪审员,该候选 594

〔1〕“Code de procédure criminelle de l'Etat de New-York,”由 *André Fournier* 翻译(Larosse,1893)。

〔2〕在美国的刑事立法中,只有在这方面体现出了法国的影响力。在这样一个掺杂着各种族因素的新国家里,一直存在由英国的私人起诉制度所导致的不安全和有罪不罚的现象。自18世纪末以来,美国人民已经把委托起诉事宜和确保镇压的相关工作委托给了一类特别官员。但是,对于美国检察官来说,与司法警察和执行司法裁决有关的事件仍然很是陌生。*Fournier* 认为,这种模仿是参照法国旧政权的法院中设立的检察官办公室而形成的。

595 名单由教区教会执事和济贫法(poor law)的行政执行人员依据收入、住所和身份等特定条件拟定。其三,美国的诉讼程序没有英国那么正式。除非损害了辩方的实质权利,否则程序中的技术错误不再重要。郑重的承诺(affirmation)可以代替宣誓(oath)。

但是,除了这些差异,如果我们从整体上考虑美国的刑事诉讼程序,其是英国的弹劾制的重构:第一,预审是公开的、对抗的,被告有获得律师帮助的权利,且不需要解交审讯;第二,被减至最轻限度以及最短期限的待审羁押,不得以禁止通信的方式变相加重;第三,传讯由特定陪审团主导;第四,被刑事起诉之人,除非自行放弃,否则都有获得陪审团审判的权利;第五,证人受到双方当事人的质询,法官通过不主动收集证据的方式,保持法官中立的角色;第六,诸多规定保障了被告的权利,诸如对被告有罪认定的一致合意需求,针对被告的品性证据被禁止使用,判决和执行之间的间隔期,以及上诉途径以及上诉期间暂缓执行。

XVI. 拉丁美洲

拉丁美洲各国的刑事诉讼法有许多不同的版本,它们之间的可比较之处源自对西班牙法律制度的借鉴。

委内瑞拉《刑法典》和《刑事诉讼程序法典》于 1897 年 5 月 14 日颁布,1898 年 2 月 20 日生效。[1] 不同的州以及联邦地区的立法机关被授权采用陪审团制度,以便依据《刑事诉讼程序法典》的规则一致地执行其功能。

墨西哥于 1894 年 7 月 6 日颁布《刑事诉讼法典》。[2] 该法典并没有对程序作出修改;在关于陪审团的组织以及运作部分,它沿用了 1891 年 1 月 24 日的法律(Ley de Jurados)。

〔1〕 评论及分析参见"Annuaire de législation étrangère,"1898,vol. 27,pp. 963-966。

〔2〕 "Annuaire de législation étrangère,"1895,vol. 24,pp. 946,947.

玻利维亚现存的法典于1888年8月6日颁布。它实际上只 596
是对1858年2月8日法典的修订。这一体系沿用了西班牙法律体系的基本纲要,并借鉴了西班牙体系的主要规则。[1] 1888年10月4日通过的《阿根廷共和国刑事诉讼法典》于1889年1月1日生效。[2]《厄瓜多尔法典》于1890年9月9日颁布。

第三节 欧洲法律体系下起诉、预审、审判的主要特点

刑事诉讼的三大主要问题是起诉、预审和审判的组织及运行。在欧洲法律体系下这些问题是如何解决的?

一、与古老的德国谚语"没有控告者,则没有法官"(No accuse, no judge)[3]一致,在今日,刑事法庭也只能审理那些提交给他们的案件。在法国,"适用刑罚的权力只属于法律授权的官员,"即检察官(《重罪审理法典》第1条)。但是检察官的权力受到被害人在法庭或预审法官面前所认可的权利的限制。

这种国家公诉制度在欧洲的法律体系中几乎无处不在。该制度起源于法国,如今已经渗透到了世界各地。但是在大部分国家中,该制度都不可避免地存在某些内在差异。根据不同制度中私人当事人所保留的角色空间不同,可以将公诉制度划分为三种类型。

在德国,控诉原则上由检察官提起。被害人没有在刑事法庭

〔1〕 简明的分析 See *H. Prudhomme*, in "Bulletin de 1'Union internationale de droit pénal," vol. 12, pp. 148–152。

〔2〕 参见 *Daireaux et Theurault*, "Annuaire de législation étrangère," 1888, p. 1042。

〔3〕 "*Wo kein Kläger ist, ist kein Richter.*"

起诉的权利,甚至连涉及自身民事权益时也是如此。如果他要为所遭受的损害寻求赔偿,只能提起民事诉讼。德国刑事诉讼程序之所以呈现这一特征系基于两项原则,而这两项原则也对这一特征发挥作用的范围起到限制作用。德国法律中规定了大量的违法行为,并将是否追究这些违法行为的主动权交给了被害人或其
597 法定代理人,检察官只有在被害人提出请求的前提下才有机会介入其中。此外,如果法律赋予被害人要求和解(composition, *Basse*)的权利,他也可以参与诉讼。这种刑事和解或赔偿是一种不同于损害赔偿和罚金的,性质特殊的金钱赔偿;这与损害赔偿不同,因为它与损害不相称,出于惩罚的目的,只能向有罪的一方主张,且不能超过法律规定的最高限额;这与罚金也不同,因为这笔钱不会上缴国库,而是给予被害人,而且即使不支付也不会因此而面临监禁。

在奥地利,尽管检察官是控诉方的主要代表,但却不是唯一的代表。检察官的权力受到两大限制。在大量案件中,被害人可以提起诉讼(第 16 条及以下)。此外,1873 年《奥地利刑事诉讼法典》允许私人补充起诉(private subsidiary prosecution)。也就是说,如果检察官放弃提起公诉,被害人有权代替公诉人进行追诉,申请适用刑罚(第 48 条)。最终,公诉人或自诉人从两方面主宰着诉讼,他可以直接将案件提交法庭审判,而完全不需要考虑预审法官(第 207 条),并且,在起诉之后,他还可以放弃指控,法官便不得对案件作出处理。这是奥地利刑事诉讼程序在私人指控方面的特点。

在西班牙,检察官或者地方检察官,即"检察部门代表"(representantes del ministerio fiscale),除了拥有法国检察官所拥有的提起刑事诉讼的权力之外还拥有其他权力。但是,一方面,西班牙刑事诉讼法允许对某些轻罪进行私人追诉,例如,诽谤、侮辱和特

定的违反道德的罪行，并要求检察官与被害人一起参与诉讼。另一方面，除这些例外情况外，提起诉讼以压制应受惩罚的不法行为是所有人的自由；任何享有完全民事权利的公民都可以起诉。即使利害相关者习惯性地怠于提起诉讼，社会对此也不会无动于衷。作为社会的代表，检察官或者地方检察官在其认为适当时有权提起诉讼。据接受我们咨询的西班牙从业者称，实际上提起诉讼的总是地方检察官。

英格兰在历史上并没有检察制度。“当有犯罪发生时，没有 598
哪一个官员有权将受到犯罪威胁的社会利益掌握在自己手中。但是任何个人，无论是不是被害人，都有权起诉。除了极少数例外，任何人都可以成为控告人，并且为了他们的利益，除非拟提出正式指控，否则治安法官不能起诉。”[1]一直到最近，在英格兰建立检察制度的尝试都失败了，检察总长（attorney-general）及他的助手，副检察总长（solicitor-general）在刑事司法方面并未发挥作用。[2]

检察长（director of public prosecutions）是政府任命的官员，他的职责是，在检察总长的指挥下，在他认为具有重要性的案件中提起或参与刑事诉讼，或向相关人员提供诉讼意见；并在刑事上诉中代表王室政府出庭。

检察长办公室（the office of director of public prosecutions）是根据1879年10月的《犯罪起诉法》（Prosecution of Offenses Act）设立的，该法案中对检察长的职权规定如下：“检察长有责任在检察总长的指挥下提起、承担或参与刑事诉讼[无论是在刑事案件

〔1〕 Glasson, op. cit., 6, p. 724.

〔2〕 [参见爱德温·R. 基迪（*Edwin R. Keedy*）和约翰·D. 劳森（*John D. Lawson*）的报告，载《美国刑事法与犯罪学杂志》（*the American Journal of Criminal Law and Criminology*）1910年第Ⅰ卷，第607页。——编者注]

再审法院(the Court for Crown Cases Reserved)的审理和判决中,还是在治安法院(the Peace),或者其他情形],并且有责任根据本法规定或者在特殊案件中经检察总长指示,向警察局长(chief officer of police)、法官助理(clerks to justice)和其他在特定刑事诉讼中负责指控的相关人员(无论他是不是公务人员)提供诉讼相关意见和帮助。"

在特定案件中,提起并参与诉讼是检察长的既定职责:(1)谋杀罪。根据1879年和1884年《犯罪起诉法》所制定的1886年1月25日条例,检察长有责任对谋杀案件进行起诉。(2)破产犯罪。根据维多利亚女王第46年至47年议会所制定的第52号法律(46&47 *Vict.*,*c.* 52)第166条,"如果法院根据1869年《债务人法案》(the Debtors Act)或其修正案,要求对某违法行为进行追诉,或要对任何因破产程序引起的或与之相关的违法行为进行追
599 诉,检察长有责任提起并参与刑事诉讼。"(3)腐败及非法行为。根据维多利亚女王第46年至47年议会所制定的第51号法律(46&47 Vict.,c. 51)第45条,检察长有责任就与选举有关的任何腐败或非法行为提起公诉。

对于乱伦犯罪和惯犯的起诉必须经过检察长的同意;《刑事上诉法》(the Criminal Appeal Act)要求检察长在向刑事上诉法院上诉时必须代表王室政府出庭。

苏格兰和爱尔兰的公诉制度与法国类似。很长一段时间以来,苏格兰都是以官方起诉为主,私人追诉已经成了过去式。[1]

[1] 参见达夫·威尔逊(*J. Dove Wilson*),"Bulletin de I'Union internationale de droit pénal,"t. 11,第71-73页:"在苏格兰,追诉犯罪是检察官的职权,并由国家承担费用。如果检察官参与处理案件,被害人无权向法院提起刑事诉讼。如果检察官不介入诉讼,被害人有权利起诉。然而,由被害人私人起诉是罕见的,并且在我长期的经验中,从未见过这方面的成功尝试。"

爱尔兰设有一名检察总长，由王室律师(crown solicitor)协助，检察总长是终身制的。

美国大部分地方实行公诉制度，由一名检察总长和若干地方检察官(official district attorneys)代表行使公诉权，他们同时还是美国律师协会的成员。

二、欧洲大部分国家的法律中都规定了预审制度。确立该制度的初衷是为了仅将那些存在充分事实和法律依据的案件提交法庭审判，并通过限制追诉实现对被追诉人自由的保障。该制度最早由1808年法国《重罪审理法典》，此后在刑事立法方面取得了巨大的进展。欧洲大陆大多数国家的刑事诉讼法中都已经规定了该制度，并且半个多世纪以来，该制度被认为是一项司法智慧的伟大胜利。近年来反对预审制度的声音越来越强烈。一方面，有观点反对由司法权力强制性和绝对化地控制着追诉权，并且认为法官实际上无法认真研究案卷。另一方面，有观点认为，限制起诉、分散(起诉)责任，对于被追诉人没有任何实际 600
好处。[1]

在法国，预审程序是重罪案件的必备程序，在轻罪案件中是可选程序；在违警罪案件中，无需预审。人们普遍接受根据罪行轻重的不同，在程序适用的细节上存在一些差别。例如，在德国，由参审法院(lay assessors'court)审理的案件无须进行预审。但是

〔1〕 相关批评意见，参见 *Romagnosi*，"Progetto del codice di proedura penale pel cessato regno d'Italis，"4th ed.，1838；"Ultime aggiunte e riforme al progetto，"p. 251. —*Glaser*，"Ueber besetzung in Anklagestand" in "Kleine Schriften über Strafrecht und Strafprozess，"2d ed.，1883，XVII，pp. 437-520. — *Bar*，"Recht und Beweis in Gesehwornengericht，"p. 152. — *Carrara*，"Opuscoli，"t. 6，p. 440. — *Casorati*，"Il processo penale e le riforme，"1881，VII；"Il giudizio di accusa e le riforme，"1881，VII. — *Cesarini*，Rivista penale，1879，p. 300. — *Manducca e Vacca*，"La procedura penale e la sua evoluzione scientifica，"1888，p. 23. — Alimena，Rivista penale，vol. 37，1893，p. 125.

对于起诉到重罪法院(the Assize Court)或帝国法院(the tribunal of the empire)的案件,就必须进行预审。在区法院(district court)受理的轻罪案件中,如果检察官提出要求或被追诉人为了辩护利益要求进行司法调查时,可以要求提供起诉书和案卷。与法国的规定不同,法院还可以责令要求提交起诉书和案卷(第200条)。在奥地利,除非是重罪法院审理的案件,否则无须进行预审(第91条)。

大部分国家的法律将警察进行的初步调查和法院的预审程序相区分。在欧洲大陆的所有国家中,后一职能由一名初审法院的法官行使。预审法官拥有最为广泛的权力,他可以听取证人证言、讯问被追诉人,进行现场勘查、下令搜查住宅和扣押、逮捕被追诉人并对其进行司法监督。但是,法律赋予了预审法官和检察官如此强大的权力,应当通过怎样的机制对这些权力的行使进行约束?第一反应是通过公开预审程序来实现保障。但是,没有哪
601 一个欧陆国家的法律采取了这种做法。奥地利刑事诉讼法只规定了审判程序要公开(第228条)。德国规定了预审程序要秘密进行。弗莱堡(Friburg)和瓦莱州(Valias)的法律规定,预审记录不得公开。在日内瓦,1884年提出的刑事预审法草案中规定预审程序要全程公开。但是该草案未获得通过。根据纳沙泰尔1893年刑事诉讼法的规定,预审法官有权在个案中基于更有利于发现真实的目标,选择是否公开预审程序。

防止滥用预审权侵害被追诉人权利的最有效方法是为被追诉人提供律师帮助,律师可以告知其权利,帮助其意识到预审过程中的陷阱并避免落入其中,还可以对他应采取的行动提出建议。从这个角度来看,1897年12月8日法国刑事诉讼法修改,(确认被追诉人有权在预审中获得诉讼辅佐人的协助),开启了一

场意义深远的改革;这使法国法成为进步立法的先锋。但是我们必须认识到,在奥地利,早在1873年,被追诉人就有权委托律师了,即使在预审程序中也是如此。被追诉人可以委托律师“在与事实确立直接相关的每一诉讼阶段实时保护他的权利,还可以委托律师支持他提出的上诉”(第45条)。诚然,律师不能参与对被追诉人的审讯,也不能参加对证人的询问过程,但是法律明确规定他可以查阅案卷(第45条)。

根据德国《刑事诉讼法》,被追诉人自起诉案卷形成时起有权委托律师(第137条);如果他自己没有委托律师,法官甚至可以主动为其指定一人(第142条)。律师能够发挥的作用十分有限。他既不能参与对被告的审讯(第190条),也不能参加对证人的询问(第191条)。他的权利在于在后续诉讼过程中,独立或者与被追诉人一起为其提供协助。律师无权查阅完整的案卷记录,除非法院认为这不会给诉讼带来不便(第147条)。瑞士刑事诉讼法的规定不是统一的。在弗赖堡和瓦莱州,预审程序当中被追诉人不能委托律师。沃州、纳沙泰尔和日内瓦的刑事诉讼法规定认可 602
被追诉人在预审阶段的辩护权,但在认可的程度上存在差异。俄国的预审程序在其主要特征上复制了法国刑事诉讼法1897年12月9日修改之前的规定。无论案件是经由警察、被害人,还是检察官提起,都要由预审法官审讯被追诉人。预审程序秘密进行。被追诉人不得聘请律师。1864年俄国对刑事预审法案进行关于加强对抗性的改革时,没有参照1897年法国刑事诉讼法的法律规定,而是参照了奥地利1873年刑事诉讼法的相关内容。

对预审法官庞大权力的另一种制衡是设立预审法庭,预审法庭区别并独立于预审法官,其或对预审行为进行监督,或对预审结果加以衡量。目前存在三种主要的预审制度。第一种预审制度下,预审法官在预审过程中及结束时都具有独立自主权。在此种预审制度下,由该名预审法官负责进行起诉。第二种预审制度下,预审法官在预审过程中具有独立性,但是须由特别法庭来对起诉书进行审查。该制度存在于瑞士所有法语州(canton)的刑事诉讼法中。第三种预审制度下,预审法官在预审过程中及程序完成时都要受到独立法庭的约束。该制度存在于德国和奥地利。

受格拉泽(Glaser)学说的影响,第三种预审制度可以对预审程序中相互冲突的不同利益进行很好地调和。该制度抛弃了几乎所有欧陆国家的预审程序中都在使用的法院批准起诉程序。对起诉书的审查通常由检察官负责;除非被告对检察官的起诉书提出异议,否则无须再由上诉法院的某一部门对起诉书予以核准。这一新制度消除了法国预审模式中常被诟病的缺陷。法院恢复了其应有的司法角色,即在控辩双方间的纠纷中担任裁决者。1896 年的匈牙利刑事诉讼法和 1865 年的提契诺州刑事诉讼法中都采用了这一新制度。

603 英格兰的刑事程序规定与欧陆国家完全不同。英格兰没有专门的预审法官,预审程序也不是秘密进行的。警察在法庭上与所有原告一样;他们与私人当事人的诉讼地位相同。对任何人逮捕都必须经由治安法官,治安法官自己不负责调查,他是控辩双方之间的中立裁决者。英格兰将案件区分为简易罪和可诉罪,两种案件的审判程序是不同的。在前一种类型的程序中,除了起诉时所进行的调查之外无须进行其他调查,案件可直接提交至即决法庭,在某些市系提交到违警罪法庭,无须经过预审,法院可当场作出裁判。后一种类型的案件只能基于起诉书[information(indictment)]起诉才能进行审判,此类案件被无差别地提交到即决法庭或治安法庭,由其进行预审。法庭会询问证人、审讯被告并收集证据。所有程序都是在听取了各方当事人意见后公开进行的。相关程序笔录由法院书记员负责记录,并有见证人(witness)签名,随起诉书一并送交巡回法院。〔1〕

目前,苏格兰目前没有预审法官。〔2〕刑事起诉机制由检察官和刑事法院组成。苏格兰各郡中设有“地方检察官”,他们实际上是国王检察官。苏格兰的检察机构附置于法院内,检察官们几乎都是初级律师(solicitor),其中一些是出庭律师。首席司法官(the chief)、苏格兰检察总长及其工作人员的职位不是终身的,每一次政坛变动他们都要随之辞职,除他们之外,王室代理人是“终身制”(advitam aut culpam)的,不能随意被免职。(刑事诉讼中)由检察官承担举证责任,但控辩双方都有同等权利对证据进行收集审查。王室法律顾问根据检察官呈交的文件,决定起诉是否具 604
有正当性,同时他会根据案件可能判处的最高刑罚,决定将案件提交最高法院审理,还是提交由司法官或陪审团处理,或按简易程序审理。无论是基于支持还是反对控诉的理由,都不能对检察总长的决定上诉。唯一可以采取的方法是将其提交议会,通过政治途径解决。

三、在欧洲各国,审判程序的发展趋势是共性多于差异性。审判程序的发展进步表现在以下几个方面。第一,根据案件类型的不同,适用不同的法庭组织和程序,但所有被告在适用刑法和

〔1〕 参见格拉森(*Glasson*),前引,t. 6,p. 754;米特迈尔(*Mittermaier*),前引,pp. 81-109;*Guérin*,“Etude sur la procédure criminelle en Angleterre et en Ecosse,”1890. 可以参考霍华德·文森特爵士(*Sir Howard Vincent*)(曾任伦敦警察局长,并是“警察守则”的作者,该书现已更新到第 12 版)向圣彼得堡国际联盟大会披露的英格兰预审程序中的有趣细节,(Bull. de 1'Un. ,1903,pp. 176-182 and 204)。[也可参考爱德温·R. 基迪(*Edwin R. Keedy*)和约翰·D. 劳森(*John D. Lawson*)的报告,同前引,第 589 页。——编者注]

〔2〕 [关于此问题参见爱德温·R. 基迪(*Edwin R. Keedy*)的报告,同前引。至少有一个与法国制度大致相对应的秘密调查程序。——编者注]

程序法方面一律平等。第二,陪审制度的引入和发展。陪审员们或与职业法官各自负责相应的审理内容,或者与职业法官一并组成合议庭共同审理案件。欧洲几乎所有的国家和美国都适用陪审制度。荷兰乃一例外。在荷兰,即使是重罪案件也是由治安法官组成的省法院(provincial court)来审理,治安法官不参与预审。此外,斯堪的纳维亚国家也反对陪审制度。[1] 第三,审判公开、控辩对抗和言词原则。在德国、英格兰、奥地利、比利时、葡萄牙等各个国家中,审判必须公开进行,否则审判无效。相应地,证人应当面口头作证。最后,审判具有对抗性;控辩双方地位平等;被告普遍能够得到律师的帮助。

四、在较为轻微的案件中,主要是轻罪和违警罪案件的处理中,总体趋势是简化刑事诉讼程序,以提高诉讼效率,节约诉讼成本。[2] 目前各国立法中有如下三种程序简化方式:第一,立即
605 到场的简易程序;第二,通过自愿交付罚金的方式免除刑事诉讼,逾期不交付将面临监禁;第三,不经审判直接发布处罚令(Penal order)。

(1)第一种程序与普通程序的区别仅仅在于其更加迅速;对被告无须发出传票(citation),仅须通知,也可直接将其带至法庭受审。法国法中有两种以简化为目的的程序也具有该特点,并在实践中使用;——当场逮捕程序和仅凭通知就可将被告人带至违警罪法庭受审的程序。

在这两种程序下,如果被告人没有对裁决结果提出异议,则

〔1〕 在丹麦,除哥本哈根外,只有涉及死刑的案件才要求法官必须与四名陪审员共同审理。*Beauchet*,"Bull. de la Soc. de législ. comp.",第 13 卷,第 133 页。在挪威,1887 年 7 月 1 日的刑事诉讼法首次引入的陪审制度。在瑞典,陪审制度仅对言论犯罪适用。

〔2〕 关于此点,参见 *Tcheglovitov*,"La procédure en matière de contraventions"("Bull,de I'Un. inter. de droit pénal,"vol. 10,1902,p. 352-365)。

可以不必将案件正式起诉至法院。

(2)法国法只在财政违法、间接税、关税等方面案件中认可通过自愿交纳罚金免除刑事诉讼,在这些案件中,相关部门可以修改法定的罚金数额,并有权在裁判作出前与被告达成和解。《荷兰刑法典》(the Penal Code of the Netherlands)第74条规定,如果被告人缴纳了其犯罪行为对应的最高数额的罚金,可放弃对其刑事追诉。此类案件中,实施犯罪行为一方必须严格遵守法律规定,否则就会对其进行审判。但是,如果检察官或法官在裁判之前不同意和解,那么即使被告认罪且根据其案件情况缴纳了罚金,上述程序也不能适用。

(3)法国法没有规定处罚令(Mandatsverfahren)制度,在该制度下,法官可以不经庭审及预审直接认定被告有罪。奥地利在制定1873年刑事诉讼法时,借鉴了德国几个州早期的刑事诉讼法规定,设立了该简易程序。根据1873年《奥地利刑事诉讼法》第46条,对于法定刑最高不超过1个月监禁,或仅判处罚金的案件,法官如果认为没有理由对被告判处超过3日的监禁或处以超过15费罗林(florin)的罚金,可以根据检察官的申请,不经预审,直接通过处罚令程序(Strafverfügung)对被告定罪量刑。如果被定 606
罪者希望适用普通程序,获得普通程序的各项程序保障,他有权对法官的处罚令提出异议。该制度已通过1877年《德意志帝国刑事诉讼法典》(the Code of the Empire)在德国推广使用,该法第447条规定:"在市府参事议政厅(aldermanic court)审理的案件中,如果检察官提出书面请求,当值法官(judge of the 'amt')有权不经预审,以书面处罚令的形式作出裁判。处罚令可判处不高于150马克的罚金、不多于6周的监禁,并可在适当情形下判处没收财产(confiscation)。"第449~452条规定了对处罚令的异议权。

在瑞士有几个州实行处罚令制度，包括索勒尔（Soleure）（1866年《刑事诉讼法》第388条）和格拉鲁斯（Glarus）（1899年《刑事诉讼法》第171～186条）。1896年《匈牙利刑事诉讼法》（第532～535条）和1887年《挪威刑事诉讼法》（第287～289条）中也规定了该制度。在挪威，刑事处罚令由检察官签发。意大利、俄国、丹麦未引入该制度。刑事处罚令程序的主要优点在于被告能够得以避免公开受审，在实践中适用该制度的国家中，该制度很受推崇。只要能够保证被告在普通程序中能够享有的各项权利在处罚令程序中不会受到侵犯，该程序便不会与刑事诉讼基本原则相冲突。

附　录

附录 A　刑事诉讼的科学文献[1]

第一节　刑事诉讼科学文献史上的两个时代:法国 1808 年《重罪审理法典》颁布前后

刑事诉讼科学文献史上两个广阔的时代是容易划分的。随着 1808 年法国《重罪审理法典》的颁布,第一个时代落下帷幕,第二个时代揭开序章。这一法典在法国的出现及其影响力在整个欧洲的传播,标记着一个关键的时期。

直到 18 世纪初期,关于刑事法律真正意义上的科学研究才开始起步。在那之前,社会惩治犯罪的权利似乎是显而易见的,以致人们从未思考过应当去寻找这项权利的基础以及对其行使的合理规制。在法国大革命之前,刑法和

〔1〕 附录 A 即加罗教授所著《法国刑事诉讼程序》(French Criminal Procedure)中的第十章。关于该作者及其作品的介绍,参见编者前言。——编著注

刑事诉讼法的渊源是习惯法、罗马法、教会法和皇家法令。这些渊源被应用融合到关于刑事犯罪的教学之中,并构成了科学的刑事法律,而这使刑事审判法典编纂成为可能,为刑事审判法典的编纂铺平了道路。

第二节 第一时期(法典之前)的作者:评注者、实践者与先驱者

第一时期的作者可以按年代次序归为三种类别:评注者、实践者和先驱者。

Ⅰ.最早一批评注者将刑事法律作为民法的一个分支加以研究,满足于应用查士丁尼与刑事问题相关的部分,如《查士丁尼学
610 说汇纂》第 47、48 卷以及《查士丁尼法典》第 9 卷,这种解释的方法让他们获得了注释法学派的称号。在对文本进行简短的注释或评注之后,通过或多或少的正确理解,他们将国王的法令、当地的习惯法和司法实践的规则协调起来。这些零散的研究产出了一些成果,其功劳可追本溯源至罗马法。他们的劳动也在不经意间对司法科学的进步产生了助益。

在这些注释法学派的学者中,值得关注的有普拉岑提努斯(Placentinus)[1]、阿佐(Azo)[2]、奥多弗雷德(Rofredus)[3]和阿

〔1〕 普拉岑提努斯来自意大利,在蒙彼利埃(Montpellier)担任教授,于 1492 年在此地去世。

〔2〕 阿佐于 1230 年左右去世,他先后在博洛尼亚(Bologna)和蒙彼利埃任教。

〔3〕 奥多弗雷德于 1242 年去世。

库修斯(Accursius)。[1] 奥多弗雷德可能是众多罗马学者中对刑事诉讼发展的影响最为关键的一位。他在《教皇法》(Libelli de jure pontifico)一书中指出,纠问式程序的方法源于罗马法,而英诺森三世(Innocent Ⅲ)只是规范了它的形式。在罗马法复兴激起广泛热情之际,这些教义主张有利于让世俗法庭采用这套纠问式程序。在13世纪论及刑事法律的教会法学者中,值得一提的是坦克里德斯(Tancredus)[2]和威廉姆斯·杜兰德斯(Wilhelms Durandus)。[3] 尤其是威廉姆斯·杜兰德斯在1271年撰写的《法鉴》(Speculum juris),在教会法庭与世俗法庭中都被认为是权威。正是这部作品,使他被冠上了"洞察者"(Speculator)的称号。

Ⅱ.在13世纪的下半叶,刑事法律的研究开始受到应有的重视。刑事法律成为一个有别于民事法律的分支,接着出现了一代法学家,他们以"实践"(Praxis)、"练习"(Practica)、"诉状"(Libellus)、"大全"(Summa)等为标题收集习惯法,并编写实践手册,而在这些手册中刑法和刑事诉讼程序的内容很少被区分开来。完全专门研究刑事司法实践这一分支的最古老的作品集是阿尔 611
贝图斯·德·甘地纳(Albertus de Gandino)的《不法行为控告书》(Libellus de maleficiis)。[4]

正是在意大利这片遗存的刑法经典之地,这种特别形式的文献才得以诞生和发展起来。并且,其影响很快就遍及西班牙、法

[1] 博洛尼亚的阿库修斯教授于1260年在该镇去世,他是所有查士丁尼法律标准注释书(the Glossa ordinaria)的作者。

[2] 博洛尼亚的坦克里德斯在13世纪初期写了几部作品,其中最重要的是一部关于规范程序的作品《司法令状》(Ordo judiciarius),该作品在13世纪之后被翻译成了法语和德语。

[3] 1296年在罗马去世。

[4] 该论文于1491年在威尼斯首次出版,此后被添加到阿雷蒂努斯的《论罪行》(Tractatus maleaciorum)中,大约写于1262年。

国、德国和荷兰。直到16世纪下半叶,在这些国家的法庭上,阿尔贝图斯·德·甘地纳、安吉鲁斯·阿雷蒂努斯(Angelus Aretinus)[1]、雅各布·德·贝尔维西奥(Jacobus de Belvisio)[2]和伊波利特·德·玛尔斯尔(Hippolytus de Marsiuis)[3]等法学家编写的手册都是具有权威性的。

菲利普·德·伯曼诺尔(Philippe de Beaumanoir)[4]是13世纪世俗科学的代表人物,被卢瓦塞尔评述为"他就是那个破冰开路的人"。他是第一位勾勒出民法和习惯法整体轮廓的法学家。但他很少对刑事诉讼程序作出解释,因为在他写作的那个时期,刑事诉讼程序与民事诉讼程序并没有本质上的区别。所有的诉讼都是由同样的法庭和同一批法官来宣判的。由于刑法尚未被很好地制定,他们拥有近乎专断的权力,不仅可以改变刑罚,还可以根据情况调整诉讼程序的形式。唯一可确定受到规制的是两种对抗性的程序,即司法决斗和宗教裁判,其中第一种代表着传统方法且正在逐渐衰落,而另一种则传达出新的观念和方法。在那个过渡时期,伯曼诺尔的著作对于我们了解当时的制度状况是有价值的。

16世纪末期的刑法学家的作品受到了文艺复兴的有益影响。在那之前,解释观点并使它们依照自然秩序相互协调的人文学科

[1] 这位法学家生于1270年,卒于1355年,是1515年在里昂出版的《刑事司法实务实践》(Practica judiciaria in materiis criminalibus)一书的作者。

[2] 是1551年在里昂出版的《罪行审判》(De Maleficins tractatus)一书的作者。他的生卒年日不详,生活在15世纪的上半叶。

[3] 《刑事案件实务》(Practica causarum criminalium)的作者,生于1450年,卒于1529年。

[4] 《博韦习惯法》(Les Coutumes du Beauvoisis)的作者就是13世纪的法国法学家菲塞尔·德·伯曼诺尔(新版由Count Beugnot出版,2vols. 8°,Paris,Renouard,1842),伯格诺特的序言(cxxxi页)也很有趣。

还是鲜为人知的。当有想法在头脑中出现时,作者就会将它们陈述出来,而不考虑表达的方法技巧或逻辑顺序。从 16 世纪末期开始,它不再仅仅是为公众所知的关于法律实践的惯例和指南的 612 合集,而是建立在原始资料基础上的体系性的科学论文。在意大利的法学家中,必须提到两个特别的名字:尤利乌斯·克拉鲁斯(Julius Clarus)[1]和法利纳西乌斯(Farinacius)[2],他们是科学的刑事法律真正的奠基人。尤利乌斯·克拉鲁斯是他那个时代最负盛名的刑法学家;而法利纳西乌斯的学术声誉虽似乎有些言过其实,但他对诉讼程序发展方向的影响是极其实际和关键的。

在意大利境外出版的第一部刑事法律专著是由一位比利时的法律实务工作者朱多卡斯·达穆胡德尔(Jodocus Damhouder)撰写的。他的《刑事实务》(Praxis rerum criminalium)[3]中最重要的部分就是关于诉讼程序的。在很长一段时间里,这本著作都是荷兰和德国法庭裁判的实践指南。

但在 17 世纪,德国人本尼迪克特·卡普佐夫(Benedict Carpzov)的权威取代了达穆胡德尔、法利纳西乌斯,甚至是尤利乌斯·卡拉鲁斯的权威。他于 1635 年首次在德国符腾堡(Würtemberg)出版的《萨克森帝国刑法实务新编》(*Practica nova imperialis Saxonica rerum criminalium in partes tres divisa*)一书,成

[1] 1525 年生于意大利亚历山大,1573 年去世。我们将"判决书"(Sententiarum receptarum)归功于他。在该全部五卷书中,最重要和最丰富的第五卷是关于刑法的。这一著作常常被再版重印。

[2] 这位法学家的作品全集经常被再版重印。他生于 1554 年,卒于 1613 年。法利纳西乌斯有着超越一般的、坚实的智力。他作品中的七卷拉丁语的对开本作品集阅读起来更加困难。

[3] 这部作品于 1551 年在布鲁日(Bruges)首次出版,但这个版本并未留存于世。达穆胡德尔本人将其翻译成法语,标题为《刑事案件的司法实践》(Pratiques judiciaires ès causes criminelles)(Anvers 1574,12mo)。

为德国一个多世纪立法和实践的指南。

为了系统地阐述这一程序,自 18 世纪开始,关于刑法的论文不断地被发表出来。但这些论文的作者在写作时并没有放弃法律实践的视角。他们将自身局限于解释规制刑罚相关的法律、习惯、惯例及程序的形式,并将从这些来源衍生出来的规则整合起来,而没有考虑以合理的方式审查使这些制度发生实效的问题,也没有批判纠问式程序的滥用。

613 在 18 世纪最为盛行且至今仍能从其作品中获益的刑法学家有法国的尤斯(Jousse)[1]和穆雅·德·乌格朗(Muyart de Vouglans)[2]、意大利的雷纳兹(Renazzi)和克雷曼尼(Cremani)以及德国的萨缪尔·弗雷德里克·布希默(Samuel Frederic Buchmer)。[3] 这些人,无论是地方法官还是教授,都是在一个动荡不安的时代里爱好和平的人。不过,他们只关心既定的法律制度,而对周围发生的伟大思想进步一无所知,丝毫没有预感到正在酝酿中的革命。但他们的工作是必要的,他们的著作是当时现行法律的系统化,也为法典编纂做了准备,如果没有这项初步工作,法典化几乎是不可能的。

〔1〕 尤斯与他在奥尔良法官席上的同僚波蒂埃(Pothier)是合作者,也是朋友。波蒂埃是《法国刑事司法总论》(Traité de la justice criminelle de France)的作者,4 vols. ,4to, 1671。这部作品不是很有独创性,但它很完整,条理清晰。细读这篇序言,可以很好地了解一个大革命时期的刑法学家的心态。

〔2〕 穆雅尔·德·乌格朗,巴黎大议会(the Grand Council at Paris)顾问。他参加了莫本宫法庭(the Parlement Maupeon)。他的两部主要作品分别是《按自然秩序排列的法国刑法》(Lois criminelles de la France dans leur ordre naturel)和《刑法纲要》(Instituts au droit criminel)。在他看来,现行法律是人类理性的最后定论。最后,他死在了断头台上。

〔3〕 在此我没有提及波蒂埃,他曾经出版过一部名为《刑事程序的特征》(Traits de la procedure criminelle)的著作,在其中的小论文里,他以令人钦佩的清晰度简化并普及了法国法律(reprinted in the Works of Pothier by *Beugnot*, in Vol. X, pp. 387-511)。波蒂埃并没有批判他那个时代的刑事诉讼程序。然而,我们知道,当他在刑事案件中坐在奥尔良的法官席上时,避免向他提出可能引发问题的诉讼是一种习惯。

Ⅲ. 在 16、17 世纪,纠问式刑事诉讼程序已经受到了批评,一些先驱者曾建议废除它。首先值得一提的是皮埃尔·埃罗[1](Pierre Ayrault),他以敏锐的智慧攻击了这种诉讼程序的秘密性。[2] 皮埃尔还谈到,他曾阅读过他的伯祖父、安茹(Anjou)的中将让·贝兰(Jean Belin)关于 120 多年前刑事诉讼公开性的描述,更确切地说,大约是在 1492 年让·贝兰在他的证词中提及刑事诉讼公开性在法国实践的最后一丝痕迹"在教堂、城堡、市场和一些公共场合的门口仍然保留着法官席位"。在 17 世纪,奥古斯丁·尼古拉斯[3](Augustin Nicolas)、基督徒狄奥多·斯佩(Théodore Spée)[4]非常勇敢地公开抗议刑讯。

但是,在 18 世纪后半叶,改革者们将这种古老的诉讼程序置于批判性的观察之下,试图提取自由的理想并提出控方起诉的最低限度要求。

法国和意大利在这场运动中处于领先地位。法国有伏尔泰、 614
塞凡(Servan)和布里索·德·瓦尔维尔(Brissot de Warville);意大利有弗朗吉里(Filangieri)、里西(Risi),而主力军是切萨雷·贝卡里亚(Cesare Beccaria)。在 1764 年,一个刑法史上著名的日

[1] 生于 1536 年,卒于 1601 年 7 月 21 日。

[2] 在所有版本的《法令、程序和司法预审》中,让·卡芬(*Jean Caffin*)1642 年的里昂版本是最好的。

[3] 奥古斯丁·尼古拉斯发表过一本小册子,标题为《如果酷刑是确认秘密犯罪的可靠手段》(Si la torture est un moyen sûr à vérifier les crimes secrets)。他曾是第戎法庭的主席。

[4] 斯佩出版了重要著作,《刑事慎思论对巫师的审判》(Cautio criminalis contra sagas liber),Rhurtel 1631,Cologne 1632. Compare *A. du Boys*,"Histoire du droit criminel de France,depuis le XVIe siècle jusqu'an XIXe,"1874,vol. 2,p. 147 *et seq*.

子,《论犯罪与刑罚》一书出版了。在那本"慷慨激昂的小册子"[1]中,贝卡里亚抨击了丑陋的酷刑,要求废除秘密审讯制度,并提出被告应当有一位辩护律师。这个想法过于大胆,导致它的传播者在意大利受到了迫害。

第三节 第二时期(法典之后)的作者:意大利、法国与德国

某种意义上,18 世纪晚期的刑法学家通过在各自作品中的努力,可被列为刑事诉讼科学文献史第二时期的作者。但实际上,只有在 1808 年《重罪审理法典》在法国颁布及其影响遍布欧洲之后,一种新的研究和解释犯罪的学说才兴起,它与新的编纂法典的立法方法相对应。

在法国,第一位评论《重罪审理法典》的人是最高法院的顾问卡诺(Carnot)。他在 1812 年问世的论文《刑法学讲义》(De l'instruction criminelle)[2]中对这一法典进行了独立而理性的解读。在他之后,一位地方法官 J. M. 勒加弗伦(J. M. Le-Gaverend)出版了一本《论法国刑事立法》(Traité de la legislation criminelle en France)。[3] 这本书不仅是对当局的评论,还是根据新的立法对刑事诉讼程序的一项系统而富有建设性的研究。

不过,最伟大的作品是弗斯坦·埃利(Faustin Hélie)撰写的

[1] 勒米默尔(Lermimer)在他的著作《法律史导论》(Introduction, àl'histoire générale du droit)中非常正确地指出:"在 1764 年在那不勒斯(Naples)出版的《论犯罪与刑罚》中,贝卡里亚完成的不是一本科学性著作,而是一本慷慨激昂的小册子,它取悦了正直的、热情洋溢的舆论。这属于欧洲过去常常向统治者们提出的请愿书。"

[2] Published by Nève, Court of Cassation, 2 vols., small 4to.

[3] 这本书有三个版本。最后一版在 1830 年问世(第 2 卷第 4 册),由杜韦吉尔(Duvergier)修订和校正。

《刑事审判法典总论》(Traité de l'instruction criminelle),它是这类学派中流传至今的典范,其价值从未被超越。这部作品的第一卷于 1845 年出版,第九卷直至 1860 年才完成。第二版共八卷于 1866 年问世。在 19 世纪,没有任何其他作品对法庭的司法实践和程序的科学发展方向有过这样的影响。它的权威性已经超越 615
了法国的疆界,无论依照 1808 年《重罪审理法典》系统化的程序类型渗透到哪里,弗斯坦·埃利的作品都被公认为是对这种程序最好的评述。在弗斯坦·埃利之外,再也没有一位像他那样权威而热切的学者为辩护方的利益和个人自由的保障发声。M. 福斯廷·阿道夫·埃利(M. Faustin-Adolphe Hélie)在为《刑法典原理》(Théorie du Code pénal)第六版撰写传记时曾写道,他的父亲"不看重任何权威",他认为,"民主应当自由而不受限制地得到发展,不受任何权威约束"。这种思想倾向也被发现存在于弗斯坦·埃利的主要学说之中,赋予了他的著作以一种自由和独有的特征,而这些特征与法国刑事诉讼程序的影响是分不开的。

在意大利,19 世纪上半叶主要有两位代表性学者,一位是卡米尼亚尼(Cakmignani),另一位是尼克里尼(Nicolini)。前者更偏向于是一位哲学家,在他的代表作《社会保障法理论》(Teorica delle leggi della sicurezza sociale)[1]中,法律和程序是放在一起讨论的;后者更偏向于是一位历史学家和实践者,其代表作是《西西里王国的刑事诉讼程序》(Procedura penale nel regno dello due Sicilie)。此外,有几位虽不及他们著名但也有些贡献的作者:康托利(Contoli),其代表作是《刑事审判注意事项》(Considerazioni sul processo e giudizio criminale);阿德莫洛(Ademollo),其代表作是

〔1〕 Pisa,1831,4 vols.,8°. 卡米尼亚尼,生于 1768 年,卒于 1847 年。他曾是比萨大学的刑法学教授。

《托斯卡纳的刑事审判(二)》(Il giudizio criminale in Toscana);阿梅利尼(Armellini),其代表作是《刑事诉讼教程》(Corso di procedura penale)。此后,意大利的科学研究经历了一段黯淡期,多年里除了一些以评注性的论文及一些关于立法改革的批判性著作以外,并没有什么成果。直到后来,意大利的统一为科研精神注入了新的动力,一批学者为意大利的科学文献作出了积极的贡献,譬如,弗朗西斯科·卡拉拉(Francisco Carrara)及其代表作《刑法教程》(Programma del corso di diritto penale)(第三节,刑事诉讼)(Sect. Ⅲ,Del giudizio criminale)[1]、托洛梅伊(Tolomei)及其代表性论文《刑法与刑事程序》(Diritto e procedura penale)、彼得·诺西托(Pietro Nocito)及其代表作《刑法民事司法法哲学导论》(Prolegomeni alla filosofia del diritto giudiziario penale e civile)、卡诺尼克(Canonico)及其代表作《刑事审判》(Del giudizio penale)、恩里克·帕森纳(Enrico Pessina)及其代表作《关于意大利刑事案件的讲座摘要》(Sommario di lezioni sul procedimento penale italiano)、祖贝塔(Zuppetta)及其代表作《刑事司法系统和刑事诉讼法典课程纲要》(Sommario delle lezioni di ordinamento giudiziario penale e di codice di procedura penale)、佩斯卡托雷(Pescatore)及其代表作《民事和刑事诉讼概要》(Sposizione compendiosa di procedura civile e criminale)等。这些刑法学家所属的
616 学派将程序视为自由的最佳保障,并不认为保护个人权利会损害社会防卫所需要的公共安全利益。1865 年意大利《刑事诉讼法典》催生了许多评注性的论著,其中最为完整且最著名的是萨鲁托(Saluto)和博萨尼·德·卡索拉蒂(Borsani e Casorati)的著作。

[1] 卡拉拉是卡米尼亚尼在比萨大学的接班人。

最后必须提到的是普利亚(Puglia)的《刑事司法的基本原则》(Principii fondamentali di di ritto giudiziario penale)[1],它是使刑事诉讼适应新时代的一次有益尝试。

在德国,诉讼程序领域的文化是在《加洛林法典》之上形成的,它在 19 世纪初统治了欧洲的绝大部分地区。但在这一时期之后,德国的学者更加刻苦地在有日耳曼血统的国家里修改已经颁布的法律和特别法典。在这些刑法学家中,有以下几位学者的作品在 19 世纪初尤值得一提,他们是斯特贝尔(Stubel)[2]、汉克(Henke)、阿贝格(Abegg)[3]、费尔巴哈、保尔(Bauer)[4]以及之后的比诺(Bieneer)、考斯特宁(Kostlin)、莫尔(Möhl)、普朗克(Planck)、萨查里阿(Zachariae)、杰格曼(Jagemann)、密特麦尔(Mittermaier)和弗律瓦尔德(Frühwald)。

当两个伟大的日耳曼民族国家,奥地利和德国分别于 1873 年和 1877 年编纂并统一它们的刑事诉讼程序时,它们在司法史上的这一重大事件也为一段艰苦卓绝的科研史标明了起点。在奥地利,所有著作中不能不提的是乌尔曼(Ullmann)、梅耶(Mayer)、巴尔(Bar)、米特尔巴赫(Mittelbacher)、卢夫(Rulf)、里尔(Riel)、瓦加(Vargha)、格拉泽(Glaser)等人的作品。最后应当提到的刑法学家是宾定(Binding),他是奥地利 1873 年法典的启发者。受德国法学家精英的委托,他与德豪(Dochow)、施瓦兹(Schwarze)、盖尔(Geyer)、梅耶(Meyer)合作,带领他们完成第

[1] Milan,1899.

[2] 《包含萨克森境内的德国法院中的刑事诉讼程序》(Das criminalverfahren in dem deutschen Gerichten bis im Sachsen)(Leipzig 1811)。

[3] 《普通刑事诉讼程序教程》(Lehrbuch des gem. Criminal-Prozesses)(Königsberg, 1833)。

[4] 《刑事司法实践导论》(Anleitung z. Criminalpraxis)(Göttingen,1837)。

一版《霍尔岑多夫百科全书》(the Encyclopedia of Holtzendorff,),并在那部作品中详细阐释了德国 1877 年《刑事诉讼法典》。此外,还有一些学者应该列入这个名单,他们是莱尔(Löwe)、约翰(John)、德豪、盖尔、冯·李斯特(Von Liszt)、贝尼肯(Bennecke),他们的评注和教科书已经成为德国的经典之作。

附录 B　大陆法证据制度史[1]

617

第一节　思考证据时必须采取的三种视角

必须从以下三种角度考虑证据：

首先，证据的来源（证据要素）。

其次，证据的调查和呈现方法（证据方法）。

最后，证明价值（证明力）。

第二节　证据制度历史演进的四个阶段

从历史上看，证据制度的演进与惩罚制度的演进高度一致。其演进先后经历了四个阶段，即家族化阶段、宗教化阶段、法定化阶段和科

〔1〕 附录 B 即加罗教授所著《法国刑事诉讼程序》中的第四十六章。关于该作者及其作品的介绍，参见编者前言。——编者注

学化阶段。[1]

618 家族化阶段。在这一阶段,在原始部落甚至在城市,家族刑法与家族间刑法相伴而存。在家庭内,惩罚的权力同时建立在父系矫正的合法性、威胁的有效性和社会防卫的必要性基础上。从一个家庭到另一个家庭、从一个部落到另一个部落,原始的敌对关系普遍存在。欺骗或者暴力等行为的罪责性并不存在。只是个人及其家庭要直接面对这种同态复仇法律。[2] 在这一阶段,证据无关紧要,而"个人印象的经验主义"大行其道。[3] 现行犯是这一程序的典型,现行犯也免除了任何证明的必要。重要的是建立该制度或类似制度。

宗教化阶段。在这一阶段,以上帝之名宣告有罪。只有上帝才可以免除罪行严重案件中的刑罚,以至于无论是给重罪案件中的行凶者定罪,还是对轻罪案件中的过失者施以惩罚,"上帝的判决"——这一富有神性的词语均被引用。上帝的判决或称神明裁

〔1〕 费里(Ferri)特别指出,在证明制度演进过程中,四个不同、各具特色的阶段几乎与刑罚制度的连续阶段同步发展:"Sociologie criminelle," trans. by Terrier, 1905, No. 76, p. 515. 参见相同立场, Tarde, "Penal Philosophy" (trans. Howell, Modern Criminal Science Series, Little, Brown & Co. 1912), p. 429, and especially p. 484. 塔尔德(Trade)说道,"事实上,在法律发展的每一阶段,在'向他人宣判'的证明性质与刑罚倾向于自我粉饰的特征之间存在一种联系。我已经区分了四种已经或正在开始流行的证明:神明裁判、刑讯、陪审团、科学专家证言。第一种对应的是赎罪性刑罚:向神明献祭有时可以免除死刑。第二种即刑讯,对应的惩罚本质上是一种威慑,具有惩戒性:轮刑,裂肢刑,在火刑柱上烧死等比以往更可怕的酷刑。对于第三种,即通过陪审团的大众良知来证明,相应的惩罚是温和的,具有矫正色彩。第四种,即用教条化的科学或称专家证言来证明相对应的惩罚是什么?在一切被净化前,这不是一种惩罚吗?"

〔2〕 参见尤其是与古希腊习惯有关的, *Gustave Glotz*, "Etudes sociales et juridiques sur l'antiquité grecque" (Hachette 1906), pp. 3-9.

〔3〕 *Ferri*, *op. et loc. cit.*

判被认为是“最佳”判决,是一个普遍通行的制度。[1] 在社会和宗教发展的某个特定阶段,人们普遍认为,终结一个诉讼或认定一个罪行的最佳方式是将诉讼中的一方(有时是双方)置于一些非常 619
危险的境地,以促使神明主持正义。根据塔尔德的见解,[2]“神明裁判在一定程度上是神明—法律专家关于过去的证言”。[3]

法定化阶段。此时法律本身预先规定了不同证明方法,以及有必要或足以施加一项惩罚的证明程度。在这一时期,犯罪人的供述被认为是“最佳证明”(queen of proofs)。刑讯这种讯问方法被采用以获取口供。刑讯似乎是如此自然和必要,以至于其被称为“审讯”(the question)。

情感化阶段。这一阶段走向了另一极端。法官和陪审团的认知从需要证明的所有责任中被解放出来,他们只需参考其个人意见,也就是其良知的认可。[4]

科学化阶段。在这一阶段,“最佳”的证明通过专家调查提供,目的是系统地查找和权衡实验数据,以确定相关犯罪行为及

〔1〕 See *Glotz*, *op. cit.*, “L'Ordalie,” p. 69-97. “从法国到波利尼西亚,从斯堪的纳维亚地区到非洲的疆域,世界上可能没有一个国家,个人为了维护自己的权利或证明自己清白,不必接受致命的考验。这可能是一种神判,用开水或冷水,用火或毒药……在这个令人敬畏和神圣的程序中所体现的思想,在一个初步宗教仪式中清晰展现:在这些神圣时刻,那些向上苍祈求的人,尤其是那些身体将要接受考验的人,都会作出祈祷,一个直接的和正式的向神的祈求。在那些祭司身份是种姓特权的社会中,由上帝的代言人进行祈祷。在那些祭司身份并非种姓特权的社会,则由犯罪人向上帝祈祷。” See Kovalevsky, “Coutume contemporaine et loi ancienne,” pp. 397, 398.

〔2〕 “Penal Philosophy,” p. 430.

〔3〕 塔尔德还论述道:“它们与人类思想的神话阶段相对应,正如实际存在的专家证言与刚刚开始出现的科学化阶段相对应。”

〔4〕 塔尔德(*op. cit.*, p. 431)在这一制度中看到了“另一种迷信,即对个人理性、常识和自然本能的绝对正确的乐观信念”。他把“陪审团证明”称为自由心证,是“不开明的、非理性的个人良知所假设的真理揭示”。他还说,“在过去以常识作为裁决基础的年代里,陪审团证明被视为是苏格兰哲学的基础,也被视为所有哲学的基础。在法国,则被视为主权在民原则的基石。”

使其存在的各种个人因素和社会因素。专家将成为陪审团成员的继任者,证据的科学化管理包括扩展、规范、完善和指导专家的司法资格。

当前的法律制度已处于第三个阶段,用科学手段及时有效地找出犯罪人,大量减少未被惩罚的犯罪和未被发现的犯罪人的数量,这一趋势在法律实践中正变得越来越明显。[1]

620

第三节 两种主要制度:法定证据与自由心证

在两种主要证据制度中,法定证据是过去的方法,自由心证正在发挥作用,已经相继出现在现代欧洲各国。作为对立的类型,两种证据制度截然不同。

第一种方法不仅规定了每一程序法中都不可或缺的侦查和定罪的手段,而且还规定应通过某些特定情节的组合来证明,这种组合必然能够说服法官;以及在缺乏相关情节时法官应宣布其未能被说服。第二种方法是用一切适当的方法证明某一事实的存在,并让法官完全自由地宣布他是否确信。

任何法律规则都不能预先衡量每一份证据的价值。当法律信任其任命的法官时,法官基于良心通过口头询问和交叉询问形成的独立印象,或者说法官被彻底说服的事实是法律应承认的唯

〔1〕 在科学进步方面,最重要的一个领域是犯罪人体测量学,无论是在发现犯罪人身份,还是在发现犯罪人前科方面都发挥了重要作用。这一领域的先驱是比利时皇家科学院天文台主任兼常务秘书奎特尔特(Quetelet),其曾于 1871 年刊发了题为"Anthropométrie ou mesure des différentes facultés de l'homme"的著作。他的思想后来由阿方斯·贝蒂荣(M. Alphonse Bertillon)所应用,他发明的、并以自己名字命名的鉴定方法——贝蒂荣法(Bertillonage)在当今取得了重要成功。这一进程于 1882 年在巴黎警察局开始。关于运用科学方法证明犯罪:*Tarde*,"Penal Philosophy."

一标准。[1] 但是,无论是在预审中收集证据的过程,还是在最后审查中提供证据的过程,都需要制定法律规则。一般来说,刑事证据理论引发了对这两种规则的研究,至少目前如此。因此,刑事法庭可以自由地进行定罪、采信或不采信所提出的证据,但它在收集、采纳和提供证据的方法上受到固有规则的约束。这是我们将要阐明的两种证据制度。

第四节　法定证据制度的起源

这一制度一如其他类型事实的证明,没有预设、没有阻碍地寻找一切能用以构建对司法事实证明的制度,这是最自然的一种制度,因为它类似于我们本能地发现真相的过程。[2] 在许多方 621
面都非常正式的罗马诉讼程序,所有与证明有关的方面都顺应了这一自然原则,直到罗马帝国灭亡的最后几天,也几乎没有要求说服法官的规则。[3]

〔1〕 费里为这一制度起了一个绰号,这将使人们相信,立法机关是从"感性"出发来规范它的。除非用一套科学证明制度来代替它,即由专家代替陪审员,否则很难看出什么样的制度可以取代它。福斯坦·埃利说,"确定性不能被任何法律所命令或规范;它与思想一样,本质上是自由而独立的,不受任何外在力量的制约。"然而,如塔尔德在"Penal Philosophy"p. 440 et seq 所指出的,陪审团的问题完全不同于证据法的问题。以上所援引的著名犯罪学家塔尔德是陪审团制度的崇拜者,也是这一证明制度的坚定支持者。See "Instr. cr. "vol. 4,Nos. 1771-1774.

〔2〕 *Bentham*,"Judicial Evidence,"Book I,ch. 3.

〔3〕 阿德里安(Adrian)授权的一个在 lib. XXII,5,3,§ 2,Dig. 的引用经常被援引于这一点:"Que argumenta et ad quem modum probande quique rei sufficiant,nullo satis certo modo definire potest. Sicut non semper,ita sepe sine publicis monumentis cujusque rei veritas deprehenditur. Alias numerus testium,alias dignitas et auctoritas,alias veluti consentiens fama confirmat rei,de qua queritur,fidem. Hoe ergo solum tibi reseribere possum summatim,non utique ad unam probationis speciem cognitionem statim alligari debere;sed ex sententia animi tui te estimare oportere,quid aut credas aut parum probatum tibi opinaris. "然而,在法学家著作中能发现法定证据理论的萌芽。参见 Faustin Hélie,op. cit. ,p. 403。波塔利斯伯爵(Count Portalis)向道德和政治科学院提交的两本关于处理刑事诉讼证据的回忆录的报告也可以参考。("Rev. delégis. et de jurispr. "1840)

但这一制度似乎与职业法官的才智不相适应。事实上,随着职业法官和常任法官制度的出现和发展,一种与之相反的制度在各地悄然兴起。[1] 我们目睹了它在帝国后期的兴起,当时旧的“判决程序”(ordo judiciorum)被废除,全部司法权交给了治安法官。从法学家取代“妄加评论的人”(hommes jugeurs)开始,这种制度在整个现代欧洲重新出现和发展。[2] 《1670 年法令》没有对法定证据制度的文献记载和复杂规则进行解释:这一制度的理论是由法学家们建立起来的,其最终地位等同于法律。在 16 世纪和 17 世纪,法定证据制度被最终确立,并与纠问式程序共同持续存在。我们以 18 世纪古代刑法的著述者为指导,有必要指出其广泛的功能。[3]

622 第五节 四种证明方法;犯罪事实的证明;罪责的证明

这四种证明方法我们至今仍加以区分,根据其重要性,可以分为:供述或口头证明;证人证明或者证言证明;书面证据或文书证明;推定或推测性证明。证明的目标是一个完整证明,其单独能够保证死刑的宣告,因为类似做法经常出现。根据古代作者的

[1] 关于这一点,参见 *Bonnier*, *op. cit.*, 131。

[2] 然而,需要注意的是,在“共同陪审员(cojuratores)”制度和司法证明习惯中,我们发现了法定证据的最早萌芽。参见 *Faustin Hélie*, “Instr. cr.” vol. 4, 1764.

[3] 尤其是穆亚特·德·沃格兰,他在其作品的第六部分探讨了法定证据理论:“Instituts au droit criminel,” pp. 303–354. Comp. *Jousse*, *op. cit.*, vol. 1, pp. 654–837. 但是,在 17 世纪和 18 世纪的法律学者的著作中,除了对法律规则的阐述外,还能发现关于供述、证据和推定的最卓越和最真实的哲学和心理学概念。这是真正的司法心理学的一部分。

见解，死刑犯罪构成了刑法的基础。[1] 对于不太严重的指控，该制度的严格性实际上被放松。当时的犯罪学家最终分析和详细研究了证明犯罪行为和犯罪人罪责的逻辑过程，以使被告被定罪。

(1)确立第一点意味着寻找并确立“犯罪事实”。[2]

在这方面，应当区分两类犯罪。第一类是那些留下物质痕迹的“有证据的犯罪行为”，如谋杀或放火。在这类案件中，法官的首要任务是找到那些痕迹。无论是自行制作案件的官方报告、案件“记录”(minutes)，还是借助内科医生、外科医生或其他专家的报告来进行。[3]《1670 年法令》已经详细规定了这种情况，[4]并且令人惊讶的是，司法实践中认可了被告方要求自荐专家(counter-expert)的权利。[5] 一般情况下，只能使用法官或专家的报告或“笔录”(constats)对“犯罪事实”进行证明，除了在特殊案件中 623
不采取其他证明方式无法继续审理的情况，不允许使用其他证据证明“犯罪事实”。[6] 被告的供述不构成对其不利的证明，除非

[1] 大多数罪行都被判处或可能被判处死刑。普兰・德・帕克(Poullain du Parc)说道，op. cit. ，t. 11，pp. 112，113，“因为不存在法律规定，它可以授权对无辜者进行惩罚，无论罪行是什么，作出死刑惩罚都必须有一个完整证明，并且这一证明只能根据法律规定的形式作出”。以及其他方面，p. 116：“非死刑指控中很显然不需要如此严格的证据……但是，当仅有强有力的迹象时，法官如果不暂停‘一段时间’(quousque)以作进一步调查，则只能作出金钱惩罚。”比较 *Jousse*，*op. cit.* ，vol. 1，Nos. 432 and 433，p. 833.

[2] 参见 *Muyart de Vouglans*，“Inst. ”p. 508.

[3] 由技术人员核查“犯罪事实”是一个非常古老的惯例。*passim Edmond Locard*，“La médecin judiciaire en France au XVIIe siècle”(Lyons 1902).

[4] Tit. IV and V. Title IV，entitled“Des procès-verbaux des juges；”title V，“Des rapports des médecins et chirurgiens. ”

[5] 被告“可以请求自费由其他外科医生进行第二次检查，只要在第一次检查后几天内提出请求，就很容易被批准。”*Muyart de Vouglans*，“Inst. ”p. 226.

[6] 参见 *Muyart de Vouglans*，“Inst. ”pp. 308，309，and *Poullain du Parc*，*op. cit.* ，t. 11，p. 81。

以其他方式首先确立了“犯罪事实”。[1]

第二类是那些没有留下持久痕迹的“无证据的犯罪行为”，例如诽谤。在这种情况下，“犯罪事实”的证明与有罪的证明是分不开的。因此，它不能被作为一个初步事项进行单独证明。

(2)证据在用以证明有罪的过程中，根据其强度，可以被分为“完整证明”、“近因迹象”(proximate indications)和“远因迹象”(remote indications)。法官仅被要求具体说明承认、证言、推定和导致推定的迹象或事实，也即其在诉讼中发现的证据要素；根据具体情况，每一个证据要素都有一定的法定价值；并且，无论法官的个人意见如何，其法定价值必须被认可。

第六节 证言证明

在刑事案件中，证人的证明被认为是最好的证明；但是，为了形成一个完整证明，必须满足某些难以实现的条件：第一，必须找到两个适格的证人，并就同一事项作证。[2] 一个单独的证言并非毫无价值，但是不应据以判处死刑。[3] 第二，两个证人都是目击证人殊为必要。那些作证说“听到被告的威胁和垂死之人的哭

[1] 参见 *Jousse*, *op. cit.*, v. 1, No. 20, p. 661。纽约刑法典中也存在这一制度，§395(translated by *Fournier*, note pp. 218-219)。

[2] 这是一项传统规则，“孤证不能定案”(Testis unus, testis nullus)，或如洛瓦塞尔(Loysel)所言，“一个人的声音等于没有声音”。*Paul Viollet*, in his“Histoire du droit civil francais”(Paris 1893), p. 30，保罗·维奥莱特(Paul Viollet)也展示了这一规则，它在“整个中世纪直到现代主导了全部证言和询问问题”，毫无疑问，其源于《圣经》。规定在《圣约翰》和《圣马太》中(St. John viii, 17)；维奥莱特还补充道，“我们可以肯定的是，这种在中世纪始终恪守并在 19 世纪保留在美国法律制度中的两个证人的规则源于希伯来”。

[3] *Jousse*, *op. cit.*, vol. 1, pp. 663, 695.

声”的人(testes ex auditu proprio),以及那些宣称掌握被追诉人供述的前被告(testes ex parte accusati),都是传闻证人(testes ex auditu alieno),无论数量多少,都不能构成一个完整证明。第三,证人作证必须坚定。如果他们以怀疑的语气表达,诸如“如果我没记错”“如果我记忆准确”“可能是如此”,这被称为犹豫不决(vacillating)的证明,他们的陈述甚至没有任何证明价值。第四,在最初提供信息、确证(récolement)和对质的三次询问中,证人的证言必须保持一致。第五,证人必须是不可被控告的,也不能被弹劾。在这方面,古代程序在试图废除弹劾权的过程中,却增加甚至夸大了证人不受弹劾的理由。 624

当两个完美证言相互契合,必然导致定罪,因为它们必然会使法官形成确信。[1]

第七节　书证证明

在证言证明之后是书证证明,显然书证证明少于证言证明。法学家们几经犹豫后,终于认识到,这种证明方法必须用于某些只能通过书面形式才能认定的犯罪,“因为其主要包括涉及思想的犯罪,诸如异端邪说、‘欺诈’、密谋反对君主、高利贷、收买证人;对于其他一些犯罪,如伪造,证言证明和文书证明可以并存。但是在每一个认可书证证明的案件中,形成一个完整证明需要满足如下条件:(1)对犯罪事实记载要准确;(2)其应是真实的,有签名的文本应得到被告的认可。一个笔迹鉴定不能构成完整证明。

〔1〕 *Jousse*, *op. cit.* ,vol. 1,p. 673. “两个或两个以上目睹犯罪的人的证言被认为是最确凿的证据。”

笔迹鉴定专家的猜测性判断有理由不被信任。[1]

第八节 推 定

若推定本身不可辩驳,也可以构成完整证明。但需要牢记,前提是推定所依据的事实本身应当得到证实。[2] 在这种情形
625 下,导致推定的迹象被赋予了完全定罪的效力。人们普遍认为,供述并不能构成完整证明:"别把求死的人的话当真(Nemo auditur perire volens)。重要的是,除了供述之外,还应该有近因迹象或一个合格证人的证言。"[3]

第九节 近因迹象

近因迹象被一些法学家称为"半个证明",其本身并不能支撑对被告的死刑判决。但是他们与自愿供述或非自愿(forcé)供述结合,能够形成一个完整证明。因此,在严重犯罪中,近因迹象的主要作用是允许启动刑讯。根据这一理论,死刑判决只

〔1〕 对于笔迹鉴定专家的推测性,在过去学者中已是共识。*Muyart de Vouglans*, *op. cit.*, p. 330; Rousseau de Lacombe, "Matières criminelles," p. 371. *Cf. Poullain du Parc*, t. 11, p. 191 et seq.; *Jousse*, *op. cit.*, vol. 1, p. 743.

〔2〕 这是穆亚特·德·沃格兰给我们提供的一个例子(*op. cit.*, p. 346):"当一起谋杀案发生后,两名未能被有效弹劾的证人作证说,看到被告手里拿着赤裸的、血淋淋的剑离开某处,一段时间后,被人用剑刺伤的死者的尸体在该处被发现。"虽然这一迹象非常接近,非常有说服力,但它不是结论性的,例如,死者可能被证明是自杀。

〔3〕 在前文第三章第二部分,可以读到古代作者关于权衡司法供认问题的讨论。关于这一点也可以参见 *Bonnier*, *op. cit.*, No. 365. *Jousse*, *op. cit.*, vol. 1, No. 660,然而其认为如果是基于"被追诉人纯粹而简单的供述",那么证据是完整的。

能建立在显然有利于被告的完整证明基础上。这导致刑讯几乎不可避免。如人们所说,刑讯"成为这种证据制度不可或缺的补充"。[1]

法官根据法令可以对构成近因迹象的事实进行自由裁量。然而,司法实践中已经发展出一定的规则。也就是"半个证明"包括初始言词证据、不完整的文字记载、单独目击者的证言、由专家证据鉴定的书面材料或被告虽后续翻供但经"两名合格证人"印证的庭外供述等。因此,在一定的犯罪中,基于迹象的推定既广泛适用又需具体分析。

第十节　远因迹象

近因迹象是刑讯的充分理由。然而,处于案件数量的考虑,需要增加一定的远因迹象。在这里,被称为"佐证"(adminicules)的第三类迹象开始出现。现代人类学家先驱穆亚特·德·沃格兰举了一个远因迹象的例子:"对被监禁者的坏印象(physiogno- 626
mie)是犯罪的表征"。很显然,远因迹象不需要什么构成要素。

第十一节　法国古代刑法中的法定证据

综上,法国古代法律中的法定证据制度的理论特征是:没有

〔1〕 一些法学家坚持认为迹象可以被叠加在一起。但这种结合通常遭到反对。普兰·德·帕克(*op. cit.*,t. 11,p. 116)说道:"半个证明并不比半个事实强,同样,两个不确定不能构成一个确定,两个半个证明也不能形成一个完整证明。"

完整证明就不能作出死刑判决，而证据只有在某些难以实现的特殊情形下才能具备这一特质。这种苛刻的证明要求促使法官们不惜以任何正确或错误的(per fas et nefas)方式从罪犯那里得到供述。为了达到这一目的，根据惯例形成了两种程序：秘密审讯(interrogatoire)，即被告必须在没有律师的情况下宣誓披露真相，并通过这种方式获得所谓的自愿供述；以及通过刑讯获得非自愿供述(confession forcée)。因此，引入法定证据制度的初衷本是为了维护被告的利益，使之作为被告的保障与由职业法官组成的法庭和秘密的审问程序相制衡，却导致了滥用刑讯的致命后果。毫无疑问，由于缺乏犯罪人的供述很难说服法官，这种严重的不公正现象一直持续到法国大革命时期。[1]

从 12 世纪初开始，刑讯迅速蔓延至整个欧洲，在它的发源地意大利的一角，博洛尼亚学院复兴了罗马法。刑讯被广泛使用的真正原因是，“一方面，神明裁判和助誓人(cojureurs)不再被人们所相信；另一方面，无论迹象与事实的关联强度有多大，单凭迹象不能认定有罪。”当时的法官必须要做的是，不惜一切代价地获得供述，或者证明无法获得供述。[2]

〔1〕 *Despeisses*,“CEuvres,”t. 2, p. 213, No. 10; *Aug.* Nicolas, Master of Requests in the Parlement of Bourgogne,“Si la théorie de la torture est un moyen de vérifier les faits,”Amsterdam, 1682.

〔2〕 塔尔德关于刑讯及其起源、历史和原因的有趣观察，参见“Penal Philosophy,”pp. 432-437。Jousse *op. cit.*, t. 1, pp. 689-694，提出了通过“询问”或者刑讯获得被追诉人供述的理论。他第一个从供述的角度来审视诉讼程序：“总体来看，酷刑是一种危险的权宜之计，其迫使证人披露真相。在历史上，人们在痛苦的折磨下承认自己没有实施的犯罪有好几个例子。”因此，“在没有其他证据的情况下，被告因被刑讯所作的供述不能形成一个充足证明，当时罗马如此，现在也是这样。”但是，“在被告获得自由和脱离痛苦后，认可他因刑讯所作的供述，能够构成对他不利的完整证明。”朱塞随后讨论了通过刑讯获得供述后的翻供，以及将刑讯作为无效诉讼后果进行打击的情形：“如果程序无效，刑讯被告收集的供述也不能使其有效。”

然而,就算罪犯忍受住了这种令人发指的获得他供述的方 627
法,从他身上一无所获,那也不应认为他获得了正义。取证行为会被暂停,或者作为对他的"额外"惩罚。

第十二节 自由心证制度的起源

建立陪审团和废除刑讯必然带来法定证据制度的消亡。[1] 然而,制宪会议的一些立法者通过一种表面看起来很好的做法,希望将古代惯例的长处与新原则的优势相结合。他们提出,由法律决定作出何种证明才能作出判决,但无论指控的犯罪是什么,他们都不希望强迫法官在缺乏确信的情况下将被告定罪。这是一个巧妙的制度,它声称将"因法定证据而产生的信心与法官完全的确信相结合"。[2] 但是,随着陪审团制度的确立,一个通过法律来规定定罪所必需的证据的制度实在令人难以置信!这必将产生以下两个结果中的一个:要么,由于陪审团不必为他们的决定说明理由而总是规避这一义务;要么,如果他们认为应当履行这一义务,他们会发现这为无正当理由的无罪判决找一个方便的说辞。立法机关也正式宣布拒绝接受法定证据制度,提出陪审

〔1〕 18 世纪的哲学家们批判了法定证据。贝卡利亚("Des délits et des peines," chs. VII and VIII)表述确定性不能在科学证明的规则中被理解。费朗格里(Filangieri)("Science de la législation", book 3, ch. XV)断言确定性只能在法官良知中占有一席之地。

〔2〕 罗伯斯庇尔在 1891 年 1 月 4 日会议(Moniteur of the 5th)中运用了这一理念。未能引起关注的是,意大利犯罪学家埃莱罗(Ellero)在其所著的《刑事批评》(Critica criminale)一书中批判了这种结合的观念。

团应当被彻底说服。[1] 这一点可以在他们的宣誓词中体现出来："你发誓……遵循你的良心和个人信念，以公正和坚定的自由
628 人立场，根据指控和辩护的抗辩作出决定。"[2]在其他地方，1791年9月16日的法律规定，[3]"被告可以要求证人作证，证明他是一个正直、诚实、行为无可非议的人，陪审团应当合理考量这一证言。"1791年9月29日的法律解释以下列措辞准确阐述了自由心证的原则："陪审团应当依据发生在他们面前的询问和审判形成个人信念，因为这里所关心的是他们的个人信念。这既是法律对他们的要求，也是社会和被告的诉求。"《雾月法典》中（第372条）提到，自由心证理论具有更坚定的立场；审判长应宣读一份旨在提醒陪审团的指示，并应将其张贴在陪审团会议室。这一指示以同样的方式被纳入1808年《重罪审理法典》，成为该法第342条的规定："法律不要求陪审团陈述定罪的理由；法律也没有为陪审团规定一项证明据以依赖的证据分量和充足性的任何规则。它要求陪审团基于良心，深思省察已经提出的对被告不利的证据和基于辩方理由提出的辩护产生了何种印象。法律并没有说：'你们要把这些证人所证明的每件事都视为真实'，也没有对他们说：'未经若干文件、若干证人、若干迹象形成的事实，不得视为已有了充分证明'；它只问了一个问题，这一问题囊括了他们的全部职责：'你真的确信他有罪吗？'"

[1] 在1790年12月26日的会议上，杜波尔（Duport）代表宪法和刑事法委员会在会议上提出提案，制宪会议遭遇了这一问题。该法案建议废除陪审团适用的所有书面证明要求，陪审团基于口头庭审情况，并仅依据完全确信来作出裁判。福斯坦·埃利（Faustin Hélie）（"Instr. cr. "v. 4, No. 1768, pp. 336-340）报告了关于这一问题讨论的主要部分。委员会的法案在1791年1月18日的会议上获得通过。

[2] 1791年9月16日法律，第二部分，标题7，第24条。

[3] 第二部分，标题7，第14条。

第十三节　自由心证是"陪审团心证"　629

自由心证与陪审团同时产生,似乎与之难以分开。〔1〕但是,

〔1〕 没有人比塔尔德更好地描述这一问题,在我可以摘抄的一段文章中他写道("Penal Philosophy," *Howell's* translation, "Modern Criminal Science Series," pp. 437 – 439):"陪审团决不是来自德国;正如杜·波瓦(Du Boys)和其他作者所显示的那样,陪审团在 1215 年出现,这是由于拉特兰会议刚刚禁止神明裁判后英国巡回法官的尴尬经验。在欧洲大陆上,刑讯被认为是恰当的事情,而英国人无疑更聪明地设计了一种权宜之计,即在被告不承认自己有罪的情况下,召集他的 12 名邻人,并将'他们对罪行和犯罪人的信念'视为上帝的审判。这是比较自然的,因为在很长一段时间里,陪审团的雏形以'国家证明'的名义存在于英国的起诉制度中;这种证明方式与'决斗证明'属于同一类别。被告有权在两者中作出选择。

"这样,神判和陪审团是对等的这一事实得到了证实。我们必须记住,在这一时期,人们倾向于相信,在每一次基督徒以任何庄严仪式的聚会上,圣灵(Holy Ghost)都会出现;陪审团似乎是一种受到更高启发的议会。甚至陪审团也注定要给人一种确定的假象。宗教信仰将神谕绝对正确的假定与判决联系在一起,后来则由哲学和人道主义信仰来进行。而这些决定的理由并没有被阐述。进言之,正如我们所看到的,从它的起源来看,裁判时至今日只是一个最高行为的意见,一个事实的'常数',而非一个可适当言说的判决……

"在早期,英国陪审团在很大程度上被仅仅视为证人,直到 14 世纪爱德华三世之后,绝对不可向陪审团提交证言,甚至在我们这个时代,在英国,当被告认罪时,陪审团即无用武之地,因为那时证明是完整的。正是因为陪审团是一种受到启发的证人,从未被要求陈述其裁决的理由,而且这一想法甚至遭到排斥,就像没有任何依据的法令会被人排斥一样……

"在法国大革命初期,法国面临着与 1213 年的'巡回法官(justitiarii itinerantes)'类似的尴尬境地;刑讯已经被废除,有必要寻找其替代者……

"此外,众所周知,法国自英国引入了陪审团制度。"

1789 年的"会议"(Cahiers)要求陪审团对刑事案件作出判决;他们建议研究英国的制度。在制宪会议讨论陪审团的证据制度时,图雷明确表达了这些观点。"书面证据与陪审团的建立不相契合。这种随后抄写的必要性,这种道德观念使陪审团成为最接近无误的方式(the means nearest to infallibility),并通过证人和被告之间的辩论这一媒介使其如此具有说服力,使人类的理性达到极致(such a degree of persuasion that it is impossible for human reason to go farther)……陪审员定罪是陪审员必须遵守的法律。人们所感知到的道德确信战胜一切,它既不能被命令,也不能被激发。它是检验道德真实性的真正'试金石'。"

这一革命激情孕育的理念已经变成了《重罪审理法典》第 342 条
630 的内容,而后在陪审团的权利和职责方面产生了许多错误。最突出的感觉是,有一种专横的权力可以解决普通人所面临的最可怕的问题。陪审团似乎凌驾于法律之上,有权根据其印象作出裁决。陪审团是"万能的"这个错误观点更多地源于这一理念,而非自由心证制度。

第十四节　法定证据制度的消亡

盛行于现代欧洲的法定证据制度,到 18 世纪末几乎消失得无影无踪,它的相关遗产也在逐渐消失。出于对历史的好奇,我们需要提及 1848 年 11 月 29 日瓦莱州《刑事诉讼法典》的条款,这些条款专门详细规定了法定证据。这一"化石立法"是唯一的例外!但是在盎格鲁—撒克逊法律中仍采对抗制,民事诉讼和刑事诉讼中的证明方法是一样的。旧证据制度的两个特点值得注意。第一个方面已经提到,是迫使被告从参与之初就作出辩护计划,承认有罪或无罪这一规则。当他作出供认或作认罪答辩时,他需要证明为对抗起诉书指控而提出的所有辩解。因为,在这方面,抗辩程序将双方置于相同的法律地位,被追诉方通过提出辩护成了原告;被告在抗辩中变为原告(reus excipiendo fit actor)。

译者名单

（依目录顺序）

1 郭　烁　中国政法大学诉讼法学研究院教授、美国康奈尔大学访问学者
编者前言、导言、本卷导言、英译本作者前言

2 郑　飞　北京交通大学法学院副教授、美国西北大学访问学者
绪论部分第一章

3 王迎龙　中国政法大学法学院副教授、美国加州大学戴维斯分校 LL. M.
绪论部分第二章

4 陈　实　中南财经政法大学法学院教授、英国剑桥大学访问学者
绪论部分第三章

5 林喜芬　上海交通大学凯原法学院教授、美国哥伦比亚大学法学院、威斯康星大学麦迪逊分校法学院访问学者
第一部分导论编

6 王禄生 东南大学法学院教授,美国哥伦比亚大学、英国牛津大学访问学者
第一部分第一编

7 潘 侠 中国海洋大学法学院副教授、美国康奈尔大学访问学者
第一部分第二编第一章

8 程 衍 华东政法大学刑事法学院副教授、美国加州大学戴维斯分校 LL. M.
第一部分第二编第二章第一至三节

9 田力男 中国人民公安大学法学院副教授、美国加州大学戴维斯分校访问学者
第一部分第二编第二章第三节之一至第五节

10 陆而启 厦门大学法学院副教授、美国东北大学访问学者
第一部分第二编第二章第六节

11 李 辞 福州大学法学院副教授、美国加州大学戴维斯分校 LL. M.
第一部分第二编第三章第一、二节

12 黄 河 中国政法大学比较法学院副教授,德国波鸿鲁尔大学 M. A. 、Ph. D.
第一部分第二编第三章第三、四节

13 秦宗文 南京大学法学院教授、美国西北大学访问学者
第二部分第一编第一章

14 杜 磊 中国人民大学法学院副教授、美国俄亥俄州立大学访问学者
第二部分第一编第二章第一、二、四节

15 兰荣杰 西南财经大学法学院教授，美国天普大学 LL. M.、S. J. D.
第二部分第一编第二章第三节

16 樊传明 上海交通大学凯原法学院副教授、美国西北大学访问学者
第二部分第一编第三章

17 牟绿叶 浙江大学光华法学院副教授、美国哈佛大学法学院 LL. M.
第二部分第一编第四章

18 郑 曦 北京外国语大学法学院教授、美国加州大学伯克利分校访问学者
第二部分第二编第一章第一至三节

19 李 倩 天津大学法学院副教授、德国柏林自由大学 Ph. D.
第二部分第二编第一章第四节、第四节之一

20 刘 磊 同济大学法学院教授、美国密歇根大学访问学者
第二部分第二编第一章第五节

21 张潋瀚 四川大学法学院副教授、美国印第安纳大学 S. J. D.
第二部分第二编第二章第一至三节

22 裴 炜 北京航空航天大学法学院教授、荷兰伊拉斯姆斯大学 Ph. D.
第二部分第二编第二章第四至六节

23 何 挺 北京师范大学刑事法律科学研究院教授、英国伦敦政治经济学院访问学者
第三部分第一编第一章

24 贾志强 吉林大学法学院副教授、英国牛津大学访问学者
第三部分第一编第二章

25 刘方权 福建师范大学法学院教授、美国伊利诺伊大学香槟分校访问学者
第三部分第一编第三章

26 王星译 华中科技大学法学院副教授、美国伊利诺伊大学香槟分校访问学者
第三部分第二编第一章

27 陈学权 对外经济贸易大学法学院教授,美国加州大学戴维斯分校访问学者
第三部分第二编第二章

28 朱奎彬 西南交通大学公共管理与政法学院副教授、瑞士苏黎世大学法学院访问学者
第三部分第二编第三章第一至三节

29 向 燕 西南政法大学法学院教授、美国南方卫理公会大学 LL. M. 、纽约大学访问学者
第三部分第二编第三章第四至五节

30 闫召华 西南政法大学法学院教授、香港大学访问学者
第三部分第二编第三章第一至四节

31 贺红强 西北政法大学刑事法学院教授、美国康奈尔大学访问学者
第三部分第二编第三章第五节

32 林 静 中国政法大学证据科学研究院副教授、德国弗莱堡大学 Ph. D.
第三部分第三编第一、二节

33 王一超 中央民族大学法学院助理教授、英国曼彻斯特大学 LL. M.

第三部分第三编第三节

34 谢进杰 中山大学法学院教授、美国哥伦比亚大学访问学者

附录 A

35 冯俊伟 山东大学法学院教授、德国马普外国与国际刑法研究所访问学者

附录 B

学术助理:赵常成 中国人民大学法学院博士研究生,德国柏林洪堡大学访问学者

译后记

在我心里，如果要推选一本所有刑事诉讼学人都知道的英文专业书，非今天摆放在您面前的这本《欧陆刑事诉讼史》(*A History of Continental Criminal Procedure*)莫属。这本书达到了这个程度：所有本专业人士都知道它的厉害、权威，但一直没有人将它完整翻译出来。原因我想主要有三点：第一，太厚，英文版正文共 630 页，这个是最直接的原因；第二，对于主要通过英语研习英美刑事诉讼制度的我们而言，大陆法系刑事诉讼史的确相对陌生，尤其是其中掺杂着很多宗教、历史因素，直接导致翻译难度飙升，这个毋庸讳言；第三，本书出版已逾百年，行文中夹杂大量德语、法语、西班牙语以及拉丁语等文字，这对于绝大部分译者而言，几乎是无法逾越的障碍。

真正让我动心思翻译这本书，缘于北京大学陈瑞华老师的推荐。那时大致是 2017 年年底，我即将结束在康奈尔大学法学院一年访学的生活，动身回国。陈老师知道我刚刚翻译完有关女性大法官的那本《温柔的正义》，就和我说，对于刑诉专业本身而言，真正亟待翻译、极富价值的是一本叫作《欧陆刑事诉讼史》的“大书”，让我考虑考虑。

我当时思索了一下，觉得只在其他老师大作中的脚注里看到过这个书名，就干脆从图书馆把原书找了出来。说实话，粗略浏览了一下的第一感觉是：绝对是好书，可自己翻译的确力有不逮；主要是水平不够，绝非谦虚。越是经典的书籍，翻译越要慎重，否则毁了经典；在我看来不仅学术上有负担，道义上都有责任。但我一直惦记着这件事情。

到2020年3月，疫情期间被迫在家刻苦用功，某天晚上散步，我和福建师范大学法学院刘方权教授微信聊天时，再次提起了这本书的翻译。我就说：合起伙来翻译一下咋样？他说合译也受不了，三个人还是很崩溃，我说那我要纠集30个呢？他说：你不对劲，要“搞事情”是吗？我说我试试。

在接下来两天的晚间散步时间里，我联系了国内33所高校的35位小伙伴一同加入其中，如后附名单所示。这些同志都在域外一线高校研究机构有过长时间访学经历，更多的是直接获得了法学学位。让我非常感动的是，大家都是一口答应，“算我一个”；按我师弟上海交通大学樊传明教授的说法就是“I’m in. 感觉像是进了恶势力团伙”。

同时，这本集体劳动成果的最大支持来自西北政法大学刑事法学院副院长刘仁琦教授；编辑出版工作由法律出版社原金牌学术编辑高山、许莹洁同志亲自“操刀”。以上一切都在3天之内定下，速度已经大大超乎我的预期。更快的是，北京外国语大学郑曦教授，他其实已经在2020年4月底将负责的“意大利、西班牙”

部分定稿完成,还在朋友圈吐槽了我是"郭扒皮"之类,我都没看到。

下面正式介绍一下本书。这次我们翻译的版本,来自著名比较法学家约翰·H. 威格摩尔组织翻译、编写的"大陆法制史系列"(The Continental Legal History Sieres)第五卷。《欧陆刑事诉讼史》由法国法兰西学院人文政治科学院院士,著名法制史学家、宪法学家,巴黎大学法律系阿德玛·艾斯梅因教授独著。原书英文版出版于1913年,英文译者为纽约律师协会成员约翰·辛普森(John Simpson);出版社系位于美国波士顿的Little,Brown,and Company。

本书引证率极高。以译者阅读范围为限,单就中国学者著述而言,凡主题为类似刑事诉讼模式、刑事诉讼结构、刑事诉讼历史等专业书籍,无不涉及本书写作内容。本书自编者及作者皆为所在领域之权威,自不待言。

集体工程肯定要建群,我清楚地记得大家反复勒索我发红包的高潮出现在2020年五四青年节;那天朋友圈刷屏的是"浪"这个词,我觉得很有意思。大家可以把我们这本合译理解为一份真诚的、浪漫主义的、若干"中浪"们集体奉献给刑事诉讼法学研究的礼物——或者说是一份热忱敬意。

其实现有学术评价体制之下,译著啥也不算,合译就更不用说了。我们坚持这么做只因为我们觉得应该这么做、值得这么做、直觉引导我们这么做。按照山东大学冯俊伟教授的说法就是"大家一起做一件事情本身就挺好的"。

2020年年景特殊,疫情带来的惶恐可能会成为所有人的共同记忆。从4月启动到2021年2月统校初稿完毕,时间仅仅10个月。实在感谢团队的小伙伴们通力合作,尤其是西北政法大学任禹行博士，中国人民大学法学院赵常成博士，中国政法大学郑礼周、张嘉源博士，以及我的学生刘艺斐、熊馥琳协助完成了太多琐碎工作。值得一提的是，在这10个月中，团队成员中有7位晋升了正教授。

现在春和景明，一切都会好起来。如此合力干一件刑事诉讼法学著作的翻译，就我目力所及似乎是第一次，其实我们也颇多惴惴。我们尽力，成效如何，无比真诚期待您的检阅。

郭 烁

初稿于2021年2月15日

校稿于2022年5月4日青年节

定稿于2023年6月7日